《今注本二十四史》編委會
二十四史研究資料集刊

史記考證文獻彙編

四川出版集團 巴蜀書社
人民出版社

本書出版得到國家古籍整理出版專項經費資助

第六冊目録

史記疏證……一
史記蠡測……三五三
史記校……三六九
甘泉鄉人稿・校史記雜識……四一三
史記毛本正誤……四二三
學古堂日記・史記……四三三
校刊史記集解索隱正義札記……四五五
讀書雜識・史記六國表……五八一
越縵堂日記・史記札記……五八五
越縵堂讀史札記・史記札記……五九七
詁經精舍文集・史記闕篇補篇攷……六一三
諸史瑣言・史記……六一九

史記疏證

[清]沈欽韓

清鈔本

史記疏證卷第二十

曆書第四

正閏餘正義曰鄧平落下閎云一月之日二十九日八十一分日之四十八按計其餘分成閏故云正閏餘也

張永祚曰正義所述歷法係三統法非古法

蓋古時三統歷未出安来日法八十一分之

說

日之四十八當為四十三

而閏餘乘次孟陬殄滅攝提無紀曆衆失序

柯維騏曰太史公此文前後百餘言皆採國

語而稍删者其云二宫咸廢所職而閏餘乘

次孟陬殄滅攝提無紀歷數失序此則太史

公所增者也漢書劉向傳昔孔子對哀公並

言夏桀商紂暴虐天下故曆失則攝提失方

孟陬無紀太史公蓋述孔子之言耳

堯復遂重黎之後不忘舊者使復典之而立羲

和之官明時正度則陰陽調風雨節茂氣至民

無夭疫

徐孚遠曰以上雜頗采國語而損益字句别

自成文此太史公本書與褚少孫自別也

而設消息之分以顯諸侯

徐孚遠曰此下未宜遽入秦事又文法錯互

當是殘闕數語耳

北

時待我而起亦自以為獲水德之瑞

徐孚遠曰北時待我而起高祖一時之言非

自謂得水德初起事旗幟已尚赤矣特未遑

改也　陳子龍曰高帝因秦之舊以十月為

歲首故也

昔者黄帝合而不死名察度驗

史詮曰邵瓚二家謂不死為登僊非也惟孟

康注得之先宗學士桼之云黄帝嘗總會星

辰坎舍部位展轉推求如律吕相生故曰合

而不死封禪書所謂得天地之紀周而復始

是也名察者以星之名而考察其所次度驗

者即其纏度以知其所行故清濁五部氣物

分數皆可稽考而曆立矣按漢志度驗作法

歟

十

一月甲子朔旦冬至已詹其更以七年為太

初元年

余有丁曰按前漢紀太初元年夏五月正歷

以正月為歲首索隱作建子者蓋歷元起數

必從子始此所云夜半冬至者即馬逢攝提格歲之子月也此時歷無餘分故下云無大小餘其正朔自以寅月起數下云太初元年大餘五十四云云者即謂此年寅月以後便有餘分其為建寅甚明　張永祚曰一云太初者歷法初立之名按上古無太初紀年其四年年字定為衍文寶四千六百一十七年一云積一千六百二十一年先除甲寅十年不足除者五十一正是甲寅歲在甲寅與非甲寅其說不一查三統歷法四千六百一十七年為一元第一元始甲子年月日歷代三元甲子編年云漢元封七年係丁丑年前係丙子　江永曰按其更以七年為太初元年當時詔御史書蓋止於此下文年名馬逢攝提格至夜半朔旦冬至二十一字後人因歷術甲子篇之文而誤增者也元封七年歲在丁丑歷術履端于始起前歲之十一月是為丙子當時特下詔改元改歷豈不知此年為彊梧赤奮若而誤以為馬逢攝提格乎太史公作年表知共和元年為庚申漢高帝元年為乙未豈不知太初元年為丁丑而誤以為甲寅乎此二十一字疑幷非褚少孫所增少孫在漢亦必知其歲名此蓋後人不曉事者妄竄入耳　按綱目太初元夏五月造太初歷以正月為歲首是此歲五月以前稱元封七年猶以冬十月為歲首也（此年有十五个月）

月名畢聚

危林曰爾雅月在甲曰畢為月陽又曰正月為陬邢昺疏曰正月得申則曰畢陬若史記歷書云月名畢聚也然則聚當為陬離騷云攝提貞於孟陬是也索隱曰漢始以建亥為年首今改以建子蓋用周正故稱畢陬如用夏正當曰畢辜也若以畢陬為濁星之畢及娵訾之口失之遠矣月令惟紀日舍中星不及于月蓋以月輪行疾一月而周天故不得以恒星定月所在娵訾是亥次之號非十一月日月交會之宿也日月一歲十二會其交娵訾之辰蓋在孟夏之月其會實況之次則在孟夏之中律歷志曰冬至日月在建星孟康曰建星在牽牛間司馬貞說云起牽牛之初

又以為月值畢及娵訾殊自違戾不如邢昺為得然索隱乃作傳公豈虞喜字鵲耶喜有安天論此豈論中語乎惜志林之不傳也

江永曰畢甲也聚即陬字在夏正為寅月此以周月言之則子月謂甲寅歲之首月為甲子也　索隱謂月值畢畢為月雄其意亦以為畢為甲非謂濁星之畢也但不當以聚為娵訾

日得甲子

正義曰置大餘五十四算每年加五十四日滿六十日除之奇算留之（此求朔旦干支法也）每至閏後一年加二十三算亦滿六十日除之奇算留之（蓋過閏年加一月策二十九日也誤為二十三）若纔足六十日明年云無大餘無小餘也又明年以置五十四算如上法置小餘三百四十八算每年加三百四十八分滿九百三十八分成一日（宜云滿九百四十分成一日誤為九百三十八）歸上餘算留之（蓋併上方可以求干支也）若至閏後一年加八百四十七分亦滿九百三十八分成日歸大餘奇留之明年以加三百四十八算如上法也（此八百二十七分乃一年通閏）

十日外之零分也共十日加於十二月策則成歲寔矣而於閏後一年止加此零分何也且又誤為八百四十七細為詳之定是過閏年加二十九日又加四百九十九誤為八百四十七也不如用本法於上年所餘加十二月策過閏年加十三月策以六除或除三百或除三百六十或除四百二十得朔旦干支之為明顯

歷術甲子篇

江永曰史記所紀歷術甲子篇乃四分歷非鄧平洛下閎之太初歷也太初歷比附黃鍾之八十一分故以八十一分為日法一歲小餘稍贏于四分之一為一千五百三十九分日之三百八十五（以十九乘八十一也）而月策小餘八十一分日之四十三漢安帝時邊韶論之謂太初歷取於乾鑿度是也劉歆復即其術衍之為三統歷班固載之律歷志三統即太初之法用天統地統人統之說易其名耳（元史云三統歷西漢太初元年丁丑鄧平造可知三統即太初袁了凡叙古今歷法亦以太初三統合為一）若史記所載一歲小餘三十二分日之八十二月小餘九百四十分日之三百四十八十九年七閏無餘分全是四分之術蓋自太初以前治歷者皆用四分至鄧平洛下閎始改之變其局面稍有畸零不齊至四千六

百一十七年積月五萬七千一百零五積日一百六十八萬六千三百六十復得甲子朔旦冬至為一元而劉歆復為比附鍾律著策封爻為三統也太初三統之術歲寔朔策皆太強行之百餘年覺其後天章帝元和時詔編訢李梵等復改行四分小餘仍四分日之一（即三十二分日之八）而月策仍用三統至漢末光和時劉洪造乾象歷乃改四分之法以五百八十九為紀法（即日法）一百四十五為斗分（即歲餘）此兩漢用歷改憲之大凡也然則歷術甲子篇蓋褚少孫取漢初張蒼等之術附于史記因年號太初遂冒太初之名耳（褚少孫元成間人當時雖行太初歷而少孫不知其術惟知有四分故取其術著于篇猶之今日已行西法而不知者猶用授時大統之法耳）

正北　十二

愚按此四字宜在後焉逢攝提格太初元年下

無大餘　無小餘（正義曰無大小餘者以非閏月之歲有三百五十四日三百四十八分）

張永祚曰此十二月策也言閏歲方有此數觀本法自知其謬也

小餘三百四十八（索隱曰太初歷法一月之日二十九日九百四十分日之四百九十九）

江永曰按此是古四分歷之月策非太初歷法也太初歷法月之小餘八十一分日之四十三較九百四十分日之四百九十九者稍贏

昭陽作噩四年

大餘十四

史詮曰四當作三去年餘十九日今年餘五十四日成七十三日除一甲六十日仍餘十三日故云大餘十三也

橫艾淹茂

史詮曰歷法七十六年為一蔀自焉逢攝提格至祝犁大荒落此七十六年乃歷家一蔀之法太史公舊文也史記成於天漢四年自橫艾淹茂以下年號則褚生所增者

祝犁大荒落四年

江永曰後有缺文今為補之

大餘三十九（史詮作二十九）　無小餘

大餘三十九史詮作三十八無小餘蓋馬逢攝提格至此七十六年凡四章為一蔀至朔同在癸卯日子止而無餘分也
歷術甲子篇當時歷家之書其云太初元年
歲名焉逢攝提格乃歷元之太初非漢武帝
之太初也後人不曉事者取以附史遷之歷
書并竄入天漢太始等年號誤矣今攷各年
號歲名于左

武帝太初元丁丑天漢元辛巳太始元乙酉征和元
己丑後元元癸巳昭帝始元元乙未元鳳元辛丑元平
元丁未宣帝本始元戊申地節元壬子元康元丙辰神
爵元庚申五鳳元甲子甘露元戊辰黃龍元壬申元帝
初元元癸酉永光元戊寅建昭元癸未竟寧元戊子成
帝建始元己丑

太初歷法舉例太初歷猶是古四分歷法而史遷所著書十餘年來辛然難讀非入之智有不及也蓋因其綱目未詳章句太簡若有所秘惜不肯明言耳不知天為性道之源數理一致有難岐視茲特舉其例如左而餘年可類推

周度三百六十五度四分度之一四分中之一分也度法即日法是四分度之一即四分日之一是日法見下
日法一日九百四十分

歲法一歲三百六十五日日之二百三十五合法名歲實二百三十五日法四分之一也太初從簡號為八
月一日行十三度十九分度之七十九分中之七分也二十七日有奇行一周二十九日四百九十九與日會即月策
月法二十九日日之四百九十九今名月策即二萬七千七百五十九分
十二月三百五十四日日之三百四十八今名十二
朔
閏法十日八百二十七分合朔虛氣盈為閏法即一萬○二百二十七分古法名歲餘今古通閏以十二月策減歲實得通閏

太初元年歲名焉逢甲攝提格寅月名畢聚聚音娵月雄在畢雖在訾十一月也日得甲子夜半朔旦冬至
甲寅月三百五十四日三百四十八即十二月策
大餘五十四日小餘三百四十八求朔旦干支以六除除三百餘五十四日為丁己翼日戊午
甲寅歲三百六十五日二百三十五即冬至即歲實
大餘五日小餘八即二百三十五求至日干支以六除三百六十餘五為戊辰翼日己己
閏餘以十二月策減歲實得一年餘十八百四
十七分即一萬○二百二十七分

乙卯
月又三百五十四日三百四十八大餘四十八日小餘六百九十六求朔旦干支將前所餘大小數加十二月策以六除除三百六十餘四十八日為辛亥翼日壬子

乙卯
歲又三百六十五日二百三十五大餘十日小餘十六一年餘五日兩年故餘十日一年餘四分之一號為八兩年餘四分之二故號為十六求至日干支將前所餘大小數加歲實以六除除三百六十日餘十日為癸酉翼日甲戌

閏
餘月二年積七百〇八日六百九十九年二年積七百三十日〇四百七十以月積減年積二年餘二十一日七百一十四分即二萬〇四百五十四分

丙辰
月又三百五十四日三百四十八加一閏月二十九日四百九十九共三百八十三日八百四十七此所謂三歲一閏也加一月策太初注為閏十三蓋閏一月為十三月也郝注在乙卯年下今人難曉

大餘一十二日小餘六十三求朔旦干支將前所餘大小數加十三月策以六除除四百二十餘一十二日為乙亥翼日丙子

丙辰
歲又三百六十五日二百三十五大餘一十五日小餘二十四一年餘五日三年故餘十五日一年餘四分之一號為八三年餘四分之三故號為二十四至四年消一日進為一日無餘即

所謂四年閏日也求至日干支將前所餘大小數加歲實以六除除三百六十餘十五日為戊寅翼日己卯

閏
餘月三年積一千〇六十三日一百〇四加一閏月共一千〇九十二日六百〇三年三年積一千〇九十五日七百〇五以月共積減年積尚餘三日〇二分即二千九百二十二分

史記疏證卷第二十一

天官書第五

宋中興天文志曰變星天官書及漢晉隋志所載紛雜象位色占或相抵迕　天台齊名南曰按史記漢書敘星官以中官及外四方為五節故天市大角攝提附於東宮太微軒轅附於南宮天潢五車附於西宮也晉志敘星分為三大節一曰中央自紫微及太微天市凡星官旁近三垣在二十八宿之內者為一類二曰二十八宿及輔官如鈎鈐於房神宮於尾離宮於營室附耳於畢鉞于東井長沙左右轄於軫為一類三曰星官在二十八宿之外者如庫樓南門羽林天軍北落弘狼南極老人為一類大抵史記簡要晉志詳明若其名數隋志為尤核矣

正義曰日月五星歷示吉凶也

懸按晉書天文志云日月運行歷示吉凶五緯躔次用告禍福

中宮天極星

陳子龍曰天極星凡五其一明者即太乙所居其旁三星或謂三公或謂子屬諸家之說不同耳晉志謂第一星主月太子也第二星主日帝主也第三星主五星庶子也其占曰中星不明主不用事右星不明太子憂乾象新書謂一主月二主日三主五星四主諸王五主庶子此其說並與太史公同

其一明者太一常居也旁三星三公或曰子屬

正義曰三公三星在北斗杓東又三公三星在北斗魁西並為太尉司徒司空之象主變化陰陽佐機務占以從為不吉居常則安金火守之並為咎也

邵泰衢曰帝前一星曰太子後二星曰庶子后非旁三星也亦非三公也曰子屬是也天台齊名南曰按古人占星其說往往不同未可強合旁三星三公或曰子屬當是即說北極五星而除其第五之極星與第二最明之太一言也以晉志校之三公三星近乎北斗與北極相去尚遠不應總說天極即遠及斗旁之三星且本文下即接後句四星然後言匡衛十二星則于內外遠近次第井然正義云云未為確也

後句四星末大星正妃餘三星後宮之屬也索隱

曰援神契云辰極橫后妃四星從大妃光明又按星經以後句四星名為四輔其句陳六星為六宮亦主六軍與此不同也

邵泰衢曰句者句陳也後句四星餘三星者句陳六星幷天皇大帝一星也句陳第三星最大為大帝之正妃非末星也　齊召南曰按後句四星以四星數目言之四輔亦適相當矣但本文既云末大星正妃餘三星後宮之屬推尋文義似指句陳但後人以句陳六星故指四輔四星耳

環之匡衛十二星藩臣皆曰紫宮前列直斗口三隋北耑兌

齊召南曰按紫微垣晉志作十五星西蕃七東蕃八在北斗北至今遵之史記雖曰十二星而即接云前列直斗口三星隋北耑兌則亦十五星矣

若見若不曰陰德或曰天一

考要曰陰德天星原二星名天乙與太乙各一星並列紫宮外陰德二星居紫宮內不得混而為一也　邵泰衢曰陰德二星在垣內帝星之右者也天乙與太乙共二星在玉衡之間者也以陰德為天乙非也以二星為三星又非也至曰直列斗口隨北端兌更非也直列斗口之星上輔炎尉也　齊召南曰或曰天一即指陰德一星其占家又名為天一耳實即晉志之天一主戰鬬知人吉凶者也若晉志所云尚書西二星曰陰德陽德者非史記所指之陰德也須辨

杓攜龍角衡殷南斗魁枕參首

管城碩記曰後漢書輿服志曰聖人觀於天視斗周旋魁方杓曲以攜龍角為帝車按圖書編曰杓為斗端以冬至日躔星紀牛初加戌中則斗綱之端連貫營室織女之紀指牽之初又自牛初連貫平星角前後各九十一度此之謂杓攜龍角玉衡斗中南斗十二度在艮建星臨之冬至牛初加戌申則玉衡當斗艮中相距元辰乾巽左右各九十一度此之謂衡殷南斗魁為斗首參星在申冬至牛初加戌中則斗魁在未天綱在坤濡糈申中參宿如首伏枕然此之謂魁枕參首其去元辰杓魁亦各九十一度是則天綱星紀交會

之本始

用昏建者杓

考要曰周禮保章氏掌封域分星以觀妖祥故論者以二十八宿分主九州而斗之七星亦各有屬不獨杓衡魁三者而已

斗魁戴匡六星曰文昌宮索隱曰文昌宮爲天府

齋名南曰當云為六府天字誤

四曰司命五曰司中六曰司祿

齋名南曰晉志四曰司祿五曰司命六曰司寇與此不同

在斗魁中貴人之牢孟康曰傳曰天理四星在斗魁中貴人牢名曰天理

管城碩記曰按巫咸曰北斗天理主貴者水官也春秋合誠圖曰天理在斗中司三公也如人喉在咽以理舌語宋均注曰斗為天之喉舌主出政教後漢李固曰陛下有尚書猶天有北斗為天喉舌是也孝經援神契曰天理勑修糾中情周禮鄭注曰糾察也蓋言糾察萬物之情理後人因巫咸有主貴者之說遂以為主貴人之牢又或以大理主貴人之牢以天大字近而譌也　邵泰衢曰天牢六星臨於魁外者也天理四星在於魁中者也理非理刑之理乃天理人情之理也故在斗魁之中以為運行佐理之主今以天理之理訓理刑之理而曰貴人之牢非也

名曰三能

考要云諸家圖經悉以三台繫之太微垣太史公特以列於中宮北斗文昌之次以其為天子三階不當置之外垣也

一內為矛招搖

齋名南曰按天矛三星即更河晉志作梗河其北一星曰招搖晉志云一曰矛楯然則史記所謂一內為矛招搖者即指招搖之一星言不連更河三星言也

有句圜十五星屬杓曰賤人之牢其牢中星實則囚多虛則開出

邵泰衢曰賤人之牢貫索也在天市垣之上句圜九星耳無所為十五星也貫索近大角之間故曰屬杓也　齋名南曰按晉志貫索九星漢志云十五星知古今星占無定數也

心為明堂

考要曰心三星一名大火中之大星為明堂天子之正位也前星太子不明則太子不得位後星庶子明則庶子繼中星欲明忌直也

其陰右驂

齊名南曰按其陰古驂陰者北也晉志云南星曰五驂次左服次右服次右驂此云其陰右驂是以一句包數言正義曰亦主左驂是以房四星為俱屬左驂矣誤

東北曲十二星曰旗

考要曰古圖經天市垣左右環曲各十一星分配韓宋二十二方主權衡主聚衆亦謂之天旗庭主斬戮之事也然謂十二星則諸家之說無之　郘泰衢曰天市垣左右之星曰旗共二十二國非十二也十二之上當脫去二字也至左旗九星右旗九星亦非十二星也至于四星天市並無是名當即市樓六星謂之天市耳然又以六言四不合何也　齊名南曰按十二星似當云二十二星此即天市垣也正義以左旗右旗各九星解之未確又按天市垣垣凡二十二星據晉隋志云一名天旗是此十二星曰旗之確解也其中有帝座一星候一星宦者四星宗正二星宗人四星宗二星隋志市中六星臨箕曰市樓北四星曰天斛西北二星曰列肆市門左內二星曰車肆又斗五星在宦者南又宗星東北二星曰帛度又二星曰屠肆可知星名為後人遞增猶之岳瀆山川自古有常而郡縣鄉亭分析不一也

左角李右角將

考要曰角二星一為李一為將李即理主刑將主兵若乃天田二星在角之左天門二星在角之右故石氏謂左角為天田右角為天門　齊名南曰按此為二十八宿之角宿二星者也與大角一星者不同

亢為疏廟

考要曰亢四星日月之中道又曰總攝天下奏事聽訟理獄錄功者也　齊名南曰亢為疏廟宗均作疏遠之廟解非也二十八宿有五廟焉營室為清廟歲星廟也心為明堂熒惑廟也亢為疏廟太白廟也南斗為文太室

填星廟也七星為員官辰星廟也此則太史公已自解之晉志云五星行至其廟謹候其命是五廟之説也

其南北兩大星曰南門

邵泰衢曰南門二星在庫樓之南東西横列未嘗南北列也唯平星二星南北斜列而星亦不大

氐為天根

考要曰氐為日月五星中道為天子之路寢明則大臣妃后奉君不失節如不見或移動生禍亂

尾為九子

考要曰尾九星故曰九子其占為後宫叙而多子白虎通王者德至禽獸則狐九尾其應為九妃得其所子孫繁息蓋協尾星之義也　又曰尾主后妃御叙於王所故有女巫之星以弗無子也

曰君臣乖絶不和

齊召南曰按曰君臣乖絶不和其上必有闕文漢志因之則其闕久矣依隋志似當云動搖則君臣乖絶不和也

箕為敖客曰口舌

考要曰箕四星上二為踵下二為舌故其占星大明直則君無讒間木守之宫中有口舌事也　又曰箕帚之役亦婦人之事也故為后妃之府

火犯守角則有戰房心王者惡之也（正義曰熒惑犯守箕尾氐星自生芒角則有戰陣之事若熒惑守房心及房心自生芒角則王者惡之也）

金姓曰按此似謂火星犯守角星則有戰火星犯守房心二星則王者惡之正義誤看角字遂牽扯箕尾氐言之而以犯守屬火星角字屬本宿文法亦支離矣　愚按正義所言大失馬遷之意遷意蓋言熒惑犯角星或守角星當有戰鬥若犯房心或守房心則災及人君也

南宫

金姓曰按二十八宿序次惟南西兩宫順叙而參觜先後亦與天文圖不合叙東北兩宫則俱自中起將隨意指點抑所據星經别有位置之説耶

朱鳥權衡

考要曰南宮之宿其大者曰權衡權衡非星也衡為太微之庭權為女主之宮權衡乃官庭之總名耳正義註謬引軒轅西四星主烽火者曰權乃爟也非權也

衡太微三光之庭匡衛十二星藩臣西將東相

南四星執法

邵泰衡曰太微垣左右將相共八星非十二星也左右執法共二星非四星也西將東相之名亦非　齊名南曰按西將東相此史記說也晉志則云東藩四星南二星相北二星將西藩四星南二星將北二星相每邊各有將相是古今占法不同也

門內六星諸侯

齊名南曰按晉隋二志皆云五星為五諸侯則此六字訛也

中坐成形

齊名南曰按晉志作中坐成刑當由古字形與刑通耳

廷藩西有隋星五曰少微士大夫

邵泰衡曰隋者其形圜而匾也今垣西四星南北列曰少微非五星而隋形也　齊名南曰按晉志少微四星此云五而漢志云廷藩西有隋星四名曰少微則知本文五字明為四字之訛漢志可証也若本文果係五字則晉志必如貫索之例云漢志言幾星矣

權軒轅軒轅黃龍體

考要曰軒轅星乃黃帝之神也天有青黃赤白黑五帝故曰黃神黃中色主中土故謂之中也　史詮曰土王季夏故在南宮填為土星亦主南方井宿是其類也

旁小星御者後宮屬

考要曰傍小星即軒轅左右角也左角一星為少民少后宗也右角一星為大民大后宗也周禮祭天之司民而獻民數即此是也

輿鬼鬼祠事中白者為質

陳子龍曰後漢志云輿鬼為死喪質星為誅戮因名而著古也　又曰鬼宿舊傳四星其中積尸氣如雲耳近測得二大星中間實有三十六小星也此皆古人儀器未精之故

七星頸為員官主急事

齊名南曰按員官明是員官之訛史記於言分野之後即曰七星為員官辰星廟蠻夷星也以文義推之凡言廟者必取象於宮室營室心南斗角之為歲熒惑塡太白廟也以其為清廟為明堂為文太室為疏廟也若曰員官則何以為辰星廟乎哉故知員官為員官之訛也員官穹廬象也晉志曰主急兵盜賊是急事之說也　愚按襄九年左傳疏引春秋緯文耀鉤云咮為鳥陽七星為頸宋均注云陽猶首也柳謂之咮朱鳥首也七星為朱鳥頸也咮與頸共在於午者鳥之止宿口屈在頸七星與咮體相接連故也

翼為羽翮主遠客

考要曰星主后妃賢士之位張主天廟明堂御史之位翌主太微三公化道文籍此皆甘氏之說若張衡諸志大畧與太史公同云

軫為車主風

考要曰甘氏云軫七星主將軍樂府歌謳之事晉志云主車騎主載任有軍出入皆占於軫其說並同也

其旁有一小星曰長沙

卲泰衢曰軫中有小星曰長沙非旁也

星星不欲明明與四星等若五星入軫星中兵大起

愚按星星不欲明漢志亦同必有誤五星入軫即五星聚軫乃大祥也若五星不拘何星入軫則極尋常事又安得兵大起攄晉書知上星字乃轄字之誤蓋言轄星明與軫四星等視之若五星則兵大起也　齊召南曰按明與四星等絶句若五星入軫星中絶句言轄星若明大與軫之四星同色及金木水火土五星行入軫中皆主兵起也

軫南衆星曰天庫（正義曰天庫一星主太白秦也在五車中）

齊召南曰按正義非也此即晉志庫樓十星六為庫四為樓耳旁十五星三三而聚者為柱其中央四星為衡亦名為五車非西宮天潢之五車也天潢五車在畢東北不在軫南正義以西宮五車當之誤矣且句法亦當以軫南衆星曰天庫樓絶句宜辨

西宮咸池

困學紀聞曰吳氏曰蒼龍朱鳥玄武各總其方七宿而言咸池別一星名晉天文志所謂天潢南三星曰咸池魚囿者是已豈所以總四方七宿哉又列參白虎於昴畢之後何其類例之駁也

曰天五潢五潢五帝車舍火入旱金兵水水中三柱柱不具兵起

齊名南曰按此咸池天五潢即晉志之五車五大星也若晉志之咸池三小星在天潢南天潢五小星在五車中皆非此所指之咸池五潢矣古人占星取其大者後人于中又分析為名目耳

胃為天倉其南衆星曰廥積

齊召南曰按晉志天倉六星在婁南與此胃為天倉不同此言胃宿屬天倉耳晉志天倉六星及天庾四星天囷十三星天廩四星皆此所云其南衆星曰廥積耳

昴曰髦頭

考要曰昴為天之耳目主兵故曰髦頭主胡故有胡兵占主喪故為白衣　又曰昴宿皆云七星或曰六星近測之實三十六星也

畢曰罕車

考要曰畢為天之雨師主街巷陰雨詩曰月離於畢俾滂沱矣武王伐紂上祭於畢是也

參為白虎

陳子龍曰甘氏謂參為忠良孝謹之子明大則臣忠子孝安吉移動殺忠臣兼伐以著占也

小三星隅置曰觜觿為虎首主葆旅事

考要曰西方之宿皆為白虎在參之右角故謂之虎首宋均葆旅之說得之若晉灼釋為野菜誤矣

其南有四星曰天廁

陳子龍曰舊傳觜星南四星共天失為五星近測之實二十一星也

其東有大星曰狼

陳子龍曰近測星之大者莫過於狼與織女其體大於地徑六十餘倍也

狼比地有大星曰南極老人

齊名南曰按狼字衍文也老人比地弧之比地非狼比地以星象言之弧在狼東南老人又在弧南矣且漢志直抄史記而于此直云比地有大星曰南極老人知古本必無狼字

常以秋分時候之於南郊

晉書祀志曰漢儀云常以仲春之月祠老人星于國都南遂郊

北宮玄武虛危

考要曰玄枵齊之分野蓋虛宿也或曰自女八度至危十五度皆謂之玄枵

虛為哭泣之事

愚按星圖虛南二星為哭哭東二星為泣注云虛中六星其合哭泣言之歟

軍西為壘

余有丁曰北宮有壁星太史公不載豈以軍壘壁為壁耶　金甡曰按律書云東壁居不周風東主辟生氣而東之至于營室後歲星占中亦以營室東壁並稱此叙在室前則壘之即壁可無疑也

或曰鉞

齊名南曰按漢志作軍西為壘或曰戉戉字是也戉守之意與壁壘及附近北落師門相應當由刊本因戉訛戊因戊訛鉞耳

星動角益希

余有丁曰希字疑當作布謂角張也

火軍憂水患木土軍吉

史詮曰漢志火下有入字言火入天軍則憂水入天軍則患木土入天軍則吉也

危東六星兩兩相比曰司空

漢晉志作司寇　邵泰衢曰虛東危西有兩兩相比者曰司命司祿司危司非之八星室上有兩兩相比者離宮六星並無兩兩相比于危東之六星也至曰司空亦止危上二星曰土公吏亦無六星之司空也軫之下有二星曰土司空亦無六星之司空也

營室為清廟曰離宮閣道

余有丁曰按晉書天文志離宮下有東壁二星主文章天下圖書之秘府也星明王者興道術行國多君子星失色大小不同王者好武經士不用圖書隱按北宮有壁星當是此

太史公不載豈以軍壘壁為壁耶　考要曰室為天子之宮中二星為室迤室三向而兩而居曰離宮統而言之皆營室也閣道者離宮之别名

旁有八星絶漢曰天潢天潢旁江星江星動人涉水

卽泰衡曰王良西有九星如弓形絶漢曰天津非八星也天江四星在尾宿之上與天津天潢毫不相涉今曰旁江星非也　齊名南白按晉志天津九星横河中一曰天漢一曰天江是九星通謂之天江也史記則以八星為天潢旁一星為江星耳

南斗

考要曰斗北宮之宿以夏秋之間見於南方故謂之南斗也

婺女

考要曰女宿之下九尺為日月中道四星之狀如婦功之式故名曰女亦曰婺女占星明女主昌天下豊稼動后妃廢木犯立后也

可以罰人

史詮曰罰當作伐

其趨舍而前曰贏

史詮曰漢志作趨舍

歲陰左行在寅歲星右轉居丑

考要曰十甲曰歲陽十二子曰歲陰太史公所論歲星躔次蓋依石氏經而甘氏及太初曆各異　張永祚曰正月即十一月太初元年甲寅十一月朔旦冬至日躔丑初度木亦在丑以左行論為在日前故能與斗牛晨出東方曰有應見柳意者斗牛之衝耶其實星實右行以右行論為在日後土木火平行丑初為起筭之根而必候之晨出者土木火日後晨出必然在與日合伏之後與日合伏在歲輪上最高點為三星遲留伏逆起筭之根合伏後在歲輪上右順行以日速星遲之故故能晨出東方又云東行十二度東行即右行其言十二度不合其言百日而止止留也反逆行向左行也又云逆行八度百日復東行据康熙甲子年八月十七日申木翼十三與日合伏乙丑年正月初五日木角三留退

距合伏約二十度為日一百三十五日在書
或從見日算起故度率日率均少於今也五
月初十日木軫六留順距留退約十度為日
一百二十四日與逆行八度百日之說不甚
遠九月二十九日丑木亢二又合伏距留順
十九度此書所失載又云歲行三十度十六
分度之七率日行十二分度之一十二歲而
周天今法木一日平行四分五十九秒一年
三百六十五日平行一宮〇二分〇三十九
秒日止約據算整約十一年三百十四日而行一周
均相合自甲子年八月十七日合伏至乙丑
年九月二十九日又合伏除逆行十度約距
二十九度零為日三百九十五日舊西法太
陽木星相會不論宮十四月一次是太陽行
一周外又須行三十餘度行一年外又須行
四十八九日方得與日會而木星本天之加
減尚有參差然土木自行輪小其為參差亦
無多也至言歲陰在卯星居子即一歲平行
三十度十六分度之七之法也必以二月與
女虛危晨出者蓋木星一年已行過丑宮居
子日又必加一月方能與星合也此言二月
接冬至算為二月非建卯之月歲陰在辰星
居亥以三月與室壁晨出等均如之通其法
則木星逐年之行與逐年與日合伏之日俱
可屈指而數土火亦然金水之平行與日同
可不必推平行祇須推伏見輪可也

日降入

考要曰監德降入青章踸踵開明長列太音
長王天雎大章天泉天皓皆歲星隨月所出
而異其名也

其失次有應見張名曰降入

史詮曰名曰降入四字衍文

見軫曰青章歲早旱晚水

史詮曰青章三字衍文

見危曰大章有旱而昌

史詮曰曰太章三字衍文

黫然黑色甚明

楊慎曰黫音殷

退而西南三月生天棓

考要曰歲星變而為妖則有四者之名若紫

宮左三星曰天槍右五星天棓義與此異也爾雅曰彗星爲欃槍石氏曰欃槍棓彗異狀其殃一也

以其舍命國熒惑

史詮曰國下衍熒惑二字

法出東行十六舍而止逆行二舍六旬復東行自所止數十舍十月而入西方伏行五月出東方其出西方曰反明主命者惡之東行急一日行一度半

張永祚曰日出東行十六舍而止出東行是仍係火晨出東方也十六舍即十六宿也宿距度有大小不同難準古今亦各異三統法載角十二亢九氐十五房五心五尾十八箕十一爲東七十五度斗二十六牛八女十二虛十危十七營室十六壁九爲北九十八度奎十六婁十二胃十四昴十一畢十六觜二參九爲西八十度井三十三鬼四柳十五星七張十八翼十八軫十七爲南百一十二度恒星有歲差三統法星紀初斗十二度如康熙甲子年五月初六日火觜七子合伏至乙丑年三月二十六日火尾二留退距合伏約一百六十六度爲日三百一十五日與十六舍之說不甚遠但火自丑初起東行歷斗牛女虛危室壁奎婁胃昴畢觜參井鬼照三統定度算爲幾二百度矣又云逆行二舍六旬復東行六月初五日火房一留順距留退約十三度爲日六十八日與六旬之說不遠至丙寅年六月初十日火柳初辰合伏距留順約二百四十六度爲日三百八十八日一云火星二歲周天今法火平行一日三十一分一十六秒一年三百六十五日行六宮一十一度四十八分四十一秒歷六百八十六日八十七刻而行一周自與日合伏至再合伏須滿一周又四十八度有奇約日七百七十九日四十六刻自甲子年五月初六日合伏至丙寅年六月初十日又合伏約行一周又四十度爲日七百七十一日但火星自行輪大加減亦大更不能無參差也又云自所止數十舍止無數十舍之理必字之誤又云十月入西方伏行五月出東方其伏其見恐難

拘以十五月金星於甲寅既與熒惑晨出東方則甲寅十一月朔旦冬至火已晨出東方而兹又云五月出東方不可解至云十月入西方伏行火與日沖後晨見東方夕不見西所謂入西方伏行也但約以十月火非及一年不能與日沖曰十月者豈建亥之月故一云火常以十月入太微垣受制而出太微在已十月又安能行至已再西法所謂歲輪者星在輪上石行與日行合一歲一周故謂之歲輪而火星與日合伏七百七十九日奇是日已而周天有餘矣即合又安能在歲輪之上點不知歲輪實與日距星相符但論日之距星可耳無執於一歲一周之說也又云東行急一日行一度半此以疾行言也

歲行十二度百十二分度之五日行二十八分度之一二十八歲周天

張永祚曰今法土平行一日二分一年三百六十五日行十二度十三分三十九秒約二十九年一百五十五日而行一周舊西法太陽土星相會不論宮十三月一次是太陽行一周外再須行十餘日方得與土會也又云出百二十日而逆西行是言順東行百二十日而後逆西行也又云西行百二十日反東行是言逆西行百二十日而後順東行也土木火俱應從在歲輪上點與日合伏算起為晨出東方而兹惟言順逆之行各百二十日下文又云見三百三十日而入入三十日復出東方可見非一年餘不得與日會也上文所言一順一逆止有二百四十日其餘日作何推況以一逆行度與一順行相減無餘是直無一度右行矣具為舛錯遺載可知至於言見三百三十日必因合伏前有夕不見之日故云見三百三十日也兹考康熙甲子年七月二十日土張六亥合伏前六月二十六日土張三為夕不見約有二十四日是所言入三十日之証也然此夕不見乃星行入限之故也如康熙甲子年七月二十日突土張六日張六合伏十一月二十七日土張十六留退距伏約十度為日一百二十三日乙丑年四月十五日土張九留順距退約七度為

日一百三十五日至八月十五日申土翼一日翼一合伏距順約十度為日一百十九日自合伏至又合伏除逆七度約十三度為日共三百七十七日則歲行十二度信然矣

火句為旱金句為白衣會若水

史詮曰若及也言木與水合則為旱木與金合則為國家喪及水潦也漢志若作為

火與水合為焠

考要曰漢景帝中元五年四月水火合於參占曰國不吉參梁也六年梁孝王死是其應也孝殤帝延平元年正月金火在婁占為大人憂殤帝崩是其應也

土為憂主孽卿句木句饑戰敗為北軍

史詮曰言土與火合為憂火與木合為歲饑

金句為疾為內兵亡地

史詮曰言土與金合則為疾病為亡兵亡地也

察日行以處位太白正義曰晉灼云常以正月甲寅與熒惑晨出東方二百四十日而入又出西方二百四十日而入入三十五日而復出東方出以寅戌入以丑未

張永祚曰甲寅正月日躔丑正月十一月也注謂甲寅與熒惑晨出東方則十一月朔旦冬至金與火同在丑初也太初元年十一月朔旦冬至日月合於丑初木亦然金火亦然而土水不言居則以晨出論之亦居丑初可知也是則是年日月時真為日月合璧五星聯珠於丑初矣但金水與日合伏之後金水行速能在日前安能即晨出東方而太初却候之晨出東方者必從金水退伏在伏見輪最早點為遲留伏逆起算之根退伏後伏見輪左逆行以此能晨出東方與土木火三星不同蓋金水環日行有合伏又有退伏不比土木火止有合伏退則為衝也金水與日退伏後晨出東退伏前夕還見西與日合伏後夕見西合伏前晨還見東以環日行之故有東出即有東入有西出即有西入東出而逆行逆極而順行以東入西出順行順極而逆行以西入出東伏西出西伏東此皆因輪環日而生前文云出行十八舍二百四十日而入入東方伏行十一舍百三十日其入西方伏行三舍十六日而出日二百四十日與下

文所言具始出東方行遲率日半度一百二十日必逆行一二舍上而反東行日一半度半一百二十日入同出西方前文不言日必為遺載下文則云其始出西行疾率日一度半百二十日上極而行遲日半度百二十日旦入必逆行一二舍而入於出東方先言遲者在伏見輪下半之左為逆行也後言疾者在伏見輪上半之左為順行也合遲疾為行度亦二百四十於出西方先言疾者在伏見輪上半之右為順行也後言遲者在伏見輪下半之右為逆行也合疾遲度亦二百四十再以注觀之出入東西亦各言有二百四十日惟云入三十五日與前文一為伏行百三十日一為伏行十六日不同耳又入東方猶為順行而必以百三十日方能行十一舍入西行猶為逆行而十六日即能行三舍不可推或有舛錯未可知其言十八舍十一舍三舍與一二舍及室出角入等無定度難推又云出入東西各五為八歲二百二十二日金水平行與日同日各五者是金星行伏見輪五周也金星歷五百八十三日八十八刻行伏見輪一周五周約八歲餘日又二百二十二日者或文有舛也舊西法金星太陽相會二百九十二日一次如康熙甲子年七月二十六日金張十二巳退伏八月二十日金張三留順距退伏約九度為日二十三日乙丑年五月二十六日金井四申合伏距順約三百度為日二百七十二日自退伏至合伏共二百九十五日除逆行得二百九十一度與書所言出東入東共二百四十日二百四十度不同丙寅年三月初五日金婁六留退距合伏約三百〇一度為日二百七十四日三月二十五日酉金奎十退伏距退約八度為日二十日自合伏至退伏共二百九十四日除逆行得二百九十三度與書所言出西入西共二百四十日二百四十度不同然書各定為二百四十度猶是遲疾相并之數若相減止各有百八十度相去甚遠即以兩伏行度相減而并算之三舍與十一舍相減餘八舍不過百餘度并兩百八十度猶不及五百

之數豈書於兩遲度不言逆亦為石行度耶於兩遲度不為逆則兩二百四十度可以無減而再并上伏行之八舍則與金星行伏見輪一周五百八十餘度之數合矣書於出東方言必逆行於出西方亦言必逆行非有兩逆行一先逆行而出一後逆行而入仍為一逆行也逆行上各言一二舍以是知兩遲不為逆也又書既言入西方伏行三舍又兩言逆行一二舍要知所言逆行即伏逆行非有二也自甲子七月二十六日退伏至丙寅三月初五日又退伏約度五百八十四度為日五百八十九日與日實會有二次金星自行輪最小故加減亦小水星自行輪大於金星故加減亦不能不大於金也又云出以辰戌入以丑未夫金水之行既不離太陽前後左右則出入之時亦相距不遠可知也而注又云春見東方以晨秋見西方以夕以八歲五周論之金之晨見夕見亦有難必於春秋也

未盡具日過參天

史詮曰漢志其作期

疾其對國

日知録曰謂所對之國如漢書五行志所謂歲在壽星其衝降婁左氏傳襄二十八年歲棄其次而旅於明年之次以害鳥帑周楚惡之杜氏解謂失次於北禍衝在南者也

摩太白右

史詮曰摩當作磨漢志磨作歷古字通用

青角兵憂黑角水赤行窮兵之所終

史詮曰此十四字當在下文白角號泣之聲下

其出東方行四舍四十八日其數二十日而反入於東方其出西方行四舍四十八日其數二十日而反入於西方

張永祚曰辰星躔日行故常以春分見奎婁夏至見東井秋分見角亢冬至見牽牛葢春分夏至秋分冬至日躔丑戌未辰也又云其出東方行四舍四十八日其數二十日而反入於東方其出西方行四舍四十八日其數二十日而反入於西方數疾也日數行二十日者各於四十日之外又疾行二十日共六

十八日也但水同金出東方先遲後疾出西方應先疾後遲而書均昪於後殆言其概也兩四舍共八舍約百度竒兩六十八日共一百三十六日不言逆則八舍均為石行之實度而逆行必為遺載也曰其數二十日均不詳言行幾何舍豈即同此四舍四舍為合計而日則分計也如康熙甲子年正月十八日水危十五戌退伏二月初四日水危四留順距退伏約六度為日十六日三月二十三日水胃三午合伏距順約七十度為日四十九日自退伏至合伏共日六十五日與六十八日之説不遠共度七十六度除逆行得六十四度五月初十日水井十九留退距合伏約六十四度為日四十七日五月二十一日水井十二戌又退伏距退約七度為日二十二日自合伏至退伏共日六十九日與六十八日為合共度七十一度除逆行得五十七度水星自甲子正月十八日退伏至五月二十一日又退伏共日一百三十四日除逆行度共度一百二十一度實會日二次水星凢歷一百十五日八十五刻而行伏見輪一周舊西法水星太陽相會五十八日一次其自行輪加減已詳金星論中又云辰星出東方太白出西方辰星出西方太白出東方為格不知二星無一出東一出西之理要之一晨見東一夕見西耳

柳七星張三河

管城碩記曰瞿曇悉達曰三河河内河東河南是也周之將亡惟河南一郡故以為周之分野其河内河東乃在魏次中未詳周分野三河之謂矣按詩王城方六百里之地其封域在豫州大華外方之間天官書於柳星張分野不言豫州而言三河者禹貢冀州傳曰此州帝都不說境界以餘州所至則可知疏曰兖州云濟河豫州云荆河雍州云西河明東河之西西河之東南河之北是冀州之境則以三面距河為帝都也東都王城所在以河伊洛為三河故不得比於列國但係之以一州也考之職方豫州之滎洛荆州之潁湛兖州之河泲襟帶左右而三河居天下之最中

陰陽之所會風雨之和誠有見於三河者諸州之總會也况僖公二十五年襄王始以河内賜晋文河内本周地乎

七星為員官辰星廟蠻夷星也

史詮曰此十二字當在上文辰星出房心間地動之下蓋與歲星廟填星廟太白廟相類而錯簡在翼軫荊州之下也　陳子龍曰分野之説自古有之然中國之於天下數分之一耳奈何以周天之星而分配於中國之地止以辰星廟為蠻夷之星乎且兖青徐千餘里之地而占角亢氐虚危奎婁胃八星吳越以南濱海荊楚以包嶺何啻萬餘里而皆在牛女翼軫之分乎此皆不可解者也或封國之始實主此星或分陰陽若街南北之説尚近是近天文家頗有知其非者可謂卓識

背不和

史詮曰漢志背下有為字

直為自立

史詮曰天文志云日旁如半環向日曰抱青赤氣如月初生背日曰背青赤氣長而立旁日直青赤氣如小半暈狀在日上曰負形如直狀其上微起在日上曰戴

外北三尺陰星北三尺

史詮曰陰星下缺多亂二字行北三尺三字下文陽星多暴獄又缺南三尺三字彼此互誤也

故月蝕常也日蝕為不臧也

金甡曰按此以詩辭指點關注

去地可六丈大一徐廣曰大作六

愚按大下疑有脱字天文志云大而黄徐廣説非也

地維咸光

史詮曰漢志咸作臧

星者金之散氣本曰火孟康曰星名

史詮曰漢志火作人　金甡曰按此當謂五行之火孟説非是

漢者亦金之散氣

考要曰張衡云地有山嶽以宣其氣精鐘為星至多莫如水火精為漢春秋傳梓慎之言曰星孛及漢漢水祥也　又曰譆以雲漢為

氣或曰漢水之精也近測之皆衆無名之星耳太史公以漢與星同為金之散氣雖未得其實頗為有見

其所往者

史詮曰漢志往作住

不種而穫不有土功必有大害

楊慎曰害星經作客客與穫合韻

望之如有毛羽然

史詮曰漢志羽作目

天精而見景星

考要曰考白虎通景星者大星也月或不見景星常見可以夜作有益於人民也又云王者德至文表則景星見德至山陵則景雲出又按荊州占有瑞星有瑞氣太史公所謂景景格澤星皆瑞星也所謂歸邪慶雲皆瑞氣也瑞星之名凡四又曰周伯星又曰含譽星瑞氣之名凡三又曰昌光昌光赤如龍狀見則聖人作也

氣來卑而循車通者

史詮曰漢志通作道

彗星三見

考要曰春秋無彗星之書太史公所引蓋指星孛也

宋襄公時星隕如雨正義曰謂僖公十五年正戊申朔隕石于宋五也

日知錄曰星隕如雨乃宋閔公之五年言襄公者史文之誤正義以僖公十五年隕石于宋五註之非也　楊慎曰春秋星隕如雨魯莊七年非宋襄時正義注非　金甡曰按宋世家云襄公七年宋地實星如雨與雨偕下六鶂退飛風疾也蓋史公誤以五石之隕當如雨之文一誤於彼再誤於此索隱於世家辨之甚詳正義所引亦不錯但未嘗辨明終與如雨不合楊氏駁之是矣然未悉本文之意固不指魯莊七年事也

近世十二諸侯七國相王正義曰漢孝景帝三年吳王濞楚王戊趙王遂濟南王辟光淄川王賢膠東王雄渠也

陳子龍曰按此七國即七雄自諸侯僭王故曰相王若漢七國則本王耳且于縱橫等說無干正義注非

斗秉兼之

史詮曰東與柄同言此斗七星分主九州也春秋緯文耀鉤云魁星屬雍州樞星屬冀州机星屬雍州權星屬徐楊州衡星屬荊州開星屬梁兗州摇星屬豫州

三十年之間正義曰謂從秦始王十六年起兵滅韓至漢高祖五年滅項羽則三十六年矣

金甡曰按自始皇十六年庚午至漢五年己亥整三十年正義何以云三十六也　據始皇本紀滅韓在十七年

星茀於河戒

楊慎曰戒即唐一行說山河兩戒之戒

為經緯正義曰五星行南北為經東西為緯也

張永祚曰五星行東西為經南北為緯正義反言之誤也

日變脩德月變省刑　星變結和

楊慎曰日變修德三句謂日掌德月掌刑星掌和

為天數者必通三五

余有丁曰按三五即太史公所謂五家三代也索隱首以五紀解五家次以三十歲小變五百歲大變解三五此復以三辰五星為說疎謬殊甚

蒼帝行德

史詮曰此一節當在上文歲乃有災之下

黃帝行德天矢為之起正義曰黃帝中史含樞紐之帝季夏萬物盛大則當大赦含養羣品也風從西北來必以庚辛一秋中五至大赦三至小赦白帝行德以正月二十日二十一日月暈圍常大赦載謂有太陽也

金甡曰按此處文義多可疑者通一秋而言不得屬之黃帝一也天矢與赦有何干涉二也白帝行德何以有正月云云三也風與月暈兩下分占而同歸于赦四也得毋有錯簡乎

史記疏證卷第二十二

封禪書第六

習學記言曰封禪最無據舜二月東巡狩至于岱宗柴禮其所尊也望秩于山川無不徧也至于西南北猶是禮也烏有所謂封禪者乎周成王蓋未有言封禪者遷殆誣之管子封禪篇游士所為謂其諫止齊桓固妄矣至秦始封禪而漢武因之皆用方士之說虛引黃帝而推于神仙變詐是以淫祀黷天也遷亦知其非不能論正反傳會之雖微見其意而所徇已多矣安能救乎　黃氏日抄曰封禪之書起于求神仙狂侈之心遷作封禪書反覆纖悉皆以著求神仙之妄善矣而猶牽合郊祀巡狩古帝王行事之常以證封禪何耶

伊陟贊巫咸巫咸之興自此始

辨惑曰按尚書咸人四篇不見其文莫曉何義孔氏但以巫咸為臣姓名而遷遂以為巫覡據周公作君奭言巫咸又王家伊尹伊陟臣扈甘盤等同列蓋一代之勳賢而謂巫覡之類可乎且其間又有曰巫賢者正史為巫覡亦是其名為咸安得謂自此而具乎索隱引楚辭為証彼楚辭何足稽也列子言有神巫字季咸自齊来能言人死生壽夭豈因而亂乎

五嶽視三公四瀆視諸侯

說苑云五岳何以視三公能大布雲雨焉能大斂雲物焉施德博大故視三公四瀆何以視諸侯能蕩滌垢濁焉能通百川焉能出雲千里焉為施甚大故視諸侯也

用三百牢於鄜畤索隱曰秦本紀德公元年以犧三百祠鄜時今按百當為白秦君西祀少昊牲尚白牢秦諸侯也雖奢侈僭祭郊本特牲不可用三百牢以祭天蓋字誤

徐孚遠曰吴子徵會於諸侯曰百牢秦人僭侈既用郊時未必臻特牲之禮百字不為誤也　陳子龍曰秦穆之饋晉侯亦用七牢矣

古者封泰山禪梁父者七十二家而夷吾所記者十有二焉

禮記疏曰白虎通曰三皇禪於繹繹之山五帝禪於亭亭之山三王禪於梁甫之山所禪之山與管子不同者異人之說未知孰是

梁書許懋傳曰七十二君夷吾所記此中世數裁可得二十餘主伏羲神農女媧大庭栢皇中央栗陸驪連赫胥尊盧混沌昊英有巢朱襄葛天陰康無懷黃帝少昊顓頊高辛堯舜禹湯文武中間乃有共工霸有九州非帝之數云何得有七十二君封禪之事且燧人以前至周之世未有君臣人心淳朴不應金泥玉檢升中刻石燧人伏羲神農三皇結繩而治書契未作未應有鐫文告成且無懷氏伏羲後第十一主云何得在伏羲前封太山禪云云夷吾又曰惟受命之君然後得封禪周成王非受命君云何而得封太山禪社首神農與炎帝是一主而云神農封太山禪云云炎帝封太山禪云云分為二人妄亦甚矣若是聖主不須封禪若是凡主不應封禪當是齊桓欲行此事管仲知其不可故舉怪物以屈之也　皇王大紀曰自史遷載管仲言上古封禪之君七十有二後世人主希慕之以為太平盛典然登不徧於四岳封非十有二山入懷宴安不行五載一巡守之制出崇泰侈無納言計功行賞之實鐫文告成明示得意而非所以教諸侯德也泥金檢玉遂其侈心而非所以教諸侯禮也心與天道相反事與聖人相悖故太平之典方舉而天災人禍隨至者多矣梁許懋曰燧人之前世質民淳安得泥金檢玉結繩而治安得鐫文告成是故考舜典可以知後世封禪之失稽懋言可以知史遷著書之謬

禹封泰山禪會稽

徐孚遠曰以上帝王封泰山禪不過其域今禹乃禪會稽其地遠不相應也蓋以禹朝會諸侯於是山故假其說以實之

今鳳凰麒麟不來嘉穀不生而蓬蒿藜莠茂鴟梟數至而欲封禪毋乃不可乎

禮記疏曰中候準讖哲云桓公欲封禪管仲曰昔聖王功成道洽符出乃封泰山今皆不至鳳皇不臻麒麟逃遁未可以封

詩云紂在位

史詮曰詩當作書　金甡曰按詩云二字未審所謂注家俱略

青白其前低者
　史詮曰漢志青作精前作芒
其蟄者類闕旗
　史詮曰漢志無旗字蟄作霓雲闕作鬭
合闕其直
　史詮曰漢志合作占
四始者候之日
　日知錄曰謂歲始也冬至日也臘明日也立春日也正義專指正月旦非也
泉出躍
　楊慎曰泉出躍卽月令水泉動
要決晷景歲星所在
　愚按漢天文志要決晷景止正義連晷景解之非是
趙尹皋
　困學紀聞曰後漢永建初李郃上書曰趙有尹史見月生齒齕畢太星占有兵變趙君曰天下共一畢知為何國也下史於獄其後公子牙謀殺君如史所言按尹史卽皋也其占驗僅見於此趙世家不載

成王之封禪則近之矣
　徐孚遠曰成王封禪之事不見於經故為疑辭也
狸首者諸侯之不來者
　凌稚隆曰按鄭玄云狸之言不來也詩有射諸侯首不朝者之言因以名篇故萇弘因諸侯不朝設射狸首而太史公釋其義曰諸侯之不來也
宋太丘社亡而鼎沒于泗水彭城
　柯維騏曰按周紀赧王卒周民東亡秦取九鼎寶器始皇紀帝云還過彭城齋戒禱祠欲出周鼎泗水使千人沒水求之弗得夫周滅在後社亡在先社亡而鼎沒周滅而鼎遷其事相反封禪書并存其說蓋傳疑也
昔秦文公出獵獲黑龍此其水德之瑞
　徐孚遠曰於五行火生土秦當土德秦不序土漢當序之秦自言水漢自言火皆非也
天齊淵水居臨菑南郊山下者
　楊慎曰南郊山下當作南郊下下師古云下下謂最下也

山皆在齊

史詮曰山指之罘之萊二山故云皆也今本上字屬上句誤矣

成山斗入海

日知錄曰謂斗曲入之如斗柄然古人語也匈奴傳漢亦棄上谷之斗辟縣造陽地以予胡又云匈奴有斗入漢地直張掖郡矣

宋母忌（索隱曰樂彥引老子道德經云月中仙人宋母忌）

金甡曰按五千言中無此語將別有所謂道德經耶抑注家有此說耶　愚按荀子解蔽篇故道經曰人心之危道心之微楊倞注曰今虞書有此語而云道經蓋有道之經也

羨門子高（索隱曰羨門高者秦始皇使盧生求羨門子高是也）

金甡曰始皇紀作羨門高誓韋昭以羨門為一人正義以高誓為一人按羨門屢見或只注仙人或依此文注曰名子高而高誓鮮特見者恐子高高誓只是一人耳

秋涸湫

史詮曰涸字古作洛洛澤冰也

於湖有周天子祠

陳子龍曰秦滅周而尚存其祠或祀周賢王也

杜主故周之右將軍

徐孚遠曰周時無左右將軍官秦始置漢至武帝時增置之此亦因秦之名也

使人微伺得趙綰等奸利事名案綰減綰減自殺

徐孚遠曰如漢書所言尊天子之義也不為奸利蓋有司以太后指坐之耳

見神於先後宛若

淩稚隆曰按漢書孟康注宛若下有字也二字

是時李少君

漢武內傳曰李少君字雲翼齊國臨菑人好道入泰山採藥脩絕穀全身之術遇安期生少君疾困叩頭乞活安期以神樓散一匕與服之即愈乃以方干上言臣能凝汞成白銀飛丹砂成黃金金成服之白日升天身生朱陽之翼豔倫負光之異竦則淩天伏入無間控飛龍而八遐遍乘白鴻而九陔周冥海之囊

大如瓜鍾山之李大如瓶臣以食之遂生奇光師安期投臣口訣是以保萬物之可成也於是上甚尊敬為立屋第

使黃鍾史寬舒受其方

金甡曰按始皇紀云過黃腄注云地理志東萊有黃縣腄縣恐史寬舒是黃腄間人蓋亦海上怪迂之士即後來議祀后土之祠官耳錘與腄字體小異或傳寫各別只是地名非別有黃錘其人也音義亦無確據　年表有錘侯索隱曰縣屬東萊字亦從金不從月也

用太牢七日

史詮曰牢下當有具字

苑有白鹿以其皮為幣（索隱曰按食貨志以黃金一斤代之）得

金甡曰按平準書云皮幣直四十萬則是時黃金一斤直四十萬錢耶平準書注瓚曰漢以一斤為一金索隱大顏云一金萬錢也此時黃金白金不知貴賤相去如何即以直萬錢者為白金一斤豈黃金一斤竟貴至數十倍耶況是時別有白金恐所謂金者皆係黃金如淳固有黃金一斤直萬錢之說也但僅直萬錢必不准伐四十萬之幣矣

獲一角獸若麟然

蘇軾趙德麟字說云漢武帝獲白麟司馬遷班固書曰獲一角獸蓋麟云蓋之為言疑之也夫獸而一角固麟矣何疑焉豈求之武帝而未見所以致麟者歟　容齋續筆曰史漢所紀事凡致疑者或曰若或曰云或曰焉或曰蓋其語舒緩含深意姑以封禪書郊祀志考之漫記于此雍州好時自古諸神祠皆聚云蓋黃帝時嘗用事雖晚周亦郊焉三神山蓋嘗有至者諸僊人及不死之藥皆在焉未能至望見之焉新垣平望氣言有神氣成五采若人冠絻焉權火舉而祠若光煇然屬天焉出長安門若見五人於道北蓋夜致王夫人之貌云天子自帷中望見焉登中岳太室從官在山下聞若有言萬歲者云祭封禪祠其夜若有光封欒大詔天若遺朕士而大通焉河東迎鼎有黃雲蓋焉見神人東萊山若云欲見天子方士言蓬萊諸神若將可得天子為塞河興通天臺若見有光云獲若石云

于陳倉此外如所謂及羣臣有言老父則大
以為僊人也可為觀如緱城神人宜可致天
旱意乾封乎然其效可睹矣詞旨亦相似

齊人少翁
徐孚遠曰少翁姓李史不著其姓

上有所幸王夫人
史詮曰漢書作李夫人誤也按李夫人卒時
少翁死已久矣

天子病鼎湖甚
日知録曰湖當作胡鼎胡宮名漢書揚雄傳
南至宜春鼎胡御宿昆吾是也三輔黃圖宜春宮在長安
城東南杜縣東近下杜御宿苑在長安城南御宿川則鼎胡當在其中間也故卒
起幸甘泉而行石內史界索隱以為湖縣在
今之閿鄉絕遠且無行宮

置酒壽宮神君
徐孚遠曰按置酒壽宮武帝紀無酒字為當

所以言行下
余有丁曰按武紀作所欲者言行下謂神所
欲言上輒為下之

其後三年有司言元宜以天瑞命不宜以一二

数蘇林曰得黃龍鳳皇諸瑞以名年
金甡曰按蘇說似昭宣時事

一元曰建二元以長星曰光三元以效得一角
獸曰狩云
金甡曰三元宜是元朔若元狩則已四元矣
不知何以略去元朔

有司與太史公祠官寬舒議
金甡曰按太史公之稱注雖各有異說然自
序云談為太史公仕于建元元封之間則據
其時以考其人此與議立太時壇者同屬遷
父無疑蓋凡禱祠大典談頗有黼黻之功而
封禪竟不得與故發憤而卒也

始立后土祠汾陰脽丘如寬舒等議
凌稚隆曰按漢書云天子東幸汾陰男子公
孫滂沛等見汾陰旁有光如絳遂立后土祠
于汾陰脽上如寬舒等議

文成食馬肝死耳
茅坤曰按洞冥記云郅支國貢馬肝石如馬
肝舂以和九轉之丹用拭髮白者皆黑帝坐
群臣於甘泉有白髮者賜拭皆黑齊人李少

翁以神仙惑帝帝乃以馬時石賜少翁火翁
死即文成也今人見景帝有食肉不食馬肝
未為不知味之語遂謂文成食馬之肝而死
非也

人者求之
史詮曰洞本者作自

為民祠魏脽后土營旁
凌稚隆曰按汾陰故魏地故曰魏脽

曣唱有黄雲蓋焉
凌稚隆曰按曣唱武紀作晏温楊慎云凡日
出太早則陰雨日出稍晏則晴霽故謂晴為
晏

有麃過
爾雅釋獸云麠大麃牛尾一角郭璞注云漢
武帝郊雍得一角獸若麃然謂之麟者此是
也麃即麞

蓋若獸為符路弓乘矢集獲壇下服虔曰雲若獸在輏蓋也
金甡曰按弓矢云云則獸即上所射麃也服
說非是

唯受命而帝者心知其意而合德焉

日知録曰按此即謂武帝服虔以為高祖非
上幸雍且郊索隱曰以雍地形高故云上
徐孚遠曰上常稱也索隱此註未詳其事恐
屬穿鑿　金甡曰按曰上雍固應如索隱解
今有幸字則上字當指帝言正與上下文兩
上字一例

復朔旦冬至
凌稚隆曰按復武紀作得為當

黄帝時萬諸侯而神靈之封居七千
余有丁曰神靈之封居七千謂封守之中神
靈當祭告者居七千也　徐孚遠曰註神靈
之封者三家李説是也蓋卿因欒大封侯冀
已得封之

日月北斗登龍
余有丁曰交龍為旂有一升一降今止畫升
龍故曰登龍

封禪用希曠絶莫知其儀禮
史詮曰絶字屬下句讀

封禪者合不死之名也
兩漢刋誤補遺曰封者封土而為壇禪者除

地而為墠封禪即方岳明堂之異稱耳而方士之説乃謂封禪可以登仙而不死故世主樂聞其説而甘心於此是非方士之罪儒者不能正其名之過也霍去病伐匈奴封狼居胥山禪於姑衍師古曰積土增山曰封為墠祭地曰禪又可以是為不死之名邪

行禮祠八神文穎曰武帝登太山祭太一并登名山於大壇西南間除八通鬼道故言八神也

徐孚遠曰八神即始皇所祀文穎説非也索隱得之

奉車子侯暴病一日死

日知録曰死於海上非死於泰山下也索隱所引新論之言殊謬

乃作通天莖臺

淩稚隆曰張衡西京賦曰通天訬以竦峙徑百常而莖擢即此通天莖臺也

瀨南人公玉帶

愚按呂氏春秋齊湣王臣有公王丹

其西則唐中

史詮曰漢志作商中

獨五月嘗駒

徐孚遠曰按獨五月嘗駒武帝紀作五帝用駒為當

至東太山太山卑小

淩稚隆曰按下句太山上宜有一東字

五寬舒之祠官索隱曰郊祀志云祠官寬舒議祠后土為五壇故謂之五寬舒祠官也

史詮曰索隱注誤漢志五下有牀字五牀神名下文凡六祠即指太乙三一冥羊馬行赤星五牀而言也

河渠書第七

習學記言曰河渠書稱禹道河自積石歷龍門南到華陰東下砥柱及孟津雒汭至于大邳于是禹以為河所從来者高水湍悍難以行平地數為敗乃厮二渠以引其河北載之高地過降水至於大陸播為九河同為逆河入于渤海按禹貢導河積石至於龍門南至於華陰東至於底柱又東至于孟津東過洛汭至于大伾北過洚水至于太陸又北播為九河同為逆河入於海無所謂厮二渠引其河北載之高地者然則二渠之功非禹之所自以為績者他書不當特出而僅見也遷豈以是著後世有渠之始乎河者水之道也渠者水之利也治其道者禹之事也治其利者後世之事也後世雖百引渠然不足以救水敗遷以為塞瓠子道河北行二渠能復禹舊迹然而河復北決於館陶者蓋雖知引渠通溝以治水之利而未知去隄徹防以治水之道故也

陸行乘車水行載舟泥行蹈毳山行即橋

徐孚遠曰蘇子瞻書傳云四載之觧雜出於尸子慎子而最可信者太史公也或者以鯀治水九載禹加以四載故兗州作十有三載乃同蓋附會之語也

北載之高地

陳子龍曰載河高地使沿太行之麓以北此則量水平之法蓋其源高者其委不得遂卑雖升之高而不失就下之性也禹治水後七八百年而始決者得此道也

滎陽下引河東南為鴻溝以通宋鄭陳蔡曹衛

徐孚遠曰蘇子瞻書傳云自淮泗入河必道于汴非隋煬始開此道也文穎註于滎陽下引河東南為鴻溝以通宋鄭陳蔡曹衛即今官渡是也安知非禹迹耶禹貢九州皆記入河水道而淮泗獨不能入河必通汴宋都汴故詳考之理實然耳

西門豹引漳水溉鄴

李光縉曰攷溝洫志西門豹特引河水而溉鄴耳引漳水者史起也起嘗謂魏襄王曰魏

氏之行西也以百畝鄴獨二百畝是田惡也
漳水在其旁西門不知用是不智知而不與
是不仁於是史起爲鄴令遂引漳水灌田民
大得利

而漕水道九百餘里
　史詮曰漢忠漕作漕

徑易漕
　史詮曰顏注讀徑易句漕字屬下句讀

漕從南陽上沔入褒褒之絶水至斜間百餘里
以車轉從斜下下渭
　徐孚遠曰蘇子瞻書傳云沔在梁州山南渭
　在雍州山北沔無入渭之道漢武帝時有上
　書欲通褒斜道者此則自沔入渭之道也然
　褒邪之間絶水百餘里故禹貢曰逾于沔也

山東從沔無限
　凌稚隆曰按此限字正與上文砥柱之限限
　字同言無所阻隔也蓋雖砥材多敗亡者

自徵引洛水至商顏下
　日知録曰服虔曰顏音崖崖當作岸漢書古
　今人表屠岸賈作屠顏賈是也師古註謂山
　領象人之顏額者非其指商山者尤非劉攽
　已辯之

乃使汲仁郭昌發卒數萬人塞瓠子決
　金甡曰按汲仁黯弟也見黯傳郭昌雲中人
　嘗從衛昌擊匈奴見衛霍傳後

天子已用事萬里沙則還自臨決河正義曰括地志云萬里沙華州在
　金甡曰按封禪書注萬里沙在東萊時帝始
　從彼處還至河上則非華州可知豈萊字誤
　作華耶又恐未有萊州之稱也

功無已時兮吾山平徐廣曰東郡東阿有魚北或者是乎駰按如淳曰恐水漸山使平也
　愚按水經注云馬頰水又南北流逕山南山
　即吾山也

齧桑浮兮淮泗滿張晏曰齧桑地名也如淳曰邑名
　金甡曰按魏世家齧桑注徐廣曰在梁與彭
　城之間楚世家齧桑注正義亦同徐説晉世
　家齧桑注索隱曰衞地並不言一定處所在
　後代爲某邑想只從此書梁楚之地摹擬言
　之

東海引鉅定

日知録曰東海疑是北海之誤按地理志齊郡縣十二其五曰鉅定下云馬車瀆水首受鉅定東北至琅槐入海又千乘郡博昌下云博水東北至鉅定入馬車瀆而孝武紀曰征和四年春正月行幸東萊臨大海三月上耕於鉅定還幸泰山脩封計其道里亦當在齊去東海遠矣

平準書第八

習學記言曰平準書直叙漢事明載聚斂之罪此諸書最簡直然觀遷意終以為安寧變故質文不同山海輕重有國之利按書想遷有無化居周識而不征春秋通商惠工皆以國家之力扶持商賈流通貨幣故子産拒韓宣子一環不與今其詞尚存也漢高祖始行困辱商人之策至武帝乃有算船告緡之令鹽鐵搉酤之入極於平準取天下百貨自居之夫四民交致其用而後治化興抑末厚本非正論也使其果出于厚本而抑末雖偏尚義若後世但奪之以自利則何名為抑恐此意遷亦未知也　黄氏日抄曰平準者桑弘羊籠天下貨官自為商賈買賣于京師之名也蓋漢更文景恭儉至武帝初公私之富極矣自開西南夷滅朝鮮置初郡自設謀馬邑挑匈奴至大將軍驃騎將軍連年出塞大農耗竭猶不足以奉戰士乃賣爵乃更錢幣乃算舟車而事益煩財益屈宜天下無可枝梧之術矣未幾孔僅東郭咸陽乘傳行天下鹽鐵楊可告緡徧天下得民財物以億計而縣官之用反以饒而宮室之脩于是日麗鑿無為有逢君之惡小人之術何怪也然漢自是連兵三歲費皆仰給大農宜無復可繼之術矣又未幾桑弘羊領大農置平準于是天子北至朔方東至泰山巡海上並北邊以歸用帛百餘萬疋錢金以巨萬計皆取足大農又一歲之中太倉甘泉倉皆滿而邊餘穀其餘小人之術展轉無窮又何怪之甚也　董份曰平準書大抵先叙秦之餘獘漢興而民貧法度未脩姦宄得施至高祖以後痛抑末

利高后雖少弛其禁而猶不得仕宦其抑之
嚴如此中又序鑄錢所繇始而入粟拜爵自
文景不免以寓其慨歎之微指然自今上即
位而民富國裕先行義而重犯法則亦藉文
景之餘業也及其後開四夷之隙廣渠漕之
路傳興封禪巡游之費則國家用竭而海内
蕭然比之初即位之時其虛實相去遠矣生
事既多而国用復竭則興利之事必繁既鋭
事興利則吏道必不能擇而賈人進用矣欲
興利而惡阻事則必煩刑以逞矣故備述鑄
金錢筭商告緡諸政見鑄錢之政雖前所有
而其弊特極于此又備述輸粟入羊為郎諸
事見鬻爵唯前所有而其弊亦至此為盛又
又備述法令嚴酷與前網疏者不同以深歎
武帝漢業之衰也此書雖上下雖千言博極
宏辨然其要領不過若此至其後又言益漕
餘穀太倉甘泉皆滿似若富饒然不過以嚴
刑巧法而籠利非富國之本故又結以烹弘
羊一言以深明興利之非也又曰此傳自物
盛而衰固其變也以後所言武帝之失者一

征伐一巡遊轉運一興利一鬻爵拜官而廢
選一嚴刑酷誅大端不過五者然惟文字錯
綜故若不易辨耳如招來東甌事兩越廣巴
蜀置滄海詐馬邑築朔方通西南夷大將軍
再出擊胡驃騎亦再出受渾邪降其後大將
軍驃騎又大出又擊南越西羌置初郡誅反
者此皆征伐也如更錢造帛白鹿白金五銖
鹽鐵諸所禁治筭緡告緡水衡上林大農之
所掌此皆興利也如見知窮治淮南諸王之坐
死者坐盜鑄毀者不可勝計張湯等用事直
指始出顔異誅與腹誹之法獄少反者此皆
嚴刑也如入物補官入羊為郎置武功爵吏道
多端官職耗廢用桑弘羊咸陽孔僅皆起自
賈人子卜式亦以入財用吏益雜不選而多
賈人郎選衰矣此皆鬻爵拜官也文皆參錯
不直就一事言者蓋漢武虛耗起于征伐四
夷闢地喜功而遊巡次之宮室又次之天下
日復多事則其勢不得不慮轉輸而多方以
通漕輸復不繼則興利不得不廣欲廣利則
不得不用任事之臣上興利而與下爭則民

必多犯而不得不嚴刑以制人之死命此皆相因而有者也必參伍其文而後義始明顯於是為秦錢重難用更令民鑄錢一黃金一斤索隱曰如淳云時以錢為貨黃金一斤直萬錢非也又臣瓚下註云秦以一鎰為一金漢以一斤為一金是其義也金甡曰按索隱駁如說而取瓚說尚未申說明白蓋此言漢初二等之幣兩句不相貫串一黃金一斤者謂更定一金之數以一斤為準也如說牽連解之故失其義耳　方以智通雅曰程大昌演繁露曰公孫閈使人操十金卜于市注二十兩為一金此因秦鎰言也蜀文谷備忘小抄云四兩為一斤　又曰按黃金一斤四字上下文不甚洽疑有脫簡師古曰復周之制更以斤名金其他又云馬至匹百金或功爵凡直三十餘萬金陸賈橐裝直千金賜斤上將軍四十金之類詎如今俗之以一金為一兩邪惠紀視作斤上者將軍四十金二千石二十金六百石以上六金五百石以下至佐史二金注鄭氏曰四十金四十斤金也晉灼曰斤上二千石賜錢二萬此言四十金寔金也下言黃金真金也不言黃謂錢也貨食志黃金一斤值錢萬師古曰諸賜言黃金者皆與之金不言黃者謂與萬錢也公羊百金之魚何休注百金猶百萬也古者以金重一斤若今萬錢矣智考晉灼所引食貨志黃金一斤值錢萬此乃王莽之法也黃金何其賤歟下又云朱提銀重八兩為一流直一千五百八十宅銀一流直千是為銀貨二品本八兩銀矣乃直千錢何其懸絕毋乃為大錢乎莽大錢徑寸二分重十二銖文曰大錢五十言當五十小錢也小錢直一重一銖次曰公曰幼曰中曰壯則小錢正鵞眼錢環之比矣大錢五十止可當銀一分耳智固以莽之所謂黃金一斤朱提銀一流者乃貨品而以金標之猶武帝之白選曰白金也承上文錢貨六品而言下又云是為錢貨二品其義明甚猶疑周之黃金方寸而重一斤曰一斤則一斤矣何為重言方寸乎此承上文九府圜法而言為九府之一幣必有制度所云方者或如漢白金之二品曰重差小方之乎

李奇曰圜一寸而重九兩未可厚非也可因而推知方寸一斤之說矣平準所云更令民鑄錢一黃金一斤者蓋謂一黃金鑄幣號曰一斤也貨食志又曰今半兩錢法重四銖鄭氏曰其文為半兩實重四銖也然則周之方寸漢之白選莽之銀貨應皆別有實法今不載其法耳古不許民散用銀必成幣而後令用之是秦之幣不及銀者固有以也銀即在金鎰中矣世代既殊稱謂移易遷周文字古簡自魏晉唐諸人即以臆揣作注臣瓚曰秦以一鎰為一金漢以一斤為一金此說為近猶可旁考懸斷耳

物踊騰糶米至石萬錢 索隱曰按漢書糶字作躍者謂物踊貴而價起有如物騰躍而起也然糶者出賣之名故食貨志云大熟則上糶三而舍一是也

金甡曰按作躍則宜屬上句作糶似宜屬下句

馬一匹則百金 瓚曰漢以一斤為一金

金甡曰按金以斤計則是時馬貴至一千六百兩一匹無是理矣

故吳鄧氏錢布天下

西京雜記曰文帝時鄧通得賜蜀銅山聽得鑄錢文字肉好皆與天子錢同故富侔人主時吳王亦有銅山鑄錢故有吳錢微重文字肉好與漢錢不異

彭吳賈滅朝鮮置滄海之郡 索隱曰彭吳人姓名始開其道而滅之

徐孚遠曰朝鮮列傳不載彭吳賈姓名事亦絕無依據定訛脱也　金甡曰按彭吳略無表見而朝鮮之役不舉楊僕荀彘而獨以吳主之與嚴助王恢諸人迴不相稱索隱亦不知何據

蠻夷因以數攻吏發兵誅之

一本吏作更史詮曰漢志更作吏

東至蒼海之郡

史詮曰漢志至作置

然無益于俗稍騖於功利矣

徐孚遠曰平津躬為節儉亦希旨以取富貴也故曰稍騖于功利

河決觀

史詮曰漢志觀作灌連下梁楚之地句讀

封君皆低首仰給

凌稚隆曰按師古云封君受封邑者謂公主列侯之屬也時公主列侯雖有國邑而無餘財其朝夕所須皆俯首仰面取給于富商大賈後方以邑入償之

而姦或盜摩錢裏取鎔

凌稚隆曰按鎔本作鋊音裕作鎔非

周郭其下

史詮曰漢志下作質

以屬大農佐賦

柯維騏曰按馬氏廷鸞云孔僅咸陽所言前之屬少府者其利微今改屬入農則其利盡此聚斂之臣餙說以蓋其私也

天下大抵無慮皆鑄金錢矣

日知録曰無慮猶云無算言多也

守相為吏者

史詮曰一本吏作利

官用非赤側不得行

愚按功臣表垣侯蠱皐柔坐為汝南太守知民不用赤側錢為賦國除

治樓船高十餘丈旗幟加其上甚壯

西京雜記曰昆明池中有戈船樓船各數百艘樓船上建樓櫓戈船上建戈矛四角悉垂幡旄旍葆麾蓋照灼涯涘

諸官益新置多

史詮曰漢志新作雜

徙奴婢衆

史詮曰漢志徙作徒

欲留留處

史詮曰洞本作之處

縣治官儲

史詮曰漢志官作宮

上郡朔方西河河西開田官斥塞卒六十萬人戍田之

金甡曰按此謂遣塞上云兵借戍田之役蓋以守邊卒為屯田卒也斥塞二字不斷如淳解是此固與貨殖傳塞之斥也不同

鐵器苦惡賈貴索隱曰言鹽既苦而器又惡故買賣貴也

徐孚遠曰此註非也言官所作鹽鐵既苦惡而價又貴故下云強令民賣買也

各徃徃縣置均輸鹽鐵官

容齋續筆曰西漢鹽鐵膳羞陂湖工服之屬郡縣各有司局幹之其名甚多然居之者罕嘗見於史傳今畧以地理志所載言之凡鐵官三十八鹽官二十九工官九皆不暇紀其處自餘若京兆有船司空為主船官太原有挏馬官主牧馬馬元官名家遼東有牧師官交趾有羞官南郡有發弩官嚴道有木官丹陽有銅官桂陽有金官南海有洭浦官南郡江夏有雲夢官九江有陂官湖官朐忍魚復有橘官鄱陽黃金采主采金亦有官在內則奉常之均官食官司農之斡官少府之大官主膳食湯官主餅餌導官主擇米如是者蓋以百數

令遠方各以其物貴時商賈所轉販者為賦而相灌輸

馬廷鸞曰太史公平準書令遠方各以其物二語未明班固採其語云令遠方各以其物如異時商賈所轉販者而相灌輸此說渙然蓋謂驅農民以效商賈之為也

太史公曰

柯維騏曰愚按太史公此贊乃平準書之發端耳上述三代貢賦之常中列管仲李克富彊之術下及嬴秦虛耗之弊次及漢事文理相續不然則此書首云漢興接秦之弊似無原由其贊不敘漢事似欠結束漢書食貨志頗採此文條理甚明乃知俗本非太史公舊也所敘武帝事未竟而遷死不得成就其書故其文止於烹弘羊天乃雨後之人遂截首一段移為書末之贊不恤其文之無章也

金甡曰按此論殊有特識但遷死不得成書之說非也此書與封禪同作不了之局封禪虛拖後文此以實事截住筆法不同耳史公敘事自有止訖非以己身所及為斷也如封禪敘至天漢而此書止及元封則自元封以後史公所及見而可紀者固多獨何所顧忌而至死不卒業耶河渠宣房之塞亦歸結於元封於後事概從畧也

一國之幣為三等

徐孚遠曰名為三等而止敘其二不及巾幣

恐三字誤也

史記疏證卷第二十四

吳太伯世家第一

史通曰自有王者便置諸侯列以五等疏為萬國當周之東遷王室大壞於是禮樂征伐自諸侯出迄乎秦世分為七雄司馬遷之記諸國也其編次之體與本紀不殊蓋欲抑彼諸侯異乎天子故假以它稱名為世家　日知錄曰凡世家多本之左氏傳其與傳不同者皆當以左氏為正

於是太伯仲雍二人乃奔荆蠻文身斷髮示不可用

困學紀聞曰傳言大伯端委仲雍斷髮史記云二人皆文身斷髮示不可用文身斷髮自辟害耳遠適荆蠻則周人不知其處何以須示不可用也皆遷之謬　史詮曰荆蠻當作南蠻吳地在揚州之南非屬荆州也吳亡屬越越亡屬楚楚亡屬秦秦諱楚曰荆故曰荆蠻漢人因而不改爾

楚共王伐吳至衡山集解杜預曰吳興烏程縣南

史詮曰左傳楚子重伐吳克鳩茲至於衡山

鳩茲即蕪湖衡山即漢丹陽縣橫山去鳩茲不遠子重所至也若如杜預說在烏程縣南則地道遠不相值矣橫山今名橫望山橫與衡同音

君子曰能守節矣索隱曰君子者左邱明所為史評仲尼之詞指仲尼為君子也

金甡曰按季札聘魯孔子八歲讓國時孔子未生也其引子臧之事何遽得孔子論斷之語而稱之左氏於孔子論斷類皆明著其說其稱君子曰者或亦有推衍孔子之意然無採前人評論且自寓己意非專以仲尼為君子也

然勤而不怨

徐孚遠曰如殷其雷汝墳之篇是勤而不怨也

以德輔此則盟主也

徐孚遠曰魏與唐合俱為晉風猶邶鄘之于衛其言盟主指晉也

猶有先王之遺民杜預曰謂有殷王餘裕故未大

徐孚遠曰杜註非也蓋言文武之遺民周衰尚在鎬京無緣有殷王餘裕

若有他樂吾不敢觀

董份曰不敢觀者非謂魯受四代也蓋觀止於韶無以復加也

將舍於宿索隱曰按太史公欲自為一家事雖出於左氏文則隨義而換既以舍字替宿遂以宿字替戚兩戚既是邑名理應不易今宜讀宿為戚

董份曰按太史公雖欲成一家書必不改戚為宿此乃誤耳

政將在三家

徐孚遠曰時晉有六卿而言在三家則范中行知代之亡不言而見

於是乃解其寶劍繫之徐君冢樹而去

新序曰季子脫劍致之徐嗣君嗣君曰先君無命孤不敢受劍于是季子以劍帶徐君墓樹而去徐人嘉而歌之曰延陵季子兮不忘故脫千金之劍兮帶丘墓

十七年王餘祭卒

愚按左傳及十二諸侯年表餘祭於四年為閽所殺此作十七年是與傳表違背然年表既言閽殺餘祭而仍書十七年又似餘祭死

于是年為真

弟餘眛立

春秋作夷末公羊作夷眛

公子光者王諸樊之子也

左傳疏曰世本云夷眛及僚夷眛生光服虔云夷眛生光而廢之僚者夷眛之庶兄夷眛卒僚代立故光曰我王嗣也是用公羊為說也杜言光吳子諸樊子用史記為說也班固云遷采世本為史記而今之世本與遷言不同世本多誤不足依馮故杜以史記為正

初楚邊邑卑梁氏之處女與吳邊邑之女爭桑

錢塘郘廷連曰按楚世家吳之邊邑卑梁與楚邊邑鍾離小童爭桑滅卑梁人卑梁大夫怒發邑兵攻鍾離楚王聞之怒發國兵滅卑梁吳王聞之亦大怒發兵滅鍾離居巢則卑梁為吳邊邑鍾離為楚邊邑明矣此云楚邊邑卑梁氏云云似卑梁為楚之邊邑也誤當從楚世家

公子蓋餘燭庸索隱曰春秋作掩餘或謂太史公被腐刑不欲言掩也

金甡曰按此說不經之甚不知隱宮宦籍闌茂腐儒等字史公又何以都不避忌也

而內空無骨鯁之臣

徐孚遠曰無骨鯁之臣言季子已使上國無立異之人也

始子之言郢未可入今果如何索隱曰言今欲果敢伐楚可否也

子胥伯嚭鞭平王之尸以報父讎

金甡曰按果猶誠也竟也索隱非是

習學記言曰左氏不載事之有無雖不足道而義理所關最大後世至有謂父不受誅子復讐斬首鞭尸為得禮者子產奉觴韓厥獻飲於他國君如此舊君當如何

軍却七里吳王病傷而死

徐孚遠曰姑蘇臺吳都所在吳伐越越迎敗之未宜直至吳都左傳是也

有虞思夏德于是妻以二女而邑之綸

金甡曰按左傳思是虞君名此直作思念

祀夏配天集解服虔曰以鯀配天

史詮曰以禹配天也服虔注繆

遂北伐齊敗齊師于艾陵

史詮曰左傳在十二年

十三年吳召魯衛之君會於槖皐

愚按左傳槖皐之會但有魯君年表並同秋徵會于衛乃會于鄖耳此幷兩事為一誤

乙酉越五千人與吳戰

陳子龍曰外傳范蠡舌庸率師沿海泝淮以與絶吳路當起數道之師不止五千人也

越王滅吳誅太宰嚭

通鑑外紀曰左傳哀二十四年閏月哀公如越季孫懼因太宰嚭而納賂焉在吳亡後二年也嚭入越亦用事安得吳亡即誅哉　邵泰衡曰夫豈越德嚭而存之仍爵之太宰乎豈嚭納賂之性不悛如是乎抑或名爵之相同乎不然二十二年吳滅二十四年越有宰嚭者何人也

史記疏證卷第二十五

齊太公世家第二

太公望呂尚者

毛詩大明疏尚本是名號之曰望而雅師謀云呂尚釣厓注云尚名也又曰望公七年尚名變名注云變名為望蓋因所呼之號遂以為名以其道可尊尚又取本名為號也孫子兵法曰周之興也呂牙在殷則牙又是其名字也

其先祖嘗為四嶽佐禹平水土甚有功

毛詩崧高疏曰周語說堯使禹治水四岳佐之帝嘉禹德賜姓曰姒氏曰有夏祚四岳國為侯伯氏曰有呂此一王四伯韋昭云一王謂禹也四伯謂四岳也為四岳伯故稱四伯不言名字其名則鄭語所云伯夷能禮於神以佐堯者也

虞夏之際封於呂徐廣曰呂在南陽宛縣西

說文昔太嶽為禹心呂之臣故封呂侯　路史國名紀曰呂侯爵伯夷之封杜預謂在南陽宛西南陽今隸鄧宛後周入南陽倂而太公乃出東呂呂甞

也傳物志曲海城有東呂鄉東呂里太公望所出也寰宇記密之莒縣東百六十漢曲海城

呂尚蓋嘗窮困年老矣

韓詩外傳曰太公望少為人壻老而見去屠牛朝歌賃於棘津釣於磻溪

吾太公望子久矣

日知錄曰此是妄為之說周之太王齊之太公吳之太伯有國之始祖謂之太祖其義一也

載與俱歸

毛詩文王疏曰文王之得太公無經典正文言其得之年月雒師謀注云文王既誅崇侯乃得呂尚於磻溪之崖是伐崇之年得呂尚也書傳云散宜生南宮括閎夭三子相與學訟于太公四子遂見西伯於羑里是文王被囚之年得太公也史記齊世家云西伯政平及斷虞芮之訟伐崇密須犬夷大作豐邑天下三分其二歸周者太公之謀計居多則是斷虞芮之前得太公也皇甫謐以為未受命時已得太公即言不同莫能齊一按左傳稱呂伋為王舅則武王之后太公女也文王受命六年武王已八十二矣不應此時方取王室且文王于今年得之明年即崩以人情準之未應便為武王取其女也又書傳之美太公言其翼佐文武身有殊勳世祚太公以表東海以其有大功故也若伐崇之後方始得之則文王於時基宇已就太公無所宣其力亦何功業之有乎哉若武王承父舊業太公因人成事牧野一戰聖賢多矣仗鉞之勞不足稱述而使經傳之文褒揚若此六年始得深可惑矣

周西伯拘羑里散宜生閎夭素知而招呂尚

徐孚遠曰據此則是太公非身遇文王而閎散為之介紹也此言非也應是為文王師後而與二子出奇計以脫文王於囚也

陰謀脩德以傾商政

習學記言曰德非傾人之事豈陰謀所能為信如此則古之為德乃後之所以為暴也遷併言之未可與論知德矣

其事多兵權與奇計

毛詩大明疏曰維師謀說太公受兵鈐之法
云踐爾兵革審權矩應詐縱謀出無孔注云
踐行也矩法也當親行汝兵革審其權謀之
法孔道也應敵之變詐縱巳之謀所出無常
道善太公知權變者

故後世之言兵及周之陰權皆宗太公為本謀

王應麟漢書藝文志攷證曰戰國策蘇秦得
太公陰符之謀隋志有太公陰謀文選注引
七畧太公金版玉匱雖近世之文然多善者
又引太公金匱　困學紀聞曰石林葉氏曰
其說蓋出六韜夫太公賢者也其所用王術
也其所事聖人也則出處必有義而致君必
有道自墨翟以太公於文王為忤合而孫武
謂之用間且以嘗為文武將兵故尚權詐者
多並緣自見說齋唐氏曰三分有二而猶事
商在衆人必以為失時三后協心而後道洽
在常情必以為無功二聖人信之篤守之固
至誠惻怛之心寬厚和平之政浹於斯民固
結而不可解此豈矯拂而偽為亦出於自然
而已彼太史公曾不知此乃曰周西伯昌囚
羑里歸與呂尚陰謀脩德以傾商政又曰〻
公聞伯禽報政遲乃歎曰魯後世其北面事
齊矣此特戰國變詐之謀後世苟簡之說殆
非文王之事周公之言也遷不能辨其是否
又從而筆之於書使後人懷欲得之心務速
成之功孝藉此以為口實其害豈小哉　邵
泰衢曰所謂六韜者非直太公之書蓋雜出
于戰國用兵者之邪說楚漢之際好事者之
所為也

蒼兕蒼兕

楊慎曰尚書泰誓無蒼兕舟楫之文蓋張霸
偽作之泰誓也　金甡曰按論衡佚文篇云
成帝徵天下能為尚書者東海張霸造作百
二篇奏上帝出秘尚書校之無一字相應者
下霸史後赦其辠亦不滅其經故百二尚書
傳在民間霸偽作于成帝時史公安得採取
自別有所本也

與太公作此泰誓

辨惑曰按泰誓王言也而以為與太公作何
所據也且作泰誓何加一此字

武王將伐紂卜龜兆不吉風雨暴至羣公盡懼唯太公彊之勸武王

尚書泰誓疏曰太公六韜云卜戰龜兆焦筮又不吉太公曰枯骨朽蓍不踰人矣彼言不吉者六韜之書後人所作史記又採用六韜好事者妄矜太公非實事也　論衡卜筮篇云武王伐紂卜筮之逆占曰大凶太公推蓍踏龜而曰枯骨死草何知而凶又云卜之而龜兆占者曰凶太公曰以祭則凶以戰則勝卒克紂焉

封師尚父於齊營丘

毛詩疏曰水所營繞故曰營丘釋丘云水出其左營丘孫炎曰今齊之營丘淄水過其南及東是也以丘臨水謂之臨淄與營丘一地也

東就國道宿行遲逆旅之人曰吾聞時難得而易失客寢甚安殆非就國者也太公聞之夜衣而行犂明至國萊侯來伐與之爭營丘

何孟春曰太公封齊逆旅之人趣其就國鄭桓公東會封於鄭暮宿於宋東之逆旅逆旅之叟曰吾聞之時難得而易失今客寢安殆非封也桓公聞之援轡自駕行十日夜而至釐何與之爭封此一事耳　金甡曰按國語臧文仲受地於晉事亦相類

客寢甚安殆非就國者也

習學記言曰此後世鄙諂而遷以施之周公師尚父之間是世無復有聖賢何取於論載也

子丁公呂伋立

毛詩疏曰昭十二年左傳楚靈王曰昔我先王熊繹與呂伋王孫牟燮父禽父並事康王又顧命云命仲桓南宮毛俾爰齊侯呂汲以二千戈虎賁百人逆子釗於南門之外成王之崩職掌虎賁又事康王明為王官也但未知何官耳以大公為王官之伯丁公又在三朝故云嗣位謂嗣王官之位耳未必嗣為太師也孔安國顧命注云汲為天子虎賁氏謂當時為之耳亦未終於此官也　楊慎曰太公子丁公丁公子乙公乙公子癸公蓋猶用殷法以生日名子非謚也　愚按說文玎字

注云从王丁聲癸太公子伋謚曰玎公當經切

哀公時紀侯譖之周周烹哀公集解徐廣曰周夷王

毛詩疏曰莊四年公羊傳齊哀公烹於周紀侯譖之世家亦云紀侯譖之周烹哀公二文皆言周烹之耳不言懿王也徐廣以為周夷王烹之鄭知是懿王者以世家既言烹哀公乃云而立其弟靜是為胡公當周夷王時哀公之同母少弟山殺胡公而自立是為獻公言夷王之時山殺胡公則胡公之立在夷王前矣受譖烹人則是衰闇之主夷王上有孝王書傳之文不言孝王者有大罪去國周本紀云懿王立王室遂衰自懿王為始明懿王受譖烹矣且本紀稱懿王之時詩人作刺得不以懿王之時雞鳴詩作而言懿王時乎是以知烹之者懿王也然則胡公以懿王時立歷孝王至夷王之時而被殺以王世不長而癸君壽考故得一君當三王也謚法曰保民耆艾曰胡則知胡公為君歷年久矣以此謚明非是夷王烹哀公也

獻公元年盡逐胡公子因徙薄姑都治臨菑

毛詩疏曰古者諸侯之居逼隘則王者遷其邑而定其居時齊居逼隘故王使仲山甫往城而定之也既言所定不知定在何處故毛傳云蓋去薄姑而遷於臨菑也毛時書籍猶多去聖未遠雖言蓋為疑辭其當有所依約而言也史記云獻公徙薄姑都治臨菑計獻公當夷王之時與此傳不合遷之言未必實也　又齊風疏曰史記之文事多疏畧夷王之時哀公弟山殺胡公而自立後九年而卒自武王九年厲王之奔止自胡公之所殺為十八年而本紀云厲王三十七年出奔計十九年不及夷王之末則遷説自違也如此則所言獻公之遷臨淄未可信也毛公在馬遷之前其言當有準據故不與馬遷同

莊公二十四年犬戎殺幽王周東徙雒秦始列為諸侯

程一枝曰秦繼周而王者爭其始為諸侯也列國世家皆書曰秦襄公始為諸侯曷為書之謹其始也謂其係天下之强弱也孔子繼

周公而聖者乎其相魯而卒也列國世家皆書曰孔子相魯曰孔子卒曷為書之謹其終也謂其係天下之重輕也

八年伐紀紀遷去其邑

徐孚遠曰紀侯譖烹齊哀侯故齊伐之所謂襄公復九世之仇也

反而鞭主屨者茀三百

愚按左傳作誅屨於徒人費此以為主屨不知所本

遂殺子糾于笙瀆

愚按左傳作生瀆

桓公厚禮以為大夫任政

管子小匡篇曰桓公自昔及於齊使鮑叔牙為宰鮑叔辭曰君有加惠於臣使臣不凍餒則是君之賜也若必治國家則非臣之所能也其唯管夷吾乎臣之所不如夷吾者五寬惠愛民臣不如也治國不失秉臣不如也忠信可結於諸侯臣不如也制禮義可法於四方臣不如也介冑執枹立於軍門使百姓皆知勇臣不如也夫管子民之父母也將欲治其子不可棄其父母公曰管夷吾親射寡人中鉤殆於死今乃用之可乎鮑叔曰彼為其君勤也君若宥而反之其為君猶是也公曰然則為之奈何鮑叔曰君使人請之魯公曰夫施伯魯之謀臣也彼知吾將用之必不吾與鮑叔曰君詔使者曰寡君有不令之臣在君之國願請之以戮於羣臣魯君必諾且施伯之知夷吾之才必將致魯之政夷吾受之則魯能弱齊矣夷吾不受彼知其將反齊必報之君亟請之不然無及公乃使鮑叔行成曰公子糾親也請君討之魯人為殺公子糾又曰管仲讐也請受而戮之魯君許諾施伯謂魯侯曰勿與非戮之也將用其政也管仲天下之賢人今齊求而得之則必長為魯君憂君何不殺之而授其尸魯君曰諾將殺管仲鮑叔進曰殺之齊是戮齊也殺之魯是戮魯也寡君願生得之以狗於國為群臣戮若不生得是君與寡君之賊比也非敝邑之所請也使臣不敢受命於是乎魯君乃不殺遂生束縛而以與齊鮑叔受而哭之三舉施伯

從而笑之謂大夫曰管仲必不死矣鮑叔之不忍戮賢人其知知稱賢以自成也至於堂阜之上鮑叔祓而浴之三桓公親迎於郊遂與歸禮之於廟三酌而問為政焉

曹沫以匕首劫桓公於壇上

習學記言曰遷言曹沫以匕首劫齊桓公遂與沫三敗所亡地此事公羊先見按左氏魯莊公九年納糾敗於乾時幾獲十年有長勺之勝劌實主之齊猶未已與宋次乘丘公子偃敗宋師齊乃還十三年北杏之會齊將稱霸其冬魯乃會盟于柯是三戰而再勝未嘗失地三年不交兵何用要劫二十三年曹劌復諫觀社詳其前後詞語豈操匕首於壇坫之間者耶意當時處士謂劌自鄉人拔起有功業宗主之不以為德而以為剌習俗之陋何獨後世可哀也已

七年諸侯會桓公於甄

經典釋文曰甄音絹一音真或音旃又舉然反或作鄄年表作鄄

諸侯聞之皆從齊

說苑貴德篇曰齊桓公北伐山戎氏其道過燕燕君逆而出境桓公問管仲曰諸侯相逆固出境乎管仲曰非天子不出境桓公曰然則燕君畏而失禮也寡人不道而使燕君失禮乃割燕君所至之地以與燕君諸侯聞之皆朝於齊

二十三年山戎伐燕燕告急於齊齊桓公救燕遂伐山戎

愚按左傳及燕世家此事在齊桓二十二年此與年表皆作二十三年誤

魯湣公母曰哀姜

愚按魯世家曰莊公娶齊女為夫人曰哀姜哀姜無子哀姜娣曰叔姜生子開

使隰朋立晉君還

徐孚遠曰時秦伯納夷吾齊因其入也而定其位脩霸業也

三十九年周襄王弟帶來奔齊齊使仲孫請王為帶謝襄王怒弗聽

愚按左傳叔帶奔齊在魯僖十二年時齊桓為三十八年世家列于三十九年者蓋因仲

孫湫之聘在是年因追叙叔帶來奔耳

六年翟侵齊晉文公卒

愚按左傳晉文公卒於齊昭之五年在翟侵齊之前此作六年誤

十九年五月昭公卒

愚按十二諸侯年表作二十年為是春秋文十四年為齊昭二十年夏五月乙亥齊侯潘卒

懿公桓公子也其母曰密姬

董份曰按上既曰某姬生某公矣則此復曰其母曰某姬恐少衍蓋太史公不及刪者

懿公游於申池集解杜預曰齊南城門名申門齊城無池唯此門左右有池疑此是也左思齊都賦註曰申池海濱齊藪也

水經注曰京相璠杜預並言申門即齊城南面西第一門矣為申池今池無復髣髴然水側尚有小小竹木以時遺生也　愚按襄十八年左傳晉侯伐齊己亥焚雍門及西郭南郭劉難士弱率諸侯之師焚申池之竹木申池與西郭南郭近則杜預所謂申門之池者是矣杜預原註稱齊南城西門名申門裴駰刪去西字耳若齊都賦注海濱齊藪者恐去國都遠不可從酈元云懿公見弒蓋自白龍魚遯見　近郊矣左氏拾近遺遠考古非議杜預泛言有推據耳

惠公二年長翟來集解穀梁傳曰身橫九畝斷其首而載之眉見於軾

邰泰衢曰左傳文十一年初宋武公之世鄋瞞伐宋敗翟于長丘獲長狄緣斯齊襄公之二年鄋瞞伐齊齊王子城父獲其榮如埋其首于周首之北門衛人獲其季弟簡如鄋瞞由是遂亡齊襄二年魯桓十六年也今云惠公二年則宣公二年矣宋武未入春秋之前也今云昭公四年乃文公十一年也年世殊絕不亦甚乎穀梁云尸橫九畝斷其首而載之眉見于軾夫身有九畝之大頭不應一車之小況天生斯君必生斯民必生男女為之配今所獲唯僑如緣斯焚如榮如簡如之五男而鄋瞞遂亡種類絕者何也是皆禹致群神于會稽長翟本之于注罔防風之神其説也蓋必地名長翟入犯宋齊必非人長三丈尸橫九畝以此為長者矣

六年春晉使郤克於齊
愚按左傳及年表郤克使齊在頃公七年為魯宣之十七年此作六年誤
郤克執齊使者四人河內殺之
愚按左傳齊侯使高固晏弱蔡朝南郭偃會及斂盂高固逃歸晉人執晏弱于野王執蔡朝于原執南郭偃于溫苗賁皇言于晉侯晉人緩之逸此云殺之不知何據
十年春齊伐魯衛
愚按左傳成公二年春齊侯伐我北鄙衛侯使孫良夫石稷甯相向禽將侵齊是齊伐魯非伐衛也
齊頃公朝晉欲尊王晉景公
左傳疏曰此時天子雖弱諸侯並盛晉文不敢請隧楚莊不敢問鼎又齊弱於晉所較不多豈為一戰而勝便即以王相許準時度勢理必不然竊原馬之遷之意所以有此說者當讀此傳將授玉以為授王遂飾成為此謬辭耳
靈公走入臨菑晏嬰止靈公
愚按左傳無此事
仲姬戎姬
董份曰為太子下即著仲姬戎姬恐有脫字
史詮曰仲姬戎姬不言取者蒙上文也左傳姬作子宋女也
崔杼迎故太子光而立之是為莊公
徐孚遠曰前言崔杼奔衛不言其歸國又杼非命卿何以得專冊立皆闕文
執太子牙于句竇之丘
左傳作句瀆之丘
八月崔杼殺高厚晉聞齊亂伐齊至高唐
愚按左傳莊公即位執公子牙于句瀆之丘以夙沙衛　已衛奔高唐以叛晉士匄侵齊及穀聞喪而還此皆在崔杼殺高厚前為五月事史公誤讀左傳并二事為一遂有至高唐之文細檢經傳並無此事
公反墜遂弑之
說苑君道篇曰齊人弑其君魯襄公援戈而起曰孰臣而敢殺其君乎師懼曰夫齊君治之不能任之不肖縱一人之欲以虐萬夫之

惟非所以立君也其身死自取之也今君不愛萬夫之命而傷一人之死奚其過也其臣已無道矣其君亦不足惜也

景公元年至崔杼無歸亦自殺慶封為相國專權

愚按左傳事在魯襄公二十七年是年當景公二年也年表同此作元年誤

成請老於崔杼

愚按左傳成請老於崔杜預註濟南東朝陽縣西北有崔氏城成欲居崔邑以終老此作崔杼明衍杼字

三十二年彗星見景公坐柏寢嘆曰堂堂誰有此乎群臣皆泣晏子笑公怒晏子曰臣笑群臣諛甚景公曰彗星出東北當齊分野寡人以為憂晏子曰君高臺深池賦斂如弗得刑罰恐弗勝茀星將出彗星何懼乎公曰可禳否晏子曰使神可祝而來亦可禳而去也百姓苦怨以萬數而君令一人禳之安能勝衆口乎

辨惑曰左傳昭公二十年十月齊景公疥遂痁期而不瘳梁丘據與裔款言于公曰吾事鬼神豐于先君有加矣今君疾病是祝史之罪也盍誅祝史晏子不可曰民人苦病婦人皆詛祝有益也詛亦有損雖其善祝豈能勝億兆人之詛十二月晏子侍公于遄臺梁丘據馳而造焉飲酒樂公曰古而無死其樂若何晏子曰古而無死則古之樂也君何得焉昔爽鳩氏始居此地季萴因之有逄伯陵因之蒲姑氏因之而後太公因之古若無死則爽鳩氏之樂非君所願也二十六年冬齊有彗星齊侯使禳之晏子曰無益也祇取誣焉天道不謟不貳其命若之何禳之齊侯與晏子坐於路寢公歎曰美哉室其誰有此乎晏子曰敢問何謂也公曰吾以為在德對曰如君之言其陳氏乎列子景公遊於牛山臨其國城而流涕曰美哉國乎鬱鬱芊芊若何去此國而死乎使古無死者寡人將去斯而何之史孔梁丘據從而泣晏子獨笑於傍公曰寡人今日之遊悲孔與據皆從而泣子之獨笑何也對曰使賢者而常守之則太公桓公常守之矣使有勇者而常守之則莊公靈公常守之矣

毀君者常守之吾君方將被蓑笠而立乎畎畝之中惟事之恤何暇念死乎則吾君又安得此位而立焉以其迭遷之迭去至於君也而獨為之流涕是不仁也見不仁之君見諂諛之臣臣所為獨竊笑也史記齊世家襍取二書之說云三十二年彗星見云云嗚呼此一事也而差互不同如是其餘謬妄可勝道哉

悼公元年齊伐魯取讙闡

愚按左傳及十二諸侯年表齊取讙闡在悼公二年此作元年誤

齊人共立悼公子壬是為簡公徐廣曰年表云簡公壬者景公之子也

徐孚遠曰左傳亦作悼公子年表非也且簡公非悼公子則在魯而闞止有寵其事難通

愚按年表云鮑子殺悼公齊人立其子壬為簡公亦無景公之子語徐廣誤記

子宣公積立

愚按年表作就匝

十九年田常曾孫田和始為諸侯遷康公海濱

愚按田完世家云食一城以奉其先祀

史記疏證卷第二十六

魯周公世家第三

是為魯公

　徐孚遠曰封魯公成王時事故詩曰王曰叔父建爾元子此言武王誤也　愚按下文云卒相成王而使其子伯禽代就封於魯史公已明白言之周本紀云封功臣謀士而師尚父為首封封尚父於營丘曰齊封弟周公旦於曲阜曰魯是魯封於武王時也

周公於是乃自以為質

　書作周公自以為功

周公入賀武王曰王其無害

　徐孚遠曰尚書不言入賀武王若如史記則周公代王之說宜已昭露不應待風雷之變也

周公乃告太公望召公奭曰我之所以弗辟而攝行政者恐天下畔周

　卲泰衡曰齊世家武王平商封師尚父于營丘東就國夜衣而行黎明至國則太公未嘗在周也今曰告太公望者何與況齊山川道遠乃曰夜衣而行黎明至國乃似一晝夜之可即達者何與至立嗣必以長武王九十三歲乃崩成王未必當襁褓況成王多弟耶且太公此時亦當百餘歲矣

子之魯慎無以國驕人

　說苑君道篇曰成王封伯禽為魯公召而告之曰爾知為人上之道乎凡處尊位者必以敬下順德規諫必開不諱之門撙節安靜以藉之諫者勿振以威毋格其言博采其辭乃擇可觀夫有文無武無以威下有武無文民畏不親文武俱行威德乃成既成威德民親以服清白上通巧佞下塞諫者得進忠信乃畜伯禽再拜受命而辭　荀子堯問篇曰伯禽將歸於魯周公謂伯禽之傅曰我文王之為子武王之為弟成王之為叔父吾於天下不賤矣然而吾所執贄而相見者三十人貌執之士者百有餘人欲言而請畢事者千有餘人於是吾僅得三士焉以正吾身以定天下吾所以得三士者亡於十人與三十人中乃在百人與千人之中故上士吾薄為之貌

下士吾厚為之貌人人皆以我為越踰好士然故士至士至而後見物見物然後知其非之所在戒之哉汝其以魯國驕人幾矣夫仰祿之士猶可驕也正身之士不可驕也彼正身之士舍貴而為賤舍富而為貧舍佚而為勞顏色黎黑而不失其所是以天下之紀不息文章不廢也

乃為詩貽王命之曰鴟鴞王亦未敢訓周公

徐孚遠曰按乃為詩至訓周公十七字宜在上文我所以為之若此句下　又曰成王疑周公故周公居東此以居東為東伐不顯成王之疑而但云王未敢訓周公文情乖失不若尚書本文明順

初成王少時病周公乃自揃其蚤沈之河以祝於神曰王少未有識奸神命者乃旦也亦藏其策於府成王病有瘳及成王用事人或譖周公

周公奔楚成王發府見周公禱書乃泣反周公

辨惑曰金縢一書蓋周公嘗請代武王之死已乃納冊匱中而秘其事武王既喪群叔流言毀公公東征二年罪人斯得作鴟鴞之詩以遺成王而猶未敢誚及因天變以啟金縢之書得公代武王之說于是悔過自新而迎公以還其文甚明史記魯世家既載周公納冊金縢及群叔流言周公東征之事至于封康叔營洛邑還政成王則又云初成王少時病云云公卒之後始有因天變啟金縢之事如書之所記戾於經矣然蒙恬對胡亥亦引周公揃爪及奔楚之事則戰國以來固已有此陋說而子長愛奇因以亂之耳抑不知所謂小子其迎者認為何義也　困學紀聞曰呂子進曰考之於書啟金縢之書在周公未薨前而無揃蚤事此蓋一事傳之者不同耳

習學記言曰是時楚未有國公奚之焉詩書以為居東而異說以為南奔推此類則亦當時史法不備之故自遷固為史其高者固不盡知而卑者差弗誤爾

成王發府見周公禱書

陳子龍曰此即金縢之事傳者訛耳不然何周公每作此祝也

文王日中昃不暇食饗國五十年

王維禎曰文王日中昃三句是無逸篇大抵太史公引尚書多更其文而以已意聯屬之即此皆以享國言故撮其辭如此

周公在豐病將沒

徐孚遠曰周公作洛後成王治鎬京周公治洛尚書甚明曰必葬我成周即其地也無緣在豐

於是成王乃命魯得郊

史詮曰竹書紀年魯惠公使宰讓請郊廟之禮平王使史角如魯止之魯之用郊蓋由惠公請之也至僖公作頌始以郊祭為誇焉太史公謂成王所命蓋本於記禮者之誤歟

魯有天子禮樂者以褒周公之德也

習學記言曰遷言金縢事既錯繆而繫以得郊祭文王有天子禮樂尤害義金縢所謂自以為功代武王一時事也舉周公所以造周者不足以用異禮而以金縢故與之是以天下之名器而為徇已之私物將與遷丑父紀信一等矣

魯公伯禽卒集解徐廣曰皇甫謐云伯禽以成王元年封四十六年康王十六年卒

史詮曰謚說誤也自成王元年至康王十六年凡五十三年而卒

煬公六年卒

漢志劉歆曆煬公六十年史詮曰漢志是也世家年上誤脫十字

獻公三十二年卒

漢志劉歆曆獻公五十年史詮曰世家漢志皆誤也以真公元年推而上之獻公在位實四十二年

武公九年春武公與長子括少子戲西朝周宣王

愚按年表武公立十年而卒是為周宣王之十二年下文云夏武公歸而卒此作九年誤也

夏武公歸而卒集解徐廣曰劉歆云立二年

漢志劉歆曆武公二年史詮曰史表是也漢志武公少八年若以獻公多八年補之其年數適相當耳

二十七年孝公卒

王祖庚曰年表作三十八年宣王誅伯御在伯御之十一年其年乃孝公元年而表以伯御元年為孝公元年故孝公多十一年矣

初惠公適夫人無子公賤妾聲子生子息息長為娶于宋宋女至而好惠公奪而自妻之生子允登宋女為夫人以允為太子及惠公卒為允少故魯人共令息攝政

郃泰衢曰左傳隱元年之前惠公元妃孟子孟子卒繼室以聲子生隱公宋武公生仲子仲子生而有文在其手曰為魯夫人故仲子歸于我生桓公而惠公薨是以隱公立而奉之蓋次妃攝治内事而曰繼室也不聞聲子之為賤妾也于文有若天命而歸我也不聞新臺之始自惠公也

隱公欲遂立去子子其圖之請為子殺隱公

辨惑曰左傳記石碏之言曰陳桓公方有寵于王劉子玄謂陳侯尚存未當稱謚當矣如魯世家云公子揮欲為隱公殺桓公隱公不從揮反譖隱公於桓公曰云云其病猶左氏也

孟女生子班班長說梁氏女生觀圉人犖自牆外與梁氏女戲班怒鞭犖

郃泰衢曰傳莊三十二年初公築臺臨黨氏見孟任從之閟而以夫人言許之割臂盟公生子般馬雩講于梁氏女公子觀之圉人犖自牆外與之戲註曰女公子子般妹也戲以慢言戲之也今曰梁氏女者何與豈遷以雩講于梁氏女為句乎蓋肄習雩祭之禮于梁氏而女公子與子般同往觀之也今曰說梁氏女所未喻也

慶父竟立莊公子開是為湣公索隱曰系本名曰啓

左傳疏曰杜世族譜云名啓方漢景帝諱啓啓開因是而亂杜譜云啓方從世本文謚法在國逢難曰閔是歲歲在大梁

於是季友奉子申入立之是為釐公索隱曰湣公之弟名曰申

愚按杜預註左傳僖公閔公庶兄成風之子索隱言湣公之弟誤前文云自陳與湣公弟申如邾史公先誤也

初宋武公之世鄋瞞伐宋服虔曰武公周平王時在春秋前二十五

年

愚按左傳疏據史記十二諸侯年表宋武公即位十八年以魯惠公二十一年卒卒在春秋前二十六年服虔作二十五年誤

獲喬如弟棼如

左傳作焚如

生子佞 徐廣曰一作倭

愚按左傳疏引魯世家云宣公名倭或作接此本又作佞佞疑倭字之誤

襄公元年晉立悼公

愚按左傳及十二諸侯年表晉悼公立於成公十八年二月乙酉非襄公元年也

季氏芥雞羽 服虔曰擣芥子播其鷄羽可以坌郈氏雞目

愚按左傳疏引此語是賈逵之說非服虔也

孟懿子聞叔孫氏勝 亦救郈昭伯

徐孚遠曰按郈昭伯為公使蓋時方以昭公伐季氏之命告孟孫故在孟孫所也

申豐汝賈許齊臣高齕子將粟五千庾

高齕左傳作高齮

齊景公使人賜昭公書自謂主君

徐孚遠曰梁丘據等已入季氏賂懼昭公復至齊欲納之故令景公為慢書也

齊伐我取三邑

愚按左傳八年夏齊人取讙及闡二邑齊世家亦作取二邑

十五年使子服景伯子貢為介適齊齊歸我侵地

愚按齊歸我讙闡在八年春秋經傳無十五年歸侵地之事大約因歸成之語而誤耳

卒于有山氏 徐廣曰皇甫謐云哀公元甲辰終庚午

愚按十二諸侯年表甲辰為定公十三年哀公元為丁未　左傳疏曰傳稱國人施罪於有山氏不得復歸而卒於其家也遷安爾

悼公十三年三晉滅智伯

史詮曰自莊公以下智伯之滅秦惠楚懷之卒秦拔郢楚徙陳皆與年表不合蓋世家錯誤也

二十二年平公卒

史詮曰漢志平公二十年史表十九年當從漢志為是

是為文公
史詮曰漢志作緡公世本同魯春秋時有文
公當從漢志為是緡與文音近而訛也

史記疏證卷第二十七
燕召公世家第四
茅坤曰燕僻處北鄙不與中國會盟及其境
內賢人君子所通于上國者少故燕世家所
書不數事特以紀世次而已
召公奭
王應麟詩地理攷曰釋文召地名在岐山之
陽扶風雍縣南有召亭水經注雍水東逕邵
亭南世謂之樹亭川蓋聲相近亭故召公之采邑
又京相璠曰亭在周城南五十里括地志邵
亭故城在岐州岐山縣西南十里故召公邑
今鳳翔府　路史國名紀曰召邵也杜預云扶風
雍東南有召亭雖今鳳翔天興東遷後采於
垣則今縣東北六十召原也有康公廟廟在王屋西三十五原在縣西四十里冢宇實為奭又記垣之古棠為公分陝之地非也說文邵晉邑謂郫邵齊師所戍皇興元置邵郡大統為邵州義寧元為邵陽郡然易縣故
涑水縣城在州北四十二亦曰邵云周封邵
公於此蓋歸老之地　愚按毛詩疏曰晉書
地道記云河東郡垣縣有召亭
周武王之滅紂封召公於北燕

秀水朱彝尊曰召公封國從帝王世紀以為文王庶子鄙意不能無疑文王之昭一十六國富辰言之詳矣召公初不與其列穀梁傳謂燕周之分子譙周謂周之支族司馬遷但云與周同姓氏於公旦叔鮮叔度皆特書弟以別之孔穎達亦云召公必非文王之子獨皇甫謐異是既以召公為文王子乃欲并原豐為一穎達已斥其謬然則宜存皇甫之說而駁正之者也至謂燕初封未得薊以僕考之燕之始封本都於薊故班固燕國召公所封逸齊詩補傳云薊後改為燕猶唐之為晉荆之為楚唯因記有黃帝後於薊之文而史記既封帝堯之後於薊又封召公奭於燕燕之於薊若分二國於是張守節則云召公始封在北平無終縣以燕山為名後漸強盛乃并薊徙居之王伯厚則疑黃帝之後封於薊者已絶成王乃更封召公於薊之二說者僕蓋疑之唯陸德明有云黃帝姓姬君奭其後觀於是而僕之疑始釋也蓋公既為周同姓則稱分子也可稱支族也可軒轅二十五宗堯之後亦黃帝之後於褒封先聖王之後則稱薊於封功臣謀士則稱燕以采邑言則稱召薊與北燕本一而已

自陝以西召公主之自陝以東周公主之

詩地理攷曰水經陝縣故城注云周召分伯以此城為東西之別孔氏曰公羊傳漢世之書陝縣漢弘農郡所治其地居二京之中故以為二伯分掌之界周之所分亦當然也朱氏曰公羊分陝之說可疑蓋陝東地廣陝西只是關中雍州之地恐不應分得如此不均黃氏曰分陝當在武王得天下之後而二南之繫當在二公既分陝之後郡國志陝縣有陝陌二伯所分括地志陝原在陝州陝縣西南二十五里分陝從原為界集古錄陝州石柱相傳以為周召分陝所立以別地理　又曰李氏曰江漢汝墳即陝之東也江沱即陝之西也

召公疑之作君奭

尚書疏曰此篇是致政之後言留輔成王之意其文甚明遷妄為說爾

君奭不說周公
辨惑曰既云召公疑之作君奭而又云不說周公周公以告之尚書所載之語毋乃重複乎且謂之君者猶爾汝也或但稱君或連其名皆周公而呼之辭而遂云君奭不說周公可乎　習學記言曰不知還所謂疑者何事必挾世俗之意既稱伊尹伊陟、般諸賢以使召公之智不足以知之則周公一時之語安能遽說其心還論聖賢之際大率抵牾易如兒戲耳。徐孚遠曰召公疑周公當在管蔡流言之時及作君奭則召公欲遜位而周公留之尚書本文自見傳註誤也

召公巡行鄉邑有棠樹
韓詩外傳曰昔者邵伯在朝有司請營以居邵伯邵伯曰嗟以吾一身而勞百姓此非吾先君文王之志也於是出而就蒸庶於阡陌之間而聽斷焉邵伯暴處遠野廬于樹下百姓大悅耕桑者倍力以勸于是歲大稔其後詩人見召伯之所休息樹下歌詠之作甘棠之詩　說苑貴德篇曰召公述職當桑蠶之時不欲變民事故不入邑中舍于甘棠之下而聽斷焉陝間之人皆得其所是故後世思而歌詠之　九域志召伯甘棠樹在陝州府署西南隅

惠侯卒
愚按十二諸侯年表在位三十八年

鄭侯三十六年卒子繆侯立
服虔注左傳穆公召康公十六世孫。詩地理考曰郡國志注雍召穆公采邑

與宋衛共伐周惠王
愚按左氏莊十九年衛師燕師伐周宋不預焉而周本紀衛世家俱載燕衛伐周宋世家亦無此事此云與宋衛共伐周惠王史公誤也索隱但辨北燕不及此句故記之

十七年鄭執燕仲父而內惠王于周
愚按內惠王于周是十八年事此牽連書之

昭公十三年卒武公立
詩地理攷曰通典河南府王屋縣古召公之邑盆嶠傅氏曰武王分陝之後徙於王屋郡縣志王屋縣本周時召武公之采邑

惠公多寵姬公欲去諸大夫而立寵姬宋大夫共誅姬宋惠公懼奔齊

邵泰衢曰昭三年燕簡公多嬖寵欲去諸大夫而立其寵人冬燕大夫比以殺公之外嬖公懼奔齊以簡公訛為惠公以嬖寵訛為寵姬何也若曰姬宋即外嬖也則不當曰惠公多寵姬也寵姬可以為大夫而欲去諸大夫乎欲去諸大夫而立寵姬宋誠所不解

平公立晉公室卑六卿始彊大

愚按左傳晉昭公卒六卿強晉室卑弱矣是年為燕共公之三年

晉趙鞅圍范中行於朝歌

愚按年表是年為燕簡公之十一年

子燕噲立

徐孚遠曰燕噲失國昭王復興昭王噲之子不追為噲謚何也

及蘇秦死而齊宣王復用蘇代

愚按田完世家及六國年表齊宣王卒後四年燕王噲方立齊人殺蘇秦應是齊湣王事作宣王誤

孟軻曰今伐燕此文武之時不可失也

朱子曰或問勸齊伐燕有諸史記蓋傳聞此說之誤　辨惑曰或疑孟子勸齊伐燕孟子辨之甚明而燕世家乃云孟軻謂宣王曰此文武之時不可失何從得邪此直以或疑而意之耳茆璞曰馬遷不信真孟子而信假孟子誠中其病

齊大勝燕

金甡曰按此與年表俱以破燕為湣王事與孟子異於田齊世家則略之

於是昭王為隗改築宮而師事之

述異記曰燕昭王為郭隗築臺今在幽州燕王故城中土人呼為賢士臺　水經注曰金臺東西八十許步南北如減高十餘丈耆舊咸言昭王禮賓廣延方士至如郭隗樂毅之徒鄒衍劇辛之儔宦遊歷說之民自遠而屆者多矣不欲令諸侯之客伺隙燕邦故脩連下都館之南垂　文選注引上谷郡圖經曰黃金臺在易水東南十八里燕昭王置千金於臺上以延天下之士

樂毅自魏往鄒衍自齊往劇辛自趙往士爭趨燕

說苑曰燕王常置郭隗上坐南面居三年蘇子聞之從周歸燕樂毅聞之從齊歸燕屈景聞之從楚歸燕

齊城之不下者獨唯聊莒即墨 索隱曰按餘篇及戰國策竝無聊字

徐孚遠曰燕將已下聊城與惠王有郄而不歸則聊字衍文且齊城不拔者向惟二也

十三年秦敗趙於長平四十餘萬

愚按六國年表及秦本紀秦昭襄之四十七年於趙孝成王為六年是年秦阬趙卒於燕武成王為十二年此云十三年與趙世家合於秦本紀及年表差一年

殺劇辛

愚按六國年表劇辛死於趙在十三年　又按昭王即位劇辛自趙往至此經七十年歷五王不知即此劇辛否

使荊軻獻督亢地圖於秦

愚按六國年表事在二十八年

史記疏證卷第二十八

管蔡世家第五

其長子曰伯邑考次曰武王發次曰管叔鮮次曰周公旦次曰蔡叔度次曰曹叔振鐸次曰成叔武次曰霍叔處次曰康叔封次曰冉季載

毛詩疏曰左傳云周公為太宰康叔為司寇聃季為司空通武王伯邑考為五人又曰五叔無官則其餘五者皆字叔又曰曹為伯甸非尚年也則曹叔振鐸是康叔聃季之兄又管蔡霍為三監蔡與衛爭長明其皆毋弟也郕於富辰之言在蔡霍之間五叔者其曹與管蔡郕霍乎史記管蔡世家其次不必如此其十子之名當然也皇甫謐曰文王取太姒生伯邑考武王發次管叔鮮次蔡叔度次郕叔武次霍叔處次周公旦次曹叔振鐸次康叔封次聃季載其名與史記皆同其次則異不知謐何所據而別於馬遷也左傳富辰之言曹在衛聃之下不以長幼為次則其第無明文以正之　左傳疏曰富辰言文之昭十六國蔡在魯上明以長幼為次賈逵等皆言蔡叔

周公兄馬遷之言多辟繆故不用史記為說

封叔度於蔡

路史國名紀曰括地圖云豫州北七十里上蔡古蔡國縣西南十里有故蔡城蔡山岡故國也

封冄處於霍

路史國名紀曰霍伯爵僤也始亦侯穆天子傳霍侯堯今晉之霍邑有霍泰山霍水郭璞云平陽未安西南汾水之西有霍城非六安之霍

殺管叔

汲冢周書云管叔經而卒

周公聞之而舉胡以為魯卿士索隱曰尚書云蔡仲克庸祗德周公以為卿士叔卒乃命諸王邦之蔡元無仕魯之文又伯禽居魯乃是七年致政之後此言乃說居攝政之初未知史遷何憑而有斯言也

尚書蔡仲之命疏云周公不就封留佐成王則周公身不就封安得使胡為卿士馬遷說之謬甬　愚按左傳其子蔡仲改行帥德周公舉之以為己卿士杜注云為周公臣孔疏云周公圻內諸侯二卿治事是為周公圻內采邑之卿也史公自用左傳索隱駮之過矣

餘五叔皆就國無為天子吏者索隱曰五叔管叔蔡叔成叔曹叔霍叔

愚按杜預注左傳五叔管叔鮮蔡叔度成叔武霍叔處毛叔聃也孔疏云史記云聃季載杜云毛叔聃又不數叔振鐸者杜以振鐸非周公同母故不數之或杜別有所見不以管蔡世家為說

武侯卒

愚按十二諸侯年表武侯立二十六年

子宣侯措父立

春秋作考父

鄭降楚楚復醳之

隸辨曰北海相景君銘農夫醳耒隸釋曰以醳為釋按書大禹謨釋茲在茲古文尚書作醳戰國策王欲醳臣則臣請歸醳又魏世家與其以秦醳衛不如以魏醳衛皆與釋同

景侯元年楚莊王卒

徐孚遠曰蔡邊楚依楚為存亡故此傳專序楚事

悼侯父曰隱太子友者靈侯之太子平侯立而

殺隱太子故平侯卒而隱太子之子東國攻平侯子而代立是為悼侯

邵泰衢曰傳昭十一年冬十一月楚子滅蔡用隱太子于岡山申無宇曰不祥五牲不相為用況用諸侯乎王必悔之經曰冬十一月丁酉楚師滅蔡執蔡世子有以歸用之註曰用之殺以祭山也既為楚子之用安有平侯之殺且世代相攻之不已哉經傳之記明矣史遷之記妄乎

悼侯三年卒

愚按春秋昭二十一年蔡侯朱出奔楚二十三年蔡侯東國卒於楚朱穀梁作東注克寬曰東即東國誤為朱也

衛使史鰌言康叔之功德

金甡曰按長衛者祝鮀之功此作史鰌與左傳不合

有本紀言

董份曰言字不鮮蓋太史公所自創者如曰世家語也

封叔振鐸於曹

路史國名紀曰曹侯爵興仁之濟陰漢之定陶東北四十七濟陰界有定陶故城即古曹國南二十有曹城有曹南山周為曹州

弟蘇殺幽伯代立

年表作鮮

四十六年宋華父督弒其君殤公及孔父

愚按十二諸侯年表作四十七年為是

子釐公夷立

史詮曰左傳杜預注釐公名赤

子平公頃立

史詮曰年表頃作湏

是為聲公

史詮曰年表作襄公

陳杞世家第六

黃氏日抄曰杞微小不足稱述史遷以禹之後特錄之又言楚惠王滅杞而越王句踐興蓋越亦禹之苗裔　史詮曰杞小而微文獻無徵故但紀其世次而已若事見春秋傳者杞成公九年諸侯城緣陵杞遷緣陵杞文公六年晋率諸侯城杞之淳于杞遷淳于世家

皆不載此則太史公之疏略耳

居於嬀汭

路史國名紀曰嬀汭同見說文

其後因為氏姓姓嬀氏

左傳疏曰按世本帝舜姚姓哀元年傳稱虞思妻少康以二姚是自舜以下猶姓姚也昭八年傳曰及胡公不淫故周賜之姓是胡公始姓嬀耳史記以為胡公之前已姓嬀非也

詩陳風疏同

胡公卒

九域志開封有陳胡公廟

釐公六年周宣王即位

愚按十二諸侯年表宣王即位在釐公五年六字誤

三十八年正月甲戌己丑陳桓公鮑卒

杜預左傳注曰甲戌前年十二月二十一日己丑此年正月六日

故蔡人為佗殺五父及桓公太子免而立佗

左傳疏曰按傳五父佗一人而世家以為二人案經蔡人殺佗在桓公卒之明年不得為佗立七年也佗以六年見殺躍以此年始卒不得為躍立五月也既以佗為厲公又妄稱躍為厲公世本本無利公皆是馬遷妄說束晳言馬遷分一人以為兩人以無為有謂此事也　毛詩疏曰案左傳五年文公子佗殺太子免而代之則是佗自殺免非蔡人為佗殺免也六年蔡人殺陳佗莊二十二年傳曰陳厲公蔡出也故蔡人殺五父而立之五父與佗一人不得云為佗殺五父也六年殺佗十二年陳侯躍卒則厲公即是躍躍既為厲公則無復利公矣既誤以佗為厲公又妄稱躍為利公世家言佗死而躍立立五月而卒然則躍亦以桓六年卒矣而春秋躍卒在桓十二年非徒五月皆史記之謬

遂殺泄冶

愚按此用左氏按說苑君道篇曰陳靈公行僻而言失泄冶驟諫公以泄冶為妖言而殺之

徵舒自立為陳侯

陳子龍曰徵舒自立不見左傳

二十八年楚莊王卒

愚按十二諸侯年表陳成公八年楚莊王薨此行二十兩字

子哀公弱立

春秋作溺

楚靈王聞陳亂乃殺陳使者索隱曰即司徒招又一名苕

邵泰衢曰昭八年春陳侯之弟招殺陳世子偃師楚執公子招放之越傳陳哀公元妃生悼太子偃師二妃生公子留下妃生公子勝二妃嬖留有寵屬諸司徒招公子過哀公有發疾三月甲申公子招公子過殺悼太子偃師而立公子留夏四月哀公縊于徵師赴于楚楚人執而殺之書曰陳公子招殺其世子偃師罪在招也楚子執陳行人于徵師殺之罪不在行人也偃師悼太子也而分其名為二使者于徵師也而註其下曰招觀經之殺世子偃師放公子招可知矣此誤可不訂正乎

自幕至于瞽瞍

金蛙曰鄭語史伯曰夫成天地之大功者其子孫未嘗不章虞夏商周是也虞幕能聽協風以成物樂生者也按史伯舉四代之祖而於虞舉幕不舉舜則舜為幕後明矣

十六年吳王夫差伐齊敗之艾陵

愚按左傳及年表應在陳湣公之十八年

二十四年楚惠王復國以兵北伐殺陳湣公遂滅陳而有之是歲孔子卒

愚按年表陳亡于湣公之二十三年孔子亦卒於是年此作二十四年與左傳合與孔子之卒差一年

東樓公生西樓公西樓公生題公題公生謀娶公

陳子龍曰東樓西樓或所居地名題謀娶或名字必非謚也

弟文公益姑立

左傳疏曰譜云成公遷緣陵文公居淳于桓五年傳稱淳于公如曹度其國危遂不復六年春實來雖知其國必滅不知何國取之襄二十九年晉師諸侯城杞昭元年祁午數趙文子之功云城淳于是知淳于即杞國之都

也僖十四年諸侯城緣陵而遷杞不知從何而遷故云淳于公亡國杞似并之而遷居其地僖十四年又從淳于而遷于緣陵襄二十九年又從緣陵而遷于淳于

右十一人者皆唐虞之際名有功德臣也

習學記言曰周人崇尚報應遷所稱十一人唐虞之際有功德臣舜後為陳田常建國皆舊語也然武王封先代蓋褒有德臧文仲歎皋陶不祀謂德義之後不應絕爾若陳氏篡盜亦曰舜所致則是不復論天德但以利責報也至孔孟始改此論曰巍巍乎舜禹之有天下也而不與焉夫以天下為不與則雖勢位銷敓而道德自存義理常尊而利欲退聽矣此遷所未知也

滕薛騶夏殷周之間封也索隱周封文王子錯叔繡於滕

愚按世本及杜預世族譜皆云周文王子錯叔繡唯漢書地理志以為周懿王子

衛康叔世家第七

辨惑曰齊世家書子我為闞止而田完世家作監止楚世家稱昭王名珍而伍員傳作軫衛世家稱莊公名蒯聵而仲由傳作蕢聵衛世家云孟黶敵子路而仲由傳作壺黶是不當從一乎

以武庚殷餘民封康叔為衛君

詩地理攷曰康誥疏曰三年滅三監七年始封康叔書傳曰四年封

告以紂所以亡者以淫於酒酒之失婦人是用故紂之亂自此始

辨惑曰按酒誥之文曷嘗有用婦人語

頃侯厚賂周夷王夷王命衛為侯

日知錄曰是頃侯以前之稱伯乃伯子男之伯也索隱以為方伯之伯雖有詩序旄丘責衛伯之文可據鄭氏箋曰衛康叔之封爵稱侯今曰伯者時為州伯周礼九命作伯然非太史公意也且古亦無以方伯之伯而繫謚者周公名公二伯也謚則曰文公康公其

莊公五年取齊女為夫人好而無子又娶陳女為夫人生子蚤死陳女女弟亦幸於莊公而生子完完毋死

毛詩疏曰禮諸侯不再娶且莊姜仍在左傳唯言又娶於陳不言為夫人世家云又娶陳

女為夫人非也左傳唯言戴媯生桓公莊姜養之以為己子不言其死云完母死亦非也

共伯入釐侯羨自殺前

呂祖謙曰武公在位五十五年國語又稱武公年九十有五猶箴儆于國計其初即位其齒蓋已四十餘矣使果弒共伯而簒立則共伯見弒之時其齒又加長於武公安得謂之蚤死乎髦者子事父母之飾諸侯既小斂則脫之史記謂釐侯已葬而共伯自殺則是時共伯已脫髦矣詩安得猶謂之髧彼兩髦乎是共伯未嘗有見弒之事武公未嘗有簒弒之惡也

太子完立是為桓公

左傳疏曰石碏言將立州吁乃定之矣請定州吁明大子之位未定衛世家言立完為太子非也

為鄭伯弟段欲伐鄭

愚按左傳及宋世家鄭内公子馮州吁弒君自立欲免諸侯故為公子馮而伐鄭此云因州吁友於叔段為段伐鄭非也

十年晉曲沃莊伯弒其君哀侯

愚按莊伯卒於哀侯之二年是為衛宣之三年此明是武公之誤觀年表及晉世家自見

初宣公愛夫人夷姜

愚按左傳注夷姜宣公之庶母也疏曰烝淫而謂之夫人史遷謬耳

與太子白旄而告界盜見持白旄者殺之

愚按左傳壽子載其旌以先疏曰或當以白旄為旌但馬遷演此文而為之說其辭至鄙未必其言可信也

惠公立三年出亡

邵廷建曰按上文云四年此云三年又按左傳魯桓十六年冬惠公奔齊則四年是矣此作三年蓋仍年表以明年為黔牟元年之誤與前通年凡十三年矣

許應元曰按左傳衛朔立四年出亡八年復入通年十二此言十三年既與左傳不同又與上文年數不合舊本作十年是

二十九年鄭復納惠王

愚按左傳及年表應是二十七年

齊桓公以衛數亂乃率諸侯伐翟為衛築楚丘立戴公弟燬為衛君
愚按左傳魯僖之二年諸侯城楚丘事在衛文之二年年表亦同此叙文公立前誤也
為衛築楚丘
史詮曰左傳在文公二年
十六年晋公子重耳過無禮
愚按左傳及年表應是二十三年　陳子龍曰晋公子過衛衛文公方有邢翟之虞不能禮馬外傳所載甚明
成公出犇索隱曰犇楚
愚按左傳衛侯請盟晋人弗許衛侯欲與楚國人不欲故出其君以說于晋衛侯出于襄牛杜預曰襄牛衛地及後聞楚師敗懼乃出奔楚也索隱誤
伯玉曰臣不知也
左傳對曰君制其國臣敢奸之雖奸之庸知愈乎遂行從近關出
齊置獻公於聚邑
愚按左傳齊人以郲寄衛侯杜預曰郲齊所減郲國音郲此作聚異
孫文子甯惠子共立定公弟狄為衛君
狄左傳作剽
孫林父為擊磬曰不樂音大悲使衛亂乃此矣
辨惑曰吳世家云季札自衛如晋將舍于宿聞鐘聲曰異哉吾聞之辨而不德必加于戮夫子獲罪于君以在此懼猶不足而又可以畔乎夫子之在此猶燕之巢于幕也君在殯而可以樂乎遂去之文子聞之終身不聽琴瑟衛世家云季子過宿孫子子為擊磬曰不樂音大悲使衛亂乃此矣一以為鐘一以為磬此未足深病然如前說則是文子自作樂而季子適聞之也如後說則是文子為札而作也前說則罪其不自愧懼而安于娛樂後說則以音聲之悲而知其為亂之徵是何乖異而不同邪按前說本於左氏當以為是後說正有他據亦相矛盾而不應取也且左氏但言又何樂而史記改之云可以畔乎其義亦乖蓋獲罪于君即所謂畔也而何在于擊鐘邪司馬貞既知其非矣而曰畔字當讀為樂

亦强為之說也

初襄公有賤妾幸之有身夢有人謂曰我康叔也今若子必有衛名而子曰元妾怪之問孔成子成子曰康叔者衛祖也及生子男也以告襄公

邵泰衢曰傳昭七年襄公夫人姜氏無子嬖人婤始生孟縶孔成子夢康叔謂己立元史朝亦夢康叔謂己余將命而子苟與孔烝鉏之曾孫圉相元見成子告之夢夢協今云妾夢史與傳違且閨中夢兆先及外庭宜男告語始呈公聽夫豈衛襄嬖幸之寵姬不若鄭文燕姞之徵蘭哉

免子三死無所與

辨惑曰按左氏但云三死無與無與即死也今更加免子二字不亦贅乎

元君十四年秦拔魏東地秦初置東郡更徙衛野王縣而并濮陽為東郡

愚按六國年表在十一年

史記疏證卷第二十九

宋微子世家第八

辨惑曰禹之平水土箕子之作洪範史但言其事目足矣而全載二書甚無謂蓋聖經自傳不待表出徒增冗滯耳劉子玄唯知孟堅地理志全寫禹貢之非而不識遷史之謬何邪

及祖伊以周西伯昌之脩德滅阢阢國懼禍至以告紂

愚按阢國二字疑衍文

箕子者紂親戚也

尚書疏曰鄭玄王肅皆以箕子為紂之諸父服虔杜預以為紂之庶兄既無正文各以意言之耳

於是太師少師乃勸微子去遂行

辨惑曰微子度紂終不可諫欲死之及去未能自決乃問太師少師曰云云太師若曰云云誠得治國國治身死不恨為死終不得治遂亡則微子既已去矣而復記箕子之所以奴比干之所以死而終之曰微子以為父子

有骨肉而臣主以義屬父有過子三諫不聽則隨而號之人臣三諫不聽則可以去矣于是太師少師乃勸微子去遂行何邪此殆似夢中語也　邵泰衢曰少師比干也太師箕子也一佯狂而奴一剖心而死又安得太師少師之勸行哉書曰王子不出我乃顛隮而不顧行遁者未嘗非太師少師之勸也但書之行遁是在佯狂剖視之先而史之勸乃在佯狂剖心之後史之為史何所據耶

肉袒面縛

困學紀聞曰今以論語考之微子則先去箕子奴次之比干死又次之聖人之言固有次第且微子已行矣則武王伐商之際何反歸於國以自取面縛之辱也

左牽羊右把茅

左傳疏曰史記之言多有錯繆微子手縛於後故以口御璧又焉得牽羊把茅也　愚按或令人為之耳僖六年傳曰許僖公見楚子於武城許男面縛銜璧大夫衰絰士輿櫬楚子問諸逢伯對曰昔武王克殷微子啓如是武王親釋其縛受其璧而祓之焚其櫬禮而命之使復其所

沈漸剛克

金甡曰按左傳甯嬴引此語亦作沈漸且以此為商書想因箕子不臣之故其編為周書者或孔子刪書時訂正耶

曰涕集解曰尚書作驛索隱曰涕音亦是涕泣亦相連之狀也

愚按涕疑悌字之誤毛詩鄭風載驅箋云齊子豈弟古文尚書以弟為圛圛明也疏云古文尚書即今鄭注尚書是也無以悌為圛之字唯洪範稽疑論卜兆有五曰圛注云圛者色澤光明蓋古文作悌今文作圛賈逵以今文校之定以為圛

其後箕子朝周過故殷虛感宮室毀壞生禾黍箕子傷之欲哭則不可欲泣為其近婦人乃作麥秀之詩以歌詠之其詩曰麥秀漸漸兮禾黍油油彼佼僮兮不與我好兮

學齋佔畢曰尚書大傳所載則曰微子朝周過殷故虛見麥秀之蔪蔪兮禾黍之蠅蠅也曰此故父母之國乃為麥秀之歌歌曰麥秀漸

漸兮禾黍油油彼狡童兮不與我好仇史記
尚書所載之歌只差末句一字惟書傳序與
歌蕲蕲蠅蠅字不同宋王笛賦枚乘七發皆
作麥秀蕲兮注麥芒也字之稍差不為要切
但史記以為箕子而書大傳以為微子且稱
父母之國尤為有理不知司馬何所據而與
書傳牴牾耶

乃命微子開代殷後奉其先祀作微子之命以
申之國于宋

毛詩振鷺疏曰以樂記之文知武王初即封
微子于宋矣但未知爵之尊卑國之大小耳
至成王既殺武庚命為殷後當爵為公地方
百里至制禮之後當受上公之地更方五百
里史記以為成王之時始封微子于宋與樂
記文乖其說非也

目而觀之（服虔曰目者極視精不轉也）

辨惑曰左氏目逆而送之其言甚文史記乃
云目而觀之不成語矣服虔曰目者極視睛
不轉也殆是妄說

殤公即位十年耳

愚按既云即位十年何得附於九年之下據
左傳此事在十年

是歲魯弒其君隱公

愚按左傳及魯世家年表隱公弒於宋殤之
八年此叙在九年誤

九年執鄭之祭仲要以立突為鄭君祭仲許竟
立突

愚按左傳年表俱作十年

十九年莊公卒

史詮曰史表十八年

此言乃公子子魚教湣公也

愚按左傳是公子御

十年夏宋伐魯戰於乘丘

郤廷建曰按左傳宋殤之九年為魯莊之十
一年夏宋為乘丘之役秋宋大水公使弔焉此
叙戰乘丘於大水之後又書十年誤

十一年秋

郤廷建曰湣公立十年而被弒此云十一年
秋明衍一字

萬搏牧牧齒著門闔死

辨惑曰公羊傳萬臂摋仇牧碎其首齒著乎門闔注謂側手曰摋蓋摑碎其首故齒迸門闔耳

桓公病太子玆甫讓其庶兄目夷爲嗣桓公義太子意竟不聽

說苑曰宋桓公愛目夷玆父爲公愛之也請使目夷立臣爲之相公不許强以請公公許之將立目夷目夷逃之衛玆父從之三年桓公有疾使人召玆甫若不來是使我以憂死也玆父乃反公復立之以爲太子然後目夷歸也

襄公七年宋地霣星如雨與雨俱下六鶂退蜚

辨惑曰魯莊公七年四月辛卯夜中星隕如雨僖公十六年正月戊申隕石于宋五是月六鷁退飛過宋都左氏云隕石于宋隕星也史記世家乃謂宋襄公七年宋地隕星如雨與雨俱下六鷁退飛按春秋星隕如雨初不指其在宋且莊公七年之四月與僖公十六年之正月相去亦遠矣安得併爲宋地同時之事乎蓋見左氏釋隕石爲隕星故誤誌焉而隕石之事反遺而不書荒疎甚矣

如公言即奴事之耳

辨惑曰奴事字不似當時語蓋遷撰出者三傳初無此意也抑其句法亦自不順凡尊奉其人則有曰師弟父事凡事者卽賤其人則有曰奴使奴視奴畜者上一字屬乎彼而已今此奴字以意則屬乎我以句法則屬乎彼豈非思之不審歟

楚成王已救鄭鄭享之去而取鄭二姬以歸[illegible]曰謂鄭大夫羋氏姜氏之女既是鄭女故曰二姬叔詹曰成王無禮其不沒乎爲禮卒于無別有以知其不遂霸也

徐孚遠曰以上楚事著於宋傳失刪正也

邵泰衢曰傳僖二十二年丙子晨鄭文夫人羋氏姜氏勞楚子于柯澤楚子使師縉示之俘馘丁丑楚子入享于鄭九獻庭實加籩享畢夜出文羋送于軍取二姬以歸叔詹曰楚王其不沒乎爲禮卒于無別註曰羋氏楚女姜氏齊女也二姬文羋女也婦人迎送不出門羋也勞軍借名楚女姜而視馘於義云何至九獻加籩僭擬天子不嫌楚女實係楚甥

此楚子之所以師敗城濮見弒商臣如叔詹之所言不沒也今乃註曰大夫且曰芊氏姜氏之女芊姜既非夫人二姬亦非芊女為禮無別何以稱焉不詳經傳輒注史書未見其可也

昭公四年宋敗長翟緣斯於長丘

黄氏曰抄曰史載宋昭公四年敗長翟緣斯於長丘而魯世家稱當宋武公之世武公實為昭公九世祖是史自為矛盾也今考魯世家文公十一年獲長翟僑如史追載宋武獲長翟緣斯之事緣斯者僑如之祖也宋昭之四年正當魯文公之十一年是獲喬如之歲非獲緣斯之歲也緣斯於喬如為祖則獲緣斯者為宋武公非宋昭公也二事參考則魯世家所載近是宋世家所載非是也注者以為未詳或者世次尚差當缺疑歟

夫人王姬使衛伯攻殺昭公杵臼弟鮑革立

愚按左傳昭公將田孟諸未至夫人王姬使帥甸攻而殺之此云衛伯不知何據左傳及年表皆作鮑此云鮑革未詳

昭公子因文公母弟須與武繆戴莊桓之族為亂

愚按左傳為亂武繆之族攻之者戴莊桓之族

鄭命楚伐宋

徐孚遠曰按左傳云鄭公子歸生受命於楚伐宋此云鄭命伐宋恐誤

九月楚莊王圍宋十七年楚以圍宋五月不解

愚按杜預注左傳云在宋積九月此云五月不解蓋泳公羊傳夏五月宋人及楚人平之文年表遂云圍宋五月其誤正與此同呂氏春秋云莊王衛宋九月康王圍宋五月聲王圍宋十月

莊王曰誠哉言我軍亦有三日糧以信故遂罷兵去

辨惑曰楚莊王圍宋城中無食華元夜見子反而告其情子反兔之曰我軍亦有七日之糧盡此將去而歸王聞而責子反子反曰宋猶有不欺之臣可以楚而無乎莊王不得已乃引師去此公羊說也史記迺謂莊王喜華

元之誠自發此言而罷兵豈别有所據耶

共公瑕立

愚按三傳共公名固

共公元年華元善楚將子重又善晉將欒書兩盟晉楚

徐孚遠曰在左傳向戌之事已此言華元爲誤　陳子龍曰宋共公之元年爲魯成公之三年傳無兩盟晉楚之事是時鄭方黨楚晉宋同代鄭其明年華元始聘魯其訛爲魯襄二十七年宋之盟無疑

司馬唐山

左傳作蕩澤

乃立共公少子成

公羊傳作戌

三十五年楚公子圍弑其君自立爲靈王

陳子龍曰向戌之盟南北二霸之始宋大事也應在此時史失書

子景公頭曼立

春秋作欒

三十七年楚惠王滅陳

愚按左傳當是三十九年魯哀之十七年也

故昭公怨賊殺太子而自立

愚按此與左傳不合

昭公四十七年卒

史詮曰史表四十九年

自宣公廢太子而立弟國以不寧者十世

黄氏日抄曰宣公舍子與弟而立弟穆公穆公不敢忘德將死復立與夷爲殤公殤公立十年十一戰而宋始亂是穆賢而殤不肖甚明宣之讓賢也甚公亂不始於宣之讓也史譏宣公廢太子而立弟國以不寧者十世春秋之世無寧國豈皆讓使之然歟其後襄公讓弟目夷不果襄公卒以不用目夷之言而敗向使目夷爲之君宋未可量也譏豈階亂之舉哉當是時人君溺私愛廢嫡立庶或以弟弑兄而據其國子孫干戈相尋者總總也史不之譏而譏宋宣之謀何也

襄公之時脩行仁義欲爲盟主其大夫正考父美之故追道契湯高宗殷所以興作商頌

黄氏日抄曰注謂韓詩商頌亦美襄公殆有

據之言歟然與今詩序不合而詩序作於衛宏在太史公後蓋毛韓之傳不同爾　困學紀聞曰曹氏曰自戴公至襄公凡一百五十有一年正考甫既佐戴公而能至于襄公之時作頌何其壽耶朱子曰太史公蓋本韓詩之說頌皆天子之事非宋所有其辭古奧亦不類周世之文

史記疏證卷第三十

晉世家第九

初武王與叔虞母會時夢天謂武王曰余命女生子名虞

左傳疏曰世家謂此夢為武王之夢也若是武王之夢此傳直云武王方生大叔其文足矣何以須言邑姜方震也邑姜方震而夢明是邑姜夢矣安得以為武王夢也薄姬之夢龍據其身燕姞之夢蘭為已子彼皆夢發於母此何以夢發於父是馬遷之妄言耳　金甡曰按武王崩時九十三成王尚在襁抱唐叔又成王之弟則皆八十以外所生也男子精力容有殊絕於人者然老陽少陰則可婦人五十以外必無頻頻生育者不以聖女而有異也若邑姜與武王年齒相當固不能有此即小三十年亦不能有此邑姜之歸武王必須是太公歸周後事太公未必於文王元年歸周也文王享國五十年崩時九十七則即位時四十八武王少文王十四歲是年已三十四設使文王元年邑姜即嬪於武王於

大婚已不為早然如此而武王八十餘歲邑姜亦必六十餘歲不能生育矣欲武王八十外時邑姜尚能生育必武王出四十而邑姜始生乃可文王十五已生武王武王之婚不應一遲至此後世立后不必元配觀大明思齊諸詩則周之家法定以始娶為正妃武王前此必非別有所娶而邑姜後至乃論德而升也太公歸周時或云七十或云八十豈邑姜亦太公暮年之女乎疑實甚多不可强解

成王與叔虞戲削桐葉為珪以與叔虞曰以此封若

水經注曰地理志應城故父城縣之應鄉也周成王封其弟為侯國應劭曰韓詩外傳稱周成王與弟戲以桐葉為圭曰吾以封汝周公曰天子無戲言王乃應時而封故曰應侯鄉亦曰應鄉按呂氏春秋云成王以桐葉為圭封叔虞非應侯也汲郡古文殷時已有應國非成王矣

史佚曰天子無戲言言則史書之禮成之樂歌之

愚按說苑君道篇又以為周公曰言則史書之工誦之士稱之褚先生補梁孝王世家亦作周公

姓姬氏

辨惑曰晉世家云唐叔虞姓姬氏武王之子按周紀自有姓氏既云武王之子何必更言姓也且魯衛管蔡等世家類皆不著而此獨著何哉

自唐叔至靖侯五世無其年數

愚按靖侯自有年紀可推此應作至厲侯五世乃合然年表亦作靖侯是史公之誤

孝侯八年曲沃桓叔卒

愚按年表作九年

孝侯十五年曲沃莊伯弑其君晉孝侯于翼

愚按左傳魯惠之四十五年曲沃莊伯伐翼弑孝侯據年表在十六年

曲沃莊伯聞鄂侯卒乃興兵伐晉

毛詩唐風疏曰案隱五年左傳曲沃莊伯伐翼翼侯奔隨秋王命虢父伐曲沃而立哀侯于翼六年傳曰翼九宗五正頃父之子嘉父

逆晋侯于隨納諸鄂晋人謂之鄂侯則哀侯之立鄂侯未卒世家言卒非也

周平王使虢公將兵伐曲沃莊伯

金蛙曰按年表桓王二年癸亥使虢公伐晋之曲沃是年晋鄂侯卒曲沃莊伯復攻晋晋立哀侯與上文所記皆合但上文誤以桓為平耳平王時不見有伐曲沃事此書小子被殺而立晋侯緡據表在桓王十四年乙亥去年方有繻葛之傷是年不見有伐曲沃事此又有使虢仲云云者殆一事兩書既誤於前復重出于後也須就左傳改定

晋小子之四年

史詮曰之當作侯

晋侯緡四年宋執鄭祭仲而立突為鄭君

愚按左傳此事在魯桓之十一年於晋侯為五年年表作六年固非此作四年尤誤也

晋侯十九年齊人管至父弒其君襄公

愚按左傳及齊世家年表於魯為莊之八年於齊為襄之十二年以晋侯合之當是二十一年

晋侯二十八年齊桓公始霸

史詮曰左傳在二十六年

先晋穆侯曾孫也索隱曰晋有兩穆侯言先以別後

郤廷建曰檢三代世表及左氏並無兩穆侯以別先後索隱不知何據而作此論愚以先者起事之辭也

獻公元年周惠王弟頽攻惠王

愚按左傳周本紀鄭世家年表俱在惠王之二年於晋獻公亦二年

乃使盡殺諸公子而城聚都之命曰絳

毛詩唐風疏曰案左傳云士蔿使群公子盡殺游氏之族乃城聚而處之冬晋侯圍聚盡殺群公子則城聚以處群公子非晋都也世家言命聚曰絳非也

始都絳九年

愚按城絳為九年事應敘在九年下

太子申生其母齊桓公女也曰齊姜

愚按左傳齊姜為武公之妾獻公烝之生秦穆夫人及太子申生晋世家云獻公即位重耳年二十一證之年表重耳生年為齊襄之

年後十二年齊桓方立申生為太子其年必長於重耳齊姜二十而生申生在齊桓即位之年已三十餘歲矣齊桓在位四十三年即位時亦不過與齊姜之年相上下焉得謂為其女乎左傳疏亦詿其妄

申生同母女弟為秦穆公夫人

秦本紀云太子申生姊

夷吾母重耳母女弟也

左傳疏曰虢射惠公之舅狐偃文公之舅二母不得為姊妹也　愚按左傳獻公取二女於戎大戎狐姬生重耳小戎子生夷吾杜預注云大戎唐叔子孫別在戎狄者小戎允姓之戎子女也正義曰晉語云狐氏出自唐叔狐伯行之子實生重耳狐偃其舅也昭九年傳曰先王居檮杌于四裔故允姓之姦居于瓜州知戎為允姓也此以夷吾母即重耳母之女弟大謬

獻公子八人

愚按左傳介子推曰獻公之子九人

妾顧子母辟之他國若皆自殺

董份曰言或避或殺耳所以深激獻公

初獻公使士蔿為二公子築蒲屈城弗就

愚按左傳云不慎寘薪焉

使死者復生生者不慚索隱曰謂荀息受公命而立奚齊雖復身死不背生時之命是謂死者復生也言生者見荀息不背君命而死不為之羞慚也

史詮曰死者謂獻公生者荀息自謂也索隱注誤

夷吾無禮

左傳疏曰賈逵云烝於獻公夫人賈君故曰無禮馬融云申生不自明而死夷吾改葬之章父之過故曰無禮

周使召公過

愚按左傳杜預注曰召武公周卿士內史過周大夫此云名公過竟以為過從之過矣下云召公識之可見

去過五鹿飢而從野人乞食野人盛土器中進之重耳怒趙衰曰土者有土也君其拜受之

邵泰衢曰傳僖二十三年過五鹿乞食于野人野人與之塊公子怒蓋怒其不與食而與土塊也故子犯曰天賜也稽首受而載之今

日土器中進之是盛食于土器而進之也以土器為有土又安往而不得土哉

且言何以易之索隱曰言人之出不可輕易之也

愚按當如孟子聖人復起不易吾言之易解

介子推從者憐之乃縣書宮門曰龍欲上天五蛇為輔龍已升雲四蛇各入其宇一蛇獨怨終不見處所

學齋佔畢曰劉向新序乃云子推之詩曰有龍矯矯將失其所有蛇從之周流天下龍入深淵得其安所有蛇從之獨不得甘雨

聞其入綿上山中於是文公環綿上山中而封之以為介推田號曰介山

日知録曰左傳晉侯求之不獲以綿上為之田蓋子推既隱求之不得未幾而死故以田禄其子耳楚辭九章云思久故之親身兮因縞素而哭之明文公在時之推已死史記則云聞其入綿上山云云然則受此田者何人乎於義有所不通矣

晉人聞之皆說

說苑曰周内史叔輿聞之曰文公其伯乎昔聖王先德而後力文公其當之矣

趙衰曰求霸莫如入王尊周

愚按左傳狐偃之言

使狐偃將上軍狐毛佐之

徐孚遠曰左傳狐偃讓於狐毛狐毛將上軍偃佐之史記不備誤也

而用美女乘軒者三百人也

徐孚遠曰乘軒三百人蓋小人濫位詩所謂三百赤芾也史云美女亦誤

周作晉文侯命

史詮曰左傳周作晉文公命曰王謂叔父敬服王命以綏四國糾逖王慝此數語可補史記之缺

鄭人或賣其國於秦

愚按杞子逢孫楊孫皆秦大夫非鄭人也豈云賣其國

五年晉伐秦取新城

愚按新城上脫一邧字觀左傳及年表可知

六年趙衰成子欒貞子咎季子犯霍伯皆卒

愚按左傳是年祇書四大夫卒而子犯不書

則子犯不死明矣年表亦同然則此明衍子犯二字

使鉏麑刺趙盾盾閨門開居處節麑退嘆曰殺忠臣棄君命罪一也遂觸樹而死

郤泰衢曰傳宣三年使鉏麑賊之晨往寢門闢矣盛服將朝尚早坐而假寐麑退嘆而言曰不忘恭敬民之主也賊民之主不忠棄君之命不信有一于此不如死也觸槐而死公羊曰晉靈公使勇士殺趙盾見其方食魚飧曰子為晉國重卿而食魚飧是子之儉也吾不忍殺子群臣之朝别色而入今寢門晨闢早而假寐所以為恭敬也公羊生自齊邦不詳晉物以東土所賤目西州亦然而曰子之儉也遷具取左氏而曰門開信公羊而曰處節乎然亦並不明言所以止書門開處節而已以此言忠忠從何見以此言節節自何徵鉏麑之死胡為乎來哉

未知母之存不顧遺母

辨惑曰夫存否且不知顧安所遺乎左傳有今近焉三字于理乃通遷鹵莽而失之耳

問其名弗告明亦因亡去

郤泰衢曰搏獒扶下者右車之彌明也曰宰夫者何與禦徒倒戟者公介之靈輒也曰眯明者何與豈鬬死之眯明可二人而合一乎至于傳則已為公介故不必問名而止問其名居也史則既名眯明復乃問名而勿告者何與

子景公據立

愚按左傳據作獳

景公元年春陳大夫夏徵舒弑其君靈公

愚按春秋經書五月癸巳夏徵舒弑其君此作春誤

郤克僂而魯使蹇衛使眇故齊亦令人如之以道客

辨惑曰穀梁曰季孫行父禿晉郤克眇衛孫良夫跛曹公子首僂同時聘于齊齊使禿者御禿眇者御眇跛者御跛僂者御僂所以有鞌之戰公羊略同啖助以為似街談巷議故削之劉知幾論省字法云當作各以其類者逆之此亦可矣史記迺謂令人如以導客則

是僞效其狀而非真疾也　又曰左氏曰郤克聘於齊既登婦人笑於房郤克怒故有鞌之役杜注云跛而登階故笑之穀梁子曰季孫行父秃郤克眇衛孫良夫跛曹公子首僂同時聘於齊公羊曰郤克臧孫許聘于齊或眇或跛而史復云郤克僂魯使蹇衛使眇然則果誰可信乎三傳之不同各記所聞固無足怪史記因傳而出者也不從此則彼乃又乖異如此何邪

魏文子請老休辟郤克

金甡曰按左傳請老以辟郤克者范文子也

齊頃公如晉欲上尊晉景公爲王

愚按此因左傳有將授王之語遂誤爲王耳

詳見齊世家

晉伐鄭取氾

愚按左傳欒書救許伐鄭取氾祭杜預注曰

氾祭鄭地

十七年誅趙同趙括族滅之韓厥曰趙衰趙盾之功豈可忘乎奈何絶祀乃復令趙庶子武爲趙後復與之邑

徐孚遠曰此與趙世家所載不同

立其太子壽曼爲君

愚按春秋經壽曼作州蒲

癸巳

愚按左傳癸巳在六月也

閏月乙卯厲公遊匠驪氏

愚按左傳厲公被執在閏月乙卯之前欒書中行偃殺胥童乃在乙卯晦

秋伐鄭鄭師敗遂至陳

愚按左傳晉韓厥伐鄭入其郛敗其徒兵于洧上晉師自鄭以鄫之師侵楚焦夷及陳在悼公二年之夏五月非元年秋也此誤

或諫公公卒賢絳

愚按左傳絳授僕人書公讀其書以魏絳爲能以刑佐民矣反役與之禮食使佐新軍非或諫也

平公元年伐齊

愚按左傳伐齊事在魯襄之十八年於晉平爲三年年表同此作元年誤

齊靈公與戰靡下

愚按靡下索隱以爲靡笄據左傳但言櫟諸
平陰此必因鞌之戰而誤言之
東至膠南至沂
愚按左傳東侵及維南及沂
晉欒逞有罪奔齊
愚按逞奔齊在晉平之七年此承上六年明
脫七年二字
九年魯季氏逐其君昭公昭公居乾侯
愚按左傳昭公是年居鄆晉頃之十二年乃
居乾侯
十五年趙鞅使邯鄲大夫午不信欲殺午午與
中行寅范吉射親攻趙鞅
愚按左傳晉趙鞅謂邯鄲午曰歸我衛貢五
百家吾舍諸晉陽午許諾歸告其父兄父兄
不可趙孟怒召午而囚諸晉陽遂殺午趙稷
涉賓以邯鄲叛夏六月上軍司馬籍秦圍邯
鄲邯鄲午荀寅之甥也荀寅范吉射之姻也
而相與睦故不與圍邯鄲秋七月范氏中行
氏伐趙氏之宫據此是午前死而范中行乃
攻趙鞅也此云午與范中行親攻謬矣

荀櫟韓不信魏侈
左傳作荀躒魏曼多
三十年定公與吳王夫差會黄池爭長趙鞅時
從卒長吳
黄氏日抄曰黄池之會吳晉爭長而史於吳
世家曰長晉於晉世家曰長吳自相矛盾未
知孰是趙世家亦曰長吳
子出公鑿立
六國年表鑿作錯
十八年哀公卒
愚按六國年表十九年
幽公十五年魏文侯初立
史詮曰史表在十四年
烈公十九年周賜趙韓魏皆命爲諸侯
史詮曰史表在十七年
子孝公傾立
史詮曰年表名頎
孝公九年魏武侯初立
史詮曰史表在七年
十七年孝公卒

史詮曰史表十五年卒

悼公以後曰哀

黄氏日抄曰悼公十四歲得國一旦轉危為安功業赫然漢昭帝流亞也太史公例言悼公以後日衰語焉不詳悼公稱屈九原矣

史記疏證卷第三十一

楚世家第十

習學記言曰序楚世家可觀言其再自王及隨請尊楚周名數隨侯意既疏濶以管仲對詞考之周之號令殆不復通於江漢間久矣

辨惑曰楚莊王圍鄭鄭伯迎降之詞既載於楚世家又載於鄭世家莊王縣陳申叔時為牽牛蹊田之喻既載於楚世家又載於陳世家莊王圍宋華元告以析骨食子之急既載於楚世家又載於宋世家　金甡曰楚世家無片語叙令尹子文亦殊疏漏

卷章生重黎

大戴禮帝繫篇曰顓頊娶於滕氏滕氏奔之子謂之女禄氏產老童老童娶於竭木氏竭木氏之子謂之高緺氏產重黎及吳回　尚書疏曰按昭二十九年左傳稱少昊氏有子曰重顓頊氏有子曰黎則重黎二人各出一帝而史記并以重黎為楚國之祖吳回為重黎以重黎為官號此乃史記之繆故束晳譏馬遷并兩人以為一謂此是也　困學紀聞

曰詩正義曰楚語稱顓頊命南正重司天以屬神命火正黎司地以屬民則黎為火正高陽時也言高辛者以重黎是顓頊命之歷及高辛仍為此職故二文不同也黎實祝融重為南正而楚世家同以重黎為祝融謬也世家又云帝嚳誅重黎而以其弟吳回為重黎後復居火正為祝融鄭語以八姓為黎後者以吳回繫黎之後復居黎職故本之黎也左傳少皞氏有子曰重顓頊氏有子曰黎史記以重黎為一人又言以吳回為重黎皆謬

共工氏作亂帝嚳使重黎誅之而不盡帝乃以庚寅日誅重黎

尚書疏曰高辛所命重黎或是重黎子孫未必一人能歷二代又高辛前命後誅當是異人何有罪而誅不容列在祀典明是重黎之後世以重黎為號所誅重黎是有功重黎之子孫也

陸終生子六人坼剖而產焉

大戴禮帝繫篇陸終氏娶于鬼方氏鬼方氏之妹謂之女隤氏產六子孕而不粥三年啓其脅六人出焉

其長一曰昆吾

愚按鄭語曰昆吾祝融之孫陸終第二子名樊

附沮生穴熊其後中微或在中國或蠻夷弗能紀其世

大戴禮帝繫篇付祖氏產內熊九世至于渠婁

熊楊生熊渠

韓詩外傳曰楚熊渠子夜行見寢石以為伏虎彎弓而射之沒金飲羽下視知其石也因復射之矢摧無迹

乃立其長子康為句亶王

大戴禮帝繫篇作無康

摯紅卒其弟弑而代立曰熊延

鄭語曰楚熊繹六世孫曰熊摯有惡疾楚人廢之立其弟熊延摯自棄於夔其子孫有功王命為夔子　邵泰衢曰傳僖公二十六年夔子不祀祝融與鬻熊楚人讓之曰我先王熊摯有疾鬼神勿赦而自竄于夔吾是以失

楚又何祀焉摯疾而竄為夔之祖苟為延弒何竄之云弒君大罪寧得漫加于人哉

次子叔堪少子季徇

鄭語作叔熊季紃

熊徇十六年鄭桓公初封于鄭

徐孚遠曰晉楚所爭者鄭故鄭之初封楚世家記之

子熊儀立是為若敖

徐孚遠曰楚之不成君者曰敖今若敖霄敖皆以善終蓋初稱敖後稱王稱王以後則以敖為不成君者之號也

蚡冒弟熊通弒蚡冒子而代立是為楚武王

愚按杜預注左傳云蚡冒楚武王父劉炫據楚世家以為蚡冒是凡不得為父孔穎達云世家之文多有紕繆與經傳異者非是一條杜氏非不見其文但見而不用耳

乃自立為武王

日知録曰乃自立為楚武王乃自立為一句為楚武王為一句蓋言自立為王後謚為武王耳古文簡故連屬言之 如管蔡世家楚公子圍弒其王郟敖而自立為靈王衛世家鄭世家皆云楚公子棄疾殺靈王自立為平王司馬穰苴傳至常曾孫和因自立為齊威又如韓世家晉作六卿而韓厥在一卿之位號為獻子與此文勢正同劉炫云號為武武非謚也此說鑿矣項梁立楚懷王孫心為楚懷王尉佗自立為南越武帝此後世事爾

楚亦始大

呂氏春秋荆文王得茹黃之狗宛路之矰以畋於雲夢三月不反得丹之姬淫期年不聽朝葆申曰先王卜以臣為葆言今王得茹黃之狗宛路之矰畋三月不反得丹之姬淫期年不聽朝王之罪當笞王曰不穀免衣襁褓而齒於諸侯願請變更而無笞葆申曰臣承先王之令不敢廢也王不受笞是廢先王之令也臣寧祇罪於王毋祇罪於先王王曰敬諾引席王伏葆申束細荆五十跪而加之于背如此者再謂王起矣王曰有笞之名一也遂致之申曰臣聞君子恥之小人痛之恥之不變痛之何益葆申趣出自流於淵請死罪文

王曰此不穀之過也葆申何罪王乃變更名葆申殺茹黃之狗析宛路之矰放丹之姬後荊國兼國三十九令荊國廣大至於此者葆申之力也

十三年辛子熊囏立

楚文王有疾告大夫爵筦饒而遣申侯伯見說苑君道篇　愚按左傳楚文王於魯莊五年即位至十九年卒在位共十五年世家與年表皆誤

成王惲

春秋作頵穀梁作髡

二十二年伐黃

愚按左傳及年表俱在二十三年

三十九年魯僖公來請兵以伐齊楚使申侯將兵伐齊取穀

愚按春秋經魯僖二十六年公以楚師伐齊取穀是年為楚成之三十八年

晉果敗子王於城濮

愚按左傳晉救宋在楚成三十九年戰城濮在四十年

饗王之寵姬江芊而勿敬也

愚按杜預注左傳江芊成王妹嫁於禮不娶同姓既曰江芊又稱寵姬是史公疎也

子莊王侶立

春秋經及國語俱作旅穀梁作呂

伍舉曰願有進隱曰有鳥在於阜三年不蜚不鳴是何鳥也

困學紀聞曰三年不蜚不鳴楚世家謂伍舉進隱於莊王滑稽傳謂淳于髡說齊威王此一事而兩見然莊王時嬖人伍參見左氏傳舉其子也新序以為士慶呂氏春秋以為成公賈不言伍舉

六年伐宋獲五百乘

愚按左傳魯宣二年春鄭公子歸生受命于楚伐宋宋華元樂呂御之二月壬子戰于大棘宋師敗績囚華元獲樂呂及甲車四百六十乘俘二百五十人馘百人據年表魯宣之二年為楚莊之七年此云六年誤

十三年滅舒

愚按左傳楚為衆舒叛故伐舒蓼滅之杜注

舒蓼二國名孔疏曰舒蓼二國名者蓋轉寫誤當云一國名按釋例土地名有舒羣舒舒蓼舒庸舒鳩以為五名則與文五年滅蓼同蓋蓼滅後更復故楚今更滅之年表亦作滅舒蓼此去蓼字蓋以穆王四年曾書滅六蓼故也

莊王曰其君能下人必能信用其民矣庸可絕乎遂許之平

辨惑曰此蓋本於左氏也至鄭世家則云莊王曰所為伐伐不服也今已服尚何求乎二者果孰是

子共王審立

楚語作箴

共王召將軍子反子反嗜酒從者豎陽穀進酒醉王怒射殺子反

愚按左氏子反自殺非共王殺之也惟呂氏春秋有斬子反之語此又作射殺不知出何書也呂氏春秋曰荊龔王與晉厲公戰於鄢陵荊師敗龔王傷臨戰司馬子反渴而求飲豎陽穀操黍酒而進之子反叱曰訾退酒也豎陽穀對曰非酒也子反曰亟退却也豎陽穀又曰非酒也子反受而飲之子反之為人也嗜酒甘而不能絕於口以醉戰既罷龔王欲復戰而謀使召司馬子反子反辭以心疾龔王駕而往視之入幄中聞酒臭而還曰今日之戰不穀親傷所恃者司馬也而司馬又若此是忘荊國之社稷而不恤吾衆也不穀無與復戰矣於是罷師去之斬司馬子反以為戮

共王卒

楚語曰恭王有疾召大夫曰不穀不德失先君之業覆楚國之師不穀之辠也若得保其首領以沒唯是春秋所以從先君者請為靈若厲大夫許諾王卒及葬子囊議謚大夫曰君王有命矣子囊曰不可夫事君者先其善不從其過赫赫楚國而君臨之撫征南海訓及諸夏其寵大矣有是寵也而知其過可不謂恭乎若先君善則請為恭大夫從之

子康王招立

春秋經及國語俱作昭

郟敖三年以其季父康王弟公子圍為令尹
愚按左傳楚郟敖即位王子圍為令尹
昔夏啟有鈞臺之饗
水經注曰嵑水東逕三封山東東南歷大陵西連山亦曰啟筮亭啟享神於大陵之上即鈞臺也　金履祥曰按傳稱夏啟有鈞臺之享而書史不言其年歲鈞臺在河南陽翟嵑水之東南或者啟即位之後群后肆朝大會同于此歟
於是晉宋魯衛不往
愚按春秋經魯昭四年夏楚子蔡侯陳侯鄭伯許男徐子滕子頓子胡子沈子小邾子宋世子佐淮夷會于申此云宋不往誤
七年就章華臺
愚按左傳楚子成章華之臺在魯昭七年於楚為靈王六年楚語曰章華地名吳語曰乃築臺於章華之上
十年召蔡侯醉而殺之
鮑彪注國策曰昭十一年楚子誘蔡靈侯殺之于申經傳不書
使棄疾定蔡因為陳蔡公
愚按楚語魯昭八年楚滅陳使穿封戌為陳公十一年滅蔡使公子棄疾為蔡公
靈王次于乾谿以待之
韋昭曰乾谿楚東地也
起子從亡在吳乃勸吳王伐楚
余有丁曰左傳觀起楚共王殺之子從事蔡大夫朝吳非亡在吳也亦無勸吳伐楚事
王行遇其故鋗人
吳語曰三日乃見其涓人疇
遇王饑於釐澤
左傳國語皆曰乃求王遇諸棘闈
王死申亥家
吳語曰王縊申亥負王以歸而土埋之其室
初吳之邊邑卑梁與楚邊邑鍾離小童爭桑兩家交怒相攻滅卑梁人
呂氏春秋曰楚之邊邑曰卑梁其處女與吳之邊邑處女桑於境上戲而傷卑梁之處女卑梁人操其傷子以讓吳人吳人應之不恭怒殺而去之吳人往報之盡屠其家

使公子光因建母家攻楚
呂氏春秋曰吳公子光又率師與楚人戰於雞父大敗楚人獲其帥潘子臣小帷子陳夏齧

楚乃恐而城郢
愚按是申明上文城郢之故非此復城郢也史原不誤索隱正義兩家皆失之

將軍子常曰
愚按左傳國語子常時為令尹此言將軍者因下有欲立令尹子西之語恐人疑有兩令尹變文言之耳

太子珍少
愚按左傳云太子壬國語及越世家又作軫

子西平王之庶弟也
愚按韋昭杜預皆以為平王之長庶

七年楚使子常伐吳吳大敗楚於豫章 正義曰今洪州也
史詮曰豫章在漢東淮南江北之間至漢時徙其地名于江南耳　愚按左傳魯定二年秋楚伐吳於豫章是年楚昭之八年也年表亦誤

王從臣子綦乃深匿王
左傳國語皆作子期

九月歸入郢
愚按左傳楚子入于郢在冬十月

二十年楚滅頓滅胡
愚按春秋經滅頓在魯定之十四年滅胡在十五年滅胡之年於楚昭為二十一年年表同此作二十年誤

二十一年吳王闔閭伐越傷吳王遂死
愚按左傳及吳世家吳王伐越而死在魯定之十四年是年於楚昭為二十年

夾日而蜚
說苑云夾日而飛三日

昭王問周太史
說苑云太史州黎

大夫請禱河
說苑云大夫請用三牲焉

是歲也滅陳而縣之
愚按左傳魯哀十七年秋七月己卯楚公孫

朝師師滅陳是年於楚為惠王之十一年徐廣作十年非年表亦誤

十三年吳王夫差彊陵齊晉來伐楚

愚按左傳吳世家是年無伐楚事

十六年越滅吳

通鑑元王三年冬十一月越滅吳應在楚惠十五年

與秦平

徐孚遠曰不言與秦惡但叙與秦平記事亦疎

八年魏文侯韓武子趙桓子始列為諸侯

愚按楚簡王八年三家皆初立非列為諸侯也周本紀威烈王二十三年命韓趙魏為諸侯是年於楚為聲王五年蓋後二十二年

子悼王熊疑立

愚按六國年表及通鑑皆作類

四年楚伐周鄭殺子陽

愚按周本紀無此事六國年表是年敗鄭師圍鄭鄭人殺子陽疑鄭字誤周字耳

宣王六年周天子賀秦獻王

余有丁曰按秦無獻王乃公也

嬰子弗善而用申紀

國策作申縛

取我陘山

愚按六國年表及魏世家俱作敗楚之陘山

西起秦惠北紀齊交則兩國之兵必至

日知録曰此兩國即謂秦齊也索隱以為韓魏非也

乃使勇士宋遺北辱齊王

徐孚遠曰戰國策曰遣勇士從宋遺齊王書折券絶交則宋遺非人名也　愚按張儀傳乃使勇士至宋借宋之符北罵齊王

不如因賂之一名都與之伐齊是我亡於秦索隱曰謂失商於之地也

徐孚遠曰索隱之言非也謂賂以名都故也若商於乃虛約耳不為亡地

與秦戰丹陽索隱曰此丹陽在漢中

史詮曰丹陽即丹水之北班志弘農丹水縣是也索隱誤　愚按國策曰楚王不聽遂舉兵伐秦秦與齊合韓氏從之楚兵大敗於杜

陵

分漢中之半以和楚

愚按國策曰秦惠王使告楚懷王請以武關之外易黔中地

秦昭王初立

愚按昭王立於楚懷王之三十二年

乃告于齊曰

徐孚遠曰太子自齊歸無緣復告於齊曰國有王也此告秦之誤

趙主父在代索隱曰主字亦作王

徐孚遠曰惠王父武靈王自號主父故史因之索隱誤也

楚人有好以弱弓微繳加歸雁之上者

習學記言曰弱弓微繳加歸雁之上虎肉臊而兵利身人猶攻之二事皆戰國策所無其文無異意劉向所序此還時已有遺落也

楚欲與齊韓連和伐秦因欲圖周

徐孚遠曰時楚疑周與秦善故伐秦先圖周也

二十年秦將白起拔我西陵

愚按秦本紀及白起傳皆言拔鄢鄧六國年表亦言拔鄢西陵

二十七年使三萬人助三晉伐燕

邵廷建曰按國策齊韓魏共攻燕燕使太子請救於楚楚王使景陽將而救之此云助三晉伐燕與楚策異

楚遣將軍景陽救趙

愚按六國年表云春申君救趙春申君列傳云秦圍邯鄲邯鄲告急於楚楚使春申君將兵往救之此言景陽疑誤

九年秦滅韓

愚按韓世家正義曰亡在秦始皇帝十七年通鑑亦同是年為楚幽之八年也

同母弟猶代立是為哀王

愚按六國年表作弟郝立通鑑同　又呂氏春秋有莊哀王高誘注謂考烈王之子

四年秦將王翦破我軍於蘄而殺將軍項燕五年秦將王翦蒙武遂破楚國虜楚王負芻

愚按秦始皇本紀二十三年虜荆王二十四年項燕自殺此顛倒一年

史記疏證卷第三十二

越世家第十一

後二十餘世至於允常

吳越春秋曰無余傳世十餘末君微劣不能自立轉從衆庶為編戶之民禹祀斷絕十有餘歲有人生而言語衆民悅喜因共封立以承越君之後復夏王之祭號曰無壬壬生無曎曎專心守國不失上天之命無曎卒或為夫譚夫譚生元常　高氏越史曰夏自少康至桀中十二世按少康元年壬午至周敬王元年壬午凡一千五百六十一年吳之伐越見春秋昭公三十二年敬王十年也至是二千五百七十年矣越之傳國至於元常何止二十餘世耶

吳師敗於檇李

越絕書作就李吳世家云敗之姑蘇

乃令大夫種行成於吳

愚按吳越春秋入臣于吳在句踐五年

二歲而吳歸蠡句踐自會稽歸

愚按國語句踐與范蠡入官於吳三年而吳人遣之越絕書亦作越王入官於吳三年吳王歸之

七年拊循其士民士民欲用以報吳

陳霆曰按吳越春秋吳赦越罷歸句踐與妻入朝于吳凿之踰三年乃行賂始得釋歸歸而苦身脩政求報于吳史記不言是前書晚出史遷不及見耳

大夫逢同諫曰

越絕書作馮同吳越春秋作扶同

虜齊高國以歸

愚按哀十一年左傳戰于艾陵展如敗高子國子敗胥門巢王卒助之大敗齊師獲國書公孫夏閭丘明陳書東郭書革車八百乘甲首三千以獻於公是高子敗國子見虜也後又云歸國子之元想當時歿於陳耳此兼言高子誤

與逢同共謀讒之王

徐孚遠曰逢同越臣也何以在吳將范蠡既歸而遣同事吳耶

乃使子胥於齊聞其託子於鮑氏

吳越春秋吳王不聽使子胥使於齊通期戰之會子胥謂其子曰我數諫王王不我用今見吳之亡矣汝與吾俱亡亡無為也乃屬其子於齊鮑氏而還

必取吾眼置吳東門以觀越兵入也

吳越春秋貞識前死掛吾目於門以觀吳國之喪

居三年

愚按當作居二年據左傳殺子胥之後至會黄池首尾凡三年下云至明年春越伐吳合此二年始足三年之數

乃發習流二千

徐天佑吳越春秋注曰笠澤之戰越以三軍潛涉蓋以兵師勝此所謂習流是即習水戰之兵若曰使罪人習戰越一小國流放者何至二千人哉　日知録曰習流謂士卒中之善泅者別為一軍索隱乃曰流放之罪人非也庾信哀江南賦彼鋸牙而鉤爪又巡江而習流　庾信紇干宏碑吳兵習流長驅戰艦

教士四萬人

吳越春秋教士作俊士

諸御千人

吳越春秋夏六月丙子伐吳以乙酉與吳戰丙戌遂虜殺太子丁亥入吳焚姑胥臺

其後四年

愚按吳越春秋是年為勾踐之二十一年

而越大破吳因而留圍之

吳越春秋曰吳悉兵屯於江北越軍於江南越王中分其師以為左右軍皆被兕甲又令安廣之人佩石碣之矢張盧生之弩躬率君子之軍六千人以為中陣明日將戰於江乃以黄昏令於左軍銜枚遡江而上五里以須吳兵復令於右軍銜枚踰江十里復須吳兵於夜半使左軍涉江鳴鼓中水以待吳發吳師聞之中大駭相謂曰今越軍分為二師將以使攻我衆亦即以夜暗中分其師以圍越越王陰使左右軍與吳望戰以大鼓相聞潛伏其私卒六千人銜枚不鼓攻吳吳師大敗越之左右軍乃遂伐之大敗之於囿又敗之於郊又敗之於津如是三戰三北徑至吳圍

吳於西城吳王大懼夜遁

吳王使公孫雄

吳越春秋作王孫駱國語作王孫雄

使者去不者且得罪虞翻曰我為子得罪索隱曰虞翻注蓋依國語之文今按此文謂使者宜速去不去得罪以越義亦通

徐孚遠曰二說皆非也蓋言將致戮於使者耳　陳子龍曰國語云無使執事之人得罪於子其義甚明　日知錄曰言欲兵之

遂自殺、

愚按注吳越春秋者云吳世家云自剄死越世家止言自殺按左傳吳王曰孤老矣焉能事君乃縊丘明春秋時人所聞當必不謬

而誅太宰嚭

吳世家越王滅吳誅太宰嚭伍子胥傳殺王夫差而誅太宰嚭吳越春秋誅嚭并妻子　徐天祐曰按越滅吳之後二年是為哀公二十四年公如越將妻公而多與之地季孫懼使因太宰嚭而納賂焉乃止然則吳之亡也嚭遂仕越夫固無恙也世家與左氏相戾

諸侯畢賀

初學記引吳越春秋曰越王平吳後立賀臺於越

種遂自殺

吳越春秋於是種仰天歎曰嗟乎吾聞大恩不報大功不還其謂斯乎吾悔不隨范蠡之謀乃為越王所戮吾不食善言故哺以人惡越王遂賜文種屬盧之劍種得劍又歎曰南陽之宰而為越王之擒自笑曰後百世之末忠臣必以吾為喻矣遂伏劍而死越王葬種於國之西山樓船之卒三千餘人造鼎足之羨或入三峰之下

勾踐卒

愚按吳越春秋二十七年冬勾踐卒通鑑外紀云勾踐三十三年薨

子王鼫與立

愚按左傳作適郢吳越春秋作興夷即位一年卒

王鼫與卒子王不壽立王不壽卒子王翁立王翁卒子王翳立王翳卒子王之侯立王之侯卒子王無彊立

呂氏春秋曰越王授有子四人越王之弟曰豫欲盡殺之而為之後惡其三人而殺之矣國人不說大非上又惡其一人而欲殺之越王未之聽其子恐必死因國人之欲逐豫圍王宮越王太息曰余不聽豫之言以罹此難也高誘注曰越王授勾踐五世孫索隱引紀年太子諸咎弑其君翳豈授即翳耶　愚按越絶勾踐子與夷與夷子子翁子翁子不不揚不揚子無彊楚威王滅無彊無彊子之侯竊自立為君長之侯子尊尊子親失眾楚伐之走南山親以上至勾踐凡八君都瑯琊二百二十四歲又吳越春秋云無彊子玉玉疑即之侯史記以無彊為之侯此子與二書異

齊威王使人說越王曰

邵廷建曰按六國表楚威立於齊宣之四年後於齊威三十餘年並非同時

所求於晉者不至頓刃接兵而況于攻城圍邑乎正義曰頓刃築營壘也接兵戰也越王言韓魏之事越猶不至頓刃接兵而況更有攻城圍邑韓魏始服乎言畏秦齊而故事越也

余有丁曰按此文義觀下文自明正義解誤

盡取故吳地至浙江

而漢刊誤補遺曰按吳故地在今吳松江太湖北太史公所云豈以吳伐越嘗至會稽耶勾踐棲于會稽韋昭謂山在今山陰南七里是吳師入越嘗絶江而至山陰不止浙江之北而已其實入越入郢同雖嘗深入其國都而不能有其地然則吳地止于松江非浙江也王仲任曰餘暨以南屬越錢塘以北屬吳錢塘之江兩國界止陳石山詩亦云吳越到江分是皆承太史公之誤

北破齊於徐州徐廣曰周顯王之四十六年

愚按通鑑周顯王之三十五年

范蠡事越王勾踐

徐孚遠曰按太史公屈范蠡於貨殖傳而功名則附之越世家蘇子由擷之世家參之吳越春秋作種蠡傳補史遷之不及矣

於是勾踐表會稽山以為范蠡奉邑

愚按國語王命工以良金寫范蠡之狀而朝禮之浹日而令大夫朝之環會稽三百里者以為范蠡地曰後世子孫有敢侵蠡之地者

使無終沒於越國皇天后土四鄉地主正之吳越春秋越王乃收其妻子封百里之地有敢侵之者上天所殃於是越王乃使良工鑄金象范蠡之形置之坐側

故輕去之

史詮曰洞本去作棄

故世傳曰陶朱公

習學記言曰遷載范蠡殊不足據越語固言其去矣而遷以雜說既言其相齊又去齊為陶朱公又子殺人於楚又行千金書遺莊生又莊生怒長子卒敗其事信如是則蠡偪側亂世以狡獪賈豎為業何異呂不韋之流何必稱賢也當遷去蠡時尚近而不能斷其是非使蠡蒙羞惜哉

鄭世家第十二

鄭桓公友者周厲王少子而宣王庶弟也

毛詩疏曰漢書地理志云本周宣王母弟友為周司徒食采於宗周畿内是為鄭桓公春秋之例母弟稱弟繫兄為尊以異於其餘公子僖二十四年左傳曰鄭有厲宣之親以厲王之子而兼云宣王明是其母弟也服虔杜預皆云母弟鄭世家云宣王庶弟皇甫謐亦云庶弟又史記年表云鄭桓公友宣王母弟世家年表同出馬遷而自乖異是無明文可據也　史詮曰竹書紀年王錫司徒鄭伯多父命多父鄭桓公友字也

友初封於鄭索隱引系本云桓公居棫林

愚按鄭康成詩譜韋昭國語註皆以為咸林

於是卒言王東徙其民雒東而虢鄶果獻十邑

毛詩疏曰馬遷見國語有史伯為桓公謀取十邑之文不知桓身未得故傳會為此說耳外傳云皆子男之國虢鄶為大則八邑各為其國非虢鄶之地無由得獻之桓公也明馬遷之說謬耳　左傳疏曰按鄭語桓公始謀未取之也武公始國非桓公也全滅虢鄶非獻邑也馬遷之言皆謬耳

生太子寤生生之難及生夫人弗愛後生少子叔段段生易夫人愛之

辨惑曰如左氏之說莊公之生蓋易矣夫人特以怪異而惡之耳遷反謂之難而又謂段

生易何耶　愚按十六國春秋西燕慕容皝妻晝寢而生子左右以告方寤而起其夫曰此兒易生似鄭莊公據此則鄭莊公生之易也遷轉以為難耶

武姜欲之

辨惑曰鄭莊公稱其母為姜氏陸生泥錯父稱子為公皆於義不安殆丘明子長之失未必當時本語也

三十三年宋殺孔父

愚按春秋經宋督殺孔父在魯桓二年遞年表於鄭莊為三十四年

九月辛亥忽出奔衛

愚按辛亥遞左傳當作丁亥

夏厲公出居邊邑櫟

愚按春秋經魯桓十五年五月鄭伯突出奔蔡秋九月鄭伯突入于櫟

秋厲公卒

愚按春秋經魯莊二十一年夏五月辛酉鄭伯突卒此作秋誤

子文公踕立

左傳作捷

冬翟攻伐襄王

愚按左傳此事在秋

鄭司城繒賀以鄭情賣之

余有丁曰按左傳賣鄭者杞子乃秦人之戍鄭者

敗秦兵於汪

愚按左傳秦晉戰於彭衙秦師敗績此汪疑彭衙之誤

與宋華元伐鄭

史詮曰衍與字

鄭與晉盟鄢陵

愚按左傳盟于辰陵

鄭襄公肉袒掔羊以迎

史詮曰掔古牽字

莊王曰所為伐伐不服也今已服尚何求乎

辨惑曰楚世家云莊王圍鄭鄭伯降楚群臣曰王勿許莊王曰其君能下人必能信用其民矣庸可絶乎遂許之乎此蓋本于左氏也至鄭世家則云莊王曰云云云者果孰是

得霍人解揚字子虎
說苑曰解揚字子虎霍人故後世言霍虎
鄦公惡鄭於楚
徐孚遠曰按鄦即許字見考古圖
鄭人閒成公歸亦殺君繻迎成公
愚按左傳鄭人殺繻立髡頑子如奔許杜預曰髡頑成公太子
故兩親晉楚
史詮曰鄭介晉楚之間南北之所必爭也不南服楚則北服晉蓋無寧歲焉太史公敘鄭受盟者八文公四十三年遂許晉與盟襄公七年與晉盟鄢陵成公三年私與楚盟十年又背晉盟盟于楚簡公二年晉伐鄭鄭與晉盟晉去又與楚盟四年晉伐鄭鄭與盟二十八年與楚靈王盟于申其國弱可知矣
二十八年鄭君病使子產會諸侯
愚按昭四年左傳許男如楚楚子止之遂止鄭伯又云鄭伯先待於申又云楚子以諸侯伐吳宋大子鄭伯先歸不言病事
秋定公朝晉昭公
愚按左傳在夏
十三年定公卒
史詮曰年表十六年卒
子獻公蠆立
公羊作囆
聲公五年鄭相子產卒
愚按左傳魯昭二十年鄭子產有疾疾數月而卒是年當鄭定公之八年相隔二十七年之久忽入於此史公之疎也年表亦誤
子產者鄭成公少子也
徐孚遠曰按傳子產公子發之子公孫僑非成公少子也
兄事子產
辨惑曰夫既如兄弟而子產年長則何必復言兄事哉蕪已死之後及此其次第亦不應爾
二十二年楚惠王滅陳
愚按哀十七年左傳楚滅陳是年於聲公為二十三年
共公三年晉滅知伯

愚按六國年表在共公二年

三十年共公卒

愚按六國年表應在三十一年通鑑共公卒於威烈王之二年而表紀於王之三年亦異

鄭君殺其相子陽

淮南子曰鄭子陽剛毅而好罰其於罰也執而無赦舍人有折弓者畏罪恐誅則因猘狗之驚以殺子陽此剛猛之所致也

史記疏證卷第三十三

趙世家第十三

習學記言曰穆王見西王母樂之忘歸日馳千里馬攻徐偃王此方士語也血脈不亂夢之帝所鈞天九奏射中熊羆此醫師語也遂皆載之蕪妄甚矣

見西王母樂之忘歸 索隱曰戎曰地在西域有何據乎

愚按爾雅觚竹北戶西王母日下謂之四荒烏得謂無據乎

共孟生趙衰字子餘 索隱曰系本云公明生共孟及趙夙夙生成季衰衰生宣孟盾左傳云衰趙夙弟而此云共孟生衰譙周亦以此為誤

徐孚遠曰趙夙事獻公趙衰事文公年相當也不應衰爲趙夙孫世本是也

朔娶晉成公姊為夫人

左傳疏曰按傳趙衰適妻是文公之女若朔妻成公之姊則亦文公之女父之從母不可以為妻且文公之卒距此四十六年莊姬此時尚少不得為成公姊賈服先儒皆以為成公之女

而擅與諸將攻趙氏於下宮

郤泰衡曰當是時趙同為下軍佐趙括為新軍佐中軍大夫主兵者乃趙氏也徧告諸將將其誰與況由莊姬之譖同括將為亂而同括見殺也實非治靈公之賊也況自景十七年遡靈公弒年已二十五矣不討于晉成公之日而討于晉景公之時又于景十七年而始討又同括皆為將而朔又其婿也謬甚不足言也

殺趙朔趙同趙嬰齊

容齋隨筆曰春秋於魯成公八年書晉殺趙同趙括於十年書晉景公卒相去二年而史記乃有屠岸賈欲滅趙氏程嬰公孫杵臼共匿趙孤十五年景公復立趙氏之說以年世考之則自同括死後景公又卒厲公立八年而弒悼公公立又五年矣其乖妄如是嬰杵臼之事乃戰國俠士刺客所為春秋時風俗無此也　困學紀聞曰左傳正義曰欒書將下軍則於時朔已死矣不得與同括俱死也晉君明諸臣強無容有屠岸賈輒廁其間如此專恣呂成公曰史記失於傳聞之差是時晉室正盛而云索莊姬子於宮中晉宮中自有紀綱不容如此趙朔已亡而云與同括同時死以二者考之見其誤　程克勤曰趙朔以屠岸賈之亂而死於前趙同趙括以莊姬之譖而死於後本兩事也史記誤合為一謂殺朔而盡滅同括嬰齊遂與左傳繆戾矣

趙朔妻成公姊有遺腹

考要曰同括死時已有趙武無遺腹之說又事出莊姬不關岸賈未知史遷何據

夫人置兒絝中

郤泰衡曰譖行由莊姬也即使朔在莊姬乃殺其夫與子乎成二年朔死成八年姬安得孕乎傳云武從姬氏畜于公宮蓋姬寡而武長從姬畜于宮也即使孕而免也姬在外而免乎在宮而免乎在外則屠賈必知之何俟入宮而始索之耶幸而至宮乃景公之宮也豈無隙地可以藏兒而臃腫于袴中藏不如是愚索不如是拙幸其無聲何其危哉

復與趙武田邑如故

郤泰衡曰按成八年殺同括成十年丙午晉

侯獳卒左傳曰不食新矣如厠陷而卒又安得十五年之臣見而晉侯之夢大厲也傳曰厥言于晉侯立武而反其田即史記年表成公八年即景公十七年乃殺同括之年也内書復趙武田邑是立武復田在于當年而亦不在于十五年之後也武果遷十五年則安所得景公乎史曰朔不肯曰子必不絶趙祀若十五年之内韓厥一旦不禄趙祀不危矣乎朔迂亦必不至是

春秋祠之世世勿絶正義曰今河東趙氏祠先人猶別舒一座祭二士矣

金姓曰按宋史元豐四年封晉程嬰為成信侯公孫杵臼為忠智侯立廟絳州

更立襄公曾孫周徐廣曰年表云襄公孫也索隱曰晉世家云襄公少子名周

金姓曰按晉世家云悼公周者其大父捷襄公少子也索隱誤徐引年表不錯然年表亦誤脫曾字與晉世家及此處不合

吾有所見子晰也索隱曰簡子見當道者乃寤是故吾前夢所見者知其名曰子晰也

徐孚遠曰吾見子晰者蓋言夢中見子甚明白也不謂其人名晰　金姓曰按簡子但識其為夢中所見故云吾有所見子試明言之蓋欲驗其言之相合與否于是其人先言臣在帝側而簡子曰然後遂詳問而歷言之耳若一見輙呼其名即當屏左右而問射熊以下之事前兩層語俱可省矣狐突于巫者了中生之案此意中所期也簡子得野人夢天帝之命此意外遇之者也當夢之帝所時侍衛無數尊嚴之地亦何敢私通姓名但面兒記得其人至前便識之耳若憶其狀而兼得其名何不問以姓名物色求之耶下文語畢而始問其姓益見前此未必知其名也索隱之說未合即如所解須刪去本句有字

毋卹最賢

史通曰近代作者溺於煩富則有發言失中加字不愜遂令後之覽者難以取信蓋史記世家有云趙鞅諸子無恤最賢夫賢者當以仁恕為先禮讓居本至如偽會鄰國進計行戕俾同氣女兄摩笄引決此則詐而安忍貪而無親鯨鯢是儔犬豕不若焉得謂之賢哉

從常山上臨代

通鑑地理通釋曰代北狄之别也世家曰翟犬者代之先也匈奴傳趙襄子踰句注而破并代以臨胡貉正義代郡城北狄代國秦漢代縣城也在蔚州羌胡縣作北百五十里與地廣記蔚州本代國在常山之北趙襄子定代地及武靈王置代郡趙有代句注之北與戎界邊

晋定公之十四年范中行作亂

余有丁曰按范中行代因邯鄲午而作亂其説見下此先言之誤

吾將置之晋陽

通鑑地理通釋曰晋陽漢太原郡所治龍山在西北晋水所出北齊分晋陽置龍山縣隋開皇十年改龍山曰晋陽而以古晋陽縣爲太原縣隋唐地理志所謂晋陽縣乃古龍山縣所謂太原縣乃古晋陽縣自北漢劉氏以前郡治太原晋陽二縣太平興國四年王師下北漢徙州治陽曲縣本漢狼孟縣地而空其故城郡縣志太原府城中又有三城其一曰大明城即古晋陽城也左傳言董安于所築晋陽故宮一名大明宮在州城内

周舍死簡子每聽朝常不悦

韓詩外傳曰周舍死簡子如喪子後與諸大夫飲於洪波之臺酒酣簡子涕諸大夫皆出走

君所以置毋卹爲能忍訽

説苑建本篇曰趙簡子以襄子爲後董安于曰無卹不才今以爲後何也簡子曰是其人能爲社稷忍辱異日智伯與襄子飲而灌襄子之首大夫請殺之襄子曰先君之立我也曰能爲社稷忍辱豈曰能刺人哉

陰令宰人各以枓擊殺代王及從官徐廣曰一作雉

徐孚遠曰本文各字蓋言殺代王及其從官各用銅枓擊之也徐廣曰一作雉則以雉爲宰人名也

所死地名之爲摩笄之山

呂氏春秋曰趙簡子病召太子而告之曰我死已葬服衰而上夏屋之山以望太子敬諾簡子死已葬服衰召大臣而告之曰願登夏屋以望大臣皆諫曰登夏屋以望是遊也服衰以遊不可襄子曰此先君之命也寡人弗敢廢群臣敬諾襄子上夏屋以望代俗甚

樂甚美於是襄子曰先君必以此教之也歸
處所以取代乃先善之代君好色請以其弟
姊妻之君許諾弟姊已往所以善代者乃萬
故馬郡宜馬代君以善馬奉襄子襄子謁於
代君而請觴之馬郡盡先令舞者置兵其羽
中數百人先具大金斗代君至酒酣反斗而
擊之一成腦塗地舞者操兵以鬭盡殺其從
者因以代君之車迎其妻其妻遥聞之狀磨
笄以自刺故趙氏至今有刺笄之證與反斗之
號　水經注曰魏土地記曰下洛城東北三
十里有延何東流北有鳴雞山史記曰趙襄
子殺代王於夏屋而并其土襄子迎其姊於
代其姊代之夫人也至此曰代已亡矣吾將
何歸乎遂磨笄於山而自殺代人憐之為立
祠焉因名其山為磨笄山每夜有野雞群鳴
於祠屋上故亦謂之為鳴雞山魏土地記云
代城東南二十五里有馬頭山其側有鐘乳
穴趙襄子既害代王迎姊姊代夫人夫人曰
以弟慢夫非仁也以夫怨弟非義也磨笄自
刺而死使者自殺民憐之為立神屋於山側

因名之為磨笄山未詳孰是
女亦立我百邑
水經注曰彘水西流逕觀阜北故百邑也
余將賜汝林胡之地
通鑑地理通釋曰匈奴傳晉北有林胡樓煩
之戎如淳曰林胡即澹林為李牧所滅括地志朔州地寓居日李牧破東胡滅澹林李牧傳云滅襜襤破東胡降林胡則澹襤非林胡
引汾水灌其城
水經注曰汾水分為二流北瀆即智氏故渠
也其瀆乘高東北注入晉陽城以周灌溉東
南出城流注於汾水也
三國反滅智氏共分其地
呂氏春秋曰令張孟談踰城潛行與魏桓韓
康期而擊智伯斷其頭以為觴遂定三家
說苑建本篇曰襄子踐隊而擊之大敗智伯
漆其頭以為酒器
唯共不敢失人臣禮是以先之
韓非子曰趙襄子賞有功者五人高赫為賞
首孔子聞之曰善賞哉襄子賞一人而天下
為人臣者莫敢失禮　困學紀聞曰事在孔

子後孔鮒已辨其妄　閻若璩曰呂氏春秋作高誘淮南子人間訓與韓子同

使原過主霍泰山祠祀

水經注曰世謂其處爲觀阜也

烈侯元年魏文魏伐中山

戰國策曰魏文侯借道於趙攻中山　通鑑地理通釋曰中山春秋時爲鮮虞定四年傳中山不服中山之名乃始見於此（大事記威烈王十二年中山武公初立）魏文侯使樂羊戰取之及武侯之一世趙世家書與中山戰于房子是時蓋已復國其後與諸國並稱王其勢強矣廣記中山府安善縣古中山國（新樂縣古鮮虞國李公緒趙記云鮮虞姬姓春秋之末曰中山）

弟武公立

史銓曰公當作侯

趙始都邯鄲

通鑑地理通釋曰地理志自中牟徙此邯鄲北通燕涿南有鄭衛漳河之間一都會也張晏曰邯鄲山在東城下縣屬趙國今屬磁州有叢臺趙王故臺也戰國策馬忌曰武安君乘七勝之威與馬服之子戰于長平之下因以餘兵圍邯鄲趙以亡敗之餘衆而秦罷于邯鄲之下趙守而不可拔攻難而守者易也

敗齊于靈丘（地理志曰代郡有靈丘縣）

余有丁曰按此靈丘齊地非代郡之靈丘

與中山戰於房子

通鑑地理通釋曰房子縣屬趙州唐改爲臨城郡縣志故城在高邑縣西南十五里穆天子傳曰至房子登贊皇山漢屬常山郡

魏敗我藺

愚按魏世家武侯敗趙北藺正義云在石州趙之西北

侵齊至長城

通鑑地理通釋曰齊記曰齊宣王乘山嶺之上築長城東至海西至濟州千餘里以備楚括地志長城西北起濟州平陰縣緣河歷泰山北岡上經濟州淄州即西南兗州博城縣北東至密州琅邪臺入海

魏敗我澮取皮牢

愚按世家及年表敗澮在十三年取皮牢在十四年

成侯與韓昭侯遇上黨

通鑑地理通釋曰地理志上黨本韓之別郡也遠韓近趙後卒降趙韓非初見秦王曰代四十六縣上黨十七縣輿地廣記曰秦上黨郡今澤潞遼州平定威勝軍之地

與魏盟漳水上

通鑑地理通釋曰地理志濁漳出上黨長子縣鹿谷山今潞州長子縣發鳩山東至鄴入清漳清漳出沾縣大黽谷今平定軍樂平縣少山東北入大河

築長城

通鑑地理通釋曰括地志武靈王長城在朔州善陽縣北按此所謂築長城者在武靈王之前

取代藺離石

通鑑地理通釋曰離石屬西河今石州

二十四年肅侯卒

唐順之曰蘇秦說趙肅侯爲從首何以不書

三年城鄗

通鑑地理通釋曰郡縣志鄗漢以爲縣屬常山光武即位於鄗南千秋亭五成陌因改曰高邑高齊移高邑於漢房子縣東北今高邑縣是也隋于漢鄗城南十八里改置栢鄉縣屬趙州故城栢鄉縣北二十一里輿地廣記趙州高邑縣左傳哀四年齊國夏代晉取鄗即此鄗音呼谷反

王遊大陵

水經注曰吳廣進孟姚即於此縣也王莽改曰大寧矣

命乎命乎曾無我嬴

列女傳作命兮命兮逢天時而生曾莫我嬴嬴

是爲惠后

列女傳曰孟姚數微言后有淫意太子無慈孝之行王乃廢后與太子而立孟姚爲惠后

十八年秦武王與孟說舉龍文赤鼎絕臏而死

愚按年表在十九年

大朝信宮

史詮曰春秋後語作信武宮

北至無窮

戰國策曰牛贊曰昔者先君襄主與代交地城境

封之名曰無窮之門所以詔後而期遠也
登黄華之上
通鑑地理通釋曰水經注隆慮縣有黄水出于神囷山黄華谷北崖隋圖經黄花水出隆慮縣西北崖上高十七里去地七里懸水東南注壑崖下其谷號黄花谷劉劭趙都賦冒顚乎黄華之館
召樓緩謀曰
徐孚遠曰此樓緩另一人非武成時樓緩也
屬阻漳滏之險
通鑑地理通釋曰通典相州滏陽縣有漳河滏水郡國志鄴有滏水山海經神囷之山滏水出焉東流注于歐水注滏水今出臨水縣西釜口山經鄴西北至列人縣入于漳其水熱（文選注滏水熱出北釜曰名焉）名水經注出石鼓山南巖下冬溫夏冷東流注于漳又謂之合河（郡縣志釜水出磁州滏陽縣西北四十五里鼓山亦爲滏山泉源湧沸若釜水之湯湯故以釜名之八陘第四曰滏口陘嶺高深實爲險阸）山戰國策吳起曰殷紂之國左孟門而右漳滏淮南墜形訓清漳出揭戾濁漳出發包釜出景注二漳合流經魏郡出清河景山在鄴郡西南釜水所出（魏都賦北臨漳滏則冬夏異沼劉劭趙都賦清漳發源濁滏日異越湯泉灑沸洪波漂厲）
又取藺郭狼
通鑑地理通釋曰郭狼疑是皐狼孟增幸於周成王是爲宅皐狼蓋成王居之於皐狼戰國策知伯請蔡皐狼之地襄子弗與（鮑氏云蔡當作）藺地理志西河郡有藺皐狼二縣
東有胡
通鑑地理通釋曰匈奴傳燕北有東胡其後燕將秦開襲破之山海經東胡在大澤東
西有林胡樓煩秦韓之邊
通鑑地理通釋曰晉北有林胡樓煩之戎地理志樓煩縣屬雁門應劭曰故樓煩胡也（故城在代州崞縣東北）
簡襄主之烈
史詮曰戰國策念簡襄之烈
寵有孝悌長幼順明之節
戰國策作窮有辭讓之節
禹袒裸國
戰國策云禹袒入裸國

王緤

　戰國策作王孫緤

兄弟之通義也

　愚按徐廣云兄弟一作元英國策乃作先王

錯臂左衽（索隱曰錯臂亦文身謂以丹青錯畫其臂孔衍作右臂左袒謂右袒其臂）也

　鮑彪注戰國策曰以丹臂穴錯而立言無禮容

　補注曰既言文身則畫臂爲複恐後說是

　錯或袒字訛

吾國東有河薄洛之水（徐廣曰安平經縣西有漳水津名薄洛津）

　水經注曰漳水又歷經縣故城西水有故津謂之薄洛津　通鑑地理通釋曰按漢信都國安帝更名安平通典貝州經城縣漢經縣也本朝省入大名府宗城縣　鮑彪戰國策注安定爲代谷名　補注曰淮南子曉山崩而薄洛之水涸注謂薄洛在馮翊臨晉今按本文在趙東與齊中山同之恐皆非此所指

寡人無舟楫之用夾水居之民

　史詮曰國策無作聚夾作求

且昔者簡王不塞晉陽以及上黨而襄王并戎取代以攘諸胡

　徐孚遠曰言先時不塞此險欲以并戎胡蓋爲攻計非爲守計也

明日服而朝

　淮南子曰趙武靈王貝帶鵕䴊而朝趙國化之

趙文趙造周袑趙俊皆諫止王毋胡服如故法便

　愚按國策有趙文趙造諫辭周袑策作紹立之爲傅趙燕後胡後王令諫之疑史誤燕爲後然二人未有諫胡服之事

故禮也不必一道

　史詮曰國策禮作治

遂胡服

　續漢書輿服志曰術氏冠前員吳制差也還迫四重趙武靈王好服之武冠俗謂之大冠環纓無蕤以青系爲緄加雙鶡尾豎左右爲鶡冠云鶡者勇雉也其鬬對一死迺止故趙武靈王以表武士秦施安焉　戰國策校注曰大事記謂賜周紹胡服本冠貝帶黃金師北

此胡服也又引水經注竹書紀年邯鄲命將軍大夫適子代吏皆貂服即胡服之事按胡廣曰趙武靈王改胡服以金璫飾前前插貂尾為貴職戎以北土多寒胡人以貂皮溫額後代效之亦曰惠文漢曰武弁曰衣冠武官冠之侍中中常侍加黃金璫附蟬為文貂尾為飾漢官儀又名鵕鸃冠愚謂貂服者此類也今之靴亦武靈所製云

西略胡地至榆中

戰國策曰王胡服率騎入胡出於遺遺之門踰九限之固絕五經之險至榆中辟地千里

通鑑地理通釋曰伍被傳廣長榆開朔方注長榆在朔方即衛青傳所云榆谿舊塞或謂之榆中秦始皇紀西北斥逐匈奴自榆中並河以東屬之陰山以為三十四縣項羽傳云蒙恬為秦將北逐戎人開榆中地數千里注在上郡即今之榆林廣記榆林縣南有榆溪塞即蒙恬侵胡植榆為塞是也東有榆林關隋開皇三年置括地志榆州勝州所治榆林縣正義勝州北河北岸地理志金城郡有榆中縣通典縣故城在蘭州五泉縣東

仇液之韓

戰國策作仇赫

牛翦將車騎

愚按戰國策王破原陽以為騎邑牛贊進諫疑即此人

二十五年惠后卒（索隱曰謂武靈王之后前太子章之母惠文王之嫡母也惠后卒後吳娃始當正室至孝成二年稱惠文后卒是也而下文人云吳娃死後娃子何寵衰故太子黜而王之是謂也）

危林曰按子長既云是為惠后又云二十七年立王子何為王是為惠文王惠文王惠后吳娃子也又云吳娃死後子何寵衰反覆著明則此二十五年卒者其為孟姚無疑不得以為子章母也若惠文后卒者是惠文之后故稱惠文后耳自春秋夫人及歷代帝王妃后謚皆從夫或別自易諱未有從其子謚者而獨子何之母仍子徽稱歷撰古今未聞斯典

使周袑胡服傅王子何

戰國策曰賜周紹胡服衣冠具帶黃金師比以傅王子

聲善而實惡

徐孚遠曰聲善而實惡者言以長幼適庶爲名而意在樂禍也

主父及王游沙邱異宮

通鑑地理通釋曰殷紀紂益廣沙邱苑臺地理志趙中山地薄人衆猶有沙邱紂淫亂餘民鉅鹿縣大陸澤在北紂所作沙邱臺在東北七十里

主父死惠文王立

徐孚遠曰主父已傳位於子此云惠文王立誤也

蘇厲爲齊遺趙王書

呂祖謙曰是時齊地皆入燕獨莒即墨僅存蘇厲之書皆不及之恐非此時事也　史詮曰書見戰國策中齊字俱作韓然其事不可攷矣

怨毒積怒非素深於齊也

戰國策作怨毒積惡非曾深陵於韓也

去沙邱鉅鹿

通鑑地理通釋曰呂氏春秋九藪趙之鉅鹿注今鉅鹿廣阿澤輿地廣記邢州鉅鹿縣有禹貢大陸澤地理志鉅鹿縣大陸澤在北鹿邱曰鹿林之大者十三州志唐虞時大麓之地括地志鉅鹿邢州平鄉縣城

秦之上郡

通鑑地理通釋曰通典上郡今綏鄜銀麟夏坊延丹等州地括地志故城在綏州上縣通典龍泉縣東南五十里秦惠文十年魏納上郡十五縣廣記云上郡今麟延安丹坊鄜銀夏綏德保安之地

近挻關

戰國策作扞關　大事記曰扞者扞敵之扞非關名也趙之扞關陸道之關也楚之扞關水道之關也

秦以三郡攻王之上黨羊腸之西句注之南非王有已

陳子龍曰此總言趙兵數東擊齊則韓無援秦必取上黨上黨屬秦則據太行之脊右顧常山左顧儀泌皆危矣此雖解齊之言於形勢甚當也　通鑑地理通釋曰魏世家如耳曰昔者魏伐趙斷羊腸拔閼與約斬趙趙分

而為二所以不云者魏為從主也蔡澤謂應侯曰君相秦坐制諸侯決羊腸之險塞太行之道呂氏春秋九山之一也盤紆如羊腸淮南子注云說苑桀之居伊闕在其南羊腸在其北今太原晉陽西北九十里通河西上郡關曰羊腸坂是通典太原府陽曲縣有乾燭谷即羊腸坂後漢鄧訓傳注石磴縈委若羊腸焉今嵐州界羊腸坂是也隋煬帝登太行山問崔賾曰何處有羊腸坂對曰案漢書地理志上黨潞州壺關縣有羊腸坂帝曰不是又答曰案皇甫士安撰地書云太原北九十里有羊腸坂帝曰是也郡縣志羊腸山在太原府交城縣東南五十三里　又曰呂氏春秋句注九塞之一也地理志在鴈門陰館縣郡縣志在朔州鄯陽縣東八十里代州鴈門縣西北二十里一名西陘山趙世家襄子北登夏屋括地志夏屋山一名賈屋山在代州鴈門縣東北二十五里與句注山相接蓋北方之險亦天下之阻鴈門縣本漢廣武地理志賈屋山在太原廣武縣北匈奴傳襄子踰句注而破并代張儀說燕曰昔趙襄子欲并代與代王遇於句注之塞郡縣志晉咸寧元年句注碑曰蓋北方之險有盧龍飛狐句注為之首天下之阻所以分別外內也劉劭趙都賦其近則有天井句注飛狐太行雀錯碟硌厲阜連岡

且齊之所以伐者以事王也正義曰以趙為事也而奉以伐之也

徐孚遠曰此注不明蓋言齊之所以見惡於天下者以其服事趙也故下云齊倍約而殉王之患為齊解於趙語

反高平根柔於魏反巠分先俞於趙

戰國策作反溫軹高平於魏反三公什清於趙

左師觸龍言願見太后

愚按戰國策作觸讋史公晰為龍言二字說苑桀日有左師觸龍荀子議兵篇檄子開封于宗曾觸龍斷於軍

老婦恃輦而行索隱曰案系家趙惠文王子何者吳廣之孟娃嬴之子也如系家計之則武靈王十六年夢吳娃而納之至二十七年主饒及惠文王三十二年卒孝成王元年遣長安君質於齊若娃年二十八王宮至此在六十左側亦可稱老矣而東廣微言太后饒

三十有奇者誤也

危林曰以惠文后為吳娃則長安君主父之子也至是時已三四十歲矣尚需其母愛憐之乎吳娃以主父十六年入宮子何之生應在十七年則二十七年惠文為王已得齡十一二矣惠文王三十三年上去東宮時十二年下至孝成元年合得四十六年使王后長于惠文理亦有之即與惠文並歲亦已望五十矣素問女子六七而皆焦髮始白七七形壞與子何得不稱老婦以此而觀廣微謂三十有奇果未為得也

有城市邑十七

戰國策作七十

且夫秦以牛田之（正義曰言秦伐韓上黨勝有日矣若牛田之必集收獲矣）

徐孚遠曰觀下文水通糧言精餉則此言牛田之謂屯田給食非設諭也

軍長平

水經注曰地理志曰楊谷絕水所出東南流左會長平水水出長平縣西北小山東南流逕其縣故城泫氏之長平亭也上黨記曰長平城在郡之南秦壘在城西二軍共食流水澗相去五里秦坑趙衆收頭顱築臺於壘中因山為臺崔嵬桀起今仍號曰白起城臺之左右沿山亘隔南北五十許里東西二十餘里悉秦趙故壘遺壁猶存焉

七年廉頗免而趙括代將秦人圍趙括趙括以軍降卒四十餘萬皆阬之

愚按年表阬卒在六年為是

虜卿秦樂閒

徐孚遠曰樂閒以諫燕王不聽自歸趙非戰敗被虜也

二十一年孝成王卒廉頗將攻繁陽取之使樂乘代之廉頗攻樂乘樂乘走廉頗亡入魏子偃立是為悼襄王

金甡曰按廉頗攻繁陽以下二十六字何以間雜于孝成王卒子偃立之中

秦召春平君

戰國策作春平侯

君不如遣春平君而留平都

戰國策平都下有侯字

顏聚亡去以王遷降

戰國策虜趙王遷及其將顏冣遂滅趙

吾聞馮王孫曰

金姓曰按馮唐傳云唐子遂字王孫與余善

趙王遷其母倡也

列女傳曰倡后者悼襄王之后也前日而亂一宗之族悼襄王以其美而娶之

悼襄王廢適子嘉而立遷

列女傳曰初悼襄王后生子嘉倡后既嬖幸于王陰譖后及太子于王使人犯太子而陷之于罪遂廢嘉而立遷

史記疏證巻第三十四

魏世家第十四

武王之伐紂而高封於畢 正義曰括地志云畢原在雍州萬年縣西南二十八里

路史國名紀曰今京兆咸陽有畢原畢陌關中記云高陵北有畢原畢陌南北數十里東西二三百里無山川陂池井深五十丈

晉獻公之二十一年武子從重耳出亡

愚按晉世家在二十二年

卒任魏絳政

徐孚遠曰魏絳初為列大夫後乃為下卿此云任之政非也

徙治安邑

通鑑地理通釋曰郡縣志故城在陝州夏縣東北十五里禹所都地理志河東安邑魏自魏徙此至惠王徙大梁唐屬河中府今屬解州魏世家武侯二年城安邑秦紀昭王二十一年魏獻安邑以為河東郡汾水可以灌安邑正義云安邑在絳州夏縣本魏都汾水東北歷安邑西南入河戰國策城渾曰蒲坂平陽相去百里秦人一夜而襲之安邑不知國

子曰安邑者魏之柱國也晉陽者趙之柱國也鄢郢者楚之柱國也柱國都也

其後十四歲而孔子相魯後四歲趙簡子以晉陽之亂也而與韓魏共攻范中行氏

愚按晉世家及年表其事在晉定公之十五年孔子相魯之後三歲也

栢子之孫曰文侯都徐廣曰世本云斯也

愚按六國年表亦作斯

十七年伐中山使子擊守之趙倉唐傅之

韓詩外傳曰魏文侯有子曰擊次曰訢訢少而立以嗣封擊中山三年莫往來其傅趙蒼唐曰父忘子子不可忘父何不遣使乎擊曰願之而未有所使也蒼唐曰臣請使擊曰諾於是乃問君之所好與所嗜曰君好北犬嗜晨鴈遂求北犬晨鴈賫行蒼唐至曰北藩中山之君有北犬晨鴈使蒼唐再拜獻之文侯曰擊知吾好北犬嗜晨鴈也則見使者文侯曰擊無恙乎蒼唐唯唯而不對三問而三不對文侯曰不對何也蒼唐曰臣聞諸侯不名君既已賜敝邑使得小國侯君問以名不敢對也文侯曰中山之君無恙乎蒼唐曰今者臣之來拜送于郊文侯曰中山之君長短若何矣蒼唐曰問諸侯比諸侯之朝則側者皆人臣無所比之然則所賜衣裘能勝之矣文侯曰中山之君亦可好乎對曰好詩文侯曰于詩何好曰好黍離與晨風文侯曰黍離何哉對曰彼黍離離彼稷之苗行邁靡靡中心搖搖知我者謂我心憂不知我者謂我何求悠悠蒼天此何人哉文侯曰怨乎曰非敢怨也時思也文侯曰晨風謂何對曰鴥彼晨風鬱彼北林未見君子憂心欽欽如何如何忘我實多于是文侯大悅曰欲知其子視其母欲知其君視其所使中山君不賢惡能得賢遂廢太子訢召中山君以為嗣

子擊不懌而去

韓詩外傳曰太子再拜而後退　說苑篇曰太子及文侯道田子方之語文侯歎曰微吾子之故安得聞賢人之言吾下子方以行得而友之君臣益親百姓益附吾是以得友士之功我欲伐中山吾以武下樂羊三年

而中山為獻于我我是以得有武之功吾所以不少進於此者吾未見以智驕我者也若得以智驕我者豈不及古之人乎

築雒陰合陽

愚按六國年表雒陰作雒陽是表誤紀年作汾陰

二十四年秦伐我至陽狐

愚按六國年表作伐秦至陽狐是表傳寫之訛

文侯受子夏經藝客段干木

愚按六國年表在十八年此入二十五年

秦嘗欲伐魏或曰魏君賢人是禮國人稱仁

呂氏春秋曰魏文侯過段干木之閭而軾之其僕曰君胡為軾曰此非段干木之閭歟段干木蓋賢者也吾安敢不軾且吾聞段干木未嘗肯以己易寡人也吾安敢驕之段干木光乎德寡人光乎段干木富乎義寡人富乎財其僕曰然則君何不相之於是君請相之段干木不肯受則君乃致祿百萬而時往館之於是國人皆喜相與誦之曰吾君好正段干木之敬吾君好忠段干木之隆居無幾何秦興兵欲攻魏司馬唐諫秦君曰段干木賢者也而魏禮之天下莫不聞無乃不可加兵乎秦君以為然乃按兵輟不敢攻之

任西門豹守鄴而河內稱治

淮南子　曰西門豹治鄴廩無積粟府無儲錢庫無甲兵官無計會人數言其過於文侯文侯身行其縣果若人言文侯曰翟璜任子治鄴而大亂子能道則可不能將加誅於子西門豹曰臣聞王主富民伯主富武亡國富庫今王欲為伯王者也臣故稸積於民君以為不然臣請升城鼓之一鼓甲兵粟米可立具也於是乃升城鼓之一鼓民被甲括矢操兵弩而出再鼓負輦粟而至文侯曰罷之西門豹曰與民約信非一日之積也一舉而欺之後不可復用也燕嘗侵魏八城臣請北擊之以復侵地遂舉兵擊燕復地而後反

　通鑑地理通釋曰水經注鄴本齊和公所置管子曰築五鹿中牟鄴以衛諸夏後屬晉魏文侯七年始封此地故曰魏漢高帝十

三年置魏郡治鄴縣郡縣志故鄴城縣東五十步本齊桓公所築　愚按河内本殷之舊都朝歌周襄王以河内賜晉文公漢地理志魏地其地自高陵以東盡河東河内溝洫志史起引漳水漑鄴以富魏之河内

今所置非成則璜

愚按說苑臣術篇作季成子翟觸又作公孫季成翟黄韓詩外傳亦作翟黄

居視其所親富視其所與達視其所舉窮視其所不為貧視其所不取

愚按韓詩外傳同呂覽先己篇凡論人通則觀其所禮貴則觀其所進富則觀其所養聽則觀其所行止則觀其所好習則觀其所言窮則觀其所不受賤則觀其所不為淮南氾論訓貴則觀其所舉富則觀其所施窮則觀其所不受賤則觀其所不為貧則觀其所不取漢書杜欽傳達觀其所舉富觀其所予窮觀其所不為乏觀其所不取劉劭人物志效難篇居視其所安達視其所舉富視其所與窮視其所為貧視其所取說苑臣術篇作貴視其所舉富視其所與貧視其所不取窮視其所不為

臣進屈侯鮒

說苑鮒作附又曰西河無守臣進吳起而西河之外寧鄴無令臣進西門豹而魏無趙患酸棗無令臣進北門可而魏無齊憂魏欲攻中山臣進樂羊而中山拔魏無使治之臣臣進李克而魏國大治

翟璜逡巡再拜曰璜鄙人也失對願卒為弟子

說苑臣術篇曰翟黄迮然而慚曰觸失對於先生請自脩然後學言未卒而左右言季成子立為相矣於是翟黄默然變色內慚不敢出三月也

三十二年伐鄭城酸棗

通鑑地理通釋曰酸棗漢屬陳留唐屬滑州今屬東京漢文帝時河決金隄即此有酸棗臺括地志故城在縣北十五里古酸棗縣南郡縣志故城在縣西南十五里水經注竹書紀年曰魏襄王十年大霖雨疾風河冰酸棗郛漢世塞之

齊伐取我襄陵

愚按六國年表襄陵作襄陽
公子朔為亂
史詮曰年表越世家朔作朝
戰於濁澤
愚按趙世家及年表俱作涿澤
二年魏敗韓於馬陵敗趙于懷
愚按六國年表敗懷是元年事敗馬陵是二
年事紀年云我師伐趙圍濁陽
三年齊敗我觀
紀年云齊田壽帥師伐我圍觀觀降魏大夫
王錯出奔韓
五年與韓會宅陽城武堵為秦所敗
紀年云公子景賈帥師伐鄭韓明戰于韓我
師敗逋 史詮曰宅陽武堵皆地名城武堵
號武堵城也今本城字屬上句武堵屬下句
誤矣
虜我將公孫痤
商君傳作公叔痤
築長城塞固陽
通鑑地理通釋曰以備秦及西戎徐廣曰榮
陽卷縣有長城經陽武到密秦紀魏築長城
自鄭濱洛以北有上郡正義鄭華州縣洛漆
沮也 又曰固陽漢屬五原郡括地志漢舊
縣在銀州銀城縣界水經注濟瀆又東逕陽
武縣故城北又東絕長城竹書紀年梁惠成
王十一年龍賈帥師築長城于西邊
二十八年齊威王卒中山君相魏
愚按六國年表中山君為相在二十九年
過外黃
通鑑地理通釋曰外黃漢屬陳留張宴曰魏
郡有內黃故加外地理志注左氏傳曰惠公
敗宋師于黃杜預以為外黃縣東有黃城故
城在開封府雍邱縣東六十里唐貞觀元年
省後梁太祖幸河北至內黃顧李珽曰何謂
內黃珽曰河南有外黃下黃故此名內黃太
祖曰外黃下黃何在珽曰秦有外黃都尉今
在雍邱下黃為北齊所廢今在陳留
外黃徐子
漢書藝文志儒家有徐子四十二篇宋外黃
人

齊虜魏太子申殺將軍涓軍遂大破
戰國策云殺太子申覆十萬之軍
安邑近秦於是徙治大梁
水經注曰大梁城本春秋之陽武高陽鄉於戰國為大梁周梁伯之居　通鑑地理通釋曰地理志陳留郡浚儀故大梁鄉食其曰陳留天下之衝四通五達之衢也
是歲惠王卒
戰國策曰魏惠王死葬有日矣天大雨雪至于牛目壞城郭且為棧道而葬惠公諫太子弛期更擇日　困學紀聞曰左傳後序曰古書紀年篇魏惠王三十六年改元從一年始至十六年而稱惠成王卒即惠王也疑史記誤分惠成之世以為後王年也朱文公曰惠襄哀之年見於竹書明甚史記蓋失其實邵子皇極之書乃從史記而不取竹書
五年秦敗我龍賈軍四萬五千于雕陰圍我焦曲沃予秦河西之地
通鑑地理通釋曰按秦紀繆公送夷吾夷吾謂曰誠得立請割晉之河西八城與秦背約不與戰於韓虜晉君以歸夷吾獻河西地是時秦地東至河秦數易君晉復強奪秦河西地前正義云八城孝公元年下令曰三晉攻奪我河西地獻公欲東伐復穆公之故地於是出兵東圍陝城十二年東地渡洛賈生過秦曰商君佐之扶手而取西河之外惠王六年魏納陰晉正義陰縣華八年魏納河西地正義同丹二州十年魏納上郡十五縣正義今鄜綏等州河西濱洛之地矣盡魏世家襄王五年予秦河西地正義自華州北至同州戰國策摎留謂韓王曰魏兩用犀首張儀而西河之外亡呂氏曰孝公取河西地蓋商鞅之力至是盡得河西地則犀首張儀之力也吳起守西河而秦兵不敢東向正義云西河今汾州武侯浮西河而下正義龍門即呂氏春秋吳起去西河而泣曰君誠知我而使我畢能秦必可亡而西河可以王今君聽讒人之議而不知我西河之為秦也不久矣吳起果去魏入荊而西河畢入秦魏日以削秦日益大韓信傳渡西河正義云即同州龍門河從夏陽渡者記檀弓子夏老于西河之上注西河龍門至華陰之地蔣詩西征橫白翟之地至于西河注白翟之西　愚按秦本紀惠文君七年敗龍賈八年魏納河西地是兩年事此併八一年

齊取我觀津
通鑑地理通釋曰輿地廣記觀津鎮本趙地樂毅封於此號望諸君漢為縣屬信都初屬清河通典故城在德州蓨縣東北後屬冀州
拔關與
通鑑地理通釋曰正義秦韓相攻於關與而趙奢破秦軍郡縣志關與山在磁州武安縣西南五十里上黨涅縣有關與聚括地志關與聚城今名烏蘇城在潞州銅鞮縣西北二十里又儀州和順縣城亦云韓關與邑未詳王蔿攻關與轑陽韓信破代禽夏説關與
免成陵君終身不見
徐孚遠曰衛君本意欲釋圍耳何恨乎成陵君而欲免之蓋如耳忌成陵君故假衛事而譖之
吾欲太子之自相也索隱曰太子襄王也
余有丁曰按國策是哀王時事太子當是昭王索隱解誤
秦將白起敗我軍伊闕二十四萬
愚按秦紀云左更白起攻韓魏于伊闕斬首二十四萬蓋合韓魏之兵共斬首二十四萬耳魏韓兩世家各言二十四萬失實
芒卯以詐重
戰國策曰秦約趙而伐魏魏王患之芒卯曰王勿憂也臣請發張倚使謂趙王曰夫鄴寡人固形弗有也今大王收秦而攻魏寡人請以鄴事大王趙王喜召相國而命之曰魏王請以鄴事寡人使寡人絶秦相國曰收秦攻魏利不過鄴今不用兵而得鄴請許魏張倚因謂趙王曰敝邑之吏效城者已在鄴矣大王且何以報魏趙王因令閉關絶秦秦趙大惡芒卯應趙使曰敝邑所以事大王者為完鄴也今效鄴者之罪也卯不知也趙王恐魏承秦之怒遽割五城以合於魏而支秦
秦拔我安城
通鑑地理通釋曰安城在鄭州原武縣東南二十里
二年又拔我三城
愚按六國年表作秦拔我兩城
魏將段干子

金甡曰按老莊申韓傳云老子之子名宗爲魏將封于段干此段干子殆老子之後歟

愚按國策作段干崇也

請予秦南陽以和

通鑑地理通釋曰地理志河內郡脩武應劭曰晉始啓南陽今南陽城是也秦改曰脩武（水經注脩武故寗亦曰南陽馬季長曰晉地自朝歌以北至中山爲東陽朝歌以南至軹上爲南陽應劭地理風俗記曰河內殷國也周名爲南陽臣瓚云韓非書曰）秦昭王越趙長平西伐脩武時秦未兼天下脩武之名久矣劉氏云脩武則寗武王伐紂名之秦紀昭王三十三年魏入南陽以和張儀傳魏絕南陽白起傳攻南陽太行道絕之輿地廣記懷州脩武縣本商之寗邑武王伐紂勒兵於寗更名修武（韓詩外傳）唐武德四年改爲武涉而別置脩武縣於隋脩武縣故城郡國志脩武故南陽（南陽有二脩武即晉魏之南陽也南陽即今鄧州也）

蘇代謂魏王曰

凌稚隆曰按蘇代戰國策作孫臣

秦挾我懷

通鑑地理通釋曰周桓王與鄭蘇忿生之田有攢茅隤懷襄王與晉攢茅之田括地志故懷城在懷州武涉縣西十一里（漢河內懷縣本禹貢覃懷之地春秋時赤狄伐晉圍懷）

秦挾我郪丘

通鑑地理通釋曰故城在潁州汝陰縣西北

痤因上屋騎危謂使者曰

愚按戰國策范痤獻書魏王耳無上屋騎危事

今韓氏以一女子奉一弱主

大事記曰按韓世家不載其事必是時韓王少母后用事

行三千里而攻冥阸之塞

通鑑地理通釋曰左傳定四年楚左司馬戌曰還塞大隧直轅冥阸春申君傳踰冥隘之塞而攻楚楚世家楚人對頃襄王曰泧鄳塞而待秦之倦也戰國策莊辛曰穰侯受命乎秦王填黽塞之內而投己乎邑塞之外蘇代曰秦欲攻魏重楚則以南陽委於楚幾均陵塞鄳阸正義申州鍾山縣本漢鄳縣有平靖關蓋古鄳縣之阸塞（通典申州春秋時申國之地魏置義陽郡）

有三關之隘北接陳汝控帶許洛鍾山縣開寶九年省信陽縣冥阨塞在信陽軍東南五十五里冥鄳黽並音萌戰國策云危隘之塞

右蔡左名陵

通鑑地理通釋曰戰國策云右上蔡召陵無左字

秦固有懷茅邢丘

通鑑地理通釋曰韓詩外傳武王伐紂至邢丘更名曰懷左傳宣二年赤狄伐晉圍懷及邢丘則為二邑水經注梁惠成王三年鄭城邢丘鄭即韓也韓世家昭侯六年伐東周取陵觀邢丘

河內共汲必危

通鑑地理通釋曰地理志共汲二縣屬河內正義共衛州共城縣水經注共縣共和故國共伯歸政遺逸于共山之上山在國北所謂共北山也典共城古共伯國故城在縣東通汲在衛州所治汲縣西南二十五里通典汲縣牧野之地孟康曰今絺城括地志故絺城在懷州河內縣西三十二里蘇忿生邑

有鄭地

通鑑地理通釋曰韓都鄭故稱韓為鄭

得垣雍

通鑑地理通釋曰戰國策長平之役平都君說魏王曰王胡不為從魏王曰秦許吾以垣雍白起傳應侯言於秦王割韓垣雍以和秦紀昭王四十八年韓獻垣雍郡國志河南卷縣有垣雍城或曰古衡雍

次滎澤水灌大梁

通鑑地理通釋曰水經濟水又東合滎瀆注云瀆水受河水有石門謂之滎口石門蓋故滎播所道自此始渠出滎陽北河東南過中牟之北又東至浚儀注云秦始皇二十六年王賁斷故渠引水東南出以灌大梁溝洫志王横言秦攻魏決河灌其都決處遂大不可復補謂之梁溝濟水又東逕滎澤北京相璠曰滎澤在滎陽縣東南與濟隧合穆天子傳曰甲寅天子浮于滎水乃奏廣樂晉地道志濟自大伾入河與河水鬬南泆為滎澤通典鄭州滎澤縣禹貢濟水泆為滎郡北今濟水不復入滎濟水東流經溫縣入河郡國志回回王莽末旱北渠枯因濟水但入河而已不復截流而南水經乃依禹貢舊道斯不詳之甚左傳注滎陽釋文云本或作滎史記正義云滎瀆渠首起滎澤縣西北二十里郡國志河南滎陽有費澤注云左傳宣十二年及滎澤杜預曰縣東滎澤也郡縣志鄭州滎陽縣西北四里有故瀆

王之使者出過而惡安陵氏於秦

日知錄曰安陵氏魏之別封蓋魏王之使過

安陵有所不快而毁之於秦也

秦葉陽昆陽與舞陽鄰

通鑑地理通釋曰昆陽漢屬潁川應劭曰昆水出南陽（南陽魯陽有昆水東南至定陵入汝）汝州葉縣北二十五里有昆陽城光武破尋邑之所舞陽漢屬潁川應劭曰舞水出南（樊噲所封）唐屬許州愚按戰國策云與舞陽高陵鄰按注云高陵屬京兆與下文地不相近史無高陵字策誤誤也

繞舞陽之北以東臨許南國必危

按注戰國策注周紀注南國江漢之間又曰南陽也此時屬韓大事記安陵在鄢陵縣西北則去許汝不遠按韓公云繞舞陽葉襄葉襄其地皆壤界也故曰南國

從林鄉軍以至于今

通鑑地理通釋曰左傳注宛陵縣東南有林鄉　大事記曰自秦伐林鄉以至于今也

五入囿中

通鑑地理通釋曰輿地廣記開封府中牟縣有圃田澤為豫州之藪（中牟唐屬鄭州）按戰國策魏

有梁囿溫囿

垂都焚

通鑑地理通釋曰左傳隱八年遇于垂京相璠曰句陽縣小成陽東五里有垂亭句陽故城在今興仁府乘氏縣西

而國繼以圍

大事記曰赧王四十年穰侯圍大梁

東至陶衛之郊

通鑑地理通釋曰正義陶定陶（今廣濟軍定陶縣田齊世家蘇氏曰有陶平陸梁門不開即穰侯所封）衛楚丘（今開德府衛南縣秦紀始皇六年拔衛迫東郡其君角徙居野王阻其山以保魏之河內）呂氏春秋云舉陶削衛地方六百韓非子曰魏安釐王攻趙救燕取地河東攻盡陶衛之地加兵於齊私平陸之都攻韓拔管勝於淇下睢陽之事荊軍老而走蔡召陵之事荊軍破兵四布於天下盛行於冠帶之國

北至平監

通鑑地理通釋曰徐廣曰平縣屬河南（括地志故平縣城在洛州偃師縣西北二十五里今河南府）闞在東平須昌縣（左傳會于闞杜氏曰須昌縣東南有闞城正義故闞城在平陸縣西南四十里郡國

山南山北
志東平東平陸縣有闕亭
大事記曰指太行
秦撓之以講
鮑彪戰國策注曰以求地揥撓之
而又與強秦鄰之禍也
史詮曰戰國策又作無
此亦王之天時已
國策作大時
敗之河內
史詮曰年表作河外
天方令秦平海內其業未成魏雖得阿衡之佐
曷益乎
史通曰太史公論魏之亡而歸之于天予以為論成敗者當以人事為主推命而言則其理悖矣　辨惑曰此大謬之說也魏之亡既迫於秦興而非人謀之所能救則秦之亡亦迫於漢興而無可為者也而遷於本紀乃取賈生之論以不任忠賢罪二世何哉夫無忌之徒固未足以益國然遷之失言不得為罪也

史記疏證卷第三十五

韓世家第十五

韓武子索隱曰國語叔向謂韓宣子能脩武子之德

金甡曰按叔向謂宣子有欒武子之貧以為能其德矣其云脩武子之德者自謂欒懷子耳索隱誤

武子後三世有韓厥索隱曰系本云萬生賕伯賕伯生定伯簡簡生輿輿生獻子厥

愚按左傳正義引世本云桓叔生子萬萬生求伯求伯生子輿子輿生獻子厥與此所引不同

貞子徙居平陽

通鑑地理通釋曰地理志河東平陽縣堯都也在平河之陽今晉州臨汾縣括地志晉州城因平陽城東面為之

秦伐我宜陽

通鑑地理通釋曰漢屬弘農郡正義在洛州福昌縣東十四里通典故韓城在縣東縣城即魏千金堨城東南北三面俯絶天險後閒重兵於北以備高齊甘茂傳宜陽大縣也上黨南陽積之久矣名曰縣其實郡也戰國策周君曰宜陽城方八里材士十萬地理志西接弘農得新安宜陽皆韓分也蘇秦說趙曰韓弱則効宜陽宜陽効則上郡絶呂氏曰黽池二殽皆在境内蓋控扼之地也

韓嚴弒其君哀侯而子懿侯立

愚按六國表索隱曰系家作佑懿侯此無佑字

吳師道戰國策補注曰策曰東孟之會韓王及相皆在焉聶政刺韓傀兼中哀侯又曰聶政刺相兼中哀侯許異蹵哀侯而殪之是故哀侯為君而許異終身相焉考之世家哀侯既弒其子懿侯即立許異將誰相哉俠累既死烈侯猶在位十年謂之終身相可也則此乃烈侯三年之事但戰國策誤以為哀侯耳又烈王五年韓嚴遂弒哀侯辯題引正義云紀年晉桓公邑哀侯於鄭韓山堅賊其君哀侯而立韓君山山堅即韓嚴也君山即懿侯也愚按此事國策誤合二事為一司馬遷兩存而不決溫公與劉道原書稱氏古史皆疑之大事記考之未盡且史記年表世家兩

書韓嚴是聶政之事乃嚴遂而弒哀侯者乃韓嚴大事記謂氏偶同又不知韓嚴遂韓國氏名交混也通鑑書嚴遂弒哀侯大事記曰之未改當從史書韓嚴綱目書嚴遂下注哀侯以韓廆爲相而憂韓遂二人相害遂刺廆於朝併中哀侯亦仍誤也

韓姬弒其君悼公 索隱曰王劭亦云不知悼公何君也

徐孚遠曰蓋以昭侯首尾二十六年中間時云殺悼公故曰不知悼公何君也蓋史誤

十一年君號爲王

愚按楚世家及六國年表韓君稱王在楚懷之六年是年於韓爲十年此作十一年誤

必不爲鴈行以來

考要曰行者行列也魏世家云投質于趙請爲天下鴈行頓刃蘇秦傳云使弱燕爲鴈行而強秦敝其後義與此同皆戰國策文也

楚救不至韓

史詮曰韓字下有缺文戰國策楚救不至韓氏大敗

秦伐我取穰

通鑑地理通釋曰郡縣志穰本楚別邑取豈穰之義後屬韓秦武王攻取之封魏冉爲穰侯

公子蟣虱

戰國策作幾瑟　戰國策補注曰太子嬰死公子咎公子蟣虱爭爲太子世家所載參錯不可詳考大畧二公子各有所主公叔挾齊魏以主咎公仲挾秦楚以主蟣虱也

蘇代謂韓咎曰

戰國策補注曰韓咎當是公仲若是太子咎豈有納蟣虱之理　史詮曰戰國策蘇代作冷向

請道南鄭藍田出兵於楚以待公殆不合矣

余有丁曰按國策云請道于南鄭藍田以入攻楚出兵于三州以待公殆不合於南鄭矣

史詮曰不合者不與楚戰也

施三川而歸

通鑑地理通釋曰韋昭曰河洛伊曰三川周東都也秦置三川郡　大事記曰三川郡在今爲衛懷孟開封鄭河南汝陝虢拱之地

凌稚隆曰張說救韓之功于三川天子之都而歸咸陽

司馬庚三反於郢（徐廣曰一作康）

戰國策作司馬康

公必先韓而後秦先身而後張儀

戰國策補注曰先韓者急圖其國後秦者不望其救先身者善己之謀後儀者不隨人之詐

凌稚隆曰按先身後儀言欲秦之救己而不欲其勁韓也

五年秦拔我宛（正義曰宛鄧州縣時屬韓也）

通鑑地理通釋曰地理志宛故申伯國西通武關東受江淮一都之會也秦昭王十五年攻楚取宛韓釐王五年秦拔我宛今鄧州南陽縣　愚按秦本紀昭襄王十五年伐楚取宛十六年左更錯取軹及鄧宛為楚邑不知幾時屬韓所取者軹及鄧也上下連文遂誤作拔宛耳

與秦會兩周間

愚按秦本紀會新城

秦擊我於太行

通鑑地理通釋曰正義太行山羊腸坂道北過韓上黨戰國策曰一軍臨滎陽一軍臨太行則韓請效上黨之地

二十四年秦拔我成皋滎陽

通鑑地理通釋曰通典成皋今汜水唐屬孟州戰國策三晉分智氏地段規謂韓王曰分地必取成皋韓王曰成皋石溜之地也無所用之段規曰不然一里之厚而動千里之權者地利也萬人之衆而破三軍者不意也王用臣言則韓必取鄭矣王曰善取成皋至韓之取鄭果從成皋始（韓哀侯二年滅鄭）今按晉楚之霸也爭鄭秦之并六國也始于韓以虎牢成皋之險也秦拔成皋滎陽十九年而韓亡（李斯曰惠王用張儀之計東據成皋之險今按張儀之言資楚曰秦下甲據宜陽韓之上地不通下河東取成皋韓必入臣是時秦未取成皋也秦紀韓獻成皋在莊襄王元年）

又曰滎陽鄭地屬韓通典鄭州滎陽縣故虢國（所謂東虢）秦置敖倉楚漢戰京索間是也

二十六年秦悉拔我上黨

通鑑地理通釋曰戰國策周最曰秦盡韓魏之上黨大原秦地天下之半也制齊楚三晉

之命犀武敗于伊闕周君之魏求救魏王以上黨之急辭之綦毋恢見魏王曰秦悉塞外之兵與周之衆以攻南陽而兩王黨絶矣樊餘謂楚王曰韓兼兩上黨以臨趙即趙羊腸以上危按大事記秦昭王十四年韓魏攻秦白起敗之於伊闕又涉河取韓安邑以東至乾河正義源出絳州絳縣東南教山南流注河是水冬乾夏流四十五年白起拔韓野王絶上黨道野王懷州河內縣太行山在西北韓獻上黨於秦上黨守馮亭以郡降趙趙世家馮亭入城市邑十七四十七年秦王齕攻上黨拔之四十八年白起分軍爲三使王齕拔趙武安正義故城在洛州武安縣西南五十里今屬磁州皮牢與武安相近司馬梗北定太原盡有上黨地莊襄王三年王齕攻上黨諸城悉拔之初置太原郡戰國策所謂西上黨者蓋在韓魏之間楢安邑魏地而云取韓安邑也上地上黨之地也荀子曰韓之上地方數百里而趨趙趙不能凝也故秦奪之後魏地形志上黨郡秦置治壺關城漢治長子城

九年秦虜王安盡入其地爲潁川郡韓遂亡

大事記曰秦并六國始於韓者蓋李斯之策也杜牧曰秦萃銳三晉經六世乃能得韓遂折天下脊得趙因拾取諸國

給趙孤之子武

史詮曰孤字當在之下

比天下之陰德也

蘇氏古史曰太史公以獻子存趙氏之孤爲天下之陰德故宜有後余謂不然韓之先與晉同祖皆周武王之後也晉自文公伯諸侯至平公八世猶未足以究武之烈而繼之以韓比天意也獻子何足以當之然周衰姬姓復興者三國燕與韓魏皆獲地千里后稷播種百穀以濟饑饉其報固當然哉

史記疏證卷第三十六

田敬仲完世家第十六

史通曰司馬遷之記諸國也其編次之體與本紀不殊蓋欲抑彼諸侯異乎天子故假以他稱名為世家且諸侯大夫家國本別三晉之與田氏自未為君而前齒列陪臣屈身藩后而前後一統俱歸世家使君臣相雜升降失序何以責季孫之八佾譏庭管氏之三歸反坫又列號東帝抗衡西秦地方千里高視六國而沒其本號唯以田完制名求之人情孰謂其可　辨惑曰陳恒殺闞止事既詳見于齊世家又見于田完世家陳乞立陽生事亦然

敬仲之如齊以陳字為田氏

經典毛詩釋文曰寘音田又音珍一音陳寘塡塵依字皆是田音鄭云古聲同按陳完奔齊以國為氏而史記謂之田氏是古田陳聲同　日知錄曰此亦太史公之誤春秋傳未有稱田者至戰國時始為田耳

乃使人還晏孺子於駘而殺孺子荼

愚按荼即晏孺子宜書曰而殺之足矣兩稱其名不亦贅乎

鮑牧與齊悼公有郄弒悼公

邵泰衢曰傳哀十年齊人弒悼公赴于師哀八年鮑牧謂羣公子曰使女有馬千乘乎公子愬之公謂鮑子或譖子子姑居于潞以察之使以二乘及潞麋之以入遂殺之夫悼弒赴于師不知其人也或云乞弒其君荼恒弒其君壬莫陳氏之强橫若也悼之弒也舍陳氏又誰之焉今曰鮑牧牧已先誅矣而又當此弒君之名不亦寃乎

歸乎田成子

史通曰夫人既從物故然後加以易名田常見存而遽呼以謚此之不實明然可知又按左氏傳石碏曰陳桓公方有寵于王論語陳司敗問孔子昭公知禮乎史記家令說太上皇曰高祖雖子人主也諸如此說其例皆同然而事由過誤易為筆削若田氏世家之論成子也乃結以韻語纂成歌詞欲加刊正無可釐革故獨舉其失以為標冠云

子太公和立索隱曰莊周及鬼谷子亦云田成子殺齊君十二代而有齊國

徐孚遠曰莊生在齊宣王時豈得逆數王建以為十二代蓋憶言田氏擅齊之數

田會自廩丘反

竹書紀年曰田悼子卒田布殺其大夫公孫孫公孫孫以廩丘叛于趙田布圍廩丘翟角趙孔屑韓氏救廩丘及田布戰于龍澤田師敗逋

騶忌曰

徐孚遠曰騶忌始以鼓琴干成王不宜在桓公已與迂議且其事與下文所載亦相類

段干朋曰

愚按此與下文救趙之事戰國策皆作段干綸春秋後語作段干萌

於是威王召即墨大夫而語之曰

通鑑地理通釋曰郡縣志即墨故城在萊州膠水縣東南六十里本漢舊縣田單守即墨破燕軍盡復齊地項羽徙齊王田市為膠東王都此漢屬膠東北齊併入膠水隋復置屬萊州城臨墨水故曰即墨田肯謂琅邪即墨之饒顏氏曰二縣近海財用所出蘇秦說趙曰齊必致魚鹽之海

是日烹阿大夫并左右嘗譽者皆并烹之

列女傳曰威王即位諸侯並侵之其佞臣周破胡專權擅勢嫉賢妬能即墨大夫賢而毀之阿大夫不肖反日譽之虞姬謂王曰破胡諛讒之佞臣也不可不退于是封即墨大夫烹阿大夫及破胡并烹之

惠王請獻觀以和解

竹書紀年周烈王七年齊威十年齊田壽帥師伐我圍觀觀降

求成侯不勝而犇

大事記曰桂陵馬陵二字多混而世家書田忌之犇在威王之時亦史之誤也　戰國策補注曰戰國策田忌之犇在戰馬陵後即宣王之世明矣史載其犇在前故謂名復位忌既襲齊豈得再復成侯猶在豈宜並列而馬陵後忌無可書之事如其必有誤矣

戰於南梁

鮑彪戰國策注曰魯國蕃縣有南梁水　補

注曰高誘云韓巳大梁在北故曰南梁

宣王召田忌復故位

戰國策補注曰按策言忌伐魏三戰三勝忌戰可見者桂陵馬陵二役策併言之也後章記忌係太子申禽龐涓孫子謂忌曰若是則齊君可正成侯可走忌不聽遂不入齊又記田忌亡齊之楚楚封之江南則忌之出奔在戰馬陵後宣王之世明矣史載其奔在前故謂召復位忌既襲齊豈得再復成侯猶在豈宜竝列而馬陵後忌無可書之事知其必有誤也以威王之明成侯公孫閈之詐豈能行其間其為宣王無疑也大事記謂桂陵馬陵二事多混而書忌出奔在威王時亦仍史之誤耳

孫子曰

愚按戰國策以為田臣思之言

接子正義曰齊人藝文志云接子二篇在道家流

愚按漢藝文志道家者流有捷子二篇齊人武帝時說此在漢之齊非田齊也接子另是一人

是以齊稷下學士復盛且數百千人

楊慎曰按穀梁傳云稷下稷即側也稷字又作棘鄭志張逸問曰我先師棘下生何人也荅曰齊田氏時學者所會處齊人號之棘下生無常人也真德秀曰墨翟禽滑釐其一也宋鈃尹文其二也彭蒙田駢慎到其三也莊周惠施其四也

與秦擊敗楚於重丘

通鑑地理通釋曰應劭曰安德縣北五十里有重丘鄉水經注故重丘縣漢屬平原在德州左傳襄二十五年諸侯同盟于重丘輿地廣記永靜軍將陵縣漢重丘縣地隋於重丘故城置唐屬德州慶曆七年屬永靜

夫約鈞然

戰國策補注曰言齊秦俱相約如此一本無然字愚按約鈞字訛無然字

蘇代為齊謂秦王曰

史詮曰戰國策齊字並作韓

燕秦楚三晉合謀各出銳師以伐敗我濟西徐廣曰案其餘諸傳無楚伐齊事年表云楚取淮北

通鑑地理通釋曰正義謂濟州已西左傳僖三十一年取濟西田分曹地也水經注春秋莊十八年公追戎于濟西京相璠曰濟水自鉅野至濟北是也蘇代曰秦以濟西委於趙有濟西趙之河東國危

愚按樂毅傳燕使樂毅約趙惠文王别使連楚魏令趙嚪秦以伐齊之利樂毅并護趙楚韓魏燕之兵以伐齊焉得云無楚伐齊事也徐廣謬矣

燕將樂毅遂入臨淄盡取齊之寶藏器

呂氏春秋曰昌國君將五國之兵以攻齊齊使觸子將以迎天下之兵於濟上齊王欲戰使人赴觸子耻而訾之曰不戰必刻若類掘若壟觸子苦之欲齊君之敗於是以天下兵戰戰合擊令而却之卒北天下兵乘之觸因以一乘去莫知其所不聞其聲達子又帥其餘卒以軍於秦周無以賞使人請金於齊王齊王怒曰若殘豎子之類惡能給若金與燕人戰大敗達子死齊王走莒燕人逐北入國相與爭金於美唐甚多

湣王去走鄒魯有驕色鄒魯君弗內

戰國策曰齊閔王將之魯夷維子執策而從謂魯人曰子將何以待吾君魯人曰吾將以十太牢待子之君夷維子曰子安取禮而來待吾君彼吾君者天子也天子巡狩諸侯避舍納筦鍵攝衽抱几視膳於堂下天子已食而退聽朝也魯人投其籥不果納不得入於魯將之薛假涂於鄒當是時鄒君死閔王欲入弔夷維子謂鄒之孤曰天子弔主人必將倍殯柩設北面於南方然後天子南面弔也鄒之群臣曰必若此吾將伏劍而死故不敢入於鄒

淖齒遂殺湣王

戰國策曰王奔莒淖齒數之曰夫千乘博昌之間方數百里雨血霑衣王知之乎王曰不知嬴博之間地坼至泉王知之乎王曰不知人有當闕而哭者求之則不得去之則聞其聲王知之乎王曰不知淖齒曰天雨血霑衣者天以告也地坼至泉者地以告也人有當闕而哭者人以告也天地人皆以告矣而王不知戒焉何得無誅乎於是殺閔王於鼓里

又曰淖齒用齊擢閔王之筋懸於其廟梁宿昔而死

其子法章變名姓為莒太史敫家庸

戰國策曰太子乃解衣免服逃太史之家為溉園

君王后卒

戰國策曰君王后病且卒誡建曰群臣之可用者某建曰請書之君王后曰善取筆牘受言君王后曰老婦已忘矣

聽姦臣賓客以忘其國

戰國策曰秦使陳馳誘齊王內之約與五百里之地齊王不聽即墨大夫而聽陳馳遂入秦

住建共者客耶索隱曰耶音邪謂是建客邪客說建住言遂乃入秦今建遷共

史詮曰耶如字讀語詞也索隱注謬

易之為術幽明遠矣非通人達材孰能注意

習學記言曰陳完之占前代此類甚多孔子以為不足以訓故獨贊易以黜之凡左氏所載皆孔子所黜也當其時亦有知象數筮占為非道者但其智不能盡古今之變故閔默終墮於卜師爾而遷乃謂孔子晚而喜易易幽明遠矣非通人達材孰能注意反以陳完之占為孔氏所盡心者是遷未嘗知有孔氏之易所識如此蓋難語上也　辨惑曰史氏之評因人事之善惡而正其是非以示勸戒而裨教化故可貴也遷之贊田完徒謂易術幽明非通人達才莫能注意此固不必道者而又云田乞及常所以比犯二君專齊國之政非必事勢之漸然蓋若遵厭兆祥則亂臣賊子皆得以天命自解而無所懲矣豈史氏之所宜言乎

史記疏證卷第三十七

孔子世家第十七

困學紀聞曰王文公曰仲尼之才帝王可也何特公侯哉仲尼之道世天下可也何特世其家哉處之世家仲尼之道不從而大置之列傳仲尼之道不從而小而遷也自亂其例滹水李氏曰欲尊大聖人而反小之其所以稱夫子者識會稽之骨辯墳羊之怪道楛矢之異測桓釐之災斯以為聖而已矣何其陋也皇王大紀曰遷載孔子言行不得其真者尤多　習學記言曰孔子世家所取甚雜然比之載五帝三王周召等事猶不至於駁異譬如以象求人雖非其真然禹行舜趨要無桀跖步履學者深考之亦足以成德也　辨惑曰春秋書天王狩河陽事載于孔子世家足矣而又見于晉世家又見于周本紀　又曰孔子世家總書行事有云食于有喪者之側未嘗飽也是日哭則不歌見齊衰瞽者雖童子必變三人行必得我師德之不脩學之不講聞義不能徙不善不能改是吾憂也史氏之所記孔子之所自言豈可混而不別遷採經摭傳大抵皆踳駁而二帝三王紀齊魯燕晉宋衛孔子世家仲尼弟子傳尤不足觀也

禱於尼丘

水經注曰沂水出魯城東南尼丘山西北山即顏母所祈而生孔子也山東一十里有顏母廟　祖庭廣記曰顏氏禱於尼丘升之谷草木之葉皆上起降之谷草木之葉皆下垂魏書地形志曰魯縣有顏母祠堂

葬於防山防山在魯東

水經注曰尼山南數里孔子父葬處禮所謂防墓崩者也　闕里志曰防山在孔廟東三十里周圍八里高二里

聊人輓父之母誨孔子父墓然後往合葬於防焉

陳澔禮記集說曰顏氏之死夫子成立久矣聖人人倫之至豈終毋世不尋求父葬之地至毋殯而猶不知乎且殯之衢路等之死于道路者夫子忍為之乎馬遷野合之誣謂顏

氏諱而不告鄭註因之以滋後世之惑此出諸子雜說不可據也若終身不知父墓何以為孔子其不然也審矣　邵泰衢曰五父之衢豈殯棺之地倘無聊母之誨將終殯之衢已乎輓父之母係孔氏之何親若不詳而有徵又何敢冒昧以母合葬乎至曰疑其父墓則已知其處矣又曰母諱之也則是聖母親言尚生疑惑夫豈聊母一語遂成實信者哉檀弓野説誣聖良多司馬信之更增舛謬

孔子要絰季氏享士孔子與往陽虎絀曰季氏享士非敢享子也孔子由是退

邵泰衢曰喪而要絰喪未除也而與享者有乎至聞虎一叱由是而退則禮樂之宗曾不若一竊寶玉大弓之盜已瞯亡之拜將仕之言遷應不知此也

俱適周問禮蓋見老子云

莊子曰孔子與南宮敬叔適周見老聃而問禮焉老聃曰子所言其人與骨皆已朽矣獨其言在耳且君子得時則駕不得時則蓬累而行吾聞之良賈深藏若虛君子盛德容貌若愚去子之驕氣與多欲態色與淫志皆無益於子之身吾之所告子者若此而已　張氏理窟曰孔子適周誠有訪樂於萇弘問禮於老聃老聃未必是今老子觀老子薄禮恐非其人然不害為兩老子猶左丘明別有作傳者也

是時也晉平公淫六卿擅權東伐諸侯楚靈王兵彊陵轢中國齊大而近於魯魯小弱附於楚則晉怒附於晉則楚來伐不備於齊齊師侵魯

史詮曰此錯簡也蓋在魯世家昭公二十年之上因孔子世家亦有昭公二十年字故誤屬之也

齊處昭公乾侯

余有丁曰乾侯晉地晉人以居公者齊處公于鄆非乾侯也

為高昭子家臣欲以通乎景公

余有丁曰按昭二十年齊世家記景公與晏嬰狩魯界因入魯問禮于孔子自此嬰與孔子相友善今魯亂孔子適齊必因嬰以通于景公而世家謂為高昭子家臣以通景公或

誤

趨詳之節

史詮曰詳當作蹌

吳伐越隳會稽得骨節專車

余有丁曰按吳伐越事在哀公元年家語云吳子使聘于魯問之孔子命使者曰無以吾命也賓既將事及發幣于大夫及孔子孔子爵之既徹俎而燕然後客執骨而問今載于定公五年此時吳未隳會稽安得獲骨之事

今費雖小儻庶幾乎欲往

邵泰衢曰子欲往者豈從叛哉正欲反叛為順以正其大義使强臣不僭竊而為東周之治耳豈不狃可輔哉今史云孔子循道彌久溫溫無所試莫能已用曰周文武起豐鎬而王今費雖小儻庶幾乎欲往子路止孔子卒不往噫馬遷以孔子欲費與不狃為可以文武乎是從叛也何妄之甚

孔子攝相事

徐孚遠曰謂相會盟之事非相魯也是時執國柄者季氏耳

歷階而登

愚按禮雜記主人之升降散等執事者亦散等鄭康成注云散栗也等階也吉祭則涉級聚足喪祭則栗階故云散等也孔疏申之云散等栗階者謂升一等而後散升不連步也故燕禮記云栗階不過二等注云其始升猶聚足連步越二等左右足各一發而升堂以此知散等栗階是一也陸佃云栗階躐等有栗之道故曰栗階孔子見萊人以兵至故栗階無暇拾級聚足也歷疑是栗

則左右視晏子與景公

王樵曰姜廷善曰景子謝過之言何休氏載之但晏子自襄二十五年崔杼弒君時見之至是又四十八年當不勝老矣七十致仕安得從會乎自定七年之後景公結黨稱兵侵伐魯衛甚非晏子所為然諸書皆不及嬰惟何休與史記言之或以何休本之晏子春秋則非可信之書也

則謝以寳

史詮曰洞本寳作質

公圍成弗克

余有丁曰按春秋記定公十二年墮郈墮費而史誤以為十三年年表記定公十二年孔子去魯而世家又以為十四年孔子去魯前後矛盾蓋定公十二年孔子年五十四由大司寇攝行相事于是墮郈墮費三月魯大治齊人懼餽女樂以阻之孔子遂行正值魯十月有事于郊之日其圍成弗克在冬十二月此時孔子已去魯矣史記必誤

於是誅魯大夫亂政者少政卯

說苑指武篇曰孔子為魯司寇七日而誅少正卯於東觀之下門人聞之趨而進至者不言其意皆一也子貢後至趨而進曰夫少正卯者魯國之聞人矣夫子始為政何以先誅之孔子曰賜也非爾所及也夫王者之誅有五而盜竊不與焉一曰心辨而險二曰言偽而辨三曰行辟而堅四曰志愚而博(荀子宥坐篇四曰記醜而博)五曰順非而澤此五者皆有辨知聰明之名而非其真也苟行以偽則其知足以移眾強足以獨立此姦人之雄也不可不誅夫有五者之一則不免於誅今少正卯兼之是以先誅之也　柯維騏曰孔子誅少正卯其說出于荀卿朱子以論語左氏不載子思孟子不言疑之然荀卿去孔子未遠或得其實也

粥羔豚者弗飾賈男女行者別於塗塗不拾遺四方之客至乎邑者不求有司皆予之以歸

荀子儒效篇曰沈猶氏不敢朝飲其羊公慎氏出其妻慎潰氏踰境而徙魯之粥牛馬者不豫賈　家語曰為大司寇國人謗之曰麛裘無韠投之無戾韠之麛裘投之無郵既而政化盛行國人誦之曰衮衣章甫實獲我所章甫衮衣惠我無私

孔子狀類陽虎拘焉

韓詩外傳曰孔子行簡子將殺陽虎孔子似之帶甲以圍孔子舍子路慍怒奮戟將下孔子止之曰夫詩書之不習禮樂之不講是丘之罪也若吾非陽虎而以我為陽虎則非丘之罪也命也我歌子和三終圍罷

孔子使從者為甯武子臣於衛

致堂管見曰穆公末武子之子相已與孫良夫將兵侵齊武子非老則卒矣穆公卒歷定公獻公凡三十七年至靈公三十八年而孔子來使有兩武子則可若猶命也其年當百有五六十矣何子長之踈也

使孔子為次乘招搖市過之

邵泰衢曰欲通齊景不耻家臣欲媚夫人帷中交拜且使為次乘儼同宦寺之流過市招搖不顧辱身之醜小人之所不為也而謂孔子為之乎馬遷誣聖罪在難寬

此肅慎氏之矢也

邵泰衢曰子不語怪吾聞之矣博學多聞非積羊困象防風肅慎之謂也以此多聖誠不若太宰矣立極之聖豈若張華之知詭物東方朔滑稽逢君者流哉此事家語亦載之漢儒之僞也

期月而已

史詮曰洞本已下有可也二字

孔子學鼓琴師襄子

余有丁曰師襄子即擊磬襄孔子用魯樂為司樂之官及孔子去魯而襄子入於海史記載學琴於去魯之後殆非也歷聘紀年記孔子二十九歲適衛學琴庶幾近之

師蓋云文王操也

韓詩外傳曰師襄子曰敢問何以知文王之操也孔子曰夫仁者好偉和者好粉智者好彈有殷勤之意者好麗丘是以知文王之操也

災必於桓釐廟乎

說苑　篇曰孔子與齊景公坐周使來言周廟燔孔子曰是釐王廟也景公曰何以知之曰夫釐王變文武之制而作玄黃宮室輿馬奢侈不可振也故天殃其廟是以知之景公曰何以不殃其身曰天以文王之故也若死其身文王之祀無乃絶乎故殃其廟以章其過也左右入報曰周釐王廟也景公再拜曰善哉聖人之智豈不大乎

孔子自蔡如葉

金履祥曰孔子至葉即至楚也葉楚之縣也但史記于在衛之事葉蔡之事皆重出而不

考爾

絶糧從者病莫能興

説苑雜言篇曰孔子遭難陳蔡之境絶糧弟
子皆有饑色孔子歌兩柱之間子路入見曰
夫子之歌禮乎孔子不應曲終而曰由君子
好樂為無驕也小人好樂為無懾也其誰知
之子不我知而從我者乎子路不悦援干而
舞三終而出及至七日孔子脩樂不休子路
愠見曰夫子之脩樂時乎孔子不應樂終而
曰由昔者齊桓霸心生於莒句踐霸心生於
會稽晉文霸心生於驪氏故居不幽則思不
遠身不約則智不廣庸知而不遇之於是興
明日免於厄子貢執轡曰二三子從夫子而
遇此難也其不可忘已孔子曰惡是何也語
不云乎三折肱而成良醫夫陳蔡之間丘之
幸也二三子從丘者皆幸人也吾聞人君不
困不成王列士不困不成行昔者湯困於呂
文王困於羑里秦穆公困於殽齊桓困於長
勺句踐困於會稽晉文困於驪氏夫困之為
道從寒之及煖煖之及寒也唯賢者獨知而
獨言之也　又曰孔子困於陳蔡之間居環
堵之内席三經之席七日不食藜羹不糝弟
子皆有饑色讀詩書治禮不休子路進諫曰
凡人為善者天報以福為不善者天報以禍
今先生積德行為善久矣意者尚有遺行乎
奚居隱也孔子曰由來汝不知坐吾語汝子
以夫知者為無不知乎則王子比干何為剖
心而死以諫者為必聽乎伍子胥何為抉目
於吳東門子以廉者為必用乎伯夷叔齊何
為餓死於首陽山之下子以忠者為必用乎
則鮑莊何為而肉枯荆公子高終身不顯鮑
焦抱木而立枯介子推登山焚死故夫君子
博學深謀不遇時者衆矣豈獨丘哉賢不肖
者才也為不為者人也遇不遇者時也死生
者命也有其才不遇其時雖才不用尚遇其
時何難之有故舜耕歷山而逃於河畔立為
天子則其遇堯也傅説負壤土釋板築而立
佐天子則其遇武丁也伊尹有莘氏媵臣也
負鼎俎調五味而佐天子則其遇成湯也呂
望行年五十賣食於棘津行年七十屠牛朝

歌行年九十為天子師則其遇文王也管夷吾束縛膠目居檻車中自車中起為仲父則其遇齊桓公也百里奚自賣取左羊皮伯氏牧羊以為卿大夫則其遇秦穆公也沈尹名聞天下以為令尹而讓孫叔敖則其遇楚莊王也伍子胥前多功後戮死非其智益衰也前遇闔廬後遇夫差也夫驥厄罷鹽車非無驥狀也夫世莫能知也使驥得王良造父驥無千里之足乎芝蘭生深林非為無又而不香故學者非為通也為窮而不困也憂不衰也此知禍福之始而心不惑也聖人之深念獨知獨見舜亦賢聖矣南面治天下唯其遇堯也使舜居桀紂之世能自免刑戮固可也又何官得治乎夫桀殺關龍逢而紂殺王子比干當是時豈關龍逢無知而比干無惠哉此桀紂無道之世然也故君子疾學脩身端行以須其時也韓詩外傳同

夫子蓋少貶焉

史詮曰蓋當作盍

楚令尹子西曰王之使使諸侯有如子貢者乎曰無有王之輔相有如顏回者乎曰無有王之將率有如子路者乎曰無有王之官尹有如宰予者乎曰無有

愚按說苑雜言篇子西謂楚王曰王之臣用兵有如子路者乎使諸侯有如宰予者乎長管五官有如子貢者乎　余有丁曰按此時顏子尚從在楚無恙也或謂顏子卒於哀公六年非也

今孔丘述三王之法

金姓曰東都賦事勤乎三五李善注史記楚子西曰孔丘述三五之法明周召之業按此則王字乃後來傳寫之誤

古者詩三千餘篇及至孔子去其重

考要云歐陽氏謂遷說然也書傳所載逸詩不可勝紀以鄭康成譜圖推之有更十君而取其一篇者又有二十餘君而取其一篇者由此言之何嘗三千也按詩序凡三百十一篇而六篇亡其辭故史遷及班固諸人皆謂三百五篇以見在為數耳按王制天子五年一巡狩命太師陳詩以觀民風西周盛時環

海內而封者千八百國使各陳一詩亦千八百篇矣今載於經者惟邶鄘衛鄭齊魏唐秦陳檜曹十一國皆春秋時詩其他一無所録則遷之言未必無據特以盡爲夫子所删爲無理爾

讀易韋編三絶

困學紀聞曰抱朴子祛惑篇有古強者云孔子嘗勸我讀易云此良書也丘竊好之韋編三絶鐵擿三折今乃大悟史記世家韋編三絶鐵折見於此

達巷黨人童子曰

金牲曰按有達巷黨人是項橐之說有項橐七歲爲孔子師之說不知因此童子二字牽連傳會抑此實原於彼也

據魯親周索隱曰言夫子脩春秋以魯爲主故云據魯時周雖微而親周王者以見夫下之有宗主也故殷運之三代正義曰殷中也又中運夏殷周之事也

史詮曰據魯親周故殷句據魯者以魯爲據也親周者以周爲親也故殷者以殷爲故也言春秋之作兼魯周殷三代之法而運之也鄭玄云春秋從殷之質是也正義注繆洞本

殷作商

子夏之徒

史詮曰一本作游夏

孔子年七十三以魯哀公十六年四月己丑卒索隱曰若孔子以魯襄二十一年生至哀十六年爲七十三若襄二十二年生則孔子年七十二經傳生年不定使孔子壽數不明

金牲曰按年表自襄公二十二年庚戌至哀公十六年壬戌正七十三年若自襄二十一年己酉至壬戌則七十四矣索隱不知如何計算

哀公誄之曰

學齋佔畢曰宣聖之誄數處互有不同左氏傳哀公十六年夏四月己丑孔丘卒公誄之曰旻天不弔不憖遺一老俾屏余一人在位煢煢余在疚嗚呼哀哉尼父無自律而禮記檀弓乃云魯哀公誄孔丘曰天不遺耆老莫相余位焉嗚呼哀哉尼父與左氏異而史記孔子世家與左傳所載全同而班氏前漢五行志則云孔丘卒哀公誄之曰旻天不弔不憖遺一老俾屏余一人而止文與史記異大

聖人之誄尚紛紛異同如此況其下者乎

孔子葬魯城北泗上

水經注曰史記冢記王隱地道記咸言葬孔子於魯城北泗水上今泗水南有夫子冢春秋孔演圖曰烏化為書孔子奉以告天赤爵銜書上化為黃玉刻曰孔提命作應法為赤制說題辭曰孔子卒以所受黃玉葬魯城北即子貢廬墓處也譙周云孔子死後魯人就冢次而居者百有餘家命曰孔里孔叢子曰夫子墓塋方一里在魯城北六里泗水上諸孔氏封五十餘所人名昭穆不可復識有銘碑三所獸碣具存

後世因廟藏孔子衣冠琴車書

水經注曰孔廟即夫子之故宅也宅大一頃所居之堂後世以為廟自秦燒詩書經典淪缺漢武帝時魯恭王壞孔子舊宅得尚書春秋論語孝經時人已不復知有古文謂之科斗書漢時秘之希有見者於時聞堂上有金石絲竹之音乃不壞矣廟屋三間夫子在西面東向顏母在中間南面夫人隔東一間東向夫子牀前有石硯一枚作甚朴云平生時物也魯人藏孔子所乘車於廟中是顏路所請者也獻帝時廟遇火燒之永平中鍾離意為魯相到官出私錢萬三千付戶曹孔訢治夫子車身入廟拭几席劍履男子張伯除堂下草土中得玉璧七枚伯懷其一以六枚白意意令主簿安置几前孔子寢堂牀首有懸甕意召孔訢問何等甕也對曰夫子甕也背有丹書人弗敢發也意曰夫子聖人所以遺甕欲以懸示後賢耳發之中得素書文曰後世脩吾書董仲舒護吾車拭吾履發吾笥會稽鍾離意璧有七張伯藏其一意即召問伯果服焉魏黃初二年文帝令郡國脩起孔子舊廟置百夫吏卒廟有夫子象列二弟子執卷立侍穆穆有詢仰之容漢魏以來廟列七碑二碑無字栝柏猶茂廟之西北二里有顏母廟廟象猶嚴有脩栝五株

子思作中庸（皇覽曰子思冢在孔子冢南大小相望）

孔叢子居衛篇曰子思年十六適宋宋大夫樂朔與之言學焉不悅而退曰孺子辱吾其

徒曰魯雖以宋為舊然世有讎焉請攻之遂
圍子思宋君聞之不待駕而救子思子思既
免曰文王困於羑里作周易祖君屈於陳蔡
作春秋吾困於宋可無作乎於是撰中庸之
書四十九篇　愚按劉昭注後漢書郡國志
伯魚冢在孔子冢東與孔子冢近太小相望
子思冢在孔子冢南案今墓書孫在祖前謂
此為驕孫祔

子京生穿字子高

愚按孔叢子高遊趙客平原君遊魏客信陵
君於齊任司馬又為將舉管穆為臨菑宰

子高生子慎年五十七嘗為魏相

孔叢陳士義篇曰魏王遣使者奉黃金束帛
聘子順為相魏王郊迎子順相魏改嬖寵之
官以事賢才奪無任之祿以賜有功凡九月
陳大計輒不用退而以病致事

子慎生鮒年五十七為陳王涉博士

孔叢獨治篇曰子魚居衛與張耳陳餘相善
會陳勝吳廣起兵於陳欲以誅秦餘謂陳王
曰今必欲定天下取王侯者其道莫若師賢
而友智孔子之孫今在魏居亂世能正其行
修其祖業不為時變其父相魏以聖道輔戰
國見利不易操名諸侯世有家法其人通材
足以幹天下博知足以慮未形必宗此人天
下無敵矣陳王大悅遣使者齎千金加束帛
以車三乘聘焉耳又使謂子魚曰天下之事
已可見矣今陳王興義兵討不義子宜速來
以集其事王又聞子賢欲諮良謀虛意相望
也子魚遂往陳王郊迎而執其手議世務子
魚以霸王之業勸之王悅其言遂尊以博士
為太師諮度焉子魚名鮒甲陳人或謂之子
鮒或稱孔甲

死於陳下

孔叢子答問篇曰博士凡仕六旬老于陳將
沒戒其弟子曰魯天下有仁義之國也戰國
之世講頌不衰且先君之廟在焉吾謂叔孫
通處濁世而清其身學儒術而知權變是今
師也宗於有道必有令圖歸必事焉

余讀孔氏書想見其為人

辨惑曰夫聖人道德光被萬世雖鄙夫孺子

皆知之矣而遷因讀書始想見其為人之大概非所宜言

余低回留之

日知録曰按玉篇彳部低除饑切低佪猶俳佪也然則字本當作低佪省為低回耳今讀為高低之低失之楚辭九章抽思低佪夷猶宿北姑兮低一作俳

史記疏證卷第三十八

陳涉世家第十八

史通曰世家之為義也豈不以開國承家世代相續至如陳勝起自群盜稱王六月而死子孫不嗣社稷靡聞無世可傳無家可宅而以世家為稱豈當然乎　又曰史記如二人行事首尾相隨則有一傳兼書包括令盡若陳勝吳廣相參並錄是也　史詮曰太史公作陳涉世家嘉其以匹夫而為亡秦發難也

詐自稱公子扶蘇項燕

徐孚遠曰勝廣自以戍卒望輕故假名以動衆也然扶蘇項燕時地俱懸安得共事不過以愚小民耳

陳守令皆不在索隱曰張晏云郡守縣令皆不在非也地理志及秦三十六郡並無陳郡則陳止是縣今言守令則守非官也與下守丞同也則皆是衍字也

金甡曰按守字未必皆衍或令與丞皆試守而未即真耳皆字卻是衍文

陳人武臣

孔叢子答問篇曰陳人有武臣謂子鮒曰夫聖人者誠高材美稱也吾謂聖人之知必見

未形之前功垂於身後立教而戾夫弗犯吐言而辯士不破也子之先君可謂當之矣然韓子立法其所以異夫子之謂者紛如也予每探其意而校其事持久歷遠過姦勸善韓氏未必非孔子未必得也吾今而後乃知聖人無世不有前聖後聖法制固不一也若韓非者亦當世之聖人也

周文自剄軍遂不戰

孔叢子答問篇曰陳王涉使周章為將西入關以誅秦秦使將章邯拒之陳王以秦國之亂也有輕之之意勢若有餘而不設敵備博士太師諫曰章邯秦之名將周章非其敵也今王使章霈然自得而不設備臣竊惑焉夫雖天之所舍其禍福吉凶大者在天小者由人今王不脩人利以應天祥若跌而不振悔之無及也弗聽周章果敗而無後救邯遂進兵擊陳王師大敗

高祖時為陳涉置守冢三十家

愚按高祖紀作十家

外戚世家第十九

徐孚遠曰紀后紀而號曰外戚非也後代史書皇后自作紀而外戚別作傳乃為得之

非通幽明之故惡能識乎性命哉

辨惑曰夫一婦人之遇否亦不足道矣且凡人事孰非命者而遷于此反覆致意何其費辭也人能弘道之語其意尤疎　史詮曰不能成子姓若張后王后薄后陳后是也不能要其終若戚姬等是也幽明之故蓋指薄卜相等事也

竇皇后親蚤卒葬觀津

水經注曰故瀆又南屈東逕竇氏青山南側隄東出青山即漢文帝竇后父少翁冢也

自卜數日當為侯

金姓曰按少君至景帝時始封但云卜當為侯可耳或數日便有長安之行則封侯之祥即兆于此

妃立為皇后姓陳氏

徐孚遠曰陳皇后衛皇后俱不良死而附陳后事於衛后傳者太史公時巫蠱事未起故也

於是廢陳皇后索隱曰廢后居長門宮故司馬相如賦云陳皇后別在長門宮愁悶悲思奉黃金百斤為相如取酒乃為作頌以奏皇后復親幸作頌信工也復親幸之恐非實也

金姓曰按復幸之說不虛但不復其位耳觀下文求子云云非復幸於帝亦何求之有奪其位以仲子夫之寵不絶其愛以慰大長公主之心帝于此自有作用固非貶入至死不復見也然則后之復幸不藉一賦之力但賦奏而后果復幸相如遂引為已功耳

而中山李夫人有寵有男一人為昌邑王索隱曰髆正義曰賀

金姓曰按昌邑哀王髆李夫人子也賀乃髆子入立而復廢者正義之說不應並列

而上既夷李氏後憐其家乃封為海西侯

余有丁曰按匈奴大宛傳廣利封時李氏未誅後以將軍伐匈奴聞其家用巫蠱族乃降匈奴此文誤　史詮曰此皆褚生增入者

補

脩成君女為諸侯王王后徐廣曰嫁為淮南王安太子妃也

金姓曰按淮南王安傳王謀反畏妃知乃令太子詐弗愛妃求去乃上書謝歸之

脩成子仲驕恣陵折吏民皆患苦之

金姓曰按酷吏傳義縱以捕案太后外孫脩成君子仲遷河內都尉

衛青四子長子伉為侯世子其三弟皆封為侯

金姓曰按衛將軍傳青三子伉為宜春侯不疑為陰安侯登為發干侯伉坐法失侯青卒乃嗣長平侯此云四子者但見一門四侯則伉居長自當嗣侯餘三侯自各為一弟而不知伉之一封一爵也此褚先生之誤索隱亦只注三侯而於四子三弟之說略不置辯

大將軍三子為侯富貴振動天下主何以易之乎

金姓曰按青三子元朔五年封則尚主當是本年或次年事年表元光五年平陽侯曹襄元年此即平陽主子也自元光五年辛亥至元朔五年丁巳主寡居七載子為列侯者亦七年矣元朔五年武帝三十三歲主為帝長姊殆三十六七有如此之子而必自配其家人是亦不可以已乎

昭帝立時年五歲爾

愚按漢書昭紀年八歲立

楚元王世家第二十

柯維騏曰漢書以楚元王傳與荆燕吴並列而以趙王遂與高祖五子同傳蓋楚元王高祖之弟而趙王高祖之子也史遷世家只序楚元王而此特附趙王者蓋以防與先生與申公事相類有賢不用卒犯大戮均可為世戒也

於是乃封其子信為羹頡侯

劉攽七門廟記曰予為廬州從事始以事至舒城觀所謂七門三堰者問於居人其田溉幾何對曰凡二萬頃考於圖書則漢羹頡侯信始基而魏揚州刺史劉馥實脩其廢

戊則殺尚夷吾

徐孚遠曰則殺疑賊殺也

荆燕世家第二十一

使劉賈將二萬人騎數百渡白馬津入楚地燒其積聚

愚按高紀此事在漢三年項羽本紀與此作漢四年誤

漢五年漢王追項籍至固陵使劉賈南渡淮圍壽春

愚按高紀在四年

王淮東五十二城

越絶曰賈築吴市西城名曰定錯城屬小城北到平門丁將軍築治之

以畫干營陵侯澤 文穎曰以工畫得罷也

黄氏曰此曰田生所干劉澤之畫即明年所施於張子卿之計曰弗與云者弗與我施行所畫促之之辭爾澤劉氏也而王諸呂乃出其計其罪大矣故太史公之贊曰劉澤之王權激呂氏而釋之者弗察謂畫為工畫謂與為黨與夫於干劉澤不言其所畫而於干張子卿言之文法之相為先後如此而釋之者弗能察故夫史遷之文深遠矣

傳子嘉為康王

愚按金史世宗紀大定九年二月詔改葬漢二燕王於城東又蔡珪傳曰初兩燕王墓舊在中都東城外海陵廣京城圍墓在東城内

前嘗有盜發其墓大定九年詔改葬於城外俗傳六國時燕王及太子丹之葬及啟壙其東墓之柩題其端曰燕靈王舊舊古柩字通用乃西漢高祖子劉建葬也其西墓蓋燕康王劉嘉之葬也珪作西燕王墓辯據葬制名物款刻甚詳

事發相重豈不為偉乎晉灼曰澤以金與田生以事張卿張卿言之呂后而劉澤得王故曰事發相重或曰事起於相重也　索隱曰謂先發呂氏令重而我亦得其功是事發相重也偉盛也蓋盛其能激發也

陳霆曰事發相重謂諸呂變作而澤能舉兵入討又與群臣共立代王是與內朝相倚重也晉灼索隱之說皆非

齊悼惠王世家第二十二

愚按高五王不立傳四王見高后紀而悼惠別立世家史例視班為允

西馳見齊王

史詮曰西當作迺

懿王子次景立是為厲王

金甡曰按年表作次昌

脩成君有女名娥太后欲嫁之於諸侯

金甡曰前褚補外戚世家云脩成君女一人徐廣以為嫁淮南者也按年表齊厲王以元朔二年薨徐甲謀請娥事自在是年以前而淮南傳謝歸脩成君女在元朔三五年間蓋娥嫁齊不售嫁淮南又離絕也

惠王十一年卒

史詮曰史表七年卒

蕭相國世家第二十三

習學記言曰蕭何雖不逮古人然漢非何不興也遷既不能品第其人而始但輕之為刀筆吏終遂與閎散爭烈伊尹傅說未嘗無愧微之誚此固何足論然又何閎散之易為乎漢高之德與力皆非有尺寸而以何為磐石故能建侯未知勞苦置衛繫獄者發於編宕而然耶抑亦有流言之誤耶遷殊不能辨而後世因之使人廢卷歎息而已

封為酇侯

資暇集曰漢相蕭何封為酇侯舉代呼為醝有呼贊者則反掩口而嗤深可誚也酇氏分明云屬沛郡者音嵯屬南陽者音贊又茂陵

書云蕭何國在南陽合二家之說音贊不音
酇明矣司馬貞誠知音贊不能痛為指揮將
來而但云字當音贊今多呼為嵯遂使後學
見今呼為嵯字咸曰且宜從衆是誤也可歸
於司馬氏

顧反居臣等上何也

徐孚遠曰秦用首功法是時猶延其舊故諸
將稱戰功以屈酇侯也

曹相國世家第二十四

擊秦司馬𡰥軍碭東破之

史詮曰漢書𡰥作欣

擊章平軍於好時南破之

徐孚遠曰章邯為雍王好時雍地則章平疑
是邯族也　愚按高紀明云雍王弟章平徐
未深考也

王武反於黃（徐廣曰內黃縣有黃澤）

愚按漢書作王武反於外黃以撰噲傳參之
則外黃為得

柱天侯反於衍氏（索隱曰柱天侯不知其誰封衍氏魏邑地理志云天柱在廬江灊縣）

邑林曰柱天侯亦猶建成侯奉春君之類假以
嶽稱不必指其食邑且漢書地理志廬江灊
縣天柱山在南復非柱天也是時王武反外
黃程處反燕柱天侯反衍氏服虔云皆漢將
則漢王所封也漢元年廬江屬楚又安得以
楚地封其將軍哉

擊魏王於曲陽（正義曰括地志云上曲陽定州恆陽縣是下曲陽在定州鼓城縣西五里）

余有丁曰按此必魏自有曲陽定州之曲陽
時屬趙

斬龍且虜其將軍周蘭

金甡曰按灌嬰傳云從韓信攻龍且於高密
身生得亞將周蘭蓋是時參嬰並隸於信故
叙功畧同而其實擒蘭者嬰也嬰傳於降彭
城之後又云攻苦譙復得亞將周蘭蓋前此
逸去嬰終得之

高帝以長子肥為齊王而以參為齊相國

徐孚遠曰平陽侯與淮陰共定齊地假其威
名以鎮之故終高帝世為齊相不徙

今陛下垂拱參等守職遵而勿失不亦可乎

習學記言曰（荊川太史節）曹參言陛下垂拱參等守職遵而勿失此語持之甚難然則歌呼應和正為永日計非所謂槃樂怠傲以求禍者也小人所見不遠故以不能有所改作為疑雖然以惠帝之仁不幸而呂氏已執其柄不然則參之所守當更別論

民以寧一

史詮曰荀紀一作謐

襄尚衛長公主生子宗

金姓曰按外戚世家云衛子夫生三女索隱曰其一衛長公主後封當利公主封禪書云以衛長公主妻欒大更命其邑曰當利公主時元鼎四年也年表云元鼎三年平陽侯曹宗元年蓋襄歿未久主即更嫁欒大嫁踰年而大誅不知復歸於宗否漢時公主有子而夫死輒嫁不以為異曹氏特不幸覺見當利猶夫死而然平陽直先以惡疾出其夫矣

征和二年中宗坐太子死國除

金姓曰按征和出天漢之限豈又褚先生所續乎年表亦同　年表戴侯秘彭祖并敘至

後元之年

極言合道

楊慎曰極言合道但倒一字謂言極合道也

留侯世家第二十五

習學記言曰以籌策筭天下於古無是規國慮敵則有之矣至從橫人妄為揣摩而後世遂有取天下之術然皆無以逾張良方其在散亂中如洪流一板卒能合而為一異哉然良因事開說若不得已未嘗為成謀開闔在手信爾則上世聖賢之勤勞皆可廢斯尤異矣遷序良事無不足者四皓之來極其辯智古今未嘗有而後世儒者欲以空義斷其是非何可當也

留侯張良者其先韓人也（索隱曰按王符皇甫謐並以良為韓之公族姬姓也秦索賊急乃改姓名而韓先有張去疾及張譴恐非良之先代也）

困學紀聞曰張良張仲三十代孫張老十七代孫張氏譜云仲見詩老見春秋禮記　李光縉曰荀子云韓之張去疾趙之奉陽齊之孟嘗可謂篡臣也注去疾張良之祖然則去疾亂韓而良能為韓克蓋前人之愆者也

大父開地
金甡曰按大父名開地而子名辟彊字不犯而子義有嫌在後人亦所當避也或辟彊自取服猛之義如罷敝鎮惡而非用衛文公本名則無嫌耳當以彊與彊别之
出一編書
漢書藝文志攷證曰後漢光武紀詔報臧宮馬武曰黃石公記曰柔能制剛弱能制强注即張良於下邳圯所見老人出一編書者隋書黃石公三畧三卷梁又有黃石公記三卷館閣書目黃石公素書一卷凡六章恐依托
困學紀聞曰魏李蕭遠運命論張良受黃石之符誦三畧之説言三畧者始見于此含神霧云風后為黃帝師又為禹師化為老子授張良書今有素書六篇謂黃石公圯上授子房世人多以三畧為是荆公詩云素書一卷天與之
與蕭何等俱封
史詮曰今本封下重出六年二字漢書削之是也

於是上廼置酒封雍齒為什方侯
史通曰夫公家之事知無不為見無禮於君如鷹鸇之逐鳥雀按子房之少也傾家結客為韓報仇此則忠義素彰名節甚著其事漢也何為屬羣小聚謀將犯其君遂嘿然杜口俟問方對倘若高祖不問竟欲無言者耶且將而必誅罪在不測如諸將聚也圖為禍亂容言輦上猶懼覺知群議沙中何無避忌為國之道必不如斯然則張良處反側不安雍齒以嫌疑受爵蓋當時實有其事也如複道之望坐沙而語是説者敷演妄益其端耳　王世貞曰按功臣年表曹參至陳平九人皆以十二月甲申封張良至陳豨十三人以正月丙午封周竈以丁未封丁復以戊申封呂青以壬子封雍齒始與鄒蒙以戊午封而諸將陳武等以三月丙申庚子等日繼封然則曹參諸公遠者先三十四日而沙中偶語之輩僅陳武輩二十餘人耳此曹非有大功何敢偶語意者歸美留侯之謚談未必實也
呂后乃使建成侯呂澤劫留侯

史詮曰表建成侯名釋之周呂侯名澤傳文以釋之為澤誤也

陳丞相世家第二十六

漢王還定三秦而東殷王反楚項羽以平為信武君往擊降殷王而還項王拜平為都尉

金姓曰按此則項羽紀鴻門之會項王使都尉陳平召沛公乃史公追稱之耳時平尚未得為都尉也故徐廣曰一本無都字

武士反接之

金姓曰按上文已云執縛之載後車矣此句似刊落不盡

平謝曰主臣

林昺羣書歸正集曰主臣二字諸解不同或謂皇恐或謂擊服皆非也韋昭曰主道臣道不敢欺也較諸解為近樓迂齋表云億載萬年為父為母九州四海悉主悉臣其意為可見矣餘詳容齋隨筆　金姓曰按如孟韋之說于馮唐傳之主臣更通不去自應從張晏作遑恐解索隱於此依違其說不若馮唐傳注之詳確也

曾孫陳掌以衛氏親貴戚徐廣曰陳掌者衛青之子壻

金姓曰按衛將軍傳但云青姊少兒與掌通徐注或有錯誤

絳侯周勃世家第二十七

攻曲逆最

史詮曰漢書遂作遇

所將卒當馳道為多

陳子龍曰當馳道者大抵當正軍也

上復以勃為丞相

王世貞曰凡出入將相最久者絳侯周勃從入漢為威武侯相國太尉再為丞相就國凡三十四年潁陰侯灌嬰為昌文侯御史大夫車騎將軍太尉丞相凡三十年酈疥數將兵有功不當侯十二年用父食其故封高梁侯凡六十三年張北平倉以代相封侯為計相四歲淮南相十四歲御史大夫六歲丞相十四歲比卒凡五十五年其餘尚不能殫述述其見於史記者如此

吏事方驗而出之

史詮曰今本方驗屬上句讀非也漢書無事

字

文帝乃擇絳侯勃子賢者河內守亞夫封為條侯續絳侯後

史詮曰下文重出擇絳侯子續絳侯後數句此太史公刊落未盡處班氏削去前數句良是

亞夫東擊吴楚因自請上曰索隱曰漢書亞夫至淮陽問鄧都尉為畫此計亞夫從之今此云自請者蓋此亦闕疑而傳疑漢史得其實也

金甡曰按鄧都尉畫計見吴王濞傳史公固已兩存其説矣索隱頗援漢書以證異同何其疎也

夜軍中驚內相攻擊擾亂至於太尉帳下

容齋隨筆曰軍中夜驚之事漢史書之以為亞夫能持重按亞夫軍細柳時天子先驅至不得入文帝稱其不可得而犯今乃有軍中夜驚之事安在其能持重乎

越人斬吴王頭以告正義曰越人即丹徒人

史詮曰越人即東甌王正義注繆

此非不足君所乎

日知録曰謂此豈不滿君意乎蓋必條侯辭色之間露其不平之意故帝有此言而條侯免冠謝也

坐酎金不善元鼎五年有罪國除

日知録曰當云元鼎五年坐酎金不善國除衍有罪二字

雖伊尹周公何以加哉

習學記言曰周勃傳亦言伊尹周公何以加與論蕭何同意遷之於聖賢徒存其貌耳

辯惑曰司馬遷贊蕭何云與閎夭散宜生爭烈贊韓信則云可以比周召太公之徒贊周勃則云伊尹周公何以加夫史氏擬人必於其倫不可不慎也以何信等輩而上方三代聖賢談何容易哉至論張耳陳餘則又譏其于太公季子遷之品藻陋矣

梁孝王世家第二十八

廣睢陽城七十里

水經注曰孝王以土地下濕東都睢陽又改曰梁自是置縣以大梁城廣居其東城夷門之東夷門即侯嬴抱關處也

梁之侍中郎謁者著籍引出入天子殿門

周禮疏曰漢法言引籍者有門籍及引入及得出入也

乃使韓安國因長公主謝罪太后

歸有光曰按安國傳因長公主謝罪太后事在前非爲勝詭事疑世家誤也

使乘布車張晏曰布車降服自比喪人

日知録曰乘布車謂微服而行使人不知耳無降服自比喪人之意

大臣不時正言其不可狀

史詮曰洞本時作特

五宗世家第二十九

柯維騏曰按太史公自序於梁王云七國叛逆惟梁爲捍於五宗云五宗既王親屬洽和他如楚元王云爲漢宗藩荆蘇云爲漢藩輔不齊悼惠王云實鎮東土此諸王有功於漢不論親疎不論享國修短俱得名世家乃若吳王淮南衡山之屬既無藩輔之功而其子孫又首倡叛逆或犯姧惡自取滅亡故降爲列傳不得與諸王比也蕭曹平勃張良列之世家而彭韓黥與諸人只列爲傳意亦如此乃若陳涉亦名世家天下亡秦由涉首事其功足多也班彪譏其進黜失經而固纂父書通列爲傳失之矣

膠西小國而所殺傷二千石甚衆

金甡曰按膠西王賊戾如此故公孫宏忌董仲舒而薦以爲相王素聞仲舒有行善待之仲舒恐久獲罪疾免蓋相二千石似此者僅矣

趙王彭祖立五十餘年相二千石無能滿二歲輒以罪去

金甡曰按中朝權要如張湯主父偃皆爲彭祖告訐則王官不足言矣

入多於國經租稅

徐孚遠曰索隱不明謂王專擅會之利故市租之入反多於田租也

長沙定王發

金甡曰按此東漢之祖也發生舂陵節侯買買生鬱林太守外外生鉅鹿都尉回回生南頓令欽欽生光武光武嘗賜竇融以外屬圖及太史公五宗外戚世家魏其侯列傳詔曰

每追念外屬孝景皇帝出自竇氏定王景帝
之子朕之所祖
子慶爲王
史詮曰史表名通平
擅出漢所疑囚者
金甡曰按漢所疑囚者謂漢使所捕治者也
以情罪未的故曰疑蓋所捕要犯王既匿之
其牽連收捕者王又擅放之也
子哀王安世立十一年卒
史詮曰史表一年卒
三王世家第三十
黄氏日抄曰太史公備述羣臣奏請皇帝求
讓始終啓復之辭以及三王封策之辭㶉然
可觀也而不載其行事褚先生條釋其後謂
齊王之國左右維持以禮義不幸早夭謂廣
陵王果作威福謀反自殺謂燕王謀爲叛逆
亦自殺皆如其策指云愚按齊王策曰允執
其中天祿永終永終者堯戒舜之反辭云四
海困窮則天絶其祿不執中者也今乃用爲
期望之辭屬之執中之下誤矣豈亦王早夭
國絶之先兆耶　柯維騏曰太史公書原缺
三王世家獨其贊語尚存故褚先生取廷臣
之議及封策書補之其書諄諄以保國乂民
爲戒庶幾古人命戒之詞故亦稱世家厥後
燕王旦廣陵王胥怨望不立一謀逆一詛呪
身死國除有負訓詞太史公若在則當降而
爲傳不得與諸王並也事詳漢書武帝五子
傳
大司馬去病上疏曰至唯願陛下幸察
余有丁曰按此即今題覆之例意古未有故太
史公因録之以存一體
臣謹與中二千石二千石臣賀等議
茅坤曰按此即今都官會議之制
續蕭文終之後於鄼索隱曰蕭何初封沛之鄼
音贊後其子續封南陽之
鄼音嵯也
金甡曰按年表鄼廢而紹以筑陽筑陽廢而
紹以武陽武陽廢而紹以鄼其後來之復歸
本封與改邑南陽未經注明索隱于年表及
蕭相世家俱只辨贊之非嵯無封贊續嵯之
説此處所云不知何本

褒厲羣臣平津侯等
金甡曰按年表元狩二年公孫宏卒五年莊
青翟為丞相六年封三王
而家皇子為列侯
余有丁曰按諸侯王稱國列侯稱家故曰家
皇子為列侯即上所謂列侯家之也
維稽古建爾國家索隱曰諸先生解云維者度也稽者當也言當順古道也
魏高貴鄉公云稽同也古天也謂竟能同天
金甡曰按維稽古之文直襲用微子之命篇
語義本易明索隱引證夾雜
然封立三王天子恭讓羣臣守義文辭爛然甚
可觀也是以附之世家
歸有光曰三王世家本不關讀此贊文可見
太史公亦不及見三王後事褚先生淺陋遂
謂求其世家不可得也序亦云三子之王文
辭可觀可知獨載其文辭也　趙恒曰恒按
三王世家昔云亡逸在十篇有録無書之數
今觀太史公贊以封建之義則云弗論著也
以燕齊新立則云無足采也以天子恭讓群
臣守義云云故附世家則文辭爛然具在語
中是未嘗亡逸也竊意分封莫不有册漢封
非特三王若以制册獨為可觀則漢文爾雅
非特三王之制為然安得一二記録也而褚
先生從長老後取其册列其事且為疏解
殊失有損無益之義　愚按此篇有録無書
史公僅存贊文故褚先生云謹論次其真
草詔書編于左方索氏述贊曰褚氏後補册
書存焉本自明白歸趙之言為失實
傳曰蓬生麻中不扶自直索隱曰已下並見荀卿子
愚按此二語見荀勸學篇下文荀子所無索
隱誤
偕往使燕風喻之索隱曰皆往使往廣陵也
金甡曰按廣陵二字誤宜改燕
大臣歐和合骨肉難傷之以法
愚按漢書燕剌王傳有詔勿治而劉澤等皆
伏誅
傳曰蘭根與白芷漸之滫中
愚按荀勸學篇云蘭槐之根是為芷其漸之
滫

史記疏證卷第三十九

伯夷列傳第一

西京雜記曰以伯夷居列傳之首以為善而無報也　史通曰子長著史記馳騖窮古今上下數千載至如皐陶伊尹傅說仲山甫之流並列經誥名存子史功烈尤顯事迹居多盡各採而編之以為列傳之始而斷以夷齊居首何齷齪之甚乎　朱子曰孔子謂求仁得仁又何怨傳但見伯夷滿身是怨　習學記言曰遷本意取高讓不受利樂者為列傳首是也然許由卞隨務光空寓言無事實學者所共知遷為是故以六藝正百家之妄正於其所不必正一也按冉有問於子貢曰夫子為衛君乎子貢曰諾吾將問之入曰伯夷叔齊何人也曰古之賢人也曰怨乎曰求仁而得仁又何怨出曰夫子不為也子曰見善如不及見不善如探湯吾見其人矣吾聞其語矣隱居以求其志行義以達其道吾聞其語矣未見其人也齊景公有馬千駟死之日民無得而稱焉伯夷叔齊餓于首陽之下民到于今稱之其斯之謂歟論夷齊之事無大于此者矣以子臧季札考之未嘗有所怨則夷齊何怨焉謂夷齊為怨者傳遠而說訛爾遷雖以孔子之言謂夷齊之非怨而又以妄人之詩疑伯夷之不能不怨既正於其所不必正復以所不必正者害其所正二也且負芻吳光皆弑君竊國子臧季札尚不恥立於其朝蓋其待之如糠粃外物不寘是非於心乃讓國之常節況武王周公以至仁大義滅商夷齊奚為惡之此特浮淺之詞而遷信之何哉孔子謂餓于首陽者言其甘于貧賤而難之也遷遂以為不食死懟而不知命豈仁人之意乎三也盜跖不軌之人何足與夷齊顏子較賢否聖賢之所自為者天之所不能為遷雖稱重輕清濁各有所在而實理蓋未之知四也又遷所謂名者顏子因孔子而傳則固信矣若夷齊則在孔子之前五六百年孔子所敬而畏者故曰民到于今稱之是不待孔子而後彰也稽古道續先民聖人之職當然也豈以是為軒輊於其間哉遷雖定一尊

于孔氏而其陋若此者非所以為尊五也余
觀孟子論伯夷最為精義猶推惡惡之心有
近隘之行非所謂得仁求志也必以孔子為
正

余登箕山其上蓋有許由冢云

路史餘論曰莊周書言堯遜天下於許繇許
繇不受耻之而逃於箕陰且以為由師齧缺
缺師王倪與被衣而意而子與巢父嚴僖方
回皆許由之友凡數人者迹不見於他傳故
說者類以周為寓言靡事實太史公且疑之
謂其不有遜禪之事而乃特稱箕山許由之
冢今據在登封東南三十里為高三丈則不
得謂無其人也呂春秋言堯朝由於沛澤請
屬天下而傳謂由隱沛澤之黃城耕於箕山
之下沛澤即今之沛而黃城則今登封西南
之負黍亭也馮衍顯志賦所謂求善卷之所
在遇許由於負黍者京相璠云成陽西南二
十七里世謂黃城而西征記許昌城者為許
由之所居大城東北九里而近猶有臺曰許
由其崇六丈廣三十步許由之所嘗登故譙
史云由居箕山恬泊無欲堯聘不就人咸高
之因曰堯以天下屬之由切耻之夫周之言
固有或寓然齧缺王倪豈類如疏者云哉

孤竹君之二子也

當塗徐文靖山河兩戒考曰爾雅觚竹北戶
西王母日下謂之四荒郭注觚竹在北即孤
竹也其後乃以為封國漢志遼西令支縣有
孤竹故城孤竹國應劭曰姓墨邰氏一作目
夷太史公曰契後分封以國為姓有目夷氏
孤竹蓋契之後也水經注曰溫水出肥如城
北西流注於元水元水西南逕孤竹城西入
濡水濡水自孤竹城東南逕主鄉北觚溝水
注之管子齊桓公二十二年征孤竹來至卑
耳之谿國語所謂斬孤竹制令支者也隋書
裴矩奏狀曰高麗之地本孤竹國也周代以
之封於箕子括地志孤竹城在平州盧龍縣
南十二里今在永平府城東一十五里

國人立其中子

水經注曰漢靈帝時遼西太守廉翻夢人謂
己曰余孤竹君之子伯夷之弟遼海漂吾棺

椰聞君仁善願見藏覆明日視之水上有浮棺臭嗤笑者皆無疾而死於是改葬之晉書地道志曰遼西人見遼水有浮棺欲破之語曰我孤竹君也汝破我何為因為立祠焉祠在山上城在山側肥如縣南十二里水之會也

父死不葬

程子曰史記所載諫詞皆非也武王伐商即位已十一年矣安得父死不葬之語　黃氏日抄曰父死不葬之語與武王十一年伐紂事背馳然漢人舊說以武王上繼文王受命之九年為十一年故云爾

遂餓死於首陽山

路史餘論曰夷齊冢廟在蒲之蒲阪首陽山之南馬融顏師古之說同而高誘乃以為洛東北去二十里之首陽山杜預阮籍之徒咸以為然更謂二子餓死在是即今二山皆有夷齊冢廟九域志兩從之戴延之竊以為疑按夷齊之蹤當在河東首山者雷首也是為中條一曰薄山一山九名即蕒山也據河南郡境界簿云城東北十里首陽山有首陽祠夷齊所居而黃太史猶以或者指武師度孟津二子叩馬而諫當以洛陽為是夫首山之名所在固不一曹太家云在隴西而今隴西有地曰首陽東有鳥鼠山謂之首陽而許叔重言首陽則正在遼西今遼之和順東實有山曰首陽俱有祠廟其在吳郡亦有首山豈得偏為據耶子曰伯夷叔齊餓於首陽之下又曰不降其志不辱其身伯夷叔齊歟注家亦云蒲阪陽區山者俗號首陽而黃子且以為無餓死事按呂氏書夷齊如周至岐陽而文王已歿武王即位使叔旦就膠革於次四內盟曰加富三等就官一列又使召公就微子啟于共頭之下盟曰世為長侯守商常祀相奉桑林宜私孟諸為三書同辭血之以牲埋其一以其一歸夷齊聞之相視而笑曰嘻異哉非吾所謂道也昔神農氏時祀盡敬而不祈喜云云畀自高也今周見商之僻而遽為之其治尚謀而行貨阻兵而保威割牲而盟以為信揚夢以說衆殺伐以要利以此治

商是以亂易暴也今天下闇周德衰與其並乎周以漫吾身不若避之以潔吾行二子乃北行至首陽餓焉石曼卿云死蒲阪者耻周之事而死於堯舜之區庶幾見揖巽之風焉則亦非洛陽矣又孰有叩馬之事哉三秦記謂夷齊食薇三年顏色不變武王戒之不食而死而爾雅云芑白苗揵為舍人以為伯夷所食首陽之草也程晏以不食為飽以失仁為餒餓乃其飽死乃其生而孝德裕且以閒媛不薇為不智不義棄凡之祿不仁伊川程氏則謂止是不食其祿非餓不食聖言繳日而衆言猶不一惜哉　愚按呂氏春秋之言本莊子讓王篇

豈以其重若彼其輕若此哉

日知錄曰其重若彼謂人之重富貴也其輕若此謂清士之輕富貴也

趨舍有時後

趙恒曰言其所趨在此則所舍在彼趨富貴則舍令名趨令名則舍富貴若此類若伯夷之類也正義似未明

貪夫殉財烈士殉名前

莊子盜跖篇小人殉財君子殉名

管晏列傳第二

習學記言曰遷載管仲稱鮑叔事甚鄙不可以示後世子思所謂信乎友獲乎上者豈若是哉論卑而易行此漢初語非春秋時語也俗之所欲否未必是因而予奪未必合福未必因禍敗未必能功如此等議論無當於治乃蠹術浮說誤後學不可不審也且管仲不能盡由禮故孔子以三歸具官反坫樹塞門明之遂謂其富擬公室亦非也

嘗與鮑叔賈

說苑復恩篇曰與鮑子負販於南陽

鮑叔既進管仲以身下之子孫世祿於齊有封邑者十餘世

王鏊曰此十餘世是言鮑叔而索隱所注似言管氏不知何故

慎權衡

徐孚遠曰權衡鈞石之類蓋與民取平之意正義非也

有三歸

凌稚隆曰按說苑云管仲築三歸之臺以自傷於民戰國策云齊桓公宮中七市女閭七百國人非之管仲故為三歸之　以掩桓公非自傷於民二說不同當以戰國策為據

晏子

君語及之即危言語不及之即危行

徐孚遠曰危言危行正義解非也蓋言其立朝儀度如此耳

晏子懽然正義曰懽休縛反皇覽云晏子冢在臨淄城南菑水南桓公冢西北括地志云齊桓公墓在青州臨淄縣東南二十三里鼎足上又云齊晏嬰冢在齊子城北門外晏子云吾生近市死豈易吾志乃葬故宅後人名曰清節里按恐皇覽誤乃管仲冢也

徐孚遠曰此註雜在越石父事中為不倫也

晏子於是延入為上客

呂氏春秋曰晏子之晉見反裘負芻息於塗者以為君子也使人問焉曰曷為而至此對曰齊人累之名為越石父晏子曰譆遽解左驂以贖之載而與歸至舍弗辭而入越石父怒請絕晏子使人應之曰嬰未嘗得交也今免子於患吾於子猶未邪也越石父曰吾聞君子屈乎不知己者而伸乎己知者吾是以請絕也晏子乃出見之曰嚮也見客之容而已今也見客之志嬰聞察實者不留聲觀行者不譏辭嬰可以辭而無棄乎越石父曰夫子禮之敢不敬從晏子遂以為客　說苑雜言篇曰越石父曰不肖人自賢也愚者自多也佞人者皆莫能相其心口以出之又謂人勿言也譬之猶渴而穿井臨難而後鑄兵雖疾從而不及也

至其書世多有之是以不論

史通曰太史公撰孔子世家多採論語舊說至管晏列傳則不取其本書以為時俗所有故不復更載也按論語行於講肆列於學官重加編勒祇覺煩費如管晏者諸子雜家經史外事棄而不錄實杜異聞夫以可除而不除宜取而不取以茲著述未覩厥義

將順其美

余有丁曰按此即傳中所謂因而伐楚因而令燕脩召公之政因而信之之類是也

豈所謂見義不為無勇者邪

余有丁曰晏子之不討崔氏樹不足也然亦非克亂之才故遷以無勇責之　日知錄曰古人著書引成語而反其意者多矣左傳僖九年君子曰詩所謂白圭之玷尚可磨也斯言之玷不可為也荀息有焉荀息之能不玷其言也後人持論過高以荀息贊獻公立少為失言以晏子不討崔杼為無勇非左氏太史公之指

余雖為之執鞭所忻慕焉

舒雅曰執蓋之婦羞其夫為晏子御太史公乃顧為執鞭何哉蓋太史公以李陵故被刑漢法腐刑許贖而生平交游故舊无能如晏子鮮左驂贖石父者自傷不遇斯人而過激卬羨之詞耳曾謂太史公不若彼婦哉

老莊申韓列傳第三

黃氏日拟曰老子與韓非同傳論者非之然余觀太史公之旨意豈茍然哉於老子曰無為自化於莊子曰其要本歸於老子之言於申不害曰本於黃老而生刑名於韓非曰喜刑名法術之學而其歸本於黃老夫無為自化去刑名固胥壞也然聖人所以納天下於善者政教也世非太古矣無為安能自化政教不施則其弊不得不出於刑名此太史公自源徂流詳著之為後世戒也　又曰老子孔子皆布衣也太史公列孔子世家贊其為至聖至老子則傳之管晏之次而窮其弊於申韓豈不以申韓刑名之學又在管晏功利之下而老子則申韓之發源歟班固謂遷論大道則先黃老而後六經或者未之深察也

柯維騏曰虛無體也因應用也因應者因而應之也司馬談論道家以虛無為本以因循為用又云虛者道之常也因者君之綱也即史所論老子之說也張文潛謂史遷將老子與申韓同傳非是強安排其源如此也真德秀謂老子將欲翕之必固張之將欲奪之必固與之此陰謀之言也陰謀之術則申商韓非之所本也　又曰按太史公自序云作老子韓非列傳其莊子申子特附載之耳凡世家列傳附載者極多如陳平世家附王陵如楚元王世家附趙王如張儀傳附陳軫犀首如

樗里甘茂傳附甘羅如孟子荀卿傳附淳于髡愼到騶奭如廉頗藺相如傳附趙奢李牧如韓王信盧綰傳附陳豨如樊酈傳附滕公灌嬰如傅靳傳附周緤如張丞相傳附周昌任敖申屠嘉如酈生陸賈傳附朱建如萬石張叔傳附衛綰直不疑周文如平津傳附主父偃如魏其武安傳附灌夫如曹劌豫讓傳附專諸荆軻其論贊或專或兼無定體也

秦藩本題辭云監本老子與伯夷同傳第一莊子與韓非同傳第三索隱本伯夷傳第一老子莊子韓非同傳第二正義本老子莊子伯夷居列傳之首　楊愼曰按唐崇老教謬取老子居列傳首而與伯夷合爲一卷甚爲無謂夫命義激世莫先伯夷而老莊法意流爲申韓太史公敘述自有深意豈宜妄爲軒輕今以伯夷傳居首爲一卷次以管晏爲一卷次以老莊申韓爲一卷以復太史公之舊云

楚苦縣厲鄉曲仁里人也

水經注曰谷水又東逕苦縣故城中水汎則四周隍塹耗則孤津獨逝谷水又東逕賴鄉城南其城實中東北隅有臺偏高俗以是臺在谷水北其城又謂之谷陽臺非也谷水自此東入過水過水又北逕老子廟東廟前有二碑在南門外漢桓帝遣官臣管霸祠老子命陳相邊韶撰碑北有雙石闕甚整頓石闕南側魏文帝黃初三年經譙所勒闕北東側有孔子廟廟前有一碑西面是陳相魯國孔疇建和三年立北則老君廟廟東院中有九井焉又北過水之側又有李老母廟廟在老子廟北廟前有李母冢冢東有碑是永興元年譙令長沙王阜所立碑云老子生於曲過間許愼又云過水首受淮陽扶溝縣蒗蕩渠不得至沖方爲過水也過水又屈東逕相縣故城南其城卑小實中邊韶老子碑又云老子楚相縣人也相縣虛荒今屬苦故城猶存在賴鄉之東過水處其陽然即此城也自是無郭以應之

周守藏室之史也

高士傳曰老子爲周柱下史及周衰乃以官

隱為周守藏室史積八十餘年好養精氣貴
接而不施
則蓬累而行
余有丁曰謂積累蓬蒻若今之笠然
吾今日見老子其猶龍邪
邵泰衢曰孔子世家孔子適周問禮蓋見老子云老子送以言孔子自周反魯蓋問禮不止於老子而老子獨送之言耳然其言不過曰若虛若愚而已又不過曰不議人不發人惡而已非古先哲王之至言也聖人曰竊比於我老彭者以其好古也今老子傳與孔子世家之言互異而亦非聖哲典謨之訓所謂異言者近之矣異言者誅將老子之幾同少正卯矣夫子安得嘆其猶龍哉況龍者易之飛龍見龍與夫聖人作覩之雲龍也老子安能當而夫子必不以為喻也吾以為老子既為柱下史而知禮者必其言有則古稱先王者在而必不若是之泛泛曰去子之驕多欲而已也馬遷好異之說也
廼遂去至關
水經注曰渭水又東伯陽谷水出焉水出刑馬之山伯陽谷北流白水出東南白谿水西北注伯陽水伯陽水又西北歷谷引控群流北注渭水又東歷大利又東南流苗谷水注之水出南刑馬山北歷平作西北逕苗谷屈而東逕伯陽城南謂之伯陽川蓋李耳西入往逕所由故山原畎谷往往播其名焉
關令尹喜曰子將隱矣彊為我著書
水經注曰抱朴子神仙傳曰老子西出關關令尹喜候氣知真人將有西遊者遇老子彊令之著書耳不得已為著道德二經謂之老子書也有老子廟又曰淮水東逕、山北山上有老子廟干寶搜神記云老子將西入關關令尹喜好道之士觀真人當西乃要之途也
於是老子廼著書上下篇言道德之意五千餘言而去
郡齋讀書志曰以周平王四十二年授關尹喜凡五千七百四十有八言八十一章言道德之旨其末云使民復結繩而用之蓋三皇之道也　漢藝文志攷證曰東萊呂氏曰孔

子嘗問禮焉今載於曾子問者與五千言殊不類蓋告孔子者其所職著於書者自其所見也陸德明序録云周敬王時西出關爲關令尹喜說道德二篇尚虛無無爲

莫知其所終

水經注曰就水出南山就谷北逕大陵西世謂之老子陵昔李耳爲周柱史以世衰入戎於此有冢事非極證然莊周著書云老聃死秦失弔之三號而出是非不死之言人稟五行之精氣陰陽有終變亦無不化之理以是推之或復如傳古人許以傳疑故兩存耳

老萊子亦楚人也著書十五篇言道家之用

漢藝文志攷證曰大戴禮云德恭而行信終日言不在尤之内貧而能樂蓋老萊子之行也戰國策云不聞老萊子之教孔子事君乎示之其齒之堅也六十而盡相靡也文選注引尸子老萊子曰人生於天地之間寄也

合七十歲而霸王者出焉

愚按周本紀封禪書云合十七歲秦本紀云七十七歲

李耳無爲自化清靜自正

南昌萬承蒼曰此二語是敘傳中語誤入於此

莊子

蒙人也

水經注曰汳水又東逕蒙縣故城北俗謂之小蒙城也西征記城在汳水南十五六里即莊周之本邑也爲蒙之漆園吏郭景純所謂漆園有傲吏者也悼惠施之没杜門於此邑矣

作漁父盜跖胠篋以詆訿孔子之徒

古史曰予聞之吾兄子瞻曰太史公言莊子作漁父盜跖胠篋以詆訿孔子之徒以明老子之術此知莊子之麤者予以爲莊子蓋助孔子者要不可以爲法耳楚公子微服出亡而門者難之其僕操箠而罵曰隸也不力門者出之事固有倒行而逆施者以僕爲不愛公子則不可以爲事公子之法亦不可故莊子之言皆文予而實不予陽擠而陰助之其正言也蓋無幾至於詆訿孔子未嘗不微見

具意其論天下道術自墨翟禽滑釐彭蒙慎到田駢關尹老聃之徒以至於其身皆以為一家而孔子不與其尊之也至矣

申不害

十五年終申子之身國治兵彊無侵韓者

論衡曰韓用申不害行其三符兵不侵境蓋十五年其後不能用之又不察其書兵挫軍破國并于秦

申子之學本於黃老而主刑名

柯維騏曰司馬談論六家指要曰法家嚴而少恩然其正君臣上下之分不可改矣班固藝文志法家凡十申韓與焉申韓由黃老而流入于刑名所謂無情之極至于無恩者也

著書二篇號曰申子

漢藝文志攷證曰元帝紀注劉向別錄云申子學號刑名刑名者以名責實尊君卑臣崇上抑下七略曰孝宣皇帝重申不害君臣篇使黃門郎張子僑正其字荀子曰申子蔽於勢而不知知韓非子曰申不害徒術而無法公孫鞅徒法而無術淮南子曰商鞅之啓基申子之三符

韓非

喜刑名法術之學而其歸本於黃老

古史曰商鞅以法治秦而申不害以術治韓憲令著於官府刑罰必於民心賞存乎慎法罰加乎姦令所謂法也因任而授官循名而責實操生殺之柄課羣臣之能所謂術也法者臣之所師而術者君之所執也及韓非之學竝取申商而兼用法之所止雖有聖智不用也術之所操雖有父子不信也使人君據法術之自然而無所復為此申韓所謂老子之道而實非也

故作孤憤五蠹內外儲說林說難十餘萬言

漢藝文志攷證曰東萊呂氏曰太史公謂非喜刑名法術之學則兼治之也沙隨程氏曰非書有存韓篇故李斯言非終為韓不為秦也後人誤以范雎書廁於其書之間乃有舉韓之論通鑑謂非欲覆宗國則非也

然韓非知說之難為說難書甚具

習學記言曰子路問事君子曰勿欺也而犯

之然則說何難易之有自春秋末漸有要說之行而盛行於戰國故孟子亦曰說大人則藐之勿視其巍巍然其終曰在彼者皆我所不為也在我者皆古之制也吾何畏彼哉是說在藐而不在畏也韓非剽剝儒墨以售其殘民蠹國命之學而其中弱自畏如此說未行而身已隨裂可悲也夫

論其所愛則以為借資

余有丁曰按謂論說人主所愛之人則疑以為借我而資彼

則多而久之

凌稚隆曰謂厭其多而倦其久也

自勇其斷則無以其敵怒之索隱曰謂人主自勇其斷說士無以己意而攻間之是以罪下之謀自敵於上以致譴怒也

徐孚遠曰索隱不明自勇其斷者非勇而中怯也以其敵怒之則必懟而言者獲罪矣

猶不能無役身而涉世如此其汗也

李光縉曰韓子汗也之下有今以吾言為宰虜而可以聽用而振世十五字文氣較順

老子所貴道虛無因應變化於無為故著書稱微妙難識

習學記言曰序老子頗似鬼物隱見不常而其子孫乃有名數至漢可考何也其所著書具在雖不合於聖人要皆可指歸可見所謂虛無因應變化無為稱微妙難識者亦未然也

史記疏證卷第四十

司馬穰苴列傳第四

蘓軾曰史記司馬穰苴齊景公時人也其事甚偉然戰國策云司馬穰苴為政者也湣王殺之大臣不親則其去閔公遠矣太史公取戰國策而作史記當以戰國策為信　習學記言曰左氏前後載齊事甚詳使有穰苴暴起立功不應遺落也況伐阿鄄侵河上皆景公時所無大司馬亦非齊官遷故稱由乞豹由此怨高國若不考信於左氏者蓋作書之人夸大其詞而遷信之爾

齊景公時晉伐阿甄而燕侵河上

古史曰太史公為司馬穰苴傳言齊景公拔以為將遂以成功歸為太司馬大夫高國害之譖而殺之其言甚美世皆信之予以春秋左氏考之未有燕晉伐齊者也而戰國策稱司馬穰苴執政者也湣王殺之故大臣不附意者穰苴湣王之臣嘗為湣王却燕晉而戰國雜說遂以為景公時耶

至常曾孫和因自立為齊威王

考要曰和原號太公因原名因齊田敬仲世家云太公求為諸侯周天子許之十九年田和立為齊侯和卒子桓公午立桓公卒子威王因齊立此不云和為侯似闕也

齊威王使大夫追論古者司馬兵法而附穰苴於其中因號曰司馬穰苴兵法

漢書藝文志軍禮司馬法百五十五篇攷證曰周官縣師將有軍旅會同田役之戒則受法於司馬以作其衆庶小司馬掌事如大司馬之法司兵授兵從司馬之法以頒之此古者司馬法即周之政典也周禮疏云齊景公時大夫穰苴作司馬法至齊威王大夫等追論古法又作司馬法附於穰苴太史公曰自古王者而有司馬法穰苴能申明之又曰司馬法所從來尚矣太公孫吳王子能紹而明之

余讀司馬兵法閎廓深遠雖三代征伐未能竟其義如其文也亦少褎矣若夫穰苴區區為小國行師何暇及司馬兵法之揖讓乎索隱曰謂司馬法說行兵揖讓有三代之法而齊區區小國又當戰國之時故云少褎

趙恒曰閫廓深遠以兵法之揖讓言言雖三代之兵亦未能竟其閫廓深遠之義也則司馬兵法閫廓深遠之文亦少衰矣言過其實也夫三代且然況穰苴為區區小國行師何暇及其揖讓乎不揖讓便是詐謀齊威所論所擬非其倫也意如此

孫子吳起列傳第五

以兵法見於吳王闔廬

吳越春秋曰吳王登臺向南風而嘯有頃而嘆群臣莫知曉王意者子胥深知王之不定乃薦孫子於王孫子吳人也善為兵法辟隱深居世人莫知其能王召孫子問以兵法每陳一篇王不知口之稱善

子之十三篇

漢藝文志攷證曰杜牧注孫子序曰武所著書凡數十萬言魏武削其繁剩筆其精切凡十三篇因注解之始計至用間隋志梁有孫子八陳圖一卷周禮車僕注孫子八陳有苹車之陳鄭氏曰圖經也書緯也七略收書不取圖唯任宏較兵書四種有書五十三家有圖四十三卷武經總要曰今之秘府所存孫武書惟十三篇無圖其所言皆權謀之事極為精密戰國如二孫吳起輩號善用兵者而著書皆有圖

於是許之出宮中美人

辨惑曰此王問武而非武所請也何用許之字

即三令五申之

吳越春秋曰乃令曰一鼓皆振二鼓操進三鼓為戰形

乃欲斬左右隊長

吳越春秋曰孫子大怒兩目忽張聲如駭虎髮上衝冠項旁絶纓顧謂執法曰取鈇鑕

於是闔廬知孫子能用兵卒以為將

吳越春秋曰子胥諫曰臣聞兵者凶事不可空試故為兵者誅伐不行兵道不明今大王虔心思士欲興兵戈以誅暴楚以霸天下而威諸侯非孫武之將而誰能涉淮踰泗越千里而戰者乎於是吳王大悅因鳴鼓會軍集而攻楚

孫臏

容齋隨筆曰孫臏勝龐涓之事兵家以為奇謀予獨有疑焉云齊軍入魏地為十萬竈明日為五萬竈又明日為二萬竈方師行逐利每夕而興此役不知以幾何人給之又必人人各一竈乎龐涓行三日而大喜曰齊士卒亡者過半則是所過之處必使人枚數之矣是豈救急赴敵之時乎又云度其暮當至馬陵乃斫大樹白而書之曰龐涓死於此樹之下遂伏萬弩期日暮見火舉而俱發夫軍行遲速既非他人所料安能必其以暮至不差晷刻乎古人坐於車中既云暮矣安知樹間之白書且必舉火讀之乎齊弩尚能俱發而涓讀八字未畢皆深不可信殆好事者為之而不精考耳

欲隱勿見

徐孚遠曰欲隱勿見者以為刑餘之人不可用于世將隱其能也

君弟重射索隱曰重射好射也

董份曰重射謂以重相射即下千金是也索隱非　徐孚遠曰重射者再射也索隱與董說皆煩而不明

救鬬者不搏撠索隱曰按撠謂以手持撠刺人也

余有丁曰撠義當為擊非矛戟也

批亢擣虛索隱曰按批者非排批也言敵人相亢拒也擣者擊也衝也虛者空也按謂前人相亢必須批之彼兵若虛則衝擣之欲今擊梁之虛也此當是舊語故孫子以言之也

日知錄曰索隱非也此與劉敬傳搤其肮之肮同張晏曰喉嚨也下文所謂據其街路是也以敵人所不及備故謂之虛

齊軍既已過而西矣

徐孚遠曰已過而西者謂龐涓歸救欲邀齊師之未至而今已過故涓視利疾趨也

孫臏以此名顯天下世傳其兵法

漢書藝文志齊孫子兵法八十九篇攷證曰通典引孫臏曰用騎有十利呂氏春秋孫臏貴勢

吳起

遂殺其妻

韓子曰起使其妻織帷而幅狹於度吳子使更之其妻曰諾及成復度之果不中度吳子大怒出其妻妻之弟重於衛君乃曰以衛君

之重請吳子不聽遂去衛而入荆

然用兵司馬穰苴不能過也

呂氏春秋曰吳起之用兵也不過五萬 徐孚遠曰或言穰苴齊湣王時人今觀此言則為景公時人審矣

皆三苗氏左洞庭右彭蠡

韓詩外傳曰當舜之時有苗不服其不服者衡山在南岐山在北左洞庭之陂右彭澤之水 戰國策曰三苗之居左有彭蠡之陂右有洞庭之水汶山在其南而衡山在其北

水經注曰三苗之國左洞庭右彭蠡今宫亭湖也以太湖之洞庭對彭蠡則左右可知也

夏桀之居左河濟右泰華伊闕在其南羊腸在其北

戰國策曰夏桀之國左天門之陰而右天谿之陽盧睪在其北伊洛出其南

殷紂之國左孟門右太行常山在其北大河經其南

戰國策曰殷紂之國左孟門而右漳釜前帶河後被山

在德不在險

戰國策補注曰西河龍門之河也即同華等州魏之險阨也一傳惠王其地日削于秦至納上郡之時盡矣險豈足恃也哉起之言于是乎驗矣

即封吳起為西河守

徐孚遠曰前既為西河守矣此又云蓋雖引而未刪正

公叔為相索隱曰韓之公族

愚按國策公叔就為魏公叔痤非韓公族也公叔痤為魏將而與韓趙戰澮北禽樂祚賞田百萬祿之反走再拜而辭以讓吳起之後則非害起者也此與國策參錯不同

吳起懼得罪遂去

呂氏春秋曰吳起治西河之外王錯譖之於魏武侯武侯使人召之吳起至于岸門止車而望西河泣數行而下其僕謂吳起曰竊觀公之意視釋天下若釋躧今去西河而泣何也吳起抿泣而應之曰子不識君知我而使我畢能西河可以王今君聽讒人之議而不知

我西河之為秦取不久矣魏從此削矣吳起果去魏入楚有間西河畢入秦秦日益大

至則相楚明法審令捐不急之官廢公族疏遠者以撫養戰鬭之士

說苑指武篇曰吳起為苑守行縣適息問屈宜咎曰王不知起不肖以為苑守先生將何以教之屈公不對居一年王以為令尹行縣適息問屈宜咎曰起問先生先生不教今王不知起不肖以為令尹先生試觀起為之也屈公曰子將奈何吳起曰將尊楚國之爵而平其祿損其有餘而繼其不足厲甲兵以時爭於天下屈公曰吾聞昔善治國家者不變故不易常今子將均楚國之爵而平其祿損其有餘而繼其不足是變其故而易其常也且吾聞兵者凶器也爭者逆德也今子陰謀逆德好用凶器殆人所棄逆之至也淫泆之事也行者不利且子用魯兵不能得志於齊而得志焉子用魏兵不能得志於秦而得志焉吾聞之曰非禍人不能成禍吾固怪吾王之數逆天道至今無禍嘻且待夫子也吳起惕然曰尚可更乎屈公曰不可吳起曰起之為人謀屈公曰成刑之徒不可更已子不如敦處而篤行之楚國無貴於舉賢

故楚之貴戚盡欲害吳起

呂氏春秋曰郢人之以兩版垣也吳起變之而見惡　又曰吳起謂荊王曰荊所有餘者地也所不足者民也今君王以所不足益所有餘臣不得不為也於是令貴人往實廣虛之地皆甚苦之

及悼王死宗室大臣作亂而攻吳起吳起走之王尸而伏之擊起之徒因射刺吳起并中悼王

呂氏春秋曰荊王死貴人皆來尸在堂上貴人相與射吳起吳起號呼曰吾示子吾用兵也拔兵而走伏尸插矢而疾言曰群臣亂王吳起死矣且荊國之法麗兵於王尸者盡加重罪逮三族

坐射起而夷宗死者七十餘家

呂氏春秋曰墨者鉅子孟勝善荊之陽城君荊王薨羣臣攻吳起兵於喪所陽城君與焉荊罪之陽城君走荊收其國孟勝死弟子死

之者百八十三人

吴起兵法

漢書藝文志兵權謀吴起四十八篇攷證曰隋志吴起兵法一卷今本三卷六篇圖國至勵士所闕亡多矣

以剋薄少恩亡其軀

習學記言曰信如遷所稱吴起能以吮疽使士而不以險守西河然則行之於楚安得以刻暴少恩忘其軀蓋要在彊兵而破馳說之言從横者戰國腹心之疾也雖欲治國家保民人終不可得而相隨以亡起以是相楚其所交貴戚大臣怨惡者衆矣一旦君死而難作耳

伍子胥列傳第六

辨惑曰史記載伍員父子語言本傳與世家參差不同或曰此變文也予謂不然言出于一人之口書出于一人之手而自變其文人何以取信哉　又曰楚平王執伍奢召二子事止宜詳見于子胥傳而又見全于楚世家子胥諫吴王之言吴王賜死之事子胥將死之語亦止宜見于子胥傳而楚越世家又皆載之闔廬將死屬太子報越事載于吴世家是矣而又見于子胥傳

其先曰伍舉以直諫事楚莊王索隱曰舉直諫見左氏楚世家

余有丁曰按左傳伍舉當康王靈王時其父伍參乃事莊王奢其孫也　愚按舉直諫見楚世家左氏無之索隱誤

王不聽使人召二子

吴越春秋曰平王謂伍奢之譽二子即遣使者駕駟馬封函印綬往令曰平王内慙囚繫忠臣外愧諸侯之耻進奢為國相封二子為侯

員曰楚之召我兄弟非欲以生我父也

吴越春秋曰員為兄卦之今日甲子時加於巳支傷日下氣不相受君欺其臣父欺其子今往方死何侯之有

伍胥遂亡

越絶曰子胥即從横嶺上太山北望齊晉謂其舍人曰去此邦堂堂被山帶河其民重移於是乃南奔吴　吴越春秋曰子胥行至大

江仰天行哭林澤之中　呂氏春秋曰五員亡荆急求之登太行而望鄭曰蓋是國也地險而民多知其主俗主也不足與舉去鄭而之許見許公而問所之許公不應東南嚮而唾五員載拜受賜曰知所之矣因如吳

江上有一漁父乘船知伍胥之急乃渡伍胥

吳越春秋曰渡之千潯之津持麥飯鮑魚羹盎漿飲食畢子胥行數步顧視漁者已覆船自沈於江水之中矣越絶曰即覆船挾匕首自刎而死　呂氏春秋曰五員過於吳使人求之江上則不能得也每食必祭之祝曰江上之丈人

止中道乞食

吳越春秋曰乞食溧陽適會女子擊綿於瀨水之上發其簞筥飯其盎漿長跪而與之

至於吳

吳越春秋曰子胥之吳乃被髮佯狂跣足塗面行乞於市　愚按范睢傳鼓腹吹篪乞食於吳市

伍胥乃因公子光以求見吳王

呂氏春秋曰伍子胥欲見吳王而不得客有言之於子光者見之而惡其貌不聽其說而辭之客請之王子光王子光曰其貌適吾所甚惡也客以聞伍子胥伍子胥曰此易故也願令王子居於堂上重帷而見其衣若手因請說之王子許　說之半王之光與帷摶其手而與之坐說畢王子光大說

五年而楚平王卒

吳越春秋曰伍子胥謂白公勝曰平王卒吾志不悉矣然楚國在吾何憂矣白公默然不對伍子胥坐泣於室

乃掘楚平王墓出其尸鞭之三百後已

越絶曰子胥將卒六千操鞭捶笞平王之墓而數之曰昔者吾先人無罪而子殺之今此報子也　吳越春秋曰伍胥以不得昭王乃掘平王之墓出其屍鞭之三百五足踐腹右手抉其目誚之曰誰使汝用讒諛之口殺我父兄

天定亦能勝人

史詮曰正義本勝作破

諸公子争立我以死争之於先王幾不得立

吴越春秋曰太子病而死闔閭謀擇諸公子可立者未有定計波太子夫差曰夜告於伍胥曰王欲立太子非我而誰當立此計在君耳子胥曰太子未有定我入則決矣闔閭有頃召子胥謀立太子子胥曰臣聞祀廢於絶後興於有嗣今太子不禄早失侍御今王欲立太子者莫大乎波之子夫差闔閭曰夫差愚而不仁恐不能奉統於吴國子胥曰夫差信以愛人端於守節敦於禮義父死子代經之明文闔閭曰寡人從子立夫差為太子

浮之江中

吴越春秋曰子胥曰隨流揚波依潮來往蕩激崩岸

怨鄭之殺其父

淮南子道應訓曰白公勝慮亂罷朝而立到杖策錣上貫頤血流至地而弗知也鄭人聞之曰頤之忘將何不忘哉

亡走山中自殺

淮南子道應訓曰白公勝得荆國不能以府庫分人七日石乞入曰不義得之又不能布施患必至矣不能予人不若焚之毋令人害我白公弗聽也九日葉公入乃發大府之貨以予衆出高庫之兵以賦民因而攻之十有九日而擒白公　韓詩外傳曰楚白公之難有仕之善者辭其君將死君其母曰棄母而死君可乎曰聞事君者内其禄而外其身今之所以養母者君之禄也請往死之比至朝三廢車中其僕曰子懼何不反也曰懼吾死也死君吾公也吾聞君子不以私害公遂死之

白公如不自立為君者其功謀亦不可勝道者哉

呂氏春秋曰白公問於孔子曰人可與微言乎孔子不應白公曰若以石投水奚若孔子曰没人能取之白公曰若以水投水奚若孔孔子曰淄澠之合者易牙嘗而知之白公曰然則人不可與微言乎孔子曰胡為不可唯知言之謂者為可耳白公弗得也知謂則不以言矣言者謂之屬也求魚者濡争獸者趨非樂之也故至言去言至為無為淺智者之

所爭則未矣此白公之所以死於法室　習學記言曰未知功謀何所能至

史記疏證卷第四十一

仲尼弟子列傳第七

習學記言曰仲尼弟子列傳以論語左氏次之不至甚謬至子貢稍欲見其一二遂為辯士所扳引浮鄙淫誕殆不可洗濯而遷亦載之何邪古文與俗說不並立然遷意所喜不能盡去也

二十九髮盡白早死

邵泰衢曰按孔子卒于哀公十六年年七十三哀公十四年顏子死伯魚年五十先孔子死家語云回三十二而死按孔子生伯魚五十而死是時孔子六十九矣哀公十四年回死是孔子七十一矣計其年回當四十一非三十二也夫子曰短命者德宜長年雖四十一亦曰短命耳謂二十九而髮白蚤死與三十二死者皆非也鯉先回死孔子年六十九而鯉卒若回三十二而死則先鯉矣

冉耕字伯牛

秀水朱彝尊孔子弟子考曰按聖門志闕里廣志稱伯牛少孔子七歲不審何據

伯牛有惡疾

茅坤曰冉伯牛鄆人去臨洺五百里嘗事孔子終身不仕洺之人何以廟而祀之洺之西五百冉子墓在焉豈孔子門人各以其學授諸侯之國而冉子死於是耶然考之冉子死而孔子與之訣蓋死鄆也

冉求

家語仲弓之宗族

敢問問同而答異

史詮曰宋本無問同以下五字

仲由字子路卞人也

韓詩外傳子路卞之野人也

冠雄雞佩豭豚陵暴孔子孔子設禮稍誘子路

子路後儒服委質

論衡世稱子路無恒之庸人未入聖門時戴雞佩豚勇猛無禮聞誦讀之聲搖雞奮豚揚唇吻之音聒聖賢之耳惡至甚矣孔子引而教之漸漬磨礪閶導牖進猛氣消損驕節屈折卒能政事列在四科斯蓋變性使惡為善之明效也　韓詩外傳子路盛服以見孔子孔子曰由疏疏者何也昔者江於濆其始出也不足以濫觴及其至乎江之津也不方舟不避風不可渡也非其衆川之多歟今汝衣服其盛顏色充滿天下有誰加汝哉子路趍出改服而入蓋攝如也

子路為蒲大夫辭孔子孔子曰蒲多壯士又難治然吾語汝恭以敬可以執勇寬以正可以比衆恭正以靜可以報上

韓詩外傳子路治蒲三年孔子過之入境而善之曰由恭敬以信矣入邑曰善哉由忠信以寬矣至庭曰善哉由明察以斷矣子貢執轡而問曰夫子未見由而三稱善可得聞乎孔子曰入其境田疇草萊甚辟此恭敬以信故民盡力入邑墉屋甚尊樹木甚茂此忠信以寬其民不偷入其庭甚閑此明察以斷故民不擾也　說苑臣術篇子路為蒲大夫備水災與民春修溝瀆為人煩苦故予人一簞食一壺漿

君焉用孔悝請得而殺之

陳子龍曰季子救孔悝而来豈應出此語固

知左氏為當矣

乃下石乞壺黶攻子路

李廷機曰史記孔悝之難蕢聵懼乃下石乞壺黶攻子路斷纓子路結纓而死據論語義壺黶一曰狐黯以詐墜子路折股畏其目光不敢前曰請覆子之目子路以衣袂掩目遂殺之又師覺授孝子傳子路之子仲子崔欲報父讐殺狐黶告於夫子夫子曰行矣黶知之曰君子不掩人之不備須後日以蒲弓木戟與子崔戰而死然則狐黶蓋悔其詐殺子路而以死成子崔之孝者也事固不可信然亦足以少雪覆醢之辱

宰我為臨淄大夫與田常作亂以夷其族孔子恥之

龜山楊氏曰田常為亂於齊齊君蓋弗勝也宰予附田常則誰得而殺之使其為齊君而死則予何罪焉　容齋續筆曰史記稱宰我為齊臨淄大夫與田常作難以夷其族孔子恥之蘇子由作古史精為辨之以為子我者闞止也與田常爭齊政為常所殺以其字亦曰子我故戰國策之書誤以為宰予此論既出聖門高弟得免非義之謗東坡又引李斯諫書謂田常陰取齊國殺宰予於庭是其不從田常故為所殺也予又考之子路之死孔子曰由也死矣又曰天祝予哭於中庭使人覆醢其悲之如是不應宰予遇禍略無一言孟子所載三子論聖人賢于堯舜等語疑是夫子沒後所談不然師在而各出意見議之無復質正恐非也然則宰我不死於田常更可證矣而淮南子又有一說云將相攝威擅勢私門成黨而使道不行故使陳成田常鴟夷子皮得成其難使呂氏絕祀子皮謂范蠡也蠡浮海變姓名游齊時簡公之難已十餘年矣說苑亦云田常與宰我爭宰我將攻之鴟夷子皮告田常遂殘宰我此說尤為無稽是以蠡為助田氏為齊禍其不分賢逆如此　楊慎曰按李斯傳言趙高之短于二世曰田常為齊簡公臣下得百姓上得群臣陰取齊國殺宰予于庭遂弒簡公斯去宰予未遠所言當得其寔如斯所言則宰予之死仇牧之類

也司馬遷遂誣以作亂作亂本無明文而與難獨有此誣不然幾厚誣賢者索隱知其非而又曲為闕止子我之辨亦紆曲不若是証之明也

且夫無報人之志而令人疑之拙也有報人之意使人知之殆也事未發而先聞危也

凌稚隆曰按家語越絕書吳越春秋並載此語蘇代說燕惠王噲語與此同見戰國策

故子貢一出存魯亂齊破吳彊晉而霸越子貢一使使相破十年之中五國各有變

通鑑外紀曰戰國之時齊魯交兵者數矣一不被伐安能存哉田氏弱齊一當吳兵安能亂哉吳不倫越而亡勝齊安能破哉四卿擅權晉以衰弱脩兵休卒安能強哉越從吳伐齊滅吳乃強此安能伯哉十年之中魯齊晉未嘗有變吳越不為是而存亡遷之言華而少實哉　古史曰予觀春秋左氏傳齊之伐魯本於悼公之怒季姬而非陳恒吳之伐齊本怒悼公之反覆而非子貢吳齊之戰陳乞猶在而恒未任事凡太史公所記皆非也蓋戰國說客說為子貢之辭自托於孔氏而太史公信之耳　楊慎曰太史公信戰國策游士之說載子貢一出存魯亂齊破吳強晉而伯越其文震耀其詞便利又皆信之雖朱文公亦惑之獨蘇子由作古史考而其事始白若如太史公言則子貢一蘇秦耳

言偃吳人字子游

朱彝尊曰許慎說文偃作放象旌旗之游

少孔子四十五歲

弟子考作三十五歲

孔子既沒子夏居西河教授為魏文侯師

容齋續筆曰按史記所書子夏少孔子四十四歲孔子卒時子夏年二十八矣是時周敬王四十一年後一年元王立歷正定王考王至威烈王二十三年魏始為侯去孔子卒時七十五年文侯為大夫二十二年而為侯又六年而卒姑以始侯之歲計之則子夏已百三歲矣方為諸侯師豈其然乎

顓孫師陳人

呂氏春秋曰子張魯之鄙家也

少孔子四十八歲

金甡曰按世家云陳蔡之阨孔子年六十三則子張是時才十五歲游夏之徒俱未及二十耶此等年歲恐未可深信　按韓子云自孔子之死也有子張之儒有子思之儒有顏氏之儒有孟氏之儒有仲良氏之儒有孫氏之儒儒分為八

孔子以為能通孝道

韓詩外傳曾子仕於莒得粟三秉方是之時曾子重其祿而輕其身親沒之後齊迎以相楚迎以令尹晉迎以上卿方是之時曾子重其身而輕其祿

宓不齊字子賤少孔子四十九歲 索隱曰家語少孔子三十歲此云四十九不同

朱彝尊曰按史記索隱引家語云少孔子四十九歲而今本家語無九字索隱又引史記文三十而今本史記作四十流傳既久均失其故矣

子賤為單父宰反命於孔子曰此國有賢不齊者五人教不齊所以治者孔子曰惜哉不齊所治者小所治者大則庶幾矣

韓詩外傳子賤治單父其民附孔子曰告丘之所以治之者對曰不齊時發倉廩振困窮補不足孔子曰是小人附耳未也對曰賞有能招賢才退不肖孔子曰是士附耳未也對曰所父事者三人所兄事者五人所友者十有二人所師者一人孔子曰所父事者三人所兄事者五人足以教弟矣所友者十有二人足以祛壅蔽矣所師者一人足以慮無失策舉無敗功矣惜乎不齊為之大功乃與堯舜參矣

憲攝敝衣冠見子貢

韓詩外傳原憲楮冠黎杖而應門正冠則纓絕振襟則肘見納履則踵決

南宮括字子容 索隱曰家語作南宮縚按其人是孟僖子之子仲孫閱也蓋居南宮因姓焉

夏洪基孔門弟子記略曰南宮适之為敬叔非也按史記南宮括字子容初未嘗云是孟僖子之子孟懿子之兄也而索隱注遷云是孟僖子之子仲孫閱論語集主亦云謚敬叔

孟懿子之兄史無其文也可疑一也适見家語一名縚是适已有二名矣而左傳孟僖子云必屬說與何忌于夫子索隱又云仲孫閱是又二名天下豈有一人而四名者乎可疑二也孔子在魯族姓頗微而南宫敬叔公族元子遣從孔子時定已娶于強家矣豈孔子得以兄子妻之可疑三也禮記檀弓載南宫敬叔反必載寶而朝孔子曰喪不如速貧之為愈也若而人豈能抑權力而伸有德讓言語而不廢于有道之邦邪愚以敬叔之與南宫适皎然二人矣　朱彝尊曰按史記南宫括字子容論語括作适家語南宫縚字子容其妻孔子兄女又稱南宫敬叔魯孟僖子之子仲孫閱也左氏傳昭公七年孟僖子屬說與何忌于夫子使事之杜預注云說南宫敬叔僖子之子然則括也适也縚也說也閱也一子容而名有五也崇禎末高郵夏弘基元開輯孔門弟子傳略以南宫縚适括字子容為一人以仲孫說閱謚敬叔者為一人至于說苑所載南宫邊子謂是适字之譌然漢書古人表既有南容又有南宫敬叔又有南宫邊子顔師古注于南容則云南宫縚也于敬叔則名南宫适也是縚與适适與邊子均未可混而為一矣

公晳哀字季次

金石文字記曰汶上縣有漢衛尉卿衡方碑其文曰履該顔原兼修季由洪适以顔原為顔淵原憲而都穆以季由即季路與兼脩義不協按公晳哀字季次不為家臣太史公與原憲並稱一稱字一稱名亦古文所嘗有也

朱彝尊曰次或作沉

同傳菑川人楊何

愚按楊何即史公父談所從受易者也

何元朔中

史詮曰漢書作元光

高柴字子羔

王應麟曰衛高柴為孔子弟子後居于魯

朱彝尊曰左傳作季羔檀弓韓非子作子皋

公伯僚字子周

朱彝尊曰論語作寮史記索隱作繚今本作

絛又或作遼或云郎中絛

周愬子路於季孫

朱桑尊曰按公伯繚見史記弟子傳又見文翁禮殿圖必非無稽之言後儒以愬子路一事斷為非聖人之徒然論語聖門六十人所記公是公非有過未嘗少隱即宰我冉有陳亢過皆不免似未可以一眚而盡擯其生平也子長引孔子之言受業身通者七十有七人皆異能之士寮蓋其一矣而致堂胡氏因家語不列其名氏謂史記失之迨明程敏政乃建議謂是聖門之蟊螣請罷其祀嘉靖中行人司正薛侃復謂公伯寮及秦冉顏何皆不見于家語而傳會于史記請均去之愚謂家語史記周公禮殿圖傳聞異辭則有之若專信家語以史記為傳會未免失之偏矣

司馬耕

家語耕上有黎字

樊須字子遲少孔子三十六歲

家語作四十六歲

有若少孔子十三歲正義曰家語云魯人字有少孔子三十三歲不同

朱桑尊曰按張守節據家語文云少三十三歲今本家語作三十六歲殆誤也

有若狀似孔子弟子相與共立為師

困學紀聞曰有若狀似孔子共立為師宋景文公曰此鄒魯間野人語耳觀孟子書則始嘗謀之後弗克舉安有撤坐坐之論乎

弟子起曰有子避之此非子之座也

容齋隨筆曰此兩事殆近於星曆卜祝之學何足以為聖人而謂孔子言之乎有若不能知何所加損而弟子遽以是作退之乎孟子稱子夏子張子游以若似聖人欲以所事孔子事之曾子不可但言江漢秋陽不可尚而已未嘗深詆也論語記諸善言以有子之言為第二章在曾子之前使有避坐之事弟子肯如是哉檀弓載有子聞曾子喪欲速貧死欲速朽兩語以為非君子之言又以為夫子有為言之子游曰甚哉有子之言似夫子也則其為門弟子所敬久矣太史公之書於是為失矣且門人所傳者道也豈應以貌狀之似而師之邪

巫馬施字子旗

愚按家語旗作期韓詩外傳子路與巫馬期薪於韞丘之下

梁鱣字叔魚少孔子二十九歲

家語作三十九歲

顔幸字子柳

朱彝尊曰通典作柳咸淳臨安志作韋弍作辛

伯虔字子析

朱彝尊曰按伯虔史記家語不著何地人考咸淳臨安志云是魯人宋思陵贊曰有虔子析全魯之彥當必有所本也

公孫龍字子石

日知録曰按漢書注公孫龍趙人為堅白異同之説者與平原君同時去夫子近二百年殆非也且云少孔子五十三歲則當田常代魯之年僅十三四歲爾而曰子張子石請行豈甘羅外黄舍人兒之比乎

顔高字子驕

李光縉曰左傳定公八年公侵齊門于楊州士皆坐列曰顔高之弓六鈞皆取而傳觀之註云顔高魯有力人疑即此人與　朱彝尊曰史記索隱云家語名産今本家語作顔刻少孔子五十歲

漆雕徒父

凌稚隆曰按徒父字子有

秦冉字開

朱彝尊曰禮殿圖有家語無

公夏首字乘

朱彝尊曰按魏志有公夏浩或子乘之後

奚容箴字子晳

朱彝尊曰一云字子楷

顔祖字襄

孔子弟子考作顔相字子襄朱彝尊曰按孟子昔者曾子謂子襄曰或是語顔子亦未可定

鄡單字子家

朱彝尊曰禮殿圖有家語無

句井疆

朱彝尊曰字子疆

秦商字子丕

李光縉曰家語云秦商魯人字不慈鄭玄曰楚人字子丕愚按不慈當作丕慈左傳孟氏之臣秦堇父嘗御重如偪陽之役反歸獻子以為右生秦丕茲事仲尼則此人也作魯人為是　朱彝尊曰按高郵夏氏孔門弟子記略及闕里廣志皆云商少孔子四十歲然秦子父堇父偪陽之役與叔梁紇俱以力聞宜與孔子生年相近今據家語舊聞暨史記索隱蘇氏古史文正之又宋大中祥符元年贈孔門弟子使爵商未得與至大觀四年禮局上言遂補贈馮翊侯闕里志誤以秦祖鄄城之封移之商非也

申黨字周

論語釋文曰申棖鄭康成云蓋孔子弟子申續史記云申棠字周家語云申續字周也

王應麟曰史記申棠字周家語申續字周今史記以棠為黨家語以續為績傳寫之誤也

後漢王政碑云有羔羊之絜無申棠之欲亦以棖為棠則申棠申棖一人耳唐開元封申黨名陵伯又封申棖魯伯本朝祥符封棖文登侯又封黨淄川侯俱列從祀黨即棠也一人而為二人失于詳考陸氏釋文也史記索隱謂文翁圖有申棠申棖今所傳禮殿圖有申黨無申棖　朱彝尊曰按七十子顏氏居其八冉氏居其五秦氏居其四公西氏漆雕氏居其三商氏縣氏原氏居其二若申棖申棠文翁圖記並列開元祥符亦並追封鄭康成陸德明疑為一人則以續黨並字周也夫棠黨字義相近合之可耳而高郵夏洪基強以棠棖為諧聲字亦近鑿且如公西葴公西輿如同字子上未嘗不並祀何獨續與黨同字必當去其一乎竊謂唐宋議禮諸儒未為不是有其舉之莫或廢也記有之矣

榮旂字子祺

朱彝尊曰家語作榮祈字子顏

縣成字子祺

朱彝尊曰今本家語作子橫

步叔乘字子車

朱彝尊曰按應劭風俗通云凡氏于字伯仲

叔季是也氏有太叔仲叔則有少叔無足異者子車之姓家語史記諸書皆作步而廣韵注云孔子弟子有少叔乘係複姓今從之

樂欬字子聲

朱彝尊曰按春秋定公十二年費宰公山不狃率費人以襲魯孔子命申句須樂頎勒士衆下伐之費人北遂隳三都之城杜預注以二人為魯大夫考樂欬家語作樂欣欣與頎偏旁相同疑頎即是欣且文云孔子命之其為弟子未可知也

叔仲會字子期

朱彝尊曰魯峻石壁畫像云少孔子五十歲

商君列傳第八

為中庶子

戰國策校注曰如甘羅為文信侯少庶子之比

欲令寡人以國聽公孫鞅也豈不悖哉

戰國策此非公叔之悖也惠王之悖也悖者之患固以不悖者為悖又見呂氏春秋

卒定變法之令

習學記言曰商鞅變法大事也遷不不加疏别淺深無次而學者亦考之不詳所謂令民為什伍而相収司連坐者此變法之本意也古者為比閭族黨使民相保相受相和親有罪奇衺相及是亦連坐而非厲民者不相収司也孟子教治滕則曰死徙無出鄉鄉田同井出入相友守望相助疾病相扶持蓋治小國合散民以親睦為先雖有罪奇衺亦未暇相反也先王以公天下之法使民私其私商鞅以私一國之法使民公其公此其所以異也不告姦者腰斬告姦者與斬敵首同賞匿姦者與降敵同罰此因事積習致然蓋有受是賞罰者若遽立為一成之法以齊秦俗則民之叛秦不待勝廣矣不分異者漸以倍賦法偪奪之先王之法雖防民情如成訟勿離避離令民有所出入葉公曰吾黨有直躬者其父攘羊而子證之孔子曰吾黨之直者異於是父為子隱子為父隱直在其中矣今鞅使民一切不得私關相蔽隱直情徑達以奉公上又事末利及怠而貧者先王雖有里布

屋粟之罰而閭民轉移執事不舉而收孥之也其設法抑民輕重曲折事不一端而遷之所載謂直若酒之鴆藥之烏喙疾之寒熱匕首之濡縷立死者亦未然也至如集小鄉為縣開井邑為阡陌之類則固可遷行矣蓋其禁民巧察民專沉鷙果敢一施於上下而私其便於國故雖殺其身卒不能廢其法數百年而禁制成秦已亡而猶不可變凡行於後世者增損厚薄微有不同大抵皆鞅之遺術也何獨彼之非乎

有一人徙之輒予五十金

困學紀聞曰呂氏春秋云吳起治西河欲諭其信於民夜日置表於南門之外令於邑中曰明日有人能僨南門之外表者仕長大夫明日日晏矣莫有僨表者民相謂曰此必不信有一人曰試往僨表不得賞則已何傷往僨表來謁吳起起自見而出仕之長大夫自是之後民信吳起之賞罰愚按商鞅入秦在吳起死後二十一年徙木予金其祖吳起之遺智歟　愚按蘇氏云商鞅立信於徙木立咸於棄灰棄灰事不見於傳王伯厚曰韓子云殷之法刑棄灰於街者子貢以為重問之仲尼仲尼曰知治世之道也以商鞅之法為殷法孟康注漢五行志云商鞅為政以棄灰於道必坋人坋人必鬬故設黥刑以絕其原也

於是以鞅為大良造將兵圍魏安邑降之

日知錄曰此必安邑字誤其下文曰魏惠王使使割河西之地獻於秦以和而魏遂去安邑徙都大梁乃是自安邑徙都之事耳安邑魏都其王在焉豈得圍而便降秦本紀昭王二十一年魏獻安邑若已降于五十年之前何煩再獻乎

作為築冀闕宮庭於咸陽

董份曰既云作為又云築何也恐有衍字

為田開阡陌封疆而賦稅平

陳子龍曰世言開阡陌非是去其田塍乃許人兼并之意也然曰賦稅平者何居愚謂周末井田之制漸廢民之轉徙失業者或棄其百畝而不能治有餘力者又不能兼并以致

田多荒蕪而賦稅失平商君許其蕪并以便豪強亦以益公賦也

乃使使割河西之地獻於秦以和

陳子龍曰安邑本在黄河之東魏人以大梁為河東懷汲為河内故以蒲汾為西河過秦論所謂拱手而取西河之外者是也此言河西互言耳

三置晉國之君

困學紀聞曰呂成公曰秦穆納晉惠在僖九年納晉文在僖二十四年相距十六年

公子虔之徒告商君欲反

戰國策曰孝公疾且不起欲傳商君辭不受孝公已死惠王代後莅政有頃商君告歸人説惠王曰大臣太重者國危左右太親者身危今秦婦人嬰兒皆言商君之法莫言大王之法是商君反為主大王更為臣也且夫商君固大王之仇讎也願大王圖之

余嘗讀商君開塞耕戰書索隱曰按商君書開謂刑嚴峻則政化開塞謂布恩賞則政化塞其意本於嚴刑少恩又為田開阡陌及言斬敵首賜爵是耕戰書也

焦竑曰司馬貞葢未見鞅書臆為之説耳開塞乃其第七篇謂道塞久矣今欲開之必刑九而賞一刑用於將過則大邪不生賞施于告奸則細過不失大邪不生細過不失則國治矣又云使商無得糴農無得糶農無糶則窳惰之農勉商無糴則多歲不與樂夫積而不糶不耕者誠困矣力田者亦何利哉　史詮曰淮南子作啓塞注云啓之以利塞之以禁商鞅之術也

史記疏證卷第四十二

蘇秦列傳第九

東周雒陽人也

河南志曰洛陽城東御道北孝義里西北隅有蘇秦冢

而習之於鬼谷先生

論衡曰蘇秦張儀縱橫習之鬼谷先生掘地為坑曰下說令我泣出則能分人君之地蘇秦下說先生泣下霑襟張儀不若又曰蘇秦骨鼻張儀仳脇　袁淑真隱傳曰鬼谷先生不知何許人隱居韜智居鬼谷山因以為稱蘇秦張儀師之遂立功名先生遺書責之曰若二君豈不見河邊之樹乎僕御折其枝波浪盪其根上無徑尺之陰身被數千之痕此木豈與天地有仇怨所居然也子不見嵩岱之松柏華霍之檀桐乎上枝干於青雲下根通於三泉千秋萬歲不受斧斤之痕此木豈與天地有骨肉哉蓋所居然也　程子曰秦儀學於鬼谷其術先揣摩然後捭闔捭闔既動然後用鉤鉗　困學紀聞曰尹知章序鬼谷子曰蘇秦張儀往事之受捭闔之術十有二章復受轉丸胠篋三章然秦儀用之裁得温言酒食債財之賜秦也儀也知道未足行復往見具言所受於師行之少有口吻之驗耳未有傾河填海移山之力豈可更聞至要使弟子深見其閫奥乎先生曰為子陳言至道齋戒擇日而往見先生乃正席而坐嚴顔而言告二子以全身之道文心雕龍云轉丸騁其巧辭飛鉗伏其精術　漢藝文志攷證曰柳子厚嘗曰劉向班固録書無鬼谷子鬼谷子後出而險盭峭薄恐其言妄亂世難信尤者晚乃益出七術怪謬異甚言益陿使人猖狂失守來鵠亦曰鬼谷子昔教人詭紿激訐揣測憸滑之術悉備於章學之者惟儀秦而已始捭闔飛鉗實今之常態是知漸瀉之後不讀鬼谷子書者其行事皆得自然符契也昔倉頡作文字鬼為之哭不知鬼谷作是書鬼何為耶世人欲知鬼谷子者觀二子言畧盡矣劉氏涇曰老之翕張儒之闔闢其與鬼谷往來如環鬼幽而顯者也谷扣而應者

也藏幽露顯一扣一應信如其名哉

西有漢中

通鑑地理通釋曰漢中楚地接秦紀孝公元年河山以東彊國六與齊威楚宣魏惠燕悼韓哀趙成侯並淮泗之間小國十餘所謂泗上十二諸侯也楚魏與秦接界魏築長城自鄭濱洛以北有上郡楚自漢中南有巴黔卜周室微諸侯力政爭相并秦僻在雍州不與中國諸侯之會盟夷翟遇之正義云楚自梁州漢中郡南有巴渝過江南有黔中巫郡惠文十三年庶長章擊楚於丹陽虜其將屈匄又攻楚漢中取地六百里置漢中郡齊湣王遺楚王書曰王欺于張儀亡地漢中李斯曰惠王用張儀之計南取漢中案畢謂范雎相秦棧道千里道于蜀漢後漢書注故城在今梁州南鄭東縣

東北

南有巴蜀

通鑑地理通釋曰蜀見于牧誓地與秦接通典曰所謂巴賓彭濮之人秦惠王使司馬錯伐蜀有其地利州益昌縣古劍閣道秦伐蜀所由謂之石牛道陳子昂云昔蜀與中國不通秦以金牛美女啖蜀侯侯使五丁力士棧褒斜鑿通谷迎秦之饋秦隨以兵而地入中州元和郡縣志武王伐紂巴人助焉後封為巴子其地東至魚復西僰道接漢中南極牂柯是其界也戰國策秦伐蜀十月取之蜀既屬秦益強秦紀惠文九年滅蜀華陽國志云蜀之先肇于人皇之際黃帝為子昌意娶蜀山氏後子孫因封焉　又曰秦滅蜀因滅巴通典巴國今巴壁蓬集合忠萬是其地蘇氏曰秦之憂在大國也蜀最僻最小最先取楚最強最後取

北有代馬

陳子龍曰是時代未屬秦當是北境緣邊近代之地亦産良馬

奉陽君常說之去游燕

愚按國策奉陽君甚不取於蘇秦從李兌言使使與蘇秦結交則秦之游燕非為奉陽君不說之故

燕東有朝鮮

通鑑地理通釋曰地理志玄菟樂浪皆朝鮮

濊貉句驪皆夷殷道衰箕子去之朝鮮史記武王封箕子于朝鮮朝鮮王傳滿燕人自始燕時嘗略屬真番朝鮮為置吏築障秦滅燕屬遼東外徼漢興為遠難守復修遼東故塞至浿水為界樂浪縣屬燕滿東走出塞度浿水居秦故空地上下障王之都王險地名括地志高驪平壤城本漢樂浪郡王險城即古朝鮮

遼東

通鑑地理通釋曰地理志燕地東有遼東匈奴傳燕置遼東郡以距胡通典舜營州遼水之東是也燕遼東郡秦漢因之東通樂浪晉置平州後魏時高麗國都其地唐置安東都護府至德後廢

北有林胡樓煩

通鑑地理通釋曰戰國策蘇秦說齊曰齊燕戰于桓之曲燕不勝十萬之衆盡胡人襲燕樓煩數縣取其牛馬匈奴傳冠帶戰國七而三國邊於匈奴燕趙秦也貨殖傳燕東北邊胡

西有雲中九原

通鑑地理通釋曰括地志勝州連谷縣本秦九原郡按匈奴傳趙武靈王置雲中趙世家云地西至雲中九原郡縣志敬本古城在中受降城北四十里賈耽古今述曰以地理求之前代九原郡城也

南有嘑沱

通鑑地理通釋曰禮記惡池周禮滹池淮南地形訓呼沱出魯平山穆天子傳絕鈃山之隊北循虖沱之陽注今在鴈門鹵城縣地理志虖池河自代郡鹵城縣代州繁時縣東至參合蔚州東至文安霸州入海并州川隋圖經云魏改曰清寧河光武紀注山海經云大戲之山虖沱之水出焉在今代州繁時縣東流經定州深澤縣今屬祁州東南即光武所度處今俗猶謂之危渡口舊在深州饒陽縣南至曹操因故瀆決今北注新溝今在饒陽北

易水

通鑑地理通釋曰地理志易水出涿郡故安縣今易州易縣閻鄉東至范陽入濡亦入涞并州寖郡縣志易水在涿州歸義縣今雄州歸信南二十五里括地志一名故安河又名北易水源出易州易縣西谷中之東東南流過歸義縣

東與滹沱河合趙惠文王五年與燕鄚易鄚今之莫州易漢涿郡之故安也水經注易水逕安次縣南鄚縣故城北東至文安縣與滹沱合蘇秦曰易水以南正謂此水是以班固闞駰之徒咸以斯水謂之南易

南有碣石

通鑑地理通釋曰地理志大揭石山在右北平驪成縣西南通典平州盧龍縣在揭石山碣然而立在海旁晉太康地志秦築長城所起自碣石在今高麗界非此碣石也括地志在盧龍縣南二十三里史記騶衍如燕昭王築碣石宮身親往師之正義云碣石宮在幽州薊縣西三十里寧臺之東通典碣石山在漢樂浪郡遂城縣長城起于此長城東截遼水而入高麗遺阯猶存禹貢右碣石在平州南三十餘里則高麗中為左碣石水經注遼西臨渝縣南水中注云大禹鑿其石右夾而納河秦皇漢武皆登之海水西浸而苞其山故言水中山海經碣石之山繩水出馬東流注于河文穎曰在遼西絫縣今屬臨渝始皇三十二年刻碣石門武帝元封元年至碣石輿地廣記在平州石城縣故驪成今按碣石在海旁鴈門有隴澤故云碣石鴈門之饒　酈道元言驪城枕海有石如甬道數十里當山頂有大石如柱形其山昔在河口海濱歷世既久為水所漸淪入于海已去岸五百餘里矣

鴈門之饒

通鑑地理通釋曰爾雅北陵西隃雁門是也注即雁門山也山海經鴈門之山無草木注云即北陵西隃鴈之所出因以名云在高柳北高柳在代北故城在雲州定襄縣後改雲中縣水經注高柳在代中其山重巒疊巘東出遼塞鴈門水東南流逕高柳縣故城北舊代郡治匈奴傳趙武靈王置鴈門郡地理志秦置今雲應朔州李牧常　代鴈門備匈奴

過代上谷

通鑑地理通釋曰匈奴傳趙置代郡燕置上谷郡正義上谷即媯州上谷至遼東地踔遠人民希數被寇大與趙代俗相類通典上谷易幽莫瀛媯州之地

軍於東垣矣

通鑑地理通釋曰趙攻中山取東垣輿地廣

記真定府鎮州真定縣本中山之東垣邑漢十一年陳豨將趙利守東垣高帝攻拔之改曰真定有滹沱水

夫秦下軹道正義曰軹故亭在雍州萬年縣東北十六里苑中

通鑑地理通釋曰索隱云河內軹縣水經注竹書紀年梁惠成王十三年鄭釐侯使許息來致地平邱戶牖首垣諸邑及鄭馳地我取枳道與鄭鹿戰國策蘇代曰秦下軹道南陽而伐魏絕韓包二周蘇厲曰齊反溫軹高平于魏輿地廣記漢軹縣屬河內唐貞觀元年省入孟州濟源縣故城在縣東南正義軹在懷州濟源縣南二十里後屬孟州聶政軹深井里人秦紀昭王十六年左更錯取軹唐地理志濟源縣西有故軹關戰國策校注曰故軹城在懷州濟源縣東南以下言修武之南陽知之按大事記顯王十一年韓使許息以軹道易鹿於魏水經注年表赧王三十六年秦伐魏至軹取城大小六十一皆魏之軹也軹枳通又作咫蘇秦傳云秦下軹道則南陽危又云我下軹道南陽封冀亦指此其言秦者在雍州萬年縣東北去灞水百步軹道亭秦王降處也蘇代云楚得枳而國亡則巴郡之枳也

則南陽危

通鑑地理通釋曰地理志河內郡脩武應劭曰晉始啓南陽今南陽城是也秦改曰修武臣瓚云韓非書秦昭王越趙長平西伐脩武時秦未兼天下修武之名久矣劉氏云修武則甯武王伐紂名之韓詩外傳武王伐紂勒兵於甯更名修武水經注修武故甯亦曰南陽馬季長曰晉地自朝歌以北至中山為東陽朝歌以南至軹上為南陽應劭風俗地理記曰河南殷國也周名為南陽輿地廣記曰懷州修武縣本商之甯邑武王更名修武唐武德四年改為武陟而別置修武縣於隋修武縣故城南陽有二修武即晉魏之南陽也南陽郡今鄧州也

東有清河

通鑑地理通釋曰水經清水東入于河謂之清口即淇河口也淇水東北過廣宗縣東為清河地理志清河水出魏郡內黃縣南

前有樓闕軒轅

日知錄曰當作軒縣周禮小胥正樂縣之位

王宮縣諸侯軒縣注謂軒縣者闕其南面

趙涉河博關

通鑑地理通釋曰正義涉貝州南河至博陵今博州博平縣漢屬東郡張儀說齊曰悉趙兵渡清河指博關臨菑即墨非王之有也輿地廣記博州戰國屬齊趙衛三國之交

六國從親以賓秦索隱曰謂六國之軍共為合從相親獨以秦為賓而共伐之也

愚按賓字國策原作擯若索隱之意則竟以為主賓之賓矣

韓北有鞏洛成皋之固

通鑑地理通釋曰左傳昭二十六年晉師克鞏周紀惠公封其少子於鞏徐廣曰周比亡之時凡七縣河南洛陽穀城平陰偃師鞏緱氏秦紀莊襄王元年東周君盡入其國韓獻成皋鞏秦界至大梁初置三川郡漢更河南曰地理志河南有雒陽縣是為成周鞏縣東周所居

西有宜陽商阪之塞

通鑑地理通釋曰商阪戰國策作常阪通典商州上洛縣有商山亦名楚山地四皓所隱其地險阻王莽命王級曰繞霤之固南當荊楚言四面塞阨屈曲水四繞如屋霤即今七般十二縣郡縣志即陰晉地也史記六國表秦孝公十一年城商塞韓世家甘茂與昭魚遇于商於商君封於商張儀欺楚以商於之地於林在鄧州內鄉縣商即商洛地理志弘農商縣衛鞅邑戰國策楚魏戰于陘山魏許秦以上洛以絕秦於楚地理志上雒縣屬弘農通典宜陽商阪即今福昌山及商山

東有宛穰

通鑑地理通釋曰宛穰南陽二縣地理志宛故申伯國西通武關東受江淮一都之會也秦昭王十五年攻楚取宛韓釐王五年秦拔我宛今鄧州南陽縣穰今鄧州穰縣戰國策謂穰侯曰君攻楚得宛穰以廣陶郡縣志本楚別邑取農穰之義後屬韓秦武王攻取之封魏冉為穰侯六國表韓襄王十一年秦取我穰按穰侯傳取楚之宛葉則宛亦屬楚

洧水

通鑑地理通釋曰通典河南密縣有洧水鄭州新鄭有溱洧二水水經出密縣馬領山山在陽城東北縣又東南流潧水注之又東過鄭縣南潧水從西北來注之

南有陘山

通鑑地理通釋曰通典今密縣山楚世家齊桓公以兵侵楚至陘山括地志在鄭州新鄭縣西南三十里在鄭州西南一百一十里魏代楚敗之陘山戰國策秦攻陘使人馳南陽之地山海經少陘之山器難之水出焉太平御覽舊傳器難之水即索水少陘山一曰嵩諸山俗名周山在滎陽縣二十五里唐志許州長葛縣有小陘山

鐵幕

徐孚遠曰鐵幕疑是障面劉言臂脛之衣是重言甲恐非也

華扶索隱曰謂以華為射決決射韝也

戰國策補注曰按詩決拾傳決以象骨為之著右手大指以鉤弦闓體拾以皮為之著指左臂以遂弦恐此華即拾扶即決也索隱即以為一物蓋據說文韝射臂決之文也亦通

吷芮索隱曰吷與歠同謂楯也芮音如字謂繫楯之紛綬也

戰國策補注曰吷音伐即詩所謂蒙伐者字皆通借史云當敵則斬堅甲鐵幕華扶吷芮無不畢具故說者上文以甲字句謂其劍皆能斬之

南有鴻溝

通鑑地理通釋曰河渠書滎陽下引河東南為鴻溝以通宋鄭陳蔡曹衛與濟汝淮泗會于楚索隱云楚漢中分之界文穎云即今官渡水也蓋為二流一南經陽武縣今屬東京為官渡水一東經大梁城即河溝今之汴河是也正義應劭云在滎陽東南二十里張華云大梁城在浚儀縣此縣西北渠水東經此城南又北屈分為二渠其一渠東南流始皇鑿引河水以灌大梁謂之鴻溝楚漢會此處也其一渠東經陽武縣南為官渡水張洎云大禹於滎澤下分大河為陰溝引注東南以通淮泗至大梁浚儀縣西北復分二渠一渠東經陽武縣中牟臺下為官渡水一渠始皇疏鑿以灌魏都謂之鴻溝莨菪渠自滎陽五池口東注之其鴻溝即出河之溝亦曰莨菪渠地理志滎陽縣汴水在西南有狼湯渠首受泲東南至陳入潁陳留縣魯渠水受狼湯渠東

至陽夏入渦渠浚儀縣睢水首受狼湯水東至取慮入泗

陳汝南許鄢

通鑑地理通釋曰陳國楚滅為縣頃襄王自郢徙都焉為魏境今陳州　汝南春秋時屬沈蔡戰國時屬楚魏漢置汝南郡今蔡州　地理志魏南有汝南之召陵㶏彊新汲西華長平許本許國漢為潁川許縣魏改曰許昌鄢戰國策作鄢楚昭陽伐魏取鄢漢屬潁川信鄢城縣屬蔡州今屬潁昌府鄭語八邑有鄢周語注妘姓之國為鄭武公所滅漢陳留有鄢縣應劭曰鄭伯克段於傿是也後漢傿屬梁國韓世家秦伐敗我鄢郡縣志故鄢城在宋州寧陵縣南五十二里漢之鄢縣鄭伯克段於此

昆陽召陵舞陽新郪新郪

通鑑地理通釋曰昆陽漢屬潁川應劭曰昆水出南陽南陽魯陽有昆水東南至定陵入汝汝州葉縣北二十五里有昆陽城光武破尋邑之所召陵漢屬汝南郡齊桓公伐楚次於召陵括地志故城在豫州郾州蔡鄢城縣東四十五里今屬潁昌府舞陽漢屬潁川應劭曰舞水出南樊噲所封唐屬許州括地志故城在許州葉縣東十里今縣屬潁昌府新都漢屬南陽郡國志新野縣有東鄉故新都王莽封今新野省入鄧州穰縣新郪漢屬汝南故城在潁州汝陰縣西北

東有淮潁

通鑑地理通釋曰淮潁二水名地理志淮水出南陽平氏縣今唐州桐栢縣桐栢大復山潁水出潁川陽城縣今河南府登封縣陽乾山

煑棗

通鑑地理通釋曰輿地廣記興仁府曹州宛亭縣有故煑棗城樊噲從攻項籍屠煑棗晉灼曰地理志無也清河有煑棗城功臣表有煑棗侯顏師古曰既云攻項籍則其地當在大河之南非清河之城田齊世家蘇代謂田軫曰客有言曰漢王謂韓馮張儀曰煑棗將拔齊兵又進子來救寡人則可矣正義煑棗故城在冀州信都縣東北五十里漢革朱國故老傳云六國時於此煑棗油今按蘇秦謂東有煑棗當從徐廣之說宛句縣漢屬濟陰一作宛朐大觀二年改宛亭

無胥索隱曰其地闕按愚按戰國策作無疏補注以為宿胥之口恐非是

西有長城之界

戰國策補注曰大事記今開封陽武縣魏惠王十二年魏龍賈帥師築長城於西邊長城即上所指又十九年魏築長城塞固陽正義云自鄭濱洛北由鄜州至勝州固陽縣為塞固陽有連山東至黃河西南至夏會等州按蘇秦說合從在惠王後二年後七年納上郡地則此時固陽之長城猶魏地也　通鑑地理通釋曰水經注濟瀆又東逕陽武縣故城北又東絕長城

北有河外

通鑑地理通釋曰按晉語入河外列城五注云河東也晉以河東為河外魏以河南為河外張儀說魏王曰秦下兵攻河外據卷衍酸棗說齊曰梁效河外索隱謂河外河之南邑若曲沃平周等魏世家秦復予我河外無忌率五國兵攻秦敗之河外蘇秦說趙曰魏弱則割河外

卷衍

通鑑地理通釋曰漢河南有卷縣輿地廣記故城在原武縣衍在鄭州亦曰衍氏後漢注卷故城在原武縣西北蘇秦東說趙曰據衛取淇卷則齊必入朝秦

酸棗

通鑑地理通釋曰漢屬陳留以棘名邦魏世家文侯三十二年伐鄭城酸棗取鄭地而城之也

然而田舍廬廡數之曾無所芻牧

余有丁曰數郎數罟之數無所芻牧言人居稠也戰國策無之數二字芻牧下多牛馬之池四字

周書曰緜緜不絕蔓蔓奈何毫釐不伐將用斧柯

戰國策補注曰家語孔子觀周廟金人之銘曰焰焰不滅炎炎若何涓涓不壅終為江河綿綿不絕或成網羅毫末不札將尋斧柯云云策謂周書其指此與

齊南有泰山

通鑑地理通釋曰齊世家齊自泰山屬之琅

邪北被于海膏壤二千里貨殖傳泰山其陽
則魯其陰則齊

東有琅邪

通鑑地理通釋曰山海經云琅琊臺在勃海
間琅邪之東其北有山注云琅邪在海邊有山嶕嶢特起狀如高臺括
地志密州諸城縣東南百七十里有琅邪臺
越王勾踐觀臺也琅邪山在縣東南百四十里
始皇立層臺于山上孟子齊景公問晏子曰
吾欲觀於轉附朝儛遵海而南放于琅邪注
琅邪齊東南境上邑管子戒篇桓公將東游
問於管仲曰我游猶軸轉斛南至琅邪地理
志琅邪縣越王勾踐嘗治此起館臺後漢注琅邪郡有琅邪山故城在今海州朐山縣東北子虛賦齊東陼鉅海南有琅邪輿地廣記漢琅邪縣在密州諸城縣東境初越王勾踐欲霸中國徙都于此起觀臺于山上周七里以望東海秦始皇置琅邪郡東遊登山大樂之留三月漢武帝亦登焉秦紀始皇作琅邪臺立石刻頌秦德

西有清河

通鑑地理通釋曰漢置清河郡治青陽縣後
漢省之安帝改歷曰甘陵為清河國治桓帝
改國曰甘陵魏復故晉改甘陵縣曰清河後
周置貝州宋改恩州通典春秋屬齊後屬晉
七國屬趙地理志趙東有清河齊北有清河
以南水經注地理風俗志曰甘陵郡東南十七
里有清河故城世謂之鵲城清河又東北逕
清陽縣故城西漢高帝置清河郡治此景帝封子乘為王

北有勃海

通鑑地理通釋曰漢置勃海郡今滄棣霸濱
諸州之地宋文帝置樂陵郡孝武分置勃海
郡後魏改勃海為滄水置滄州通典為齊趙
二國之境無棣縣齊境北至無棣在此地理
志齊北有勃海之高樂高城重合陽信趙得
勃海郡之東平舒中邑文安東州成平章武
河以北

五家之兵索隱曰高誘注戰國策云五家即五國

王維禎曰五家之兵管子之制也高誘注欠
明　鮑彪曰管仲軍令始於五家為軌

車轂擊

戰國策校注曰轂元作轚轚者擊之訛說文
轚車牽相擊也周禮舟車擊互穀梁傳轚者

不得入釋文音計又古的反此章史作轂擊按秦策車轂擊馳說苑齊人好轂擊揚雄書辨者轂擊讀亦通

衛陽晉之道

通鑑地理通釋曰張儀說楚曰秦下甲攻衛陽晉必大關天下之匈魏哀王十六年秦拔陽晉秦昭王曰吾愛宋與愛新城陽晉同蘇秦說趙曰據衛取淇則齊必入朝秦水經注陽晉城在廩邱城東南十餘里與都關為左右

徑于亢父之險

通鑑地理通釋曰漢屬縣東平國漢高帝紀沛公還軍亢父光武征龐萌自將輕兵至亢父魏志呂布攻鄄城不能下西屯濮陽曹操曰布一旦得一州不能據東平斷亢父泰山之道乘險要我而乃屯濮陽吾知其無能為也

驕矜而不敢進

愚按驕矜國策作高躍

西有黔中

通鑑地理通釋曰括地志云故城在辰州沅陵縣西二十里今黔府亦其地 楚世家秦留懷王要以割巫黔中之郡頃襄王二十二年秦拔我巫黔中郡通典黔州古蠻夷之地秦惠王欲楚黔中地以武關外易之即此是也楚辭注枉陼辰陽溆浦皆在辰州

巫郡

通鑑地理通釋曰括地志在夔州東通典夔州巫山縣楚置巫郡秦漢為南郡巫縣 故城在今縣北 巫山在西南

東有夏州

通鑑地理通釋曰楚辭過夏首而西浮夏水口也左傳沈尹戌奔命於夏汭遂射以繁揚之師會於夏汭杜氏曰漢水曲入江今夏口也通典荊州江陵縣有夏水口左傳夏汭也郡縣志鄂州春秋時謂之夏汭漢為沙羨東境後漢末謂之夏口亦名魯口

海陽

通鑑地理通釋曰楚威王六年敗越盡取吳故地至浙江左傳楚奄征南海　戰國策校注曰海陽海之南耳非遼西郡也盧藏用云在廣陵東今揚州海寧縣劉氏云楚之東

田汝成曰新安休寧古稱海陽正在楚之東也

南有洞庭

通鑑地理通釋曰正義洞庭湖在岳州巴陵縣西南一里又有洞庭山名君山在湖中心吳起曰三苗氏左洞庭右彭蠡韓非初見秦曰秦與荆人大戰大破荆襲郢取洞庭五湖江南後漢南蠻傳云吳起相悼王南幷蠻越遂有洞庭蒼梧

蒼梧

通鑑地理通釋曰按陘塞其說有三山海経有少陘之山太平御覽謂在滎陽則正義新鄭近之滎陽春秋為鄭戰國為韓蓋南北之隘道楚為塞以禦北方故蘇秦於韓曰南有陘山於楚曰北有陘塞其地一也楚漢之際亦於此決勝負焉左傳楚子庚治兵於汾陘之塞在汝鄭二州

郇陽

通鑑地理通釋曰漢地理志漢中旬陽縣北山旬水所出南入沔酈商攻旬關正義云漢中洵水之關在金州水經漢水東合旬水輿地廣記金州洵陽縣後漢省晉復置偽魏興郡按金州後漢末為西城郡魏得之改魏興申儀為太守屯洵口水經注旬水東南注漢之旬口蜀蔣琬欲由漢沔襲魏興今屬利州路南蔽夔峽西接梁洋為控扼之地蘇秦所謂郇陽即洵陽也郇旬洵三字通徐廣以為順陽故城在鄧州穰縣西索隱以為新陽故城在蔡州真陽縣西南皆非也又按楚世家懷王二十五年與秦盟黃棘秦復與楚上庸正義括地志云今房州竹山縣及金州是頃襄王十九年割上庸漢北地予秦正義謂割金房均三州及漢水之北蘇代云殘均陵塞鄖隘正義均州故城在隨州西南五十里楚割上庸之明年秦拔西陵又一年拔郢

周頃王聞之恐懼除道使人郊勞

愚按國策云將說楚王路過洛陽父母聞之清宮除道張樂設飲郊迎三十里

蘇秦去趙徐廣曰自初說燕至此三年

徐孚遠曰正文云秦兵不出于五年而徐云自初說至此三年二說懸殊

於是乃歸燕之十城

國策云以金千斤謝其後頓首塗中願為兄弟而請罪於秦

而燕王不復官也
國策作不復館
不死殊而走
日知録曰説文繫傳曰斷絶分析曰殊謂斷支體而未及死淮南王傳太子即自剄不殊
代乃求見燕王
大事記曰戰國策載蘇代説燕王之辭誤以為噲使噲能有志如是豈至覆國乎論其世考其事皆説昭王之辭也按史記誤同
吾聞齊有清濟濁河
通鑑地理通釋曰左傳哀十一年齊伐我及清注濟北盧縣東有清亭齊語桓公正封疆地南至于䳒陰西至于濟北至于河東至于紀酅水經濟水自魚山北逕清亭東注云京相璠曰今濟北東阿東北四十里有清亭春秋所謂遇于清也水色清深馬頰水東注于清濟謂之馬頰口清濟即此水也蔡氏曰李賢謂齊自鄭以東貫滑曹鄆濟齊青以入于海樂史謂今東平濟南淄川北海界中有水流入海謂之清河（沈氏謂濟水伏流地中東阿亦濟所經井水清而重）
孟康曰齊西有平原（德州）河水東北過高唐（博州）（即平原也）孟津號黃河故曰濁河
長城鉅防
通鑑地理通釋曰齊記云齊宣王乘山嶺之上築長城東至海西至濟州千餘里以備楚括地志長城西北起濟州平陰縣緣河歷泰山北岡上經濟州淄州即西南兗州博城縣北東至密州琅邪臺入海郡國志濟北盧縣有平陰城有防門（左傳襄十八年齊侯禦晉平陰塹防門杜氏云在縣北巨防即防門）即有長城至東海郡縣志故長城首起鄆州平陰縣北二十九里齊愍王所築輿地廣記鄆州平陰縣漢盧縣地唐屬濟州又淄州淄川縣古齊長城楚世家還蓋長城以為防外紀威烈王十六年王命韓趙伐齊入長城左傳防門注平陰城在濟北盧縣東北其城南有防防有門世家趙人歸我長城在威王時郡縣志平陰故城在平陰縣東北三十五里
燕相子之與蘇代婚
愚按國策云蘇秦在燕與其相子之為婚而

蘇代與子之文後章又云燕相子之與蘇代婚

齊伐宋宋急

余有丁曰按傳中前言舉宋此復言宋急者何也據齊表此段是前段必誤

齊紫敗素也而賈十倍索隱曰以喻齊雖有大名而其國中困獘也

董份曰齊紫本敗素而價十倍此正轉敗為功之意非言齊國困獘也

則莫若挑霸齊而尊之

國策挑作遙

焚秦符正義曰符徵兆也

金甡曰按符者節信也張儀傳云借宋之符焚秦符者絕之也楚世家云齊折楚符而合于秦解作徵兆何說

秦挾賓以待破

鮑彪戰國策注曰挾如挾長之挾秦挾賓客本欲并天下而反見破故必患

乃名蘇代復善待之

戰國策校注曰按此策文蓋齊已滅宋取楚淮北之後勸之尊齊擯秦而說秦以代齊非將伐宋時事也策云蘇代過魏魏為燕執之齊使人說魏出代代之宋宋善待之史遂以此策首語接其下且史記代事前待固多誤如舉五千乘云云以為說子噲之類代為燕間齊勸之伐宋見於策者可考矣是宋未滅時代已至燕豈至時尚留宋而為之說燕哉此策不能無外而史尤失之也

乘船浮於文

通鑑地理通釋曰地理志蜀郡有汶江縣今茂州汶山縣水經注江水自天彭闕東逕汶關而歷氐道縣北注汶出徼外岷山西玉輪坂下

乘夏水而下江索隱曰謂夏潦之水盛漲時也

愚按宜為夏水之口夏水通漢亦通江不得因有下夏水西出郢以夏潦之水為解也

乘船出於巴

通鑑地理通釋曰郡縣志渝州古巴國今重慶府閬白二水曲折如巴字故謂之巴正義巴嶺山在梁州南一百九十里西南夷傳楚威王使莊蹻將兵循江上略巴蜀黔中以西蘇代云輕舟浮於汶乘舟出於巴謂汶江巴江也

張儀說楚謂方船積粟起於汶山循江而下至楚三千餘里不至十日而拒扞關芊祐請伐吳謂引梁益之兵水陸俱下崔仲方論取陳謂蜀漢二江是其上流水路衝要必爭之所彼聚兵漢口峽口則下流諸將擇便橫渡如擁衆自衛上江水軍鼓行以前秦以此脅楚晉以此取吳隋以此取陳然秦不敢泛江伐楚者以道危而扞關亦難攻也

四日而至五渚

通鑑地理通釋曰戰國策五渚韓非子作五湖水經注湘水沅水微水澧水凡此四水同注洞庭北會大江名之五渚

我起乎少曲

通鑑地理通釋曰索隱云地近宜陽劉氏以為蓋在太行西南范睢傳秦昭王四十二年東伐韓少曲高平拔之正義括地志高平故城在懷州河陽縣西北四十里俗謂之韓王城非也周桓王以與鄭竹書紀年云魏襄王四年鄭侯使辰歸晉陽向更名陽為河雍向為高平則少曲當與高平相近蘇代曰已得宜陽少曲致藺石水經注康溝又東逕扶溝之白亭北又東逕少曲亭陳留風俗傳曰尉氏縣今京東有少曲亭俗謂小城

一日而斷太行

通鑑地理通釋曰韓世家秦擊我於太行上黨降趙戰國策國曰一軍臨滎陽一軍臨太行則韓請效上黨之地

我起乎宜陽而觸平陽

通鑑地理通釋曰韓世家貞子徙居平陽世本作景子徙正義晉州城地理志河東平陽縣堯都也在平河之陽今晉州臨汾縣括地志晉州城因平陽城東而為之

二日而莫不盡繇

董份曰盡繇言韓徵民繇役為脩國騷動之意

我舉安邑

安邑詳魏世家

塞女戟韓氏太原卷

焦竑曰按趙策秦舉安邑而塞女戟韓氏太原絕正義以卷為絕本此

封冀

通鑑地理通釋曰魏世家哀王十六年秦拔我蒲反陽晋封陵紀年作晋陽封谷正義徐封陵在蒲州今河中府廣云河東皮氏縣東北有冀亭晋荀息曰冀為不道皮氏今河中府龍門縣秦紀惠王九年渡河取皮氏正義封陵在古蒲坂西南河曲之中

包西周正義曰西周王城及鞏

通鑑地理通釋曰世本西周桓公居河南東周惠公居洛陽呂氏曰平王東遷之後所謂西周者豐鎬也東周者東都也威烈王之後所謂西周者河南也東周者洛陽也考王封其弟揭于河南以續周公之職是為河南桓公王城故地威烈王嗣位西周惠公封其少子班於鞏以奉王實東周惠公此東西周分之始也東周王所居之洛陽也鞏班之采邑也顯王二年趙與韓分周為二東西周各為列國顯王雖在東周特建空名於其上耳自是而後凡征伐謀策稱東西周君者皆謂二周君也周本紀云赧王時東西周分治非也赧王特徙都西周耳

決白馬之口

通鑑地理通釋曰水經注竹書紀年梁惠成王十二年楚師出河水以水長垣之外金堤既建金堤在白馬界故渠水斷尚謂之白馬瀆韓非初見秦曰決白馬之口以沃魏氏張儀說趙曰守白馬之津正義云在滑州白馬縣北二十里水經注白馬縣神馬亭開山圖所謂白馬山也山上常有白馬群行悲鳴則河決

魏無外黃濟陽

通鑑地理通釋曰外黃漢屬陳留張晏曰魏郡有內黃故加外地理志注左氏傳曰惠公敗宋師于黃杜預以為外黃縣東有黃城故城在開封府雍丘縣東六十里唐貞觀元年省後梁太祖幸河非至內黃顧李延曰何謂內黃班曰河南有外黃下黃故此名內黃太祖曰外黃下黃何在班曰秦有外黃都尉今在雍丘下黃為北徐所滅今在陳留五代通錄河南有外黃小黃故河北為內黃小黃為濟高所滅其故城今在濟陽陳留小黃故城在陳留縣東北水經注云陳留風俗傳曰縣故宋地竹書紀年梁惠成王三十年城濟陽漢陳留郡濟陽縣唐省入宛句建隆四年為濟陽鎮隸開封府東明縣

決宿胥之口

通鑑地理通釋曰水經注究水東南入淇水淇水右合宿胥故瀆瀆受河於頓丘縣遮害亭東黎山西北會淇水處立石堰遏水令東東北注魏武開白溝因宿胥故瀆而加其功

宿胥口河水北入故蘇代曰決宿胥之口即指是瀆也通典淇水出山東至衛縣界入河謂之淇水口曹公於水口下大枋木成堰遏淇水入白溝時人號枋頭溝洫志黎陽避害亭西十八里至淇水口

魏無虛頓丘

水經注淇水又北逕頓丘縣故城西古文尚書以為觀地矣蓋太康弟五君之號曰五觀者也竹書紀年晉定公三十一年城頓丘皇覽曰頓丘者城門名頓丘道世謂之殷皆北也蓋囙丘而為名故曰頓丘矣　通鑑地理通釋曰春秋桓十二年公會宋公于虛注云宋地水經注洹水出山連逕殷墟竹書紀年曰盤庚即位自奄遷于此遂曰殷史記項羽與章邯盟洹水南殷虛上正義云括地志相州安陽縣盤庚所都即此北冢殷墟南去朝歌縣城百四十里國都城記云鄴縣城西南四十里有洹水南岸三里有安陽城名殷中即殷所謂北冢者索隱汲冢古文云盤庚自奄遷于北冢曰殷虛南去鄴三十里太平御覽相州圖經曰安陽汙鄴也在其洹二水之間本殷墟所謂北塚是也戰國策曰紂昔聚兵百萬左飲淇水使竭右飲洹水不流今按地理志河內殷虛更屬于晉注云殷虛汲郡朝歌縣魏世家秦拔我朝歌亦魏地也　又曰水經注闞駰云頓丘在淇水南又屈逕頓丘西爾雅曰山一成謂之頓丘釋名謂一頓而成丘無高下大小之教詩所謂送子涉淇至于頓丘竹書紀年晉定公三十一年城頓丘輿地廣記云本衛邑漢屬東郡唐屬魏州復置澶州晉天福四年以頓丘為德清軍熙寧四年省入開德府清豐縣戰國策張儀謂魏王曰齊伐趙取乘丘收侵地虛頓丘危

水攻則滅大梁

通鑑地理通釋曰地理志陳留郡浚儀故大梁魏惠王自安邑徙此號曰梁今東京祥符魏世家惠王三十一年秦用商君東地至河而齊趙數破我安邑近秦于是徙治大梁水經注大梁城本春秋之陽武高陽鄉于戰國為大梁周梁伯之居竹書紀年梁惠成王九年四月甲寅徙邦于大梁酈食其曰陳留天下之衝四通五達之郊也太史公曰吾適故大梁之墟墟中人曰秦之破梁引河溝而灌大梁三月城壞王請降遂滅魏王假元年又曰吾過大梁之墟求問其所謂夷門夷門者城之東門也張儀說魏史記云從鄭至梁二百餘里戰國策云從鄭至梁不過百里從陳至梁二百餘里按九域志鄭州至東京一百四十里陳州至東京二百四十五里當以國策為正又曰卒戍四方守亭障者參列粟粮漕庾不下十萬鮑氏謂他國或有山川

關塞惟梁無之皆以卒戍守
兵傷於譙石遇敗於陽馬
愚按國策作離石馬陵
用兵如刺蜚
鮑彪戰國策注曰集韻蜚蟲名喻易也

史記疏證卷第四十三
張儀列傳第十
淩稚隆曰按戰國策並不載楚相辱張儀及蘇秦激之入秦事
苴蜀相攻擊
楊慎曰苴即巴字楊雄蜀本紀云蜀王魚凫封其弟葭萌為苴苴之後求金于蜀蜀不與苴蜀相攻即此事也
塞斜谷之口
通鑑地理通釋曰郡國志河南鞏縣有尋谷水水經洛又東北流入于河注云山海經曰洛水成皋西入河是也謂之洛汭即什谷之口南鄩亦曰上鄩鄩水出北山鄩溪其水四流世謂之溫水故鄩城在鞏縣西南五十五里京相璠曰今鞏洛渡北有水鄩谷東入洛謂之下鄩亦謂非鄩郡縣志河南府鞏縣洛水東經洛汭北對琅邪渚入河謂之洛口亦名什谷塞什谷之口即此也
當屯留之道
通鑑地理通釋曰屯音純地理志縣屬上黨括地志屯留故城在路州長子縣東北三十里左傳襄十八年晉人執孫蒯于純留三晉徙靖公于屯留

楚臨南鄭
通鑑地理通釋曰戰國策注今河南新鄭今鄭州新鄭縣
秦攻新城宜陽
通鑑地理通釋曰郡縣志河南府伊闕縣古戎蠻子國漢為新城縣隋改伊闕伊闕山在縣北四十五里西山相對望之若闕伊水流其間故名伊闕故關在縣北四十五里何進八關之一 戰國策補注曰左傳僖六年注新城鄭新密今滎陽密也大事記白起係韓新城引正義云在洛州伊闕縣又秦韓會新城云兩周間地名注引正義云許州襄城縣古新城縣也按芊戎華陽君又號新城君則華陽在密者此以宜陽並言地必連近當是伊闕耳
齊韓之與國也
田汝成曰按齊字恐衍當云韓周之與國也
卒起兵伐蜀
鮑彪戰國策注曰按甘茂傳云張儀西并巴蜀當儀與錯議不同故紀表並言錯定蜀而茂傳之言如此何也華陽國志云蜀王伐苴侯苴侯奔巴求救于秦惠文王使張儀司馬錯伐蜀滅之是二人同往也
居一歲
愚按一歲當作三歲秦本紀在惠文君十三年
從鄭至梁二百餘里
徐孚遠曰是時韓已并鄭謂從韓至魏之道也 愚按戰國策云從鄭至梁不過百里從陳至梁二百餘里通鑑地理通釋曰按九域志鄭州至東京一百四十里陳州至東京二百四十五里當以國策為正
卒戍四方守亭鄣者不下十萬
愚按戰國策云卒戍四方守亭鄣者參列粟糧漕庾不下十萬鮑彪注云他國境或有山川關塞惟梁無之皆以卒戍守千里一亭障隄也築城壘為之補注曰障關塞邊候間封有古夷門關
不至十日而距扞關
通鑑地理通釋曰楚世家肅王四年蜀伐楚取茲方正義古今地名云荊州松滋縣於是楚為扞關以距

之郡國志巴郡魚復縣有扞關（地理志魚復江關）李熊說公孫述曰東守巴郡拒扞關之口（注故基在今峽州巴山縣）正義華陽國志云巴楚相攻伐故置江關陽關括地志陽關今涪州永安縣治陽關城也（永安省入樂溫縣）扞關今峽州巴山縣界故扞關是（巴山省入夷陵縣）江關今夔州魚復縣南二十里江南岸白帝城是（魚復今奉節縣）後漢岑彭公孫述遣將乘枋箄下江關注云舊在赤甲城後移在江南岸對白帝城故基（在今魚復縣南與地廣記魚復縣故城在奉節縣北今名赤甲城有古扞關水經江水自關東逕弱關捍關注捍關廪君浮夷水所置也弱關在建平秭歸界昔巴蜀數相攻伐籍險置關以相防捍）

則從境以東

愚按戰國作從竟陵以東

五戰而三勝

徐孚遠曰越滅吳楚滅越懷王時吳之屬楚久矣安得與吳人五戰此言誤也

且夫秦之所以不出兵函谷十五年以攻齊趙者

戰國策補注曰按此前二年五年六年皆有攻趙之事而攻齊則無之若云不攻齊則猶可通也

楚王大怒

徐孚遠曰當言大王今言楚王亦誤也

跿跔科頭

戰國策補注曰跿猶下文徒程此謂徒跣也義與科頭協

貫頤奮戟者

戰國策校注曰索隱曰兩手捧頭而直入敵言其勇貫與捧亦不通劉辰翁云貫頤謂見射猶奮戟不顧死也則此連下文奮戟為義

斷韓之上地

通鑑地理通釋曰上地上黨之地也荀子曰韓之上地方數百里而趨趙趙不能凝也故秦奪之

桑林之菀

通鑑地理通釋曰按湯旱禱于桑林之社莊子栗林虞人其地未詳　戰國策桂注曰桑林非湯所禱者也太平御覽作樂林

趙入朝澠池

通鑑地理通釋曰淮南子九塞曰澠阨戰國

策云澠隘之塞時秦攻商邑殺之于鄭黽池屬鄭雖陽西有殺黽翼奉曰成周右阻黽池趙涉說周亞夫曰吳王必置間人於殽黽阸陿之間王莽命王奇曰殽黽之險東當鄭衛地理志弘農黽池景帝中二年初城徙萬家為縣水經注穀水出于崤東馬頭山穀陽谷東北流歷澠池川漢景帝因崤黽之池以目縣或謂之彭池穀水又東逕秦趙二城南即趙王鼓瑟秦王擊缶處世謂之俱利城蓋云秦趙俱利也穀水又東逕新安縣故城南北夾流而西接崤黽城又東逕于雍谷溪回岫縈紆石路阻峽故亦有峽石之稱禹貢注澗水出澠池山郡縣志澠池縣本韓地廣陽山一名澠池山在縣東北五十五里穀水南去縣三百步東逕秦趙二城東城在縣西十三里西城十四里

割河間以事秦

通鑑地理通釋曰瀛州地理志注在西河之間戰國策趙王曰秦下甲攻趙趙賂之以河間十二縣

其一軍塞午道

通鑑地理通釋曰鮑氏曰長安有子午谷北山是子南山是午為子午道則午道秦南道也塞之使不得通

陰告廚人曰即酒酣樂進熱啜索隱曰謂熱而啜之也下云廚人進斟斟謂羹汁故名汁曰斟左氏傳公羊傳云羊羹不斟是也愚按左傳云羊羹不徧羊斟是華元之御此誤引之公羊傳又無此語

則易水長城

通鑑地理通釋曰匈奴傳燕築長城自造陽至襄平置上谷漁陽薊州檀州右北平平州遼西營州遼東郡以距胡通典麟州銀城縣五原塞即縣北所謂光祿塞晉太康地志自北地郡行九百里得五原塞又北出九百里得造陽即此韋昭曰造陽地在上谷未詳熟是襄平縣遼東郡所治唐地理志安東都護府故漢襄平城也括地志寧原慶三州秦北地郡義渠戎國之地正義馬邑長城亦名燕長城在嬀州北

梁哀王恐

春秋後語作魏襄王

陳軫

韓魏相攻朞年不解

戰國策校注曰考秦惠時唯十二年韓舉趙

韓與魏戰敗績去楚絶齊時甚遠他不見韓

魏相攻事

餘為寡人計之

董份曰冝餘字句言為其主計之之餘即為我計之謙言先其君而及秦也故軫曰臣主與王無異　愚按國策云子獨不可以忠為子主計以其餘為寡人乎則餘字屬下讀亦得

館豎子止之

國策作管與止之

自主與王何異也

徐孚遠曰軫言已之為秦王計不後于楚王也索隱言秦楚俱冝待二國之斃此說非也

犀首

其後五國伐秦

戰國策補注曰按秦紀書韓趙魏燕齊帥匈奴伐秦年表韓魏趙楚燕五國伐秦不勝楚世家書蘇秦約從六國共攻秦楚懷王為從長至函谷關秦擊之六國皆引歸齊獨後五有不同

大敗秦人李伯之下

鮑彪戰國策注曰平原傳注河内成皋有李城豈秦兵與諸國遇於此而見敗耶　校注曰正義云懷州温縣本李城也李同父所封按趙救邯鄲時同戰死封其弟為李侯意者因此號李城此云李伯必非秦既攻五國不勝而走秦兵不應至懷是時諸國連匈奴秦恐義渠因而有變故賂以和之義渠之襲必次于五國之後恐非與諸國遇時也

樗里子甘茂列傳第十一

虜趙將軍莊豹

愚按秦本紀作虜趙將莊

秦封樗里子號為嚴君索隱曰按嚴君是爵邑之號當是封之嚴道也

田藝蘅曰索隱注非也嚴君者尊重之威嚴若君父也取此義以號之爾如下文云又益尊重是也

而以樗里子甘茂為左右丞相

李光縉曰戰國策云秦惠王死公孫衍欲窮張儀李讐謂衍曰不如召甘茂於魏召公孫顯於韓起樗里子於國三人者皆張子之讎

也公用之則諸侯必見張子之無秦矣此云逐張儀而以樗里子甘茂為左右丞相從李斯之言也

智伯之伐仇猶索隱曰高誘注戰國策以仇猶為厹由韓子作仇由地理志臨淮有仇酋縣也

戰國策補注曰呂春秋劉外紀作夙繇高注或作仇首漢志臨淮乃泗之連水羅氏路史謂非智伯所伐者

今伐蒲入於魏衛必折而從之

日知錄曰此文誤當依索隱所引戰國策文為正

甘茂

蜀侯煇相壯反

徐孚遠曰華陽國志秦滅蜀封公子通為蜀侯以陳壯為相壯反殺蜀侯通秦誅壯封子煇為蜀侯煇為後母所譖自殺本二事史記合載之誤也

王迎甘茂於息壤

鮑彪戰國策注曰時則訓於中央言息壤堙洪水之州而柳子厚言永州有之則息壤非一處此秦地也

名曰縣其實郡也

大事記曰春秋時郡屬於縣趙簡子所謂上大夫受縣下大夫受郡是也戰國時縣屬於郡所謂上郡十五縣者是也魏惠七年後方孝公商鞅時并小鄉為大縣縣一令尚未有郡及守稱故魏納上郡之後十餘年秦紀始書漢中郡或者山東諸侯先變古制而秦效之與

因大悉起兵使甘茂擊之斬首六萬遂拔宜陽

戰國策曰甘茂攻宜陽三鼓之而卒不上秦尉曰公不論兵必大用耳茂曰我羈旅而得相秦者我以宜陽餌王今攻宜陽而不拔公孫衍樗里疾挫我于內公仲以韓窮我於外是無伐之日已請明日鼓之而不可下因以宜陽之郭為墓於是出私金以益公賞明日鼓之而宜陽拔

今公與楚解口地索隱曰解口秦地名正義曰解口猶關口

史詮曰正義注非也索隱得之

封小令尹以杜陽

愚按杜陽戰國策作桂陽恐國策非
不如公孫奭
史詮曰國策奭作郝
是自為責也
史詮曰國策責作貴
反宜陽之民
徐孚遠曰反宜陽之民者欲秦歸宜陽俘民於韓非并以宜陽地與韓也後言竟以武遂歸韓亦不言宜陽也
此韓之寄地也
凌稚隆曰潁川本韓地楚取之故云寄地
收楚韓以安之
凌稚隆曰楚歸潁川則楚韓講故曰安
代為齊使於秦
鮑彪戰國策注曰代傳待燕太子質於齊將適秦
日聞貧人女與富人女會績
史通曰此並戰國之時游說之士寓言設理以相比興及尚之著書也乃用蘇氏之說為二婦人立傳定其邦國加其姓氏何其妄哉

其居於秦累世重矣
鮑彪戰國策注曰茂事惠武昭三王
則置之鬼谷
戰國策作槐谷補注曰春秋後語注槐里之谷今京兆始平之地作鬼谷大非
以苟賤不廉聞於世
戰國策作苛廉
則莫若向壽者可
戰國策作公孫郝
甘羅年十二
法言重黎篇曰或問甘羅之悟呂不韋張辟彊之覺平勃皆以十二齡茂良乎曰才也茂良不必父祖
吾自請張卿相燕索隱曰即張唐也卿字也
金甡曰按卿只是稱呼非必其字也
穰侯列傳第十二
魏冉故德公矣
董份曰故德公言仇液本為魏冉來冉原自德之也
欲誅呂禮禮出奔齊

愚按秦本紀五大夫禮出奔魏
戰勝三梁
鮑彪戰國策注曰春秋秦取梁漢夏陽也河内有梁周小邑也陳留浚儀大梁為三皆魏地
拔邯鄲
戰國策校注曰魏惠王十八年拔趙邯鄲二十年歸邯鄲
戰勝暴子徐廣曰韓將暴鳶
愚按戰國策作詈子鮑彪注地闕韓使暴鳶救魏為秦所敗事在後
此臣之所聞於魏也索隱曰須賈說穰侯言魏人謂梁王若必割而求質必是欺我即聞魏見欺於秦也
董份曰自臣聞至不然必見欺皆須賈述衛人之言故結之曰此臣之所聞于魏也言其所聞于魏之言如此也詞意極明索隱解謬
穰侯與白起客卿胡陽復攻趙韓魏破芒卯於華陽下
戰國策校注曰大事記華陽之役秦救韓而擊趙魏年表列傳或云得三晉將或云攻趙韓魏皆記者之誤
斬首十萬
秦本紀作十五萬
故得安邑
鮑彪戰國策注曰此攻華陽時得之安邑魏地亦屬韓猶上黨兩屬也
白起王翦列傳第十三
法言淵騫篇曰秦將白起不仁奚用為也長平之戰四十萬人死蚩尤之亂不過於此矣原野厭人之肉川谷流人之血將不仁奚用為翦曰始皇方獵六國而翦牙歟
昭王十三年而白起為左庶長
愚按秦本紀昭王十三起為左更
明年白起為大良造攻魏拔之取城小大六十一明年起與客卿錯攻垣城拔之
愚按此與秦本紀魏世家六國表所載互異紀云十五年大良造白起攻魏取垣復予之十六年左更錯取軹及鄧魏世家云秦拔我城大小六十一則當在昭王十七年此傳却在昭十五年六國表昭王十八年客卿錯擊

魏至軹取城大小六十一年分不同事亦不一

武安君曰取楚定巫黔中郡

愚按秦本紀蜀守若伐取巫郡及江南為黔中郡非起所取也

而虜三晉將斬首十三萬

愚按秦本紀及六國表皆作十五萬五訛為三武傳寫之誤穰侯傳又作十萬

昭王四十三年白起攻韓陘城拔五城

愚按秦本紀云拔九城韓世家及六國表云秦拔我陘城汾城

趙孝成王與平陽君平原君計之 索隱曰平陽君未知何人

金甡曰按平陽君趙豹明載趙世家注云戰國策曰惠文王母弟索隱何夢夢也

趙軍長平

水經注曰地理志曰楊谷絕水所出東南流左會長平水水出長平縣西北小山東南流逕其縣故城法氏之長平亭也上黨記曰長平城在郡之南秦壘在城西二軍共食流水澗相去五里秦坑趙衆收頭顱築臺於壘中曰山為臺崔嵬桀起今仍號曰白起臺城之左右沿山亘隰南北五十許里東西二十餘里悉秦趙故壘遺壁猶存焉

其九月秦復發兵使五大夫王陵攻趙邯鄲

愚按秦本紀作十月

王翦

為大王將有功然不得封侯

究委餘編曰琅邪臺銘列侯武成侯王離列侯通武侯王賁倫侯建成侯趙亥倫侯昌武侯成倫侯武信侯馮無擇以位次差之王離在季父賁前則離乃賁冢孫賁蓋翦之次子自以功封侯者也所謂有功不封者其時未定天下云爾及剖符而翦一子一孫為功臣之首又當時列侯二人倫侯三人凡封侯者僅五人而李斯蒙恬李信不與焉可謂嚴矣

然不能輔秦建德固其本根

康海曰王翦諸人之輔秦蓋亾德之參會古今之極變不可復以常事論也太史公譏翦不能輔秦建德而偷合取容嗚呼是何異責虎狼之不仁也

史記疏證卷第四十四

孟子荀卿列傳第十四

黃氏日抄曰太史公之傳孟子首舉不言利之對嘆息以先之然後為之傳而傳自受業子思之外復無他語惟詳述一時富國強兵之流與騶衍迂怪不可究詰以取重當世之說形孟子之守道不變與仲尼菜色陳蔡者同科奇哉遷之文卓哉遷之識歟蓋傳申韓於老莊之後者所以譏老莊而傳淳于髡諸子於孟荀之間者所以長孟荀也荀卿年五十始自趙學於齊三為齊祭酒後為楚蘭陵令春申君死而卿廢卒死於蘭陵葬焉嫉世之濁而鄙儒卜拘如莊周等又滑稽亂俗於是著書數萬言此亦能守道不變者故太史公進之與孟子等　習學記言曰以孟子荀卿冠之諸子雖於大體不差而有可議者知不言利之為是而未知所以不言之意且於騶衍分數終為多耳又言武王仁義伯夷不食周粟天下惟一理武王果仁義則伯夷何名死之蓋傳者妄也後世謂孔孟絕學秦漢以後無人可到亦非虛誚　真德秀曰孟荀傳荀及諸子而然乎議論傳之變體也　邵泰衢曰荀卿之與孟子猶火之同皎日也荀卿者李斯韓非之師非斯之焚書滅學至今日而禮樂淪亡幾使二氏異端並為三教者皆非斯之罪而實非斯之本荀卿也安得與吾孟子距楊墨邪說者之可同年語哉至云天下方務合從連衡以攻伐為賢孟子乃述唐虞三代之德是以所如不合退而與萬章之徒序詩書述仲尼之意作孟子七篇未嘗不知之也且唐虞三代之德荀卿知之乎更以騶忌騶衍與夫淳于髡慎到等亦列之一傳還可謂不知類矣荀子性惡而孟子性善是荀子早已外於聖人之教至騶衍之言大類佛氏南瞻西牛之荒而日見尊禮如此豈與夫子菜色陳蔡孟氏困于齊梁者同哉又自騶衍與齊之稷下先生如淳于髡慎到環淵接子田駢騶奭之徒各著書言治亂之事以干世主豈可勝道遷未嘗不知尊孟子也四與荀卿輩同傳者何哉豈漢儒淺陋謂孟

子不過荀卿流乎至遷言退與萬章之徒作孟子七篇晁氏謂趙岐之言亦然韓昌黎曰弟子所集今考孟子所見諸侯皆稱謚如齊宣梁惠滕文蓋死而後謚者也諸王公死于孟子之前未可知也至魯平公者自惠王元年至魯平卒年凡七十七年孟子見梁惠之時已稱叟矣決不及平公之卒也則後人所集是也韓子之言是也

孟軻鄒人也索隱曰鄒魯地名又云邾邾人徒鄒故也

趙岐孟子題辭曰鄒本春秋邾子之國至孟子時改曰鄒矣國近魯後為魯所幷又言邾為楚所幷非魯也今鄒縣是也　劉眘鄒山記曰鄒山卽古嶧山邾文公所卜鄒縣本邾國穆公改曰鄒　路史國名紀或謂鄒卽邾內傳邾伐魯史作騶也然邾鄒本二近而移非改也邾為魯幷而鄒為楚幷　愚按趙岐又云字則未聞疏云後世或云字子輿趙岐又云或曰孟子魯公族孟孫之後故孟子仕於齊喪母而歸葬於魯也

受業子思之門人道既通

趙岐孟子題辭曰孟子生有淑質夙喪其父幼被慈母三遷之教見列女傳長師孔子之孫子思治儒術之道通五經尤長於詩書

則見以為迂遠而闊于事情

趙岐孟子題辭曰以儒道遊於諸侯思濟斯世然由不肯枉尺直尋時君咸謂之迂闊於事終莫能聽納其說

退而與萬章之徒序詩書述仲尼之意作孟子七篇

趙岐孟子題辭曰退而論集所與高第弟子公孫丑萬章之徒難疑答問又自撰其法度之言著書七篇二百六十一章三萬四千六百八十五字包羅天地揆敘萬類仁義道德性命禍福粲然靡所不載

始也濫耳索隱曰濫卽濫觴是江原之初始故此文意以濫為初也

日知錄曰濫者氾而無節之謂猶莊子之洸洋自姿也注引濫觴之義以為初者非

作主運

愚按封禪書騶衍以陰陽主運顯於諸侯如淳曰今其書有主運五行相次轉用事隨方

而爲服

梁惠王謀欲攻趙

史詮曰按孟子書梁惠王當作滕文公趙當作齊

儻亦有牛鼎之意乎索隱曰呂氏春秋云函牛之鼎不可以烹雞是其有牛鼎也言衍之術迂大儻若大用之是有牛鼎之意而譙周亦云觀太史公此論是愛奇之甚矣

詹惟修曰牛鼎之說不必他求即上文伊尹負鼎百里奚飯牛也索隱舉呂氏春秋及譙周之說意竊不然太史公言孔孟不合于當時者始進不能投時好如尹與奚也今衍以不軌之說見尊於諸侯是尹鼎奚牛之意豈若孔孟哉二子求奇太過故遺近而求遠

徐孚遠曰據本文大意言騶子欲干時也與呂氏春秋所載意別　日知録曰謂伊尹負鼎百里奚飯牛之意藉此說以干時非有仲尼、孟子守正不阿之論也

自騶衍與齊之稷下先生

水經注曰系水旁城北流逕陽門西水次有故封處所謂齊之稷下也、當戰國之時以齊宣王喜文學遊說之士鄒衍淳于髡田駢接子慎到之徒七十六人皆賜列第爲上大夫不治而論議是以齊稷下學士復盛且數百千人劉向别録以稷爲齊城門名也談說之士期會於稷門下故曰稷下也鄭志曰張逸問贊云我先師棘下生何時人鄭玄荅云齊田氏時善學者所會處也齊人號之棘下生無常人也余按左傳昭公二十二年莒子如齊盟於稷門之外漢以叔孫通爲博士號稷嗣君史記音義曰欲以繼踨齊稷下之風矣

畫語連三日三夜無倦

愚按此與呂氏春秋所載不同呂氏春秋云齊人有淳于髡者以從說魏王魏王辨之約車十乘將使之荆辭而行有以横說魏王魏王乃止其行失從之意又失横之事

慎到趙人

荀子曰慎子蔽於法而不知賢又曰慎子有見於後無見於先　漢藝文志考證曰正義慎子十卷館閣書目一卷案漢志四十二篇

今三十七篇亡唯有威德因循民雜德立君
人五篇滕輔注荀子注云其術本黄老歸刑
名多明不尚賢不使能之道

田駢接子齊人
漢藝文志田子二十五篇攷證曰吕氏春秋
曰老耽貴柔孔子貴仁墨翟貴廉關尹貴清子列
子貴虚陳駢貴齊陳駢即田駢也陽朱貴己孫臏貴
勢王廖貴先兒良貴後尸子廣澤篇曰墨子
貴兼孔子貴公皇子貴衷田子貴均列子貴
虚料子貴別荀子非十二子與慎到並言注
云其學本黄老歸名法七略齊田駢好談論
故齊人為語曰天口駢　藝文子捷子二篇
齊人武帝時説攷證曰與慎到田駢同時云
武帝時當攷

環淵楚人
漢藝文志蜎子十三篇名淵楚人攷證曰按
文選枚乘七發便蜎詹何之倫注云淮南子
雖有鈎鍼芳餌加以詹何蜎蠉之數猶不能
與罔罟爭得也宋玉與登徒子偕受釣於玄
淵七略蜎子名淵三文雖殊其人一也

騶奭者齊諸騶子
漢藝文志鄒子十二篇攷證曰七略曰鄒赫
子齊人為之語曰雕龍赫赫言鄒衍之術文
飾之若雕鏤龍文

春申君死而荀卿死
愚按戰國策及韓詩外傳春申君曰客之説
使人謝孫子孫子走之趙趙以為上卿入曰
客之説使人請於趙孫子僞喜謝之以書因
為賦遺之中有譏文將將以昏為明以聾為
聰之語是春申君未死而荀卿已去蘭陵矣
荀子賦篇可證也史公之説與諸家異不知
何本

於是推儒墨道德之行事興壞序列著數萬言
而卒
藝文志攷證曰劉向校讐書録序曰所校讐
中孫卿書凡三百三十三篇以相校除復重
二百九十篇定著三十二篇唐氏曰向博極
羣書序卿事大抵本司馬遷於遷書有三不
合春申君死當齊王建二十八年距宣王八
十七年向言卿以宣王時來游學春申君死

而卿發設以宣王末年游齊年已百三十七矣遷書記孟子以惠王三十五年至梁當齊宣王七年惠王以叟稱孟子計亦五十餘後二十三年子之亂燕孟子在齊若卿來以宣王時不得如向言後孟子百餘歲田忌薦孫臏為軍師敗魏馬陵當齊威王二十六年距孝成王七十八年臨武君與卿議兵於王前向以為孫臏係以敗魏馬陵疑年馬陵主桂陵又十三年矣

因葬蘭陵

魏書地形志蘭陵郡蘭陵縣有荀卿家

而趙亦有公孫龍為堅白同異之辯

漢藝文志公孫龍子十四篇唐志三卷今一卷　攷證曰藝文志毛公趙人與公孫龍等並遊平原君趙勝家索隱謂龍即仲尼弟子非也列子釋文龍字子秉趙人莊子謂惠子曰儒墨楊秉四與夫子為五果孰是耶楊楊朱也秉公孫龍也司馬彪曰堅白謂堅石非石白馬非馬也異同謂使異者同同者異呂氏春秋云孔穿公孫龍相與論於平原君所深而辯至於藏三牙公孫龍言藏之三牙甚難孔穿不應少選辭而出明日孔穿朝平原君謂孔穿曰昔者公孫之言甚辯孔穿曰然幾能令藏三牙矣雖然難願得有問於君謂藏三牙甚難而實非也謂藏兩牙甚易而實是也不知君將從易而是也者乎將從難而非者乎平原君不應明日謂公孫龍曰公無與孔穿辯淮南鴻烈曰公孫龍粲於辭而貿名揚子曰公孫龍詭辭數萬東萊呂氏曰告子彼長而我長之彼白而我白之斯言也蓋堅白異同之祖　戰國策補注曰莊子稱公孫龍之學合同異離堅白而史平原傳稱公孫龍善為堅白異同之辯荀卿傳末以為趙人又見列子等書同此人也史稱莊子與梁惠齊宣同時楚威王欲以為相威王元年當顯王三十年故大事記以楚相之事附見下至赧王十七年趙勝封平原君則周距平原未遠也莊子書稱子之子噲事當宣王末年赧王元年也下至魏破秦軍邯鄲之以為赧王五十八年則周之稱公孫龍龍之在平原君門皆相及也

惟以為仲尼弟子公孫龍者則誤蓋相去遠爾

劇子之言

漢藝文志處子九篇攷證曰風俗通漢有北海太守處興蓋處子之後

魏有李悝盡地力之教

漢藝文志攷證曰食貨志李悝為魏文侯作盡地力之教晉刑法志魏文志師李悝撰次諸國法著法經通鑑外紀李悝為土地守下令曰人有狐疑之訟令射的中者勝不中者負令下而人皆習射及與秦人戰大敗之

楚有尸子長盧

漢藝文志攷證曰後漢書注尸佼作書二十篇內十九篇陳道德仁義之紀內一篇言九州險阻水泉所起隋志二十卷其九篇亡魏黃初中續

孟嘗君列傳第十五

韓魏服於齊

戰國策曰魏破韓弱韓魏之君因田嬰北面而朝田侯

田嬰使張丑說楚威王

戰國策丑謂楚王曰盼子有功於國百姓為之用嬰子不善而用申縛申縛者大臣弗與百姓弗為用故王勝之也今嬰子逐盼子必復用整其士卒以與王遇必不便於王也

郎位三年而封田嬰於薛

戰國策校注曰史以田嬰之封在湣王三年從通鑑則在宣王二十二年按嬰自威王時任職用事而文之言曰君用事相齊至今三王矣三王者威宣閔也故大事記以嬰卒文立附見於閔王元年策曰受薛於先王先王之廟在薛則是威王之世嬰已受封史亦不合索隱引紀年云云考之史梁惠王後元十三年在今封嬰前一年不得為威王之世亦皆不合惟梁惠前十三年則王當威王時疑此處有差互而嬰之封薛則實威王之世也

朱焯曰此豈孟子書所謂齊人將築薛者與

愚按齊將封田嬰於薛楚王怒而將伐之因公孫閈之言而止見戰國策靖郭君將城薛因客諫而止見戰國策韓子新序

五月子者長與戶齊將不利其父母

西京雜記曰俗諺舉五日子長及户則自害不則害其父母

欲以遺所不知何人言（索隱曰遺音唯季反猶不知欲遺與何人也）

董份曰遺所不知何人因前問玄孫之孫為何曰不能知也故此言遺之不能知之子孫耳

謚為靖郭君

日知錄曰以號為謚猶之以氏為姓皆漢初時人語也呂不韋傳謚為帝太后與此同王褒賦幸得謚為洞簫乃亦是作號字用

孟嘗君將入秦賓客莫欲其行

戰國策曰諫者千數

見木偶人與土偶人相與語（索隱曰蘇代以土偶比涇陽君木偶比孟嘗君）

徐孚遠曰索隱非也涇陽君亦質於他國安得此土偶

而雞盡鳴

史詮曰一本盡作齊

趙人聞孟嘗君賢出觀之皆笑曰始以薛公為魁然也今視之乃眇小丈夫耳孟嘗君聞之怒客與俱者下斫擊殺數百人遂滅一縣以去

邵泰衢曰孟嘗聲聞諸侯傾天下士眇小一語遂致怒滅一縣乎況曰魁然也乃眇耳如子房之計魁梧奇偉見圖狀如婦人好女而已何至殺人滅縣乎即曰客也文獨不禁之乎即曰言者之有罪也豈一縣之老幼盡譁然言乎且以齊嘗而遷滅趙縣乎誠未喻也

齊湣王不自得以其遣孟嘗君（索隱曰得一作德是湣王遣孟嘗君自言己無德故也）

董份曰不自得者言已遣之幾為秦害故不自安耳索隱謬

九年取宛葉以北

鮑彪戰國策注曰九字誤當云六或五　又曰按楚記三國攻楚秦救之引去與此言取宛葉小駁

其舍人魏子為孟嘗君收邑入

唐順之曰魏子馮驩豈一事而傳聞異耶

其後秦亡將呂禮相齊

愚按秦本紀昭襄王十三年五大夫禮出亡奔魏十九年呂禮來自歸鮑彪云其相齊在

薛公歸薛後

代乃謂孟嘗君曰

戰國策校注曰國策載周最入齊知在後史載此策在文謝病歸薛後文從其計而呂禮嫉害文乃勸秦伐齊呂禮亡其後齊滅來文乃奔魏且文在齊豈敢召穰侯之兵哉召秦伐齊必文已去齊而史失之也

有用齊

戰國策校注曰言親弗呂禮二人用於齊也

收周最以厚行

戰國策作以為後行

魏昭王以為相西合於秦趙與燕共伐破齊齊湣王亡在莒遂死焉

邵泰衢曰相國重任也伐齊大事也薛公相魏伐齊魏世家既無其事田文傳獨有其文豈相國之事無關於魏而伐齊之舉獨出之文者乎向日人毀於王文奔有賢者自到宮門王乃復召孟嘗孟嘗曰謝病歸老於薛事已釋然矣豈以此而云魏嘗伐齊致王之出亡而死乎且田文如果相魏則不若樂毅樂間之去燕矣

文卒謚為孟嘗君

水經注曰薛縣郭側有田文冢結石為郭作制嚴固瑩麗可尋行人往還莫不邇觀以為異見矣

初馮驩聞孟嘗君好客

習學記言曰馮驩事與戰國策馮煖稍殊史記蓋別有所本其義為勝也

孟嘗君遷之幸舍食有魚矣

戰國策補注曰按列士傳云孟嘗君廚有三列上客食肉中客食魚下客食菜

孟嘗君不悅

凌稚隆曰按國策無以為家下云左右皆惡之以為貪而不知足孟嘗君問馮公有親乎對曰有老母孟嘗君使人給其食用無使乏于是馮驩不復歌史記以左右惡之為孟嘗君不說似誤

遂廢孟嘗君

凌稚隆曰按國策朞年孟嘗君免相就國于薛未至百里民扶老携幼以迎太史公不載似

訖始末

馮驩乃西說秦王

愚按國策馮驩西遊梁

馮驩曰非為客謝也為君之言失夫物有必至事有固然君知之乎

愚按此本國策譚拾子語自馮驩至此疑亦褚先生續為之與史文不類

聞先生之言敢不奉教焉

戰國策曰孟嘗君乃取所怨五百牒削去之不敢以為言

平原君虞卿列傳第十六

秦之圍邯鄲（正義曰趙惠文王九年秦昭王十五年）

金甡曰按六國年表邯鄲之圍在趙孝成王九年秦昭王五十年若趙惠文王九年則秦昭王十七年索隱指事紀年俱誤

剖東武城而封君者

水經注曰清河又東北逕東武城故縣城西史記趙公子勝以解邯戰之功受封於此定襄有武城故加東矣

非以君為有功也而以國人無勳

日知錄曰當作一句讀言非國人無功而不封君獨有功而封也

平原君厚待公孫龍

漢書藝文志曰毛公趙人與公孫龍等並遊平原君趙勝家

虞卿

故號為虞卿（譙周曰食邑於虞）

徐孚遠曰虞係食邑則虞卿姓名今皆不傳也

趙王召樓昌

日知錄曰樓昌樓緩恐是一人虞卿進說亦是一事記者或以為趙王不聽或以為聽之太史公兩收之而不覺其重爾

王以虞卿之言告趙郝

戰國策作樓緩新序同

今臣為足下解負親之攻（索隱曰為足下解其負擔而親自攻之也）

鮑彪戰國策注曰趙嘗親秦而復負之故秦攻之今為講所以解也

與魏齊間行卒去趙困於梁

古史曰太史公記虞卿與趙謀事皆秦破長

平後而卿為魏齊棄相印走梁則前此矣意者魏齊死卿自梁還復相趙而太史公失不言之耳

世傳之曰虞氏春秋

孔叢子執節篇曰虞卿著書名曰春秋魏齊曰子無然也春秋孔聖所以名經也今子之書大抵談談而已亦以為名何荅曰經者取其事常也可常則為經矣且不為孔子其無經乎齊問子順子順曰無傷也魯之史記曰春秋經曰以為名焉又晏子之書亦曰春秋

吾聞泰山之上封禪者七十有二君其見稱述數不盈十所謂貴賤不嫌同名也　漢藝文志虞氏春秋十五篇攷證曰史記志篇數不同

平原君翩翩濁世之佳公子也

孔叢子執節篇曰子高以為趙平原君霸世之士惜其不遇時也其子子順以為衰世之事野公子無伯相之才也

史記疏證卷四十五

信陵君列傳第十七

魏王恐使人止晉鄙留軍壁鄴

戰國策曰魏安釐王使將軍晉鄙救趙畏秦止於蕩陰不進

如姬資之三年索隱曰舊解資之三年謂服齊衰也今按資者畜也謂欲為父報仇之資畜於心已得三年也

日知錄曰謂以資財求客報仇　愚按資與洛同尚書小民惟曰怨咨禮記緇衣曰怨資鄭康成不見古文尚書讀資為至非也此資字作怨字解之亦通

晉鄙嚄唶宿將

董份曰嚄唶即項羽喑啞叱咤狀其勇氣也

椎殺晉鄙

水經注曰蕩水又東與長沙溝水合其水導源里山北谷東流逕晉鄙故壘北謂之晉鄙城名之為魏將城

客有說公子曰

徐孚遠曰客唐雎也楊維禎以為史不載姓名未之考也　愚按鮑彪注戰國策曰唐

雖前此十一年求救年已九十餘至是又十年吳師道云恐有訛舛至後為安陵君使秦王則又後二十餘年則國策不可據矣史不載姓名有意

徒豪舉耳（索隱曰謂豪者舉之舉亦音據也）

凌稚隆曰班固兩都賦云鄉曲豪舉游俠之雄節慕原嘗名亞春陵　日知錄曰謂持魏為豪傑舉動非真欲求有用之士也

公子使使徧告諸侯

唐順之曰信陵君書不載之本傳中在魏世家

諸侯之客進兵法公子皆名之（索隱曰公子所得進兵法而必稱其名以言其恕也）

董份曰客進兵書而揔名于公子故世稱魏公子兵法索隱與本文正相反

春申君列傳第十八

致至則危（徐廣曰至或作安）

鮑彪戰國策曰致言取物置之物上

徧天下有其二垂極（正義曰言東西）

金牲曰按秦盡有西方之地而又克蜀凡楚之上流攻取殆盡則所謂二垂者指西南西面耳正義之說未合夫東界韓魏至齊而極秦地固絀于東也

先帝文王莊王之身

余有丁曰國策作文王武王之身是此曰莊王誤也

今王使盛橋守事於韓

戰國策作成橋補注曰劉伯莊云橋音矯

魏之兵雲翔而不敢救

戰國策補注曰爾雅其飛也翔注布翅翱翔按翔者高起貌漢書言翔貴古人每言高翔

首、濟陽嬰城（正義曰嬰城未詳）

鮑彪戰國策注曰嬰猶縈也蓋二邑環兵自守

王又割濮磨之北

通鑑地理通釋曰永初山川記云濮水源出東郡地理志東郡濮陽縣故城在開德府濮陽縣東左傳哀二十七年齊救鄭及濮注云濮水自陳留酸棗傍河東非經濟陰至高平入濟　鮑彪戰國策注曰周紀注濮在江河

之南楚記注建寧郤南有濮夷後志當陽縣注荆州記沮水西有磨城子胥所造　補注曰江漢南之濮乃書所謂彭濮之濮沮水磨城遠不相涉下文北屬之燕可見濮即衛之濮上水出東郡濮陽南入鉅野者也索隱云磨地近濮按史表有磨侯程黑索隱云表作歷歷縣在信都地邑並無磨愚按此字作磨與歷通猶樂毅書磨室之類新序正作濮歷則其字甚明

王之威亦單矣

戰國策單作憚新序作單　董份曰詩云單及鬼方單延也又云俾爾單厚單大也蓋言王之威延被諸國而大也

而肥仁義之地

戰國策地作誠新序作地

没利於前而易患於後也

董份曰没利者為利所没溺易患者易視後日之患不預防也

從而伐齊索隱曰從音絶用反劉氏云從猶領也

徐孚遠曰此解從猶縱謂吳王率越以伐齊也下文智伯亦率韓魏代趙於義亦通

詩曰大武遠宅而不涉

鮑彪戰國策注曰逸詩武足跡宅猶居也言地之居遠者雖有大足不涉之也　補注曰威武之大者遠安定之不必涉其地也

鬼神狐傷

戰國策作狐祥新序作瀧洋

齊魏得地葆利而詳事下吏

戰國策補注曰詳其事以下於吏慎重之意

遅令韓魏歸帝徐廣曰遅一作還重於齊

史詮曰國策遅作黜謂屈命令於韓魏而歸為帝之重於齊也索隱註誤　徐孚遠曰于義還字為長當是誤書也

注地於齊

戰國策補注曰齊當作秦

是澌趙無齊楚齊楚無澌趙也

余有丁曰謂四國不得相救也

春申君因城故吳墟以自為都邑

越絶曰吳兩倉春申君所造西倉名曰均輸東倉周一里八步吳市者春申君所造闕一

西城以為市在湖里吳諸里大閈吳獄庭周三里春申君時造土山者春申君時治以為貴人冢楚門〻申君所造楚人從之故為楚門今太守舍者春申君所造後壁屋以為桃夏宮今宮者春申君子假君宮也前殿屋蓋地東西十七丈五尺南北十五丈七尺堂高四丈十霤高丈八尺殿屋蓋地東西十五丈南北十丈二尺七寸戶霤高丈二尺庫東鄉屋南北四十丈八尺上下戶各二南鄉屋東西六十四丈四尺上戶四下戶三西鄉屋南北四十二丈九尺上戶三下戶二凡百四十九丈一尺檐高五丈二尺霤高二丈九尺周一里二百四十一步春申君所造

春申君為楚相四年秦破趙之長平軍四十餘萬五年圍邯鄲邯鄲告急於楚楚使春申君將兵往救之

愚按考烈王元年春申君為相六年救趙世家年表皆同此作五年誤

以荀卿為蘭陵令

戰國策曰客說春申君曰湯以亳武王以鎬皆不過百里以有天下今孫子天下賢人也君藉之以百里之勢臣竊以為不便於君何如春申君曰善於是使人謝孫子孫子去之趙

春申君由此就封於吳

越絕曰白石山故為胥女山春申君初封吳過更名為白石　又曰巫門外罘罳者春申君去吳假君所思處也　戰國策補注曰湖州圖經有春申君封也

李園不治國而君之仇也

徐孚遠曰言李園雖為王舅然不治國事政皆決于春申君故陰怨而仇春申君也

而李園女弟初幸春申君有身而入之王所生子者遂立是為楚幽王

列女傳曰考烈王遺腹子猶立是為哀王考烈王弟公子負芻之徒聞知幽王非考烈王子疑哀王乃襲殺哀王及太后盡滅李園之家　戰國策補注曰越絕書記李園女弟環謂園王老無嗣可見我於春申君園難之又令求謁於春申才人言之遂得幸云云烈

王死幽王立環使園相春申後告園以吳封
之三年徹春申為令尹自使其子親為假君
治十一年幽王徹假君與春申併殺之二君
治吳凡十四年姚氏全注其文謂隋經籍志
稱越絕為子夏作今雜記秦漢事出後人不
敢盡信史記國策列女傳不載女環名乃見
於此書策始終謂皆出環尤為異也其言烈
王死後春申事亦皆不合姑記以廣異聞云

范雎蔡澤列傳第十九

獨不重任臣者之無反復於王耶
徐孚遠曰此言當有所指今不可考也　愚
按任即任子之任猶保也蓋指王稽鮑彪曰
保任人必保其後後不如言則為反覆此任
人者所重也王豈得輕之

為其割榮也索隱曰割榮即上擅厚謂擅權也
戰國策作凋榮　愚按割榮謂割落榮華不
使權下屬耳蓋隱指穰侯等索隱之言意似
相反

亡其言臣者賤而不可用乎索隱曰亡猶輕也蔑也
余有丁曰亡字轉語猶言無乃也索隱解輕
蔑非是

會義渠之事急
鮑彪戰國策注曰蓋修李帛之怨　補注曰
大事記赧王四十四年秦滅義渠漢匈奴傳秦
昭王時義渠戎王與宣太后亂有二子太后
詐殺王於甘泉

鼓腹吹箎徐廣曰一作簫
毛詩疏曰賣餳之人吹簫以自表也史記稱
伍子胥鼓腹吹簫乞食吳市亦為自表異也

北有甘泉谷口
通鑑地理通釋曰郡縣志甘泉山一名磨石
嶺在京兆府雲陽縣西北九十里周迴七十
里雲陽宮秦之林光宮漢之甘泉宮在縣西北八十里甘泉山上　地理志
左馮翊谷口縣九嵕山在西西都賦其陰則冠以九嵕陪以
甘泉乃有靈宮起乎其中西京賦其遠則有九嵕甘泉涸陰沍寒　溝洫志白
公引涇水首起谷口顏氏曰即今雲陽縣治
谷口郡縣志京兆醴泉縣本谷口縣在九嵕山東仲山西當涇水出山之處故謂之谷口
通典谷口縣故城在醴泉縣北後漢及晉為
池陽隋改醴泉大事記文帝後元二年置谷

南帶涇渭
通鑑地理通釋曰地理志幵頭山（幵苦見反又音牽括地志作笄通典亦汧氏山一名崆峒）曰在安定涇陽縣西（原州平高縣）禹貢涇水所出東南至陽陵（京兆高陵）入渭（雍州川括地志涇水出原州百泉縣西南涇谷）鳥鼠同穴山在隴西首陽縣西南（渭州渭原縣）渭水所出東至船司空（華州華陰）入河（雍州浸）東方朔曰漢都涇渭之南所謂天下陸海之地秦所以虜西戎兼山東者也法言曰秦東溝大河南阻高山西采雍梁北鹵涇垠便則申否則蟠

右隴蜀左關阪
通鑑地理通釋曰通典秦州（秦隴西漢天水郡隴縣今爲秦州隴城縣）有大坂曰隴城亦曰隴山（或謂之隴坂）三秦記曰其坂九迴上者隴山亦曰隴首有大西都賦右界褒斜隴首之險西京賦右有隴坻之隘隔閡華戎遠隴州汧源縣隴山一曰隴坻漢隴關（今名大震關在縣西）隴所以限東西（隴東則為漢三輔隴西則為漢天水隴西諸郡唐隴古之地唐亡興注隴坻在秦州清水縣）
則不義矣
鮑彪戰國策注曰義宜也已火出師而使人悉出非宜也
文子爲之（索隱曰謂田文孟嘗君也）
余有丁曰孟嘗去齊在齊未破之前此文子或非孟嘗也　愚按年表與秦擊楚公子將大有功在湣王二十三年田甲劫王相薛文走在湣王三十年則攻楚之計孟嘗方在相位後十年而五國共擊湣王乃追咎前事歸怨于文子也安得謂文子非孟嘗乎
今夫韓魏中國之處而天下之樞也王具欲霸必親中國以為天下樞
困學紀聞曰晉楚之爭霸在鄭秦之爭天下在韓魏林少穎謂六國卒并于秦出于范雎遠交近攻之策蓋謂取韓魏以執天下之樞也古史土范雎自為身謀愚謂此策不為無益然韓不用韓地魏不廢信陵則國不亡
閒齊之有田文
戰國策作田單鮑彪注曰史云田文非也文去齊至是已一十餘年不得近舍單遠論文也
穰侯出使不報

鮑彪戰國策注曰報猶白也言不白王而擅遣使於外

於是廢太后逐穰侯

戰國策補注曰按雎傳雎相在昭王四十一年秦紀明年太后薨葬芷陽驪山九月穰侯出之陶是此辯士增飾非實之辭

秦封范雎以應

水經注曰滍水東逕應城南故應鄉也應侯之國詩所謂應侯順德者也地理志故父城縣之應鄉也戰國范雎所封邑謂之應水

秦號曰張祿

焦竑曰此傳謂雎入秦變姓名為張祿學者蓋不知秦先時自有張祿也初孟嘗君柄齊　張祿先生之教秦之黃金百斤文繡百純純祿辭而不受他日謂孟嘗君曰夫秦四塞國也遊宦者不得入焉願君為吾為丈尺之書寄我於秦王我往而遇乎固君之入也往而不遇乎雖人求謀固不遇矣孟嘗曰敬聞命因為之書寄之秦王往而大遇考之田文之卒在范雎未入秦之先則張祿之入秦居范雎之前久矣雎入秦而匿名張祿豈祿嘗有聞於諸侯秦特令雎冒其名以誑鄰國耶

愚按雎之變名姓為張祿在亡匿之時非秦所更也焦氏為曲說矣

范雎曰願為君借大車駟馬于主人翁范雎歸取大車駟馬

辯惑曰此當云願為君借于主入翁即歸取車馬

令馬服子代廉頗將索隱曰馬服子趙括之號也

淩稚隆曰馬服君之子故曰馬服子索隱非

鄭安平為趙所困急以兵二萬人降趙

金甡曰按趙世家孝成王十一年武陽君鄭安平死　愚按困急監本作圍急

豈道德之符

日知錄曰豈下當有非字　愚按戰國策有之

夏育太史噭叱呼駭三軍

淩稚隆曰漢書地理志云周末有子路夏育民人慕之太史噭戰國策作太史啓田單傳有太史嬓

號為綱成君

戰國策補注曰水經云雁門子延水東逕剛成南澤燕人疑此即其所邑歟

樂毅列傳第二十

以為亞卿久之當是時

辨惑曰久之下接不得當是時字

封樂毅於昌國號曰昌國君

水經注曰德會水出昌國縣黃山西北流逕昌國縣故城南昔樂毅攻齊有功燕昭王以是縣封之為昌國君

號曰望諸君索隱曰望諸澤名在齊蓋趙有之故號焉戰國策望作藍

危林曰周禮青州其藪澤曰望諸鄭玄曰望諸明都也在睢陽則是時應屬魏氏非趙有也且望諸美號耳既食觀津何必更以齊藪為名乎又燕策亦言樂毅奔趙趙封以為望諸君不云藍諸藍諸者中山策有之乃中山之相非樂毅也

薊丘之植

通鑑地理通釋曰水經注今城內西北隅有薊丘因丘以名邑猶魯之曲阜齊之營丘

夫免身立功以明先王之迹臣之上計也

習學記言曰余謂樂毅之詞變化而能知本流放而不失正故曰免身立功以明先王之迹臣之上計雖不得於今君而無子胥商鞅之僇君子將有取焉若夫蒯通主父偃廢書而泣何為於此遷豈謂二人之好惡亦足以重輕其間乎殆毅書因是而傳耳

以幸為利

余有丁曰為利即所為秉燕之潎者索隱解未明

君子絕交不出惡聲

困學紀聞曰新序樂毅書君子絕交無惡言去臣無惡聲

乃遺樂間書

日知錄曰燕王遺樂間書恐即樂毅事而傳者誤以為其子然以二事相校在樂毅當惠王信讒易將不得不奔其後往來復通燕亦未失故君之禮若樂間不過以言之不聽而遂懟君絕君雖遺之書而不顧此小丈夫之悻悻者矣

家有語不相盡以告鄰里正義曰言家室有忿爭不決必告鄰里今故以書相告也日知録曰謂一室之中有不和之語乃不自相規勸而告之鄰里此為情之薄矣正義謂必告者非　凌稚隆曰言室家有事不可盡言以告他人謂二子當歸燕不可明燕過而居趙也　愚按戰國策明云室不能相和出語鄰家正義未之省耳

二者寡人不為君取也正義曰二者謂燕君未如紂燕民未如殷民復相告子反燕以疑君民之怨是寡人不為君取也

徐孚遠曰正義注煩而不明覩戰國策正文其義自解

樂間樂乘怨燕不聽其計

戰國策補注曰新序以此為燕惠王遺樂毅書考之毅答惠王書云今足下使人數之以罪而史所載惠王讓毅無數罪之語前燕王使人讓毅云云當是此章之首蓋錯簡也且末云樂間乘怨不用其計於間何與史趙世家孝成王十五年廉頗破殺栗腹虜慶秦樂間則是間為將而被虜燕世家則云奔趙又趙孝成王十六年廉頗圍燕以樂乘為武襄君二十一年孝成王卒廉頗將攻繁陽取之使樂乘代之頗攻乘乘走據策史所記多舛故知此書非樂間事而新序之說為是云

其本師號曰河上丈人

漢藝文志攷證曰老子河上公作章句四篇以授帝言治身治國之要薛氏曰古文老子道德上下經無八十一章之辨今文有河上公注分八十一章史記樂臣公本師河上丈人則丈人者乃今所謂河上公也自晉世已言其教漢文帝叙述尤怪誕景迂晁氏曰常善救人故無棄人常善救物故無棄物獨得諸河上公古本無有也傅奕能辨之

樂瑕公教樂臣公

愚按田叔傳學黃老術於樂巨公所臣與巨疑字有誤

蓋公教於齊高密膠西為曹相國師

漢藝文志攷證曰關尹子劉向校中秘書九篇蓋公授曹相國參相國薨書葬

史記疏證卷第四十六

廉頗藺相如列傳第二十一

王維楨曰廉藺同傳廉尚勇有戰功藺多智有口辯卒能保趙兩人者相資也

趙奢

蘇洵曰遷之傳廉頗也議救閼與之失不載焉見之趙奢傳其與善也不亦隱而彰乎余有丁曰奢趙名將又括代頗趙敗幾亡故附入之

趙使廉頗將擊大破燕軍於鄗

茅坤曰以下廉頗本末當入廉頗傳而顧入此者以趙將自奢而下次復廉頗頗廢用括括死復用廉頗頗免復樂乘乘與頗走復任李牧此趙始末次第而可以前廉頗藺相如者兩人為一傳故不及併入也

李牧

龐煖破燕君殺劇辛

金甡曰按燕世家云劇辛故居趙與龐煖善則煖之久為趙臣可知戰國策云齊人有馮驩者史公附驩於孟嘗傳不著後來歸趙事索隱謂龐煖即馮煖不知何據　虞般佑高士傳鶡冠子楚人馮煖嘗師事之煖後顯於趙鶡冠子懼其薦己乃與煖絕

秦多與趙王寵臣郭開金為反間

戰國策補注曰秦策秦王資頓弱以金北遊燕趙而殺李牧史稱秦多與趙王寵臣郭開金為反間而殺牧而廉頗傳稱頗之仇郭開與使者金使毀頗張釋之傳云趙用李牧幾霸會趙王遷立其母倡也遷用郭開讒卒誅李牧列女傳云趙悼后者邯鄲倡女前嫁亂一宗族既寡悼襄王以其美而娶之李牧諫云云不聽後生子遷立為幽閔王后通於春平侯多受秦賂而使王誅其良將李牧趙亡後大夫怨倡后之譖太子喜殺李牧乃殺倡后滅其家諸說皆可互考但史因廉頗不受代事而誤以為牧恐郭開韓倉亦有差誤耳

趙使人微捕得李牧斬之

戰國策曰王令人代武安君至使韓倉數之曰將軍戰勝王觴將軍將軍為壽於前而捍匕首當死武安君曰繓病身大臂短不能及

地起居不敢恐懼死罪於前故使工人為木材以接手上若不信繈請以出示出之袖中以示韓倉狀如振栶纏之以布願公入明之韓倉曰受命於王賜將軍死不赦臣不敢言武安君北面再拜賜死縮劍將自誅乃曰人臣不得自殺宮中過司馬門趣甚疾出誃門也右舉劍將自誅臂短不能及銜劍徵之於柱以自刺

非死者難也處死者難

習學記言曰藺相如持璧睨柱進叱秦王當是時氣習之所激有志者皆能自奮也庸人所難君子所易雖非必易而義不得止矣若夫君子所易則庸人故難之故稱病辟頗亦相如之所優為也遷論未盡故著之

田單列傳第二十二

奇正還相生

習學記言曰樂毅雖已破齊而未能定齊代以騎劫燕之敗形已具田單出萬死息計僥幸而勝理勢固然謂之能以亡為存可矣奇正還相生非所以施之於此學者當細考

夫始如處女適人開戶後如脫兔適不及距

愚按語出孫子九地篇

齊大夫聞之曰王蠋布衣也義不北面於燕況在位食祿者乎乃相聚如莒求諸子立為襄王

唐仲友書王蠋事後曰復齊之功皆曰田單太史公以為是功之所歸乃若所因則單之勝以有王王之立以有蠋之死也夫單以即墨之微敗燕師而擒其將七十餘城一旦盡復齊可無單哉然即墨之守救死之計耳攻救死之兵不可以迫迫則人自為戰故燕并兵於莒而緩即墨及淖齒戕湣王則莒不為齊矣燕不即乘而東攻即墨又不急而坐待其服此樂毅之深謀也毅之力非不足以取兩城其意以為齊無君矣吾固以全制其敵而無事於多殺使王蠋不死法章不立即墨之遺黎無所係其心單雖智其能獨守此乎蠋死而王立王立而即墨之守固毅之謀沮而單之計得施則復齊者蠋乎單乎太史公書蠋事累數十百言不失一辭正使為蠋立傳能加一字乎傳不傳於蠋無加損據事實

録附之單傳則知蠋深矣太史公傳韓非於
老子之後而書蠋於單之末則知刑名之學
老子實爲之復齊之功蠋實倡之也斯春秋
推見至隱之意歟

五牛揚旌

巵林曰宋書臧質傳柳元景檄書八鑾搖響
五牛舒旆又謝晦傳尚書符荆州曰鑾蹕前
驅五牛整旆梁書王僧辯表云觧五牛於冀
州秣六馬於譙郡魏收魏書外國序云五牛
一指六師騁路又太昌三年詔曰五牛警旆
七華按部皆六朝麗語司馬效之也考晉輿
服志五牛旗平吳後所造以五牛建旗車設
五牛青赤在左黄在中白黑在右元帝後但
以五色木牛象五時車豎旗於牛背使入輿
之旗常纏而不舒旆所謂德車結旌者也惟
天子親戎五旗舒旆所謂武車綏旌者也故
十六國春秋劉曜攻陳倉南陽王保將楊曼
王連謀曰諜云有五牛旗建多言胡主自來
遂盡衆背城而陣爲曜所敗今按田單傳云
云贊乃云五牛何也且單出詭襲之計未嘗
建旗鼓接兵刃也而飾云揚旌不亦誣乎以
後代之制傍安平之功不惟虚美便事殊謬

魯仲連鄒陽列傳第二十三

魏王使客將軍辛垣衍

元和姓纂曰衍畢公高之後

今齊湣王已益弱

鮑彪戰國策注曰衍湣王字今乃襄王爾史

亦誤

趙誠發使尊秦昭王為帝

鮑彪戰國策注曰稱謚非當時語　補注曰追書之辭

過而為政於天下（索隱曰謂以過惡而為政也　正義曰至過字為絕句言秦得肆志為帝恐有棄醜納竟偏行天子之禮過失也）

徐孚遠曰此辭非也言秦未能并滅六國若尊之太過使得稱帝則為政于天下矣

東藩之臣因齊

戰國策作嬰齊

鄂侯

戰國策校注曰左傳隱六年納諸鄂注晉別邑路史云在大夏世本云叔虞居鄂未知即此否

齊湣王將之魯

徐孚遠曰前言齊湣王已益弱據此則在出亡以後恐前誤也

鄒魯之臣生則不得事養死則不得賻襚（索隱曰謂時君弱臣强故鄒魯君生時臣並不得盡事養死亦不得賻襚之禮）

徐孚遠曰此解非也言鄒魯國小而貧不能備生死之禮

且楚攻齊之南陽（索隱曰即齊之淮北泗上之地也）

日知録曰南陽者泰山之陽孟子一戰勝齊遂有南陽

計猶且為之也

董份曰本言齊雖弃南陽尚必攻聊城今楚魏既退則齊無事可益專意而攻聊城必不能支矣其文參錯意深人不易解

栗腹以十萬之衆五折於外

鮑彪戰國策注曰此書以齊閔為宣王蘇代為蘇秦時事不合如此者甚衆殆為後人傳録之誤至於此章引栗腹之事說聊城之將則非後人謬矣蓋好事者聞約矢之說惜其書不存擬為之以補亡而其人意氣橫溢肆筆而成不暇檢校細處太史公亦愛其千里而略其牝牡驪黃至于今二千歲莫有知其非者也又按燕昭二十八年書齊之不下者唯聊莒即墨聊即聊城也徐廣注此栗腹事去長平十年而不論其在聊城事後蘇氏古史亦同之疏矣　吳師道補注曰魯仲連說

燕將下聊城，史不著耳。其事引栗腹之敗，此事在其後，故通鑑大事記載於秦孝文元年，當燕王喜五年，齊王建十五年。自赧王三十一年燕率五國伐齊，閔王死，襄王立，三十六年燕昭王卒，明年惠王立，越武成王、孝王而至王喜，凡三十四年。此蓋二事誤亂爲一。自燕攻齊止殺騎刼二十五字或他策脱簡，而初燕將止譏之十一字亦他本所無也。且單由即墨起，七十餘城即復爲齊，不聞聊城尚爲燕守。以齊之事勢，豈有舍之三十餘年而不攻，單之兵力，三十餘年而不能下。與今曰攻之歲餘不下，可見爲此時燕將守聊城事也。史稱毅破齊，不下者獨莒、即墨，單縱反間亦言二城，而燕世家書聊、莒、即墨，策亦有三城不下之言。果一時事，則聊城亦爲齊守，而非燕將爲燕守者。此誤因聊城不下而引與莒、即墨亂也。考之單傳，自復齊之後無可書之事。齊襄王十九年，當趙孝成王元年，趙割地求單爲將，次年遂相趙，必不復返齊矣。距聊城之役凡十六年，單豈得復爲齊將哉？此因歲餘不下之言，聊、莒、即墨之混而誤指以爲單也。夫仲連之言，正謂栗腹敗，燕國亂，聊城孤守，齊方併攻，勢將必援。其言初不涉湣、襄、昭、惠之際。所謂楚攻南陽，魏攻平陸，閔王時楚取淮北，單復齊後蓋已服之，不聞楚魏交攻之事，二事必在後也。燕將被譏懼誅，連書亦無此意，此因樂毅而訛也。史又稱燕將得書自殺，單遂屠聊城，尤非事實。齊所殺燕將惟騎刼耳，不聞其他，此因騎刼而訛也。連之大意在於罷兵息民，而其料事之明，勸以歸燕降齊，亦度其計之必可者。排難解紛又素所蓄積也，迫之於窮而置之於死，豈其心哉？夫其勸之，正將以全聊城之民，而忍坐視屠之哉？燕將死，聊城屠，連何功焉之稱，而齊欲爵之哉？策所云解兵而去者，當得其實，而史不可信也。故論此事者，一考之仲連之書，則史策之舛訛殽混者皆可得而明矣。鮑不此之察，見其不通，遂謂好事者聞約矢之訛，惜其書不存，擬之以補亡。二千餘年莫有覺者，何其謬哉！史誤因策，通鑑大事記稱田單誤

因史真文忠公反据鮑氏為斷而謂魯仲連之說不可為訓皆失考也

富比乎陶衛 索隱曰延篤注戰國策云陶朱公也衛衛公子荊非也王劭云魏冄封陶商君封衛

困學紀聞曰今按商君封於商非封衛也

乃自殺聊城亂田單遂屠聊城

邵泰衢曰此燕齊之大事也田單之戰功也何以考之燕世家及田單傳均亦無是事也

鄒陽

習學記言曰文景時天下已定取士有法士可以求志反本修飭隱約以待上用矣而鄒陽之徒猶抱悵悵之空意祖談客之餘說波蕩客游雜襲讒諂汙賤之間以罹困辱所謂不貴其身而詘其德者與董仲舒楊雄異矣

有白頭如新傾蓋如故

凌稚隆曰按說苑作白頭而新傾蓋而故而如古字通用白頭而新

封比干之後修孕婦之墓

金甡曰按秦誓刳剔孕婦注引皇甫謐云即比干夫人未詳所出要之古有此語則即以封比干之墓為脩孕婦之墓亦可誅紂而并斬妲己褒比干而因恤其夫人亦情理所宜有也

魯連其指意雖不合大義

鮑彪戰國策注曰彪謂仲連孔子之所謂逸民非周哀辯者之比也太史公贊之恥矣夫說人者不可一槩或委而順之若觸讋或折而服之若仲連然後能濟天下之務不然諛且愎矣　按注曰史遷論仲連謂指意不合大義固未當鮑以為孔子所謂逸民連雖貧賤肆志然時出而救時亦非逸民也

屈原賈生列傳第二十四

習學記言曰楚為霸强數百餘年前後君臣未嘗失計至懷王愚而信讒暗而自用空墮張儀之譎為諸侯笑秦楚雌雄既分天下之勢始有所歸而楚遂以亡此其國之大變也若屈原之明於治亂智足以扶危定傾而疏斥不用諫爭莫行離騷之詞當為是起蓋五子作歌三仁自獻文義詳畧不同而大指可見矣遷乃以為困於上官大夫故疾其君而

作夫一身之利害少自好者不露芒刃而況原乎國風小雅雖有其間取義狹者若夫好色而不淫怨誹而不亂則淺陋甚矣聖人何取哉遷誠貴原然不足以知之又習見賈誼賦詮次失序本末顛倒後世因相沿論議至今不能明可重歎也　董份曰此傳大槩漢武帝命淮南王安為原作者也太史公全用其語班固嘗有論矣（班論在離騷經王逸序註中）

上官大夫見而欲奪之

徐孚遠曰史記張儀傳別出靳尚不言即上官疑是兩人也　陳子龍曰上官欲預聞憲令以與幾事非攘屈平之作以為己作也王本命平上官無緣竊之耳

國風好色而不淫

余有丁曰謂好色云者以離騷有宓妃等事然原特假借以思君耳非如國風之思也然太史公亦假借用之

頃襄王怒而遷之

岳陽風土記曰太平寺舊傳為屈原宅蓋屈原被逐寓此　日知錄曰雖放流睠顧楚國繫心懷王不忘欲反卒以此見懷王之終不悟也似屈原放流於懷王之時又云令尹子蘭聞之大怒卒使上官大夫短屈原於頃襄王頃襄王怒而遷之則實在頃襄之時矣放流一節當在此文之下太史公信筆書之失其次序爾

子非三閭大夫歟（離騷序曰三閭之職掌王族三姓曰昭屈景序其譜屬率其賢良以厲國士）

困學紀聞曰漢興徙楚昭屈景於長陵以強幹弱支則三姓至漢初猶盛也莊子曰昭景也著戴也甲氏也著封也非一也說云昭景甲者三皆楚同宗也甲氏其即屈氏歟秦欲與楚懷王會武關昭睢屈平皆諫王無行襄王自齊歸齊求東地五百里昭常請守之景鯉請西索救於秦東地復全三閭之賢者忠於宗國所以長久

楚有宋玉唐勒景差之徒者

法言五子篇曰或問景差唐勒宋玉枚乘之賦也益乎曰必也淫淫則奈何曰詩人之賦麗以則辭人之賦麗以淫如孔氏之門用賦

也則賈誼升堂相如入室矣

乃以賈生為長沙王太傅

水經注曰湘州郡廨西陶侃廟云舊是賈誼宅地中有一井是誼所鑿極小而深上斂下大其狀似壺旁有一脚石床纔容一人坐形流俗相承云誼宿所坐床又有大柑樹亦云誼所植也　王世貞曰宋景文云賈生思周鬼神不能救鄧通之僭蓋本應劭風俗通云賈誼與鄧通侍中同位數廷譏之因是文帝遷為長沙太傅按誼文帝前四年出長沙又十餘年而通始用事了不相及也

及度湘水為賦以弔屈原

文心雕龍曰賈誼浮湘發憤弔屈體同而事覈辭清而理哀蓋首出之作也

長沙卑濕自以為壽不得長

程巨源曰此二句凡兩見

乃為賦以自廣

西京雜記曰賈誼在長沙鵩鳥集其承塵長沙俗以鵩鳥至人家主人死誼作鵩鳥賦齊死生等榮辱以遣憂累焉　文心雕龍曰觀夫屈宋屬篇號依詩人雖引古事而莫取舊詞唯賈生鵩賦始用鶡冠之說相如上林撮引李斯之書　柳宗元曰余讀賈誼鵩賦嘉其詞而學者以為盡出鶡冠子余往來京師求鶡冠子無所見至長沙始得其書讀之盡鄙淺言也惟誼所引用為美餘無可者吾意好事者偽為其書反用鵩賦以文飾之非誼有所取之決也太史公伯夷列傳稱賈子曰貪夫殉財烈士殉名夸者死權不稱鶡冠子遷號為博極羣書假令當時有其書遷豈不見耶假令直有鶡冠子書亦必不取鵩賦以充入之者何以知其然耶曰不類

斡流而遷兮

日知録曰賈生傳斡棄周鼎兮而寶康瓠應劭曰斡音筦筦轉也斡流而遷兮或推而還索隱曰斡音烏活反斡轉也義同而音異今說文云斡蠡柄也以斗軑聲揚雄杜林說皆以為軺車輪斡烏括切按軑字古案切說文既云軑聲則不得為烏括切矣顏師古匡謬正俗云聲類字林竝音管賈誼服鳥賦云斡

流而遷張草勵志詩云大儀斡運皆爲轉也楚辭云筦維焉繫此義與斡同字即爲筦故知斡管二音不殊近代流俗音烏括切非也漢書食貨志浮食奇民欲擅斡山海之貨師古曰斡謂主領也讀與管同

夫禍之與福兮何異糾纆

文心雕龍曰賈生鵩賦云禍之與福何異糾纆此以物比理者也

賈生諫

徐孚遠曰時梁王未之國居京師故賈生爲傳得上疏獻替

及孝文崩孝武皇帝立舉賈生之孫二人至郡守而賈嘉最好學世其家與余通書至孝昭時列爲九卿

辨惑曰鄧通傳云文帝崩景立劉子玄謂不必言帝崩固當矣然遷史類此者甚多夫文景相繼猶或可也至賈生傳云孝文崩孝武皇帝立既隔景帝而亦書之豈不愈無謂也

凌稚隆曰按馬遷卒于漢武末年此言賈嘉至孝昭時列爲九卿蓋後人所增　金甡曰凌氏疑後人增補是也但馬遷卒于漢武末年之說不知何據果爾并不得稱孝武之謚矣孝文崩孝武立叙法亦不無可議豈原本只至年三十三而止以下俱後人增補耶史公于傳未常有帶叙其子孫交往者儒林傳以周霸孔安國賈嘉並稱自應同在武帝時交友此處又似非後人摹擬之筆大約武帝崩而史公尚在衛宏謂史公卒爲武帝所殺其說未可信也至孝昭定謚時史公尚在則不敢知耳自序太初元年注正義曰遷年四十二歲按此後三十一載便是宣帝本始元年遷不以非道終亦未見七十餘歲之必不應活也

呂不韋列傳第二十五

習學記言曰呂不韋之賈不特以貨爲貨而又以國爲貨卒遂其欲士之有利心左右化居何上一不韋而已哀哉若遷所載范蠡爲陶朱公是不以國爲貨而以身爲貨賢不肖雖異要不免於貨也

此奇貨可居

法言曰或問呂不韋其智矣乎以人易貨曰誰謂不韋智者歟以國易宗呂不韋之盜穿窬之雄乎穿窬也者吾見擔石矣未見雒陽也

則子無幾得與長子及諸子旦暮在前者爭為太子矣（索隱曰幾音冀幾望也戰國策曰子傒承國之業又有母在中）

金甡曰按無幾得與直貫至爭為太子作一句蓋以長則有長于子楚者以愛則諸子在前親近子楚總無望與之爭立也索隱截解不合

其母又不得幸

徐孚遠曰其母不得幸于夫人無猜不至與昭王毋等故當立其子

亡赴秦軍遂以得歸

愚按戰國策子楚歸在孝文王立後與此不同

子楚夫人趙豪家女也

徐孚遠曰子楚夫人即不韋姬也不得為豪家女當以秦質子故有豪家主之得自匿免

食河南洛陽十萬戶

水經注曰周威烈王葬洛陽城內東北隅景王冢在洛陽太倉中翟泉在兩家之間側廣莫門道東建春門北路即東宮街也於洛陽為東北後秦封呂不韋為十萬戶侯大其城并得景王冢矣是其墓地也

呂不韋乃使其客人人著所聞集論以為八覽六論十二紀二十餘萬言

愚按高誘序云凡十七萬三千五十四言

布咸陽市門懸千金其上延諸侯游士賓客有能增損一字者予千金

論衡曰淮南呂氏家富官貴故得懸于市富有千金則觀者惶恐畏忌雖見乖不合焉敢譴一字　高誘呂氏春秋序曰時人非不能也蓋憚相國畏其勢耳然此書所尚以道德為標的以無為為綱紀以忠義為品式以公方為檢格與孟軻孫卿淮南揚雄相表裏也　漢藝文志攷證曰東萊呂氏曰不韋春秋成於始皇八年按呂氏春秋維秦八年歲在涒灘秋甲子朔朔之日良人請問十二紀此其書成之歲月也（涒灘者申也通鑑皇極經世始皇八年歲在壬）

戊後呂氏春秋二年不韋當時必不誤蓋後世算歷者之差也人不韋引夏書曰天子之德廣運乃神乃武乃文商書曰五世之廟可以觀怪萬夫之長可以生謀仲虺有言曰諸侯之德能自為取師者王能自為取友者存其所擇而莫如己者亡周書曰若臨深淵若履薄氷舜自為詩曰普天之下莫非王土率土之濱莫非王臣其外異如此豈一字不能增損乎

東望吾子西望吾夫

金甡曰東西二語事類樗里子又與薄太后同或薄后本稱引此語

其與家屬徙處蜀

水經注曰永平郡治不韋縣蓋秦始皇徙呂不韋子孫於此故以不韋名縣

孔子之所謂聞者其呂子乎

黃氏日抄曰呂不韋大賈也以君之子為奇貨而居之竊寵既多禍敗允當太史公以為此孔子之所謂聞者誤矣　辨惑曰孔子所謂聞者似達而非者也雖不取於君子然不韋亦不足當之也

史記疏證卷第四十七

刺客列傳第二十六

唐仲友曰諸侯棄甲兵之備為盟會之禮乃於登壇之後奮匕首而劫國君賊天下之禮者非沫乎君臣之義有死無隕專諸感公子光之豢養而親刺刃於王僚賊天下之義者非諸乎父母全而生之子全而歸之政纔終老母之年遂殺身以為仲子賊天下之仁者非政乎樊將軍以困窮歸燕丹軻說取其首以濟入秦之詐賊天下之信者非軻乎以賊禮賊義賊仁賊信之人並列於傳又從而嗟歎其志不亦謬哉豫子以不忘舊君殺身而不悔抗節致忠行出乎列士乃引而寘諸四子之間不亦薰蕕之共器乎　習學記言曰還以刺客滑稽紀年豈孟子聞而知之者耶曹沫無其事專諸聶政盜也世固多此人還所褒進似不可曉也或言荆軻乘人主不意法不可長以孟子法考之則不然　王安石曰曹沫將而亡人之城又劫天下盟主管仲曰勿倍以市信一時可也予獨怪智伯國士

豫讓豈顧不用此策耶讓誠國士也魯不能逆策三晉救智伯之亡一死區區尚足校哉其亦不欺其意者也聶政售于嚴仲子荊軻豢于燕太子丹此兩人者汙隱困約之時自貴其身不妄願知亦曰有待焉彼挾道德以待世者何如哉　古史曰周衰禮義不明而小人奮身以犯上相夸以為賢孔子疾之齊豹以衛司寇殺衛侯之兄縶公孫翩以大夫弒其君申春秋皆以盜書而不名所謂求名而不得者也太史公傳刺客凡五人皆豹翩之類耳而其稱之不容口失春秋之意矣獨豫讓為舊君報趙襄子有古復讐之義如荊軻刺秦始皇雖始皇以強暴失天下心聞者快之要以盜賊乘人主不意法不可長也至曹沫之事予以左氏攷之實非也莊公之禦齊沫問所以戰以小惠小信為不足恃惟忠為可以一戰沫蓋知義者也而肯以其身為刺客之用乎

曹沫

曹沫者魯人也索隱曰沫音亡葛反左氏穀梁並作曹劌然則沫宜音劌沫劌聲相近而字異耳　金甡曰按沫劌聲近而字異理亦有之必音沫為劌反涉牽混三傳不一其說傳疑可也蘇子古史據左傳問戰事謂沫蓋知義者安肯身為刺客則直以劌為沫未免武斷呂氏春秋曰柯之會莊公與曹劌皆懷劍至於壇上莊公左搏桓公右抽劍以自承管仲鮑叔進曹劌按劍當兩陛之間曰二君將改圖毋或進者桓公許之封于汶南乃盟而歸按此則以沫為劌之証而字又小異胡非子曹劌匹夫之士一怒而劫桓公萬乘之主反魯侵地

桓公與莊公既盟於壇上曹沫執匕首劫齊桓公索隱曰此事約公羊為說然彼無其名直云曹子而已且左傳魯莊十年戰長勺用曹劌謀敗齊而無劫桓公之事十三年盟于柯公羊始論曹子穀梁此年惟云曹劌之盟信齊侯也又不記其行事之時也　呂氏春秋曰齊桓公伐魯魯人不敢輕戰去魯國五十里而封之魯請比關內侯以聽桓公許之曹翽謂魯莊公曰君寧死而又死乎其寧生而又生乎莊公曰何謂也曹翽曰聽

臣之言國必廣大身必安樂是生而又生也不聽臣之言國必滅亡身必危辱是死而又死也莊公曰請從於是明日將盟莊公與曹劌皆懷劍至於壇上莊公左搏桓公右抽劍以自承曰魯國去境數百里今去境五十里亦無生矣鈞其死也戮於君前管仲鮑叔進曹劌按劍當兩陛之間曰且二君將改圖毋或進者莊公曰封於汶則可不則請死管仲曰以地衛君非以君衛地君其許之乃遂封於汶南與之盟

專諸

伍子胥之亡楚而如吳也如專諸之能

吳越春秋曰伍胥之亡楚如吳時遇之於途專諸方與人鬬將就敵其怒有萬人之氣甚不可當其妻一呼即還子胥怪而問其狀何夫子之怒盛也聞一女子之聲而折道寧有說乎專諸曰子視吾之儀寧類愚者也何言之鄙也夫屈一人之下必伸萬人之上子胥因相其貌碓顙而深目虎膺而熊背戾於從難知其勇士陰而結之欲以為用正義亦引此以注吳世家然不如注之於此為切

光伏甲士於窟室中

愚按窟左傳作堀吳越春秋作窋

而具酒請王僚

吳越春秋曰僚白其母曰公子光為我具酒來請期無變悉乎母曰光心氣怏怏常有愧恨之色不可不慎

使專諸置匕首魚炙之腹中而進之

吳越春秋曰專諸曰凡欲殺人君必前求其所好吳王何好光曰好味專諸曰何味所甘光曰好嗜魚之炙也專諸乃去從太湖學炙魚三月得其味

因以匕首刺王僚

吳越春秋曰王僚乃被棠銕之甲三重專諸乃擘炙魚因推匕首立戟交軹倚專諸胸胸斷臆開匕首如故以刺王僚貫甲達背

闔閭乃封專諸之子以為上卿

吳越春秋曰拜為客卿

豫讓

豫讓者晉人也

戰國策曰晉畢陽之孫

乃變名姓為刑人入宮塗廁中

說苑復恩篇曰盜為抵罪被刑人赭衣入繕宮

心動

說苑復恩篇曰起以其精氣能使襄主動心

則豫讓內持刀兵

戰國策曰刃其杅

其友為泣曰

呂氏春秋曰其友謂之曰子之所道甚難而無功謂子有志則然矣謂子智則不然

既已委質臣事人而求殺之是懷二心以事其君也

呂氏春秋曰豫讓笑而應之曰是先知報後知也為故君賊新君矣大亂君臣之義者無此失吾所為為之矣

豫讓伏於所當過之橋下

呂氏春秋曰趙襄子遊於囿中至于梁馬却不肯進青荓為參乘襄子曰進視梁下類有人青荓進視梁下豫讓却寢佯為死人叱青荓曰去長者吾且有事青荓曰少而與子友子且為大事而我言之是失相與友之道子將賊吾君而我不言之是失為人臣之道如我者唯死為可適乃退而自殺

智伯國士遇我我故國士報之

說苑復恩篇曰智伯朝士待臣臣亦朝士為之用

於是襄子大義之

說苑復恩篇曰襄子曰非義也子壯士也乃自置車庫中水漿毋入口者三日以禮豫讓讓自知遂自殺也

豫讓拔劍三躍而擊之（索隱曰戰國策云衣盡出血襄子迴車車輪未周而亡）

愚按今國策無此文補注曰或以其怪而刪之歟

聶政

濮陽嚴仲子事韓哀侯

大事記曰按韓世家列侯三年聶政殺韓相俠累十三年列侯卒子文侯立十年卒子哀侯立六年韓嚴弒其君哀侯聶政之刺俠累

與哀侯之弑相去遠矣而聶政傳乃謂嚴仲子事哀侯與韓相俠累有郤使政刺累與世家不合蓋其氏偶同故刺客傳誤以爲哀侯之時

多人不能無生得失索隱曰戰國策作無生情言所將人多或生異情故語泄也

戰國策補注曰今本無此文

遂謝車騎人徒聶政乃辭獨行仗劍至韓

辨惑曰多聶政乃辭四字

因自皮面決眼自屠出腸遂以死

辨惑曰何必遂字

市行人諸衆人皆曰

辨惑曰多諸衆人字

晉楚齊衛聞之

列女傳云晉趙楚衛聞之

乃其姊亦烈女也

戰國策曰聶政之所以名施於後世者其姊不避菹醢之誅以揚其名也　列女傳曰君子謂聶政姊仁而有勇不去死以滅名詩云死喪之威兄弟孔懷言死可畏之事唯兄弟甚相懷此之謂也

嚴仲子亦可謂知人能得士矣

楊維楨曰余讀豫讓傳後尤惜政重不幸知己于嚴仲子也政以身許仲子曾何異豫讓爲國士而委質于智氏之所知乎二子卒以刺客死而史氏遂以刺客録豈不悲其遇知己如智氏與仲子乎雖然政孝義人也使生于鄒魯之邦加以聖賢之學肯爲仲子輕役哉始以母在而保身母卒而遂輕身許人以死爲乎身豈有二哉自非簡知明主身不得致而死之之所猶不可以不慎而況死非其所乎此余感政爲孝義人而重惜其一死之輕于人不得爲仁人義士守死之善道也

其後二百二十餘年秦有荊軻之事正義曰按年表從始皇二十三年至韓景侯三百七十年若至哀侯六年六百四十三年

金甡曰按年表自韓景侯元年癸酉至秦始皇二十年甲戌共一百八十二年自列侯三年甲申盜殺俠累至始皇甲戌荊軻刺王共一百七十一年自哀侯六年庚戌韓嚴弑其君至始皇甲戌共一百四十五年正義不知

如何計筭

荆軻

其後秦伐魏置東郡徙衛元君之支屬於野王

徐孚遠曰是時衛屬魏故秦得魏東郡地而衛徙也

跪而蔽席徐廣曰蔽一作擬一作袜

愚按蔽疑作襒音甓孟荀列傳平原君側行襒席

僂行見荆卿

列士傳曰燕丹使田光往候荆軻值其醉唖其耳中軻覺曰此出口入耳之言必大事也則往見光

於是尊荆卿為上卿舍上舍

水經注曰濡水又東南流逕荆軻館北昔燕丹納田生之言尊軻上卿館之於此

與燕督亢之地圖

水經注曰巨馬水又東酈亭溝水注之水上承督亢溝水於道縣東又東逕督亢澤澤苞方城縣縣故屬廣陽後隸於涿郡國志曰縣有督亢亭孫暢之述畫有督亢地圖言燕太子丹使荆軻齎入秦秦王殺軻圖亦絕滅地理書上古聖賢冢地記曰督亢地在涿郡今故安縣南有督亢陌幽州南界也風俗通曰沆漭也言乎淫淫漭漭無崖際也沆澤之無水斥鹵之謂也其水自澤枝分東逕涿縣故城南又東散為澤渚督亢澤也　太平寰宇記曰督亢陂在范陽縣東南十里

遂自剄

水經注曰濡水又東南逕樊於期館西是其授首於荆軻處也

燕國有勇士秦舞陽

匈奴列傳曰燕有賢將秦開為質於胡胡甚信之歸而襲破走東胡東胡徙千餘里與荆軻刺秦王秦舞陽者開之孫也

何太子之遣往而不反者豎子也

陳子龍曰詳語意似舞陽十三時曾殺人未必爾時方十三歲也豎子之稱如竟成豎子之名不必幼童也

至易水之上

水經注曰易水又東逕西故故安城南即

閻鄉城也歷逕荆陘北耆舊云燕丹餞荆軻於此因而名焉　又曰余按遺傳舊迹多在武陽似不餞此也

高漸離擊筑

水經注曰易水又東歷燕之長城又東逕漸離城南蓋太子丹館高漸離處也　日知錄曰淮南子言荆軻西刺秦王高漸離宋意為擊筑而歌於易水之上宋玉笛賦亦以荆卿宋意並稱水經注漸離擊筑宋如意和之是宋意為高漸離之侶而戰國策史記不載朱棋韓曰陶淵明詠荆軻詩漸離擊悲筑宋意唱高聲

已而論功賞羣臣及當坐者各有差

徐孚遠曰荆軻之見秦王也因蒙嘉其所當坐在嘉也　金甡曰按論衡云町町若荆軻之閭言秦王誅軻九族恐恨不已復夷軻之一里一里皆滅故曰町町

為人庸保索隱曰欒布傳曰賣庸於齊為酒家人漢書作酒家保

金甡曰按欒布傳云賃傭于齊為酒人保索隱所據或有別本耶

家丈人召使前擊筑也索隱曰劉氏云謂主人翁又韋昭云古者男子為丈夫尊父嫗為夫人故漢書宣元六王傳所云夫人謂淮陽憲王外王母即張博母也故古詩云三日斷五疋夫人故言遲是也

金甡曰按聶政傳正義亦引此以釋夫人豈同此典故而丈人夫人可隨文改易耶指婦人言者與此處無關而前以夫人稱婦人亦似無勞詮解論衡云人形一丈正形也名男子為丈夫尊公嫗為丈人不滿丈者失其正也按此則引以釋夫人者非其說亦不始于韋昭

天雨粟馬生角索隱曰燕丹求歸秦王曰烏頭白馬生角乃許耳丹乃仰天歎烏頭即白馬亦生角風俗通及論衡皆有此說仍云廐門木烏生肉足也

金甡曰按論衡云廚門木象生肉足蓋象字古作舄與烏字相類傳寫互異未知孰是風俗通則云天為雨粟烏白頭馬生角廚人主害足此句殊不可解又多一句云井上株木跳度瀆

又言荆軻傷秦王

金甡曰按論衡云高漸離以筑擊秦王顏秦王病傷三月而死此亦荆軻傷秦王之說也

李斯列傳第二十七

習學記言曰按李斯傳諸侯叛秦李斯數欲請問諫二世不許而責問李斯以肆志廣欲長享天下李斯不知所出乃以督責之術對税民深為明吏殺人衆為忠臣而二世紀乃云李斯馮劫等諫止作阿房宫省四邊戍二世欲造千乘之駕萬乘之屬遂殺李斯是時去秦亡不過年歲間君臣雖欲各肆其志何暇施行且李斯既已阿意求容則又安能諫恐亦各有錯誤未必本事也斯趣秦於滅國不足道然五帝三王數千年之治一旦剗削無遺斯自神其術則當别有效驗而國與其身亦相隨以盡漢人猶謂忠而被極刑而遷又責以不與周召列也何哉

雖有黄帝之賢

徐孚遠曰黄帝以征伐建號故以況秦

包九夷

通鑑地理通釋曰李斯曰包九夷制鄢郢戰國策張儀曰楚破南陽九夷内沛許鄢陵危吕氏云以此考之九夷之地略可方見孔子在陳蔡相去蓋不遠也所以有欲居九夷之言鄭語楚蚡冒始啓濮左傳楚武王克州蓼服隨唐大啓羣蠻爾雅疏夷有九種曰畎夷于夷方夷黄夷白夷赤夷玄夷風夷陽夷謂東夷也楚秦所包蓋西南夷

此所謂藉寇兵而齎盜糧者也

愚按此必當時習語故范睢用之李斯再用之荀子非其人而教之齎盜糧借賊兵也

使天下無以古非今

餘冬序録曰商鞅在秦孝公時論人不可多學為士人妨廢耕戰至始皇遂有焚書坑儒之事此事蓋不獨出於李斯也荀卿論法後王在審其所貴其言曰後王者天下之君也舍後王而道上古譬之舍己之君而事人之君也其徒李斯相秦事不師古而是古非者有辟此其禍水之源乎

夫忠臣不避死而庶幾（索隱曰斯言忠臣之節本不避死言已今日亦庶幾盡忠不避死也）

董份曰庶幾者有他望也言忠臣不避死而幾他望也古幾字與冀同索隱繆甚

孝子不勤勞而見危

董份曰言孝子謹身事親不蹈危險也指胡亥

而二世責問李斯曰吾有私議而有所聞於韓子也

董份曰二世紀亦載此文而辭不同此太史公不及整頓處

鑠金百鎰索隱曰爾雅云鑠美也

徐孚遠曰鑠訓美非也鑠金謂鎔金於冶熱不可舉也下云搏必隨手刓

心將能拂世摩俗索隱曰拂音扶弗反拂世言與世情乖戾

愚按拂與咈同索隱非是下云廢其所惡立其所欲何嘗與世情拂戾

高聞李斯以為言

凌稚隆曰言高令二世不坐朝廷也

臣疑其君無不危國妾疑其夫無不危家

余有丁曰疑即陰疑于陽之疑言勢相近均敵也

昔者司城子罕相宋身行刑罰以威行之朞年遂劫其君

韓詩外傳曰司城子罕相宋謂宋君曰夫國家之安危百姓之治亂在君之行夫爵祿賞賜舉人之所好也君自行之殺戮刑罰民之所惡也臣請當之君曰善寡人當其美子受其惡寡人自知不為諸侯笑矣國人知殺戮之刑專在子罕也大臣親之百姓畏之居不期年子罕遂去宋君而專其政

與其中子俱執顧謂其中子曰

辨惑曰多下其中子三字

與宦者韓談

徐孚遠曰史記談皆作同此仍談誤也

蒙恬列傳第二十八

始皇二十三年蒙武為秦裨將軍與王翦攻楚大破之殺項燕二十四年蒙武攻楚虜楚王

愚按此與年表同與本紀不合本紀二十三年虜荊王二十四年項燕自殺

始皇二十六年蒙恬因家世得為秦將攻齊大破之

愚按本紀及年表攻齊者將軍王賁皆不言有蒙恬或恬此時亦從軍非大將

北逐戎狄收河南築長城因地形用險制塞起

臨洮至遼東延袤萬餘里於是渡河據陽山逶蛇而北

愚按匈奴傳始皇帝使蒙恬將十萬之衆北擊胡悉收河南地因河為塞築四十四縣城臨河徙適戍以充之而通直道自九原至雲陽因邊山險塹谿谷可繕者治之起臨洮至遼東萬餘里又度河據陽山北假中武帝元朔二年遣將軍衛青等擊匈奴取河南地築朔方復繕故秦時蒙恬所為塞因河為固

此其中不能無絶地脉哉

辨惑曰不字當作豈

乃呑藥自殺

法言曰或問蒙恬忠而被誅忠奚可為也曰塹山堙谷起臨洮擊遼水力不足而屍有餘忠不足相也

史記疏證卷第四十八

張耳陳餘列傳第二十九

亡其夫徐廣曰一云其夫亡也

金甡曰按下文云卒為請決則夫亡之說不合

乃卒為請決嫁之張耳索隱曰謂女請父客為決絶其夫而嫁之張耳

余有丁曰卒為請決乃父客為之註誤　李光縉曰去抵父客云者婦人謂嫁曰歸則視歸寧為客也下父客客字疑衍必若註所云則方後其夫遁去抵父之賓客何說且是女之擇賢夫必與凡女不同卒為請決云者父為請之張耳如呂公請之沛公願為季箕帚妾是也

陳餘者亦大梁人也

孔叢子獨治篇曰子魚居衛與張耳陳餘相善耳餘魏之名士也

今見小辱而欲死一吏乎

徐孚遠曰餘不受笞當泄姓名故曰見小辱而死一吏也

恐天下解也正義曰解紀賣反言天下諸侯見陳勝稱王王陳皆懈墮不相從也

凌稚隆曰按漢書注解謂離散其心也

北有長城之域南有五嶺之戍

淮南子人間訓曰秦皇挾錄圖見其傳曰亡秦者胡也因發卒五十萬使蒙公楊翁將築修城西屬流沙北擊遼水東結朝鮮中國內郡輓車而餉之又利越之犀角象齒翡翠珠璣乃使尉屠睢發卒五十萬爲五軍一軍塞鐔城之嶺一軍守九疑之塞一軍處番禺之都一軍守南野之界一軍結餘干之水三年不觧甲弛弩使監祿無以轉餉又以卒鑿池而通糧道以與越人戰殺西嘔君譯吁宋而越人皆入叢薄中與禽獸處莫肯爲秦虜相置桀駿以爲將而夜攻秦人大破之殺尉屠睢伏尸流血數十萬乃發適戍以備之

夫天下同心而苦秦久矣

史詮曰宋本無而字

乃引兵東北擊范陽

水經注曰易水逕出范陽縣故城秦末張耳陳餘爲陳勝略地命燕趙蒯通說之范陽先下是也

又不如立其兄弟不即立趙後

董份曰又不如者言陳王私其兄弟以爲欲立趙後則不如兄弟也　余有丁曰此語爲陳王言也言即免禍陳王且立其兄弟或趙後不予武臣也

將軍毋失時

史詮曰宋本將上有願字

況以兩賢王左提右挈而責殺王之罪徐廣曰平原君傳曰事成執右券以責也券契義同耳

金蛙曰按左提右挈謂彼此扶助猶云相須若左右手也徐廣以挈爲契真曲說也

遣張耳與韓信擊破趙井陘斬陳餘泜水上

水經注曰井陘山水出井陘山世謂之鹿泉水也東北流屈逕陳餘壘西俗謂之故壁城昔在楚漢韓信東入餘拒之於此一納左車之計悉衆西戰信遣奇兵自間道出立幟於其壘師奔失據遂死泜上其水又屈逕其壘南又南逕城西東注緜蔓水　愚按陳餘爲張蒼所得見蒼傳

漢七年

史詮曰高祖五年以後紀年皆無漢字史傳有之蓋刋落之未盡者也

禮甚畢

史詮曰漢書禮作體

要之置

徐孚遠曰要之置者謂彊要高祖置栢人置頓也　日知録曰置驛也如曹相國世家取祁善置田横傳至尸鄉廐置之置漢書馮奉世傳燔燒置亭　愚按舊本置下有厠字觀索隱可知凌稚隆云漢書亦有厠字

貫高與客孟舒等十餘人皆自髠鉗為王家奴從來

田汝成曰貫高首謀又其怨家所告詔書并捕及上言轞車膠致與王詣長安者高也乃言與客孟舒等自髠鉗從來何耶　徐孚遠曰貫高詔所逮不死即當來孟舒等無主名故自髠鉗為王家奴也

不侵為然諾者也

史詮曰侵猶過越也

何鄉者相慕用之誠

法言曰或問交曰仁問餘耳曰光初竇灌曰凶終

魏豹彭越列傳第三十

習學記言曰魏豹彭越不死而虜因無異故獨患無身耳雲蒸龍變欲有所會其度言季布為人奴不死欲有所用其未足故終為漢名將按管仲請囚子路以為未仁孔子曰微管仲吾其被髮左衽矣豈若匹夫匹婦之為諒也自經於溝瀆而莫之知也孔子之所以與管仲者以其一匡天下之功有大於死故也季布不死免高祖報怨之過於義猶有所就若魏豹彭越徒為身計乘時伺間蓄將奮其姦雄以毒螫生民此法之所禁義之所誅不必逆探其心許其囚而惜其死也

封為寗陵君晋灼云寗陵梁國縣也即今寗陵是

愚按漢地理志陳留郡有寗陵縣孟康曰故葛伯國今葛鄉是後漢郡國志梁國寗陵故屬陳留晋地理志梁國寗陵故葛伯國　水經注汳水又東逕寗陵縣之沙陽亭北故沙隨國矣春秋左傳成公十六年秋會于沙隨謀伐鄭也杜預釋地曰在梁國寗

陵縣北沙陽亭是也世以為堂城非也又曰汲水又東逕葛城北故葛伯之國也葛於六國屬魏魏襄王以封公子無忌號信陵君其地葛鄉即是城也在寧陵縣西十里魏忌之封不見於戰國策注水經所謂公子無忌者疑即魏忌信陵或寧陵之誤也

漢乃使人賜彭越將軍印

史詮曰漢字衍此即田榮賜之印也

漢王二年

史詮曰王字當刪漢書無王字

乃拜彭越為魏相國擅將其兵略定梁地

茅坤曰漢賊知羽之欲有梁地而故以分王魏王豹於河西故秉彭越之請魏拜之為魏相國以狗梁地

漢五年秋項王之南走陽夏

史詮曰漢五年衍文漢書無此三字

傳處蜀青衣

水經曰青衣水出青衣縣西蒙山東與沫水合也注曰縣故有青衣羌國也竹書紀年孝惠成王十年瑕陽人自秦道岷山青衣水來歸華陽國志曰漢武帝天漢四年罷沈黎置兩郡都尉一治旄牛主外羌一治青衣漢民

遂夷越宗族

史詮曰古本越上有彭字

喋血乘勝日有聞矣

董份曰謂其喋血乘勝功名聞天下而身反不死以其囚虜蓋志欲有為也

欲有所會其度

楊慎曰其度二字不可解意云度其故亮以此也　金甡曰按會其度者謂求合其度內之規畫也

黥布列傳第三十一

共俳笑之（索隱曰謂衆共以俳優輩笑之）

愚按急就章倡優俳笑觀倚庭顏師古注曰俳謂優之褻狎者也言相與諧謔而非笑之非以俳優輩相目也

破之青波

愚按陳涉世家索隱曰青波地名

淮南王曰

日知錄曰隨何說英布當書九江王不當書

淮南王歸漢之後始立為淮南王也蓋採之諸書其稱未一

漢五年布使人入九江得數縣六年布與劉賈入九江

史詮曰漢五年衍文漢書削此三字六年更作五年

封薛公千戶索隱曰劉氏云薛公得封千戶蓋關內侯也

徐孚遠曰以年表無國邑名故知為關內侯也

立皇子長為淮南王

愚按布未滅時長已立為王及布滅遂即位淮南王傳可証也此書立皇子長為淮南王與前書迺立皇子長為淮南王其事不為複出然書法則贅矣

遂西與上兵遇蘄西會甀

水經注曰渙水又東南逕蘄縣故城南地理志曰故垂鄉也

封賁赫為期思侯

金姓曰按年表賁赫無後其封不傳以布族滅其家也

淮陰侯列傳第三十二

習學記言曰韓信事當與張良並看漢所以得天下開闔變化皆在其中豈惟漢蓋三代之後天下雖大徒手號令而以一夫智力取之皆自是始至蒯通掉舌縱橫使已合者幾散尤異也孔子稱惡利口之覆邦家堯舜三代及春秋時所謂利口猶未至是哉遷責韓信不學道謙讓伐功矜能至於夷滅信雖不足以知此然當受此責矣何也當天下發難與沛公先後起者各有得鹿之心固以其力自斃無怪也獨蕭何張良與信沛公之所須如左右手然其君臣之分當素定也若信猶欲自立則漢誰與共功是天下終不可得而定矣信托身於人而市井之度不改始則急迫以不得不與終則徼幸於必不可為以黥彭所以自處者而處周名太公之地欲不亡得乎

淮陰侯韓信者淮陰人也

水經注曰淮水右岸即淮陰也東逕淮陰縣故城北北臨淮水漢高帝六年封韓信為侯

國王苻之嘉信也

擇良日齋戒設壇場具禮

通鑑地理通釋曰興元府城固縣有韓信臺即高帝置壇設九賓之禮拜信為大將

有背義帝之約

史詮曰荀紀新序有作又古字通用

何所不散

史詮曰荀紀散作勝

收魏河南韓殷王皆降

通鑑地理通釋曰申陽王河南鄭昌王韓司馬卬王殷呂氏曰漢王降申陽而置河南郡降魏豹而得河東郡虜司馬卬而置河內郡三河之地皆為漢有矣故告諸侯之辭有悉發關中兵收三河士之語也

以木罌缻渡軍

楊慎曰木罌缻渡軍者取罌缻百千以木縛之浮于水以代船蓋軍事取速成用成器也非如韋昭之說

罷兵

余有丁曰按此上文已有休兵語此罷字當依劉解不可一例

因請立張耳為趙王

徐孚遠曰張耳向嘗王趙地即其故國立之

晨自稱漢使馳入趙壁張耳韓信未起即其臥內上奪其印符以麾召諸將易置之信耳起乃知漢王來大驚

邵泰衢曰細柳之營天子先驅不得入況漢使而即馳入壁乎入壁猶可而印符在將軍之肘腋可易奪乎夫亦從誰手而奪之乎即或奪之亦必親奪之信耳也又胡為起而知漢王始驚乎況麾召諸將而易置之為時亦少間矣豈信耳聽漢使之奪符印而猶偃仰高臥待易置畢而始起視乎倘項王詐稱漢使入辟信耳之頭不且入羽囊乎且諸將不見信耳忽有他人坐其上而易置之能無譁乎左右不得其解

與信夾濰水陳（徐廣曰出東莞而東北流至北海都昌縣入海索隱曰地理志濰水出琅邪箕縣東北至昌都入海徐所引蓋據水經與此小不同）

愚按徐所引與水經蓋有不同水經云濰水出琅邪箕縣東北過東武成縣西又北過平

昌縣東又北過高密縣西又北過淳于縣東又東北逕都昌縣東又東北入於海酈道元注云濰水導源濰山許慎呂忱云濰水出箕屋山淮南子曰濰水出覆舟山蓋廣異名也

齊人蒯通

日知録曰先云范陽辯士蒯通後云齊人蒯通一傳互異

容容無所倚

日知録曰容容即顒顒字

遂謝蒯通索隱曰漢書及戰國策皆有此文

愚按戰國策曷有韓信蒯通之事索隱誤記耳

蒯通說不聽已佯狂為巫

法言曰或問蒯通抵韓信不能下又狂之曰方遭信閉如其抵曰巇可抵乎曰賢者司禮小人司巇況拊鍵乎

召所從食漂母賜千金張華曰漂母冢在泗口南岸

水經注曰淮陰城東有兩冢西者即漂母冢也周迴數百步高十餘丈昔漂母食信於淮陰信王下邳蓋投金增陵以報母矣東一陵即信母冢也

待豨報

歸有光曰陳豨事疑出告變之語考豨傳豨招致賓客為周昌所疑一時懼慨遂陷大戮非素畜反謀也且已部署而曠日待豨報信亦不知兵機矣此必呂后與相國文致之者

信方斬之曰

史詮曰宋本無之字

韓王信盧綰列傳第三十三

韓王信者徐廣曰云信都

羅壁識遺曰司馬遷班固漢史韓信傳贊中皆稱兩韓信據其說韓王古韓國之後項羽殺望父成復立信為韓王都晉陽與淮陰侯不同劉知幾史通闢遷固之繆曰韓王名信都古韓國後姓姬則名信都者非姓姬亦不單名信二史不別姬韓兩姓且去韓王名下都字遂與淮陰侯韓信無辨余孜班馬誤姬為韓誠如劉說但為韓王名信都劉說亦差按王充潛夫姓氏論云沛公起張良屬焉沛公使韓信略立韓地立橫陽君成為

韓王而拜良為信都又曰信都者司徒也或為勝徒漢功臣表云張良以厩將從起下邳以韓申都下韓楚漢春秋作信都信音申史記亦作韓申徒良傳直作韓司徒蓋信都勝徒昔賢司徒之聲轉然則信都乃張良官名即非韓王名知幾之說亦未免繆尚何班馬責乎　羅泌路史發揮曰虞帝之末嗣也職為司徒故其後有司徒氏司徒之轉又為申屠勝徒申徒之氏按漢功臣侯表張良以厩將從起下邳以韓申都下韓楚漢春秋則作信都信申古同音也然在史記作韓申徒而良傳復作韓司徒一也蓋申徒勝徒者司徒之聲轉申徒申都者申徒之聲轉而信都者又申都之轉也劉敞傳聞強記亦意申都為是司徒而不得其證不知王符言之詳矣夫論志氏姓篇云沛公之起良往屬焉沛公使韓信畧定韓地立横陽君成為韓王而拜良為信都又曰信都者司徒也或曰司徒或為勝徒然其本共一司徒也後作傳者不知信都何同妄生事意以為是乃代王為信都也由此觀之則知當時已自疑誤然申都之為司徒固也顏籀不知乎此直以韓申都為韓王信劉知幾直又以為韓名信都謂子長繆去都而留信疎妄又甚

韓信從入漢中迺說漢王曰

日知録曰韓王信說漢王語乃淮陰侯韓信語也以同姓名而誤

與其將白土人曼丘臣王黄等

史詮曰與字衍文

盧綰

與劉賈擊臨江王共尉破之

東安縣志曰盧王屯在常道鄉東南二十五里漢盧綰屯兵在此與劉賈夾攻取燕今名盧邨

匈奴以為東胡盧王

日知録曰封之為東胡王也以其姓盧故曰東胡盧王

陳豨

及高祖十年七月太上皇崩使人名豨

董份曰淮陰傳中漢王十一年此云十年不

知何也　金甡曰按高紀十年七月太上皇崩八月陳豨反韓王信傳亦云漢十年信令王黄等説誤陳豨至淮陰傳作十一年者自叙此年誅信事不覺將豨落後一年然是時高祖固在邯鄲誅豨等未畢也　田叔傳亦云陳豨反代漢十年高祖往誅之

自立為大王

陳子龍曰本代王訛為大者北音相誤也

漢兵擊斬陳豨將侯敞王黄於曲逆下

史詮曰王黄二字衍文按樊噲傳虜大將王黄則擊斬為誤也

不罵者黥之

金甡曰高紀云不罵者原之

邪人進説

吴寬曰邪人前韓王信令王黄等説誤陳豨是也非淮陰也

田儋列傳第三十四

非直手足戚也何故不殺且秦復得志於天下則齮齕用事者墳墓矣

董份曰斬手足則戚甚矣今三田于楚趙無親非特斬手足之戚也而使秦得志則墳墓齮齕非但蝮螫也害身也故曰何為不殺註全謬

反擊項羽於城陽（正義曰城陽濮州雷澤是）

日知録曰正義以為濮州雷澤縣非也漢書城陽郡治莒史記呂后紀言齊王乃上陽城之郡孝文紀言以齊劇郡立朱虛侯章為城陽王而淮陰侯傳言擊殺龍且於濰水之上齊王廣亡去信遂追北至城陽皆此地按戰國策貂勃對襄王曰昔王不能守王之社稷走而之城陽之山中安平君以敝卒七千禽敵反千里之齊當是時闔城陽而王天下莫之能止然為棧道木閣而迎王與后於城陽之山中王乃復反子臨百姓則古齊時已名城陽矣

齊初使華無傷田解軍於歷下以距漢

金甡曰按華無傷為灌嬰所虜見嬰傳

嬰敗横之軍於嬴下（正義曰故嬴城在兗州博城縣東北百里）

水經注曰汶水南逕博縣故城東春秋哀公十一年會吴伐博者也灌嬰破田横於城下

以王者禮葬田橫（正義曰齊田橫墓在偃師西十五里）

水經注曰班固曰尸鄉故殷湯所都者也故亦曰湯亭晉太康地理記並言田橫死於是亭故改曰尸鄉非也余按司馬彪郡國志以為春秋之尸氏也

於是迺知田橫兄弟能得士也

劉子翬曰人謂田橫兄弟能得士余謂五百人果能皆為橫死則方其盛時據三齊之地所得死士可勝論哉然橫兄弟亦屢與諸侯戰未嘗一勝則所謂死士者安在史遷欲成田橫得士之名故寔世俗之傳如此或者未必盡然也

無不善畫者莫能圖

日知録曰謂以橫兄弟之賢而不能存齊

論戰國之權變為八十一首

習學記言曰蒯通論戰國權變為八十一首太史公記有戰國策所無者豈取之於此乎而班固不言

史記疏證卷第四十九

樊酈滕灌列傳第三十五

法言曰或問滕灌樊酈曰俠介宋咸注俠與挾同持也介衛也言高帝為沛公時而夏侯嬰灌嬰樊噲酈商為持衛也

從攻圍東郡守尉於成武

凌稚隆曰按漢書從攻圍作從攻圉注圉地名

以待大王（正義曰時羽未為王史追書）

金甡曰按此等稱謂非追書也直是當時尊奉之辭觀亞夫謂項莊君王為人不忍可見時羽雖未為王然已擅命立雍王矣稱以大王若固有之耳

臣恐天下解（正義曰紀賣反心疑天下也至此為絶句）

高儀曰解心疑大王復何所疑而以解為絶句　愚按張耳陳餘傳恐天下解也正義蓋據此讀為絶句

擊章平軍好時（正義曰章平即章邯子也）

愚按高祖紀明云雍王弟章平正義何所據而以為平子也疑弟字之誤

從擊秦車騎壤東

凌稚隆曰一本車作軍

虜楚周將軍卒四千人

徐孚遠曰周將軍即周蘭也

項籍既死漢王為帝以噲堅守戰有功益食八百戶

徐孚遠曰項籍死噲以堅守益封未知所指疑是追録守廣武功也

定食舞陽五千四百戶

愚按功臣表云五千戶漢表同

酈商

別將攻旬關

水經曰漢水又東合旬水注曰水北出旬山東南流逕平陽戍下與直水枝分東注逕平陽戍入旬水旬水又東南逕旬陽縣與柞水合又東南逕旬陽縣南東南注漢之旬口

蘇駔軍於泥陽（索隱曰北地縣名駔者龍馬也）

丹鉛總録曰駔從馬從且音苴無龍馬之訓

更食曲周五千一百戶

愚按功臣表云四千八百戶漢表同

趙王自殺國除

徐孚遠曰趙除國於酈寄傳無涉蓋截舊文未淨

寄欲取平原君為夫人

金甡曰按武帝即位始尊皇太后母臧兒為平原君此乃追書之

子康侯遂成立

愚按功臣表無成字漢表有之

子懷侯世宗立

愚按功臣表無世字漢表有之

子侯終根立為太常坐法國除

史詮曰此征和年事乃褚生所續者　愚按功臣表云坐祝詛誅國除漢表云嗣二十九年後二年祝詛上要斬

夏侯嬰

後獄覆（索隱曰案韋昭曰高帝自言不傷嬰證之是獄辭翻覆也）

陳沂曰證之已證其不傷矣后又有翻覆故嬰坐繫且受掠也注欠明

嬰與蕭何降泗水監平（張晏曰胡陵平所止縣何嘗給之故與降也）

楊慎曰降降之也嬰與何或用兵或招降之

也張說非是

面雍樹

余有丁曰按楊慎云服說是愚謂依此則不應下文纔說欲斬嬰者十餘疑蘇說近之蓋初載徐行雍抱之乃疾馳也

賜所奪邑五百戶 漢書音義曰時有罪過奪邑者以賜之

劉辰翁曰賜所奪邑恐是嬰以他故奪邑至是復賜之耳漢書註亦有是說

八歲卒謚為文侯

漢舊儀曰宗廟祭功臣四十人食堂下惟御僕滕公祭於廟門外塾 水經注曰故渠東北逕太尉夏侯嬰冢西 尉保僕字之訛 冢在城東八里飲馬橋南四里

子侯頗尚平陽公主

金甡曰按傳與表敘頗尚主年歲不明不知此平陽主何人也若即是武帝姊則曹壽之前不聞先有所適而元光二年戊申曹壽未死元鼎二年丙寅以前主歸衛氏且十載青又未死不應復有他適衛青傳正義引漢書云平陽侯曹壽有惡疾就國乃詔青尚平陽公主則曹衛之間更無承乏之人也然武帝時不聞有兩平陽公主

灌嬰

皆推故秦騎士重泉人李必駱甲習騎兵

金甡曰按年表有戚侯李必索隱謂即此李必而誤作季耳

所將卒五人共斬項籍皆賜爵列侯

愚按項羽本紀封呂馬童為中水侯封王翳為杜衍侯封楊喜為赤泉侯封楊武為吳防侯封呂勝為涅陽侯

食潁陰二千五百戶

徐孚遠曰嬰益封邑多今定食潁陰而僅二千五百戶者或有別食邑也

所將卒斬胡白題將一人

梁書諸夷傳曰白題國王姓支其先蓋匈奴之別種胡也漢書灌嬰與匈奴戰斬其白題騎一人今在滑國東去六日行西極波斯

嬰身生得左司馬一人

史詮曰嬰字衍文

坐行賕有罪國除

愚按漢表元朔五年坐子傷人首匿免

張丞相列傳第三十六

蒼以客從攻南陽

凌稚隆曰按陸賈傳以客從高祖任敖傳高祖初起敖以客從周昌傳周苛為客從入關破秦與張蒼同言為賓客未著官職也

常從擊破項籍以六年中與蕭曹等俱封封周昌為汾陰侯

愚按功臣表云入漢出關以內史堅守敖倉以御史大夫定諸侯比清陽侯二千八百戶

然臣期期知其不可

毛詩疏曰釋詁云幾汔也孫炎曰汔近也郭璞曰謂相摩近反覆相訓是汔得為幾也昭二十年左傳引此詩杜預云汔期也然則期字雖別皆是近義言其近當如此史記周昌言期者意亦與此同也

公彊為我相趙王（正義曰栢譚世論云使周相趙不如使取呂后家女為妃令戚夫人善事呂后則如意無憂也）

徐孚遠曰後趙王亦娶呂氏女以妬媢廢殺栢子所論非良策也

高后崩不與大臣共誅呂祿等免

歸有光曰漢書云高后崩與大臣共誅諸呂後坐事免考呂后紀漢書為是

張蒼為計相時緒正律曆

楊慎曰時字連計相讀為是故後言至於為丞相卒就之

至於為丞相卒就之

董份曰言雖為丞相猶終律曆事也

坐臨諸侯喪後就位不敬國除

陳子龍曰就位就朝位也故坐不敬

因故邑封為故安侯

愚按惠景閒侯者年表用丞相侯一千七百一十二戶

是時大中大夫鄧通方隆愛幸文帝嘗晏飲通家其寵如是是時丞相入朝而通居上傍有怠慢之禮

辨惑曰再下是時字不惟文勢重疊意亦不愜也其寵如是一句亦不必道

吾私之

徐孚遠曰言以私恩幸之不使干政也

為文帝泣

辨惑曰多為文帝字

子侯去病代三十一年卒徐廣曰一本無侯去病而云共侯蔑三十三年子臾封畤好侯改

愚按徐廣所云蓋據年表然漢表作侯共嗣

二十二年與徐又異

失列侯得食其故國邑

愚按漢書韋玄成傳永光中代于定國為丞相貶黜十年之間遂繼父相封侯故國是後仍復爵也

復使人責恐魏丞相以夫人賊殺侍婢事

愚按趙廣漢傳使中郎趙奉壽

而丞相司直繁君

愚按趙廣漢傳司直蕭望之也繁君名延壽見望之傳時丙吉為丞相褚先生誤

子嗣後坐騎至廟不敬有詔奪爵一級為關內侯

愚按魏相傳子弘嗣甘露中有罪削爵為關內侯

子嗣後為列侯

愚按漢書循吏傳霸子思侯嗣為關都尉于丞相已有廷尉傳在張廷尉語中

金牲曰按張廷尉傳並無于廷尉語此何所指

酈生陸賈列傳第三十七

習學記言曰按酈生陸賈叔孫通傳皆言高祖罵儒主僧儒服而漢所共事皆武人刀筆吏無有士人獨張良非軍吏不知何服也然儒書儒服自春秋戰國時固已詬厌之矣游說法術之學行道義既絕至是陸賈始發其端如陽氣復於大冬學者蓋未可輕視之也

黃氏日抄曰酈生為高帝下陳留高帝賴其兵食遂以入關所繫大矣然以善其令而而夜半賊殺之與之善者不亦難乎此戰國傾危之餘習直其卒窮於辯也陸賈兩使尉佗使漢越無兵爭天下陰受其賜多矣時時稱說詩書以祛高帝馬上之習社稷靈長終必賴之矣其後知太后將王諸公不可爭迺病免家居及諸公將危劉氏則出為陳平畫策誅之動靜合時措之宜而功烈泯無形之

表漢初儒生未有賈北也而太史公屈與酈生同傳豈以其辯說歟朱建以毋死無以為喪而受辟陽侯金所謂行不苟合者安在而與二生同傳何耶

酈生食其者陳留高陽人也

水經注曰陳留風俗傳曰酈氏居於高陽沛公攻陳留縣酈食其有功封高陽侯有酈峻字文山官至公府掾大將軍商有功食邑於涿故自陳留縣有餅亭餅鄉　委宛餘編曰按食其自稱高陽酒徒耳高帝號之曰廣野君初未嘗封侯而其子疥始封高梁侯改封武遂風俗傳誤也

號酈食其為廣野君

水經注曰睢水又東逕高陽故亭北俗謂之陳留北城非也蘇林曰高陽者陳留北縣也按在留使鄉聚名也有漢廣野君廟碑延熹六年十二月雍丘令董生仰餘徽於千載遵茂、美於絕代命縣人長照為文用章不朽之德其略云輟洗分餐諮謀帝猷陳鄭有涿鹿之功海岱無牧野之戰大康華夏綏靜黎物生民以來功盛莫崇今故宇無聞而單碑介立矣

塞成皋之險

通鑑地理通釋曰淮南王曰先要成皋之口人言絕成皋之道天下不通婁敬曰與項羽戰滎陽爭成皋之口

杜太行之道

通鑑地理通釋曰地理志太行山在河內山陽縣(山陽後廢故城在懷州修武縣西北)西北正義云在懷州河內縣(河內縣本野王太行山在西北)北二十五里澤州之南羊腸之道也白起攻南陽(河內修武也)太行道絕之范睢曰北斷太行之道則上黨之師不下(山自孟州亘至幽州)綿雀伯易感山賦云或主或臣建功立業尤顯聞於後世則有決羊腸之險邀此山之道攻滎陽伐韓以威天下應侯為秦昭王之謀也據敖倉之粟杜中山之阨使天下知所歸者酈食其為漢高祖之謀也踰此山入射犬破青犢之衆啟謝躬於鄴以收復天下為心者漢光武之謀也濟河降射犬之衆還軍敖倉屬魏种以河北事然後西向

以爭天下者魏武帝之謀也進據武牢扼其襟要俾竇建德不能踰山入上黨收河東之地而卒以併天下者唐太宗之謀也

距蜚狐之口

水經注曰魏土地記曰代城西南三十里有代王魚池池西有代王臺東去代城四十里祁夷水又東北得蜚狐谷即廣野君所謂杜蜚狐之口也蘇林據酈公之說言在上黨即實非也如淳言在代是矣晉建興中劉琨自代出蜚狐口奔於安次即於此道也　通鑑地理通釋曰後漢王霸與杜茂治蜚狐道注云在今蔚州蜚狐縣北通嬀州懷戎縣即古之蜚狐道注云在今蔚州北四百餘里號飛狐口輿地廣記有飛狐谷飛狐關在代國南四十里

守白馬之津

通鑑地理通釋曰漢白馬縣屬東郡戰國策張儀曰決白馬之口以流魏氏蘇代說燕曰決白馬之口魏無黃濟陽楚伐魏決白馬之口高誘曰白馬津名水經注河過黎陽縣南為白馬津〻之東南有白馬城唐滑州黎陽津即此也今屬滑州白馬縣本衛之曹邑黃河去城十一步外郡縣志白馬故關在衛州黎陽縣東一里酈食其說高祖曰杜白馬之津即此地後更名黎陽津黎陽津一名白馬津在白馬縣北三十里鹿鳴城之西南隅通典後魏改為黎陽津張耳陳餘從白馬渡河劉賈擊楚度白馬津入楚地顏氏曰即今滑州白馬縣河津袁紹遣顏良攻劉延於白馬郡縣志白馬山在白馬縣東北三十二里開山圖曰有白馬羣行山上悲鳴則河決馳走則山崩津輿縣蓋取此山為名焉容德改黎陽津為天橋津

田間將二十萬之衆軍於歷城

劉攽漢書刊誤曰此時何緣更有田間按田橫傳乃是田解橫傳云齊使華無傷田解軍歷下以距漢　通鑑地理通釋曰歷城今齊州縣漢屬濟南田廣罷歷下兵即其地　凌稚隆曰歷城一本作歷下

酈生曰舉大事不細謹盛德不辭讓而公不為若更言

班馬異同曰此數言益見酈生踈落不檢有志願成輕死生外身世之意漢書去之遂覺索然以終

齊王遂亨酈生

法言曰或問酈食其說陳留下敖倉說齊罷歷下軍何辨也韓信襲齊以身脂鼎何訥也曰夫辨也者自辨也如辨人幾矣

陸賈

於是尉他迺蹶然起坐

曰知錄曰坐者跪也

何渠不若漢（索隱曰漢書作遽字小顏以為有何迫促而不如漢也）

董份曰渠字即如漢書作遽字遽與遂通言何遂不如漢耳而索隱引顏說謬甚

號其書曰新語（正義曰七錄云新語二卷陸賈撰也）

漢藝文志攷證曰隋唐志二卷今有道基術事輔政無為資賢至德懷慮七篇吳壽曰輔政篇曰書不必起於仲尼之門夫黜仲尼之書則道不尊矣烏能使高帝行儒術哉　黃省曾曰漢去仲尼不遠七十子之徒化教未泯雖海內裂戰不息而齊魯之地且絃歌彬彬即如陸賈所撰新語其十二篇中仲尼治平之道數數彪顯苟非當時多賢風興而濡染之安能語若此也然則謂漢無儒者豈可與言大方通人之理哉漢氏經術至于立官顓門令仲尼之道絕而復傳于後賢者皆陸賈劉啓之功也

數見不鮮

曰知錄曰數見不鮮意必秦時人語猶今人所謂常來之客不殺雞也賈乃引此以為父之於子亦不欲久恩當時之薄俗可知矣

無久慁公為也

董份曰無久慁無字須挽上數見句讀言無見不鮮美之物以久慁我也

朱建

布不聽而聽梁父侯遂反（索隱曰梁父侯史失名如淳注漢書云遂布臣非也臣瓚曰布不用梁父侯計遂反耳其說是也）

徐孚遠曰瓚說與本文正相反也當依傳說梁父侯導布反耳

語在黥布語中

邵泰衢曰按黥布傳布幸姬數如醫家醫與中大夫賁赫對門赫厚餽遺姬姬侍王譽赫王疑其與私赫恐告變上使人微驗布遂族赫家發兵反未嘗有梁父侯也未聞有朱建

之諫也今云在黥布語中者何與
初沛公引兵過陳留酈生踵軍門上謁
茅坤曰當入前酈生傳而今乃以復出附平
原君傳後蓋太史公初本世所傳酈生書由
高帝距羽于鞏洛之間而以衣儒衣見及與
平原君之子善乃得酈生本由高帝過高陽
時見云云遂草次如此蓋其未定稿也誤見
於此

史記疏證卷第五十
傳靳蒯成列傳第三十八
愚按張晏云傳靳蒯列傳亡諸先生補
陽陵侯傳寬地理志云馮翊陽陵縣
愚按漢地理志陽陵故弋陽景帝更置高帝
時不容先有此名年表索隱云楚漢春秋作
陰陵
從至霸上
愚按年表至霸上為魏將
封為陽陵侯
愚按年表高帝六年十二月甲申封
靳歙
從攻安陽以東至棘蒲
齊名南曰棘蒲地不可攷左傳哀元年師及
齊師衛師鮮虞人伐晉取棘蒲則是晉邑而
杜不言所在是其地在趙魏之間
身得江陵王索隱曰案孔文祥云共敖子共尉
金甡曰按共尉嗣臨江王此乃同其所都而
以江陵王稱之
剖符世世勿絕

愚按年表高帝六年十二月甲申封

子亭代侯

愚按亭謚夷見年表

蒯成

蒯成侯緤者

後書郡國志曰河南縣有蒯鄉劉昭注左傳昭二十三年尹辛攻蒯晋地道記曰在縣西南有蒯亭

以緤為信武侯

愚按年表高帝六年八月甲子封

高帝十二年以緤為蒯成侯

愚按年表十二年十月乙未定蒯侯

居為太常有罪國除

愚按漢表云坐為太常收赤側錢不收完為城旦

劉敬叔孫通列傳第三十九

習學記言曰揚雄稱齊魯有大臣史失其名蓋漢至中世董仲舒之流出頗見古人本末而叔孫通以利方希世為儒者所貶然豈知通於暴秦勝羽中以其所學綿蕝自立之為難也儒術賴以粗傳真叔孫通陸賈之力觀兩生所言殆亦未知者昔公劉失其稷官自竄戎狄詩人追美之與文武同詞故曰肆不殄厥愠亦不隕厥問言有以致之也安得以孫魯之文誚祖宗之質乎

衣其羊裘

西京雜記曰衣旃衣披羊裘

今陛下起豐擊沛

史詮曰擊字衍

欲遣長公主

金甡曰按張耳傳云漢七年高祖從平城過趙趙王朝夕自上食有子壻禮則魯元之歸張敖久矣一聞劉敬之策遂欲奪之以嫁匈奴非體亦非情也

叔孫通

秦時以文學徵待詔博士

孔叢子獨治篇曰秦始皇東并子魚謂其徒叔孫通曰子之學可矣盍仕乎對曰臣所學於先生者不用於今不可仕也子魚曰子之材能見時變今為不用之學殆非子情也叔

孫通遂辭去以法仕秦

號稷嗣君徐廣曰蓋言其德業足以繼踪齊稷下之風流也駰案漢書音義曰稷嗣邑名

徐孚遠曰是時功臣多有名號侯者叔孫無軍功安得封邑徐說為長

於是叔孫通使徵魯諸生三十餘人

孔叢子答問篇曰博士將沒戒其弟子曰魯天下有仁義之國也戰國之世講頌不衰且先君之廟在焉吾謂叔孫通處濁世而清其身學儒術而知權變是今師也宗於有道必有今圖歸必事焉

魯有兩生不肯行

法言曰昔者齊魯有大臣史失其名曰如何其大也曰叔孫通欲制君臣之儀徵先生於齊魯所不能致者二人曰若是則仲尼之開跡諸侯也非邪曰仲尼開跡將以自用也如委已而從人雖有規矩準繩焉得而用之

原廟起以複道故

辨惑曰叔孫通以惠帝作複道勸之立原廟上乃詔有司立之則原廟之由已自見矣而復云原廟起以複道故此句安用哉前漢制之當矣

大直若詘道固委蛇蓋謂是哉

皮日休題叔孫通傳後曰古之所謂禮不相襲樂不相沿者何哉非乎彼聖人此聖人也此不相襲者角其功利之深淺爾不相沿者明文武之優劣爾故三王迭作五帝更制夏啟文武遞述其禮昭昭然若兩曜爭朗百川注瀆者矣然由周公刊之仲尼正之以周公之才之美謂後世無其人乎乃有仲尼仲尼之後迄今望其道如顏閔文如游夏者鮮矣況聖人哉是後之制禮作樂宜取周書孔策為標準也漢氏受命禮壞文缺時無聖人皆措其儀立其禮不沿襲於聖制者妄也夫國之大祭不過乎郊祀宗廟也漢之既命其郊止於五畤之祀者禮不曰兆五帝之郊者乎止於昭靈之園者禮不曰天子七廟者乎而叔孫生不為之正郊祀立宗廟去秦時之非制議昭靈之非禮汲汲於朝會之儀俾漢天子為高祖其身不得郊見饗不及七廟聽生

其制吻升厥式非不標準於聖人乎將以漢新去水火古羽兵械難為改作乎將不明壇墠之位禘祫之儀者乎若然者湯伐桀周伐紂其制可知也嗚呼不明於古制樂通於時變君子不由也其叔孫生之謂也　柯維騏曰老子洪德篇云大直若屈大巧若拙叔孫先仕秦既而降漢故太史公曰大直若屈道固委蛇也後漢荀爽白首隱居卒就董卓之辟而欲有為於其間故范曄作傳亦援太史公語為贊云

季布欒布列傳第四十

阨髡鉗季布

法言曰或問季布忍焉可為曰能者為之明哲不為也或曰當布之急雖明哲如之何曰明哲不終項仕如終焉攸避

上將軍樊噲曰

愚按噲傳不見為上將軍事漢書匈奴傳云陳豨反於代漢兵三十二萬噲為上將軍

故特召君耳

史詮曰宋本特作時

欒布

奏事彭越頭下祠而哭之

法言曰問長者曰藺相如伸秦而屈廉頗欒布之不塗朱家之不德直不疑之不校韓安國之通使

以軍功封俞侯

愚按年表景帝六年四月丁卯封戶千八百索隱曰俞音輸縣屬清河

袁盎鼂錯列傳第四十一

法言曰或問袁盎曰忠不足而談有餘鼂錯曰愚

絳侯所謂功臣非社稷臣

愚按李德裕論曰此言足以惑文帝聰明傷仁厚之政俾其君有薄宗臣之意

主亡與亡如淳曰不以主云而不行其政令索隱曰知淳說為得

徐孚遠曰主亡與亡言盡節致命也如說甚疎索隱亦失之

文帝從霸陵上

水經注曰霸水又左合滻水歷白鹿原東即霸川之西故芷陽矣是謂之霸上漢文帝葬

其上謂之霸陵上有四出道以瀉水在長安東南三十里故王仲宣賦詩云南登霸陵岸迴首望長安漢文帝嘗欲從霸西馳下峻阪袁盎攬轡於此處

百金之子不騎衡

愚按水經注作立不倚衡

調為隴西都尉如淳曰調選

玉海曰爰盎為中郎將從張釋之謁者則郎之進退將調之也爰盎調隴西都尉則將之進退光祿勳調之也　日知錄曰此今日調官字所本調有更易之意猶琴瑟之更張乃調也如淳訓為選未盡

袁盎即跪說曰

余有丁曰按漢書作起說是今史本多作跪義難通

使袁盎為太常

愚按百官公卿表孝景三年盎為奉常

鼂錯

太常遣錯受尚書伏生所

愚按儒林傳得二十九篇即以教於齊魯之間

錯所更令三十章

愚按漢藝文志法家鼂錯三十一篇隋經籍志梁有鼂氏新書三卷唐志七卷

吳楚七國果反以誅錯為名

歸有光曰漢書言鼂錯欲令上自將兵而身居守史記不載或是傅致之詞蓋廷尉奏獄難用削地為罪也

謁者僕射鄧公

金甡曰此鄧公非即絳侯故客亞夫所從受計者耶

張釋之馮唐列傳第四十二

卑之無甚高論令今可施行也

習學記言曰漢文帝令張釋之卑之無甚高論令今可行也舊稱王制乃文帝時博士諸生所為及禮記者大抵多漢初文字信乎其為高論矣文帝接秦之獘本欲有所為惜乎當時無知治明道之士而其間既以空缺數百年高則有慕古之迂卑則有循俗之陋故其事止於如此後世去文帝時雖遠然其君

且議論執礙不行處亦不過如此蓋未見有實能通之者然則行之可否百世一理何論古今哉

登虎圈

水經注曰霸水又北逕秦虎圈東

虎圈嗇夫從旁代尉對上所問禽獸簿甚悉

辨惑曰止云從旁代對甚悉豈不善乎

居北臨廁

水經注曰常昭曰高岸夾水為廁今斯原夾二水也

用紵絮斮陳蕠漆其間

愚按蕠集韻音袽黏著也漢書水經注皆去此字

下廷尉廷尉治

辨惑曰不須廷尉治三字　凌稚隆曰一本无重廷尉字

有如萬分之一假令愚民取長陵一抔土索隱曰鄭氏云抔手掬之字從手字本或作盃言一勺一抔兩音並通又音普迴反抔者墢之未殘之名也

辨惑曰但云有如或云萬一或云假令足矣

煩重如此殆不可讀　愚按師古漢書注云抔為杯勺之杯非也抔非應盛土之物也其意蓋譏鄭氏又音普迴反則字當從土抔與杯不通

與梁相山都侯王恬開見釋之持議平乃結為親友

金蛙曰按恬開高帝時為廷尉奏請族誅彭越者也彼時固有不得已之勢然愧張釋之多矣今之結反毋亦悔其少作乎

馮唐

吾獨不得廉頗李牧時為將

辨惑曰時字甚悖

其後會趙王遷立其母倡也王遷立乃用郭開讒卒誅李牧

辨惑曰再言王遷立何也　又曰趙世家論云吾聞馮王孫曰趙王遷其母倡也嬖于悼襄王悼襄王廢嫡子嘉而立遷遷數無行信讒故誅其良將用郭開豈不謬哉至馮唐傳稱李牧之功曰是時趙幾霸後會趙王遷立其母倡也用郭開讒而誅李牧子謂趙王遷

所以奪嫡而立則由其毋見嬖之故若乃信讒而誅李牧倡后何與焉此句為贅而班書亦存之過矣　愚按此特未見列女傳耳倡后之立李牧曾諫止之而悼襄王不聽及後遷立后淫佚不正通于春平君多受秦賂而使王誅其良將武安君李牧此句豈得為贅乎陳沂曰其毋倡也本不切為趙王用讒誅牧之自

罸作之

周禮司圜任之以事注鄭司農云若今時罸作矣

萬石張叔列傳第四十三

以奮為中涓

金甡曰按陳平來降時奮為通謁見世家

萬石君以元朔五年中卒

金甡曰按高祖東擊項籍過河內奮年十五始從時漢二年丙申奮當生於始皇二十八年壬午卒以元朔五年丁巳九十六歲矣

萬石君少子慶為太僕御出

愚按漢百官公卿表慶未嘗為太僕

其以御史大夫慶為丞相

愚按漢百官公卿表九月辛巳丞相周下獄死丙申御史大夫石慶為丞相

封為牧丘侯

愚按漢外戚恩澤侯表元鼎五年九月丁丑封

上以德為嗣代侯後為太常坐法當死贖為庶人

愚按漢外戚恩澤侯表德嗣二年天鳳元年坐為太常失法罔上祠不如令完為城旦

及慶死後稍以罪去孝謹益衰矣

徐孚遠曰石丞相在時田少卿已案治河東守石氏之衰久矣

衛綰

綰以戲車為郎

愚按凡史文中戲皆讀為旌麾之麾奚獨於此處讀為本字也綰醇謹無他弄車行險之事特于此傳一見不聞他人有為之者獨醇謹之人轉以此進身乎疑戲車鹵簿之事其職隸于太僕故後綰自言臣從車士也

對曰死罪實病

陳子龍曰於古君老不事太子綰不敢質言故稱病蓋見謹厚也

孝景前六年中封綰為建陵侯

愚按惠景間侯者年表六年四月丁卯封户一千三百一十

而君不任職

辨惑曰君字悖

其後綰卒

愚按漢功臣表侯一十一年卒謚哀侯史表作敬侯

子信代坐酎金失侯

愚按漢功臣表信嗣十八年元鼎五年免

直不疑

文帝稱舉

徐孚遠曰言為人主所知也

天子修吳楚時功乃封不疑為塞侯

愚按功臣表後元元年八月封户千四十六

稱為長者

曾偉芳曰漢自孝文酷好黃老之學其述以退為進以辱為榮無為也又曰無不為故動稱天下長者周勃相如以此懋當夫田叔以此薦孟舒景帝以此相衛綰天下爭慕效之嘖嘖談長者唯恐不及萬石君父子建陵張叔周仁之徒大率以敦厚為聲非人情不可用子長作史以與直塞侯同傳有以也夫

周仁

陰重不泄

李光縉曰陰重不泄當從索隱注為是曰終無所言曰然亦無所毀曰然常讓不敢受曰終無所受皆本陰重不泄來

期不為絜清

徐孚遠曰不潔清者言不為皦皦之行比於宦寺不必連言衣服也

張歐

自歐為吏未嘗言案人

大事記曰景帝誅鼂錯時丞相青翟中尉嘉廷尉歐劾奏錯之大逆無道錯當要斬父母妻子同産無少長皆棄市廷尉歐即張歐也安得為不案人哉則歐固謹於細而略於大

也
有可郤郤之
董份曰郤者尋其隙而釋之也
贊
塞侯微巧索隱曰案直不疑以吳楚反時為二千石將景帝封之微巧也
余有丁曰按不疑償同舍金不辨盜嫂亦微
巧事　凌稚隆曰按索隱以為將受封為微
巧非是

史記疏證卷第五十一
田叔列傳第四十四
會陳豨反代徐廣曰七年韓王信反高帝征之十年代相陳豨反
余有丁曰按此是七年高帝征信曰豨反史
誤
復呂孟舒以為雲中守
容齋隨筆曰按孟舒魏尚皆以文帝時為雲
中守皆坐匈奴入寇獲罪皆得士死力皆用
他人言復故官事切相類疑其只一事云
相常從入苑中正義曰括地志云矍相圃在兗州曲阜縣南禮記云孔子射於矍相之圃觀者如墻
徐孚遠曰疑苑中即矍相圃舊地正義引其
說而未竟
仁族死
辨惑曰始但言坐太子事而復言坐縱太子
誅死又言因千秋上變族死語意重疊昏晦
甚矣
陘城今在中山國
史詮曰此句不類太史公語本訓注而後入
誤以為本文也漢書無此七字　愚按漢地

理志中山國有若陘縣

因占著名數家於武功（索隱曰言卜日而自占著家口名數隸於武功 猶今附籍然也 也占音之贍反）

金牲曰按平準書云各以其物自占索隱曰郭璞云占自隱度也占字正宜用此解不宜解作卜字

是時河南河内太守皆御史大夫杜父兄子弟也

容齋隨筆曰班史言霍去病既貴衛青故人門下多去事之唯任安不肯去又言衛將軍進言任為郎中與褚先生所書為不同杜周傳云兩子夾河為郡守治皆酷暴亦不書其所終皆闕文也

扁鵲倉公列傳第四十五

習學記言曰扁鵲事浮稱濫引不可根據蓋為醫者寓言以神其學如黄帝岐伯之流無事實也以術能見五藏雖不為異然必有其人而後有其事不考於實而信其妄則遷過矣　古史曰予於趙世家削簡子之夢黜扁鵲之說以為為國不可以語怪及扁鵲列傳則具載其説曰世或有是不足怪也蓋孔子作春秋非人事不書而左丘明所記鬼神變怪世所共傳者録之無疑世有達者當辨此耳　辨惑曰緹縈上書救父事止宜載于孝文紀而又見于倉公傳　愚按止宜載于倉公傳不當入帝紀

扁鵲者

鶡冠子曰魏文侯謂扁鵲曰子兄弟三人孰最善為醫對曰長兄於病視神未有形而除之故名不出於家中兄治病其在毫毛故名不出於閭若扁鵲者鑱血脈投毒藥副肌膚間而名出聞於諸侯

姓秦氏名越人

史詮曰周禮釋文引史記扁鵲傳云姓秦名少齊越人今本無少齊二字當以釋文為是也

血脈治也

董份曰治即治亂之治也五日不知人疑其必死故扁鵲以為血脈治而不死也

虢太子死

說苑辨物篇曰趙太子

國中治穰過於衆事

愚按韓詩外傳作吾聞國中卒有壤土之事

得無有急乎

臣聞上古之時醫有俞跗

韓詩外傳曰庶子之好方者出應之曰吾聞上古醫曰弟父 說苑作苗父 說苑作弟父之為醫也以莞為席以芻為狗北面而祝之發十言耳諸扶輿而來者皆平復如故子之方豈能若是乎扁鵲曰不能又曰吾聞中古之為醫者曰俞跗俞跗之為醫也搦木為腦芷草為軀吹竅定腦死者復生 說苑作搦腦髓束肓莫炊灼九竅而定經絡死人復為生人故曰俞柎 曰子之方豈能若是乎扁鵲曰不能中庶子曰苟如子之方譬如以管窺天以錐刺地所窺者大所見者小所刺者巨所中者少如子之方豈足以變童子哉

試入診太子當聞其耳鳴而鼻張循其兩股以至陰當尚溫也

韓詩外傳曰試入診世子股陰當溫耳焦焦如有啼者聲若此者皆可活也

偏國寡臣幸甚 索隱曰謂虢君自謙云己是偏遠之國寡小之君也

董份曰寡目言太子也

扁鵲乃使弟子子陽厲鍼砥石以取外三陽五會

韓詩外傳曰扁鵲入砥鍼厲石取三陽五輸為先軒之竈八拭之陽 說苑作軒光之竈八成之湯 子同藥子明灸陽 說苑作子容擣藥子明吹耳 子游按摩子儀反神子越扶形於是世子復生 周禮疏曰按劉向云扁鵲治趙太子暴疾尸蹷之病使子明炊湯子儀脉神子術按摩又中經簿云子儀本草經一卷儀與義一人也

而醫之所病病道少 徐廣曰所病猶療病也

董份曰醫之所病蓋借前一病字而言言醫之所短也此甚易曉者而注繆可咲 又曰病道少言治病之道少也 日知錄曰言醫之所患患用其道者少即下文六者是也

倉公

更受師同郡元里公乘陽慶 正義曰百官表云公乘第八爵也顏師古云言其得乘公之車也

愚按公乘蓋以爵為氏如壺關三老公乘興

是也公乘為陽慶之氏非爵也

此歲中亦除肉刑法

史詮曰史公作倉公傳止此意家居以下蓋出褚生手非太史公筆也

詔召問所為治病死生驗者幾何人主名為誰

詔問故太倉長臣意方伎所長及所能治病者有其書無有皆安受學受學幾何歲嘗有驗何縣里人也何病醫藥已其病之狀皆何如具悉以對

辨惑曰文勢重疊如此是必前者遷所敘而後乃當時詔語倉公引之耳不必并而為一云詔召問曰意對曰則簡而明矣

慶有古先道遺傳黃帝扁鵲之脈書五色診病知人生死決嫌疑定可治

史通曰倉公傳稱其傳黃帝扁鵲之脈書五色診病知人死生決嫌疑定可治召問其所長對曰傳黃帝扁鵲之脈書以下它文盡同上說夫上既有其事下又載其言言事雖殊委曲何別按遷之所述多有此類而劉揚服其善敘事也何哉

臣意年盡三年年三十九歲也

日知錄曰按徐廣注高后八年意年二十六當作年盡十三年年三十九歲也脫十字孝文本紀十三年除肉刑

人中而刺之

史詮曰洞本人作入

適其共養此不當醫索隱曰案謂山跗家不適近所持財物共養我我不敢當以言其人不堪療也

董份曰適其共養者言當適病者之供養以俟其死耳此不當復醫也索隱大繆

而毛美奉髮

凌稚隆曰按毛美奉髮即下色澤也

夫悍藥入中則邪氣辟矣而宛氣愈深

董份曰辟者辟去之意宛氣者即前所謂寒熱氣宛者也言邪氣雖去而宛鬱愈深也

安陵阪里公乘項處病索隱曰案公乘官名也項姓處名

愚按公乘爵名非官名也公乘姓項處名

同產處臨菑

金甡曰此同產應作同業解

楊中倩不肯索隱曰人姓名也

金甡曰按上言處臨菑者即指陽慶也欲受其方者光向欲傳習慶方也曰非其人者當是慶不肯傳光語另夾一楊中倩之言於上下情事不合楊字得非陽字之誤而中倩或即慶之字耶　愚按前言慶家富下文又云其家給富為慶無疑

臣意不能全也

董份曰述臣意對問太詳恐非太史法然又非褚先生所能意者漢史氏具藏其本而褚對録之耳

吳王濞列傳第四十六

吳有豫章郡銅山

歸安鄭元慶石柱記箋釋曰長城縣西一百二十里曰卭龍山山上有古石城又名石郭山輿地志云吳採章山之銅即此與安吉接界

濞則招致天下亡命者盜鑄錢

西京雜記曰吳錢微重文字肉好與漢錢不與

以故無賦如淳曰鑄錢煑鹽收其利以足國用故無賦於民　正義曰按既盜鑄錢何以收其利足國之用吳國之民又何得無賦如說非也言吳國山既出銅民多盜鑄錢及煑海水為鹽以山海之利不賦之故言無賦也其民無賦國用乃富饒也

徐孚遠曰吳王既擅山海之利豈得聽民盜出鹽錢耶其言無賦如說得之矣

於是乃使中大夫應高誂膠西王

說文曰誂相呼誘也徒了切

而曰城陽景王有義攻諸呂勿與事定分之耳

劉辰翁曰而曰以下數語是諸王策其間有不從者故先言後日所處以說之耳漢書去之謬甚

故以反為名西共誅鼂錯

余有丁曰按漢書作以故反名為西共誅鼂錯更順

問父絳侯故客鄧都尉

茅坤曰鄧都尉不知何許人條侯不以聞于天子不復見其為世用何哉　愚按鼂錯傳有謁者僕射鄧公城固人也多奇計華陽國志以為鄧先其即此人耶

梁使韓安國及楚死事相弟張羽為將軍乃得頗敗吳兵

愚按韓長孺傳梁孝王使安國及張羽為將扞吳兵於東界張羽力戰安國持重以故吳不能過梁

郎使人鏦殺吳王

越絕曰東甌越王弟夷烏將軍殺濞

故古者諸侯地不過百里山海不以封

鄒寶曰王制言名山大澤不以封者不可為井田以業其民也太史公懲吳之逆亂謂先王山澤不以封者以是故豈其然哉昔齊之封實負東海魯之封實環太山山澤之名且大者孰加於是而齊魯卒為望國非何異也

魏其武安侯列傳第四十七

習學記言曰田蚡灌夫不必論竇嬰本以節行自喜以功名自任而其處廢興之際如此可歎也

嬰乃言袁盎欒布諸名將賢士在家者進之

愚按吳王濞傳將軍欒布擊齊竇嬰未行言故吳相袁盎詔召入見拜為太常使告吳

封嬰為魏其侯

愚按侯者年表孝景三年六月乙巳封三千三百五十户

魏其已為大將軍後方任蚡為諸郎徐廣曰一云諸郎時人相號長老老者為諸公年少者為諸緣如今人相號為士大夫

愚按徐廣說非也諸郎郎百官表所謂議郎中郎侍郎郎中是也故漢書改為諸曹郎

擊槃盂諸書

漢藝文志攷證曰文選注七略曰槃盂書者其傳言孔甲為之孔甲黃帝之史也盂槃盂中為法誡或於鼎名曰銘蔡邕銘論黃帝有巾机之法孔甲有槃杅之誡梁簡文帝六槃盂寓儆高之辭

孝景後三年封蚡為武安侯勝為周陽侯

愚按侯者年表後元三年三月封武安户八千二百一十四周陽户六千二十六

除關索隱曰謂除關門之稅也

徐孚遠曰索隱非也漢立關以稽諸侯出入至此罷之示天下一家之義也

天下士郡國諸侯愈益附武安索隱曰披謂仕諸郡及仕諸侯王國者猶言任郡國也

徐孚遠曰索隱說小曲天下士士人也郡國

諸侯列侯也言此而種皆附武安

貌侵韋昭云侵音寢短小也又云醜惡也刻确也音核

凌稚隆曰按注有刻确也字則本文侵字下當有刻字

今上初即位以為淮陽天下交勁兵處故徙夫為淮陽太守

陳子龍曰人主初即位恐有奸人謀非常者故置名太守以鎮之

夫以服請宜往索隱曰案徐廣云以服請不宜往其說非也正言灌夫請不以服為解蚡不宜之故駕自往迎也

董份曰宜往言丞相必往魏其第也注皆謬

與長孺共一老禿翁索隱曰案謂共治一老禿翁指竇嬰也

日知錄曰謂爾我皆垂暮之年無所顧惜當直言以決此事也索隱非

君何不自喜蘇林曰何不自解釋為喜樂邪索隱曰案小顏云何不自謙遜為可喜之事音許既反

金甡曰按不自喜猶言不自愛下文所謂無大體是也注未合

韓長孺列傳第四十八

孝王使安國及張羽為將

愚按吳王濞傳張羽死事相張尚之弟

令得自請置相二千石

凌稚隆曰按漢初王國二千石以下吏皆得自置惟二千石則天子自命之

為言之帝

凌稚隆曰是太后令長公主并己意言之于帝不欲自言也

公孫詭羊勝說孝王求為帝太子及益地事恐漢大臣不聽乃陰使人刺漢用事謀臣及故吳相袁盎

劉奉世漢書刊誤曰刺漢謀臣在漢已立太子之後此云求為太子恐大臣不聽故刺之與諸傳不同當是此傳誤

遷為大司農

愚按百官公卿表在建元三年

曰大行王恢言上

愚按此下有天子詔問公卿安國與王恢辨難之語見新序漢書用之

智足以當世取舍而出於忠厚焉索隱曰案出者去也言安國為人無忠厚之行

董份曰知當世取舍者智也智者宜或失于薄而安國乃又忠厚貪嗜于財宜其所舉皆汙墨而安國又舉廉士太史所以稱之也讀其文自見索隱謬　徐孚遠曰出于忠厚言意本忠厚也索隱觧出為去言無忠厚之行非也觀贊語得之

於梁舉壺遂臧固郅他皆天下名士索隱曰他徒何反謂三人姓名

宋死曰若郅他是人姓名為天下名士何不著見于史漢書作至他是也　愚按臧固亦不見於史史不必盡言天下名士也宋說固矣

世之言梁多長者

楊慎曰觀太史公贊安國言梁多長者則索隱無忠厚之言不合矣

壺遂之內廉行修斯鞠躬君子也

辨惑曰夫鞠躬特折身耳而以為君子之盛德何也且天子以輔相期之而充其所有幾止于是乎

李將軍列傳第四十九

故槐里徙成紀

晉書李暠傳曰漢前將軍廣之十六世孫也廣曾祖仲朔漢初為將軍討叛羌于素昌素昌即狄道也衆寡不敵死之仲翔子伯考奔喪因葬于狄道之東川遂家焉

而廣以良家子從軍擊胡索隱曰案如淳云非醫巫商賈百工也

徐孚遠曰良家子從軍蓋自以才力從大軍取功名非卒伍也如說不分明

領屬護軍將軍

愚按韓安國為護軍將軍

匈奴入殺遼西太守敗韓將軍

愚按韓長孺傳匈奴大入上谷漁陽

廣出獵見草中石以為虎而射之中石沒鏃視之石也因復更射之終不能復入石矣

西京雜記曰李廣與兄弟共獵於冥山之北見卧虎焉射之一矢即斃斷其髑髏以為枕示服猛也鑄銅象其形為溲器示厭辱之也他日復獵於冥山之陽又見卧虎射之沒矢飲羽進而視之乃石也其形類虎退而更射鏃破簳折而石不傷　日知録曰今永平府

盧龍縣南有李廣射虎石廣為右北平太守而此地為遼西郡之肥如其謬不辨自明水經注言右北平西北百三十里有無終城亦非也故右北平郡前漢治平剛後漢治土垠酈氏所引魏氏土地記曰薊城東北三百里有右北平城此後漢所治之土垠而平剛則在盧龍塞之東北三四百里乃武帝時郡治李廣所守今之塞外其不在土垠明矣又攷西京雜記述此事則云獵於冥山之陽莊子言南行者至於郢北面而不見冥山司馬彪注冥山北海山名是廣之出獵乃冥山而非近郡之山也

用此其將兵數困辱

習學記言曰李廣自用之兵人所不及世或以常律論之固非矣然終不立大功名未知其故安在遷謂其將兵數困辱有由殆亦未然也

於是上名廣代建為郎中令

愚按百官公卿表元朔六年右北平太守李廣為郎中令五年免

而是時公孫敖新失侯為中將軍從大將軍

劉奉世漢書刊誤曰按青去病傳是歲出塞無中將軍而敖傳是歲以校尉從大將軍此傳誤也

軍士大夫一軍皆哭

辨惑曰但云一軍足矣

代廣為郎中令

愚按百官公卿表在元狩五年

貳師將軍李廣利將三萬騎擊匈奴右賢王祁連天山

凌稚隆曰一本王下有於字

史記疏證卷第五十二

匈奴列傳第五十

習學記言曰按帝王詩書所以號名蠻夷戎狄者以其無禮義忠信為相别異之稱也初不論遠近内外蓋其百官氏族既皆以功德厚薄賜之其不在此數而種落衆強不率上命者即為夷狄此山戎獫狁葷粥蠻荆及春秋左氏所載諸夷狄之名所以為多而不同也皆在九州之内諸侯之間春秋以後禮義壞而為戰國文教衰而專武事先王之道盡廢華戎無别混為一區於是九州之内但以地勢為中夏而在九州之外者方起而為敵國矣如匈奴東胡月氏樓煩之屬蓋莫知所始遷為匈奴傳不復詳考徒雜取經傳所謂戎狄者論次之而特以匈奴為宗又謂其為夏之苗裔曰淳維時大時小别散分離至冒頓而世傳官號始可得記若一種姓者疏略甚矣　余有丁曰傳内每言擊胡胡輒入邊殺掠及留胡使胡亦留漢使相當至匈奴遠遁破耗矣然猶不能臣服之且不免浞野李陵貳師之敗没見武帝雖事窮黷而未得十分逞志也篇中大意如此其微旨實寓譏云　日知録曰因匈奴犯塞而有衛霍之功故序匈奴於衛將軍驃騎傳之前

其後三百有餘歲戎狄攻大王亶父

困學紀聞曰王氏遂曰自后稷三傳而得公劉自亶父三傳而武王滅商則公劉在夏之中衰而亶父宜在商之季世不啻五六百年而曰三百歲未知何所據

故詩人歌之曰

史詮曰漢書穆王後有宣王一節故引小雅之詩為證史記缺宣王事而以此詩係襄王時誤也

自是之後百有餘年晋悼公使魏絳和戎翟

困學紀聞曰以左氏考之晋文公三年秦始霸西戎襄公四年晋魏絳和戎蓋五十餘歲　太原閻若璩曰按魏絳和者北戎非西戎也

而始皇帝使蒙恬將十萬之衆北擊胡

愚按蒙恬傳將三十萬衆

築四十四縣城

愚按秦始皇本紀作三十四縣

十餘年而蒙恬死

愚按恬以始皇三十四年擊胡以二世初即位死首尾實四年

置左右賢王左右谷蠡王

後漢書南匈奴傳其大臣貴者左賢王次左谷蠡王次右賢王次右谷蠡王謂之四角次左右日逐王次左右温禺鞮王次左右斬將王是為六角皆單于子弟次第當為單于者也

左右大當户左右骨都侯

後漢書南匈奴傳異姓大臣左右骨都侯次左右尸逐骨都侯其餘日逐且渠當户諸官號各以權力優劣部衆多少為高下次第焉

諸大臣皆世官呼衍氏蘭氏其後有須卜氏此三姓其貴種也

後漢書南匈奴傳異姓有呼衍氏須卜氏丘林氏蘭氏四姓為國中名族常與單于昏姻呼衍氏為左蘭氏須卜氏為右

歲正月諸長小會單于庭祠五月大會龍城祭其先天地鬼神

後漢書南匈奴傳匈奴俗歲有三龍祠常以正月五月九月戊日祭天神

發使以書報不來漢使不至

正維楨曰發使是單于使發以書報漢天子者不來言拘留也漢使不至言不見答也

必我行也為漢患者

辨惑曰漢書但云必我而無行字此恐錯誤若曰為漢患者必我也或云必我行為漢患矣如此乃順　蔡汝楠曰郎管子曰子耶言伐莒者是倒句法

令其量中

史詮曰中满也

而拜昌侯盧卿為上郡將軍甯侯魏遫為北地將軍隆慮侯周竈為隴西將軍

徐孚遠曰三將軍以地名為軍號者將其郡人故也

漢使馬邑下人聶翁壹（索隱曰衛青傳唯稱聶壹故顧氏云壹名也老故稱翁義或然也）

愚按老固稱翁文家不應有此例況聶壹之
畀畀者乎索隱於韓安國傳既云聶姓翁壹
名於此復有異說何也
漢亦尚關市不絶以中之正義曰如淳云得其以利中傷之
徐孚遠曰如説非也謂中其欲使不至時入
塞
匈奴數萬騎入殺代郡太守恭及略千餘人
愚按漢書恭及作共友師古曰太守姓名也
衛青傳作代郡太守友則及為友無疑
漢使留匈奴者前後十餘輩而匈奴使來漢亦
輒留相當
愚按前云先是漢亦有所降匈奴使者單于
亦輒留漢使相當又云漢留匈奴使匈奴亦
留漢使必得當乃肯止何言重而辭複耶
昔齊襄公復百世之讎春秋大之
愚按此下疑有闕文然漢書亦仍之無所增
益則當時所傳亦如此
貳師聞其家以巫蠱族滅因并衆降匈奴
柯維騏曰按漢武帝元封後為太初又為天
漢為太始為征和太史公于天漢二年遭李
陵之禍未終而卒故封禪書止于天漢三年
河渠書止于天漢二年平準書草創未就止
于元封元年乃若李廣利降匈奴在征和四
年匈奴傳不應有此文後人所增耳
衛將軍驃騎列傳第五十一
與侯青衛媼通索隱曰外戚傳云薄姬父與魏王宗女魏媼通則少亦稱媼也
愚按媼惟老婦得稱魏媼亦是薄姬後所追
呼耳非必少時便稱媼也取以相證失之矣
皆冒衛氏
愚按衛媼不言有夫然世亦未有以母氏為
氏者則衛為媼夫家之氏無疑也史公于此
傳文繁辭複而媼之子女究莫定其誰適所
生既云青同母兄衛長子而姊衛子夫自平
陽公主家得幸天子故冒姓為衛氏又云長
君母號為衛媼媼長女衛孺次女少兒次女
即子夫後子夫男弟步廣皆冒衛氏不知青
及子夫為鄭季所生耶抑衛孺以下皆出自
鄭季耶兩言皆冒衛氏殊未分明
人奴之生得無笞罵即足矣
賁衮曰人奴之為一句生得無笞罵即足矣

為一句生讀如生乃與噲等為伍之生

青時給事建章

三輔黃圖曰建章宮武帝太初元年栢梁殿災粵巫勇之曰粵俗有火災即復起大屋以厭勝之帝於是作建章宮度為千門萬戶宮在未央宮西長安城外

以三千八百戶封青為長平侯

愚按建元以來侯者年表元朔二年二月丙辰封

以千一百戶封建為平陵侯

愚按漢表一千戶

青校尉張次公有功封為岸頭侯

愚按侯者年表元朔二年六月壬辰封

斬輕銳之卒捕服聽者三千七十一級

漢書作三千一十七級

益封青三千戶

漢書作三千八百戶　愚按青及霍去病所封戶數史漢往往不同而漢書較詳已於漢書青傳註其異處此不多述也

青子登為發干侯

西京雜記曰衛將軍青生子或有獻騧馬者乃命其子曰騧字叔馬其後改為登字叔耳

以千五百戶封敖為合騎侯

愚按年表公孫敖韓說公孫賀李蔡皆以元朔五年四月丁未封

都尉韓說從大將軍出窳渾索隱曰漢書作寘渾

魏畧西戎傳曰匈奴北有渾窳國

校尉李朔校尉趙不虞校尉公孫戎奴各三從大將軍獲王

愚按年表李朔至右賢王庭得王虜閼氏趙不虞攻豊吾先登石累得王公孫戎奴至右賢王庭數為雁行上石山先登

以千三百戶封朔為涉軹侯

愚按年表元朔五年四月丁未封

以千三百戶封不虞為隨成侯以千三百戶封戎奴為從平侯

愚按年表元朔五年四月乙卯封漢表從平一千一百戶

議郎周霸等索隱曰案郊祀志議封禪有周霸故知儒生也

金甡曰按周霸議封禪見封禪書又儒林傳

云魯周霸至膠西内史申公弟子也詳見本書何必從郊祀志纂擬為說乎

以千六百戶封去病為冠軍侯

愚按年表元朔六年四月壬申封

以千一百戶封賢為衆利侯

愚按年表元朔六年五月壬辰封

封騫博望侯

愚按年表元朔六年三月甲辰封

誅全甲

凌稚隆曰按漢書霍去病合短兵鏖皋蘭下殺折蘭王斬盧胡王銳悍者誅全甲獲醜執渾邪王子師古注全甲謂軍中之甲不喪失也今史記於短兵下无鏖皋蘭下一句於斬盧胡王下却言誅全甲殊不可解蓋傳寫之誤也徐廣註曰全一作金因其誤而註之耳

師大率減什三索隱曰案漢書作咸什七小顏云破匈奴之師十減其七一云漢兵亦失之數下皆類此案一說為是也

茅攢曰若如一說則是方叙驃騎之功而又計其損失之數也當依小顏所云

以千五百戶封破奴為從驃騎侯

愚按年表元狩二年五月丁丑封

以千一百戶封不識為宜冠侯

愚按年表元狩二年正月乙亥封漢表云五月庚戌

校尉僕多有功索隱曰案漢表作僕朋疑多字誤

愚按僕朋秖一見於漢表耳史漢驃騎傳及建元以來侯者年表皆作僕多三人占從二人之言則是僕朋為誤非僕多誤也

封為煇渠侯

愚按年表元狩二年二月乙丑封謚忠侯

常與壯騎先其大將軍軍亦有天幸未嘗困絕也

董份曰常與壯騎先其大將軍為句軍亦有天幸承上文皆言驃騎也王右丞詩衛青不敗由天幸則是以大將軍別起為句矣不知太史公此傳專右大將軍而貶驃騎謂驃騎受上寵又有天幸所以不困絕而成功也右丞尚誤況其他乎史記誠不易讀也

封渾邪王萬戶為漯陰侯

愚按年表元狩三年七月壬午封

封其裨王呼毒尼為下摩侯
愚按年表元狩二年六月己亥封蓋先渾邪王幾一年先封疑使其先來要遮漢人者
鷹庇為煇渠侯
愚按年表作扁訾與禽梨銅離皆以元狩三年七月壬午封
仍與之勞
淩稚隆曰按仍與漢書作仍興注重與軍旅之勞也
逴行殊遠
愚按逴漢書作卓隸辨曰祝睦後碑懿德逴優按卓古通逴楚辭哀時命處卓卓而日遠兮卓一作逴
以千六百戶封博德為符離侯
愚按年表四年擊右王將重會期六月丁卯封
以千二百戶封山為義陽侯
愚按年表四年擊左王得王與路博德同日封
以千三百戶封復陸支為壯侯
愚按年表四年擊左王以少破多捕虜二千一百人與博德同日封
以千八百戶封伊即靬為衆利侯
愚按年表四年擊右王手自劍合與路博德同日封
驃騎將軍自四年軍後三年元狩六年而卒
金甡曰按元朔六年去病年十八封侯元狩二年年二十為驃騎將軍四年為大司馬六年卒才二十四歲
元封元年嬗卒
愚按封禪書奉車子侯暴病一日死
其後常為大行
金甡曰按張湯敗息亦抵罪見汲黯傳
武帝立十一歲為驃騎將軍
余有丁曰按驃騎將軍武帝立名以寵去病本傳前云賀為輕車將軍又曰騎將軍此驃字必誤　金甡曰按驃字自屬衍文然余氏只須引前元光五年公孫敖為騎將軍作証何反將同時公孫賀為輕車將軍牽入毋乃亦有誤乎　又曰元光五年武帝立十二歲本

文亦有小有不合下文云後五歳封為合騎
侯此元朔五年事當作後六歳此類不可枚
舉
次公父隂輕車武射也
金甡曰次公亦良家子然嘗與義縱俱攻剽
為群盜見酷吏傳
將軍趙信以匈奴相國降為翕侯
愚按年表元光四年七月壬午封
家在漢中
史詮曰蘇建家在大猶鄉張騫家在漢中二
家字本作冢蓋因字形相近而訛也太史公
所以載此二冢者正從驃騎冢象祁連山波
及之耳　愚按疑家為冢近似有理云因驃
騎冢而及之則鑿也漢書言衛青死與主合
葬起冢象廬山史公何不一言耶
襄曹參孫也
愚按世家襄乃參元孫
四益封凡萬五千一百户
愚按漢書凡萬七千七百户
其後枝屬為五侯
金甡曰按四侯而言五侯者長平一侯青封
伉嗣也
蘇建語余曰吾嘗責大將軍至尊重而天下之
賢大夫毋稱焉
史通曰叙事之體有假贊論而自見者如衛
青傳後太史公曰蘇建嘗責大將軍不薦賢
待士此則紀之與傳並所不書而史臣發言
別出其事所謂假贊論而自見者也
驃騎亦放此意
論衡曰信陵孟嘗食客三千稱為賢君衛將
軍霍去病門無一客亦稱名將　愚按衛青
亦嘗言主父偃於上
平津侯主父列傳第五十二
容齋隨筆曰平津本傳稱其意忌内深殺主
父偃徙董仲舒皆其力然其可稱者兩事武
帝置蒼海朔方之郡平津數諫以為罷獘中國
以奉無用之地願罷之上使朱買臣等難之
乃謝曰山東鄙人不知其便若是願罷西南
夷專奉朔方上乃許之卜式上書願輸家財
助邊蓋迎合主意上以語平津對曰此非人

情不執之臣不可以為化而亂法願勿許乃罷式當武帝好大喜功而能如是槩之後世足以為賢相矣惜不以式事載本傳中

丞相公孫弘者

藝苑卮言曰公孫弘字次卿見鄒長倩書乃學春秋雜說

愚按儒林傳齊之言春秋者多受胡毋生公孫弘亦頗受焉

菑川國復推上公孫弘

西京雜記曰公孫弘以元光五年為國士所推上為賢良國人鄒長倩以其家貧少自資致乃解衣裳以衣之釋所著冠履以與之又贈以芻一束素絲一襚撲滿一枚書題遺之曰夫人無幽顯道在則為尊雖生芻之賤也不能脫落君子故贈君生芻一束詩人所謂生芻一束其人如玉五絲為䌰倍䌰為升倍升為緎倍緎為紀倍紀為緵倍緵為襚此自少之多自微至著也猶士之立功勳故贈君素絲一襚撲滿者以土為器以蓄錢具其有入竅無而出竅滿則撲之土麤物也錢重貨也入而不出積而不散故撲之士有聚斂而不能散者將有撲滿之敗而不可誡歟故贈君撲滿一枚猗嗟盛歟山川阻脩加以風露次卿足下勉作功名竊在下風以俟嘉譽弘答爛敗不存

擢弘對為第一

金甡曰按弘年七十

三歲中至左內史徐廣曰一云一歲

愚按一歲中為是弘以五年對策即于是年為左內史四年遷見漢書百官公卿表

元朔三年張歐免以弘為御史大夫

愚按漢書百官公卿表二年遷

然為布被此詐也

西京雜記曰公孫弘起家徒步為丞相故人高賀從之弘食以脫粟飯覆以布被賀怨曰何用故人富貴為脫粟布被我自有之弘大慙賀告人曰公孫弘內服貂蟬外衣麻枲內廚五鼎外膳一肴豈可以示天下於是朝廷疑其矯焉弘嘆曰寧逢惡賓不逢故人

竟以丞相終

西京雜記曰弘著公孫子言刑名事亦謂字直百金

主父偃學長短縱横之術

困學紀聞曰蒯通善為長短說主父偃學長短縱横術邊通學短長史記索隱云戰國策亦名長短書

是時趙人徐樂齊人嚴安俱上書言世務各一事索隱曰嚴本姓莊者明帝諱後並改姓嚴也

日知録曰鄧伯羔謂安自姓嚴然漢書藝文志曰主父偃二十八篇徐樂一篇莊安一篇是安本姓莊非嚴也漢書之稱莊安班氏所未改也史記之稱嚴安後人所追改也

又使尉佗屠睢將樓船之士南攻百越使監禄鑿渠運粮深入越越人遁逃曠日持久粮食絶乏越人擊之秦兵大敗

愚按疑衍佗字漢書無之淮南子人間訓曰秦皇利越之犀角象齒翡翠珠璣乃使尉屠睢發卒五十萬為五軍一軍塞鐔城之嶺一軍守九嶷之塞一軍處番禺之都一軍守南野之界一軍結餘干之外三年不解甲弛弩使監禄無以轉餉又以卒鑿池而通糧道以與越人戰殺西嘔君譯吁宋而越人皆入叢薄中與禽獸處莫肯為秦虜相置桀駿以為將而夜攻秦人大破之殺尉屠睢伏尸流血數十萬

故周失之弱秦失之彊

習學記言曰漢武五十年用兵獨嚴安一疏論事有本末言秦失之彊識病當世有味

詔拜偃為謁者遷樂為中大夫

愚按漢書後以安為騎馬令

弘為舉首

辨惑曰舉首下意似不足豈有闕文乎

後聖不循

董份曰後聖聖字恐當是世字言禹聖德歟後世不能循也

始之盛也

凌稚隆曰一本始作治

始以蒲輪迎枚生索隱曰謂以蒲裹車輪恐傷草木也

徐孚遠曰封泰山用蒲輪恐傷草木也迎賢

人用蒲輪欲令車安也索隱非是

累其名臣

史詮曰漢書累作參

史記疏證卷第五十三

南越尉佗列傳第五十三

南越王尉佗者索隱曰十三州記云大郡曰守小郡曰尉

徐孚遠曰郡自有守有尉不以大小別置也然此南海止有尉者應是尉攝守耳　愚按尉為東南一尉之尉酈道元引此語則與守尉之尉異

佗秦時用為南海龍川令

水經注曰泿水又逕博羅西界龍川左思所謂目龍川而帶垌者也趙佗乘此縣而跨據南越矣

南海尉任囂病且死

水經注曰瀧水又南出峽謂之瀧口西岸有任將軍城南海都尉任囂所築也囂死尉他自龍川始居之東岸有任將軍廟

與剖符通使

西京雜記曰尉佗獻高祖鮫魚荔枝高祖報以蒲桃錦四匹

蠻夷大長老夫臣佗

隋書地理志曰諸獠並鑄銅為大鼓俗好相

殺多搆難怨欲相攻則鳴此鼓到者如雲有鼓者號為都老羣情推服本之舊事尉他於漢自稱蠻夷大酋長老夫臣故俚人猶呼其所尊為倒老也言訛故又稱都老云

願長為藩臣奉貢職

水經注曰建安中吳遣步隲為交州隲到南海見土地形勢觀尉他舊治處負山帶海博敞渺目高則桑土下則沃衍林麓鳥獸於何不有海怪魚鼈黿鼉鮮鰐珍怪異物千種萬類不可勝記他因岡作臺北面朝漢圓基千步直峭百丈頂上三畝複道迴環逶迤曲折朔望升拜名曰朝臺前後刺史郡守遷除新至未嘗不乘車升履於焉逍遥隲登高遠望覩巨海之浩茫觀原藪之殷阜乃曰斯誠海島膏腴之地宜為都也建安二十二年遷州番禺築立城郭綏和百越遂用寧集交州治中姚文式問答云朝臺在州城東北三十里

至建元四年卒

水經注曰裴淵廣州記曰城北有尉他墓墓後有大岡謂之馬鞍岡秦時占氣者言南方有天子氣始皇發民鑿破此岡地中出血今鑿處猶存以狀取目故岡受厥稱焉王氏交廣春秋曰越王趙他生有奉制稱藩之節死有祕異神密之墓他之葬也因山為墳其壠塋可謂奢大葬積珍玩吳時遣使發掘其墓求索棺柩鑿山破石費日損力卒無所獲

立明王長男越妻子術陽侯建德為王徐廣曰元鼎四

年以南越王兄越封高昌侯

楊慎曰越妻乃越女非漢女也而徐注若以越為人名何也　金甡曰按此猶左傳楚昭王卒而立越女之子章也徐注誤

發兵守要害處

日知録曰按漢書西南夷傳注師古曰要害者在我為要於敵為害也此解未盡要害謂攻守必爭之地我可以害彼彼可以害我謂之害人身亦有要害素問岐伯對黄帝曰脉有要害後漢書來歙傳中臣要害

封其子延年為成安侯

金甡曰按年表元封六年延年有罪國除延年後與李陵同代匈奴陵降而延年戰死

愚按漢功臣表延年與摎廣德皆以元鼎五年三月壬午封延年千三百八十戶廣德六百七十戶

封其子廣德為龍元侯索隱曰按龍元屬譙國

愚按索隱此言不與表合年表索隱曰龍魯邑蕭該云廣德所封止是龍有元者誤也

以其故校尉司馬蘓弘得建德封為海常侯

愚按年表元鼎六年七月乙酉封

越郎都稽得嘉封為臨蔡侯

愚按年表元封元年閏月癸卯封

自定屬漢

餘冬序録曰自定者趙光由定而來屬也故倶得封　金甡曰按自定者謂光與定皆保安境內歸服于漢非光由定而來也年表云安道侯定以南越揭陽令聞漢兵至自定降侯又義甚明而定字各別何說非是文紀前三年詔曰齊北吏民兵未至先自定及以軍地邑降者皆赦之亦可証也

樓船將軍兵以陷堅為將梁侯

愚按年表元鼎六年三月乙酉封

東越列傳第五十四

及越東海王搖者其先皆越王句踐之後也

愚按越世家句踐至無彊六世為楚所滅無彊至搖七世

秦已并天下皆廢為君長

愚按越為楚滅子孫分散君服於楚越世家雖有或為王或為君之言其寔自相稱署而不得比於宋衛中山之數者也秦兼天下罷侯置守六國之後尚不得尺土寸地剗邑區江南海上之越別秦以君長之號乎疑無諸與搖皆已廢為庶人陳項兵起乃始糾合義旅閩越之民尚思舊德相率景從君長之言失為夫實

復立無諸為閩越王王閩中故地都東冶

路史國名紀曰海內南經云閩在海中說文云閩越虵種郭氏以為西甌今建安非儕林乃今福之閩縣即東冶亡諸之封冶後分為會稽故冶城外在永嘉亦曰西越郡國志西越建安郡東甌永寧郡今福州南九里南臺江有亡諸釣龍臺州南二百步越王山乃亡諸舊城中有越王井其中金雞有閩之者有閩山在州南一里二百步有五姓黃林等是

都東甌
路史國名紀曰郡國志云永嘉為東甌漢之治縣故章安之東甌鄉也地有回浦浦東乃漢侯官都尉理
東甌受漢購殺吳王丹徒
越絶曰越王弟夷烏將軍殺濞東甌王為彭澤王夷烏將軍今為平都王
乃悉舉衆來處江淮之間
路史國名紀曰東甌徙國于江淮閒而遣人漸出乃以東甌地為回浦光武以回浦為章安
不戰而耘徐廣曰漢書作殞耘義書取耘除或言耘音于粉反此楚人聲重耳隕耘當同音但字有假借聲有輕重
柯維騏曰按儒行不隕穫於貧賤則隕耘義亦同耶
因立餘善為東越王
路史國名紀曰郡國志云婺州正得東越之地
樓船將軍率錢塘轅終古斬徇北將軍為禦兒侯

愚按建元以來侯者年表元封元年閏月癸卯封與居服等皆同日封

朝鮮列傳第五十五

朝鮮王滿者故燕人也
魏畧曰昔箕子之後朝鮮侯見周衰燕自尊為王欲東略地朝鮮侯亦自稱為王欲興兵逆擊燕以尊周室其大夫禮諫之乃止使禮西說燕燕止之不攻後子孫稍驕虐燕乃遣將秦開攻其西方取地二千餘里至滿潘汗為界朝鮮遂弱及秦并天下使蒙恬築長城到遼東時朝鮮王否立畏秦襲之畧服屬秦不肯朝會否死其子準立二十餘年而陳項起天下亂燕齊趙民愁苦稍稍亡往準準乃置之於西方及漢以盧綰為燕王朝鮮與燕界於浿水及綰反入匈奴燕人衛滿亡命為胡服東度浿水詣準降說準求居西界故中國亡命為朝鮮藩屏準信寵之拜為博士賜以圭封之百里令守西邊滿誘亡黨衆稍多乃詐遣人告準言漢兵十道至求入宿衛遂還攻準準與滿戰不敵也

至浿水為界

水經注曰許慎云浿水出鏤方東入海一曰出浿水縣十三州志曰浿水縣在樂浪東北鏤方縣在郡東蓋出其縣而逕鏤方也

都王險

水經注曰朝鮮故箕子國也箕子教民以義田織信厚約以八法而下知禁遂成禮俗戰國時滿乃王之都王險城地方數千里

傳子至孫右渠

魏畧曰初右渠未破時朝鮮相歷谿卿以諫右渠不用東之辰國時民隨出居者二千餘戶亦與朝鮮眞蕃不相往來

軍未能破自前

余有丁曰按謂未能破之而前進也故後云破浿水上軍乃前

持兵方渡浿水

水經注曰若浿水東流無渡浿之理其地今高句麗之國治余訪蕃使言城在浿水之陽具水西流逕故樂浪朝鮮縣即樂浪治漢武帝置而西北流故地理志曰浿水西至增地縣入海又漢興以朝鮮為遠循遼東故塞至浿水為界考之今古於事差謬蓋經誤證也

朝鮮相路人相韓陰尼谿相參將軍王唊漢書音義曰凡五人也

凌稚隆曰按師古云相路人一相韓陰二尼谿相參三將軍王唊四應氏云五人誤也

封參為澅清侯

愚按漢功臣表侯千戶元封三年六月丙辰封

陰為荻苴侯

愚按漢功臣表侯五百四十戶元封三年四月丁卯封

唊為平州侯

愚按漢功臣表侯千四百八十戶元封三年四月丁卯封

長為幾侯

愚按漢功臣表元封三年三月癸未封

最以父死頗有功為涅陽侯

愚按漢功臣表元封四年三月壬寅封

西南夷列傳第五十六

西南夷君長以什數夜郎最大

水經注曰漢武帝時有竹王興於豚水有一女子浣於水濱有三節大竹流入女子足間推之不去聞有聲持歸破之得一男兒遂雄夷濮氏竹為姓所捐破竹於野成林今竹王祠竹林是也王嘗從人止大石上命作羹從者白無水王以劍擊石出水是也後唐蒙開牂牁斬竹王首夷獠咸怨以竹王非血氣所生求為立祠帝封三子為侯及死配父廟今竹王三郎祠其神也華陽國志云求立後嗣　徐孚遠曰夜郎王竹姓出華陽國志太史公不載此事疑其時未詳也

其西靡莫之屬以什數滇最大

後漢書南蠻傳曰滇王者莊蹻之後也元封二年武帝平之以其地為益州郡割牂柯越巂各數縣配之後數年復并昆明地皆以屬之

自滇以北君長以什數邛都最大

後漢書南蠻傳曰邛都夷者武帝所開以為邛都縣無幾而地陷為汙澤因名為邛池南人以為邛河　水經注曰河中有蛙鵝山有巂水言越此水以章休盛也

北至楪榆

水經注曰益州郡有葉榆縣縣之東有葉榆澤葉榆水所鍾而為此川藪也

名為巂昆明

華陽國志曰哀牢國南中昆明祖之

自巂以東北君長以什數徙筰都最大

後漢書南蠻傳曰筰都夷者武帝所開以為筰都縣其人皆被髮左衽言語多好譬類居處略與汶山夷同　華陽國志曰汶山曰夷南中曰昆明漢嘉越巂曰筰蜀曰邛皆夷種也　愚按徐廣曰徙在漢嘉筰在越巂又與國志所說不同

自筰以東北君長以什數冉駹最大

後漢書南蠻傳曰冉駹土氣多寒在盛夏冰猶不釋故夷人冬則避寒入蜀為傭夏則違暑反其邑衆皆依山居止累石為室高者至十餘丈為邛籠

自冉駹以東北君長以什數白馬最大皆氐類也

魏書氐傳曰氐者西夷之別種號曰白馬三代之際蓋自有君長而世一朝見故詩稱自彼氐羌莫敢不來王也秦漢以來世居岐隴以南漢川以西自立豪帥漢武帝遣中郎將郭昌衛廣滅之以其地為武都郡自汧渭抵於巴蜀種類實繁或謂之白氐或謂之故氐各有侯王受中國封拜

將兵循江上略巴蜀黔中以西

華陽國志曰泝沅水出且蘭以伐夜郎

蹻至滇池地方三百

華陽國志曰滇池縣郡治故滇國也有澤水周迴二百里所出深廣下流淺狹如倒流故曰滇池長老傳言池中有神馬或交焉即生駿駒俗稱之曰滇池駒日行五百里

髦牛

後漢書南蠻傳曰冉駹有旄牛無角一名童牛肉重千斤毛可為毦

南越食蒙蜀枸醬

王世貞曰鄭樵云蒟醬曰浮留劉淵林蜀都賦注緣木而生其子如桑椹熟時正青以蜜藏而食之辛香生巴蜀嶺南司馬相如使蜀而求之也其狀似蓽撥故有土蓽撥之號今嶺南人但取其葉及藤　食之謂之而不用其實及西南夷傳諸家注各不同姑闕之

牂牁江廣數里出番禺城下

水經注曰豚水東北流逕談稾縣東逕牂牁郡且蘭縣謂之牂牁水水廣數里縣臨江上故且蘭侯國也一名頭蘭牂牁郡治也楚將莊蹻泝沅伐夜郎逕牂牁繫船因名且蘭為牂牁矣漢武帝元鼎六年開王莽更名同亭在柱浦關牂牁亦江中西山名也左思吳都賦云吐浪牂牁者也元鼎五年武帝伐南越發夜郎精兵下牂牁江同會番禺是也

乃拜蒙為郎中將

華陽國志作中郎將

乃以為犍為郡

華陽國志曰犍為郡孝武建元六年置時治鄨縣十二漢戶十萬鄨故犍為地是也鄨有犍山見保乾圖武帝初欲開南中令蜀通僰

青衣道是元年僰道令通之費功無成百姓
愁怨司馬相如諷諭之使者唐蒙將南入以
道不通執令將斬之令歎曰忝官益土恨不
見成都市蒙即令送成都市而殺之蒙乃斬
石通閣道故世為諺曰思都郵斬令頭云後
蒙為都尉治南夷道元光五年郡移治南廣
四年益州刺史任安城武陽孝昭元年郡治
僰道後遂徙武陽

自僰道指牂牁江

華陽國志曰僰道縣在南安東四百里距郡
百里高后六年城之治馬湖江水（水經注曰若水至僰道縣又謂之馬湖江）
會水通越嶲本有僰人故秦紀言僰
童之富漢民多漸作從之　水經注曰縣本
僰人居又地理風俗記曰夷中最仁有仁道
故字從人秦紀謂僰童之富者也漢武帝感
相如之言使縣令南通僰道費功無成唐蒙
南入斬之乃鑿石開閣以通南中迄於建寧
二千餘里山道廣丈餘深三四丈其鏨之迹
猶存王莽更曰僰治

為置一都尉十餘縣屬蜀

愚按漢地理志蜀郡縣十五

獨置南夷夜郎兩縣一都尉

愚按華陽國志兩縣一夜郎一　談指也漢地
理志屬牂牁郡

遂平南夷為牂牁郡

華陽國志曰牂柯郡漢武帝元鼎二（地理志作六）
年開屬縣十七户六萬　又曰以吳霸為太
守　後漢書南蠻傳曰以且蘭有椓船牂牁
處乃改其名為牂牁

乃以邛都為越嶲郡

水經注曰邛都縣漢武帝開邛莋置之後復
反叛元鼎六年漢兵自越嶲水伐之以為越
嶲郡治邛都縣王莽遣任貴為領戎大尹守
之更名為集嶲也縣故邛都國也

筰都為沈犂郡

後漢書南蠻傳曰莋都元鼎六年以為沈黎
郡至天漢四年并蜀為西部置兩都尉一居
旄牛主徼外夷一居青衣主漢人

冉駹為汶山郡

後漢書南蠻傳曰冉駹夷武帝所開元鼎六

年以為汶山郡至地節三年夷人以立郡賦重宣帝乃省幷蜀郡為北部都尉　困學紀聞曰大事記解題曰沈黎郡汶山郡地理志不載按輿地廣記漢武帝置郡既而罷之

廣漢西白馬為武都郡

後漢書南蠻傳曰白馬氐者武帝元鼎六年開分廣漢西部合以為武都　華陽國志曰武都郡本廣漢西部都尉治也元鼎六年別為郡屬縣九户萬東接潼西接天水北接始平

於是以為益州郡

水經注曰地理風俗記曰華陽黑水惟梁州漢武帝元朔二年改梁曰益州以新啓犍為牂牁越嶲州之疆壤益廣故稱益云初治廣漢之雒縣

史記疏證卷第五十四

司馬相如列傳第五十七

史通曰司馬相如始以自叙為傳然其所叙者但記自少及長立身行事而已逮於祖先所出則蔑爾無聞　又曰自叙之為義也苟能隱己之短稱其所長斯言不謬即為實録而相如自序乃記其客遊臨邛竊妻卓氏以春秋所諱持為美談雖事或非虛而理無可取載之於傳不其愧乎　習學記言曰遷傳倉公司馬相如最詳扁鵲事既不可據而倉公一家之方非後世所宗本也若相如之文不則於義不當於用而盡載之亦不可曉槩之書法自未應傳　王應麟曰史通云司馬相如始以自叙為傳然其所叙乃記自少及長其身行事而已今考之本傳未見其為自自叙又云相如自叙記其客遊臨邛以春秋所諱持為美談恐未必然意者集載本傳如賈誼新書末篇故以為自叙歟　楊慎曰史通云相如傳其在相如集中子長因録斯篇即為列傳又按南史云古之名人相如孟堅

子長皆自敘風流傳芳永世觀此則相如傳即相如之文也　董份曰相如集中傳乃校傳者取子長所作傳附之也史通以為相如自作非矣即自作獨不為文君事一少諱耶

文君夜亡奔相如

西京襍記曰文君姣好十七而寡為人放誕風流故悅長卿之才而越禮焉

而令文君當鑪

西京襍記曰司馬相如初與卓文君還成都與文君為懽既而文君泣曰我平生富足今乃以衣裘貰酒遂相與謀於成都賣酒

買田宅為富人

益州記曰司馬相如宅在州西笮橋百許步李膺云市橋西二百步得相如舊宅今梅安寺南有琴臺故墟　舊唐書地理志曰果州相如縣城南二十里有相如故宅二相如坪有琴臺

然此乃諸侯之事未足觀也

余有丁曰既云讀子虛賦善之矣又云未足觀豈所讀者止齊事耶今文選中分子虛上林為兩篇則帝先見子虛而上林其續奏也

請為天子游獵賦賦成奏之

西京雜記曰相如為上林子虛賦意思蕭散不復與外事相關控引天地錯綜古今忽然如睡煥然而興幾百日而後成其友人盛覽字長通牂牁名士嘗問以作賦相如曰合綦組以成文列錦繡而為質一經一緯一宮一商此賦之迹也賦家之心苞括宇宙總覽人物斯乃得之於內不可得而傳覽乃作合組歌列錦賦而退終身不復敢言作賦之心矣

故空籍此三人為辭

柯維騏曰子虛烏有之設難後之為詞賦者宗之張衡兩京賦有憑虛公子安處先生之名亦此意也相如游梁時常著子虛賦為武帝時所善此著天子游獵賦復借子虛三人之詞以明天子之義故亦名子虛賦賦中敘上林故又名上林賦其實一也文選截為二篇以前敘齊楚者為子虛賦自亡是公欣然而笑以下敘上林者為上林賦失其旨矣

射麋腳麟

陸璣毛詩疏曰今并州界有麟大小如鹿非瑞應麟也相如賦曰射麋腳麟謂此麟也

名曰雲夢裴駰云孫叔敖激沮水作此澤愚按周禮職方荊州其澤藪曰雲夢在孫叔敖前已有此澤非激沮水明矣宋羅泌云雲夢楚之二澤江南為夢江北為雲後世以為一澤朱子云江陵之下岳州之上是雲夢地理今釋云漢書地理志云南郡華容縣漢華容縣今荊州府監利石首二縣地非今之岳州府華容縣也雲夢澤在南荊州藪編縣今安陸府荊門州有雲夢宮又江夏郡西陵縣今黃州府蘄州黃岡麻城二縣及有雲夢宮水經注云雲杜縣今安陸府京山縣東北有雲夢城又夏水東逕監利縣今屬荊州府南縣土界下澤多陂陀西南自州陵今按陸府沔陽州東界逕于雲杜沌陽今漢陽府漢陽縣為雲夢之藪杜預云枝江縣今屬荊州府安陸縣今屬德安府有雲夢蓋跨川亘隰兼包勢廣矣元和志云雲夢澤在安陸縣南五十里又云雲夢澤在雲夢縣今屬德安府西七里然則東抵蘄州西抵枝江京山以南青草以北皆為古之雲夢正義所謂雲夢一澤而每處有名者也

並若射干

荀子勸學篇曰西方有木焉名曰射干莖長四寸生於高山之上而臨百仞之淵楊倞注云本草藥名有射干一名烏翣陶弘景云花白莖長如射人之執竿又引阮公詩云射干臨層城是生於高處也據本草在草部中又生南陽川谷此云西方有木未詳或曰長四寸即是草云木誤也蓋生南陽亦生西方也射音夜　考要曰此賦三用玄鶴三用射干漢書文選並若下無射干字師古李善並謂俗本誤增也其云鵷鶵孔鸞騰遠射干乃狐類其云藁本射干乃香草不嫌其複也又如赤猿蠷蝚犀象野牛窮奇獌狿之句漢書文選俱無之不知二書誤脫抑亦後人所增乎

騰遠射干

焦氏筆乘曰服虔云騰遠獸名張揖云射干似狐能緣木夫騰遠既作獸則不應在上或禽名未可知也莊子騰猿得枳棘南都賦鶩

鷩鶂鷛翔其上騰猿飛鼯於其下蜀都賦後狖騰希而競捷豈騰遠即騰猿猿遠字相近而誤耶

右以湯谷為界

陳子龍曰湯谷日出之區應在齊東而云右恐左字之誤正義所云北向天子亦無據劉奉世漢書刊誤亦云右當為左

水玉磊砢

陳子龍曰沈懷遠南越志九品珠有磊砢珠疑即磊砢也

葴橙若蓀

焦氏筆乘曰葴橙善本作葴持葴音針乃馬藍又作寒將即蘘將善本蓋誤以將作持也張揖曰葴持缺故詳具之

仁頻并閭

陳子龍曰仁頻并閭俱註作椶然考之棡皮作索則椶應屬并閭仁頻作檳郎其說為是

千人唱萬人和

文心雕龍曰陳思群才之英也報孔璋書云葛天氏之樂千人唱萬人和聽者因以蔑韶夏矣此引事之實謬也按葛天氏之歌唱和三人而已相如上林云云唱和千萬人乃相如接人推註云疑當之二字作然而濫侈葛天推三成萬者信賦妄書致斯謬也

鏗鎗鐺鼕

楊慎曰鐺漢書作闛說文作鼞詩作鏜鼓聲也尚書大傳作鼕

故刪取其要歸正道而論之索隱曰小顏云刪取非謂削除其詞而說者謂此賦已經史家刊削失其意也

愚按此二語實史公之辭劉奉世漢書刊誤曰則是嘗刪其辭矣顏說恐非傳意

故遣中郎將往賓之索隱曰賈逵云賓伏也

徐孚遠曰賈說非也謂以賓見諸侯之禮接之

而至沫若水

水經曰沫水出廣柔徼外東南過旄牛縣北又東至越嶲靈道縣出蒙山南東北與青水水合東入於江若水出蜀郡旄牛徼外東南至故關為若水也南過越嶲邛都縣西直南至會無縣淹水東南流注之又東北至犍為

朱提縣西瀘江水又東北至棘道縣入於江

通靈關道

水經注曰靈道縣一名靈關道漢制夷狄曰道

橋孫水

水經注曰孫水出臺高縣即臺登縣也孫水一名白沙江南流逕邛都縣司馬相如定筰橋孫水即是水也又南會無入若水耳

猶鷦明已翔乎寥廓而羅者猶視乎藪澤

愚按後周書達奚武傳郯將斛律明月遺武書曰鴻鶴已翔於寥廓羅者猶視於沮澤也祖此語

其為禍也不亦難矣

日知錄曰衍亦字　愚按漢書無亦字劉敞刊誤曰亦字不當刊

相如奏賦以哀二世行失也

文心雕龍曰相如之弔二世全為賦體桓譚以為其言惻愴讀者歎息及卒章要切斷而能悲也

魂無歸而不食

金甡曰按封禪書云南山巫祠南山秦中秦中者二世皇帝則二世雖無宗廟之享其血食尚有在也

拾九天而永逝

金甡曰按拾猶拾級之義

相如以為列仙之傳居山澤間

董份曰傳居者移易而居也

乃遂就大人賦

西京雜記曰相如將獻賦未知所為夢一黃衣翁謂之曰可為大人賦遂作大人賦言神仙之事以獻之賜錦四匹

朅渡九江而越五河正義曰顏云五色之河也仙云紫碧絳青黃之河也

凌稚隆曰按呂氏春秋注云水有五色汝南有黃水華山有黑水前氏有白水于闐有碧水又括地象曰金城紫河

相如既奏大人之頌

董份曰前言大人賦此乃言大人頌蓋此賦專頌大人也

而相如已死

西京雜記曰長卿素有消渴疾及還成都悅

文君之色遂以發痟疾乃作美人賦欲以自刺而終不能改卒以此疾至死文君為誄傳於世

遡聽者風聲

凌稚隆曰按言風聲見其遠也索隱言風雅之聲謬

千載無聲豈不善始善終哉

董份曰千載而聲教始絶見其遠也故曰善終

導一莖六穗於庖徐廣曰導瑞禾也駰案漢書音義曰謂嘉禾之米於庖廚以供祭祀索隱曰鄭德云導擇也說文嘉禾一名導字林云禾一莖六穗謂之導也

楊慎曰徐楚金云導字諸觧惟鄭德得之徐廣瑞禾臆說字林亦據此文而傅會之耳

舜在假典顧省厥遺

班馬異同曰假格也謂其祀天有典猶恐有所闕遺也其殆以納于大麓亦封禪者乎

楊雄以為靡麗之賦勸百風一猶馳騁鄭衛之聲曲終而奏雅不已虧乎

辨惑曰前漢書全引此語予嘗疑之按遷傳雖不著其死之歲月然去遷既死後其書稍出宣帝時遷外孫楊惲祖述其書遂宣布焉則其死不過在昭宣之閒耳而雄以成帝元延之初始自蜀遊京師年七十一卒於王莽天鳳五年逆而推之宣帝之二十年雄乃始生遷著書時安得雄之言乎是必孟堅所續而後人誤附于史記耳　困學紀聞曰江氏案曰雄後於遷甚久遷得引雄辭何哉蓋後人以漢書贊附益之　周家曰司馬相如傳贊乃班固所自為而史記乃全載其語而作太史公曰何邪又遷在武帝時雄生漢末安得為楊雄以為靡麗之賦勸百而諷一哉史記註釋皆不及之又公孫弘傳在平帝元始中詔賜弘子孫爵徐廣注謂後人竄此以續卷後然則相如之贊亦後人勦入而誤以為太史公無疑

史記疏證卷第五十五

淮南衡山列傳第五十八

厲王遂即位

金坣曰按厲王即位時才三歲死時二十五歲

孝文傷其志為親故弗治

董份曰厲王雖以母仇殺人而指數其罪皆當辟陽本有死罪故赦弗治也

反谷口

通鑑地理通釋曰郊祀志寒門者谷口也地理志左馮翊谷口縣九嵕山在西溝洫志白公引涇水首起谷口（顏氏曰即今雲陽縣治谷）郡縣志京兆醴泉縣本谷口縣在九嵕山東仲山西當涇水出山之處故謂之谷口通典谷口縣故城在醴泉縣北後漢及晉為池陽隋改醴泉

廷尉臣賀

愚按漢百官公卿表張釋之以孝文三年為廷尉終文帝世不遷此廷尉賀不知何人疑傳誤

昧死言

辨惑曰夫稱臣某等昧死言者當時所奏語史家輙爾書之無乃不可乎遷固無每如是而後世亦或襲之竊所未喻

奉以二千石所不當得欲以有為

史詮曰此二句著長之罪也漢書無不字削欲以有為四字

為命棄市罪詐捕命者以除罪

楊慎曰命棄市生命者也詐捕命者則衒命者也詐稱捕衒命者而脫之市也

南海民王織

史詮曰民字衍織南海王名

臣請處蜀郡嚴道邛郵

金坣曰按文紀作邛都

一尺布尚可縫一斗粟尚可舂兄弟二人不能相容

容齋續筆曰高誘作鴻烈解叙及許叔重注文其辭乃云一尺繒好童童一升粟飽蓬蓬兄弟二人不能相容殊為不同

皆復得厲王時地參分之

史詮曰淮南王得九江郡衡山王得六安郡

盧江王得盧江郡兼得江南豫章郡
王愛陵常多予金錢為中詗長安
徐孚遠曰陵必嫁列侯在長安故使詗伺史
不記其嫁處闕文也　金甡曰按年表岸頭
侯張次公亦坐與淮南王女陵姦及受財物
罪國除
王使郎中令斥免〔正義曰言屏斥免郎中令官而令後人不敢效也〕
余有丁曰郎中令郎中之長斥免靁被也
廷曰必徵膠東王不即常山王〔徐廣曰皆景帝子也〕
金甡曰按五宗世家廣川膠東清河常山四
王皆王夫人兒姁子兒姁即王太后妹此四
王子武帝最親時廣川清河前卒惟膠東王
寄常山王舜在故淮南揣摩之說如此
尉佗知中國勞極止王不來
陳沂曰按任囂死後趙佗始自為王今乃言
尉佗先王陳勝乃及被一時對辭不究其實
耳　史詮曰漢書不來作南越
内鑄消銅以為錢
史詮曰消當作鄣謂鄣郡之銅也
臣聞微子過故國而悲於是作麥秀之歌
愚按呂氏春秋及宋世家皆以為箕子
男子之所死者一言耳〔張晏曰不成則死一計耳瓚曰或有一言之交以死報之〕
凌稚隆曰此激發伍被為己死也
且吳何知反〔瓚曰言吳王不知衆兵反〕
凌稚隆曰謂吳不知反故使漢將得過成臯
今我令樓緩先要成臯之口〔漢書直云緩無樓字樓緩乃六國時人疑此後人所益也李奇曰緩似人姓名韋昭曰淮南臣名〕
徐孚遠曰周被陳定皆著姓名緩不得獨去
姓樓緩當是襲古人姓名也
河南太守獨有雒陽耳
徐中行曰時汲黯為河南太守故安言及之
雖以何足憂為言實有憚心
産五十萬以上者
一本産上有家字
諸侯太子幸臣
一本上有以逮二字
伍被自詣史因告與淮南王謀反反蹤跡且如
此
董份曰被實為淮南畫反而史記所録被詣

吏自告之文其間不無飾辭而太史公具載之所以微見被之寃狀而惡湯之專殺也然被以人臣親教其主詐爲奏書徒逮以激下反上固漢法所必誅矣湯論殺之是也使徒以其文辭而欲原其反迹其本末豈稱乎

而論國吏二百石以上及比者

焦氏筆乘曰漢制凡吏初除皆曰試守滿歲爲真始給全俸今所謂比即初試之吏與爲真之吏相等者也非謂真二百石及秩比二百石之説

王安自剄殺徐廣曰即位凡四十二年元狩元年十月死

金甡曰按年表安在位四十三年元狩元年自殺徐廣殆以夏正十月當屬元朔六年故只作四十二年乎否則二字狩字誤

衡山

衡山内史以爲非是

徐孚遠曰此内史漢内史也治者治其獄也

循吏列傳第五十九

法言曰或問循吏曰吏也　習學記言孫叔敖子產公儀休石奢李離事全似雜説不經質正學者安所效法成王戒君陳曰毋依勢作威毋倚法以削甫刑曰哀敬折獄爲皋陶所以相傳官伯族姓之所當戒至詳悉矣焉有不正其身而可以正人者乎奉法循理亦可以治何必威嚴此對慘酷者而言非本論也季康子曰如殺無道以就有道何如孔子對曰子爲政焉用殺子欲善而民善矣君子之德風也小人之德草也草上之風必偃蓋是時吏治已趨於酷矣而孔子之論如此既不以本對末固不以末勝本也遷謂奉法循理亦可以治是以末勝本矣使後世之治終不能反之正者自遷之爲循吏傳始

孫叔敖

孫叔敖者

韓詩外傳曰孫叔敖遇狐丘丈人狐丘丈人曰僕聞之有三利必有三患子知之乎孫叔敖蹴然易容曰小人不敏何足以知之敢問何謂三利何謂三患狐丘丈人曰夫爵高者人妬之官大者主惡之祿厚者怨歸之此之謂也孫叔敖曰不然吾爵益高吾志益下吾

官益大吾心益小吾祿益厚吾施益博可以免於患乎狐丘大人曰善哉言乎堯舜其猶病諸　愚按此與正義所引說苑之言不同

楚之處士也

呂氏春秋曰期思之鄙人　水經注曰期思縣城之西北隅有楚相孫叔敖廟廟前有碑

虞丘相進之於楚莊王以自代也

說苑雜事篇曰楚莊王罷朝而晏樊姬問其故王曰今日與賢相語不知晏姬曰賢相為誰王曰虞丘子姬曰虞丘子為相數十年未嘗進一賢安得為賢王以姬之言告虞丘子虞丘子於是辭位而進孫叔敖楚卒以伯樊姬有力焉韓詩外傳同　又至公篇曰楚令尹虞丘子復於莊王曰臣聞奉公行法可以得榮能淺行薄無望上位不名仁智無求顯榮才之所不著無當其處臣為令尹十年矣國不加治獄訟不息處士不升淫禍不討久踐高位妨群賢路尸祿素飧貪欲無厭臣之罪當稽於理臣竊選國俊下里之士曰孫叔敖秀羸多能其性無欲君舉而授之政則國可使治而士民可使附莊王曰子輔寡人寡人得以長於中國令行於絕域遂霸諸侯非子如何虞丘子曰久固祿位者貪也不進賢達能者誣也不讓以位者不廉也不能三者不忠也為人臣不忠君王又何以為忠臣願固辭莊王從之賜虞子采地三百號曰國老以孫叔敖為令尹少焉虞丘子家干法孫叔敖執而戮之虞丘子喜入見於王曰臣言孫叔敖果可使持國政奉國法而不黨施刑戮而不骫可謂公平莊王曰夫子之賜也已　愚按呂氏春秋進孫叔敖者沈尹莖曰孫叔敖沈尹莖相與友叔敖遊於郢三年聲聞不如脩行不聞沈尹莖謂孫叔敖曰說義以聽方術信行能令人主上至於王下至於霸我不若子也耦世接俗說義調均以適主心子不如我也子何以不歸耕乎吾將為子游沈尹莖遊於郢五年荊王欲以為令尹沈尹莖辭曰期思之鄙人有孫叔敖者聖人也王必用之臣不若也荊王於是使人以王輿迎叔敖以為令尹十二年而莊王霸

三月為楚相施教導民上下和合世俗盛美政緩禁止吏無姦邪盜賊不起

呂氏春秋曰荊莊王好周遊田獵馳騁弋射歡樂無遺盡傳其境內之勞與諸侯之憂於孫叔敖孫叔敖日夜不息不得以便生為故使莊王功迹著乎竹帛傳乎後世　說苑至公篇曰楚令尹子文之族有干法者廷理拘之聞其令尹之族也而釋之子文召廷理而責之曰凡立廷理者將以司犯王令而察觸國法也夫直士持法柔而不撓剛而不折今弃法而背令而釋犯法者是為理不端懷心不公也豈吾營私之意也何廷理之駮於法也吾在上位以率士民士民或怨而吾不能免之於法今吾族犯法甚明而使廷理因緣吾心而釋之是吾不公之心明著於國也執一國之柄而以私聞與吾生不以義不若吾死也遂致其族人於廷理曰不是刑也吾將死廷理懼遂刑其族人成王聞之不及履而至於子文之室曰寡人幼少置理失其人以違夫子之意於是黜廷理而尊子文使及內政國人聞之曰若令尹之公也吾黨何憂乎乃相與作歌曰子文之族犯國法程廷理釋之子文不聽恤顧怨萌方正公平　又雜言篇曰孫叔敖相楚三年不知軛在衡後務大者固忘小

如此幾何頃乎

辨惑曰頃字道不得

三去相而不悔

日知錄曰孫叔敖未聞去相必令尹子文之誤也　愚按莊子田子方篇肩吾問於孫叔敖曰子三為令尹而不榮華三去之而無憂色呂氏春秋孫叔敖三為令尹而不喜三去令尹而不憂皆有所達也此史公所本　鄒陽上梁王書亦有此言

子產

治鄭二十六年而死丁壯號哭老人兒啼曰子產去我死乎民將安歸

呂氏春秋曰相鄭十八年刑三人殺二人桃李之垂於行者莫之援也錐刀之遺於道者莫之舉也　韓詩外傳曰子產之治鄭一年

而貝罰之過省二年而刑殺之罪亡三年而
庫無拘人故民歸之如水就下愛之如孝子
敬父母子產病將死國人皆吁嗟曰誰可使代
子產死者乎及其不免死也士大夫哭之於
朝商賈哭之於市農夫哭之於野哭子產者
皆如喪父母

公儀休

客曰聞君嗜魚遺君魚何故不受也

愚按韓詩外傳其弟諫曰

今受魚而免誰復給我魚者

韓詩外傳曰此明於魚為己者也故老子曰
後其身而身先外其身而身存非以其無私
乎故能成其私

石奢

石奢者楚昭王相也

愚按三傳楚昭時未聞相石奢韓詩外傳曰
楚昭王有士曰石奢其為人也公而好直王
使為理呂氏春秋作石渚

遂不受令自刎而死

韓詩外傳曰君子聞之曰貞夫法哉石先生
也孔子曰子為父隱父為子隱直在其中矣
詩曰彼己之子邦之司直石先生之謂也

李離

失刑則刑失死則死

韓詩外傳曰法失則刑刑失則死

罪當死

愚按韓詩外傳此下有君曰棄位委官伏法
亡國非所望也趣出無憂寡人之心李離對
曰政亂國危君之憂也軍敗卒亂將之憂也
夫無能以事君闇行以臨官是無功以食祿
也臣不能以虛自誣

遂不受令伏劍而死

韓詩外傳曰君子聞之曰忠矣乎詩曰彼君
子兮不素餐兮李先生之謂也

汲鄭列傳第六十

黄氏曰抄曰鄭莊委曲禮下雖少鯁諒之風
然內行修潔沒無餘財與汲黯等此太史公
以之同傳歟　辨惑曰汲鄭贊無他褒貶獨
嘆其有勢則賓客十倍無勢則否至并載翟
公署門事此何足道而著之史評哉

以莊見憚索隱曰莊者嚴也謂嚴威也自漢明帝諱莊故已後莊皆云嚴

愚按後云皆嚴憚黯出其下是未書諱嚴也

此云以莊敬見憚耳不作嚴解

不至至㕧而還

辨惑曰多不至字

固其俗然

史詮曰劉辰翁讀然字屬下句

召以為主爵都尉

愚按漢百官公卿表建元六年為主爵都尉

十一年遷

放析就功

班馬異同曰放析就功殆枉以為直破析苛

碎須要如己意自為功耳　余有丁曰按謂

湯恣行苛刻而又毁析舊制以成其事功即

所謂紛更之説也

為右内史數歲

愚按百官公卿表元朔五年為右内史五年

免

陛下用羣臣如積薪耳後來者居上

困學紀聞曰文子曰虚無因循常後而不先

譬若積薪燎後者處上汲長孺學黄老言故

用文子之語顔注云積薪之言出曾子當攷

愚民安知

日知録曰愚民安知為一句

臣常有狗馬病力不能任郡事

考要曰漢書更其文曰臣常有狗馬之心今

病力不能任郡事師古注病力病甚皆非也

若嚴助傳曰有狗馬之病不能勝服此與太

史公語同

黯居郡如故治淮陽政清

論衡曰淮陽鑄僞錢吏不能禁汲黯為太守

不壞一鑪不刑一人高枕安卧而淮陽政清

鄭當時

其先鄭君漢書音義曰當時父

徐孚遠曰景帝時莊猶年少鄭君非莊父明

矣或其祖也

令諸故項籍臣名籍

日知録曰謂奏事有涉項王者必斥其名曰

項籍也

夜以繼日至其明旦常恐不徧

辨惑曰剩至其明旦字

史記疏證卷第五十六

儒林列傳弟六十一

習學記言曰昔孔氏之門不許游夏以知道春秋筆削傳者又謂其不能措一辭然後世顯重大抵子夏之徒公羊爲春秋悖謬更甚分門專業者競於枝葉之末流益遠益訛而自周衰以文字爲教者既已有訓詁箋注之漸矣是先王之道至於漢儒非獨秦火能晦蝕之蓋亦其勢然也且燒書六年而秦遽亡師友源流耳目睹記豈不尚在俗師相授屋壁獨藏自不同耳游夏本得道之辭華而漢儒所聞又詞華之分散零落者遷用此作儒林傳上面分數自不能多也

夫周室衰而關雎作

愚按蓋以爲康王時所作

如田子方段干木吴起禽滑釐之屬皆受業於子夏之倫

呂氏春秋曰田子方學於子貢段干木學於子夏吴起學於曾子禽滑釐學於墨子　又曰段干木晉國之大駔也學於子夏

孟子荀卿之列
辨惑曰列字不安
於是孔甲為陳涉博士卒與涉俱死
愚按涉為御莊賈所殺觀史公此言似孔甲亦死於此時為不良死然孔子世家祇言死於陳下孔叢子亦云博士凡仕六旬老于陳有將沒戒其弟子之言則是獲所終矣
太常議與博士弟子崇鄉里之化
困學紀聞曰韓信無行不得推擇為吏主父偃學從橫諸儒排擯不容李陵降匈奴隴西士大夫以為愧秦漢之後鄉黨清議猶嚴是以禮官勸學則曰崇鄉里之化也
申公
胥靡申公（徐廣曰腐刑）
楊慎曰列子云胥靡登高不懼胥隸也靡末也胥靡末隸微賤之人腐刑無據
申公獨以詩經為訓以教
愚按漢書藝文志魯故二十五卷
申公時已八十餘老
辨惑曰老字贅
周霸至膠西內史
愚按漢書魯周霸以易至大官
轅固生
冠雖敝必加於首履雖新必關於足
愚按六韜冠雖弊禮加之于首履雖新法踐之於地漢書關作貫
安得司空城旦書乎（駰案漢書音義曰道家以儒法為急比之於律令）
楊慎曰司空城旦書蓋太后怒詈轅固之言意欲入以罪條比于城旦駰謂比儒書于律令非也儒家外自有刑名家何得以律令比之
韓生
而燕趙閒言詩者由韓生
漢書云韓生亦以易授人推易意而為之傳燕趙閒好詩故其易微
伏生
學者由是頗能言尚書
尚書疏曰尚字乃伏生所加
孔氏有古文尚書
愚按顏師古曰家語孔騰藏尚書孝經論語

於夫子舊堂壁中漢紀尹敏傳云孔鮒所藏二說不同王應麟曰隋志云武帝時魯共王壞孔子宅得其末孫惠所藏之書皆古文也史通亦以為孔惠所藏則又非師古所引二人者矣書疏云家語序云子襄以秦法峻急壁中藏其家書是安國祖藏之

而安國以今文讀之因以起其家逸書得十餘篇

尚書序曰科斗書廢已久時人無能知者以所聞伏生之書攷論文義定其可知者為隸古定更以竹簡寫之增多伏生二十五篇伏生又以舜典合於堯典益稷合於皐陶謨盤庚三篇合為一康王之誥合於顧命復出此篇并序凡五十九篇為四十六卷其餘錯亂摩滅弗可復知悉上送官藏之書府以待能者

蓋尚書滋多於是矣

愚按漢書遭巫蠱未立於學官安國為諫大夫授都尉朝而司馬遷亦從安國問故遷書載堯典禹貢洪範微子金縢諸篇多古文說

董仲舒

故求雨閉諸陽縱諸陰其止雨反是

漢藝文志攷證曰隋志梁有董仲舒請禱圖三卷後漢輿服志注引仲舒止雨書初學記引淮南子曰董仲舒請雨秋用桐木魚

酷吏列傳第六十二

法言曰或問酷吏曰虎哉虎哉角而翼者也

習學記言曰序酷吏以世俗言之則美以王道計之則差孔子所謂導之以政齊之以刑者是相文以上事何暇及此輩正謂如子文治楚子産治鄭耳人之材智在所以導之遷所序酷吏之流上古何嘗乏少先王所以力行全要消弭服習如此等人還於中道不使平民受其無告而遷謂之在彼不在此是以末勝本之論愈熾王道無時可回也

網漏於吞舟之魚

辨惑曰多却於字

其後有郅都甯成之屬

黃氏日抄曰郅都公廉而敢諫守北邊匈奴遠却為治雖尚嚴首惡之外未嘗濫及史氏顧以之首酷吏何哉漢自高帝以寬大立國

其將相大臣又相繼以清淨為治至於文景其民無不樸畏自重而郅都乃獨先之以嚴行法不避貴戚其意若曰不畏強禦而已而斬斬無餘味風俗遂為一變未幾甯成以陰刻之資而效之自甯成趙田之從秉多事之衝而甚之於是張湯之徒一時相率皆務於酷而吏民益輕犯法盜賊滋起推所自來誰實昉之夫貴戚犯法而避之固不可然天下獨無中道乎矯枉一過其正其流弊乃爾愚故謂郅都非酷吏也而酷吏實自郅都始也傳之酷吏之首庸何辭

郅都

賈姬如厠索隱曰賈姬生趙王彭祖也

金甡曰按中山王勝亦賈姬子索隱頗知其一不知其二耶

都伏上前曰亡一姬復一姬進天下所少寧賈姬等乎陛下縱自輕奈宗廟太后何

邵泰衢曰袁盎傳帝從霸陵上欲西馳下峻阪中郎將袁盎曰陛下騁六飛馳下峻山馬驚車敗陛下縱自輕奈宗廟太后何上林游獵之苑衛士不知其幾許也豈上與賈姬郅都三人俱乎且郅都不行上乃即欲自持兵乎況賈姬一出別館離宮次舍又不知幾許矣樂毅報燕惠王書云厠之賓客之中則厠為旁舍也而謂姬獨入且使野彘得隨之乎亦誕甚矣且中郎將郅都之言又何其似中郎將袁盎之言也

甯成

甯成者

顏師古急就章注曰甯氏與秦同姓秦襄公曾孫謚曰甯公支庶因以為氏一曰甯寗本一姓衛大夫甯俞之後也漢有甯成史記作寗成

周陽由

與汲黯俱為忮

困學紀聞曰黯之正直所謂仁者之勇也謂之忮可乎周陽由蝮鷙之靡耳其可與黯並言乎汲鄭同傳猶不可而以由與黯俱是鸞梟接翼也

同車未嘗敢均茵伏索隱曰言二人與由同載一車上不敢與之均茵軾

也

愚按師古注漢書有此說而索隱因之恐非是言當時畏此三人與之同車者未嘗不下之也

趙禹

今上時禹以刀筆吏積勞稍遷為御史

辨惑曰時字不安

與張湯論定諸律令

晉書刑法志曰秦漢舊律其文起自魏文侯師李悝悝撰次諸國法著法經以為王者之政莫急於盜賊故其律始於盜賊盜賊須劾捕故著網捕二篇其輕狡越城博戲借假不廉淫侈踰制以為雜律一篇又以其律具其加減是故所著六篇而已然皆罪名之制也商君受之以相秦漢承秦制蕭何定律除參夷連坐之罪增部主見知之條益事律興廐戶三篇合為九篇叔孫通益律所不及傍章十八篇張湯越宮律二十七篇趙禹朝律六篇合六十篇

作見知吏傳得相監司

晉書刑法志曰律之初制無免坐之文張湯趙禹始作監臨部主見知故縱之例其見知而故不舉劾各與同罪失不舉劾各以贖論

愚按傳與轉通張晏注平準書曰吏見知不舉劾為故縱

張湯

遂使書獄 如淳曰決獄之書謂律令也

劉奉世曰謂案牘耳非律令也

乾沒

詳見漢書疏證

湯決大獄欲傅古義乃請博士弟子治尚書春秋補廷尉史亭疑法

愚按儒林傳兒寬以試第次補廷尉史是時張湯方鄉學以為奏讞掾以古法議決疑大獄而愛幸寬

其治獄所排大臣

茅瓚曰所排大臣謂時雖大臣決獄亦為所排難也漢書多巧字非

湯嘗病天子至自視病

辨惑曰當作視之或云臨視也

弟冀導官如淳曰大官之別也主酒

愚按師古注漢書導擇也以主擇米故曰導官如說非

及得此事窮竟其事

辨惑曰當云窮竟之也

使吏捕案湯左田信等

金甡曰按前云湯客田甲賈人始湯與錢通此下云湯欲奏請信輒知之居物致富與湯分之前又云甲有賢操責湯行義過失有烈士風後文云天子案誅三長史出田信豈田信即田甲字

義縱

以捕案太后外孫脩成君子仲

愚按漢書外戚傳修成子仲以太后故橫於京師

御史大夫弘曰

愚按漢書百官公卿表元朔三年右內史公孫弘為御史大夫二年遷

猾民佐吏為治索隱曰案謂豪猾之人干豫吏政故云佐吏為理也

愚謂猾民畏縱之嚴又為吏耳目助治公務

以自效師古解最得如索隱所云則是今之把持官吏也

閻奉以惡用矣

愚按後贊云水衡閻奉朴擊賣請是惡用也

以為廢格沮事

愚按平準書張湯用峻文決理為廷尉於是見知之法生而廢格沮誹窮治之獄用矣

王溫舒

以其故齊趙之郊盜賊不敢近廣平

辨惑曰多其字

失之旁郡國黎來

凌稚隆曰黎來漢書作追求

尹齊

張湯數稱以廉武

史詮曰武字衍文漢書廉句絕武下有帝字屬下句讀

豪惡吏伏匿而善吏不能為治以故事多廢

愚按齊蓋敢於刑人殺人而不以深文巧詆者也

楊僕

封將梁侯
愚按年表元鼎六年三月乙酉封
彝文巧詆下户之猾以焄大豪
董份曰焄者言以火熏逼也今人于狐鼠穴亦嘗火攻之温舒不能即禽有勢之家故巧詆下户而熏逼大豪使之知懼耳
尸亡去歸葬徐廣曰尸齊死未及歛恐恐家欲燒之屍亦飛去
楊慎曰尸亡去者謂齊死而遺命其家潛逃歸葬耳徐廣之説事涉神怪且不達文義
滅宣
滅宣者
顏師古急就章注曰滅氏之先為晋公族大夫驪姬之難晋廢公族因謂其人為滅氏滅者省也
王温舒免中尉而宣為左内史
歸有光曰漢書作王温舒為中尉而宣為左内史按温舒未嘗免作為字是張湯死温舒自中尉徙廷尉意即此時
杜周
任用與滅宣相編
楊慎曰相編即相埒　金甡曰編字訣注殆猶次字之意
家兩子夾河為守其治嚴酷
愚按褚先生續田仁傳云是時河南河内太守皆御史大夫杜父兄子弟也仁已刺三河三河太守皆下吏誅死
贊
然郅都杭直引是非争天下大體
權德輿酷吏傳議曰詩美仲山甫曰剛亦不吐柔亦不茹故體備健順是謂全德不然則直已循性能秉一方事舉於中皆理道也得柔之道者為循吏失剛之理者為酷吏司馬氏修史記始作二傳以誡世爾而後以郅都為酷吏傳首愚有惑焉都之為中郎將上欲搏野彘活賈姬從容奏議引宗廟太后之重其為濟南守誅豪猾首惡道不拾遺其為中尉宗室貴臣斂手反目其為鴈門守匈奴不敢近邊至為偶人象之騎射莫能中然其勇敢氣節根於公廉不發私書不受請寄具此數者為漢名臣入居命卿出總列郡堅剛忠

純終始若一坐臨江之嫌當太后之怒身死漢廷首足異處有以見漢氏之不網王澤之弛絕也蓋在史氏發而明之以旌事君以勵使臣俾百代之下有所懲勸子長既首冠酷吏班氏又因而從之善善惡惡之義於此缺矣夫椎埋沈命舞文巧詆之徒目為等夷雜列篇次至其述贊雖云引是非爭大體又何補焉噫洪範之沈潛大易之直方皆臣道也都雖未蹈之斯近之矣不隱忠以避死不枉道以泣官無處父之華異申根之欲所至之邦必以稱職聞其古之剛而無虐怒而中節者歟剛似酷弱似仁在辨之不惑而已天下似是而非失之多矣豈獨是哉

史記疏證卷第五十七

大宛列傳第六十三

王鏊曰史記不與張騫立傳其始附衛青而於大宛傳備載始末蓋大宛諸國土俗皆騫所歸為武帝言者也騫沒後諸使西域者亦具焉事備具而有條理若漢書則大宛張騫多自為傳矣

大宛之跡

魏書西域傳曰洛那國故大宛國也都貴山城在疏勒西北去代万四千四百五十里

為發導驛抵康居

淩稚隆曰按導驛二字觀後書烏孫發導譯送騫還則此驛亦當作譯

既臣大夏而居地肥饒索隱曰居作君謂月氏以大夏為臣而為之作君也

董份曰臣大夏而居者言大夏服屬為臣而月氏因居其地也地肥饒亦言大夏故月氏居而安樂之註以為君者非

東則扜罙徐廣曰漢紀曰拘彌國去于寘三百里索隱曰彌即罙也則拘彌與扜罙同是一名也

愚按漢西域傳扜彌國王治扜彌城去長安九千二百八十里又云西通于寘三百九十里則與漢紀所說三百合矣又云今名寧彌荀悅班固同是後漢人不應一以為拘彌一以為寧彌傳聞不同若是

烏孫在大宛東北可二千里

漢西域傳曰治赤谷城去長安八千九百里東至都護治所千七百二十一里西至康居蕃內地五千里

故服匈奴

董份曰故舊也嘗臣服于匈奴

康居在大宛西北可二千里

漢西域傳曰康居國王冬治樂越匿地到卑闐城去長安萬二千三百里不屬都護至越匿地馬行七日至王夏所居蕃內九千一百四里東至都護治所五千五百五十里

蓋乃北海云

董份曰因去中國遠不能知大澤之名故臆斷云

大月氏在大宛西可二三千里

漢西域傳曰治監氏城去長安萬一千六百里不屬都護東至都護治所四千七百四十里西至安息四十九日行南與罽賓接

安息在大月氏西可數千里

漢西域傳曰安息國王治番兜城去長安萬一千六百里不屬都護

道可使使遺之他旁

史詮曰漢書使作便遺作遣無下一使字

然張騫鑿空蘇林曰鑿開空通也騫開通西域道索隱曰案謂西域險阨本無道路今鑿空而通之也

楊慎曰鑿空半空高險也唐地理志開山洞置玢州鑿空文言之開洞質言之也

而北道酒泉抵大夏

陳子龍曰漢之通西域南道從蜀北道從金城酒泉南道卒不通而北道通焉蓋匈奴遠遁故北道可通而南道險遠難達也

攻擊漢使王恢等尤甚

徐孚遠曰此別是一王恢非大行王恢也蓋同時同姓名

其火從率多進熟於天子漢書音義曰火從不如計也或云從行之

微者也進熟美語如成熟者也

余有丁曰進熟或是進見而熟於天子故得以進言若老成者憚行役不肯言矣註熟美之說未必然也

遣漢使去令其東邊郁成遮攻殺漢使取其財物

徐孚遠曰欲諱殺使之迹故縱之去而令郁成遮要之

於是乃遣水工徙其城下水空以空其城徐廣曰空一作穴蓋以水蕩敗其城也言空者令城中渴乏也

徐孚遠曰此註不分明謂別穴低處引去城下水使城中乏水也　金甡曰按或空或穴俱指水源觀後文甚明蕩敗之說非是蓋欲奪其水非灌以水也灌以水則又何渴乏之有

禹本紀言河出崑崙

困學紀聞曰三禮義宗引禹受地記王逸注離騷引禹大傳豈即太史公所謂禹本紀者歟

至禹本紀山海經所有怪物余不敢言之也

習學記言曰怪民奇論不經之書上世為甚非聖人之智不足以放而絀之也遷因張騫使還始以禹本紀山海經為不可信然則遷之所信者固多矣推此意以經世其得之寡失之衆學者當以為戒不當以為法也

游俠列傳第六十四

法言曰或問游俠曰竊國靈也　黃氏曰抄曰朱家周人之急家無餘財而終身不自以為德太史公慕焉郭解折節賑人人為解殺人解不知而公孫弘族解太史公猶為之痛惜愚謂朱家誠賢矣為人忘己墨氏之獘而解之見殺則亦其平昔嗜殺所致孔子有言古之學者為己孟子亦謂窮則獨善其身士亦何必務名譽出於尋常之外也哉　柯維騏曰荀悅謂世有三游德之賊也楊雄謂游俠竊國靈者也太史公作傳豈誠美其事哉遷遭李陵之禍平昔交游緘默自保其視不受其軀赴士之厄困者何如其言曰誠使鄉曲之俠與季次原憲比權量力效功於當世不同日而論蓋有激也此與貨殖傳同意班固

不原此意乃識其進奸雄而崇勢利誤矣
侯之門仁義存索隱曰言人臣委質於侯王門則須存於仁義若游俠抂挺亦何必肯存仁義也
余有丁曰按此即上文嚮其利者為有德意
也索隱註未明
近世延陵徐廣曰代郡亦有延陵縣駰案韓子云趙襄子召延陵生令車騎先至晉陽襄子時趙已并代可有延陵之號但未詳是此人非耳
楊慎曰延陵吳季札也不必引延陵生太史
公作傳其不名者必其顯著者也或曰季札
豈游俠耶余曰太史公作傳既重游俠矣必
搜名人以尊之若貨殖傳之搜子貢也子貢
既入貨殖季札獨不入游俠乎故曰延陵流
嘗春申平原信陵之徒皆因王者親屬籍於
有土若趙之延陵生不可言王者親屬也
日知錄曰延陵謂季札以其徧游上國與名
卿相結解千金之劍而繫冢樹有俠士之風
也　金甡曰趙世家孝成王十八年延陵鈞
率師從相國信平君攻燕延陵氏之顯於趙
者此又其一也
此如順風而呼聲非加疾其勢激也

呂氏春秋曰順風而呼聲不加疾也所因便
也
鮮為人短小不飲酒
辨惑曰既稱為人短小精悍不飲酒而後又
云為人短小不飲酒何耶
且無用待我待我去
辨惑曰疑重用待我字
人貌榮名
楊慎曰貌猶頂戴也今人猶云頂好名目即
古人貌榮名之義貌音墨

佞幸列傳第六十五

法言曰或問佞幸曰不料而已米咸注不自
料其才德不稱其寵祿而貪竊之以取禍敗
然籍孺以佞幸孝惠時有閎孺正義曰籍閎皆名也孺幼小也
愚按籍閎恐皆是姓
顧見其衣裻帶後穿索隱曰裻音篤裻衫襦之横者
楊慎曰裻衣之中也今人製衣猶曰裻縫醫
家曰督脉人之中梓人曰督線室之中也
覺而之漸臺
水經注曰沈水又逕漸臺東漢武故事曰建

章宫北有太液池池中有漸臺三十丈漸浸也為池水所漸一說星名也南有辟門三層高三十餘丈中殿十二間階陛咸以玉為之鑄銅鳳五丈飾以黃金樓屋上椽首薄以玉璧因曰璧玉門也

文帝說馬索隱曰漢書云上曰鄧猶登也說之

愚按漢書無上曰二字鄧猶登也乃班固疏解之辭索隱妄為增加也

於是賜鄧通蜀嚴道銅山得自鑄錢

南齊書劉悛傳永明八年悛啟世祖曰南廣郡界蒙山下有城名蒙城可二頃地有燒爐四所高一丈廣一丈五尺從蒙城渡水南百許步平地掘土深二尺得銅又有古掘銅坑深二丈并居宅處猶存鄧通南安人漢文帝賜嚴道縣銅山鑄錢今蒙山近青衣水南青衣在側並是故秦之嚴道地青衣縣又改名漢嘉且蒙山去南安二百里案此必通所鑄

水經注曰靈道縣有銅山

鄧氏錢布天下

西京雜記曰文字肉好皆與天子錢同

文帝不樂

徐孚遠曰自以為困故不樂也

文帝崩景帝立

史通曰向若但云景帝立不言文帝崩斯亦可知矣何用兼書其事乎

尚負責數巨萬

華陽國志曰通假民卓王孫歲取千疋

仁寵最過庸不乃甚篤索隱曰崇庸常也言仁最被恩寵過于常人乃不甚篤于韓嫣也

楊慎曰仁寵最過為句庸不乃甚篤為句不否同索隱句讀已非解又可笑　金甡曰庸否乃甚篤句升菴亦未鮮明

而上方興天地祠欲造樂詩歌弦之

漢郊祀志曰武帝定郊祀之禮祠太一於甘泉就乾位也祭后土於汾陰澤中方丘也乃立樂府釆詩夜誦有越代秦楚之謳

延年善承意弦次新詩

漢郊祀志曰多舉司馬相如等數十人造為詩賦略喻律吕以合八音之調作十九章之歌以正月上辛用事甘泉圜丘使童男女十

入倶歌
延年佩二千石印號協聲律
漢郊祀志曰以為協律都尉
寖與中人亂
夏寅曰延年已腐矣曰寖者謂因延年而弟季得與中人亂也　柯維騏曰史遷傳王孫嫣則曰出入永巷以姦聞傳李延年則曰出入嬌恣寖與中人亂乃若審食其之事亶見列傳王允謂之謗書蓋指此耳

史記疏證卷第五十八

滑稽列傳第六十六
楊慎曰滑稽者轉注之器也若漏卮之類以比人之言語捷給應對不窮也余按六書轉注亦取應物不窮之義
孔子曰六藝於治一也禮以節人樂以發和書以道事詩以達意易以神化春秋以道義
董份曰滑稽而引六藝語文意又不相屬恐有誤
天道恢恢豈不大哉
辨惑曰天道恢恢已不見發明滑稽之意而六藝之事又何所干涉也
此鳥不飛則已一飛沖天不鳴則已一鳴驚人
黃氏日抄曰三年不飛不鳴之語楚世家以為伍舉語莊王今滑稽傳又以為淳于髡說齊威果孰是孰非耶
語在田完世家中
邵泰衢曰按田完世家有威王而無好淫有淳于而無隱諫今曰語在田完者何與唯楚莊王有鄭姬越女之淫有伍舉不蜚不鳴之

諫非威王也非淳于也齊威元年後于楚莊元年二百三十二年淳于乃齊威之臣優孟乃楚莊之人滑稽傳云淳于髡後百餘年有優孟優孟以談笑諫楚莊王是以齊威而反前楚莊矣夫既齊威可以前楚莊又何不可以楚莊之事屬之齊威乎前後彼此一任錯綜真可謂滑稽矣

趙王與之精兵一萬革車千乘楚聞之夜引兵而去

部泰衢曰田完世家威王六年魯伐我入陽關晉伐我至博陵七年衛伐我取薛陵九年趙伐我取甄楚兵加我誠非細故師閭而遁豈無明文今乃敬仲世家缺而不録滑稽一傳獨紀其事者何與

其後百餘年楚有優孟

史通曰優孟在春秋楚莊王時淳于髡在戰國齊威王時史謂後百餘年誤矣　習學記言曰淳于髡任己自賢于當世無所敬以孟子考之其人可知也至遷欲列於滑稽之首遂使與二優同稱斯太甚矣

莊王大驚以為孫叔敖復生也欲以為相

史通曰蓋語有之人心之不同有如其面故窊隆異等脩短殊姿皆稟之自然得之造化非由倣傚俾有遷革如優孟之象孫叔敖也衣冠談說容或亂真眉目口鼻如何取類而楚王與其左右曾無疑惑者邪昔陳焦既亡累年而活秦諜從縊六日而蘇遂使竹帛顯書今古稱怪況叔敖之沒時日已久楚王必謂其復生也先當詰其枯骨再肉所由闔棺重開所以豈有片言不接一見無疑遽欲加以寵榮復其禄位此乃類夢中行事豈人倫所為者哉

因歌曰

史詮曰優孟歌詞不叶韻何以稱歌耶大類文體按廣文選載孫叔敖古碑優孟歌與史記小異其歌曰貪吏不可為而可為廉吏可為而不可為當時有污名而可為者子孫以家成廉吏而可為當時有清名而不可為者子孫困窮被褐以賣薪貪吏常苦富吏常苦貪獨不見楚相孫叔敖廉潔不受錢此歌之

有讀者

乃名孫叔敖子封之寢丘四百户正義曰呂氏春秋云楚孫叔敖有功於國疾將死戒其子曰王數欲封我我辭不受我死必封汝汝無受利地荆楚間有寢丘者其為地不利而前有妬谷後有戾丘其名惡可長有也其子從之楚功臣封二世而叔唯寢丘不奪也

水經注曰汝水又東逕固始縣故城北地理志縣故寢也寑丘在南故藉丘名縣矣王莽更名之曰治孫叔敖以土浸薄取而為封故能緜嗣城北猶有叔敖碑建武二年司空李通又慕叔敖受邑故光武以嘉之更名固始

焦氏筆乘曰予得漢延熹中碑書是事微不同云病甚臨卒將無棺槨令其子曰優孟嘗許千金貸吾孟楚之樂長與相君善雖言千金實不負也卒後數年莊王置酒以為樂優孟乃言孫君相楚之功即慷慨高歌涕泣數行王心感動覺悟問孟孟具列對即求其子而加封焉子辭父有命如楚不忘亡臣社稷功而欲有賞必於潘國下濕境埆人所不貪遂封潘鄉歌曰貪吏而可為而不可為廉吏而可為而不可為貪吏而不可為者當時有污名而可為者子孫以家成廉吏而可為者當時有清名而不可為者子孫困窮被褐而賣薪貪吏常苦富廉吏常苦貧獨不見楚相孫叔敖廉潔不受錢　愚按呂氏春秋異寶篇所言與正義所引不同曰孫叔敖疾將死戒其子曰王數封我矣吾不受也為我死王則封汝必無受利地楚越之間有寑之丘者此其地不利而名甚惡荆人畏鬼而越人信禨可長有者其唯此也孫叔敖死王果以美地封其子而子辭請寑之丘故至今不失

復作故事滑稽之語六章

黄氏日抄曰太史公傳滑稽者三人皆伎上優戲耳西門豹古之良吏東方朔亦漢之名臣褚氏例取而附之優戲之列何哉

乳母先見郭舍人為下泣

愚按西京雜記作東方朔

輒乙其處

楊慎曰乙謂讀其止處而書紀如一字以紀之今之書程趣止也

於是諸先生默然無以應也

柯維騏曰按東方朔事詳漢書雖雜詼諧然其諫上林跳諫內董偃罷酒宣室及述孝文恭儉以諷淫侈有汲長孺之直焉夏侯湛嘗贊之曰出不休顯入不憂戚雄節邁倫高氣蓋世可謂拔乎其萃褚氏誤以滑稽目之揚雄班固於朔亦云何哉

號曰齊王太后薨昔者齊王使淳于髡獻鵠於楚

淩稚隆曰按此淳于髡事誤入於此　史詮曰東郭先生章末有王夫人一節與上文不相屬又有淳于髡獻鵠一節尤為無謂不知何故附此豈後人剿入之歟

有文學卒史王先生者

愚按漢書循吏傳作議曹王生

西門豹為鄴令

黃汾曰西門豹賢令也徒以一時權詭而遂列之滑稽　余有丁曰按漢書朔傳尚有射覆詼諧等語令褚先生所載者絕無安可與孟旃比而東郭先生之白衛將軍王先生之語北海太守西門豹之投巫嫗誠所謂便計矣言賢大夫也何嘗滑稽又何得入滑稽傳耶

苦為河伯娶婦

水經注曰漳水又北逕祭陌西戰國之世俗巫為河伯娶婦祭於此陌淫祀雖斷地留祭陌之稱焉

即娉取洗沐之為治新繒綺縠衣

水經注曰以錢三萬聘女沐浴脂粉如嫁狀

日者列傳第六十七

黃氏日抄曰傳為楚之卜人司馬季主作也謂宋忠賈誼問卜於市而季主歷詆士大夫之為非自陳卜者之為貴殆有取其譏世之言而載之歟然未必皆其實也果其實則亦小道致泥放誕不遜人也士大夫雖未必皆賢然必士大夫布列中外上自朝廷下達郡縣上綱下紀共為扶植而後庶民得以生息於其下所謂代天工者也若卜之為伎不在農工商賈之列浮浪竊食又不得與庶民之良者比顧乃算計利害自逞得計反譏士大夫之不肖何異衣食於祖父而反笑祖父之無聞知而宋忠賈誼反屈於其說哉愚故曰未

必皆其實也而乃傳之者不得志於當世之忿心爾　凌稚隆曰呂東萊考訂云此太史公所作劉辰翁云觀其辭肆淺深亦豈褚生所能　愚按集解引墨子比之齊云云出貴義篇

太卜之起由漢興而有（索隱曰案周禮有太卜之官此云由漢興者謂漢自文帝卜大横之後其卜官更興盛焉）　愚按龜筴傳高祖時因秦太卜官是漢興即有卜官不同文帝而更興盛也索隱解迂　董份曰漢興而有言高祖時已有不特一代王也

比周賓正（徐廣曰賓客旅之謂賓人求長官謂之正）　徐孚遠曰賓正猶擯正也徐說煩曲不明

家產子必先占吉凶後乃有之（索隱曰謂卜之不祥則或不收也卜吉而後有故云有之）　愚按若卜而後收子則子之不得收者多矣傷天理絶人命豈可為訓蓋如月令所謂戒其容止者產子猶言生子也

不見奪糈

凌稚隆曰按說文云糈齋財問卜也即詩握粟出卜是也

堪輿家曰不可

漢藝文志攷證曰周禮保章氏注堪輿雖有郡國所入度非古数也占夢注今八會其遺象流案堪輿大會有八小會亦有八又堪輿天老曰假令正月陽建於寅陰建在戌鄭荅張逸問案堪輿黄帝問天老事云四月有癸亥十月丁巳為陰陽交會

建除家曰不吉

淮南子天文訓曰寅為建卯為除辰為滿巳為平主生午為定未為執主陷申為破主衡酉為危主杓戌為成主少德亥為收主大德子為開主太歲丑為閉主太陰　漢書王莽傳以戊辰直定注曰以建除之次其日當定文云十一月壬子直建冬至注曰其日當建　日知録曰建除之名自斗而起始見於太公六韜云開牙門當背建向破越絶書黄帝之元執辰破巳霸王之氣見於地户

叢辰家曰大凶

愚按漢書藝文志有鐘律叢辰日苑二十二

卷

太乙家曰大吉

日知録曰易乾鑿度曰太一取其數以行九宮（河圖之數戴九履一左三右七二四為肩六八為足五居中央縱横十五故曰太一取其數行九宮）以鄭玄註曰太一者北辰神名也下行八卦之宮每四乃還於中央中央者地神（地神疑作北辰）之所居故謂之九宮天數以陽出以陰入陽起於子陰起於午是以太乙下行九宮從坎宮始自此而坤宮又自此而震宮既又自此而巽宮所行者半矣還息於中央之宮既又自此而乾宮自此而兑宮自此而艮宮自此而離宮行則周矣上游息於太一之星而反紫宮行起從坎宮終於離宮也南齊書高帝紀案太一九宮占歷推自漢高帝五年至宋順帝昇明元年太一所在易乾鑿度曰太一取其數以行九宮九宮者一為天蓬以制冀州之野二為天内以制荆州之野三為天衝其應在青四為天輔其應在徐五為天禽其應在豫六為天心七為天柱八為天任九為天英其應在雍在梁在揚在兖天衝者木也天輔者亦木也故木行太過不及其眚在青在徐天柱金也天心亦金也故金行太過不及其眚在梁在雍惟水無應宮也此謂以九宮制九分野也

人取於五行者也

日知録曰淮南子五行子生母曰義母生子曰保子母相得曰專母勝子曰制子勝母曰困抱朴子引靈寶經謂支干上生下曰寶下生上曰義上克下曰制下克上曰伐上下同曰專以保為寶以困為伐今曆家承用之

史記疏證卷第五十九

龜策列傳第六十八

史通曰尋列傳所編者惟人而已至於龜策異物不類肖形而輒與黔首同科俱謂之傳不其怪乎且龜策所記全為志體向若以八書齊列而定以書名庶幾物得其朋同聲相應者矣　陳子龍曰龜策傳宜載古之善占者如後史方技傳之例可也褚少孫止序宋元王一事宜來劉子玄之譏矣　徐孚遠曰太史公天官家與日者龜策二家相為出入故著其傳

至今上即位

容齋續筆曰此卷首言今上即位即是史遷指武帝

雖有所深藏之見其光

史詮曰监本讀之字句闕本之作必屬下句讀當從闕本

故玉出於山而木潤淵生珠而岸不枯者

愚按語本文子及荀子

宋元王時得龜亦殺而用之

余有丁曰按宋不稱王止偃稱王而滅無元王也春秋時有元公亦失德以詐殺諸公子無無強盛之事得龜之説當是卜者家別傳　愚按事出莊子外物篇褚先生訛元公為元王

漁者豫且

愚按莊子作余且

夜半龜來見夢於宋元王曰我為江使於河

莊子曰宋元君夜半而夢人被髮闚阿門曰予自宰路之淵予為清江使河伯之所

今昔壬子

楊慎曰此篇凡用昔者皆訓夜也以上文視月觀斗言之恐只是夢之夜耳

吾獨不聞玉櫝隻雉徐廣曰隻一作雙

隸辨曰吳仲山碑節度無隻字原云雙從省文疑此二字古或通用

紂有諛臣名曰趙梁

愚按此與下紂有諛臣名為左彊不必實有其人彊梁皆非美名不過借以協韻耳韓子紂有侯侈紂有崇侯虎呂氏春秋夏桀染於

羊辛岐踵戎戲紂染於崇侯惡來
教為象郎許慎曰象牙郎
陳子龍曰郎之與廊古字通用也象郎似以
象飾室之名或作繪象如後世畫室之意二
義俱通觀後圖之象郎知定是室也
殺周太子歷囚文王昌投之石室
危林曰呂氏春秋曰王季歷困而死文王苦
之有不忘羑里之醜時未可也武王事之夙
夜不懈亦不忘玉門之辱立十二年而成甲
子之事竹書紀年文丁十一年周公季歷伐
翳徒之戎獲其三大夫來獻捷王殺季歷沈
約注曰王嘉季歷之功錫之圭瓚秬鬯九命
為伯既而執諸塞庫季歷困而死因謂文丁
殺季歷又曰執季歷于塞庫羈文王于玉門
鬱尼之情辭以作歌其傳久矣晉書束晳傳
曰太甲殺伊尹文丁殺季歷據諸書言則季
歷在商蓋不得正其終矣但文丁紂之祖父
而以為紂殺之者豈所謂天下之惡皆歸乎
徐孚遠曰是伯邑考之誤也　愚按吳越
春秋文王囚於石室

以韋為囊囊盛其血與人懸而射之與天帝爭
彊
愚按武乙之惡亦歸之桀紂邪
使工占之所言盡當
莊子曰七十二鑽而無遺筴
此橫吉
余有丁曰凡言此者必當時有象而繫之以
此詞今無象特存其占耳
貨殖列傳第六十九
法言曰或問貨殖曰蚊曰血國三千使將疏
食飲水褐博沒齒然也宋咸注楊既以蚊貶貨
殖或以是言難之也云天下之民有骨血者
三千國非貨殖則將使其飯疏食飲水被褐
終年而已乎言衣食僅給而不能富庶也無
荅文者蓋揚鄙其不諭教而彊見難也　習
學記言曰占之聖人以民不能自衣食而教
以衣食之方及其敝也上下無制而困其所
以衣食者鬭其力專其利爭奪而不媿瞻足
而不止老聃以是為教者之過也故曰至治
之極民各甘其食美其服安其俗樂其業彼

以為不貴難得不見可欲能使之然雖非正論尚有意也今遷將以聖人之所教老氏之所廢者同歸一途所謂善者因之其次利道其次教誨整齊者其權在聽於姦猾不執之細民而後可則孰與為治兼失之矣　辨惑曰史之立傳自忠義孝友循吏列女儒學文苑與夫酷吏佞倖隱逸方術之類或以善惡示勸戒或以技能備見聞皆可也至于滑稽游俠刺客之屬既已幾于無謂矣乃若貨殖之事特市井鄙人所為是何足以汚編錄而遷特記之乎班固徒譏遷之稱崇勢利而羞賤貧然亦不知其傳之不必立也是故襲而存之范曄而下皆無此目得其體矣　趙汸曰貨殖傳當與平準書參看平準書是譏人臣横斂以佐人主之欲貨殖傳是譏人主好貨使四方皆變其舊俗趨利書首言漢興接秦之獘高祖重本抑末輕徭薄賦故文景之世國家無事百姓給足府庫充實人人自愛而重犯法後面序武帝事節節與前相反至贊論始推唐虞三代以来而舉戰國秦皇功利之禍為證則武帝不能法祖宗之仁厚而蹈始皇之覆轍不待譏議而可見學者先讀此贊而後讀其書使先後相承則太史公之意瞭然矣若貨殖傳乃此書之注脚而未有察其意者蓋傳中所謂當世賢人則書中所斥不軌逐利之民也傳中所序陶朱公白圭輩善於治生即書中三人言利事析秋毫之比也傳言鄙人牧長窮鄉寡婦禮抗萬乘名顯天下宣曲任氏以田畜高而人主重之即書中言卜式以家財助縣官天子尊顯之以風百姓意尤著矣蓋見始皇武帝皆以好大喜功國用不足而後眷眷於此等人也傳中歷舉四方百貨所出行賈所在甚詳即書中置大農諸官貴賣賤買所以天子無筭之用皆出於此傳中言千乘之侯尚猶患貧即書中屢言税賦竭縣官大空是也傳中言廊廟巖穴軍士任俠攻剽女姬游閒吏士等皆為財利所以深誚當世好貨之俗無貴賤也末言當國者必以奇勝而又歷數好事惡業賤行辱處之能致富即書中所謂不益賦而天下用

饒亦此類矣循此傳之意深陋為天下國家者不當下行商賈之事蓋是當時親覩言利之人誤國害民如封禪書中所謂究觀方士祠官之意云者故言之深切至此後人但謂子長陷於刑法無財可贖故發憤作貨殖傳豈謂知太史哉

必用此為務輓近世塗民耳目則幾無行矣

余有丁曰言用此以輓近世之俗也，趙恒曰若欲使老死不相往來則必塗其耳目乃可耳豈能行哉

夫山西饒材竹穀纑

陳子龍曰此言山西蓋指褒漢之間故多材竹也

故物賤之徵貴貴之徵賤索隱曰徵者求也謂此處物賤求彼貴賣之

董份曰賤之徵貴賤極則人棄之故其徵必貴白圭之術正能明貴賤之徵而棄取之也以徵為求謬

周書曰農不出則乏其食工不出則乏其事商不出則三寶絕虞不出則財匱少

愚按此語汲冢書無之疑在所闕八篇之中

淵深而魚生之山深而獸往之

愚按周書大聚觧云泉深而魚鼈歸之草木茂而鳥獸歸之

天下壤壤

凌稚隆曰按壤穰通用鹽鐵論此語作穰穰

故歲在金穰水毀木饑火旱

越絕曰太陰三歲處金則穰三歲處水則毀三歲處木則康三歲處火則旱故散有時積糴有時領則決萬物不過三歲而發矣以智論之以決斷之以道佐之斷長續短一歲再倍其次一倍其次而反

務完物無息幣

凌稚隆曰按完者无不有也息幣即無藏

計然之策七

愚按越絕及吳越春秋計倪進范蠡文種伐吳用九術

之陶

愚按正義以陶在齊州平陽縣又以為曹州濟陽縣又以為在南郡華容縣據水經注云

定陶縣則曹州近之

子貢既學於仲尼退而仕於衛廢著鬻財於曹魯之閒

史通曰昔孔子力可翹關不以力稱何則大聖之德具美者衆不可以一介末事特爲百行端首也至如達者七十分以四科而太史公述儒林則不取游夏之文學著循吏則不言冉季之政事至於貨殖爲傳獨以子貢居先掩惡揚善旣忘此義成人之美不其蔽如

白圭周人也

愚按白圭蓋當時之辯士歷遊齊魏中山二十取一之言見於孟子謂新城君見於魏策知中山齊之將亡與惠子辯難荅孟嘗君問魏文侯問鄒公子夏后啓見於呂氏春秋非徒以貨殖見者史公取其一節耳

蠒出

史詮曰蠒字屬上句讀出字本作凶蓋以字形相近而訛也凶字別爲句與歲孰相應正實上文人取我予意

地重索隱曰言重於耕嫁也

史詮曰猶言土厚也索隱注非

及秦文孝繆居雍隙

史詮曰繆公以前無孝公按本紀德公居雍孝當作德

故楊平陽陳掾其閒得所欲索隱曰掾音逐緣反陳掾猶經營馳逐也

劉辰翁曰索隱注陳掾猶經營繆當是楊姓陳姓因緣其閒得所欲耳掾緣通　余有丁曰按如劉說則楊字當移在平陽之下而又改掾爲緣乃當　愚按經營馳逐以解陳掾索隱固無所出若以楊陳爲姓不唯字義頗倒且史公方論各方風俗未暇以諸富人貳其閒也楊陳縱爲人姓亦當如猗頓之盬鹽郭縱之鐵冶以暨後所言程鄭卓王孫之屬皆有業可稽不當用空言相曉也須溪之說不可從

而民雕捍少慮

愚按慮不思難也

北鄰烏桓夫餘

後漢書烏桓傳曰烏桓者本東胡也漢初匈

奴冐頓滅其國餘類保烏桓山因以為號焉

魏志東夷傳曰夫餘在長城之北去玄菟千里本屬玄菟國有故城名濊城蓋本濊貊之地而夫餘王其中

浙江南則越

史詮曰言浙江以南俗則越省文爾

以故呰窳正義曰按食螺蛤等物故多羸弱而足病也淮南子云古者民食羸蛖之肉多疹毒之患也

徐孚遠曰觀下文偷生無積聚則羸弱爲足之說非也

是以廉吏久久更富廉賈歸富歸者取利而不得償也

日知錄曰貨殖傳廉吏久久更富廉賈歸富又曰貪賈三之廉賈五之夫放於利而行多怨廉者知取知與無求多於人義然後取人不厭其取是以取之雖少而久久更富廉者之所得乃有其五也註非

進釀飲食

楊慎曰進即博進主進之謂

好語仁義亦足羞也

辨惑曰貧賤而羞固已甚謬而好語仁義者又可羞乎

醯醬千瓨

顏師古急就章注曰瓨短頭長身之罌也王應麟補注曰說文瓨似甖長頸受十升廣韻作缸甋方言靈桂之郊謂甋注今江東通名大瓮為甋

貪賈三之廉賈五之漢書音義曰貪賈未當賣而賣未可買而買故得利少而十得三廉賈貴而賣賤乃買故十得五

余有丁曰貪賈貴不肯賣反致失時故三之廉賈貴出如糞土故五之

下有蹲鴟徐廣曰古蹲字作踆

楊慎曰蹲踆同莊子紀他踆于竅水注蹲也

愚按徐廣既有此釋則本文蹲字應作踆矣

即鐵山鼓鑄運籌策傾滇蜀之民

華陽國志曰臨邛縣置鐵官有鐵祖廟祠漢文帝時以鐵銅賜侍郎鄧通通假民卓王孫歲取千匹故王孫貨累巨萬億鄧通錢亦盡天下

鄒魯以其故多去文學而趨利者以曹邴氏也

辨惑曰既言以其故則不必更云以曹邴氏也

周人既纖（漢書音義曰儉嗇也）

余有丁曰纖非纖嗇之纖觀下轉轂百數可見正是纖巧侈靡耳　愚按既字與前文相應前之周人都河南即下洛陽街居是也其俗纖儉習事非即此既纖之謂乎

洛陽街居在齊秦楚趙之中

日知錄曰說文街四通道鹽鐵論燕之涿薊趙之邯鄲魏之溫軹韓之滎陽齊之臨淄楚之宛丘鄭之陽翟二周之三川皆為天下名都居五諸侯之衢跨街衝之路

為督道倉吏（漢書音義曰若今吏督租穀使上道輸在所也韋昭曰督道秦邊縣名）

班馬異同曰督道者倉所在地名耳猶後傳註漢宮闕疏所稱細柳倉也

田畜人爭取賤賈（索隱曰爭取賤賈金玉也）

凌稚隆曰按賤賈即田畜價之賤者晉說不知所謂　金甡曰按晉說宜注上文豪桀爭取金玉句下

畫推埋去就

日知錄曰推埋當是推移二字之誤

田農拙業（徐廣曰古拙字亦作欪也）

愚按徐廣既有此釋則本文拙字應作欪矣

史記疏證卷弟六十

太史公自序第七十

其在衛者相中山徐廣曰名喜也

愚按呂氏春秋司馬喜難墨者師於中山王前

以傳劍論顯晉灼曰史記吳起贊曰非信仁廉勇不能傳劍論兵書也

金甡曰按序傳作不能傳兵論劍與晉灼所引互異必有一悮

蒯聵玄孫卬為武信君將徐廣曰張耳傳云武臣自號武信君

愚按武臣非自號也張耳陳餘號之耳劉敞漢書刊誤曰此言當始皇時為武信君將則武信君非武臣也項梁亦號為武信君然皆非始皇時

夫陰陽儒墨名法道德此務為治者也

真德秀曰列儒者於陰陽墨名法道家之間是謂儒者特六家之一爾而不知儒者之道無所不該五家之所長儒者皆有之其短者吾道之所棄也談之學本於黃老故其論如此

形神騷動

史詮曰漢書騷動作蚤衰

夫儒者以六藝為法六蓺經傳以千萬數累世不能通其學當年不能究其禮故曰博而寡要勞而少功

劉子翬曰太史公以儒墨陰陽名法道德為六家較其長短而論其指要夫儒何所不通哉其論墨者曰強本節用孔子曰與其奢也寧儉則墨家之長吾儒之為也其論陰陽家曰敘四時之大順孔子曰行夏之時則陰陽之長吾儒之為也其論法家曰嚴而少恩孔子君命召不俟駕而行則法家之長吾儒之為也其論名家曰正名實孔子曰惟名器不可假人則名家之長吾儒之為也其論道家曰使人精神專一孔子曰造次必於是顛沛必於是則道家之長吾儒之為也以是觀之則五家之長吾儒通之明矣其論儒者之短則曰博而寡要勞而少功是以跡論儒也孔子曰予欲無言然則所謂六蓺者果可以病儒者哉論儒之迹而不論儒之道非知儒者也不蔽於一偏不滯於一隅以之治世以之

脩身無不可馬兹所謂通儒也
使天下法若此
史詮曰漢書法作共
使人儉而善失真
董份曰墨者儉是矣若名家言儉似不可曉
蓋乢乃檢字因上有儉字譌者遂悞耳解曰
檢者法也又曰檢者束也下文苛察繳繞即
檢束之意也
曰物與合
史詮曰漢書與合作與舍
上會稽探禹穴
楊慎曰子長自序云上會稽探禹穴此子長
自言徧遊萬里之目上會稽總吳越也探禹
穴言巴蜀也後人不知其解是以為禹穴在
會稽而作地志者以禹廟旁小坎如舂臼者
當之噫是有何奇而辱子長之筆耶按蜀之
石泉禹生之地謂之禹穴其石杳深人跡不
到蜀志刻有禹穴二字乃李白所書始知會
稽禹穴之悞 愚按升庵此言殊為穿鑿下
文文云奉使西 征巴蜀以南南略 邛筰昆明
則徧遊萬里矣何乃以不經見石泉之禹穴
為誇乎
十一月甲子朔旦冬至天歷始改建於明堂諸
神受紀
邵寶曰有天歷有人歷天歷始十一月甲子
朔夜半冬至如環無端終則復始太史公所
謂天歷此之謂也人歷合是而已故曰夏時
得天不得天不足謂之歷王者之正迭建政
正不改歷
余聞董生曰周道衰廢孔子為魯司寇諸侯害
害之大夫壅之孔子知言之不用道之不行也
是非二百四十二年之中以為天下儀表貶天
子退諸侯討大夫以達王事而已矣子曰我欲
載之空言不如見之於行事之深切著明也
習學記言曰太史公言春秋之義本於公羊
董仲舒麤淺妄意非其實也然後世多以為
按據雖自命精深者猶隨其說余於春秋及
左氏傳既頗著見之今以遷所聞略疏其下
孔子曰吾自衛反魯然後樂正雅頌各得
其所又曰加我數年五十以學易又曰小子

何莫學夫詩又曰夏禮吾能言之又曰文王既沒文不在茲乎孔子之於六藝蓋樂而學之謂斯文之在也其所以脩春秋者史法未正明義理未一舊章可續近事當明所以遺後世者大矣若夫諸侯害大夫壅言不用道不行而以是達王事者是欲大孔子而反小之也

夫春秋上明三王之道下辨人事之紀別嫌疑明是非定猶豫善善惡惡賢賢賤不肖存亡國繼絕世補敝起廢王道之大者也

習學記言曰若春秋如是而為王道之大則詩書禮易豈其不如是而為王道之小此漢人專門之說而後世學者信之以為孔子自珍最後之書使其於道不深也

易著天地陰陽四時五行故長於變禮經紀人倫故長於行書記先王之事故長於政詩記山川溪谷禽獸草木牝牡雌雄故長於拎風樂樂所以立故長於和春秋辨是非故長於治人是故禮以節人樂以發和書以道事詩以達意易以道化春秋以道義

習學記言曰六經豈自為分別而各擅其長乎漢人之陋往往而是其中亦有遷自出意者不特董生語也夫專門者既視他經為無有而能盡知六經者又止於如此道何從而明哉

撥亂世反之正莫近於春秋

習學記言曰若書之仲虺湯誥武成論語堯曰咨爾舜至於舉逸民所謂撥亂世反之正矣春秋因事以明義雖其大指歸於撥亂反正然天子諸侯大夫之間節目甚多未易言也公羊區區執藩籬之見開苟援之門已則不正而何以反亂世於正乎

春秋文成數萬其指數千萬物之散聚皆在春秋春秋之中弒君三十六亡國五十二諸侯奔走不得保其社稷者不可勝數察其所已皆失其本已

習學記言曰湯武以仁義拯桀紂之暴戾保諸侯之國家一本而已非各有本而失之也如公羊董生之說銖寸以度之則安能免此禍哉

故有國者不可以不知春秋前有讒而弗見後有賊而不知

習學記言曰按周公作鴟鴞之詩以遺成王而成王執金縢之書以泣其君臣之際變而復正不以能知春秋為王也

為人臣者不可以不知春秋守經事而不知其宜遭變事而不知其權

習學記言曰孔子曰未可與權可與權矣則不論經事變事惟其是而已故孔子自謂無可無不可也然經事變事上世固莫之分雖春秋亦莫之分也春秋之時事之變故不可勝道若以權合變則道將愈散何以反本若居末世不能反本而猶變之合則奚取於聖人春秋之學蓋不然也

其實皆以為善為之不知其義被之空言而不敢辭

習學記言曰古無被人以空言而為義者春秋之時家異意人異說而義有隨以異者如趙盾許止及其他赴告書法多一時立義春秋不能盡正而有因之者非以是為當然也

法之所為用者易見而禮之所為生者難知

習學記言曰此稱非春秋本義以法對禮乃漢儒語也　學者必學乎孔孟孔子之言約而盡其義孟子之言詳而義不遺今董生說春秋至數百千言前後章義俱不盡雜然漫載遷之言亦然學者以為是與孔孟同挽而從之斯大患矣

而太史公遭李陵之禍正義曰太史公舉李陵李陵降也

史通曰夫云遭李陵之禍幽於縲紲乍是同陵陷沒遂置於刑又似為陵所間獲罪於國遂令讀者難得而詳賴班固載其與任安書書中具述被刑所以儻無此錄何以克明其事者乎　董份曰李陵之禍謂陵降而太史公救之帝怒下蠶室也正義疎謬每如此

金甡曰按正義誠疎然是襲衛宏之說

不韋遷蜀世傳呂覽韓非囚秦說難孤憤

董份曰呂氏春秋蓋不韋當國時作也而云遷蜀韓非說難蓋未入秦時所著也而云囚秦古之文人取其意不泥其詞往往如此

作項羽本紀第七

鶴林玉露曰班固去司馬遷未久也已不知史記書法如項羽本紀在高帝前陳涉世家在孔子後皆有深意焉孟遷以秦焚典籍使羲黄至孔子之道幾於隳地涉與羽先後倡為亡秦之謀可謂有大功於斯道故叙陳涉世家云桀紂失其道而湯武作周失其道而春秋作秦失其道而陳涉發迹諸侯作難風起雲蒸卒亡秦族天下之端自涉發難作陳涉世家而叙項羽本紀則云秦亡其道云云作項羽本紀蓋奮於鉏挺以亡秦者起於陳涉

項羽次之高祖又次之

大臣洞疑（索隱曰洞是洞達意共所疑）

董汾曰洞字恐是恫字蓋傳寫之誤耳今索隱釋為洞達既洞達矣又何疑乎

間不容翲忽

困學紀聞曰出曾子天圓章閻若璩曰曾子云其間不容髮

申呂肖矣

日知録曰肖乃削字脱其旁耳與孟子魯之削也滋甚義同徐廣註以為痟者非

嘉父之謀作齊太公世家第二

辨惑曰嘉父之謀作齊世家嘉旦金縢作魯世家其序燕云嘉甘棠之詩其序衛云嘉彼康誥序宋則云嘉微子問太師序晋則云嘉文公錫圭鬯此類甚多夫史書實録也事所當記善惡必存豈嘉一事而後作乎

嘉文公錫珪鬯

愚按錫珪鬯者文侯此仍踵世家之誤詳見索隱

莊王之賢乃復國陳（正義曰楚莊王都陳）

余有丁曰按楚莊克陳以申叔之功而復之故曰復國陳

桀紂失其道而湯武作

鄭樵曰湯武仗大義平殘賊易謂順天應人烏可與陳涉同日而並議哉

三子之王文辭可觀

陳子龍曰三王世家太史公明言以冊文之善而存之自應無他詳紀其云補作者非也

獵儒墨之遺文

鄭樵曰孟子距楊墨荀卿亦非墨子儒墨同異

矣豈嘗獵其遺文哉　長洲何焯曰獵儒墨之遺文謂附見於傳諸子也明禮義之統紀謂荀絶惠王利端謂孟夾滐或讀之不詳

作孟嘗君列傳第十五

史詮曰漢書叙孟嘗傳第十六平原傳第十五匈奴傳第五十二與史記不同

壯有溉

凌稚隆曰按以上文長孺推之則下壯字疑當作莊此鄭名也溉字下文疑有闕文

民倍本多巧奸軌弄法善人不能化唯一切嚴削為能齊之作酷吏列傳第六十二

辯或曰夫酷吏倖幸類皆小人之立傳大抵著其罪惡以為世戒而遷獨有取於此等然則是非之謬豈特游俠貨殖之論哉

救之於戹振人不贍仁者有乎不既信不倍言義者有取焉

鄭樵曰游俠之徒未足為煦煦孑孑之萬一況能當仁義之重名乎

三王不同龜

愚按漢藝文志有夏龜二十六卷推此言之則商周宜有龜書也

四夷各異卜

愚按龜筴傳云蠻夷氐羌雖無君臣之序亦有決疑之卜或以金石或以草木國不同俗

余述歷黃帝以來至太初而訖百三十篇

史通曰自五經間行百家競列事跡錯糅前後乖外至遷乃鳩集國史採訪家乘上起黃帝下窮漢武紀傳以統君臣書表以譜年爵合百三十卷因魯史舊目名之史記自是漢世史官所續皆以史記為名　又曰尋史記疆宇遼闊年月遐長而分以紀傳散以書表每論家國一政而胡越相懸叙君臣一時而參商是隔此其為體之失者也兼其所載多聚舊記時插雜言故使覽之者事罕異聞而語饒重出此撰錄之煩者也　又曰史記者紀以包舉大端傳以委曲細事表以譜列年爵志以總括遺漏逮於天文地理國典朝章顯隱必該洪纖靡失此其所以為長也若乃同為一事分在數篇斷續相離前後屢出於高紀則云語在項王傳於項傳則云事具高

紀又編次同類不求年月後生而權居首帙先輩而抑歸末章遂使漢之賈誼將楚屈原同列魯之曹沫與燕荆軻並編此其所以為短也　又曰司馬遷之著史記也又列天子行事以本紀名篇後世因之守而弗失譬夫行夏時之正朔服孔門之教義者雖地遷陵谷時變質文此道常行終莫之能易也然遷之以天子為本紀諸侯為世家斯誠讜矣但區域既定而疆里不分遂令後之學者罕詳其義案姬自后稷至於西伯嬴自翳伯至于莊王爵乃諸侯而名隸本紀若以西伯莊王以上別作周秦世家持殷紂以對武王拔秦始以承周赧使帝王傳授昭然有別豈不善乎必以西伯以前其事簡約別加一目不足成篇則伯翳之至莊王其書先成一卷而不共世家等列輒與本紀同編此尤可怪也

史記蠡測

［清］林伯桐

清道光二十四年林世懋刻修本堂叢書本

史記蠡測

番禺林伯桐學
男世懋校栞

古來制作自黃帝而定禮記祭法曰黃帝正名百物孔疏云上雖有百物而未有名黃帝爲物作名正名其體也然則史記託始自有深意（倉頡始作字亦黃帝之史也）既以黃帝爲始因當援大戴禮五帝之論爲據不容任意增損後來胡五峯劉道原謂五帝當冠以伏羲神農而削去顓頊帝嚳論似近正然非史公自黃帝始之意矣又以秦博士天皇地皇之議爲三皇定名此則載在秦始皇紀中而史公終不以爲據者顧欲拾其所棄以相難不亦異乎

曲禮二十曰弱在幼之後黃帝紀弱而能言則在幼之前與曲禮不同下文云成而聰明此成字乃曲禮所謂弱也

黃帝教熊羆貔貅貙虎張守節正義謂教士卒習戰以猛獸之名名之其說最確後世軍陣之名實昉於此小司馬索隱則幾於戲矣周官服不氏掌養猛獸而教擾之（索隱引此鄭注）但云王者之教無不服賈疏但云教馴之象天下皆服曷嘗云教之以戰乎

淳化鳥獸蟲蛾正義讀蛾爲豸引爾雅有足蟲無足豸爲證最爲包括近時何義門謂蛾古蟻字其說偏而不舉矣旁羅日月星辰旁羅乃虛字與上文時播淳化下文勞勤節用同類（正義曰旁羅猶遍布也）史記測議謂旁羅乃測天度之器則是以爲實字與上下文不類

史記於黃帝紀最慎所謂擇其言尤雅者也正義於蚩尤則引龍魚河圖於風后力牧則引帝王世紀於橋山則引列仙傳皆不雅馴之言豈史公之意乎

黃帝者百家所爭託并姓氏所從出亦附會焉史載堯舜同出於黃帝未必足信楊升庵引呂梁碑載舜之先並不言出自黃帝足知堯舜非同姓云云愚按古事荒遠因當闕疑即如史記后稷與契皆帝嚳之子契十三傳爲成湯后稷十三傳則爲王季成湯者商之始王季則當商之末世相去凡數百年而爲兄弟行果可信耶然則謂堯舜爲同姓者亦此類矣

湯至太戊雖云六世其實沃丁太庚皆太甲之子小甲雍己太戊皆太甲之孫耳（此據殷本紀而言至三代世表則太戊亦太甲之子）伊尹可相湯相太甲其子伊陟何不可相太戊乎鹿門乃以爲疑謂豈得年壽懸絕若此何耶

周本紀云周公召公二相行政號曰共和其言最徵

信竹書紀年謂共伯干王位如其言則宣王卽位後有不誅之者乎魯連子謂共伯和好行仁義諸侯賢之奉和以行天子事厲王死共伯使諸侯奉王子爲宣王而共伯復歸國如其言則宣王卽位後有不賞之者乎二說相反皆厚誣古人者也陳臥子曰厲王得罪於民不敢入國共和爲政王號固在王死而後太子立其言當矣

秦本紀武公弟德公同母爲句魯姬子生出子爲句謂兩公與出子不同母也正義乃以魯姬子爲德公母恐未必然

秦始皇事不師古李斯之謀也蘇文忠以李斯之罪上累荀卿楊升庵則謂李斯之論作偏於韓非皆探本之言然平情而論荀卿儒家也其論通李斯蔑古非其所逆料韓非法家也其論刻使其得志於秦未必不爲李斯至於李斯熱中之徒耳與時俯仰苟且以就功名知進而不知退其論近於庸矣

善用寡者而後能用衆王翦以六十萬人取楚可謂能用衆矣然始皇本紀載其攻關與櫟陽斗食以下什推二人從軍斗食官名什人中惟擇二人從軍又何其能用寡也

淮陰侯自言將兵多多益善然其下井陘也兵號數萬其實不過數千本成安君語所選輕騎入趙壁立漢幟者不過二千人耳

秦二世東行郡縣謂金石刻盡始皇帝所爲也不稱始皇帝稱字當讀平聲其於久遠也如後嗣爲之者不稱成功盛德此句稱字當讀去聲本文甚明正義殊欠分曉

范增說項梁曰楚蠭起之將皆爭附君者以君世世楚將據索隱注及所引劉向傳注則本是蠭午之將楚雖三戶亡秦必楚三戶者言其少耳乃虛設之辭非如正義所云也下文項羽使蒲將軍引兵渡三戶此則三戶津也

項羽紀陳餘爲將軍鉅鹿之北此所謂河北之軍也而其上文云趙歇爲王陳餘爲將張耳爲相皆走入鉅鹿城前後自相矛盾疑有脫文誤字焉

項梁不肯聽田榮以殺田假項羽不肯聽范增以殺沛公皆有大度勿以成敗論英雄也

高祖爲漢王楚與諸侯之慕從者數萬人可謂得人和矣然至南鄭而諸將及士卒多道亡歸何耶意此爲項王所使之卒故思歸耶上文云漢王之國項王使卒三萬人從

漢高輕士善罵大抵近其前者多頑鈍無恥之士然於人才實能留心略地陳留則時時問邑中賢士豪

俊見酈生傳討陳豨、則問趙有壯士可將者乎。見韓王信盧綰傳於田橫之客則莫不加禮、於張耳之客則莫不錄用、酇侯一言而將淮陰、酉侯一言而封雍齒、不獨氣奪於四皓、心折於三傑也。知人善任、宜其能屈羣策也夫。

呂后雖擅政、然內有大臣、外有宗藩、畢竟有所畏而不敢逞、至於使諸呂為將將兵居南北軍、此呂后難於啓齒者也、而丞相乃誤聽張辟彊言而先迎合之。史言呂氏權由此起、授人以柄、誰之罪耶。厥後呂產封王、又由大臣請之、大臣因張卿之風、張卿怵於齊田生之說、齊田生則以受營陵侯劉澤金二百斤、無以為報、欲王諸呂以及劉澤。事載荊燕世家輾轉游說、壞祖宗之制、啓覬覦之心、不過為一游士報恩之地、而當時大臣墮其術中、唯所指使、亦可歎矣。方王陵以白馬之盟折呂后也、使朝臣皆力持正議、未必不足制呂氏邪心、而陳平周勃遽曰王諸呂無所不可。豈非以順為正者耶。及王陵讓平勃、而平勃猶以全社稷定劉氏之後自許、此亦平勃之強詞、而其後成功亦有天幸耳。向使諸呂非極庸下、能守呂后遺誡、據兵衛宮、毋為人所制、則酈寄不得紿呂祿、朱虛侯亦無由

擊呂產也、其何以全之而定之乎。

呂后之世、為趙王者皆不得其死、趙王如意以酖死、徙淮陽王友為趙王、未幾餓而幽死、又徙梁王恢為趙王、未幾自殺、又欲徙代王、王謝、乃徙呂祿為趙王、而呂祿卒見誅。

朱虛侯已殺呂產、少帝命謁者勞之、朱虛侯欲奪節信、以入宮而謁者不肯、朱虛乃從之馳走、及東牟侯滕公已清宮、文帝將入未央宮、而謁者十人持戟衛端門曰、足下何為而入、漢初宮衛嚴明、而謁者能守其官如此。

均之削諸侯之地、晁錯用之而亂。主父偃用之而安、以此見謀事當以漸也。均之使諸侯分封子弟、賈生言之而不行、主父偃言之而收效、以此見成事亦有時也。

攝行政事、考之於天、然後在位。秦楚之際月表謂如使之主祭、百神享之、鬼神其依、龜筮協從之類。韋昭注似非也。

史公論人臣功有五品、以德以言、皆在用力之上、高祖功臣侯者年表此古義也。秦法尚首功、世不復講此矣。故漢興、論蕭曹高下者、非鄂君言之、則人不能明。

天官書曰中官（今本訛作宮）天極星其一明者太一常居也此太一在紫宮內者也正義曰太一天帝之別名是也下文或曰天一正義曰天一一星疆閶闔外太一一星次天一南此正義所謂太一則在紫宮外者也

北斗屬中宮運於中央臨制四鄉者也杓攜龍角言北斗之杓連於東方之角也東宮蒼龍左角李右角將卽龍角也衡殷南斗言北斗之衡當北方之南斗也北宮元武之屬南斗爲廟者是也魁枕參首言北斗之魁枕西方參星之首也西宮咸池之屬參爲白

虎是也不僅以一方言

中官有匡衞十二星者以衞紫宮也南官亦有匡衞十二星者以衞太微之廷也（宋均曰太微天帝南宮也）

南官之星有西將又有曰將位者西將與東相對言此大將也下文郎位傍一大星將位也此郎將也

中官北斗第五星名衡西宮參星之直者是爲衡石與南官衡爲太微之衡名同而實異

營室爲清廟專言之也南斗爲廟則泛言廟也（皆北官之星）猶之軫爲車泛言車也（南官之星）斗爲帝車則專言之也

中官絕漢抵營室曰閣道所謂閣道者卽指北官之星言北官營室爲清廟曰離宮閣道是也

婺女亦曰須女四星織女則三星皆北官之星也天官書曰婺女其北織女最爲明白

塡星其色黃九芒此天官書所載也謹按明史天文志云塡星形如瓜兩側有兩小星如耳蓋得之實測者與古說不同

明崇禎時禮部尚書徐光啓論星有古多今少古有今無又有古無今有者其說與天官書所載往往不同（如策星旁有客星萬歷元年新出之類）詳載明史天文志內

史公言天運三十歲一小變其說甚精蓋窮則變變則通不如是不足以斡運天樞整齊萬物也人事亦然三十年爲一世事故已多聖君賢相舉其大體而已至於流俗之漸失愚民之易惑必有當轉移者在焉或在上之政令或在下之言行皆可以正人心而定民志波流靡靡之中而可變之機已伏彼但以爲習俗移人積重難返者皆昧於小變之義者也

封禪書乃作畫雲氣車此一事也及各以勝日駕車辟惡鬼此又一事也正義所引樂彥語則是各以勝日駕車耳似誤

秦制郡縣遠方神祠者民各自奉祠不領於天子之祝官蓋地曠事繁日不暇給姑聽民自爲之也然淫祀日多實始於此矣

古有黃帝周有太公後世荒誕不經之說皆爭託之俗語流爲丹青久矣史公於黃帝紀則曰百家言黃帝其文不雅馴又曰擇其言尤雅者於太公世家則曰言呂尙所以事周雖異然要之爲文武師其擇言之慎如一也外此無稽之言可不待辨而明

齊師敗於鞌逢丑父與齊莊公易位而莊公得免漢困於滎陽紀信代漢高乘黃屋車傅左纛而漢高得

出其忠義之心略同而論功則紀信最大乃逢丑父免於死紀信則被燒殺所遇之人不同耶抑有幸有不幸耶

周道親親而詩書所述自周公康叔之外罕有功德著聞者然周成王時管蔡啓商甚間王室賴武王同母之弟成叔冄季之屬十人爲輔翼是以諸侯卒宗周（見管蔡世家）史記此言必有所本此周家一大事乃親親之明效也史足以補詩書所未備矣

宋襄公最不濟而嘗列於五霸頗不可解豈非人心惡楚故不忍於宋襄之敗而宋襄又早以讓國得名故遂以次於桓文之後耶史公曰傷中國闕禮義褒之也宋襄之有禮讓也（宋世家贊）其言當矣

晉文公賞從亡則壺叔在三賞之後其言曰以力事我而無補吾缺者此受次賞賞戰功則狐偃居先軫之首其言曰偃說我毋失信偃言萬世之功此與左傳所載晉侯敎民示之禮示之義者真是一色衣冠

觀左傳楚子言我先王熊摯有疾則古史考所謂長子摯有疾少子熊延立者爲是而楚世家謂其弟弑而代立曰熊延者誤也

越絕書謂太宰嚭目達耳通諸事無不知蓋小人未

嘗無才也嚭用於吳而吳亡亡吳而又用於越左傳魯哀公如越季孫因太宰嚭而納賂焉是也然奸佞之徒人人欲得而甘心必不許其偷生故越絕書謂越王殺太宰嚭戮其妻子史記越世家亦謂越王誅太宰嚭要之皆非事實也然之生而致死之亦足以寒千古奸佞之膽矣

戰國之君惟趙武靈王最振作有爲至令其子治國而詐爲使者入秦因觀秦王之爲人此其志豈須臾忘秦哉然終其身未嘗加兵於秦必知難而退也亦足見秦之强矣

齊桓公之霸業而尸在牀上六十七日趙武靈王之雄才而探爵鷇而食之三月餘而餓死皆千古炯戒也易緯曰正其本而萬事理不能正其本難矣哉

大聖人之德如乾坤之容日月之光豈人所能繪畫耶故孔子世家所載皆博學多能之事蓋其外之所見者如此而已滹水李氏乃謂所以稱夫子者何其陋也似非公論

陳涉令武臣徇趙地而武臣至趙即自立爲趙王及武臣遣韓廣徇燕地而韓廣至燕即自立爲燕王出乎爾者反乎爾者也然罕有若是之速者吳太子諫

吳王濞曰王以反爲名此兵難以藉人藉人亦且反王奈何移此語以論武臣之事則切矣

呂后既崩齊哀王誅琅邪王劉澤來臨菑而遂併其兵琅邪王即說齊哀王願入關計事而因沮其立（大臣議欲立齊王爲帝）報施固稱何其神速也

蕭何營作未央宮曰天子以四海爲家非壯麗無以示威此深知大體之言固非曹參所及至其置田宅必居窮處爲家不治垣屋又何其達也此則斷非陳平所能矣

蕭曹微時雖善及爲將相則有隙蓋當事權者意見不能盡同則瑕隙生焉以此見交道之難然兩人皆公爾忘私蕭何舉曹參自代曹參於蕭何之法令守而勿失與廉頗藺相如略同以此見大臣之識

淮陰侯爲大將以酇侯之舉也酇侯爲相國則以留侯之言（見留侯世家）三傑功名有如輔車相依

漢高一生最喜狎侮又多猜忌老成如酇侯英雄如淮陰侯皆不免於疑忌他如黥布之勇酈食其之辨其始皆不免於狎侮唯遇留侯則自始至終無敢失禮亦無有疑忌豈徒以其謀略哉觀留侯自稱一則曰爲韓報仇強秦再則曰願棄人間事欲從赤松子

游此其進退綽綽有餘於功名爵祿之外者矣攷其生平居得爲之地而無田宅之好無聲色之嗜至其經營天下則如行所無事者誰能及之哉太史公稱曰無知名無勇功圖難於易爲大於細斯觀其深矣安得不令漢高心折也乎

賈生之才之學非重厚少文者所能用也故絳灌短之至如陳平乃智謀之士不羞小節者而絳灌又讒之（見陳丞相世家）何耶東陽侯張相如號爲長者而亦與絳灌之屬害賈生（見賈生列傳）無他技而如有容自古難之矣

安國侯王陵不肯立諸呂爲王，則有守。一見張蒼，知爲美士而救其死，則有識。見張丞相列傳與雍齒善，不因高帝怒雍齒而改其交，則有信。三者皆難能而可貴，宜乎高祖微時以兄事之，及呂后問可相者，而以爲王陵可代曹參也。見高祖本紀秦昭王時有五大夫王陵，嘗將兵攻趙邯鄲，見白起列傳與漢安國侯姓名皆同。

條侯亞夫爭栗太子之廢，爭王信之封侯，爭降奴之封侯，皆得大臣體。較之其父絳侯坐視呂氏將兵封王而不免委蛇其間者，迥不同矣。史言條侯死後乃封王信爲蓋侯，則知大臣能持國，是實有回天之力焉。彼諸呂將兵封王，平、勃安得辭其責乎。

黃帝神靈，後世帝王皆本其法度者也，故以冠本紀。泰伯之才德可以天子者也，乃讓而不居，故以冠世家。伯夷之名分可以諸侯者也，乃讓而不居，故以冠列傳。

孫子見其馬足不甚相遠，馬有上中下輩，此倒句也。謂其馬有上中下之等，然馬足皆差不多，故孫臏教田忌以上駟當彼之中，中駟當彼之下，而諸公子不覺也。

孫吳自古並稱，然孫武用兵之外無聞焉，吳起相楚，

能明法審令，捐不急之官，破從橫之說，其與田文論功，以治百官，親萬民，實府庫，自負其對魏武侯以在德不在險爲言，異乎以勇力見長者矣。

蘇秦既相六國，偏報嘗見德者，獨後其從者一人，曰子之與我至燕，再三欲去我易水之上，方是時我困，故望子深。趙襄子免晉陽之難，首賞高共，曰方晉陽急，羣臣皆懈，惟共不敢失人臣禮，是以先之。見趙世家二事不同而同，蓋患難困窮之中，易於見怨，亦易於見德也。

蘇秦與張儀同師，李斯與韓非同師，然蘇秦能用張儀於強敵，而李斯不能容韓非於國中，則斯之褊心可知。攷李斯生平，未聞有客爲畫一策、爲進一善也，殆自足而不求士者與？

戰國之士有以足下稱諸侯者，范雎見秦昭王曰足下上畏太后之嚴，下惑於姦臣之態是也。戰國諸侯有以主君稱鄰國之君者，韓宣惠王謂蘇秦曰今主君詔以趙王之教，魏襄王謂蘇秦曰今主君以趙王之詔詔之是也。

樗里疾號智囊，而爲胡衍之資；鼂錯號智囊，而爲袁盎所賣。胡衍不過借樗里以受金，袁盎則竟譖鼂錯

而致之死。然則智囊竟何益哉、故大智若愚、

趙封蘇秦爲武安君、白起在秦亦封武安君、李牧爲趙將又封武安君、前後三人封號皆同。

信陵君賢而能下士、故其客多非常人、往往非他人所能致者、張耳在秦漢之際甚有名、亦嘗爲信陵君客也、秦最强、有併吞六國之勢、游士所爭趨、故雖以呂不韋之爲人、而甘羅嘗事之、李斯亦嘗爲其舍人、今觀呂覽一書、則當時人才之盛可知、至如孟嘗君所得者、不過雞鳴狗盜之徒、平原君徒豪舉耳、國中有薛公毛公、而不能知、家中有毛遂、而亦不能知、爲躄者殺無罪之美人、又因門下去者過半而爲之。信陵謂其不求士、非虛語也。唯爲秦王所脅而不肯出魏齊、爲難能耳、春申不足道、惟生平能知荀卿、差强人意。

天下之大功、必非一人所能爲、及其叙功、則舉其重者而已、秦之圍邯鄲、世但知信陵君却秦兵、然攷之於史、如魯仲連不肯帝秦、而秦將爲却軍五十里、李同得敢死之士三千人、而秦將爲却三十里、毛遂從平原君合從、於楚、而春申將兵赴救。此皆信陵君之外所當論功者也、田單却燕師而復齊國、人人知之、

然其時王蠋一死、而齊大夫感激而立襄王、魯仲連一書而燕將泣三日而自殺、皆其同功者也、

李斯傳有禽鹿視肉之語、按視肉者獸也、山海經郭注云、視肉形如牛肝、有兩目、食之無盡、尋復更生、

李斯外似剛愎、而內實游移、其於李由告歸咸陽而置酒、既曰物極則衰、吾未知所稅駕、似乎知退者矣、及李由爲三川守、羣盜西略地、則李斯恐懼重爵祿、不知所出、其於趙高謀廢立、既曰忠臣不避死、而庶幾、似乎以身殉國者矣、及趙高以禍福動之、則又曰、既以不能死、安託命哉、其於二世無道、既數欲請間諫、似乎能犯顏矣、及二世責問、則又勸之督責、欲以求容、此其胸中惶惑、瞀亂進退無據、安得不見制於趙高哉、觀其未遇、則上書諫逐客、及其得志、則佐秦阬儒、亦可謂無心肝者矣、當其辭於荀卿曰、詬莫大於卑賤、而悲莫甚於困窮、自言其所見也。只此二語、便足斷送一生、

李斯敢於焚書、痛恨以古非今者也。然當其身有以今非古者、則不復能置一詞。二世好淫樂、李斯進諫、趙高曰亦各一世之化、度時之樂、何必華山之騄耳、而後行遠乎、李斯竟無如何、君以此始、必以此終、亦

可歎矣

小人能成人之惡喜逢君之惡猶爲常事至於因人求利使有所畏而不敢爲者終於有所忍而爲之則其罪不勝誅矣趙高說胡亥以僭立胡亥始則曰明君知臣明父知子及趙高再說之胡亥又曰三者逆德天下不服則以胡亥之昏庸而其心尚有所畏忌也使趙高稍有人心者亦可以止矣乃反覆慫恿必使之篡奪以至亡秦而後已小人之堪痛恨如此

趙高說胡亥曰衛君殺父而衛國載其德孔子著之夫衛君輒出公何嘗殺父衛國何嘗載古與戴字通用德孔子

何嘗著之小人敢於罔上且公然厚誣古人矣他日指鹿爲馬又何怪焉

秦始皇本紀二世曰丞相可得見否閻樂曰不可則是二世之死不得見趙高也李斯列傳則曰趙高入告二世曰羣盜兵大至二世恐懼高即因刼令自殺則是趙高親見二世之死也此秦之大事而紀與傳自相矛盾如此

張耳陳餘所爭者大非爲私也其始則多疑心其後則各負氣耳試觀吳楚反時條侯以梁委吳不肯往救本以爲國非爲身也而梁孝王深恨漢高末年陳平奪樊噲兵亦以爲國且免噲於死矣而噲妻呂須進讒蓋疑心未釋則氣不能平耳餘之相怨一方無足怪也史公以利責之似過矣

田橫初起漢高未嘗爲天子也故其言曰橫始與漢王俱南面稱孤今漢王爲天子而橫廼爲亡虜而北面事之其恥固已甚矣見田儋列傳此志士也故其自剄也漢高稱其賢至加趙王張敖乃繼世爲諸侯者當漢七年天下已定君臣之分昭然何敢與天子爭禮數哉貫高趙午之所見誤矣

文人愛才每相推挹武人亦有之淮陰侯下井陘擊

趙李左車所以爲趙謀者善矣然趙即能用其謀淮陰侯未必輕進以中其計也而其言曰誠令成安君聽足下計若信者亦已爲禽矣此近於宏獎風流之言也文人失職易於相輕武人亦有之樊噲當漢之入關能諫止高帝不留秦宮鴻門之役能瞋目視項王以大義責之使之未有以應高帝臥病能率羣臣排闥入諫此其人豈可輕者而淮陰侯乃羞與爲伍此近於知同體之善而忘異量之美也

事機所在智者所見略同然能言之而不能必其見聽也淮陰傳中人或說龍且之計即李左車說陳餘

之計其料事之明略同其不見聽亦同也蒯通說淮陰侯之言卽武涉說淮陰侯之言其論天下之大勢略同淮陰侯不納其言亦同也

平原君猶不肯殺魏齊太子丹猶不肯殺樊于期豈有淮陰侯而欲殺鍾離眛者此事殊不稱其生平頗有可疑意者功高不賞固衆毀之所歸耶

秦始皇之暴也徐福爲僞辭得男女三千人入海卽成一國見淮南列傳以智免也漢高之大度田横與其客五百人入海而不能善終其勢逼也人固有幸不幸耶

史記蠡測　九

古者惟婦人不立乘若男子雖小兒亦立乘惟老人乃得乘安車也漢高敗於彭城滕公夏侯嬰收孝惠魯元面擁樹乃馳蘇林曰面者大人以面首向臨之小兒抱大人頸似懸樹也是也後世習用肩輿雖小兒亦晏坐其中矣

老子在周爲柱下史張蒼在秦時亦嘗爲柱下史柱下史者掌藏書者也老子百有六十餘歲張蒼亦百有餘歲詩書之濡染固養生之良方與

王陵救張蒼之死與滕公救淮陰侯之死其事略同然張蒼終身父事王陵而淮陰所以報滕公者無聞焉書缺有間矣

陸賈以客從高祖定天下出處甚正當其稱詩書於高帝前曰居馬上得之甯可以馬上治之乎高帝有慚色憚其人非徒以其言也至如叔孫通所事者且十主委蛇大過高帝固心輕之當其諫易太子陳說古今高帝佯許之猶欲易之則是與之爲戲而已以此見人不可不自重

戰國有平原君趙勝漢之平原君有二其一則武帝外祖母臧兒也見外戚世家其一則朱建也見陸賈列傳以朱建之才辯而不免爲審食其用千鈞之努乃爲鼷鼠發機豈不可惜

史記蠡測　廿

說項羽都關中與說漢高都關中其旨一也然韓生說項羽史記項羽本紀但云說者漢書云韓生則見烹而劉敬則得封聽言者異則進言者之功罪安得不大異耶然高帝聞劉敬言疑未定決及留侯明言入關便卽日都關中敬大臣則不眩豈不信哉項羽懷思東歸而范增不聞有一言楚漢之興衰未必不分於此矣

漢高拜田横二客爲都尉二客不受而自剄漢高大驚以爲田横客皆賢叔孫通徵魯諸生魯有兩生不肯行曰吾不忍爲公所爲叔孫通乃笑其不知時變以此見叔孫通極不濟也田横二客史失其姓名魯

兩生亦然、然皆千古矣、不待姓名之傳、而能不朽、賢哉

袁盎惜張釋之之去、（見張釋之傳）可謂知人、攷其生平、惟請誅鼂錯一事、實爲刻薄、袁盎嘗請削淮南、乃以削諸侯地爲錯罪、豈能服其心乎、若其他舉動、則多磊落可觀、季心長事之、關中諸君譽之不容口、至於汲長孺亦慕其爲人、（見汲黯列傳）非偶然也。

張摯不能取容當世、則張釋之可謂有子、田仁曰不以百金傷先人名、則田叔可謂有子、乃以留侯之家而有張辟彊之不肖、（見呂后本紀）何耶、然萬石君家以孝

謹聞乎郡國、史言石慶死後、孝謹益衰、則甚矣、家法之難也

黃石公傳書於留侯、長桑君傳醫於扁鵲、扁鵲神於醫、留侯佐漢定天下、而黃石公、長桑君皆不知所終、世亦莫能知其姓名、且其相傳、皆以意而不沾沾於書、眞千古奇人也。

三老董老公一言、高帝聽之、而天下以漢爲義、卒滅項氏而定天下、（見高祖本紀）鄧都尉一言、條侯從之、而七國之反者、遂無能爲、卒以敗吳楚而安天下、（見吳王濞傳）二人者皆非常之人、有大功於漢者也、而其名皆不

傳、他事蹟亦無可攷、使非有此二事、則湮沒而不稱久矣。太倉公少女上書救父、至今人人知緹縈之名。（見倉公列傳）外黃舍人兒年十三、說項羽赦外黃當阬者、（見項羽本紀）有保全一城之功、而併其姓氏無攷也、人之傳不傳、亦有不能一槩而論者耶

武安侯田蚡受韓安國金、受王恢金、皆不見於武安侯傳、而見於韓長孺傳。長孺蓋與武安相倚者也、然長孺貪嗜於財、而所推舉皆廉士、可謂公道。至其爲梁內史處置田甲一事、較之李將軍於霸陵尉、其識量宏遠多矣。史公稱之者、一則曰智足以當世取舍、

而出於忠厚、（見本傳）再則曰智足以應當世之變、寬足用得人、（見太史公自序）豈虛語哉。

李將軍用兵、士卒不盡飲不近水、士卒不盡食不嘗食、此愛士之實心、取信於士大夫者也。衛青爲將、穿井未通、須士卒盡得水乃敢飲、軍罷卒盡已渡河乃渡、此特伍被述曹梁之言、（見淮南列傳）或傳聞之美辭、或伍被詭辭以沮淮南之反謀、皆未可知也。

史公善言人性情、董仲舒傳則曰仲舒爲人廉、至卒終不治產業、李將軍傳則曰廣廉、終不言家產事、蓋名儒名將、各有本性、不必以心爲物役、史公不虛美

也。然仲舒之子及孫皆以學至大官，能世其家，而李廣之孫禹，史言其有寵於太子，然好利，李氏陵遲衰微矣。同而不同，天耶人耶。又孜趙括之母上書於趙孝成王曰：其父爲將，大王所賞賜盡以予軍吏士大夫，今括爲將，王所賜金帛歸藏於家，日視便利田宅買之。見廉頗藺相如列傳是則名將必廉，而家聲難繼，自古歎之矣。

呂后居田中，有老父相呂后，能知爲天下貴人，又知高祖貴不可言。見高祖本紀黥布爲布衣，有客相之曰：當刑而王。見黥布列傳衛青少時，有一鉗徒相之曰：官至封侯。此三人皆神識也，然史失其本末，遂不得與姑布子卿、唐舉、許負之姓名並傳。

公孫宏恢奇多聞，晚而後遇，悼道之鬱滯，乃請興學校，著功令，史稱自此以來，則公卿士吏斌斌多文學之士，此其功之不可沒者也。其數諫通西南夷而不見許，則願罷西南夷而專奉朔方，其於卜式上書，則曰此非人情，不可以爲化而亂法。見平準書其論齊成，則曰其治如狠牧羊，不可使治民，皆通達政體之言，固學問之功也。以三公布被爲汲長孺所詰，然史公稱之曰：大臣宗室以侈靡相高，唯宏用節衣食，爲百吏先，則亦以國吝示儉者許之矣。此亦有所長，不得與叔孫通之希世同日而論也。

史公於司馬相如傳錄其文章多美辭焉，其通西南夷一事，則多婉辭爲才人諱也。至於平準書則曰：司馬相如開道西南夷，巴蜀之民罷焉，不隱惡也。

漢誅諸呂，審食其幸於呂后，當死矣，乃因平原君朱建也之謀得免，而偏死於淮南厲王之手。吳楚反，袁盎使吳，吳欲殺之矣，乃因舊從史適爲守者得免，而偏死於淮南之刺客。晁錯爲內史，鑿廟壖垣，丞相申屠嘉奏請誅錯矣，乃以夜見景帝得免，而偏死於袁盎之一言。見袁盎晁錯列傳三人之始皆幸免而終歸於一死略相同也。

項羽力能扛鼎，淮南厲王亦力能扛鼎，朱亥袖鐵椎椎晉鄙，見信陵君傳淮南厲王亦袖鐵椎椎辟陽侯，淮南王不可謂不勇矣，然其將死，謂侍者曰：誰謂乃公勇者，吾安能勇，吾以驕故不聞吾過至此，則亦悔之晚矣。有勇而無義，安足恃哉。

淮南王安謀反，聞伍被稱衛青之爲人，即欲使人刺殺衛青，而說丞相下之，惟憚汲長孺曰：守節死義，難惑以非。見汲鄭列傳夫亂臣賊子不愧於人，不畏於天，而

不能不憚大臣之有守者此其尤大彰明較著者也
當吳楚反時發使約諸侯王獨不及城陽曰城陽景
王有義勿與見吳王濞傳城陽景王者即朱虛侯劉章與
大臣共誅諸呂首先斬呂產於未央宮者也孝文帝
既立益封劉章而立爲城陽王當吳楚之反城陽景
王章已卒乃當其子城陽共王喜之時耳而叛侯猶
憚其家聲以爲此忠臣之子孫不敢以不義謀之也
然則爲人臣者可不勉乎哉

伍被雅辭稱說古今反覆開陳而不能止淮南王之
反遂與之同死亦可傷矣前此吳楚與諸侯謀反濟

北王已許諾其郎中令刼守其王不得發兵及反者
皆伏罪而濟北王以刼故得不誅此則伍被所願爲
而不可得者也郎中令所全者大而其姓名不傳惜
哉

汲長孺以戇稱史言其性倨合己者善待之不合己
者不能忍見夫於人主之前猶數犯顏色曰天子置
公卿輔弼之臣甯令從諛承意陷主於不義乎其持
論如此安能容人之過然其內行修潔足以取信於
天下且其才甚長爲東海太守病臥閨閤而東海大
治右內史難治爲之數歲官事不廢爲淮陽太守臥
而治之淮陽政清豈易及哉史又稱其好學觀其論
事皆通達大體知爲學問之功也至如郅都以公廉
稱而獨先嚴酷趙禹以廉倨稱而用法益刻豈得以
長孺之戇藉口乎

丞相條侯至貴倨也而郅都揖之然郅都問遺無所
受請寄無所聽彼其揖條侯者固自以爲不避權貴
猶可言也若甯成爲人小吏必陵其長吏爲人上操
下如束濕薪周陽由爲守視都尉如令爲都尉必陵
太守此則作不順而施不恕小人之無忌憚者矣至
於王溫舒善事有勢者即無勢者視之如奴此則酷

吏而無恥者又甯成周陽由所不屑也

漢有兩王恢皆在武帝時其一大行王恢爲將屯將
軍從韓安國擊匈奴見韓長孺傳及匈奴列傳其一中郎將王恢
佐破奴擊樓蘭封爲浩侯者也見大宛列傳

司馬季主以卜藏身隱君子也其言可以愧世之貪
位干進者然賈生天下才也何至聞言而伏軾低頭
不能出氣乎傳此事者有意抑揚不以辭害意斯可
矣袁盎嘗之棓生所問占裴駰註云秦時賢士善術
者見袁盎列傳此亦季主之流也而史失其名

史公自傷貨賂不足以自贖激而作貨殖傳前人糾

其失者詳矣。然傳中所列雖不足道、而實皆勤苦之民、至序所云身安逸樂、而心誇矜勢能之榮、則是弊俗之通病、質言之、則曰懶而奢、奢而貪、此併不能貨殖者也。傳中所稱卑下、畏憚、則役、則僕者、皆此懶而奢奢而貪者爲之

蒔頓用鹽鹽起、按正義則鹽字本作畦

史公既曰行賈丈夫賤行也、而猶爲貨殖傳、何耶。篇中如販脂賣漿胃脯馬醫雜託業甚微、不失爲食力者、若乃掘冢博戲此何事也、以其均之致富、遂與范蠡白圭輩錯雜而書、幾于牛驥同皂矣、豈其發憤著書不爲典要、所謂嬉笑甚於怒駡者與。

仕不至二千石、賈不至千萬、安可比人乎、此酷吏甯成之言也、詬莫大於卑賤、而悲莫甚於窮困、此秦李斯之言也。人之所見不同、乃有如此者。史公作貨殖傳、實本此等議論、而戲爲之耳。至其傳儒林則不然。於轅固生則曰景帝以固爲廉直、於董仲舒則曰仲舒爲人廉直、終不治產業、於申公弟子則曰、弟子皆有廉節、稱其好學、如入青雲中、無由得論地上事也。兩傳參觀、可以見作者之意。

史公以趙防與先生與楚申公竝稱、謂其關係一國之興亡、又申之曰賢人乎賢人乎、其稱美至矣、而防與先生之姓名不傳、見楚元王世家史公稱壺遂爲鞠躬君子、見韓長孺傳其自序又引壺遂以爲問答、其推重至矣、而壺遂之事蹟不多見、遙遙千古、如此兩君子者又豈少乎哉、

六五·十·九　林五三

不作矯激之論、不作迂闊之談、實事求是、洞見至隱、不朽之業也、筆亦簡潔有法、丁亥三月十七日年愚弟臨海洪頤煊讀畢

受業弟伯棠覆校

史記校

[清]王筠

一九三五年故宫博物院圖書館鉛印本

史記校

嘗讀史記卽取漢書校之其中異文凡有數端或史記傳譌者或漢書傳譌者或漢書改史記而是者亦有改之而非者至其用字或史用古則漢用今史用今則漢用古互相觸發義蘊豁然惟紀年食邑首虜之數參差者大半有不可考者亦有可考年表而得者自愧疏懶未能詳考且字句間尚多不解俱錄之以就正君子至於微文大義槪不及也

道光八年二月六日安邱王筠記

史記校卷上

山西鄉寧縣知縣王筠撰

五帝本紀

能明馴德卽堯典克明峻德也馴順也可見子長所見尚書不作峻矣本篇五品不馴殷本紀作不訓可見古讀馴爲去聲故鄭注大學讀恂爲峻也若予工若予上下草木鳥獸史記皆改若爲馴

夏本紀

此篇具載禹貢而兗州作沇可知兗爲俗字天官書作兗沇水名也兗無所取或作兗蓋邊水於上而少變其形後人篆故衣字爲之

鳥夷皮服其省山耶而島夷卉服同今尚書或島亦讀鳥耶

沱涔已道浮于江沱涔于漢書無于字沱潛既道皆與尚書異惟浮于潛同開頭潛有多魚釋文云韓詩潛魚池也然則古潛通涔

嶓冢導瀁同說文

九山栞旅與說文小異行山栞木卽隨山刊木

乃更爲歌曰是讀賡爲更也與說文以賡爲續之古文不同案詩西有長庚毛傳庚續也或許誤以義爲音乎

殷本紀

祥桑穀下文云妖郊祀志作祅是不勝德可見祥卽妖也所謂散則通也又案郊祀志顏注穀卽今之楮樹也其字從木

囚西伯事殷本紀以爲緣九侯之女周本紀以爲緣積善累德而出于崇虎則同或以西伯之竊歎卽其積善累德耶

伐飢國周本紀敗耆國宋世家滅阢阢國皆即書之戡黎也惟所云是何能爲似指文王而言與殷本紀及尚書皆不同

鹿臺之錢似欠妥古曰泉曰貨曰幣似周景王鑄大錢卽其始矣庤乃錢鎛蓋其本義錢幣則借義案孟子以粟易械器是七國猶不改交易而退之遺錢特

從而權之耳秦始皇本紀曰惠文王二年初行錢或第指秦耶則九府圜法在其先矣或謂但用錢買物無復抱布貿絲遺風耶則越絕書云糴石二十則傷農九十則傷末直至終篇皆以錢計也當問之

商容賢者百姓愛之紂廢之商容之爲人名瞭如矣鄭注禮記使之行商容而復其位乃以爲商容貌之官是鄭君猶不免疏忽也後學可不敬慎乎

周本紀

魯天子之命書序魯作旅足證說文㚐字注

秦本紀

秦之先帝顓頊之苗裔（案艸之上生者苗也衣之下者裔也故借以爲子孫之喻）孫曰女脩女脩生大業

大業取少典之子曰女華案五帝本紀黃帝者少典之子而顓頊者黃帝之孫既爲顓頊之女孫之子不應少典是時有女可嫁也然案五帝紀曰神農羲又曰炎帝欲侵陵諸侯蓋唐虞以前未有國號即以祖宗之號爲國號此少典亦謂其後世也

鄭高渠眯鄭世家作彌同左傳

百里傒晉世家祁傒皆不同左傳蓋古人學皆口授不拘字形郝敬云古人用字尚音誠眇論也

秦獲晉惠公將以祠上帝而周王爲之請此事左傳所無且道里頗遠恐無及也

魏讎餘晉世家則同左傳案讎篆文從[illegible]古疇字以音借用又高祖本紀讎數倍是售即讎之省文可證讎讐通音

合七十七歲而霸王出周本紀亦有此語但作十七歲（封禪書同漢郊祀志作七十顏注曰七十當爲十七又案老莊申韓傳亦作七十）索隱曰自周以邑入秦（在秦昭襄王五十一年）至始皇初立政由太后嫪毐至九年誅毐正十七年案昭襄王五十六年卒孝文王即位三日而卒莊襄王四年卒加以始皇九年計十九年而索隱云十七年者蓋不循踰年即位之禮則昭襄五十六年之十月即莊襄元年莊襄四年之五月卽始皇元年也

三代本紀皆敘遠祖於前而以禹湯文武繼之惟秦本紀另作一篇者則以前面不可太略然較之始皇則略合之則重累不成體裁也然分之而文仍是世家體故篇末總序始皇以下三世作結此亦不得已之極思也然割此篇入世家則尤不妥矣是紀傳家苦處若編年家無此窒礙

秦始皇本紀

四年百姓內粟千石拜爵一級左傳正義引漢書商君爲法於秦戰斬一首者賜爵一級其爵名一爲公士二上造三簪裊四不更五大夫六公大夫七官大夫（集解漢書傳賜爵國大夫文穎曰即官大夫也爵第六級傳又曰賜爵列大夫文穎曰即公大夫也爵第七級與此互異未知孰謂）八公乘九五大夫十左庶長十一右庶長十二左更十三中更十四右更十五少上造十六大上造十七駟車庶長十八大車庶長十九關內侯二十徹侯（案此二十級或似今之階若勛以爲官則丞相御史大夫備射之類此中皆論之然據瑯邪刻石五大夫楊樛列於丞相諸官之後則又似官名當問之）案拜爵不知以何爲限想其時蓋虛銜或未必有限斷且二十級須粟二萬石民家安得許多粟也且始皇三年大饑四年蝗蟲蔽天約略計之粟當不賤始皇三十一年米石千六百卽以此爲率則千石直一千六百緡矣案越絕書糴石二十則傷農九十則傷末故高不過八十下不過三十然其下曰粢賈七十黍六十赤豆五十稻粟四十麥三十大豆二十則又上不至八十下至二十矣句踐始皇時代相近而穀賈相縣信乎南方多粟自古然也又所論上下之等獨稱粢爲上物粢者稷也后稷名官唐虞重之閱二千年猶沿其舊惟黍麥皆曰中物赤豆大豆皆曰下物而其賈縣殊又稻粟則曰令爲上物皆不知何說

不中用者盡去之案詩大東箋亦云不中用釋文無音是如字讀也今俗語猶然

決河亭水案短亭長亭皆人亭留之所故凡亭留皆用之後乃作停以爲別

據狼狐狐蓋弧譌天官書所謂弧直狼也

項羽本紀

以故事得已班得作皆非

又不肯竟學以是知其能班删學字是字皆短促

素信謹稱爲長者班少謹稱字則非注不可通下文闕先故未曾貴病同此

將引軍而西章邯軍至栗班少兩軍字上似是而下似非

角弟田間故齊將班少齊字非

西北至定陶班西北二字作比

諸別將皆屬宋義班少宋義欠明

吾聞秦軍圍趙王鉅鹿班改吾聞爲今是也事已确鑿不須言聞

夫被堅執鋭班作夫擊輕鋭其意別語亦促

士卒食芋菽班芋作半

項羽召見諸侯將班作羽見諸侯似少氣勢

身伏鈇質案鈇者今之鐦也質鐦牀也古詩所云藁砧也然砧似當作椹周禮射甲革椹質鄭人運斤而曰臣之質已亡者似亦借此質砧又作碪以椹與甚通者非也

項羽乃與期洹水南殷墟上班改期爲盟非墟作虛是虛從丘其訓爲邱墟詩升彼虛矣是也邑落必依邱原故曰墟落而入市曰趁墟也邑落頽廢必有凹凸之形故曰梓澤邱墟左定四年傳少皡之虛晉世家圖殷虛衛世家作墟夏虛則又古人故址也空虛音吁邱墟加土音驅似皆後人分別

繇使屯戍班作徭役屯戍似使字譌

輕折辱秦吏卒班輕下有重字似衍文

新安城南應到新安也班删之何居

又聞沛公已破咸陽班破作屠非漢高約法三章豈屠城者且下文曰羽屠咸陽班亦從之一城須兩屠耶

鴻門之宴班不詳叙而入高祖之紀非也羽之亡決於此而漢高之興不專在此

呂后紀呂祿以爲酈兄不欺己或亦呼爲兄耶不則寄字况白虎通兄况也或借兄爲况或譌况爲兄

國策聶政刺韓相只寫前後正刺時數句了之荊軻則細寫正刺時一事成一不成也史公於鉅鹿之戰用聶政篇法垓下之戰用荊軻篇法皆避熟就生之法

史公序封諸侯於前而後及義帝蓋得事實班倒置之於理體雖合而情事失矣

韓王成因故都都陽翟班删之豈以韓王未得之國耶

漢王部五諸侯兵班部作刼史記高祖本紀亦作刼

閒行求漢王班少行字大氏此篇删改多不如元文

是時彭越渡河班河作睢

大司馬咎長史翳塞王欣班無翳塞王三字是也長史欣爲塞王都尉翳爲翟王又案下文亦止申明咎欣且云長史欣是史爲衍文

長史欣亦故櫟陽獄吏班改作欣故塞王失之遠矣

至固陵班固作故

歌數闋班闋作曲

麾下壯士班麾作戲師古曰漢書通以戲爲旌麾及指麾字

願爲諸君決戰班君決作軍快似譌文

而不自責過矣班矣作失似譌文

孝文本紀

祠官祝釐釐字解同說文可見爲自古相傳之訓豪氂見禮記今人多用毫釐結軼于道蓋借軼爲轍憶韓詩外傳有之

孝武本紀 凡云書者封禪書志者郊祀志

泰一單山封禪書單作澤案說文臭大白澤也蓋紀用臭字而譌臯臯又變單也臭在亣部或古作昦至下文山字似羨文書作澤山君又以下文武夷君例之可見不當有兩山字

亳人薄誘忌書作亳人謬忌當是薄因亳而衍 荀子古書湯以爲 誘爲謬之誤書下文有薄忌郊祀志作亳忌即此人

若廡然書廡作麟

詳弗知也書作佯不知 志作處有陽不知 史公每以詳爲佯孟堅每以陽爲佯佯似俗字

有識其手書問之人書作天子識其手書問其人案上句似當從紀若天子熟悉其書文成未必孟浪至此下句似當從書其人者文成之人也若泛問他人安從知之

神君最貴者大夫書大夫作太一是也又書重壽宮字似當從紀

曰建元曰元光曰元狩三元字書皆無然此當互相證明以會其意不可增損

天道將軍印張齊賢曰書無此句蓋後有玉印此不宜重舄案志亦無之然前冠以得四金印句去此則三蓋此爲金印後復以玉印重刻此文耳下文所云佩六印蓋以四印加五利將軍樂通侯二印其重文者不復計也

晏溫志同書作曣晹

黃帝得寶鼎宛侯書侯作朐志作候

受此書申功書志功並作公

龍額 俗作髯 拔墮 志作僨 黃帝之弓書志墮皆有重文案上墮指人下墮指弓紀蓋脫文

空侯書志皆作空侯

皆至泰山然後去書然後去作祭后土是也

依依褻於怪物書脫依依

有芝生殿防內中書防作房案內卽房也似複下文云甘泉防書作甘泉房中案宣防亦作宣房疑房古作舫因譌

上親禮祠上帝衣上黃焉書少衣上黃三字似脫

然風后封鉅書鉅作臣似鉅省作巨因譌臣志亦作鉅

律書

北至於留留者言萬物之稽留也案其次第正値昴宿詩維參與昴協裯猶爲韻是古讀昴爲留

箕之下無斗而有建星留之下無畢而有濁或濁即畢也 留雅獨孫之學 參之下無井鬼而有狼及弧注即柳也張又在星之前天官書之列二十八宿也曰東宮蒼龍房心而其次第則心房角亢氐尾箕次及南宮其次第與步天歌同次及西宮惟觜在參下爲異 其君分野一段仍先鬻後參 終及北宮 步天歌以東北西南爲次符乎天運 曰元武虛危而其次序則危虛室斗牛女遺却壁宿 分野有壁 昴畢柳之名亦與律書異

曆書

神農以前尙已與五帝紀贊尙已同尙者遠也與所謂以其尙古之書謂之尙書其義一也俗師或解爲尊尙非也

不可放物蓋即方物而仿佛亦其轉音

天官書

太一常居也前漢天文志泰一之常居也

隨 句 北端兌 句 案下文廷藩西有隋星五 志作四是 曰少微隋他果反是隋爲橢之省而隨又隋之譌也橢即所謂鴨蛋形端兌志作耑銳 凡隸文大氐志得其正

若見若不志不下有見字

或曰天一謂另有一星名天一與陰德近故連言之後凡言或曰者同

後六星絕漢志六作十七案步天歌亦六星志蓋誤

璇志作旋
以齊七政志以作吕後並同不再著之
臨制四鄉志鄉作海
斗魁戴匡志匡作筐案匡乃古字前文環之匡衛十二星志同後南宮匡衛十
二星志亦作筐
五日司中六日司祿志作五日司祿六日司灾案周禮有司中司命志似誤
在斗魁中志少斗字
兩兩相比北宮四者名曰三能志相作而似誤删名字是
三台色齊志齊作益下同
輔星志作柄輔星似是
招搖志搖作揺下同
天鋒志鋒作鑯
其牢中志删其字
直則天王失計志少則天二字
北一星曰鑿志北上有衿字史因上文曰衿而誤脱之鑿即鍵閉星也正在衿
北衿卽鈎鈐星
中六星曰市樓志少此句案史序天市垣已略何又删之
左角李志李作理
天王帝廷志帝下有坐字蓋帝坐相連今以虛實分坐座古無座字
鼎足句之蓋謂形如鼎足而環衛大角也之字自指大角晋灼注似欠明
亢爲疏廟志疏作宗
斥志作斥案斥自是岸字此省㡯而作𢖱忘斥之自有音義也
箕爲敖客志此下有后妃之府四字
王者惡之也志删也字

門左右掖門志少上門字
五帝座志座作坐
後聚一十五星蔚然曰郎位志作後聚十五星曰哀烏郎位哀烏似蔚然之譌
皆羣下從謀也志從上有不字
軒轅志無重文
東井爲水事志此下有火入之一星居其左右天子且以火爲敗十六字
其西曲星曰戉下同志作東井西曲星曰戉
鉞北志删鉞字
柳爲鳥注志注作喙
張素志素作嗉似是俗字
天庫樓志無樓字
無處車馬志無作亡
奎曰封豕志豕作豨
昴曰髦頭志髦作旄
三處羅志下有列字
三日九游志游作斿案游從㫃從汓斿蓋省文
附耳入畢中兵起志删此七字何不改附上文有讒亂臣在側之下
𥁕希志希作稀
火軍憂志火下增入字誤也上有入軍軍起此承而分析言之耳
兩兩相比曰司空志相作而空作寇正義曰司空唯一星又不在危北恐命字
誤爲空也案無司寇星
天潢志潢作横
左右左右將志作左左將右右將
五星之文漢志多所改竄似不及史公姑摘其足正史記之譌者錄之

其趨舍而前曰贏志趨作超贏作羸是也

司馬謂歲星主義班謂主仁與文言所釋元亨利貞合

司馬列塡於中火生土也班列於末則所云仁義禮智以信爲主貌言視聽以

心爲正也

司馬謂塡主德班主信（馬太白主殺班主義馬辰主刑班主智惟熒惑主禮馬班同）

若已去而復還還居之班删一還字

有主命不成志主作王

立侯王指暈志作立兵破軍

抱且戴志抱作負

圜在中志圜作圍

司危星志危作詭案此列於妖星似志是若司危自是經星

獄漢星志獄作咸

地維咸光志咸作臧

下有亂亂者亡志止一亂字似是

星者金之散氣本曰火志火作人

及炎火望之如火光志無炎火字

上兌者則有黃色志兌作銳他皆放此者作見屬下讀似是

格澤星者志無星字似是蓋此段所敘皆妖氣也

必有大害志害作客似是

如有毛羽然志羽作目似譌

星墜至地志用正字作碫

天精而見景星志精作暒案精字或亦借爲晴耶說文作姓

餘二千里志作千餘里

下屬地者三千里志者下有居字

前方而高後兌而卑者郄志郄作郤恐當作卻

氣來卑而循車通者注謂避武帝諱而改轍爲通又案古無轍字故說文不載

徐鼎臣曰古通用徹然則退之所云不聞諱轍爲某字者爲少疏矣然志通作

道或史本作道以形似譌耶抑班嫌其回穴而改之耶

稍雲精白者志稍作捎

靑白其前低者戰勝志靑作精前作芒似皆譌

其前赤而仰者志仰作卬

杼雲類杼軸志軸作柚

雲摶兩端兌班作雲摶而耑銳

其翟者類闕旗故鉤雲句曲志作蜺雲類闘旗故銳鉤雲句曲案翟蜺一字皆

晉泉闕似譌者銳似衍

下有積錢志錢作泉案周官有泉府國語言鑄錢似周初名泉周末名錢又食

貨志小錢直一大錢五十此二品今皆有之其文作泉故師古以泉爲古錢字

要須善會此皆假借字與它古今字不同

曆志作歷

故候息耗者志耗作秏正字也

視封疆田疇之正治志疆作畺（見說文）正作整

蕭索輪囷志輪作輪案謰語一類以聲爲義不可形求今多用輪囷矣因念韓

信運籌帷帳班作帷幄今亦用漢書封禪書賜欒大帷幄而班又作帷帳

衣冠而不濡班删而字是

天雷電蝦虹辟歷志天作夫蝦虹作緞重案夫字是也緞即霞然二字皆在說

文新附而霞與虹蜺不類又似不當從虫當問之辟歷說文作劈歷

山崩及徙志徙作阤

水澹澤竭地長見象志倒作水澹地長澤竭見象

閹桌枯槀志閹桌作潤息是

鬼哭若呼志呼作謼

其人逢俉化言志作與人逢遌訛言案俉似啎之譌化則省文如譌之作爲也

立春日四時之卒始也志無日卒二字案史公意蓋與艮成終成始同

戎菽爲志菽作叔案尗今所謂豆也詩經作菽叔拾取也九月叔苴是其本義借叔不如作菽矣志注孟康曰爲成也蓋如呂覽之兩爲也

食至日昳爲稷志昳作跌稷作疾

餔志作晡（凡四文）

欲終日有雨志無有雨蓋衍文也

淺而多實志多作少

熟五斗米志熟作孰正字

日直其月志少日字

爲其環城千里內占志城作域

淺糴米鹽志淺作綫似譌

封禪書

五玉與尚書同而郊祀志作五樂師古注謂今志亦有作五玉者是聲近而譌也

本篇及志皆無如五器五帝本紀有之

神瀆志瀆作贖

欲遷夏社志遷作䙴

後十四世志四作三蓋司馬併禹計之班則否下文自周克殷後十四世之四志亦作三

其後十六年志六作四案秦本紀序西畤於襄公七年至十二年卒序獵汧渭於文公四年正得九年不知何以云十四十六也

或歲數來來也常以夜志脫一來字案重文作小二字於下自石鼓始蓋古人常法也而或脫或衍即由於此甚至元元讀爲元二遂解爲元年二年

光輝若流星志輝作煇案輝乃後人分別字

命曰陳寶志命作名它皆放此通雅謂命名一字甚有通理似勝說文

作鄜畤後七十八年志曰作陳寶祠後七十一年案秦本紀作鄜畤在文公十年祠陳寶在十九年文公在位五十年寧公在位十二年出子在位六年武公在位二十年德公元年祠鄜畤正得七十年於上再加九年則七十九年是史漢所云皆不符也惟是史公三提鄜畤者與命題之意相比附也其意欲言漢武好怪又不敢直斥遂假封禪爲題而神怪附麗其中故再三提鄜畤以其爲祭天之所耳孟堅改爲陳寶似於法爲疏

其聲殷云野雞夜雊志重殷字是也雊作鳴似不及

其後六年志六作四與本紀符

其後十四年志四作三是也

史書而記藏之案記或謂標題耶志無記字

秦繆公上天志作上天繆公似不及

禪社首志加於字似不一律

大夏涉流沙志無

而乘車之會六志删而字

設射貍首貍首者諸侯之不來者志貍首皆作不來蓋來貍同音也和合兩文始明皙耳

其後百二十歲而秦滅周下又云其後百一十五年而秦幷天下志上作百一十歲後七年滅周是百一十七年也較史記少三年下云後二十八年秦幷天下案本紀滅周在莊襄王元年凡在位四年幷天下在始皇二十六年合之得二十九年再併莊襄之卒始皇即位爲一年則爲二十八年而史之百一十五

年甚不可解

於是徵從齊魯之儒生志脫徵字

居臨淄南郊山下者志重下字似衍文而師古曲爲之解

主祠成山志成作盛音同也

成山斗入海顏注漢志云斗絕也蓋與今陡字同記某處解似斗柄之曲似非

充尙志充作元

渤海志渤作勃似渤爲後人分別字說文作郣

及至秦始皇至而恐不及矣六句志縮爲三句曰及秦始皇至海上則方士爭言之始皇如恐弗及似倍加精采

皆誤曰志誤作說

軼興軼衰志軼作迭

岳山之後又有吳岳志作吳山顏注謂吳山非岳

蜀之汶山也志汶作岷案汶借字

亦春秋泮涸禱賽志賽作塞下文亦皆歲禱賽泮涸祠又於是賽南越志皆作塞惟多賽祠志同蓋誤也賽非古字故班借用

皆非大川志作皆不在大山川數案灞產澧澇涇渭皆水而無山

岳壻志作嶽壻

諸逑志逑作逐顏讀作逑

灃滈志作豐鎬

於社亳有三社主之祠志社並作杜案下文亦有杜主似杜是

及四仲之月祠若月祠陳寶節來一祠志作及四中之月月祠若陳寶節來一祠似史誤

木禺龍欒車一駟志禺作寓下同案即木偶偶亦讀寓又志無欒車字酷吏傳偶人師古注偶對也案此訓是讀如本字未免望文爲義矣

諸鬼志鬼作神

徇沛徇志作徇

常以四時春以羊彘祠之志無四字似是蓋四時並祠則不宜只言春殆謂至當祭之時必祭而其時則春其物則羊彘也

司命巫社巫族人先炊之屬志作巫社巫祠族人炊之屬

秦巫祠社主志社作杜

各有時月志月作日

周興而邑邰立后稷之祠志無邰字尋繹其文似史謂周之興也即有邰家室故於邰立后稷之祠下文至今血食天下乃推廣言之志則謂周興而每邑立稷祠至今仍血食天下然似史是而志非也

常以春三月志三作二

及時臘祠社稷志無社字蓋以下有社字而删之也然此謂縣社下乃民社

各自財以祠志財作裁

加玉各二志倒作玉加

漢乃水德之始志始作時是也秦亦水德非始也而孝文紀亦曰以爲今水德始明

後三歲黃龍見成紀志後三歲作明年是也案孝文紀公孫臣議水德在十四年黃龍見在十五年

無諱以勞朕志倒作朕勞益明矣

文帝始郊見雍五時祠志作文帝始幸雍郊見五時祠

文帝出長安門志無安字注曰亭名案下文又曰而渭陽長門五帝證知安字衍文

𧢄氏觀志作磃氏館顏氏注從石從虒

丹砂志砂作沙是也

安期生食巨棗志巨作臣是也
王夫人志王作李似是
此牛腹中有奇志於奇下加書字似非
病少愈志愈作瘉案古無愈字
置酒壽宮神君壽宮神君志無酒字及下壽宮字本紀亦然案蓋謂置壽宮以
處神君也不當有酒字下壽宮字亦似可無
所以言行下志以作欲本紀作所欲言者行下
命之曰書法紀同志作其名曰畫法孟康曰策畫之法也
而天子心獨喜志喜作憙
則方士皆奄口志奄作掩奄字之從大者咸象人形或象器具覆蓋之形
令有親屬志有作爲
致尊其使志無致字
關綦志同本紀綦作旗下同
賫金萬斤紀同志有十字
天子親如五利之第紀同志第作弟古字
夜立白茅上受印紀志皆無夜字已見上文故
有黃雲蓋焉志少蓋字
有麃過紀同志麃作鹿
今歲豐廡未報紀同志廡作楙顏解楙爲美案古豐廡作蕪有無作繇自衛包
改尙書而洪範有廡傳史記者蓋亦因而改之或漢志猶存本字而又寫譌也
天地萬物所繫終也志終作象
皆嘗亨鬺上帝鬼神紀亨鬺作鬺亨志作鬺享
光閏龍變紀志閏皆作潤是也
報祠大享紀享作饗志作亨案亨享亨皆亯之變文惟祭神曰享神歆祭曰饗

考此文意似享爲是
鼎宜見於祖禰藏於帝廷志作鼎宜視宗禰廣臧於帝庭案視似譌文廣難解
臧古文庭譌文
上幸雍且郊志少幸字此不可以報任安書薄從上雍例之也而顏音時掌反
疑其妄書紀同志書作言
而神靈之封居七千志居作君似譌
祝殫志殫作彈
崆峒紀志皆作空桐是也
壇三垓志垓作陔
殺一狸牛紀狸作犛志作氂李奇音狸顏曰一音茅
爲醊食羣臣從者紀醊作餟志作腏紀志臣皆作神是也
鹿在麃中水而洎之紀同志重麃中洎作酒
昧爽志昧作昒
登龍以象天志天作大似譌
一三星爲太一鋒志作三星爲泰一錢旗案太一志皆作泰一古今字也錢古
字旗似衍上文曰畫旙下文曰靈旗已明白矣
及空侯琴瑟自此起紀志皆無琴字蓋依本篇則三物依紀志則一物而上文
作二十五絃固已是瑟而琴即又緣本句之瑟而衍也
釋兵須如古本釋作澤一本須作涼志作釋涼
黃帝已仙志作昌僊足徵已以之皆己字所變也
莫知其儀禮志禮作體
合不死之名也志合作古似是
以上接神仙人蓬萊士紀上作嘗志縮之爲昌接神人蓬萊似勝
而不能騁紀志能皆作敢

上爲封禪祠器示羣儒紀志皆無禪字似晦又志示作視
周偃屬圖封禪事紀志皆無禪字
從官在山下志下作上案下文問上問下則此乃在山腰作上作下皆可意會
祟志作𥩓
立之泰山巔志巔作顚正字
及羣臣有言老父志有作又古通
人人殊志止一人字
乙卯志增至字似贅
禪泰山下趾東北肅然山紀志趾皆作阯
頗以加禮紀志禮皆作禍
兕牛志同紀作兕旄牛
復博奉高蛇邱歷城志於下加梁父又曰四縣無出今年算師古曰奉高一縣
素以奉神非算限也
乃復東至海上望冀遇蓬萊焉志亹冀遇蓬萊四字蓋疑複上句庶幾遇之也
然似少情景
五月反至甘泉紀反作返志作廼志又增周萬八千里云句風刺更爲醒豁
有星茀志茀作孛下同
候獨見旗星紀旗作其志作塡
出如瓜志同紀瓜作瓠
皇帝敬拜泰祝之享志同紀享作饗是
壽百六十歲志同紀百上多至字
亦祠天神上帝百鬼志無上字爲其言之無序耶
可爲觀如緱城志觀作館下同紀志緱下皆有氏字
益延壽觀志益下有壽字師古以爲二館

乃作通天莖臺紀志皆無莖字
將招來仙神人之屬紀志仙神人作神仙
自尋陽志尋作潯
泰山東北趾紀志趾皆作阯
命曰昆侖志侖作名紀作崑崙俗字昆侖即渾淪也蓋俗所謂囫圇也聲轉爲昆吾昆于而金吾木吾蓋即今之胍肫椎也而花蕊亦稱胍肫皆謂其形之圓
令高祖祠坐對之志令作合似譌
燎堂下而上志燎作尞說文作㶫
自有祕祠其顚志無自字
黃帝并赤帝而有司侍祠焉志而作所是也
毋修封禪志毋作每是也
其西則唐中志唐作啇
獨五月嘗駒志無此句紀月嘗作帝用似是
命曰明年紀無命曰非也
上親禮祠上帝焉紀作上親禮祠上帝衣上黃焉是也志作上親禮祠上犢黃
焉似脫誤
泰山卑小紀志句首有東字蓋即沂山史脫文
至如八神諸明年志同紀諸下有神字

河渠書

夏書曰溝洫志無曰字
禹抑鴻水志抑作堙有鯀陻洪水之嫌鴻作洪
陸行乘車水行載舟泥行蹈毳山行即橋徐廣曰橋一作檋尸子曰山行乘樏
索隱曰毳字亦作橇志曰陸行載車水行乘舟泥行乘毳山行則梮夏本紀此
四句凡兩見皆作橇樺

衍溢志衍作羨

至于大邳志邳作伾

乃斷二渠志斷作釃而索隱曰漢書作灑則與今本異蓋如灑沈滯（同嘗）災亦讀如師也

九澤既灑志灑作陂

東方則通鴻溝志少鴻字

菑濟之間志菑作淄案史漢皆兩字錯出說文無淄

於蜀志下加則字似是

鑿離碓志碓作崋兩注皆曰古堆字案古崋雖一字固可得堆聲然從一何說哉似止當作崋

有餘則用漑浸志無浸字案浸古作濅

至于所過志作至于它不甚明了

漑澤鹵之地志澤作舄似皆斥之借字

史公於秦以前治河者皆言其疏鑿至漢文帝始言塞而又有田蚡之言河安得不日南乎

而漕水道九百餘里志漕作渭恐誤

三月罷志重罷字蓋史脫文

悉發卒數萬人志删悉字

河壖志壖作堧

從斜下下渭志止一下字

擬于巴蜀志擬作儗是儗比也擬度也

莊熊羆志作嚴熊案諱莊改嚴漢書例然惟名少一字

東至山嶺志嶺作領正字

其明年旱志删旱字

負薪寘決河又下淇園之竹以爲楗（志作揵下同）此後世下埽之祖也且可證淇澳之綠竹矣爾雅菉王芻竹萹蓄毛傳本之似不如朱傳惟綠竹如簀與芳草如茵相似竹則不近當問之

皓皓旰旰兮閭殫爲河志作浩浩洋洋慮殫爲河疑慮廬相似致譌

延道弛兮注曰延一作正案志作正延同征行也

方遠遊志作放遠游

爲我謂河伯兮何不仁志作皇謂河公兮何不仁下文亦作河公

北渡迂兮浚流難志迂作回浚作迅

何以禦水志禦作御

宣房志房作防下同

引堵水志作引諸川

平準書

鈎馬志作醋駟皆古雅

物踊騰糶索隱曰漢書糶字作躍又曰然糶者出賣之名案此語似謂糶字連下米至石萬錢爲句又案食貨志作物痛騰躍較史記爲明顯然索隱不言踊字有異何也

莢錢益多輕志作爲錢益多而輕

令民縱得自鑄錢志作使民放鑄

彭吳賈滅朝鮮注曰彭吳人姓名案志作彭吳穿穢貊朝鮮似賈滅即穿穢之譌又脫貊字

天下苦其勞志苦作共

蠻夷因以數攻吏發兵攻之志更作吏吏二字似是

東至滄海之郡志至作置無之字

擬于南夷志擬作疑顏讀作儗

凡史記巨萬志皆作鉅萬案巨鉅皆大也蓋萬錢爲小萬遞加其萬則大萬億
孔疏于億兆京垓諸名有小數中數大數之别此鉅萬義蓋同之
府庫益虛志益作並文雖兩通然並似傳譌蓋此應前文財賂衰耗也
孝文時募民能輸及轉粟於邊者拜爵爵得至大庶長食貨志令民入粟邊六
百石爵上造稍增至四千石爲五大夫萬二千石爲大庶長顔注上造第二等
爵也五大夫第九等爵也大庶長第十八等爵也案此所列爵等與始皇時同
惟大庶長少異證知孝文時輸粟所拜之爵其名皆與秦同漢亦有關內侯徹
侯二爵而輸粟者不得拜也然書所云能輸及轉粟於邊分别言之蓋能輸者
輸粟京師也志止言入粟邊似少此一項平準書又曰武功爵級十七萬凡直
三十餘萬金臣瓚當是薛瓚曰武功爵一級曰造士二級曰閑輿衛三級曰良士四
級曰元戎士五級曰官首六級曰秉鐸七級曰千夫八級曰樂卿九級曰執戎
十級曰左庶長十一級曰軍衛此武帝所置以寵軍功案此十一級惟左庶長
之名同始皇餘皆新置又索隱曰大顔云一金萬錢也計十一級級十七萬合
百八十七萬金而此云三十餘萬金或云初一級十七萬自此以上每級加二
萬至十一級合成三十七萬也案此則至卑之級其金多而以上則金少案文帝時第二等六百石而四千石爲五大夫以七分分七之則每級四百八十石萬二千石爲大庶長除去五大夫之四千石仍有八千石以九分分之則每級七百三十石也蓋每上則金愈多也要皆約計耳或是每級遞加耶案此有差等或始皇亦有此多寡之差耶且始皇孝文皆入粟武帝
始入錢而爵止十一級則又降於文帝矣平準書又曰諸買武功爵官首者試
補吏先除千夫如五大夫其有罪又減二等爵得至樂卿案樂卿乃第八級而
云減二等似三等之譌蓋有罪者雖入錢不得至九級以上也又案始皇入粟
不知所爲文帝武帝皆因匈奴惟景帝賤價賣爵則修宮室也志則以爲旱
阡陌志作仟佰是言土田者得用人旁也
字牝志作牸牝案字乃借用而俗書作牸非也
先行義而後絀恥辱焉志删後字似更明了又絀作黜

當是之時志改於是似不及
僭于上無限度志少于度二字似失錯落之致
民入奴婢得以終身復爲郎增秩及入羊爲郎始於此武帝時蓋凡三項首末皆民中一項則官也纔復及增秩皆因入奴婢故合言之
陳藏錢經耗案謂陳久所藏之錢已經耗費也志耗作用
免減罪志減作臧是也古無贓字皆用臧蓋謂犯贓者贖罪也下文所云其有
罪又減二等者或即指此
軍功多用越等志越作超
小者郎吏志無吏字
而坐死者數萬人志而坐作坐而
初先是往十餘歲志删初往二字
河決觀志觀作灌
馬之來食長安者志來上有往字似是
蹛財志蹛作墆
盜摩錢裏取鎔志裏作質似非鎔作鋊似是
造銀錫爲白金三品其文有龍馬龜之異此雖與今以銀易錢不同然是以銀
買物之始夫古者交易而退而言幣者泝諸太昊則錢尚矣至此錢益輕物益
貴乃以銀濟之
白選志選作撰
二曰重差小志作㠯重差小蓋㠯變差其形近羞遂以羞之羊改差之𠂇而又
譌爲艸老也
𢷬之志從木作𣘳
皆致生累千金志生作產似明了
及五大夫志此下有千夫字案下文除千夫五大夫爲吏似史脱文

故吏皆通適志無通字
周郭其下志下作質是
欲擅管山海之貨志管作斡蓋斡從𣃟聲當讀如管烏括切乃轉音也
便屬在所縣志便作使似譌
寬貸賦志無賦字
貰貸買居邑稽諸物志作貰貸賣買居邑積貯諸物
皆無得籍名田志無籍字
沒入田僮志僮作貨
守相爲吏者志吏作利
有腹誹之法以此志誹作非以此作比似比譌此又羨以字也
鑄鐘官赤側志無鐘字側作仄
分曹往志重往字
而縣官有鹽鐵緡錢之故志有作吕
益廣關志關作開似譌案上吕字及此關字蓋草書相似而譌古有用草法寫
書者此可徵也
諸官益新置多志無諸字新作雜似是
欲留之處志之作留言欲留者即留處于此也此亦草書之驗
不辨自殺志辨作辯似皆譌也古無辦字只用辨辯今作形譌作辦聲譌作辯
西羌侵邊爲桀志無爲桀二字
赦天下志下有因字或以因爲士卒也下有因字形近而脫
出牝馬志牝作牡是也案此牡馬以給士卒爲戍守也下文皆馬爲蕃息也故
知志是
作鹽鐵器若惡志止一鐵字
或强令民賣買之志無賣字

縣爲以晉給毋乏而已志倒作以爲似是
不敢言擅賦法矣徐廣曰擅一作經案志作輕似亦經之譌
各以其物貴時志貴作如異二字
並北邊以歸志並作旁旁音步浪反凡史漢依傍字大抵用並也
令吏得入粟補官志作令民得入粟補吏案下文令民入粟復終身是此句當
從史也

魯世家

肸誓即費誓康成作柴誓
沓于固實蓋即故實
周公謚文後又有兩文公

燕世家

國家之盛也豈不重賴賢子孫哉周之開國二公分陝君奭一篇周公推之甚
至可知爲聖人之徒矣而史公不書其子止渾言之曰自召公以下九世至惠
侯而春秋二百四十年亦未與會盟之事且魚鹽之利與齊共之而不能富强
其國無亦忝乃祖乎史公推其後亡之故本諸召公良有以也
春秋言伐我者孔子魯人所修魯史也史公於各世家皆然似失之或即用各
國之史之本文耶然固曰史記獨藏周室以故滅矣

陳杞世家

衛殺其君州吁當是衛弑其君桓公此傳寫之譌也不應舍所當書而書所不
當書至殺弑二字則古多通用

衛世家

武公弑兄事恐是譌言史公不察而取之也武公三詩𥅊畏若彼豈弑兄之人
哉
柏舟之詩共姜自誓也世家言武公在位五十五年國語稱武公九十有五作

謚戒則卒時年且百歲矣以此逆溯之則即位之初已四十餘歲而共伯乃其兄也不當五十歲乎乃共姜之父母猶欲嫁之由斯以談則共伯卒時年必少而武公之非弑兄亦可推知

宋世家

大夫稱主春秋時法也趙武靈王內禪其子惠文王自號爲主父主父者主之父也猶云太上皇耳蓋趙以大夫分晉沿其故稱不改而後遂以爲君稱故蕭相國世家曰李斯相秦皇帝有善歸主又曰知臣莫如主蓋漢初多不學之人也而宋世家曰臣主以義屬是史公沿習俗稱而誤以加之古人然而後世相沿既久則主遂爲君稱未可厚非或譏杜詩蜀主窺吳過矣若陳壽因晉承魏統遂帝魏而主蜀未免於史識有未盡耳

鴻範字同尚書大傳

土曰稼穡仍當如尚書解爾雅爰曰于也

明作智書注疏本作哲大傳作悊

沈漸尚書沈潛

曰濟曰涕曰霧尚書曰霽曰蒙曰驛

衍忒

曰奥似借字又似壞字

曰舒常奥若

曰霧常風若似當作霧而仍如蒙字解

王眚惟歲似止承咎徵不及省字雙承

畯民用章

序宋宣公立弟事既用左氏美之之詞而太史公曰又用公羊貶之之意似亦失檢

晉世家

號爲桓叔更號曰晉武公此皆臨文之不得不然古無生而有謚者也

悼子當從左作卓子人安有名悼者抑此君也不當稱子不可以公組長而愛悼子例之且子野無謚此亦不得以謚解也

呂省即左呂甥可知古無四聲沈休文自謂入神之作正未必然也晉自獻公作二軍則韓原之戰公將一軍韓簡別將一軍世家所敘似欠明了（獻公作二軍則其先未有二軍可知然晉本侯爵而文侯曾爲方伯則當先有三軍矣可見公侯三軍伯二軍子男一軍之說皆臆撰且子男方五十里是方十里者二十五也伯七十里是方十里者四十九也公侯方百里是方十里者百也若子男館具一軍則公侯當四軍矣古制湮沒正不可膠柱鼓瑟也）

有此二即左有死無二而義則不同

梁伯事亦與左背皆有理而左得情

西乞秫秦本紀作術與左同

示睞明左作提彌明案今讀示與提遠然說文地祇提出萬物者也以提解祇而周禮祇作示是示祇一字而古讀提也

左傳提彌明爲盾右而靈輒爲公介史以爲一人之事案司馬多用左而此與之異屠岸賈尤異未詳

蕭桐姪子案姪從公穀而桐三傳皆作同

欒逞左氏欒盈

叔嚮左氏叔向恐嚮爲蠁之訛而向爲蚼之省也叔向名肸漢賦多肸蠁連用

蚼即蠁之重文

宗家蓋宗室之異文

楚世家

鬻熊之後皆曰熊某蓋以名爲氏

若敖霄敖蚡冒蓋皆楚之方言而其義則尊美之稱也故武王既稱王歷子文王至孫熊艱又稱杜敖其後康王之子曰郟敖而其大臣曰莫敖可知敖爲楚之尊稱

王怒射殺子反晉世家王怒讓子反子反死皆與左氏異

鄭世家

祝瞻左祝聸

公子嬰左子儀

伯犕左伯服案說文引易犕牛乘馬足徵古讀服爲犕詩經之用服爲韻自諧和也

趙世家

熊蹯晉世家熊蹯

趙衰諡成季盾諡宣孟以諡冠其字未嘗稱子蓋是時大夫尚不稱子也大國之卿當小國之君稱子者蓋比諸五等之子左傳亦稱宣子或後人沿加之

秦讖於是作矣案史公言此則讖緯由來已久不必盡作於後漢也且有伉王

亦黑亦字如說文解其本義也今字作掖俗字作腋

余霍太山山陽侯天使也案山神有侯號此或其始

頫說文作頫此省彡俗作俛

敬侯十一年魏韓趙共滅晉分其地案此後晉未嘗復國也而成侯十六年又曰與韓魏分晉封晉君以端氏晉世家亦曰魏武侯韓哀侯趙敬侯滅晉後而三分其地韓魏兩世家並如其文不識本篇何以兩分也

蠻夷之所義行也案文法當即儀字則而象之之謂與說文解同非仁義之義

周袑袑一本作袑

韓上黨守以十七邑降趙趙以萬戶都戶三封太守千戶都三封縣令然則縣屬於郡與秦一律夫趙晉之故地也上大夫受縣下大夫受郡晉之故令也至此而變

魏世家

魏有女子化爲丈夫案此蓋牟釋迦也世所時有古人何以怪之

田敬仲完世家

敬仲稱孟潛孟此後乃爲文子須無此亦大夫古不稱子之徵

監止齊世家作闞止

盼子注曰田盼也案此與匡章稱章子同皆加字呼之孟之反孟施舍皆然而晉文公之晉重又減字呼之今亦往往有然者何疑於古人

古人屬文於未死時稱諡雖係疏闊然無足怪惟齊人歌曰嫗乎采芑歸乎田成子似不合情事

孔子世家

孔子能誅齊廷之侏儒而不能逐來魯之女樂耶前一事江永駁之矣後一事史公序於攝相之後則孔子爲相所司何事耶且既曰行攝相事又曰與聞國政亦重複而又失次第

顏濁鄒孟子作顏讎由憶某書作顏濁聚聚蓋鄹之省文也鄒鄹陬蓋一字故恒言曰鄒魯者以孔子之邑冠魯上也不然鄒既小國又孟子所生地也何以加乎魯

周廟有堯舜之象桀紂之容而鄭人之目孔子也亦以爲似堯似臯陶似子產及禹非所習見何由知之可知當時所畫皆古人備法戒也即後世圖豳風無逸皆其遺法且如畫周公負成王則必有朝堂百官及禮器是色色皆工而後能爲之

史公列孔子於世家其識遠矣蓋漢末紹嘉侯之封早以孔子之聖卜之矣由今觀之其爲世家益信王安石退一時之口給似非篤論

陳涉世家

屯大澤鄉以下數句班顛倒刪削之似益明了

扶蘇以數諫班於下增故不得立句既非事實又草野傳聞不必詳悉若以爲應上文當立者句則下文曰二世殺之其不得立也不言而自明

或以爲死班刪去非

詐自稱公子扶蘇項燕閒人如何能合是草野不學人舉動班刪之大非班蓋以後文比照可知

故刪此然語意不全

夜篝火蓋籠火也似明似暗乃足惑衆班作構顔以結起訓之似同義

皆指目陳勝班改陳勝爲勝廣甚活相而下文吳廣改爲勝廣則非也

藉第令毋斬班第作弟古字也蘇林曰弟且也晉灼曰酈食其傳弟言之外戚

傳弟一見我師古曰弟但也今俗人語稱但者急言之則音如弟矣義非且也

案儀禮注且字姓字也及禮記祖且也皆姑且聊且之意與但義略分迂直究是

一義顔似不必駁蘇又案孫子吳起列傳亦用弟字

襢右稱大楚漢書注師古曰襢右者當時取異於凡衆也案某書曰禮皆左袒

惟行刑則右袒故覲禮有右肉袒之文爲劉氏者左袒爲呂氏者右袒此非以

覲其向背乃意謂爲呂者當誅也案此解爲劉爲呂雖未必然恐是姑以爲別耳如東家食而

西家宿書豈有當蘇之說哉且戰國而下未必人皆習禮而其解左右袒則確故顔云取異於凡衆者勝廣

皆不學之人見時人皆左袒遂以右袒自異

北至陳班北作比是

復走次澠池班澠作黽

陳鉏人伍徐班作五逄恐史本省逄爲夆傳寫譌徐

欲擊秦軍定陶下班定陶作濟陰

夥頤班去頤字非蓋不解其爲方言又緣夥涉爲王而刪之也頤似助語詞

蕭相國世家

常左右之班作常佑之案俗以佐佑代左右

常辦之班辦作辨

漢王數失軍遁去班遁作遯是也古多以遁爲循不以爲遯

發蹤指示班蹤作縱顔注言譏蹤之非而不言史記有異是顔所見史記亦作

縱也

柰何班柰從大非也詩言那那之長言爲柰何以聲定字借柰用之若從大從

示以求柰何之義豈可得乎五子之歌有之先儒多以爲僞古文

封何父子班子作母似誤

使使拜丞相何爲相國案秦之丞相似取前疑後丞之意所丞者君也漢之丞

相疑與今府丞縣丞相似所丞者相國也曹相國世家高祖三年拜假左丞相

後爲右丞相而屬於相國韓信亦兩官大小之徵也

漢十二年秋班作其秋謂十一年秋也案史公於布本傳亦序反于十一年下

相國爲上在軍班去相國字而增曰字若爲使者還報之詞

客有說相國曰班有作又則似客即召平矣恐於文法有嫌

常復孳孳得民和班常作尙甚明了

賤貰貸班貸作貣案貸者以物借人貣者從人求物義既不同音亦大異俗皆

用貸矣

賤彊買民田宅數千萬班倒作彊賤似是萬作人再問

相國因爲民請班作後何爲民請似是蓋已方彊買民田乃請天子苑以予民

所以自汚者不因此敗露乎

爲禽獸食班刪禽字蓋以禽不食稾也然似拘泥陳平世家分肉食甚均班刪

食字同此

相國何大罪班改何爲胡蓋以相國名何涉疑似也淮陰侯列傳丞相何亡

相國守關中班關中字重似衍文

曹相國世家

將擊胡陵方與漢書去將字非也上文曰參以中涓從若無將字則是從高帝

同擊之矣凡言將者皆特將一軍觀留侯世家未嘗特將足知此字不可刪下文

或曰從或曰將曰引皆分明

擊秦司馬尼班尼作欣又於擊上增北字刪秦字而於下文章邯上增秦將字似倒置惟下文秦將章邯破項梁也似可從班刪秦將字復攻之杠里之字指王離班少此字乃缺脫也軍言破城保言拔言取下文言破足以明之

二十日班二十三日

王武反于黃班作外黃

凡二歲班少此句非不特減曹參氣色也上數句總束之筆果何爲說然下文高祖三年班作漢二年是直以上事爲高祖元年一年中事也

參以右丞相屬韓信班右作左

虜其將軍周蘭班其將軍作亞將案滕公傳得亞將周蘭證知班是然周蘭一爲曹所得兩爲滕公所得何其善逃如是或兩人耶

及爲將相有郤班將作宰似譌

擇郡國吏木詘于文辭班作擇郡國吏長大訥于文辭似史譌脫

亦歌呼與相應和班亦作大乃壞字也亦古作亣

出入三年卒蓋謂時出爲外官如後世節相然其事無可書故以出入二字括之班刪之似非

類若讋一班類作講

留侯世家

與我會此班會作期

曰後五日早會曰後五日復再來班刪兩曰字然此更端之辭也尙書每有之

秦將果畔班刪畔字文義甚順

夫爲天下除殘賊班刪夫字蓋以上句夫字也然似可刪彼存此

今事有急班倒其文文義欠順

韓王成以良從漢王故班作闕項羽以良從漢王故似較順

留侯初求力士擊秦皇及說項王立韓王成皆一心爲韓即其說漢高燒棧道亦爲韓也至羽殺韓王而留侯之仇又在楚矣非漢王不足爲之報讎故事之

具以酈生語告於子房曰何如班作具以酈生計告良曰於子房如何尤妙

留侯所言八不可班併爲七若欲併之直可數言了耳又刪八句曰未能也又併末段主意而數之爲八一時情景全失矣

淮陰之死死于子房酇侯所殺者其餘耳假王不封即漢事未可知而譬不可報故不暇爲他人少留餘地然陰謀不利子孫宜辟疆之不肖也顧始從韓王遇漢高於留即止求封留其於故君刻刻不忘也夫始而仇秦則用楚以滅秦繼而仇楚則用漢以滅楚固以全力自用而以餘力爲人用也

其秋四年秋也班則以爲五年冬

上曰終不使不肖子居愛子之上班改之非

後八年卒班八作六

陳丞相世家

咸讒陳平班咸作或

顧其計誠足以利國家不耳不當讀否班刪之非

陛下第出僞遊雲夢班第作弟

王陵七年而卒班七作十

孝文帝立以爲太尉勃親以兵誅呂氏班改以爲二字作舉以爲相四字案平本爲右丞相矣舉字似無着即如師古注訓舉爲皆謂指平勃二人則于上文筆勢未順竊意以爲云者乃代字訣史公揣帝之隱情以爲言也誅呂即位不同革除而平勃又皆高帝舊臣不便以己故易其班次且已初入恐失大臣心故遲疑未行而陳平窺見此意遂讓耳觀下賜金益封亦可見

汗出沾背班沾作洽

周勃世家

郤適攻豐班適作敵案古多通用而句難解

攻蒙虞班蒙作閬
下甄城班甄作鄄
攻張班攻壽張
擊李由軍雍邱下班少軍字
沛公拜勃爲虎賁令班虎作襄似是
攻東郡尉於城武班城作成
北攻漆班攻作救似譌
破西丞擊盜巴軍班作破之西擊益已軍
以將軍從高帝與前以令從相對皆眉目也班於此從之而前刪以令從何也
下文以將軍以相國攻皆從之
擊陳豨班少擊字脫文
乘馬絺班絺作降
丞相箕肆將勳班肆作肄將勳作將軍博
都尉高肆班肆作肄
復擊破綰軍沮陽班復作後少破字似譌脫
定上谷十一縣班一作二
案絳侯得陳豨丞相二人盧綰丞相一人其後總記功績似當云丞相三人乃仍分紀之而其曰將軍二千石各三人者固合豨綰所屬而總紀之也
十歲班作十年案紀年似不當用歲字
東牟侯除宮事與周勃安劉無干史公未及而班叙之未知其意云何
居月餘班作居十餘月或緣下文十餘月而譌
以寵久之班作以厭之
勃之益封受賜班于句首增初字甚明了
丞相議之此四字似不當重班亦無之

楫班作箸
嘔班作歐是
鄙朴人也班朴作樸是
執堅刃刃蓋同忍如柔忍亦作柔刃柔韌是也

梁孝王世家

竇太后義格班義作議
亦遂不復言以梁王爲嗣事由此以事秘世莫知乃辭歸國案文義蓋謂太后爲義所格遂不復言此事而私心以爲其事尚祕世莫之知猶冀可以從容挽回故辭而歸國以泯其形迹也詳上文闕說字是袁盎亦未廷諍故由此以事祕世莫知八字乃揣太后梁王意以爲言若班刪由此以三字則似實事又似史家斷語恐不甚明了
北獵良山班良作梁
亦私與食宮長班宮作官
及郎中尹霸等士通亂班無中士二字
蕘又不持喪班持作侍
類犴反班無類字下同
淮陽太守班淮作睢下同
梁餘尚有十城班十作八
襄立三十九年卒班作四十年

五宗世家

同母者爲宗親案漢書無此區別要之皆非也以母爲別者此放古法而失之古者諸侯不得祖天子其義甚精其法甚嚴故有娀方將時維姜嫄詩人詠之原非重母而輕父也母弟稱弟母兄稱兄皆指正嫡所生而言而東宮之妹是女子亦以嫡出爲貴矣成王之世周公最長而聖故魯爲宗國而宗法不瞭然

乎趙襄子之未立也簡子曰此其母賤翟婢也其去周室盛時數百年矣而沿
之不失自秦滅學漢初皆不學之人但聞古人重母弟而不揣其本遂以同爲
庶孽而各自爲宗甚非先王立法之本意然自是當時實事史公書之以詔後
人班氏以理爲斷而去之則於理是而於事實非也
閼于班無于字或因閼中之於羨一字而又書爲于耶
臨江王之四年班作三歲
坐侵廟壖垣爲宮班垣作地
詣中尉府簿班府下有對字殆史脫
魯共王之二十六年班六作八
江都王立二十六年卒班六作七
膠西病之數月班刪之字
從一門出游班游作入似史譌
趙敬肅王多設疑事以作動之班作作詐
彭祖立五十餘年卒班五作六
王者當日聽音樂聲色班聲上有御字似史脫
四十二年班二作三
長沙定王二十七年卒康王二十八年班七作八八作七又康作戴
廣川王十二年卒班二作三
齊有幸臣桑距班桑作乘
膠東王賢立十四年卒班四作五
常山憲王六三十二年卒班二作三
王王后希得幸班止一王字案似是王后姓王
有司請廢王后修班作有司請廢勿王於文似順然下句云徙王勃以家屬處
房陵反似不順矣

泗水王十一年卒班無一字
哀王十一年卒班無十字

三王世家

以賑貧窮案凡賑給字漢書皆作振史記他處亦多作振拯救之義也若賑則
富也救荒不能有富義也
如律令案前王所定爲律後王所行爲令如者依也依律令所載者行之也今
道士咒語多用之者蓋張陵在漢僭用詔令語是以沿襲至今
朕承祖考班作朕承天序案此册命也似不可改楮先生特解祖考字足證班
誤
迺有儒不臧班儒作愆
燕王旦策文中朕承祖考維稽古於戲保國艾民可不敬與班皆删之非也又
少侵犯寇盜句皆來二字君作帥綏作安俔作桀葷粥作薰鬻
廣陵王策文所删五句同上所改者疆作彊似是政作正戰戰作祗祗兩通毋
侗好佚作毋桐好逸似桐誤

史記校卷下

伯夷列傳　　山西鄉寧縣知縣王筠撰

此篇以孔子爲主所引論語乃正傳也其傳曰一段乃迷陣也伯夷之事不傳所傳之傳荒唐不足信惟讓國蓋得其實史公不得已而以其傳曰三字冠之夫史記所采之書如尚書左傳國策皆直錄之未嘗言某曰史體固當然耳惟大宛傳贊引禹本紀山海經以其荒唐而著其名則所云其傳曰者可以例觀矣獨有孔子數語可爲依據然不足以成文且又論體非傳體也不得已而用之而以怨耶非耶一筆掃之蓋孔子以爲不怨而其詩則怨其非伯夷之詩可知即非伯夷之事可知矣然則伯夷之事不傳何以必爲之立傳曰宗孔子也觀其紀五帝而曰尚書獨載堯以來爲其爲孔子所未言故贊語再三曲折而後作之此篇首言詩書詩書者孔子所定伯夷者孔子所稱也且作史之法雖當據事直書而欲網羅千載成一家言即必取古人入我冶中鍛鍊而出乃足以言尚論本紀有五帝可以壓卷矣世家取泰伯孔子稱爲至德者也以之壓卷列傳取伯夷孔子稱爲賢仁者也以之壓卷又恐讀者不明此義也而曰如吳泰伯伯夷之倫以微見其旨而褒貶筆削所以宗法春秋者居然可見矣不然傳伯夷而屬入泰伯于文法何居焉惟其事變則文體皆從而變由光不著於詩書不稱於孔子是子虛亡是公矣（所以病知其然者唐虞之世而有此等游惰之民必當干大辟之誅且讓國以鳴未有稱之者可知處士橫議捏作此事以自標耳至後世以上位爲贓賂之具乃有讓之以鳴高者非所論於上古）而曰有許由冢如畫家渲染之法所以自掩其筆墨之痕也世家列傳皆開國承家之人皆以讓國者冠之（如論世代久近則許由爲最久何不列於世家）因念世俗謬傳由光亦讓國者而不爲立傳無識之人必譏我脫漏故駁正之以見史識之精審史筆之翦裁士安高士傳庸知此義乎（張華博物志云司馬遷云許由以天下讓許由事蓋即據此篇是古人讀書不孟浪也）或曰天道無親以下乃借以抒其憤懣固也然豈有題外之文哉不知皆反覆推崇以見其當立傳也富貴者稱賢世俗大抵然矣伯夷窮餓烏能賢故以賢而不必富貴愚而不必貧賤反覆明之先言顏子盜跖古人也故實指之後言近世今人也故渾言之而歸結于天道然所云儻所謂天道是耶非耶者人以爲史公之天問不知此又一迷陣也天道無親常與善人天之常也而運會所窮作善不降祥不善不降殃天之變也然天雖變而君子不失其常故又以夫子之三言證明之所謂其重若彼者指世俗重富貴也其輕若此者指世俗輕貧賤也君子疾沒世以至篇末皆申明孔子序列古之仁聖賢人一句之蘊其詞似爲由光惜者而非也士不見稱于孔子不足爲賢然士無可稱之實必無以見稱于孔子仍反覆表明其立此傳也確有據依非孟浪也或曰此文爲傳之變體不知事變而文得其常且又七十列傳之總冒凡例也古人著書一部如一篇豈可零星讀哉況所謂變者皆後變前前無由變後列傳創自史公此篇又居其首是祖宗也試語人曰祖宗之貌不肖其子孫人必笑之何以異是顧吾猶有歉於史公焉其傳所言史公既掃除之而猶沿用其餓死一語蓋因論語餓于首陽之下不知論語言餓不言死則伯夷之死未可懸斷也如孔子絕糧何嘗死哉意者伯夷就養自孤竹至豐三千餘里偶爾途中資用乏絕耳至伐紂之時伯夷蓋已前死故無功烈可見安有恥食周粟事哉後世僻謬以能辨一死爲賢遂以此妄意古人夫微箕不死而夷齊死則宜有高下之差而夫子曰求仁得仁殷有三仁曾無異詞何邪史公載此齊東語而人據以爲實然似未能解此文也（所謂死節者死于節下也守城則有節將兵則有節世泛泛之人皆有符節可託死焉上古當從餘至唐試偶爾變局所遭者變也於性反全無交涉自爲審）（之論出韓孟子大聲疾呼而習者附中總攬陳義要行疑爲賦者一涉過武便案拔對敵絲和貪藩未發禁與才號序間總要者所戒之隱四字夫樹者審）（成書也則時時痛更加以擇紂時髮聞而受以武成王而教化大行廣王而錄風未除則大武之不及留可以決矣孔子以擇武並論其會武王何如後人未）（可經職也孔子讚季文武伯夷必不以爲非其有孔子稱十亂爲才伯夷必不以爲非其友粟固明粟徽亦明矣）

賈生列傳

以能誦詩屬書班作以能誦詩書屬文似史謬脫

悉更秦之法班作悉更奏之似謬脫

共承嘉惠兮班共作恭他篇亦有史記作恭而漢書作共者

遭世罔極兮班罔作冈古字而少誤當作冈象網形不從又

于嗟嚜嚜兮班嚜作默

訊曰班訊作誶證知歌以訊之之當作誶也

鳳漂漂其高遰兮班漂作縹遰作逝

彌融爚班作偭蟂獺

瞝九州班瞝作歷

搖增翮逝而去之班翮作擊似聲譌無逝字

庚子日施兮班施作斜案漁父歌日昭昭侵以施亦借施爲斜斜從斗余聲且

傾斜亦借義非本義也

異物來集兮班集作崪

策言其度班策作讖

淹數之度班數作速

請對以臆班臆作意

大專槃物班作大鈞播物

遲數有度班數作速

何足控摶摶班作揣

億變齊同班億作意案說文億萬之正字作意班蓋用之而傳刻譌也

攌若囚拘班攌作儽蘇林音欺全反

養空而游班游作浮似譌字而服虔特解之

細故慸薊班作細故蒂芥

所以然之狀班狀作故

張耳陳餘列傳

里吏嘗有過笞陳餘班有作目

張耳躡之班躡作攝

南有五嶺之戍班嶺作領是山之顛如人頸項之最在上況其高也領如人之項領較下於顛況其卑也今皆加山作之俗分別也

號武臣爲武信君班少武臣爲三字甚晦上方畢陳餘說詞人何由知此爲武臣

蒯通說武信君語班改爲與范陽令預度之詞各極其妙惟華穀改責屋似不倫

吾爲公說燕班加二字甚明了

陳澤班澤作釋蓋通用

必如公言班删此句謬

即以南皮旁三縣以封之下以字蓋衍文班無之

貫高張敖所言高祖字班皆改爲皇帝是

上從東垣還過趙班删還字趙字不明

刺剟班剟作爇

乃仰絕肮班作乃卬絕亢古字

以尚魯元故封爲宣平侯班改作尚魯元公主如故封爲宣平侯案張敖先不檢舉後又失察以猜忌如漢高而僅降王爲侯者以尚魯元故也班所改甚怪無論事情全失且如所言可以奪之妻乎

以母呂后女故班作目母爲太后故也當是傳寫脫女字而師古曰目公主爲齊王太后故立其子爲王措詞尚欠明曉

彭越列傳

漢乃使人賜彭越將軍印案項羽本紀似是田榮予越印

歸漢於外黃班删於字非

留侯策信越並提班詳越而略信似主從分明

梁王不覺史公明越之不反也班䍐之蓋爲漢諱非直筆

逢呂后從長安來班來作東似譌

黥布列傳

項梁至薛聞陳王定死班改作項梁聞陳涉死是也本紀之定死承上文陳王戰不利未聞所在也此無所承故班改之

項梁號爲武信君班刪改之不特淸主從亦得當時情事

布常爲軍鋒此總括語也班作布爲前鋒似成贅語

大王宜騷淮南之衆騷字太尖似譌班作埽

垂拱而觀其孰勝班垂作陰

然而楚王恃戰勝自强班恃字作特以二字

故曰楚兵不足恃也班刪曰字恃作罷蓋音疲

提劍而歸漢班提作杖

事以搆班以作已本一字也

如使者敎之下班刪二句甚爽

使人入九江班入作之凡兩見

破之垓下班作破陔下之字不可刪

七年八年班作六年七年

言此三人者案言字似沿上文信字而羨班亦無之

會甄班作甀古字

班刪改此篇甚好不悉記

淮陰侯列傳

袴班作跨

浦伏班無之少情景

信仗劍從之班仗作杖正字

惟信亦以爲大王不如也班惟作唯師古訓爲應詞案兩字雖通用而如顏注則倍有情致

喑噁叱咤班作意烏猝嗟

言語嘔嘔班嘔作姁

合齊趙共擊楚班合作令

否必爲二子所禽矣班否必作必不蓋傳者不知不之讀否遂倒置之

何以加之班加作距似是

諸將効首虜休班將効作校勀似字譌顏注勀致也恐勀無致義然効亦俗字當作效

兵法右倍山陵班作有右背山陵有因右衍背正倍借

不終朝破趙二十萬衆班終作旬一記戰時一統計之也

熛至風起班熛作飄似誤而顏曲解之

懷諸侯之德班之作自是

常山王背項王奉項嬰頭而竄逃歸於漢王班作常山王奉頭鼠竄以歸漢王似是

以忠信言之班信作臣

班改此篇多不妥爲蒯通另立傳尤不妥此人而爲之立傳傳可勝立乎伍被傳放此

然乃行營高敞地班敞作燥則與下句各爲一事

韓王信盧綰列傳

上出白登班無出字皆難解

辟匿班作避宅

欲令久亡連兵勿決班無亡字[illegible]是

幸上病愈班愈作瘉正字

宛朐人也班朐作句又靳歙傳宛朐史漢同

及高祖七年班七作十

自稱爲大王班大作代是

故得列地班作咸得裂土案列乃分裂之正字

田儋傳

非直手足戚也班無直字似是

則齮齕用事者墳墓矣班用事上有首字蓋謂楚趙之王也

不肯出兵助楚趙攻秦班改楚趙爲漢非

相橫走博陽班無陽字蘇林曰泰山博縣

至博陽同上

居嬴中班嬴作隔

樊酈滕灌列傳

司馬尼班尼作𡰥師古曰𡰥讀與夷同

賜上閒爵班閒作聞是

從攻圉東郡守尉於城武班作後攻圉都尉東郡守尉於成武案後似譌圉都

尉似史譌脫

捕虜十一人班一作六此類至多不具記

河間守軍於扛里班扛作杠灌嬰事同此

項伯常肩蔽之班肩作屛似是

從攻雍𨞺城班𨞺作𨞺是

與諸侯刻符班刪諸侯是酈商傳同

將軍太卜一人班太卜作大將似譌

酈商初從沛公即賜爵信成君及沛公爲漢王仍賜爵信成君封[illegible]不異而兩

書之史漢同當問之

以將軍爲太上皇衞班爲作將

攻其前拒班拒作垣字譌也李奇諸人曲解之左傳專爲前拒

更食曲周一千五百戶班作更封爲曲周侯食邑一千五百戶甚明了

天下稱酈況賣交班交作友

寄欲取平原君爲夫人班君下多姊字蘇林曰景帝王皇后母臧兒也案臧兒

封平原君外戚傳亦未言臧兒有姊臧兒爲皇后母故景帝怒其姊何與焉蓋

衍文

後獄覆班後作移

轉爲滕公班公作令是也後方封侯此時不宜爲公蓋沿縣令稱公之習故史

記每稱嬰爲滕公而此處紀實自當作令

常蹶兩兒欲弃之嬰常收竟載之徐行面雍樹乃馳班作常蹶兩兒弃之嬰常

收載行面雍樹馳案兩兒欲弃之句義不全當從班作蹶不屬上文蓋傳寫者

沿上馬罷遂誤謂馬蹶而改之徐字乃字則當從史爲收兩兒以致徐行既將

兩兒安置妥帖乃馳故漢王恐追及而欲斬之諸人皆在車上則御法是時尚存不知何時乃亡也

賜嬰食祈陽班祈作沂

賜所奪邑五百戶班賜作閼似譌

乃賜嬰北縣第第一班無縣字似是

攻下黃班攻下外黃

西收兵軍於滎陽班少兵字欠明

使北迎相國韓信班使作從譌

攻龍且留公於高密班高作假

身虜騎將一人班一人作入蓋譌脫

下下邳班此下有壽春字

復得亞將周蘭蓋即前所得之周蘭逃去而又得之故曰復得班無周蘭字似

脫文

肥誅班誅作銖是也人安有以誅爲名者

匈奴大入北地上郡令丞相嬰班無郡字以上字屬下讀

子彊代侯班彊作疆

張丞相列傳

然臣期期知其不可班作然臣心知其其不可非也期期自是口中聲非因說是字而重舉之也下句並無其字亦云期期

及以御史大夫後擊陳豨班後作從是

吏今行斬之班吏作史

桃侯劉含班含作舍

皆以列侯繼嗣班嗣作踵

娖娖廉謹班娖作齱

酈生陸賈列傳

不宜倨見長者班倨作踞陸賈傳箕倨班亦作踞

於是沛公輟洗起攝衣案謂整攝其衣也班脫攝字李注王命論引有攝字

而漢反郤自奪其便案奪字當如說文訓義失也不作攘奪解

出關而責義帝之處蓋謂問義帝所在也班於處上加負字似謂問義帝有何負處負者謂無理也似未達史公意

刓而不能授班刓作玩案韓信傳史漢皆作刓而師古於此必曲解之何也

後更食武遂班遂作陽案此下數句皆似譌誤不如漢書蓋疥之子遂遂之子平凡三世傳寫脫誤以武遂爲地名下又重一武遂字因以難通

可以家爲班作往家爲甚明

極欲十日而更班欲作飲似是

數見不鮮無久慁公爲也班作數擊鮮毋久溷女爲也案一指本身一指其子各有其妙似史尤勝

士務附班務作豫

則呂氏謀益衰班删則字似是

辟陽侯乃奉百金往稅班無往字稅作裞下文往稅班作往賻

吾無意殺之此非贊建之能動人主乃所以示戒也凡好用智者往往以智自殺其於陸賈曰陸生竟以壽終亦謂其幸而免耳與此句正相縈拂

傅靳蒯成列傳

以魏五大夫騎將從爲舍人案從字下似脫高祖字而漢書亦然

斬騎十人將一人班十作千注曰騎將率號爲千人蓋史譌

去擊反者王武等班無去字似是

司馬侯十二人班侯作候似是上文同下文侯四人同

擊趙將賁郝軍朝歌班無郝字似脫

下七縣班七作十

所將卒斬兵守郡守各一人班郡下少守字又少各字似脫文而顏注曰當言兵郡守一人也當問之

二千石以下至五百石班脫百字

蒯成侯班作鄘城侯

史以居爲緤之子班則以仲居爲緤子應之子

劉敬叔孫通列傳

羸瘠老弱班瘠作胔似傳譌而師古依文訓之

二十餘萬兵班二作三是史季布傳又作四十班仍作三十

和親甚非策且婁敬既曰冒頓殺父代立而又云冒頓爲子壻外孫不敢與大父抗禮自相矛盾矣

兵無可戰班删兵字是

妾唯太子一女班於太子上多曰一兩字似衍文

莫能興班作莫與似兩通

使人人奉職班使作吏似是

叔孫通知上益厭之也班厭作饜

步卒衛官班步作戍

傳言趣班言作曰甚明了

攻苦食啖班攻作共然詳顏注似亦攻字而譌

徙爲太常班太作奉

季布欒布列傳

困於平城班於下增噲時亦在其中句甚緊

爲其家主報仇班倒作主家似是

項王所以不能西徙以彭王居梁地班徙作徒是

封俞侯班俞作鄃

身屨典軍搴旗者數矣班屨作履無典字師古曰俗書本云身屨典軍非也

袁盎鼂錯列傳班袁作爰

常自送之班自作目是

主兵柄班主作本

大臣相與共畔諸呂班畔作誅是

今兒廷毀我班廷作迺案二字形近雖兩通恐有一譌

轞車班作檻車

坐不垂堂班少坐字似非將與下句儷耶

聖主不乘危而徼幸班而作不

騁六騑班騑作飛

妾主豈可與同坐哉班與作呂案二字雖古通似當用以字之義

袁盎即跪說曰班跪作起

從史適爲守盎校尉司馬班作從史適在守盎校爲司馬

盎解節毛懷之班毛作旄

杖步行七八里班杖作屐似譌而顏以著屐步行解之案如或逃時無屐則此時無從得且云步行不須贅加屐字蓋杖即指節竿夜行不知高低故杖之耳

班八作十是也盎此時當在吳都不應七八里外便有梁騎且恐懼奔馳亦不應至明僅行七八里也

見梁騎騎馳去上騎去聲謂兵馬也下騎平聲謂盎騎也班脫其一

揞生班作棓生

䩄張恢先所班先作生本傳末公卿言鄧先師古曰鄧先猶云鄧先生也一曰先者其名也案以先爲名者非史於無名而年高者率呼爲公如樂人竇公是也此文上皆稱爲公而於此出其名似非體例蓋急口呼之則先生二字或爲先或爲生因成一時口語耳

及劉禮同師班禮作帶

因上便宜事以書稱說案此言錯初學尚書而其言時事便宜即能引據尚書爲說贊其敏也班删便宜事以四字似未曉史公意

漢書萑葦竹蕭案萑當作雚詩七月省艹而作萑萑自音佳而他書之應用雚者又或借用萑

錯乃穿兩門南出班無兩字似是

時以變易班以作已雖係一字而分別已久猝觀難了不如作已也

張釋之馮唐列傳

居北臨廁班作上居外臨廁

用紵絮斮陳蕠漆其間班無蕠字

於是使騎捕屬之廷尉班倒作之屬似是

一人犯蹕班一作此

開見釋之持議平班開作咸

久之釋之卒班作年老病卒與上文不貫矣

何以班作何已一字也顏注誤

爲官卒將班卒作帥似非

而搏髀曰班搏作拊蓋搏從尃得聲或亦有拊音

不從中擾也班擾作覆蓋如後世梜減

萬石君張叔列傳

乃賜丞相告歸詳下文固非使之免官歸家也與後世予告不同而下文乃賜縮告歸又似予告者當問之

妄意不疑班妄作亡譌

我乃無兄是已自明之至矣下乃曰然終不自明也頗難解或謂向毀之者明之乎

不好立名稱班無稱字史蓋緣下文而羨

不疑之孫史以爲望班以爲彭祖

以此景帝再自幸其家班以作如似非

名歐班名敺

於是天子亦策罷以上大夫祿班策罷作寵

田叔列傳

田叔取其渠率二十人班十譌千

仁發兵三句未詳班亦無當問之

吳王濞列傳

廢以爲郘陽侯班郘作合

㕘鑄錢班㕘作盜是

訟共楚弗與班訟作頌顏讀曰容

鼂錯班鼂作朝案錯本傳顏音朝蓋讀如朝夕字楚詞即借爲鼂夕而錯亦讀如措今讀如朝廷𢦏錯字皆誤

削其河間郡班河間作常山

舐糠及米班舐作𦧇皆與說文異糠作穅是

此恐不得削地而已班得作止則得蓋特譌也

熒惑天子班作營或

彷徉天下班彷徉作方洋案即旁皇常羊之類

吳王猶恐其不與班與作果

濟北班無之案下文濟北王乃欲反不得者史誤列之

膠西正月丙午班移膠西於下文膠東之上似是若如史則似吳獨不誅漢吏矣

志失班失作逸然則失即佚之省也

搏胡衆班搏作摶

匡正天子班子作下

高皇帝親表功德班表作垂

度江走丹徒班江作淮似非

漢兵遠班遠作還似是

魏其武安列傳

有如兩宮螫將軍班螫作奭

跪起如子姪班姪作姓是也古對姑稱姪對伯叔亦稱子疏廣傳之父子猶然

不待遺徵爾雅也叔姪之稱似起於趙宋史記乃傳寫之誤顏魯公書干祿字書自稱姪男

蚡以肺腑班腑作附案古多用柿附其義蓋似葭莩其用肺附者亦言其附麗

且古止言五藏六府初無腑字史記乃傳訛

坐其兄蓋侯南鄉班南作北
不可以兄故私撓班撓作橈
諸客稍自引班客作公似譌
以爲淮陽天下交班交作郊
令門下候伺班伺作司正字
宜往班作不宜似是固當言來不當言往
夫從坐上語侵之班作夫徙坐語侵之
屬之班作舉之
乃效兒女呫囁耳語班女下有曹字
臣乃不知魏其等所爲班知作如
杜門齰舌班齰作䶪佞幸傳鄧通常爲帝唶吮之下又有兩唶字上一唶字班作嗽下兩唶字班作䶪
乃劾魏其矯先帝詔班此下有害字
灌夫用一時決筴而名顯班名上有各字此緣名字衍耳案文義重字承嬰蚡名顯承灌夫若加各字則通承三人矣其於文義豈可通乎

韓長孺列傳

梁城安人也班城作成
騶田生班騶作鄒
爲粟難班粟作限似是
即欲以侘鄙縣班作即以娉鄙小縣
起徒中爲二千石班徒作徙似譌
自上古不屬爲人班屬爲人是
犇翁壹班無翁字匈奴傳則皆有翁字顔注姓犇名壹翁者老人之稱也
提取辱耳班提作秖

郅他案文義當是人姓名郅都其比也班作至它或是省其偏旁抑係傳寫脫譌皆未可知而顔注顧否
方田作時班田作佃案詩無田甫田
而新幸壯將軍班無幸字

李將軍列傳

中貴人將數十騎縱班縱作從張晏曰放從遊獵也而師古非之然既曰將而又曰從則詞複恐張說得之
上馬班作上山非也下文匈奴上山廣不應先上山此自與下文皆下馬解鞍呼應耳
刁斗班刁作刀正字
因推墮兒取其弓班作因抱兒殆非也抱以自累奚爲者
頃之家居數歲班刪頃之家居是也然終不知史公用頃之果何說也
韓將軍後徙右北平班此下有死字似史脫
猨臂班猨作爰似是省借而師古兼取猿義
見敵急班少急字案急如前以百騎遇匈奴數千騎是也急猶如此可見定力
廣軍功自如班作廣軍自當案兩文其義似同當者應也與行軍賞例相應也
舊唐傳曰上功莫府一言不相應文吏以法繩之其下文云魏尚坐上功首虜差六級卽不相應之事也以彼例此可以師古以爲功過相當恐非果如是則無賞乃其宜耳何須惜之又案當字與奏當蓋相似殆漢時律令中字也
而諸部校尉以下班部作安
或失道班或作惑霍去病傳亦有此句史漢並作或
靑欲上書報天子軍曲折班於子下多失字似誤將報行軍備細非報廣食其之失道也時固未嘗失軍而失道亦不可言失軍
悛悛如鄙人班悛作恂史似以聲借用

匈奴列傳

獫狁班狁作允

葷粥班葷作薰

橐駝班駝作佗是

驒騱班騱作奚

用爲食班作肉食

穆王伐犬戎班犬作畎下同

酆鄗班鄗作鎬

至岐班岐作郊顔以郊爲古字案郊邑因岐山得名郊似不得爲古字又岐山俗名箭括山正因其峯兩岐也今專以岐爲山名而別作歧爲兩歧然歧從止止足也似即跂之重文

有綿諸緄戎翟䝠之戎班緄作畎䝠作獂

其世傳國官號班傳國作信

直上谷以往者班無往者字而連下東字爲句以下文比之似是

大會蘢城班蘢作龍

多至數千百人班千作十是

冒冒敵班冒作包

後北服渾庾屈射丁靈鬲昆薪犂之國班庾作窳靈作零薪犂作龍新犂

東方盡青驪馬班驪作駹

侵盜代雲中班代下有鴈門案下文復拔代鴈門雲中郡縣似班是讀後義盧

侯雒氏等計班氏作支

盡斬殺降下之定樓蘭云云班倒之定二字似非

老者安其處班者下有得字

故使郎中係雩淺奉書班雩作孛

比余一班余作疏

黃金胥紕一班胥紕作犀毗

公主班皆作翁主

然所以强者班强下多之字將謂强於漢耶終嫌不詞

其老親豈有不自脫溫厚肥美班脫作奪蓋同義說文奪訓失此則其引伸義也

其約束輕易行也班輕作徑

至乃易姓班乃作倒似譌

則不習戰功班功作攻

至代郡萬餘人班無至代二字似是蓋承上雲中遼東二郡謂每郡萬餘人

且居班作且渠

俱無暴逆班作居無暴虐

奸蘭出物蓋謂作姦而蘭出物也班作閑蘭出物蓋謂乘閑隙而蘭出物也蘭闌皆蘭之假借

至蘢城班蘢作龍

廣後得亡歸班作廣道亡歸以廣傳考之是也

漢亦弃上谷之什辟縣班什作斗蓋古斗作斤因譌

殺代郡太守恭及略千餘人班恭及作共友顔以爲太守姓名案史於職官多不著姓而下文朱英即著姓未能決兩書誰是

殺代郡都尉朱英班英作央

乃再出定襄班乃作仍似複

與右將軍並軍分行班分行作介似譌脫

驃騎班驃作票通部皆然

爲支山班支作書

破得休屠王祭天金人班無破字似史緣上級字相似而衍

得胡首虜三萬餘人班人作級案首當言級自秦尙首功斬一人則賜爵一級

也虜獲生口則當言人史漢各據一偏言之也史上文亦多言級又有云得首

虜數千人班無人字

渾邪王班渾作昆而霍去病傳並作渾然則昆侖山殆取渾淪之義而通雅解

說文昆于本作干不可知也以昆于爲昆吾者信而有徵矣

而減北地以西戍卒半班而作西似譌

負私從馬班倒作私負

北至闐顏山班闐作寘顏音徒千反霍去病傳並作寘

凡七萬餘級班級作人

至田官吏卒五六萬人班至作置是

郭吉禮卑言好班作郭吉卑體好言

即南面而臣於漢班卽作亟似是

穢貉班穢作濊

旨鬲絕胡與羌通之路班鬲作隔

至肱置爲塞班肱作眩

其儒先班先作生

每漢使入匈奴班使作兵似非此段皆言通使事也

子烏維立爲單于班烏作詹

而令因杅將軍敖班杅作杅顏音于無敖字案敖今字作敖卽衛青傳末之公

孫敖也下並同班一處有敖字

軍中郭縱爲護以下四句班删改之似明了

呴犂湖班作句黎湖

復百世之讎班百作九是

涿涂山班涂作邪

衛將軍驃騎列傳

媼長女衛孺班作衛媼長女君孺或馬本其初稱班本其後稱耶暴貴之後人

必君之矣

先母之子班先作民服注民母嫡母也不知民母更有出典否

青嘗從入至甘泉居室班入作人是

青至蘢城班蘢作籠

三千七十一級班七一互換

益封青三千戶班千下有八百

畜數千百萬班千作十凡古人約計之詞大概如此似班是也

益封青六千戶班作八千七百戶

出窳渾班窳作寙

而具歸天子班具作其無而字

爲剽姚校尉班剽作票

封賢爲衆利侯班衆作終後文封伊卽軒爲衆利侯史漢同爾雅衆秫音終

元狩二年春班二作三

踰烏盭班作隃烏盭顏注隃與踰同烏盭山名

斬盧胡王班胡作侯案侯胡古通

誅全甲班作銳悍者誅全甲獲醜

常坐留落不遇班無坐字遇作耦蓋古音同

下麾侯班麾作摩

膺庛班作雁疕案雁膺一字而顏特解疕字則史譌

大當戶銅離班作調雖顏注功臣侯表作稠雎

咸相犇率班作咸犇於率

仍與之勞班與作輿似是
以誅比車書班比作北
斬獲旗鼓班斬作雙似是
歷涉離侯班作歷度離侯
濟弓閭班閭作廬
違行殊遠班違作卓
會與城班與作輿
封博德爲符離侯班符作邳籍東間
封復陸支爲壯侯班壯作杜
爵大庶長班大作左
蹋踘班作蹋鞠
公孫敖以郎事武帝班武作景似是
椴栩作椴栩

平津侯主父列傳

爲人恢奇多聞班恢奇作談笑
而耑奉朔方班耑作專案剸或作劃專亦借剸摶亦借揣是耑專古通然耑自是端緒之正字
陰報其禍班作後竟報其過
君若謹行班作若茲行
天子大凱班凱作愷
不可役而守也班役作調
趙人徐樂班以爲燕郡無終人
又使尉佗屠睢班無佗字
略濊州班濊作薉案薉爲穢之正字濊或借字也

橋箭累弦班作矯箭控弦案橋蓋撟之譌而矯則揉箭鉗也又案韓奉唐如橋衡郡調橋翼撟錯

撟文居勳反則監史李奇讀蓋借用也今讀撟爲香劃調爲川縣自是後來音變陳滿以解讀紀弗是
轉輸運糧班運作軍是

南越尉佗列傳凡史越字班皆作粵

佗秦時用爲南海龍川令班顧此句誤
險阻南海東西數千里班海作北
以其黨爲假守班倒作守假
和輯百越班句首有使字史似緣上句使字而脫
佗因此以兵威邊班無邊字
分其弟兵就舍班分作介是
其西甌駱裸國漢書所云其衆半羸即此詞義兩通或班改之非羸譌羸也
封其子廣德爲龍亢侯班龍亢作龔
令罪人班罪作辠詳下文似史是
下匯水班匯作湟恐是滙字之譌
下厲將軍班厲作瀨蓋古通史東越傳亦有下瀨將軍
下牂牁江班牁作柯是也牁非字
會期後與樓船會班無會字而倒作後期似是

東越列傳

都東冶班無東字
不戰而耘班耘作殞似非
漢兵臨境班臨作留似是
出若邪白沙班若作如似非
樓船將軍率錢唐轅終古班少將字率作卒轅作榬
爲禦兒侯班禦作語案古書有此地名者往往兩字間出

北石侯班北作卯

朝鮮列傳

魋結蠻夷服班魋作椎

及故燕齊亡命者王之班命作在似係譌字而顏望文解之

以故滿得兵威財物班得下有呂字是

左將軍卒正多率遼東兵先縱班卒下無正字東下有士字

軍未能破自前班無自前字

今與朝鮮私善班私作和似譌

往征之班征作正

相韓陰班陰作陶

澅清侯班澅作瀘蓋亦如孟子宿于晝之當作畫

溫陽侯班溫作沮

西南夷列傳

西自同師以東班同作桐（下同）

北至楪榆班楪作葉

徙筰都最大班筰作莋

地方三百里班無地字是也此蓋沿上池字而衍

因還謂還蜀也班還作迺似譌

秦時常頞略通五尺道班頞作破似是

而開蜀故徼班開作關似是

戍轉相饟班戍作戲

頭蘭班頭作且

冉駹爲汶山郡班汶作文似譌汶蓋岷之借字也

有勞浸靡莫皆同姓相扶班浸作深扶作杖

滇王離難西南夷舉國降班無難字南字舉上有滇字

司馬相如列傳（詳漢書題下顏注辨內諸賦皆以班爲正）

以貲爲郎班貲作訾

而令文君當鑪班鑪作盧

隆崇嵂崒班嵂崒作律崪

岑巖參差班巖作崟

琳瑉琨珸班作琳珉昆吾

芷若射干班無射干顏以有者爲妄增蓋以下文復出射干也

諸蔗猼且班作諸柘巴且

葴斯苞荔班薪作析

薛沙青薠班薛沙作薜莎

其卑溼班卑作埤

東蘠班蘠作藲是也

菰蘆班作觚盧

菴閭軒芋班作奄閭軒于

芙蓉蔆華班作夫容陵華

瑇瑁班作毒冒

蘗離班蘗作檗

榍班作梨

赤猨蠷蝚班無此句

兕象野犀窮奇獌狿班無此二句

駮班作駿是

左烏嗥之雕弓班嗥作號

纖阿爲御班纖作孅

儵眒淒浰班眒𣻍作胂倩
熛至班熛作猋蓋如說文所訓與他處猋譌猋者不同（顧注說誤）
雷聲班靁作電蓋古訓靁爲電
徼谻受詘班谻作谻謁（上林作谻亦非）當從谷丮觀卻作郄可見
紆徐委曲班無此句
蜚纖班纖作襳下文纖徼施同
噏班作翕
緸乎忽忽班緸乎作眇眇
若神仙之仿佛班無仙字
瑂班作媚
鵔鸃班作鵕鸃
鴽鵝班作鴐鵞
怠而後發班無發字
揚桂櫂班桂作旌似譌
硠硠班作琅琅
班乎裔裔班班作般
𦞦割輪淬班淬作焠
於是王默然班無默然
而盛推雲夢以爲高班高作驕
東有巨海班有作渚
是以王辭而不能復班無而字能字似是如史則上下文似不貫
貶君自損班貶作㝵古字文選本或譌作㝵
霸滻班滻作産
鄗班作鎬是鄗乃漢之高邑

洲班作州古字
滂濞班作彭湃
浡潏班作弗宓
湢測班作偪側
瀄班作㵒
橈班作橈
蛟龘膠戾班作宛潬膠盭
䰳班作䱜
鰬班作漸
鰫班作鰫
鰬魶班作魼鰨
攦尾班攦作掉恐係一字如擺之作棹也
玓瓅班作的皪
旴班作汗
鳿鷞鶗鳿班作駕鵞屬玉
鵁鶄鰈目班作交精旋目
鸕𪈵班無鳥旁
鷛鳭鷉鶘班作箴疵鵁盧
草渚班作水陼
崇山巃嵸崔巍嵳峩班作崇山矗矗巃嵸崔巍
嵾嵳班不從山
𦐹班作𦐹
䶗呀班作谺呀二世賦谽㵃班又作谺谺
蟲班作鵰

瘣班作瘣
崫巋班作崛𡾊
嵾嵳班嵳作嶁
沇班作允
蘘班作蘺
流夷班流作留
専班作布案尃蓋尃譌故與布同義
葴橙班橙作持顔以持爲荷譌而斥橙之謬
麗靡班麗作離
斐斐班作菲菲
晻曖苾勃班作晻薆咇茀
矆盻軋沕班作纊紛軋芴
恍班作悅
崖班作涯
穹窿史漢同與前異恐譌
蠝班作驫案當作蠝
橐班作橐
突班作突
俯班作頫古字
攀班作㸚古字
蚪班作虯
蜿蟤班作蜿僤
觀班作館（凡史宮觀字班大氐作館）

瓊孎文鱗班作玢豳文磷
垂綏班作晶采
椁榇班作亭柰
轇班作奠
榗棣荔枝班作荅遝離支
杌班作抗
華氾檘櫨班作華楓枰櫨
胥餘班作胥邪
累佹班作欙佹
扶於班於作疏
容蕭班作溶蘭
旖旎班作猗柅大人賦班又作猗抳似譌
瀏莅卉吸班作瀏莅卉歙
旋環後宮班旋環作還乎
雜遝累輯班遝累作龘粢
鶤班作蝠
蠝班作蠼案上句已言蠼矣
蟖班作蟖
於是乎隃絕梁班無於是乎
踔稀閒班作掉希閒
爛曼班曼作漫案顔以聚散不恒雜亂移徙解之知花開爛漫紅衆雜爛漫睡
乃同義
若此輩者班無輩字
嫭班作娱似娭之譌

縱獠者班獠作獥
隱天班隱作殷案隱蓋如側隱殷蓋如殷其靁皆動意
被幽文班幽作斑案斑說文作辬而幽則份之借字朱子論語註彬彬猶班班
可以解此
積歷班積作磧
解豸班豸作廌正字豸乃借字
騣玊作㚇案當作嬰古要字
瑕班作蝦
浸潭班作侵淫案浸似當依史潭似當讀淂難蜀父老浸潯班作浸淫可證
轄班作轄
紫弱班紫作蒂
梟史漢皆從鳥非也他篇亦多止從鳥頭
樸蜚虡班虡作遽
擇肉後發二句班皆增而字
颮班作猋案顔之音義是猋譌也
轔作藺恐是躪之省借下文轔班又作藺
閽乎反鄉班閽作揜
棠棃班棠作堂
乘騎班無乘
躪班作藉
籍籍班作藉藉
轇輵之宇班作膠葛之寓大人賦史亦作膠葛班又作膠輵
鉅班作巨
于遮班于作干

鑐礬班作閻䩭
護班作濩
㶉班作閑
刻飭班飭作飾是
嫚嫚班作嫚嫚
斌媚姌嫋班作嫵媚孅弱
媥姺徶徆班作便嬛嫳屑
戍削班戍作恤
墆班作埊
喟然興道而遷義班喟作𣏌顔以欻然解之似非仍當如上文顔注以𣏌爲古
卉字卉者草也偃草從風之意
暴露馳騁班無暴露
用興法班用下有軍字史蓋脫文
不敢怠墮班作不敢惰怠
今奉幣役至南夷班役作使
邛筰班筰作莋
與男等同班無同字案等同文複蓋緣下文司字相似而羨若解男等爲男輩
則卓王孫止一男也
便略定西夷班便作使
關益斥班少關字蓋傳寫者見上除邊關而去此字不知邊地益開則關亦益
以斥遠下句即益斥之實徵必有關也如今嘉峪關西更設卡倫耳
零關班作靈山下文零山班亦作靈山
以通邛都班都作莋
籍以蜀父老爲辭班籍作藉古通

紛紜班紜作云
澍濡班澍作霔
攀苞滿㳄滿作蒲
鴻水浡出班作洪水沸出輿前渾浡作渾沸同葢古讀浡如孛
陭隔班作崎嶇似是俗字說文作䧢隔
澹沈贍菑班作灑沈澹災案班每以澹爲贍
躬胝無胈班躬下有傶骿字
閎班作硋
牂牁班作牂柯是
阻深闇昧班阻深作曶爽
中外提福班提作褆史殆傳譌
鶬明班作焦朋
芒然班芒作茫
其進仕宦班作故其事宦
雖有烏獲逢蒙之伎力不得用班少力字非伎指逢蒙力指烏獲
其爲禍也不亦難矣班無亦字似是
汨減喻習班喻習作歙
覺邈絕以下五句班無
見格澤之長竿兮班見作建是
偃蹇班蹇作㛹
欃搶今多從木俟考
猋班作猋是
逶麗班作委麗下文史委麗班又作觩麗蓋委蛇倭遲之轉
蜷班作蚴
蜿班作宛
据班作裾注音倨
綢繆班作蜩蟉
趡班作䟫
部乘班乘作著
含靁班作黔雷
前陸離而後矞皇班陸作長矞皇皆從水
厲岐伯班厲作詔
滂霧氣班作滂氣氛似譌霧氛固一字也
嬉班作娭下同
濊以林離班濊作麗
壇以陸離班壇作疹案詩嘽嘽駱馬說文作疹是壇疹音通要皆借用字也
崛礨嵬䃶班作堀礨崴魁
奄息總極班總作葸
蘷蘷班作曖曖
洸忽班洸作荒蓋即怳忽
舒閬風班舒作登
目睹西王母班目作日
呼吸沆瀣餐朝霞兮班兮在餐上
嬐侵潯班作儼梫尋
鴻涌班涌作溶
滂沛班沛作濞
眩眠班眠作泯
惝恍班作敞怳

上假班假作遐案古人從辵之字多省從彳假似徦譌王假有廟之類亦皆似

假譌

若不然徙失之矣班少不然似脫文如顏注則移使所忠往於曰字前乃可通

歷撰列辟班撰作選

湛恩濛涌班濛涌作尨洪

襁褓班作繈保

漫衍班作曼羨

雲專專當作尃班作布

下坼八埏班坼作泝是

武節飄逝班飄作猋

泳沫班沫作末似非

𦔮班作導或借或譌未可定說文固作𦔮也

獲周餘珍班無珍字連下爲句

俶儻班儻作黨

不憓班憓作譓惠既從心旁又加心頗乖六書之旨而古字亦或有然者

浹洽班浹作液似譌

將以薦成班薦作慶

羣生班生作臣

王者之丕業班丕作卒蓋丕與卒似而譌

挍飭厥文班挍飭作祓飾似譌

悉奏其義班義作儀漢多以義爲威儀字

愉乎班作兪乎似是

非唯濡之氾尃濩之班作匪唯徧我氾布護之

般般之獸班般作般顏注從丹

圖班作圖

嘉班作嘉

睦班作穆

能班作態

蹤班作從

兹亦於舜班亦作爾蓋古文夾尒相近

煇湟班湟作煌

所以言雖外班作所言雖殊

不已嫪乎班嫪作戲似譌

淮南衡山列傳

趙王所獻美人非一人故曰厲王母得幸焉而班云趙王獻美人厲王母也似

所獻止一人非是

父世縣也案文蓋謂厲王母之父世爲此縣人而似有脫譌班無此句

剄之班作刑之案說文訓刑爲剄

謀以輂車班輂作輦

擬於天子班擬作儗是

奉以二千石所不當得班無不字

爲命弃市罪詐捕命者以除罪班爲下有亡字無上罪字

擅罪人罪人班無下罪人字

子賜爲周陽侯班倒作陽周

子良爲東成侯下文成作城班亦作城

不能相容班無能字

閉太子使與妃同內幰某篇曰一堂二內則內者房之別名也故傳多云內中

亦謂房中也

擁閼蘇鞮匈奴者班閼下有求字
皆以爲有禍十事九成班作皆以爲十八九成案凡史記累句皆寫生處然後人學之此見其累不如學班之簡淨也
資之五穀種種百工而行未詳或謂資之以五穀種又資之以工於秫穀者每種百人耶
乃深購淮南事於宏班購作搆似是
從東方來呼曰班東作南
上遣廷尉監因拜淮南中尉案此一人也班因拜作與則是二人也而淮南王所欲召而殺者只及中尉不及廷尉監知班誤
王亦偷欲休班偷作愈似譌
日夜從容王班從容作縱臾
日夜從容勸之班又作將養
教赫班教作枚似是下同
作輣車鏃矢班鏃作鍛似譌下同
元朔七年班作元狩元年
告先自告反班於下增告字
以承輔天子班承作丞蓋本一字而後人分之說文亦分而訓義大同

汲鄭列傳

臣過河南班南作內下同
劉棄班作劉棄疾
終不愈班愈作瘉
無以踰人班踰作瘉筠嘗聞愈非古字然終以愈勝之愈爲疑今讀此乃知之
然至其輔少主守城深堅班城作成無深堅字然史不似譌誤當闕之
非苦就行放析就功二句亦艱深班無之

故黯時丞相史班無相字是也即謂黯爲九卿時所屬之丞史耳故下云與黯同列以見黯之遲滯若丞相史於黯何預焉
于邊關乎班于作如似是
居數年班居作者連上爲一句似是
臣常有狗馬病力班于馬下加之心今三字甚明了
黯姑姊子司馬安班無姑字
以武安侯魏其班無侯字案言侯則不當缺其一史蓋衍本傳標題亦無侯字蓋當時稱謂之恒言也
遷爲大農令班作大司農
莊爲內史此承上文內史也班作當時爲大吏蓋總承上文內史大司農也意同而較明亮
不過算器食案算蓋匴之省竹器之名不必定是冠箱班作具似脫其半
莊任人賓客爲大農儩人多逋負班作當時爲大司農任人賓客儩入多逋負
及居郡卒承上汝南太守也然方合敘汲鄭而以此句承之頗涉嫌疑班作當時死甚明

儒林列傳

子路居衞班闕此句以子路之卒在孔子前也
殷曰序周曰庠班序庠互易
郡國縣道邑班道邑作官
當與計偕班當作常
而請諸不稱者罰案此謂罰其舉主也班少不字罰字似是脫文顧以奏請補用解之恐誤上文曰太常籍奏已明白矣此何須複說
治禮次治掌故班作以治禮掌故
斌斌作彬彬徐鼎臣言古無斌字

爲訓以教班訓下有故字故同詁毛詩曰詁訓傳

無傳疑疑者則闕不傳蓋謂申公所爲之訓故皆傳其所信未嘗傳其所疑偶

有所疑則闕而不傳也班脫一疑字而顏注曰口說其指不爲解說之傳是讀

爲直戀反也下句無解想又讀平聲矣

其好學學官弟子班無好學是也蓋謂凡傳申公詩學者其治官治民之人皆

有名稱其爲學官弟子者亦致身通顯兩其字乃分別之辭

湯武與天下之心班與作因甚明了

徐生善爲容班用古頌字

田何字子莊班莊作裝案何者負荷也莊裝二字皆未詳其何以表德又案後

漢諱莊爲嚴即辦裝之作辦嚴知古行裝字亦借莊爲之而陸賈傳直作裝

然要言易者本於楊何之家班楊作田是也自上文云多本于申公以下每一

家歷叙授受之後皆歸結于本師不應易家獨不言本師而言再傳之弟子蓋

名同而誤耳

酷吏列傳

勝任愉快班愉作媮

斲雕而爲朴班雕作琱朴作樸皆正字

網漏于吞舟之魚班句首加號爲字似滯

遂禽俠封之家班禽作夷甚不正

楊人也班作河東太陽人也

節居邊似謂郅都之節在邊也節即上文持節拜都之節班居作舉似誤

如東還薪班少薪字欠明

以淮南王舅父班無父字是也伯叔爲父族故稱父舅爲母族安得稱父不可

以外王父推之也劉攽解謂解大父古人外親不甚重又多不論輩行如秦穆納女於

晉文以今法論之非甥歸其舅乎以各母其母故無嫌也爾雅之言外親舅爲

尊稱甥爲通稱兄弟又爲凡婚姻之統稱是以頍弁云兄弟甥舅竊疑朱子以

兄弟爲本族似非蔦蘿松柏是異種也若同姓止可言本根枝葉

吏傳得相監司此句未詳班又連下爲句作吏傳相監司以法盡自此始當問

之

杜人也徐廣曰爾時未爲陵班作杜陵人也誤

徧見湯貴人班少湯字非

禹爲人廉倨班倨作裾

禹終不報謝班于不下加行字殆同意而顏于行字絕句

廷尉挈令班挈作絜

湯應謝班應作譍

固爲臣議如上責臣案謂他人爲臣議者固如上所以責臣之旨但臣愚不用

耳此任過而爲人解釋之詞班于如下加此字則上責臣不可通

罪常釋聞即奏事班聞作間屬下爲句是

內行修也班也作交屬下爲句是

募臣議上前班脫上字

恚數從中文書事班恚作譖無書字當問之

少蘊藉班作少溫籍皆借字內則柔色以溫之亦借溫爲蘊

關東吏隸郡國者班隸作肄

遷爲廷史班廷下有尉字案此似非脫誤殆馬用俗語而班紀其實也今人于

官名亦多省字呼之

縱一捕鞠班一下有切字是

數廢爲吏班爲上有數字史似脫文

敢任吏班任作往

因其事夷之班因作回似誤緣删其事二字注者遂曲爲解

九月而至班作旨九月至

猝來班作追求史蓋譌

徙諸名禍猾吏班作徒請召猾禍吏

旨爲廉武班於武下溴帝字司馬安知武帝之謚

以爲敢摯行班作以敢摯行

居廷惛惛不辨班廷作它是

史記凡一題者即一篇今本或割合傳爲數篇歸有光以爲小司馬之陋然觀

楊僕事中序王溫舒而班歸併於溫舒事內恐是時已分篇故班徇俗改之

置伯格長班格作落

舞文巧詆案此指讞獄時班詆作請則謂奏當時也

其吏多以權富班權下有貴字如權貴相連成文則與史異義

尸亡去歸葬班尸作妻是也

白政班白作首

殷中班殷作段

范生班生作主

諸輔都尉班輔作部是也盜賊不止在三輔也

滅宣班滅作咸而顏音減

王溫舒免中尉班免作爲是也兩人同惡不待一免而一始肆也且代溫舒爲

中尉者尹齊足知免字進退無據

名曹實物班實作寶似譌

坐怨成信班作坐怨其吏成信甚明

奏事中上意班少上字

相編楊滇謂即相均終難解班無之

陰陽人主班陰陽作阿邑似譌而注曲解之

史公論及張湯杜周以傳中有兩人也班已爲兩人自立傳而仍鈔史公論贊

何善忘乎又案班別立兩人傳甚是爲安世延年地也爲人子者可不奮志蓋

愆乎

網密多詆嚴官事寖以秏廢班作網密事叢寖以秏廢

推減似亦如陰陽人主索隱破減爲成當問之

游俠列傳

歆其德班歆作飲

衣不完采班完作兼

乘傳車將至河南班車作東顏于將斷句讀將去聲

宰相得之班宰相作大將軍案條侯時爲太尉不知何以云宰相

陳周庸班庸作膚

少時陰賊慨不快意班慨作感槩

藏命作姦剽攻不休及鑄錢班無不字休字屬下讀及作乃是也以下云固不

可勝數則此不休爲贅

其陰賊著於心卒發於睚眦班卒作本譌也顏注非

使之嘝班嘝作酬是

解遣人問其姓名班少遣人二字與情事不合

是人吾所急也班急作重亦失神理

每至踐更班踐作直似勝

諸公在此閒班少此字殆以在閒猶云居閒耶而史公意殊不然

且無用待我待我去班不重待我皆不甚了了恐上待字譌或係且無用聽我

耶

解執恭敬班作解爲人短小恭儉案篇首解爲人短小精悍班去短小字而移

諸此又加儉字皆似夾雜

樵至使將軍爲言班少爲盲字不了

舉徙解案此本其徙之緣由乃爲掾所舉也班作爲之則隔絕人不使送之也

似班短

解爲人短小重上文又曰不飲酒出未嘗有騎案二句在此不知何意班移併于前亦未甚安

已又殺楊季主班巳字作邑人是也解既徙茂陵安得殺軹人雖下文捕解解亡緣此事而起而窮治所犯自指解平生所殺與籍首所殺甚衆應不謂季主也

解冒因求出關班作因出關皆未詳

所過輒告主人家班家作處似是

郭公仲班作郭翁中

鹵公孺班作魯翁孺案漢高帝曰而公曰若翁蓋是時人呼父爲公公之音轉爲翁翁乃鳥頸毛以聲借用也文帝謂馮唐曰父老何自爲郎又曰父知之乎而毛公薛公皆稱公則父與公當時又爲老人通稱治安策與公並倨是婦呼舅爲公又檢史有稱曾祖爲太公者似是齊高祖而齊太公世家文王所謂先君太公則不知誰謂也（索隱太王稱古公爲太公之誤耶）

逡逡班作恂恂

趙他羽班無趙字

佞幸列傳

顧見其衣裻帶後穿案裻著衣躬縫也蓋以橫言則其穿在衣之中以直言則其穿在帶之下也班裻作尻似複尻雖亦在中而固在帶下

陰自求推者郎班自作目是

即見鄧通班無即字兩通史非因郎而羨也

譯道未行班譯道作趣通

給事狗中班狗下有監字甚明

其貴幸埒如韓嫣也班甚作其似勝又無如字似班用埒義而馬用埒聲也埒與略劣聲皆近

寖與中人亂班作延年弟季與中人亂是也延年廢不能亂又下文云誅延年昆弟

貨殖列傳

廢著鬻財於曹魯之間班廢著作發貯仲尼弟子傳作廢居蓋即居積也

烏氏倮班倮作羸

封者食租稅班者作君

戶百萬之家班無戶字

馬蹄躈千索隱解躈爲口則班作噭是也

榻布皮革千石班榻作苔

蘖麴鹽豉千荅班荅作合

狐鼦裘千皮班鼦作貂

爭與吏求近處薮萠班重處字是

任氏折節爲儉（句）力田畜（句）田畜（逗）人爭取賤賈（句）任氏獨取貴善（句）此數句班刪之欠明

唯橋姚已班姚已作桃目連下爲句是也偶存古字而後人作語助斷之

用此富埒關中似是富蓋關中之謂當攷

田嗇班嗇作牆

安陵杜杜氏班少一杜字

桓發班桓作稽

雍伯注雍一作翁班作翁

郅氏班郅作質

太史公自序（太史公三字似楊惲所加凡史記稱談爲太史公者蓋本文其稱遷者蓋皆惲所改）

北正黎以司地班北作火

案史公自序故先自其祖說起班既作傳則當用傳例先書姓名籍貫而追敘

亦不當觀縷

隨會奔秦班秦作魏注家曲解之然師古云未詳遷之所說似史記元作魏者

何也

錯孫靳班靳作蘄

爲秦主鐵官班主作王

無澤班作毋擇

談爲太史公師古曰談爲太史令耳遷尊其父故稱之爲公此說甚允而班錄

之不改何也

陰陽之術大祥班祥作詳

不可改矣班矣作也與上下文一律

形神騷動班騷動作蚤衰

順之者昌班句上有曰字謂陰陽家所言如此也

采椽不刮班作採椽不斲

糲班作糲

使天下法若此班作故天下共若此

而失人情班而作時甚活相

因物與合班與合作與舍是也以韻知之

聖人不朽班朽作巧非也亦以韻知之

離者不可復反班反作合

不先定其神班句末有形字

南略邛笮昆明班無南字笮作筰案笮音窄作筰是也史他篇多作邛筰班多

作邛筰恐筰亦誤字

宣周召之風案上下文皆指詩經而言此謂周南召南也

金匱班作金鐀

諸神受紀班紀作記

紬繹班紬作抽是也紬從兩系非製字之法

接三代絕業班絕作統

纂其職班纂作篹

先黃老後六經者談也子長自序未涉黃老且漢人孔墨幷稱而史公獨作孔

子世家其識高矣至所云進姦雄崇勢利誠中其病然游俠貨殖兩篇雖乖史

法所以舒憤也班有何憤而一一鈔之既鈔之而又譏之乎蓋此猥原不與傳

法相應不得云改其序文便謂無忝史識也

輯此册或不著其是非有不須著者有兩通者有未詳者然恐以是爲非
以非爲是者正不少也所據史記乃張齊賢本漢書乃汲古閣本未嘗廣徵
亦恐以今人之謬指爲古人之誤也班改馬而不及者大氏有二一則熟讀
史記故多删削之不知班氏胷中自明而入後人之目中則不明矣一則有
意與馬爭勝客氣一起即有不顧其安者惟河閒獻王之賢而馬所寫殊寥
落若是者則愛班至諸王之穢跡班詳叙之頗汚筆墨若是者則愛馬然皆
一枝半節于大體無當也王鎸又記

甘泉鄉人稿·校史記雜識

[清]錢泰吉

清同治十一年刻光緒十一年增修本

甘泉鄉人稿卷五

校史記雜識

嘉興錢泰吉輔宜

史記明刻本集解索隱正義皆備者以震澤王氏莆田柯氏本爲善評林本吳興淩稚隆刻藏書家不以爲重今以乾隆四年殿本校勘乃知勝明監本多矣凡例言以宋本與汪本當即柯本詳對非虛語也梁曜北先生撰史記志疑亦以湖本爲據暇當訪求王本柯本詳校之庚子秋日記

道光二十年四月初十日至二十一年五月初八日依

武英殿校刊本謹校一過并謹錄四庫全書考證於簡端　殿本考證屬潘梧君譪人別錄全部　殿本史記亦假自從子承志與漢書同

辛丑六月十九日始從杭州振綺堂汪氏假明莆田柯氏本校至明年壬寅十月五日畢汪氏所藏柯本小米舍人遠孫以單行本索隱校海昌吳子撰春照以金版校惜兩君早世未能完備吳校所據金版多可從當訪求詳校　吳校每稱元版然與中統本不相合當別是一本

辛丑五月十三日以明震澤王氏本校集解序於杭州螺子峰之法華寺　王氏本長興朱立齋廣文紫貴爲余假得者卷尾索隱後序之後有王延喆刻書時跋然四庫考證所引王本多不同疑全部與索隱後序非出一本金岱峰云卷尾既有王氏跋且謂之王本以待訪求別本審定可也岱峰與余同寓法華寺樓上看西湖煙雨岱峰讀樊榭詩余校史記　文瀾閣正義從王本出今以校所假王氏本多合汪氏所藏柯本以王本校出者亦合則爲王本無疑矣　四庫考證所引有不同者或王氏嘗脩改歟八月初八日記

延喆不敏嘗聞於先文恪公曰國語左傳經之翼也遷

史班書史之良也今吳中刻左傳鄖中刻國語閩中刻漢書而史記尚未版行延喆因取舊藏宋刻史記重加校讎翻刻於家塾與三書並行於世工始嘉靖乙酉蜡月迄丁亥之三月林屋山人王延喆識於七十二峰深處　朱立齋所假王本索隱後序後有此跋凡七行脫爛數字衍石兄自大梁寄所藏本與立齋所假同惜失後序不能校補此跋脫爛之字蓋書賈遇明人舊刻多去其刻書序跋以僞爲宋本令人莫可考究雖　天祿琳琅所藏亦然朱氏本此跋幸未去也前人謂王本史記爲文恪所刻亦未見此跋爾壬寅十月五日記　戊

申正月廿六日假朱逖之明府緒曾新得王本補跋語
中缺字逖之時權州印與予互假藏書昕夕往還甚樂
也　逖之明府所藏王本目錄後有篆書震澤王氏刻
梓六字木記前所見兩本俱已劃去獨此幸存　余校
柯本與　殿本及評林本異同處以王本參校於王本
尙未能字字對勘也
小題在上大題在下柯王兩本皆然然柯本大題旁注
不若王本並作大字尤爲近古重刻此書卷前後當從
王本
戊申三月五日書估持柯本來索隱序後有紹興三年

四月十二日右修職郎充提舉茶鹽司幹辦公事石公
憲發刊至四年十月三十日畢工三十八字凡三行始
知柯本從紹興本翻刻也竹汀翁語詳養新錄所見費懋中
序仍未見閱數日楊文學禮榮自吳門來言新得柯本
有費序柯序四月初錄寄費序爲嘉靖四年九月作大
略言陝西有翻刻宋版本江西有白鹿書院新刻本弗
可輒得余家近白鹿猶未購之自署鉛山金臺汪諒得舊本
重刻大行人柯君奇徵徧求諸家舊本參互考訂歷兩
載而始就白鹿本無正義陝西本雖有之而封禪河渠
平準三書特缺焉柯君悉爲增入云云柯序爲嘉靖六

年上元日　福建通志卷三十六正德十二年舒芬榜
進士柯維熊工部郎中
道光二十年七月朔至八月三日依　文瀾閣本校正
義一過時海鹽陳琴齋其泰司閣事爲請於鹽運使領
閣書至海昌踰月例所不許也琴齋徇余意求得之
辛丑十月廿九日校天官書至第三葉三十日至十一
月初八九北風怒號寒甚大雪五日至盈丈目所未覩
也與兒翬摩挲城闕所得古甎作詩爲消寒之課初九
日長至始有晴光呵凍仍以柯本校至十三日畢一卷
十九日聞世母金恭人有疾至家候安二十日傳聞餘

姚有警郎歸海昌十餘日來嚴寒不能握筆雪後屋漏
藏書多沾溼此冊亦溼十二月初九日雨窗又以柯本
校河渠書輟業幾兩旬矣此兩旬中呵凍跋唐碑十種
屢聞風鶴之警聊藉古歡以散抑鬱耳十一日校平準
書畢十八日聞尖山口有夷船城中室居多散杭州亦
戒嚴欲向汪氏假柯本世家列傳不可得壬寅正月至
四月以臨帖遣日幷編亥明許同生先生集四月十五
日海氛益甚於愁坐無聊中洗滌古甎硯間臨唐碑不
能專心讀書也是月十八日夷船去乍浦五月中去上
海旬日間嘉興海昌人心稍安杭州亦弛警陳碩甫奐

從汪氏檢寄柯本世家列傳六月十三日以後揮汗校吳太伯世家然聞夷船自南而北且甬東尙竊據杞人之憂殊未已也

泰吉三次校讀孔子世家皆在朔望辛丑七月十五日長安鎭朱仲清芬示所得石刻吳道子畫大幅孔子像因合舊藏小幅裝匣敬藏廟中壬寅六月下浣山東戍卒請以聖蹟圖藏學宮七月朔亦謹藏於匣兩次校讀皆得仰瞻先師遺像抑何幸也

辛丑壬寅冬春之交假拜經樓所藏元中統本欲校未暇旋以海警懼失其本遂還吳氏癸卯秋日重借至學

舍自重九後十日校列傳至甲辰重五後五日畢中統本非元印已多脫爛集解索隱細字校頗不易將校本紀表書世家未能刻期也　此次校中統本參校毛刻集解即世所謂汲古閣本也　屈原傳分流汨兮集解王逸曰湖本王逸誤正義校至數次始更正余之心粗固可愧亦以見校字之難昔人謂如埽落葉信然甲辰正月廿二日記　甲辰七月十七日以中統本校五帝本紀畢入夏來督脩學宮少暇六月八日送試至省城七月四日歸至今日始校完此卷所業已荒兩月矣是本多脫爛寫補審是元刻有異乃箸之　乙巳二月初十日以中統本校完夏本紀上年秋爲炳森應溥送鄉試九月炳森中式自是少暇日今年因學宮脩葺餘資延應笠湖明經時艮管芷湘庭芬鍾署香繼芸曹杏庭錦堂潘稻孫詒穀諸茂才及予甥嘉善程淡如菊孫共纂州志將專力於志事抽暇校數紙不能速也　中統本表缺一至五鈔補不精六至十細字多漫漶目力難辨所校尙多率略　中統本每葉末行外上角標題篇名本紀以下皆然宋人刻書往往如此本紀幷注某王至某王世家亦然田敬仲世家標題後齊世家未免臆造

自甲辰重五後校中統本列傳畢夏秋之交未暇校閱乙巳春始抽閒校數紙按日記於卷尾十月二日始校世家畢列傳已用毛本參校本紀至世家未暇也此後欲專力海昌志稿校史須暫輟矣　自二十年四月始校　殿本至此已六年矣訛字猶未盡正史公神妙之處不能窺見萬一日月易邁徒勞無功如何如何　中統本索隱大都與各本同與單刻本異可見合幷刪節自宋元已然索隱尙有單刻可校正義則訂正更難矣　即如越世家夫椒一條單刻與合刻詳略不同無論已單刻本作則椒山爲得合刻本作在椒山爲非大相

背戾矣匈奴傳士力能彎弓吳校本及單刻索隱作毋弓單刻索隱文與各本大異合并者偶見正文作彎不知校正遂改索隱以牽合之他處若此者不一而足前輩校史記若嘉定錢先生高郵王先生錢塘梁先生審定正文足以嘉惠後學而於集解索隱正義皆未暇專力後生未學欲從事於此苦無博識之功但能羅列各本異同以待通人別擇也然訪求善本亦非易事吳子撰言索隱有至元刻本子撰既沒無從問其何氏所藏今所見但毛氏單刻爾　中統本有校理董浦序謂平陽道參幕段君子成喜儲書求到索隱善本募工刊行

索隱比之杭本多述贊一百三十篇注字幾十五萬言云云不及集解故吳氏書目竟題史記索隱然實兼有集解也猶避宋諱當是從宋本翻雕所謂杭本不知何人所刻

余舊有明北監本史記嫌其注文刪節以與沈雪門洛易汲古閣初印本後於吳山書肆得南監本爲吾鄉馮祭酒校刻視北監本稍詳然仍未全也故所校史記於明監本略焉馮公在南雍所刻三國志爲最善注文字大易於循覽余錄三國志校本乃陳明卿本所藏亦有馮本未暇校核戊申穀日記

索隱與集解毛氏兩單刻本往往有同文者疑合并分析時未能審定之故索隱因集解而作不必全錄集解之文又不若正義與索隱同時人所作或有偶合也今既不能分別孰爲索隱孰爲集解凡遇同文且兩存以俟攷定可耳中統本遇索隱與集解同者曰索隱文同可以爲法

律書厤書天官書吾鄉王氏元啟有正譌嘉定錢氏塘有釋疑當摘錄校正訛字各條

集解於封禪書今天子下云注解已在第十二卷今直載徐義索隱正義亦與集解同詳於武紀各本皆然淩

氏必欲刪并武紀之注入封禪書遂多乖戾且有失錄之文後有重刻者宜正之

年表十卷正義不及數十條且自惠景閒侯者表以後竟無一字不應疏略若是正義單行本失傳已久無從考補矣惜哉　楚世家悼王二年三晉來伐楚至乘邱而還正義曰年表云三晉公子伐我至乘邱四庫考證云公子二字乘字俱誤誤也已解在年表中今年表無正義可見正義之殘闕伍子胥列傳正義於姑蘇謂當作檇李夫椒皆云解在吳世家今本吳世家檇李但有集解姑蘇有集解有索隱夫椒有集解有索隱皆無正義太史公自序太史

公下正義云以桓譚之說釋在武本紀今武本紀亦未見皆缺失也

少時閱讀書敏求記心羨百衲史記恨不得見戊申初夏諸城劉燕庭方伯喜海言錢氏本爲朱竹君先生所得後藏其孫某翁處不輕示人方伯屢見之亦恨不能得後於廟市購彙集宋本每卷多有季滄葦名字印當是效遵王爲之者余乃借校一過自六月十日至十月廿九日畢己酉新正方伯奉

召入都若遲數月則不能畢功矣亦天假之緣也彙集宋本凡四種記其大略於後

一、本但有集解每葉二十八行行二十四字或二十五六七字不等注文每行三十一二字版心高約六寸闊約八寸敬字殷字避缺愼字不避當是南渡以前本殷周本紀炮格今本皆作炮烙高郵王氏讀書雜志詳辨之然未嘗言宋本作格則所見宋本亦與俗同也此本獨作格可謂一字千金矣孔子世家述三王之法王作五亦與各本不同惜多羼補兩三行之版每遇羼補處多訛舛然瑕不掩瑜也　本紀六卷（五帝夏殷周秦始皇）年表三卷（惠景閒侯者建元以來侯者建元以來王子侯）書四卷（禮樂律曆）世家二十五卷（吳太伯齊太公魯周公晉楚越王句踐鄭趙魏韓田敬仲孔子陳涉外戚楚元王荊燕齊悼惠蕭相國曹參留侯張良陳丞相絳侯周勃梁孝王五宗三王）列傳三十七卷（樗里子甘茂穰侯白起王翦孟子荀卿孟嘗君平原君虞卿魏公子春申君范雎蔡澤樂毅魏豹彭越黥布淮陰侯韓信少王字盧綰田儋樊酈滕灌張丞相酈生陸賈傅靳蒯成劉敬叔孫通季布欒布袁盎鼂錯張釋之馮唐萬石張叔田叔扁鵲倉公吳王濞魏其武安侯韓長孺李將軍匈奴衛將軍驃騎平津侯主父南越尉佗東越朝鮮西南夷）

一本亦但有集解每葉二十行每行正文十九字注文二十五字或二十六字版心高約六寸闊約八寸字大頗省目力惟十二諸侯年表紀年之字居中紀事之文兩旁分寫字大小同往往眉目不分殊費循覽　卷中

桓字不避缺每葉中心有刻書人姓名中有郭敦不避光宗嫌名當亦是北宋刻　天官書以下數卷紙墨俱不及前疑是宋以後補版遇諱字亦不避版心閒有記字數者亦前卷所無也　本紀三卷（孝文孝景孝武）年表三卷（三代十二諸侯六國）書四卷（天官封禪河渠平準）列傳九卷（管晏老子韓非司馬穰苴孫子吳起伍子胥仲尼弟子商君蘇秦張儀）

一本兼有集解索隱（無述贊）每葉二十四行行二十五字或二十四字注文同高約五寸每半版闊約四寸索隱以索隱曰三字標起上加圈　版心亦有刻書人姓名恆字愼字避缺當是南宋本　本紀三卷（項羽高祖呂后）

列傳七卷游俠佞幸滑稽日者龜策貨殖太史公自序一本兼有集解索隱有述贊每葉二十四行行二十二字注文行二十八字高約五寸每半版闊約四寸秦楚之際月表漢興以來諸侯年表卷尾有建安蔡夢弼傅卿謹案京蜀諸本校理實梓於東塾二十字凡兩行與張氏金吾愛日精廬藏書志所記合　殷元匡讓恆慎樹多避缺惟衞康叔世家獨避貞字慎字　刺客列傳高漸離索隱後有王義音子廉反六字王義爲正義之訛可見當時雖但刻集解索隱而所見本已有兼刻正義者故誤入此六字也　年表四卷秦楚之際漢興以來諸侯高祖功臣

漢興以來將相名臣世家五卷燕召公衞康叔管蔡宋微子陳杞列傳十七卷伯夷廉頗藺相如田單魯仲連鄒陽屈原賈生呂不韋刺客李斯蒙恬張耳陳餘司馬相如淮南衡山循吏汲鄭儒林酷吏大宛劉方伯所藏尚有集解索隱正義合刻本與柯本行款同似是柯本所從出者卷末有校對宣德郎祕書省正字張耒隸書木記與　天祿琳琅所記同此本所刻與文潛同姓名天祿琳琅傳鈔本耒作來惜未及校

嘉定錢先生養新錄所記宋元槧史記三本吳氏所藏中統本其一也余幸得校勘黃蕘圃藏三山蔡夢弼本雖未見其全劉方伯本有二十六卷則亦得五分之一矣惟顧抱沖藏澄江耿秉本則猶未見吳門汪閬原宋元本書目有之云鈔補不知即顧氏本否耿本跋文錢氏三史拾遺錄之　昭文張氏金吾愛日精廬藏書志所載宋元槧史記雖多殘本必有可觀聞皆歸他姓不知有緣得遇否高郵王先生嘗從吳中丞榮光借宋本記其略於讀書雜志云此吳氏荷屋所藏單刻集解宋本也其缺者以兼刻索隱本補之是以二本各存其半此之所有則彼之所無然皆係宋槧故可寶也惜不言何人所刻吳中丞下世後遺書亦不知若何矣王先生又引據明游明刻本亦所未見有志校史皆當訪求因詳記以俟己酉四月廿三日記

史記毛本正誤敘

余少讀史記初得汲古閣本繼又得評林本校其得失評林刪節古注正義索隱皆不完又以明人評語雜廁其閒未爲善也後乃得震澤王氏本唐人注始覩其全王氏依宋刻重栞凡宋諱皆缺末筆繼又得柯維熊刻頗爲善本因歎得書之難毛本爲常有之書柯王本爲希有之書爰據兩本校讎正毛本之譌脫以諗後之學者若近日翻刻毛版舛駁愈多不暇是正余所據者猶毛氏初刻印也淮安山陽丁晏敘

史記毛本正誤

[清]丁晏

清光緒十八年廣雅書局刊本

史記毛本正誤

淮安山陽丁晏撰

目錄伯夷列傳第一　毛本目錄依宋刻伯夷第一此史公原本也王本从正義本老莊居伯夷之前同爲一卷此唐開元升老莊居首非原本也

五帝本紀　鳥獸蟲蛾　蛾蟻古今字一本作蟻　自從窮蟬以至帝舜　陳仁錫本無從字　舜曰然嗟禹平水土　王本作嗟然是　東長鳥夷　一本作島夷　聲依詠　王本作依永是

夏本紀　毋水舟行　陳本作行舟　肱肱善哉　王本作股肱喜哉　百工喜哉　王本作熙哉是　注劉熙曰崇高之北　各本作嵩高是或改崇爲嵩非古字也

殷本紀　於是諸侯必服　王本作心服是或改必作畢亦非　殷民咨胥相怨　王本作皆怨是　常祀毋禮於弃道　王一本作毋豐與尚書豐字形近　武乙獵於河渭之濱　王本濱作間

周本紀　周道之興自此後　王本後作始是　高圉立子亞圉立何義門曰上立字作卒字　虎賁三千人何云當從書序作三百人千字謬改　肆犯不答何云犯作祀

秦本紀　虜其將屈罔　王本作屈匄是　又殺其將景缺　王本作景快是

秦始皇本紀　立后刻頌秦德明得意　王柯本作德意是

丞相隗林　王柯本並作林一本作狀非　秦有餘力而制其敝　王本作制其儆是柯本同　功業相反何也　王本無何字柯本同

項羽本紀　且日饗士卒　王柯本作旦日是　如繡衣夜行　王柯本作衣繡是　乃其殺魏豹　王柯本其作共是　長史塞王欣　王柯本作長史翳是毛落一字　何其興之暴也　王本無其字柯本同

呂后紀　詳醉去　詳與佯同一本作佯俗字　太后封大臣大臣請立酈侯呂台爲呂王　封字誤王柯本作風大臣是

文帝紀　城陽王章薨當作成陽　臣謹議世功莫大於高皇帝　王本同柯本作議曰無世字

武帝紀　詞竈則致物而丹砂可化爲黃金　評王本而丹砂上重致物二字柯本同　冥羊宜羊祠　王柯本宜作用是

三代世表　平陽自燕　王本柯本作自一本作白燕誤

十二諸侯年表　漢相張君歷譜五德　王本作張蒼是柯本同

六國表　東萬物所始生　王本作東方無萬字

秦楚之際月表　然虐在位　王本作然後在位是柯本同

漢興以來諸侯年表　怵邪臣計謀爲淫亂　王本怵作忧是柯本同　小者不軌千法　王柯本作于法是

禮書　爲之金輿鍯衡以繁其飾　索隱本王本柯本俱作錯衡正義錯作鍯　始絕之末小斂　末當作未王本作未字

是柯本同　文貌情用　王本作情欲是
樂書　則天地將爲紹焉　紹字誤王柯本作昭是　此亡國之音也不可遂　王本遂作聽是柯本同　文侯曰敢問何如　王柯本作如何是
律書　丑者紐也言陽氣在上未條　王本作未降柯本同
厤書　言漢德土德　一本作漢得王本仍作漢德　彊梧大芒落四年　王柯本作大荒落　尚章困敦二年　王柯本作尚章大淵獻是索隱曰一本作困敦非也　焉逢大淵獻三年　王柯本作焉逢困敦索隱曰一本作困敦非也　端蒙汭漢四年　王柯本作端蒙赤奮若索隱曰一本作涒灘非也　端蒙困敦四年　一本作大淵獻是下有困敦此應是亥大淵獻王本亦誤陳本不誤
天官書　其色黃光芒者曰黃鐘宮　柯本作黃光芒音是　生爲憂主孽卿　王柯本作土爲憂生孽卿是　早出者爲嬴嬴者爲客　王柯本並作贏是陳本亦同　未盡其日過參矣　柯本作參天　右數萬人戰　柯本右作有是　居暈不勝　王本作暈柯本同陳本一作居軍　及望之如火光　王柯本作及炎火望之如火光索隱曰炎音豔陳本亦作及炎火毛本脫炎火二字　平望在桑榆上千餘二千里　柯本作餘二千里毛本上無千字　熒惑爲勃　陳本作爲孛是王本亦誤作勃　其次修救次修穰　王本同柯本下句亦作其次陳本同

封禪書　薄山襄山也　王本柯本作薄山者陳本同　復置太祝大牢　王本柯本牢作宰是陳本亦作太宰　上有古銅器　王本古作故是柯本同　乃爲帛書以飯牛詳不知　王柯本俱作詳與佯同此古字也陳本改作佯此明人之陋　聞者河溢臯陸隄繇不思　王柯本作不息是陳本同　所請寒門者谷口也　王本柯本作所謂是陳本同　有龍垂湖髯下迎皇帝　毛本湖字誤王本柯本作胡是索隱引說文云胡牛垂頷也　縱遠方奇蜚禽　王柯本作奇獸毛落獸字
河渠書　息發卒數萬人　王本作悉是柯同毛本誤作息注不誤　晧晧旰旰兮閭殫爲河　王柯本作旰旰是
平準書　而姦　盜摩錢裏取鋊　王柯本作鎔毛本作鋊是　徐廣音容案徐音非也說文鋊銅屑也讀作浴楊愼謂鎔音裕亦妄說　今不可摩取鋊焉　毛本亦作鋊王本仍作鎔當从毛本　盡伐僅筦天下鹽鐵　柯本伐作代是陳本同　謂代孔僅爲之毛誤作伐　名工官治車諸器　王柯本並作名陳本作名工
吳太伯世家　其周之東乎　王本柯本作周之舊毛本作東柯本同　北至郢五戰　王柯本北作比是陳本同　子百家居之　王柯本子作予是
齊太公世家　嫁與魯桓公婦　王柯本與作爲是　非其祇暱　王柯本作私暱是毛本注不誤

魯周公世家　唐叔得禾異母同穎　錢竹汀曰古文畝爲晦母卽晦之省　卜居焉曰告　王本告作吉是柯本同　史公大書孔子生卒尊聖至矣是周公之遺澤亦以見魯之興衰也周秦本紀楚世家魏世家皆書孔子相魯魯鄭衞晉諸世家皆書孔子卒史公推重孔子爲天下惜故大書之

曹叔世家　莊公二十三年晉桓公始霸　王本作齊桓是毛本誤晉

管蔡世家　與車子乘徒七十八　王本子乘作十乘是柯同

陳杞世家　齊湣公滅之　王柯本作湣王是毛本誤公

衞康叔世家　穆公二年楚莊公伐陳　王柯本作楚莊王是毛本誤作公下文莊王不誤

宋微子世家　箕子者紂親戚也　索隱馬融王肅以箕子爲紂之諸父服虔杜預以爲庶兄是爲同姓之親父兄亦可稱親戚也大戴禮曾子疾病篇親戚既沒雖欲孝誰爲孝五帝本紀堯二女事舜親戚正義曰親戚謂父瞽叟後母弟象妹顆首等是父屬皆親戚也

晉世家　十年代千畝有功　王柯本代作伐是　而位以卿先謂之極　王柯本作先爲是　不從太子遂伐東山　王柯本作不從太子太子遂伐東山毛本落太子二字　並其大夫井伯　王柯本並作及是　晉人聞人皆說　王柯本作聞之是　王狩於河陽著春秋諱之也　王本亦作著柯本著作者陳本同

楚世家　夫弑其主臣其君　王柯本作臣世君是

越世家　非其馬汗之力也　王本亦作馬汗柯本作汗馬陳本同　可與同患難難與處安　王柯本少上難字陳本同　其家多持金銀賂王左右　王本柯本作金錢是此時銀未盛行也

鄭世家　而晉武王克紂後成王封叔虞於唐　王本柯本作而晉兩字爲讀陳本作周武王疑改　於是與惠惠王歸　王本作周惠王是毛誤重惠字　周襄王伯犕請骨　王本作使伯犕毛落使字　故不聽襄王請而囚伯犕　王本作伯犕是

趙世家　及千畝載　王柯本載作戰是　謀立趙氏孤兒

王柯本立作匿是　晉國之政卒歸於趙武子　何云武當作文　奉邑侯於諸侯　王本侯作侔是　敗溕澤圍魏惠王　柯本作涿澤是王本亦誤作溕正義曰涿音濁可證也　以德與國實伐空韓　王本同陳本作而實伐空韓　願再拜入之趙財王所以賜吏民　王柯本同陳本財作聽疑改

魏世家　魏君圍趙謂韓曰　王本作爲趙是　兩地無罪而再奪之國　王本作兩地是毛誤作地　名郡數百　王本作名都是

韓世家　乘楚弛三川而歸　王本弛作施是

田敬仲完世家　故陳桓不得立　王本作陳完是　田常成

子與監正　王本作監止是卽闞止也　救韓趙臣擊魏
王本臣作以是古以字作㠯故毛誤爲臣
孔子世家　孔子生卒自年十七至七十三歷歷記之史公親
從問業故能言之詳而可信何至王肅僞家語乃以肊說亂
之　孔子辭誰不得已而見之　王本作辭謝不誤　哲人
萎乎　王本上有梁柱摧乎毛本落四字
陳涉世家　常與人庸耕　王本作傭下皆作傭
外戚世家　盡厭殺卧者　王本厭作壓　徙其家之長安
王本徙作從是索隱曰謂從逐其宜陽之主人家　長公主
欲子王大夫　王本子作予是　以軍功爲冠軍侯　王本
爲作封　嘗用列侯尚主　王本嘗作當是

荆燕世家　澤以將軍擊陳陳豨　王本少一陳字是毛本誤
重　呂后所幸大謁者　王本作所幸是毛誤宰　太后欲
立呂產　王本作太后不誤　定國使謁者以他法刼捕格
殺郢人以滅口　王本刼作劾是
齊悼惠王世家　諸虛侯與太尉勃　王本作朱虛侯不誤
蕭相國世家　秦御史監都者　王本作監郡是
曹參世家　擊趙相國夏說軍於東郻　王本作鄔東是　當
參代之守而勿失　王本作曹參是
留侯世家　發巨橋之粟　王本作鉅橋　其不可六也　王
本作矣是
陳丞相世家　嗜利無恥者亦多過漢誠各去其兩短　王本
過作歸是
絳侯周勃世家　賜與潁陽侯共食鍾離　王本誤同正義作
潁陰侯是　擊陳狶　王本作豨是毛本前後文多作狶皆
誤　勃他子堅爲平曲侯續絳氏後　王本作絳侯是
梁孝王世家　任皇后未嘗請病　王本作任后無皇字評林
本同上文任王后王本作任太后　丞相以下見知之　陳
本評林本作具知之王本作見與毛本同　於是乃封小弟
以唐縣　王本作應縣索隱亦云封應正義引括地志故應
鄉陳本評林本皆作應
三王世家　家此列侯可　王本此作以是陳本亦作以　禆
君子怠　王本禆作俾是

伯夷列傳　太公曰此異人也　王本作義人是陳本評林本
亦作義
老子韓非傳　則毋以其難概之　王本毋作無
孫子吳起傳　明法橫令　王本作審令是
伍子胥傳　彼且求之並禽　王本作來之是
仲尼弟子傳　他日從在陳蔡閒困問行　王本亦作困當讀
爲句評林本作因問行疑後人改　及不見書傳者紀於右
王本右作左是　此傳言少孔子若干歲敍述特詳末云
弟子籍出孔子古文近是則知史公所據者安國孔壁之古
文也凡僞家語所言弟子之年皆不足信當以史記爲正
商君列傳　與其徒屬發邑兵出擊鄭　王本作北出擊鄭毛

落一字　莫如商鞅者　王本鞅下有反字毛落一字
蘇秦傳　成方二千餘里　王本作地方是　據衞取淇卷
王本作取淇巷是
張儀傳　塞什谷之口　王本亦作什谷陳本評林本作斜谷
後列陳軫犀首附見張儀傳當爲連文各本提行非也
甘茂傳　是令行於楚而以其地得韓也　王本作德韓是
而甘茂竟不得獲入秦　王本亦作獲陳本作復　甘羅附
見甘茂傳毛本提行亦非
穰侯傳　秦兵可全而制之何爲而不成　王本制之何索而
不得毛落五字　秦兵益趙甲四萬以伐齊　王本作秦將
是
王翦傳　始王闓之大怒　王本作始皇是　始皇送自至灞
上　王本作自送是毛本誤倒
孟子荀卿傳　如一區中者乃謂一州　王本謂作爲是　作
王運　王本作主運是索隱引別錄鄒子有主運篇　豈寡
人不是爲言邪　王本作不足是　齊宣王時而荀卿最爲
老師　王本作襄王是　楚有尸子長盧　王本作長盧是
孟嘗君傳　人人各自以爲孟嘗君將親己　王柯本無將字
陳本同　故出息錢於薛　王本出作貸柯本作出　所期
物忘其中　王柯本亦作忘一本作亾索隱曰亡者無也
平原君傳　明日躄者至平原君門　王本作躄是毛誤躄下
文不誤　非以君之智能爲趙國無憂也　王柯本作無有

陳本同
信陵君傳　毛本目錄作魏公子列傳卷首行亦同王柯本作
信陵君列傳當从之　而公子親往車騎　王柯本作親枉
是　朱亥袖四十斤鐵錐錐殺晉鄙　王柯本俱作椎是
春申君列傳　左施以東山之險　王柯本作王施不誤陳本
亦作王　其許魏割以爲秦　王柯本作割以與秦是
樂毅傳　襄王使樂乘伐廉頗　王本伐作代是柯本同
廉頗傳　廉頗卒死於壽陽　王柯本作壽春是正義甚明
魯仲連傳　枝桓公之心於壇坫之上　國策枝作刼無之心
二字
屈原傳　眴兮窈窈　王本作窈窕柯本同
賈生傳　覽悳輝焉下之　王柯本並作焉一本焉作而　而
賈嘉最好家世世其家　王柯本同陳本少一世字
呂不韋傳　見而鄰之　王柯本作憐是毛本誤
聶政傳　嚴仲子奉黃金百溢　王本亦作溢古字叚借作溢
陳本作鎰俗人改也
荊軻傳　太子進迎　王柯本作逢迎　被有善有不善　王
柯本被作彼是
李斯傳　此五者不產於秦　王柯本同陳本作此五子者索
隱亦言五子　不論可否　王柯本作不問是　龍變而從
時　王柯本作就變是毛譌作龍　故吾願賜志廣欲　王
本同柯本作肆志陳本同　逮秦地之陝隘先生之時　王

柯本同陳本作狹隘後人改也毛本誤刻先生當从王本作
先王　不輔明政　王柯本作不務是
蒙恬傳　中車府令趙高　王本作中車令柯同　燕王喜陰
用荆軻之謀而倍秦約　王本作荆軻是秦下有之字　孰
爲周公旦乃爲亂乎　王本柯本作孰謂是
張耳陳餘傳　足下必將戰勝然后略地　王柯本作然後古
後字亦通作后　項羽亦素數聞張耳賢　王本聞作聞是
柯本同　陳餘多說項羽曰　王本作陳餘客是柯同毛落
客字　念諸侯無可歸者　王本者字下有曰字毛落一字
右提左挈　王柯本作左提右挈是　爲樂昌侯　王柯
本作壽爲樂昌侯是徐廣注言子壽毛落壽字
彭越傳　彭越乃悉引兵至垓下　王柯本作會垓下是
淮陰侯傳　則諸侯謂吾怯而聽來伐我　王柯本作輕來是
未至井陘口三千里止舍夜傳發　王柯本作三十里止
舍夜半傳發毛本十誤千又落半字　龍且水東軍敗走
王柯本作散是
韓王信傳　匈奴復聚兵樓煩西北　王柯本作樓煩是　拜
爲龍雒侯　柯本作龍頟是
田儋傳　章邯夜銜枚擊大破齊楚軍　王柯本作齊魏是
則田假田角田間於楚越　王柯本則作今是
灌嬰傳　所將卒斬樓煩將伍人　王柯本俱作伍陳本作五
疑改

靳歙傳　斬騎千人將一人　王柯本作斬騎十千是毛誤作
千
婁敬傳　械擊敬廣戒　王本作械繫是
袁盎傳　君能日飲毋苛　柯本作毋何與漢書同師古曰無
何言更無餘事也　乃悉以其裝齎置二石湻醪　王柯本
作醇醪是
馮唐傳　上功幕府　王柯本作莫府是毛本作幕後人改古
字也　主中尉及軍國車士　王柯本作郡國是
萬石君傳　誤書馬者與尾當五　王柯本者作字是
直不疑傳　朝廷見人或毀之曰　王本作見之柯本作見人
扁鵲傳　與百神遊於鈞天　王柯本作鈞天是
倉公傳　齊王中子諸嬰兒小子病　此下毛本連文王柯本
另提行　即爲藥酒盡三日病已　王柯本作三石是　汗
出伏地者　王柯本作汗出是　建故有要脊痛　王本作
要脊是毛誤作瘠　臣意所以知薄吾病者　王柯本作知
寒毛落寒字　有數者能異之　王柯本作皆異之是　臣
意家貧欲爲人治病　王柯本作家貧是
吳王濞傳　無壯士以塡之　索隱曰塡音鎭　有痼久之憂
王本作痼夕是　佗封賜皆倍軍法　王本同陳本作常
法與服虔注合　故以反名爲　王本作爲名是毛誤倒
豈袁盎邪　王本作盎錯是
灌將軍夫者潁陰人也　灌夫附魏其武安傳毛本提行誤

後不敢堅封　王本作堅對是　贊音被惡言　王本音作
竟是　於是上使御史簿責魏其　王本作簿責是
韓長孺傳　後徙雒陽　王本作睢陽是　單于顧問左右曰
王本作顧謂是
匈奴傳　中有棄地莫唐千餘里　王本作莫居是　冒頓乃
爲書遺高后妄言　漢書載其書曰兩主不樂無以自娛願
以所有易其所無此等褻嫚之言孟堅備載史公以妄言略
之深得史法　文帝以中尉周召　王本作周舍是　書曰
二王已和親　王本作二國是　漢復使因杅將軍　王本
作因杅是正義曰音于
衛將軍傳　其友騎郎公孫敖敖與壯士纂取之　何云下敖
字衍王本少一敖字是　使者持大將軍印因軍中拜車騎
將軍青爲大將軍　王本因作即是
驃騎傳　左方兩大將軍　王本陳本俱作左右是　爲將軍
出代從三歲　王本作後三歲是
平津侯傳　菑川薛縣人也　王本作齊菑川國薛縣人也毛
落二字　臣以嘗西應命　王本作臣已是古以字作㠯與
巳形相近
主父偃傳　衛將軍數言上書不召　王本重上字作上不召
是　及爲齊相出關　王本作出關是　子率而正　王本
亦作而評林本作以正明人據論語改也　太后太后詔一
段　此及後班固一段後人寫入徐廣注謂此詔是平帝元

始中王皇后詔索隱亦謂非褚先生所錄陳仁錫本妄謂褚
先生所續刪去此段陋甚褚先生遠在王皇后前西漢末之
詔不及見也
南越傳　侍諸侯變　王本侍作待是　曰蒼梧王趙光者
王本提行無曰字毛本當空一字誤衍曰字
東越傳　大行曰所謂來者誅王　王本作所爲是
朝鮮傳　以報天下天子誅遂　王本作以報天子天子誅遂
是
西南夷傳　道西北牂柯　王本作牂牁是毛本後文皆誤柯
當依王本正之
司馬相如傳　乃俶儻瑰偉　王本作若乃是毛落若字　嚴
突洞房　王本作巖突是索隱曰突音一弔反　夭蟜枝格
王本作夭蟜是　因巴蜀吏幣物以賂四夷　王柯本作
西夷是毛誤爲四　詘折隆窮躩以連卷　陳本躩作蠼
馳遊道而循降兮　王本作脩降是正義曰脩長也　勇期
賁育　王本作賁育是正義曰賁音奔謂孟賁夏育也　續
韶夏崇號謚　王本亦誤陳本作昭夏裴注昭明也
淮南王傳　昔秦絕聖人之道　王本聖人作先王是　百姓
怨之　王本作願之是　有萬倍吳楚之時　王本倍下有
於字是　收太平之賦　王本作大半是　被首爲王畫反
謀　王本諜作謀是
衡山王傳　王又數侵人曰　王本作侵奪人田毛落奪字又

誤曰字　以爲淮南巳酉　王本作已酉是　及太子爽王后不孝　王本后作告是

儒林傳　蘭林楮大　王本作褚大是

汲鄭傳　然黯見蚡未嘗拜常損之　王本損作揖是

酷吏傳　義縱遷爲長安及長安令　王本作遷爲長陵是

楊僕使督盜賊關中　王本作關東是

大宛傳　然聞其四可千餘里　王本四作西是　及漢使烏孫若出其用　毛本用作南是

佞幸傳　患者則趙同　王本作宦者是

游俠傳　猶然遭此菑　王本作然猶是毛誤倒

滑稽列傳　春秋以義　王本同陳本作道義疑依後自序改

飲巳盡懷其餘肉　王本作飯巳是　據其地歌曰　王本無其字陳本同　三老官屬豪長者異父老皆會　王本作里父老是毛誤爲異

日者傳　乍存乍立　王本作乍亡是

龜策傳　亦以決疑之卜　王本作亦有是　因以醮酒他髮求之　王本作佗髮徐廣曰佗一作破　故求告寡人　王本作來告是毛誤作求　而自比桀紂桀紂爲暴强也　王本無下桀紂二字毛本誤重　邦福重寶　王本作福徐廣曰福音副藏也何云廣韻二十九宥有此福字匡謬正俗福从衣與福異　面骨直空枯　王本面作而是　卜病者祟曰今病有祟　王本並作崇是毛誤爲崇下皆誤當依王本正之

貨殖傳　二者形萬貨之情可得而觀矣　王本形下有則字毛落一字　北御伐翟　王本作戎翟是　昔咸人都河東　王本作唐人是　漿千甔　王本漿作醬是

太史公自序　人者生之本也　王本作神者是與上文相應　舂秋是非　王本作辯是非是毛落一字　故春秋者禮之大宗也　王本作禮義是毛落義字

史記毛本正誤

學古堂日記·史記

［清］雷浚

清光緒十六年刻學古堂日記本

學古堂日記目錄

史記
查德基 字南鄉長洲縣優附生
朱錦綬 字建侯吳縣優廩生

內課吳縣徐鴻鈞
吳縣董瑞椿 校

學古堂日記

長洲查德基讀史記日記

五帝本紀

幼而徇齊 集解徇疾齊速也索隱爾雅齊速俱訓爲疾今徇亦訓疾未見所出

案徇當作侚說文人部侚疾也小徐繫傳引史記幼而侚齊羣書治要引同可證

披山通道 集解徐廣曰披他本亦作陂字葢當音詖陂者旁其邊之謂也索隱披音如字

案披不當音如字史記舜紀披九山正義披音皮義反謂旁其山邊以通此說即本徐廣

南撫交阯北發西戎析枝渠廋氏羌北山戎發息愼東長鳥夷 索隱此文省略四夷之名錯亂西戎上少一西字山戎下少一北字長字下少一夷字正義鳥或作島

案北發疑當作大發西戎之戎發息愼之發疑皆衍字說苑修文篇南交阯大發西析支渠搜氏羌北山戎息愼東長夷島夷似可據以正史島鳥古通用禹貢島夷皮服史記作鳥釋名釋水島到也人所奔到也亦言鳥也人物所趨如鳥之下也集韻二十二晧島古作鳥

夏本紀

行山表木　索隱表木謂刊木立爲表記與孔注書意異

案今書作隨山刊木疏引鄭注訓刊爲除說文刊訓剟與除義近是訓爲除者刊固本字也史記作表則刊爲栞叚字說文栞槎識也引書隨山栞木是許所據本有作栞木者史公以表代栞非以表代刊

周本紀

毛叔鄭奉明水

案毛叔鄭卽左定四年傳杜注毛叔聃杜注作聃是傳寫者涉傳文聃季之聃而譌非杜改鄭爲聃也近齊召南朱彬竝以毛叔聃爲卽聃季以駁杜注不知

毛叔封於毛而名鄭與聃季封於聃而名載實爲兩人史記封季載於冉冉卽聃之省

魯天子之命　集解徐廣曰尙書序云旅天子之命

案說文㫃古文旅古文以爲魯衛之魯是古旅魯二字竝作㫃書序作旅而史記作魯者疑史記本從古文作㫃傳寫者因古以㫃爲魯衛之魯遂改作魯細讀史記上文亞旅師氏振兵釋旅及夏本紀蔡蒙旅平荆岐既旅等旅字皆不作魯

遵脩其緒　集解徐廣曰遵一作選

案國語作纂脩其緒說文纂從算聲選從巽聲論語何足算也漢書公孫賀傳贊引作何足選也是纂選通用之例禮記少儀注古文禮僎作遵儀禮鄉飲酒禮注今文遵爲僎是遵選通用之例

秦始皇本紀

發北山石椁乃寫蜀荆地材皆至關中計宮三百關外四百餘

案寫卽發卸之卸說文卸舍車解馬也讀若汝南人寫書之寫凡說文讀若字非惟通其音并可通其義方言發舍車也東齊海岱之間謂之發宋趙陳魏之間謂之稅郭注今通言發寫然則發寫卽發卸矣寫爲卸叚字

十二諸侯年表

衛殤公狄元年定公弟

案漢書古今人表衛殤公焱獻公弟與史表不合攷春秋成十年衛侯之弟黑背帥師侵鄭此衛侯卽衛定公成十四年冬衛定公卒獻公立襄元年冬衛侯使公孫剽來聘杜注剽子叔黑背子是剽乃定公從子於獻公爲從父昆弟漢表但云獻公弟尙欠明晰史表及世家以剽爲定公弟則謬甚矣

又案錢大昕攷異云世家作秋秋狄皆猋之譌蒙謂秋非誤字秋猋剽音皆相近詩采葛秋與蕭爲韻可證漢表作焱當是猋之譌

六國年表

與秦擊楚使公子將大有功

案公子當是章子之譌呂覽似順篇齊令章子將而與韓魏攻荆處方篇同史記秦本紀亦云齊使章子攻楚方城可證

惠景間侯者年表

利倉元年　索隱漢書作軑侯朱倉故長沙相

案漢表作軑侯黎朱蒼師古曰軑音大又音第是漢書作軑不作軑當是小司馬所見本異耳然攷軑爲孝惠子朝之封邑爾時既以封倉不應復以封朝作軑者誤也當依漢表作軑爲是利者黎之省倉蒼古通用

禮書

疏房牀第几席　索隱疏謂窻也

案疏即㐬字說文㐬門戸疏窻也從疋囪疋亦聲囪象㐬形讀若疏㐬既訓爲疏窻讀又若疏故古詩交疏結綺窗即叚疏爲㐬也

彌龍　索隱彌亦音弭謂金飾衡軛爲龍

案說文耳部㠯乘與金飾馬耳也讀若渳水即彌龍之彌之正字

樂書

合生氣之和　集解鄭元曰生氣陰陽也　正義合應也

案鄭氏禮記樂記注云生氣陰陽氣也裴引鄭脫一氣字張氏釋合爲應則此合字即今荅應之荅字說文荅訓小尗荅應作荅本叚借爾疋釋詁合對也郭注相當對鄭與說文訓合爲合口之義同宣公二年左傳既合而來奔杜注合猶荅也此亦以本義解之本義合爲荅應引申之凡感應皆曰合故張以應釋合說苑合作含恐形誤

使之陽而不散陰而不密　集解鄭元曰密之言閉也

正義陽謂稟陽氣多人也陽氣舒散人稟陽多則奢陰氣閉密人稟陰多則縝密今以樂通二者之性皆使中和故陽者不散陰者不密也

案密當讀爲閟說文閟閉門也本義爲閉門引申之即可訓閉詩載馳篇我思不閟傳云閟閉也是也密說文云山如堂者無閉義而宓从必聲與閟从必聲同故可叚密爲閟說苑使下無之字漢書密作集師古注集謂聚滯也聚滯與閉義同

感滌蕩之氣而滅平和之德　正義感動也言此惡樂能動善人滌蕩之善氣使失其所而滅善人平和之德也

案滌蕩之氣言氣之邪也平和之德言德之正也上句言感於邪下句言失其正中間加一而字言感於邪者未有不失其正也滌即上文流辟邪散狄成滌

濫之滌字彼集解引王肅訓滌爲放盪則此處滌蕩即放蕩矣言惡樂動人放蕩之氣而滅人平和之德感於邪而遂滅其性也張以滌蕩之氣爲善氣恐非樂記滌蕩作條暢條滌聲之轉暢蕩音亦近鄭注樂記以條暢之氣爲善氣似未得其解

復亂以飾歸　集解鄭元曰謂鳴鐃而退明以整歸也　正義復者伏也飾音勑

案鳴鐃而退出大司馬職文樂記正義言之矣而復亂二字鄭注樂記亦無說蒙謂復即服復亂猶云服亂也復服通用禮記喪大記君弔則復殯服注云復或爲服是其證服伏亦通用左傳既伏其辠矣伏即

服文選陸士衡吳王郎中時從梁陳詩誰謂伏事淺伏事即服事此云復亂者謂大武之樂象武王服紂之罪也樂記正義以復爲舞者復其行位其說殊失鄭義蓋鄭雖不解復亂二字而鳴鐃而退鄭正所以發明復亂之意但未明言耳張氏以伏釋復甚是

又案樂記作復亂以飭歸鄭注以飭歸爲整歸是飭有整治之義說文飭致堅也致堅有治義國語吳語周軍飭壘韋注飭治也用飭之本義也史記作飾說文飾訓刷刷亦有治義周禮封人飾其牛牲注云謂刷治潔清之也又用飾之本義也飭飾通用樂記合情飭貌者陸釋文云本作飾是其證樂記作飭史記作飾字異而義同張氏音飾爲勑勑蓋敕字之誤說文飭篆下云讀若敕而敕訓爲誡引申之有治義是飭可音敕矣若勑則說文訓爲勞从力來聲洛代切不特無飭義并無飭音不特無飾義并無飾音

奮疾而不拔也　集解王肅曰舞雖奮疾而不失節若樹木得疾風而不拔　正義謂舞形也奮迅疾速也拔傾側也

案王肅讀拔爲拔擢之拔而取譬於得疾風之樹木其說迂回甚矣張氏解拔爲傾側經典無訓拔爲傾側者其說亦似是而非樂記正義云拔疾也謂舞者奮迅疾速而不至大疾也夫既云奮疾而又不大疾

是何形狀孔說更無把握皆不可從蒙謂拔當讀爲跋說文跋蹎跋也蹎跋即仆字之義奮疾而不拔也者言雖奮迅疾速而不蹎跋也漢耿勳碑經營拔涉拔涉即跋涉是叚拔爲跋之證樂記不拔下無也字與此異

使其聲足以樂而不流使其文足以綸而不息　集解鄭元曰文篇辭也息銷也

案樂記兩足字下皆無以字綸作論荀子綸作辨息作諰古綸論通用易屯卦君子以經綸釋文作經論論音倫鄭如字謂論撰是其證作辨而不諰者辨即辨論與此同義諰乃諰字之譌說文無諰字集韻息

重文作譓訓爲止莊子人間世篇氣息茀然向本作譓崔本同可知荀子辨而不諰之諰爲譓之誤矣辨而不諰猶論而不息息與思形近易誤如詩不可休思誤作不可休息之類是也

廟諱書

秭鳺先滜　集解徐廣曰秭音姊鳺音規子鳺鳥也一名鷤搗　索隱案徐廣云秭音規者誤也當云秭音姊鳺音規蓋遺失耳言子鳺鳥春氣發動則先出野澤而鳴也又案大戴禮作瑞雉無釋未測其旨當是字體各有訛變耳鶗音弟搗音桂楚詞云慮鶗搗之先鳴使夫百草爲之不芳解者以鶗搗爲杜鵑

案徐中散本云秭音姊鳺音規而小司馬所見本異故反以爲誤也今即据小司馬改正說文無滜字疑滜即嗥之俗說文嗥咆也从口皋聲重文作獆譚長說廣雅釋詁猝鳴也襄十四年左傳云豺狼所嗥周官太祝令皋舞鄭注云皋讀爲卒嗥呼之嗥莊子庚桑楚兒子終日嗥而不嗄菽即嗥之正字鳺亦說文所無爾雅釋鳥巂周郭注云子巂鳥出蜀中說文巂周燕也一曰蜀王望帝婬其相妻慙亾去爲子巂鳥故蜀人聞子巂鳴皆起曰是望帝也子巂即秭鳺又作姊歸高唐賦云姊歸思姊李善注云即子規子規姊歸皆叚借音近字也廣雅鷤搗鷤鴂子規也鷤搗之聲轉爲鵜鳺離騷云恐鵜鳺之先鳴兮王逸注鵜鳺一名買鵤常以春分鳴也揚雄傳作鶗搗枚乘梁王菟園賦作蝭蛙張衡思元賦作鶗鳺又轉爲杜鵑御覽引臨海異物志云鶗搗一名杜鵑是也大戴禮作瑞雉無釋（雉小司馬引作雉疑必有一誤）古無作无周易無咎作无咎可證无與先字形近因而致誤釋與澤形似澤與滜亦相似或一譌爲澤再譌爲釋耳

明者孟也幽者幼也

案此亦引大戴禮虞史伯夷之言大戴禮作明孟也幽幼也無兩者字錢氏攷異曰明孟聲相近古讀明如芒而孟亦與芒通戰國魏有芒卯它書作孟卯又

與黽通後漢書趙岐作黽子章句即孟子也毛公詁詩正爲長冥爲幼而鄭康成箋之以正爲晝冥爲夜然則晝爲長夜爲幼與大戴太史公之義正同蒙案錢說是也幽與窈亦通窈从幼得聲故幽可以幼字釋之春秋元命苞幽之爲言窈也是幽通乎窈陰爲幽陽爲明陽先陰後長幼之義曉然矣

是以其禨祥廢而不統　集解如淳曰呂氏春秋荆人鬼而越人禨今之巫祝禱祠淫祀之比也

案禨者鬾之俗說文鬼部鬾鬼俗也引淮南傳吳人鬼越人鬾今淮南人間訓作荆人鬼越人禨許所据作鬾漢書景十三王傳彭祖不好治宮室禨祥師古

曰禨字或作饑然則饑爲禨之正字矣

歸邪於終　集解韋昭曰邪餘分也

案文十年左傳作歸餘於終邪與餘音近段玉裁六書音均表邪餘同在五部詩北風其虛其邪爾雅釋訓作其虛其徐徐从余聲餘亦从余聲徐之作邪猶餘之作邪

名察度驗　索隱臣瓚云題名宿度候察進退以爲吉凶之狀依文作解爲得案漢書作名察發斂韋昭云發氣發斂氣斂又續漢書以爲道之發斂景之長短則發斂是日行道去極盈縮也

案漢志作名察發斂孟康曰春夏爲發秋冬爲斂晉

灼曰蔡邕天文志渾天名察發斂以行日月以步五緯又曰髀算經冬至夏至者日道發斂之所生也與續漢書同義是當以發斂爲塙王氏䃫志謂發古通作廢其草書與度相似又涉上文星度而誤耳斂驗聲相近故字亦相通王氏亦以作發斂爲是

十一月甲子朔旦冬至已詹其更以七年爲太初元年年名焉逢攝提格　索隱案改元封七年爲太初元年

集解徐廣曰歲陰在寅左行歲星在丑右行

案太初元年六秝皆在丁丑而此云焉逢攝提格者以元封六年紀之也元封六年歲星在星紀之次合於歲陰在寅之文故以焉逢攝提格名太初元年又古法相傳上元起甲寅爾雅釋天歲陽首閼逢歲名首攝提格可證武帝好儒慕古遂據以爲元首其實元封六年可名焉逢攝提格而不得以之例太初元年也梁氏志疑王氏太歲攷皆以爲殷術不知殷術歲首名丁丑與漢秝不合

焉逢攝提格太初元年

案漢秝太初元年距上元十四萬三千一百二十七歲前十一月甲子朔旦冬至歲在星紀婺女六度故漢志曰歲名困敦正月歲星出婺女爲太初元年卽元封七年也元封六年歲陰在子爲困敦則太初元年歲陰在丑爲赤奮若矣而此云焉逢攝提格者蓋

帝詔直以元封六年十一月甲子朔旦冬至爲秝元不復計及餘分（天正氣朔皆有餘分）遝遂等依違承詔徙以歲星在丑（謂元封七年）則太歲在寅命爲焉逢攝提格實則爲未定秝時語也王引之云當作端蒙單閼下文端蒙單閼當作游兆執徐皆謬

彊梧大荒落四年　索隱彊梧丁也大芒駱巳也四年

案當作上章執徐歲庚辰也餘亦依此可改彊梧爾雅作強圉大荒落據小司馬所見本則史記本作大芒駱今作大荒落疑後人據爾雅改之郝氏爾雅義疏引史記作大芒落可見史記有作芒者矣天官書作大荒駱堂邑令費鳳碑云歲格于大荒不言落者

省文

天官書

所謂旋璣玉衡　索隱案尚書旋作璿馬融云璿美玉也機渾天儀可轉旋故曰機衡其中橫筩以璿爲機以玉爲衡蓋貴天象也鄭元注大傳云渾儀中筩爲旋機外規爲玉衡也

案說文旋訓旌旗無玉義而璿琁一字其義則訓爲玉旋璣之旋自當从今尚書作璿爲正字史記作旋爲叚字其所以可通叚者琁从旋省聲故璿亦可作旋也璣尚書同然當作機既以璿爲機則機乃轉旋之器以玉爲之不得云以玉爲玉也說文璣訓珠不圜者也機訓主發謂之機引申爲機關字是機有運動義據小司馬說似史記本作機故注中凡璣字皆作機疑後人据尚書改也又注中筩字即今書正義中之簫字正義誤而此注爲是

旁有兩星曰衿　索隱房有兩星曰衿一音其炎反元命包云鉤衿兩星以閑防神府闓舒爲主鉤距以備非常也　正義占明而近房天下同心鉤鈐房心之間有客星出及疏坼者皆地動之祥也

案說文無衿字衣部裣即衿惟鉤衿之衿即从說文作裣亦非正字張氏正義作鈐即衿之正字說文鈐鈐鏅大犂也一曰類梠石氏星經鉤鈐二星主法漢書天文志鉤鈐天子之御也蓋兩小星在房宿第一星下左傍其形如鈐也小司馬作衿沿誤

又案玉篇鈐車轄也方言轄軑鍊鏅鈐鍊雙聲鈐鏅謂轂耑沓也房星爲天駟主車駕上文云其陰右驂下文云北一星曰舝集解徐廣舝音轄正義引說文舝車軸耑鍵也然則鈐亦鍵閉一星之象與上文驂字下文舝字相類而言之也

房南衆星曰騎官左角李右角將　索隱李即理理法官也故元命包云左角理物以起右角將帥而動又石氏云左角爲天田右角爲天門也

案李理本通用管子臯陶爲李注云李同理郙閣頌

行理咨嗟行理即行李國語晉語生子輿爲理注云理士官也月令命理瞻傷注云理治獄官也呂覽請置以爲大理注云大理治獄官蓋有虞氏曰士夏曰大理周曰大司寇說文李訓木果理訓治玉引申之凡治皆可曰理是理似爲李之正字然說文吏訓治事者實爲理李二字之正字國語周語行理以節逆之注云理吏也此尤叚理爲吏之證

謹候此歲斗之會以定填星之位　索隱歲斗之會以定鎭星之位晉灼曰常以甲辰之元始建斗歲鎭一宿二十八歲而周天廣雅曰鎭星一名地候文耀鉤云鎭黃帝含樞紐之精其體旋璣中宿之分也

案淮南子天文訓作甲寅古秝皆託始甲寅此作甲辰疑誤漢書天文志注亦作甲寅塡星小司馬作鎭星塡鎭竝从眞聲例得通用

泥行蹈毳山行即橋　集解徐廣曰橋近遙反一作檋直轅車也音已足反尸子曰山行乘樏音力追反又曰行塗以楯行險以撮行沙以軌又曰乘風車音去喬反　索隱毳字亦作橇同音昌芮反注以撮子芮反又子絕反與蕝音同

案撮橇檋竝說文所無史記夏本紀泥行乘橇山行乘檋如敬避曰橇音茅蕝之蕝徐廣曰他書或作蕝又曰檋一作橋音聖諱遙反是音聖諱遙反者乃檋字非橇

字橋俗作轎作轎者亦當是檋字非橇字也其子絕一反與如敬避音合所以他書或作蕝蕝同音叚借也此文作毳與漢書溝洫志同乃蕝之叚借字夏本紀山行乘檋裴駰案又音紀錄反其紀錄一反漢書溝洫志作梮說文亦無梮字輂大車駕馬也从車共聲居玉切與梮音合即梮之正字亦即檋之正字檋即於輂而加木旁俗字加偏旁者往往如此

乃厮二渠以引其河　集解漢書音義曰厮分也　索隱厮漢書作灑史記舊本亦作灑字從水案韋昭云疏決爲灑字音疏跬反厮即分其流泄其怒是也

案說文無厮字灑下酒也灑汛也皆無分義斤部斯

析也从斤其聲詩曰斧以斯之此斯之本義爲厮之本字蓋析薪爲斯引申之分析水道亦爲斯斯加厂作厮不古之甚

曰美哉猶有感　集解服虔曰憾恨也　索隱感讀爲憾字省耳胡暗反

案說文無憾字古衹作感昭公十一年左傳王貪而無信唯蔡於感杜注蔡近楚之大國故楚常恨其不服順其義爲恨其字作感感即憾字襄公二十九年左傳美哉猶有憾左傳用俗字漢書張安世傳何感而上書歸衞將軍富平侯印師古曰感恨也與史記同用古字

而又可以畔乎　索隱左傳曰而又何樂此畔字宜讀曰樂樂謂所聞鐘聲也畔非其義也

案張文虎云皇矣詩無然畔援箋訓跋扈疊聲之轉卷阿之伴奐箋訓自縱弛說文伴大也段氏云方言廣雅孟子注皆曰般大也亦謂般即伴此皆聲近相借然則畔得讀爲般樂之般矣攷異訓畔乃胖字之借大學心廣體胖鄭注胖猶大也則胖與伴亦同義以上張語　告蒙謂畔雖與般胖伴聲近通用而說文般辟也象舟之旋是般爲盤旋之盤不訓爲樂至於胖訓半體肉伴訓大貌亦非般樂之般之正字畔訓田界更與樂義遠畔蓋昪之叚字說文昪喜樂貌从日弁

聲與畔聲相近與般聲亦相近然則般樂之般與此文而又可以畔乎之畔正字皆當作昪錢張兩家之說未盡是也

魯周公世家

武王有疾不豫

案今書金縢作王有疾弗豫論衡死僞篇弗作不司馬彪禮儀志弗亦作不竝與史記同陸氏釋文云書序武王有疾馬本作有疾不豫說文心部引周書有疾不悆据此則今文尚書作不古文尚書亦作不司馬遷嘗從孔安國問故則此文作不悆用古文尚書也說文悆忘也嘾也周書曰有疾不悆悆喜也許引

書而自釋之曰悆喜也明與忘也嘾也義不相涉此假借之例也象部豫象之大者賈侍中說不害於物按大而不害於物故訓樂之字取諸此爾雅釋詁豫樂也爲豫之引伸義必如朱駿聲以悆爲豫之正字則可已不已矣說文引書作悆許所見壁中古文如此孔安國以今文讀之乃易爲豫必謂僞孔乃作豫者亦不可與讀史記也

太公召公乃繆卜　集解徐廣曰古書穆字多作繆

案今書作穆穆繆聲之轉耳春秋隱三年左氏傳癸未葬宋穆公公羊作繆穀梁釋文繆音穆本亦作穆文十二年公羊傳賢繆公也釋文繆音木襄二年傳齊姜與繆姜釋文繆音穆穀梁莊二十七年傳注繆公召縣子而問焉釋文繆音穆竝繆穆通用之證

戴璧秉圭　集解孔安國曰璧以禮神圭以爲贄

案今書作植璧秉珪漢書王莽傳大元捝竝作戴璧秉圭與史記同是今文尚書作戴不作植易林无妄之繇曰載璧秉珪載戴古通用作載猶作戴耳

是有負子之責於天以旦代王發之身　集解孔安國曰大子之責謂疾不可救也不可救于天則當以旦代之死生有命不可請代聖人敘臣子之心以垂世教　索隱尚書負爲丕今此爲負者謂三王負於上天之責故我當代之鄭元亦曰丕讀曰負

案書正義引鄭元云丕讀曰不小司馬引鄭元曰丕讀曰負疑轉寫之譌愛子孫曰子愛百姓亦曰子元孫遇疾若爾三王不救是將有不愛子孫之過爲天所責此語蓋周公告於三王欲使三王爲之請命也康成作往之例凡言讀曰者與讀爲同皆易其字也易丕爲不是丕子即不子不子者不以子爲子不愛子孫也古文尚書作丕子鄭注丕讀曰不正義所引不誤史記及後漢書隗囂移檄告州牧部監等曰申命不姓各安其所庶無負子之責皆作負子是皆用今文尚書裴氏引孔氏丕子之注爲史記負子之注誤矣

無墜天之降葆命　集解孔安國曰言不救則墜天寶命也鄭元曰降下也寶猶神也

案今書無墜上有烏呼二字葆寶古通用易繫辭聖人之大寶曰位釋文寶孟喜本作保本書樂書天子之葆龜也索隱曰葆與寶同留侯世家取而葆祠之集解引徐廣曰史記珍寶字皆作葆

於是乃卽三王而卜卜人皆曰吉發書視之信吉周公喜開籥乃見書遇吉

案金縢云乃卜三龜一習吉啟籥見書乃并是吉張文虎舒藝室隨筆云三龜一習吉卜人之言證之以兆書果皆吉也史依寫經文而發書六字與下文義

複疑是旁注誤混張說是也發書六字疑旁注於開籥乃見書遇吉之側而後人傳寫誤入卜人皆曰吉下旁注誤入正文古書本有此例卽以史記論之秝書端蒙者年名也端蒙旃蒙也後人旁記旃字而寫者並存之遂作端旃蒙刺客傳臣欲使人刺之眾莫能就眾者終之借字也後人旁記終字而寫者並存之遂作眾終莫能就更以他書論之趙策夫董閼于簡主之才臣也閼與安古同聲卽董安于也後人旁記安字而寫者並存之遂作董閼安于漢書翟方進傳民儀九萬夫儀與獻古同聲卽民獻也後人旁記獻字而寫者並存之遂作民獻儀九萬夫凡此與發書視之信吉六字之誤入正文者可爲旁證也

在强葆之中　索隱强葆卽襁褓古字少假借用之正義强闊八寸長八尺用約小兒於背而負行葆小兒被也

案說文襁作繈漢書王吉傳大將軍抱持幼君襁緥之中孔光傳自帝在襁緥竝作从糸之緥史作强葆者葆緥同保聲例得通用以說文有襁字言之襁从强聲凡叚借有但取其字之从某聲者叚强爲襁之類是也後漢書桓郁傳成王幼小越在襁保章懷注保小兒衣也亦但取緥字之聲耳

周公乃告太公望召公奭

案金縢但云告二公而不言太公召公攷齊世家武王已平商而王天下封師尙父於齊營丘東就國道宿行遲逆旅之人曰吾聞時難得而易失客寢甚安殆非就國者也太公聞之夜衣而行犂明至國本篇又載太公封於齊五月而報政後伯禽封魯三年而報政周公乃歎曰魯後世其北面事齊矣據此則太公受封後卽就國不在王朝二公不得有太公書正義以爲時畢公爲太傅是二公乃畢公召公非太公理或然歟

敬復之　集解徐廣曰一作振

案今書作祗復之祗訓敬史公以訓詁字代經也二

作振者蓋今文尙書也盤庚篇震動萬民以遷石經作祇動皋陶謨日嚴祇敬六德夏本紀作振敬無逸篇治民祇懼魯世家作震懼內則祇見孺子鄭注祇或作振並祇振通用之證

魯世家

無敢寇攘　集解鄭元曰寇劫取也因其失亾曰攘

案王鳴盛謂漢今文家博士讀攘爲襄據王說似今文家作無敢寇襄其實非也爾雅釋詁儴仍因也邢疏費誓曰無敢寇攘鄭注云因其亾失曰攘儴攘音義同施博士讀曰襄邢所引因其亾失曰攘此卽本史記魯世家集解云儴攘音義同施博士讀曰襄則

邢語也其所以云施博士讀曰襄者據釋文施息羊反也邢不欲徑用釋文而小變之又昧於漢人注經言讀爲讀曰者皆是易其字言讀如讀若者皆是擬其音此當言讀如襄不當言讀曰襄因釋文攘有息羊一反故攘當讀如襄不得謂古文家作攘今文家作襄也

魯人三郊三隧　集解王肅曰邑外曰郊郊外曰隧不言四者東郊留守故言三也

案今書隧作遂遂隧古通用考工記匠人廣二尺深二尺謂之遂陸釋文作隧云本又作遂周語其亡也回祿信於聆隧說文耳部聆下引作聆遂並其證

峙爾芻茭糗糧楨榦

案峙今書作峙說文無山旁之峙字止部峙踞也從止寺聲峙訓踞踟躕之謂也峙爾芻茭之峙集解引孔注訓儲儲具之謂也義爲儲具而字作峙叚借字也其正字當作庤亦可作偫說文庤儲置屋下也儲置屋下卽具義偫待也儲偫也儲訓偫偫亦可訓儲而曰偫待也者謂儲具以待人用也爾雅一書用叚借字居多釋詁峙具也叚峙爲庤亦叚峙爲偫詩周頌庤乃錢鎛毛傳庤具也此用正字周語偫而畚梮韋昭注偫具也文選羽獵賦儲積共偫李善注引郭舍人爾雅注曰偫具事也此亦用正字作峙乃俗字

矣

子考公酋立　索隱系本作就鄒誕本作遒

案諡法云考成也爾雅釋詁考就成也春秋隱五年經云考仲子之宮穀梁傳考者成之也左宣十五年傳下臣獲考杜注考成也詩絲衣胡考之休毛傳考成也書洪範五曰考終命鄭注考成也訓考爲成者不一而足太元元文酋西方也秋也物皆成象而就也又酋酋大魁頤注酋就也說文酉就也八月黍成可爲酎酒廣雅釋詁酉就也古微書引孝經援神契及鉤命訣注並云就之爲言成也天子行孝曰就言德被天下澤及萬物始終成就榮其祖考也天子行孝以下

至榮其涎考也孝經正義引孝經援神契之文是援神契之訓就爲成也就與聚爲雙聲聚亦有就義太元元文注酋之言聚也詩長發百祿是遒毛傳遒聚也是酋遒竝有聚義卽酋遒竝有就義酋遒旣有就義則就訓成遒酋亦可訓成以考有成義言之知考公名酋系本作就鄒誕本作遒字異而義同名與謚相配也考工記廬人酋矛常有四尺注酋之言遒也漢書地理志九江郡浚遒注遒音酋是酋遒本相通用之例亦從可知矣

而問魯公子能道順諸侯者　集解徐廣曰順一作訓

正義道音導順音訓

案作訓爲本字本義張氏道音導是道訓者開導訓

教也下文宣王曰然能訓治其民矣與此文道訓上下照應作順爲叚借字也說文訓說教也順理也訓从川得聲順从頁从川會意川亦聲聲同例得通叚法言問神篇云事得其序之謂訓洪範于帝其訓史記宋世家作順顧命皇天用訓厥道傳云用順其道凡此皆叚訓爲順也孝經先王有至德要道以順天下又云順民如此其大此叚順爲訓也史記此文作順亦叚順爲訓耳

孟女生子斑斑長說梁氏女往觀國人犖自牆外與梁氏女戲

案左莊三十二年傳生子般焉雩講于梁氏女公子觀之圉人犖自牆外與之戲杜氏於女公子觀之句下注云女公子子般妹與史記異未知史記何据云然也斑字說文所無廣韻二十七刪斑辨同說文辬駁文也辨訓駁文其義所包甚廣王制斑白者不提挈夫須髮半白半黑而謂之曰斑白亦駁文之引申義故淮南脩務訓作辨白斑白作辨叚借其正字作䰉說文䰉須髮半白也孟子作頒白叚頒爲辨而頒與班又通用禮記禮運頒爵位卽孟子周室班爵祿也班與般又通用漢書趙充國傳而明主般師罷兵注般音班班還也爾雅釋言般還也般旣有班音又有還義則般師卽班師也左成十二年傳鄭公子班

字子如荔瑕易屯乘馬班如以相配也而乘馬班如一作乘馬般如是班般通用班之作般猶班之作般

燕召公世家

子之因遺蘇代百金　正義瓚云秦以一溢爲一金孟康云二十四兩曰溢

案孟康說二十四兩曰溢似誤也孟子雖萬鎰注鎰卽溢俗之云二十兩爲鎰此不誤儀禮喪服傳朝一溢米夕一溢米鄭注二十兩曰溢禮記喪大記注同米以溢名當不異於金以溢名也又攷喪大記注云二十兩曰溢粟米之法一溢爲米一升二十四分升之一鄭荔云二十四分升之一非二十四兩曰溢彼以爲

二十四兩曰溢者或涉鄭注二十四分升而誤也漢書食貨志黃金以溢爲名張晏傳注秦以溢名金若漢之論斤也案過乎十六兩故曰溢若二十四兩則十六兩之外又加四兩者二豈特過之謂乎故知二十兩曰溢之說爲是也史記平準書黃金以溢名孟康曰二十兩爲溢一人之詞而前後互異何耶晉語黃金四十鎰注云二十四兩爲鎰韋亦偶誤

百姓恫恐　索隱恫音通痛也恐懼也

案王氏襍志曰恫恐燕策作恫怨下文衆人恫恐燕策姚本作恫怨作恫恐者是也恫亦恐也與神罔時恫之恫異義蘇秦傳秦恐韓魏之議其後也是故恫

疑慮喝驕矜而不敢進小司馬以恫爲恐懼是也疑亦恐也或言恫恐或言恫疑其義一也蒙謂蘇秦傳之恫疑固當作恐懼解而此文之恫恐自當依燕策作恫怨下文衆人恫恐百姓離志恫恐亦當依燕策姚本作恫怨蓋離志與恫怨相對成文惟其恫怨是以離志非懼而離志也仍以小司馬爲是

卿秦攻代　正義戰國策云廉頗以二十萬遇栗腹於鄗樂乘以五萬遇慶秦於代燕人大敗於此不同也

案戰國策之慶秦即史記之卿秦卿慶古相通書大傳百工相和而歌卿雲注云卿當爲慶史記項羽紀號爲卿子冠軍集解引徐廣云卿一作慶是其證也

慶氏潛子云湯七佐有慶輔以慶爲氏者當以此爲古其他如陳有慶虎慶寅晉有慶鄭史記趙將慶舍當亦是湯七佐慶輔之後惟風俗通云卿氏趙相虞卿之後則亦自有卿氏以前後論之當以慶氏爲先卿氏爲後卿秦似當以戰國策作慶秦爲是蓋卿慶二字通用則可若以慶氏爲即卿氏或以卿氏爲即慶氏則皆不可也宋王應麟姓氏急就篇於卿字下云燕有卿秦亦据史記而於慶字下不言慶秦似王氏以爲慶秦即卿秦

唯獨大夫將渠　索隱人名姓也一云上卿秦及此將渠者卿將皆官也秦渠名也國史變文而書遂失姓

也戰國策云爰秦爰是姓也卿是其官耳

案小司馬引別一說未是史文云唯獨大夫將渠謂燕王是將渠乃大夫非將也將非官則上文卿亦非官卿氏說已見前將氏左傳宋將鉏後趙有將容將渠當亦姓將名渠也

管蔡世家

次曰冄季載　索隱冄國也載名也季字也冄或作那莊十八年楚武王克權遷於那處杜預云那處楚地南郡編縣有那口城耼與那皆音奴甘反

案洪氏讀書叢錄云那非那字那當通作冄即沈國也下文爲晉誠沈集解杜預曰汝南平輿縣有冄亭

是也即冉季載所封地今案江氏春秋地理考實於莊十八年那處二字下云那處在今湖北安陸府荆門州東南又文三年伐沈沈在今河南汝州汝陽縣東南定四年蔡滅之是那處與沈判然兩地以下文觀之當如洪說說文不收郑字古沈國有作郑者見廣韻四十七寑沈字注

宋微子世家

乃問於太師少師 集解孔安國曰太師三公箕子也少師孤卿比干也

案今書微子篇太師作父師段氏玉裁謂古文尚書父師今文尚書作太師是也惟集解引孔說以太師

爲箕子少師爲比干此可疑下文於比干死之後云太師少師乃勸微子去則少師非比干太師非箕子明甚殷本紀亦云微子與太師少師謀去而比干剖心箕子爲奴殷之太師少師乃持其祭樂器奔周周本紀又云紂昏亂暴虐滋甚殺王子比干囚箕子太師疵少師彊抱其樂器而奔周是則太師少師爲殷之樂官非箕子比干也無待辨矣

小民乃竝興

案今書無乃字竝興作方興段玉裁古文尚書撰異曰方興今文尚書當是作旁興竝者旁之故訓也古音竝讀如傍蒙謂方自訓竝說文方併船也象兩舟省總頭形夫方訓爲併船引申之凡併皆可訓方儀禮鄉射禮云不方足鄭注云方猶併也是方之義爲併併之言竝也說文云併船猶云竝船鄭又注鄉射禮云竝併也又注聘禮云今文竝皆爲併則竝併同字方訓併方亦得訓竝史公以竝代方字雖異而義則同也

今殷其典喪 集解曰駰謂典國典也 索隱尚書典作淪篆字變易其義亦殊徐廣曰典國典也

案今書僞孔傳訓淪爲沒與國典義絕遠以典字之上冊稍似淪故小司馬云篆字變易其義亦殊也蒙竊謂淪喪典喪其義不殊但不當訓典爲國典錢曉

徵曰典讀如殄典喪者殄喪也攷工記輈欲頎典鄭司農讀典爲殄燕禮寡君有不腆之酒注古文腆爲殄是典腆與殄通錢說甚是說文殄盡也殄訓盡則與終極義竝同人死曰終亦曰沒是典之爲殄與淪之爲沒其義一也典喪猶淪喪耳

學古堂日記

吳縣朱錦綬讀史記日記

五帝本紀

少典之子　集解譙周曰有熊國君少典之子也索隱少典者諸侯國號非人名也

案譙周說是黃帝惟爲有熊國君子故號有熊氏少典者國君名索隱因國語少典娶有蟜氏女生黃帝炎帝見晉語四炎黃隔五百餘年不應同父遂謂少典非人名不知此下文以與炎帝戰於阪泉之野炎帝卽帝榆罔非指神農之身何不可與黃帝同父乎虞翻唐固並云少典黃帝炎帝之父晉語韋注引正非無據蓋有熊本神農後一子入承帝克襲號炎帝一子則爲黃帝也古史本蘇轍索隱又引秦本紀大業娶少典氏而生柏翳明少典是國號則安知非少典之後因以爲氏不得謂此少典卽國號矣索隱又以子爲後代子孫蓋旣以少典爲國號又以國語所稱炎帝爲神農其說不得不然賈逵云少典黃帝之先晉語韋注引韋昭云黃帝少典之裔子晉語上注卽索隱所本然此下文一曰其孫昌意之子再曰黃帝之孫而昌意之子也明以所生子爲子此子字正當一例

其一曰元囂是爲靑陽　索隱今此紀下云元囂不得在帝位則太史公意靑陽非少昊明矣而此又云元

囂是爲靑陽當是誤也

案大戴禮帝繫以元囂昌意並舉又言嫘祖產靑陽及昌意元囂靑陽宜爲一人此文不誤惟黃帝子實有二靑陽國語晉語四唯靑陽與夷鼓皆爲己姓靑陽方雷氏之甥也又曰唯靑陽與蒼林氏同于黃帝故皆爲姬姓卽其證此靑陽爲嫘祖生必是姬姓晉語韋注謂方雷卽嫘祖非也考德曰少昊曰淸淸者黃帝之子淸陽也是其子孫名摯立土生金故爲金德天下號曰金天氏漢書律歷志下引則靑陽自有號少昊者杜預謂己姓之祖見左昭十七年傳注是也要之姬姓靑陽爲元囂後有帝嚳己姓靑陽爲少昊後有金天餘說紛紛皆可不論

秦始皇本紀

飾省宣義　正義省過也

案書洪範王省惟歲宋世家作王眚公羊莊二十二年傳肆大省左穀作眚省眚通用此省字卽眚字也

孝文本紀

諸侯皆同姓　索隱謂帝之子爲諸侯王皆同姓姓生也言皆同母生故立太子母也

案漢書文三王傳孝文帝四男竇皇后生孝景帝梁孝王武諸姬生代孝王參梁懷王揖其文甚明不得云皆同母生此蓋謂天子取於諸侯今諸侯皆同劉姓不可取故卽以太子母爲后不更取也

十二諸侯年表

宣王二十二　魯孝公稱元年

案世家伯御在位十一年孝公二十七年今以伯御元年即作爲孝公稱元年故此表孝公有三十八年

屏伯御不數者以其篡弑也而仍於此年下注伯御立爲君稱爲魯諸公子云十二字以存其實並非誤筆不然下文孝公十一年實伯御之十一年何以又注曰宣王誅伯御立其弟稱乎綱目去唐武后而以中宗紀年之類殆即取法於此

平準書

守相爲吏者

案此上文云於是遂博士褚大徐偃等分曹循行郡國舉兼并之徒即接此句則爲吏之吏當作利方與上文意合且渾言之則守相即吏析言之則守相迥非吏比曰守相爲吏殊未可解其爲利字無疑蓋寫者涉上文吏不能盡誅遂誤利爲吏也

齊太公世家

子宣公積立

案年表作宣公就市就市合呼即爲積字猶春秋襄十二年吳子乘左傳作吳子壽夢三十一年莒君密州左傳作買朱鉏壽夢合呼爲乘朱鉏合呼爲州也表與世家異者彼則徐言之此則疾言之亦猶乘壽夢之類矣

宋微子世家

乃問於太師少師　集解孔安國曰太師三公箕子也少師孤卿比干也

案下文箕子者紂親戚也又曰比干亦紂之親戚也並不曰太師者少師者是史公之意不以箕子比干當太師少師也殷本紀微子數諫不聽乃與太師少師謀遂去其下敘剖比干囚箕子即曰殷之太師少師乃持其祭樂器奔周以此證之史公之意益明集解引孔說未是下文於是太師少師乃勸微子去句下集解時比干已死而云少師者似誤亦由未達史公意也

趙世家

二十五年惠后卒　索隱按謂武靈王之前后太子章之母惠文王之嫡母也惠后卒後吳娃始當正室至孝成二年稱惠文后卒是也而下文又云孟姚卒後何寵衰欲并立亦誤也

案上文孟姚甚有寵於王是爲惠后下文惠文王惠后吳娃子也是惠后即吳娃甚明並非太子章之母也索隱惠后卒後吳娃始當正室不知何據要從夫謚古今通例如鄭武姜之類見於傳者不可勝舉間或不從亦未有下從子謚者吳娃子何謚惠文娃安得亦稱惠文孝成二年所稱惠文后卒自是惠文王

之后必非吳娃至下文所云吳娃死愛弛憐故太子欲兩王之等語追敘亂源益見惠文王未立吳娃先卒此處惠后必爲吳娃無疑索隱乃以爲誤已則更誤矣

孔子世家

自大賢之息　索隱息者生也言上古大賢生則有禮樂

案此下文卽曰周室旣衰禮樂缺有間則此息字當如禮中庸其人亡則其政息之息猶言大賢之沒耳與下二句乃貫如索隱說須別出則有禮樂句非原文意矣

陳涉世家

然足下卜之鬼乎　索隱裴注引蘇林臣瓚義亦當矣而李奇又云卜者戒曰所卜事雖成當死爲鬼惡指斥言之而勝失其旨反依鬼神起怪蓋亦得本旨也

案蘇曰狐鳴祠中則是也瓚曰假託鬼神以威衆也故勝廣曰此教我威衆也兩說大意本是而於本文未甚體會此上文云卜者知其指意曰足下事皆成有功可見卜者與勝廣不謀而合其爲此言正欲使勝廣假託鬼神若謂卜之吾固見事成有功然曷不卜之鬼乎下文陳勝吳廣喜念鬼蓋勝廣聞此卽欲如其言以行也李奇一說適與下文相反矣

外戚世家

乃封爲海西侯　正義漢武帝令李廣利征大宛國近西海故號海西侯也

案大宛傳天子爲萬里而伐宛不錄過封廣利爲海西侯是廣利之封爲伐宛也正義說是匈奴傳貳師聞其家以巫蠱族滅因并衆降匈奴可見李氏旣夷廣利未還更無上憐其家乃封廣利之事漢興將相年表征和元年冬公孫賀坐爲蠱死三年六月劉屈氂因蠱斬是年春李廣利出朔方以兵降胡與匈奴傳又合獨此文以封侯屬夷族之後誤也

五宗世家

遂爲無訾省　集解蘇林曰爲無所訾錄無所省錄正義顏師古云訾財也省視也言不能視錄貲財

案蘇說頗費解顏義亦偏管子形勢篇訾食者不肥體注惡食之人變嫌致疾是訾有惡義詩大雅帝省其山箋省善也是省有善義然則無訾省者猶言無善惡也無善惡猶無可否也蓋膠西王因削國心慍遂置國事於不問耳下文盡腐財物及去衛封宮等事皆無所可否之證

老子韓非列傳

彼自知其計　正義前人自知其失誤

案下文有自勇其斷自多其力兩句此文句法一例

則知當爲仁知之知彼指君言言自以其計爲知也
非知識之知正義殊非

蘇秦列傳

六國從親以賓秦　索隱謂六國之軍共爲合從相親獨以秦爲賓而共伐之

案戰國策賓作儐同擯以解此文其義方順言六國合力以卻秦也周禮大行人相其禮賓而見之釋文引劉注賓應言擯又莊子徐无鬼以賓寡人久矣釋文賓本作擯然則賓本通擯非祇謂賓客之賓也索隱直以本義訓之未安

孟子荀卿列傳

儳亦有牛鼎之意乎　索隱按呂氏春秋云函牛之鼎不可以烹雞是牛鼎言衍之術迂大儳若大用之是有牛鼎之意而譙周亦云觀太史公此論是其愛奇之甚

案上文言伊尹負鼎百里奚飯牛則此文牛鼎當即指此言騶衍雖不如孔孟之不苟合或將效負鼎飯牛之輩作先合而引之大道也負鼎飯牛事雖不實而戰國有此說孟子亦嘗載之以此立論何有所謂愛奇哉索隱譙周皆非

屈原賈生列傳

大專槃物兮　索隱專讀曰鈞

案專之與鈞聲形各別漢書作鈞而此作專者漢書五行志下之上注專員也專有員義圓員卽故大鈞可作大專猶言大圜耳不必讀專爲鈞也

田儋列傳

非直手足戚也　集解文穎曰言將亡身非手足憂也瓚曰於楚趙非手足之親

案上文云螫手螫足故此句云然言三田將害楚趙不徒螫手螫足之憂也穎說是瓚非

張丞相列傳

緒正律歷　集解文穎曰緒尋也或曰緒業也

案集解所引兩說則緒正爲尋正業正於文義均不

甚協詩繼序思不忘傳序緒也序可爲緒則緒亦可爲序緒正者蓋猶言序正耳

韓長孺列傳

而出於忠厚焉　索隱按出者去也言安國無忠厚之行

案下文貪嗜於財所推舉皆廉士賢於己者也似與此上智足以當世取合句及此句對文言安國有智智或失之薄而乃以忠厚出之貪嗜於財所舉應亦貪污而安國乃舉廉士其意甚明況下文贊曰世之言梁多長者不虛哉正以安國爲忠厚也索隱之非又不待言矣

衛將軍驃騎列傳

與侯妾衛媪通　索隱小顏云衛者舉其夫姓也然按此云侯妾衛媪似更無別夫也下云同母兄衛長子及姊子夫皆冒衛姓又似有夫其所冒之姓爲父與母皆未明也

案顔說是也下文云媪長女衛孺如衛非媪之夫姓孺又何人所生而亦冒爲衛氏乎且孺則明冠以衛字而子夫及步廣則晉曰皆冒爲衛氏可知孺之非冒矣孺既非冒則其父之本姓衛又可知也索隱特誤解妾字故疑媪之更無別夫不知此作妾而漢書作家僮則妾乃臣妾之妾而非妻妾之妾周禮太宰

八日臣妾注臣妾男女貧賤之稱又國語晉語納女工妾三十人注妾給使者皆可證也

梁北河　集解如淳曰爲北河作橋梁正義括地志云梁北河在靈州界也

案如說是也爲北河作橋梁而曰梁北河正古文句法且與上絕梓嶺一句下討蒲泥破符離二句句法同括地志多穿鑿附會正義引之非矣

朝鮮列傳

朝鮮相路人相韓陰尼谿相參將軍王唊　集解漢書音義曰凡五人也戎狄不知官紀故皆稱相索隱如淳云相其國宰相

案此文之意當謂相路人一人相韓陰一人尼谿相參一人將軍王唊一人凡四下文云封參爲澅淸侯陰爲荻苴侯唊爲平州侯長爲幾侯最以父死頗有功爲温陽侯凡五人五人中惟長爲右渠子下文別出其人餘四人則即此文之四人也路人道死故其子最受封也音義以爲五人殆誤尼谿相參爲二人乎尼谿相參爲一人觀下文及建元以來侯者表自明尼谿相者爲尼谿之相也如漢郡國守相之例若路人韓陰則失其地名乃但謂之相非不知其官紀而概稱之亦非其國宰相不然朝鮮小國恐無三相之理於尼谿相又無以解矣

汲鄭列傳

自請治行五日　集解如淳曰謂莊嚴也

案此下文云上曰吾聞鄭莊行千里不齎糧請治行者何也則治行者即謂整治行裝耳治即治具之治其義自明如說不知何取即謂莊即裝字亦未明也

游俠列傳

侯之門仁義存　索隱言人臣委質於侯王門則須存於仁義若游俠輕健亦何必肯存仁義也

案索隱云云固是正理然非此言本意上何言竊國者侯此即承之而言人既爲侯則不必問其爲竊與否而仁義自存所以申上文已饗其利者爲有德之

意也如索隱則與上文多不洽矣

貨殖列傳

家亦不訾　正義言貲財眾多不可訾量一云清多以財餉遺四方用衞其業故財亦不多積聚

案前說是也此因寡婦與烏氏倮連敘故用亦字如後說與下文能守其業用財自衞云云不甚融洽且此句尚指寡婦之先世尤不得即指爲寡婦事也

太史公自序

爲太史公書　索隱案桓譚云遷所著書成以示東方朔朔皆署曰太史公則謂太史公是朔稱也亦恐其說未盡蓋遷自尊其父著述稱之曰公或云遷外孫

楊惲所稱事或當爾也

案上文談爲太史公集解引如淳曰漢儀注太史公武帝置位在丞相上據此則太史公明是官名談遷父子爲此官遷成史記亦太史公所當爲之事故署爲太史公書漢書遷傳云遷既死後其書稍出宣帝時遷外孫平通侯楊惲祖述其書遂宣布焉似史記不應爲朔所見桓譚云云索隱非之是也然史記中稱太史公者遷多自指此名其書爲太史公書豈遂爲尊其父乎至謂楊惲所稱則或近之但書中已數自稱其官又何不可以官稱其書乎索隱兩說亦未善矣

讀史記日記終

校刊史記集解索隱正義札記

[清]張文虎

清同治十一年金陵書局刻本

校刊史記集解索隱正義札記一

常熟毛晉刻集解本云據宋板今刊集解多據此

毛刻單行本索隱云依北宋祕省大字刊本今刊索隱多據此省稱索隱本

明震澤王延喆翻宋合刻集解索隱正義本今刊正義多據此

舊刻本此海鹽張氏藏本字形古樸殊宋集解索隱略似元明間刊本無序跋年月卷尾多缺損蓋書估去之以充宋本今不敢定紙補舊刻本

明豐城游明刻本獨山莫子偲大令友芝藏本有集解索隱述贊首有黃浦序蓋其本自中統出

明金臺汪諒刻本云據舊本有集解索隱正義首有嘉靖四年費懋中序以柯維熊所校世稱柯本

明吳興凌稚隆刻本有集解索隱正義云以宋本與汪本字字詳對有不合者又以他善本參之

北宋本諸城劉燕庭方伯喜海所藏集宋殘本之一但有集解桓字不避知爲北宋刊本此下並據嘉興錢警石學博泰吉校錄本

宋本集宋殘本之二但有集解桓字愼字不避蓋亦南宋以前刊本今統稱宋本以爲別

南宋本集宋殘本之三有集解索隱桓字愼字避缺

南宋建安蔡夢弼刻本集宋殘本之四有集解索隱述贊卷後題建安蔡夢弼謹案東京蜀諸本校理梓寘於東塾詳見嘉定錢氏十駕齋養新錄及昭文張氏愛日精廬藏書志

元中統本有集解索隱述贊首有中統二年校理董浦序稱平陽道參幕段子成刊行蓋當宋理宗景定時

明南雍本有集解索隱正義多刪削

明秦藩刻本莫大令藏本有集解索隱正義首有嘉靖十三年秦藩鑒抑道人序大致同王本

錢唐汪小米舍人遠孫校宋本

海鹽吳子撰春照校柯本

乾隆四年經史館校刊本今稱官本

索隱序錢氏警石云所見汲古閣單本索隱皆缺此序案疑毛氏因已見所刊集解本而刪之

索隱後序徐廣作音義十三卷原誤作一十卷依前序及集解序正義改唐志亦云十三卷案中統游本及合刻各本竝錄補史記序及三皇本紀此在索隱之外今刪

正義論注例韓詩警云疑脫君注云云薛

論字例此之般流要機班馬

字類序引作如此之流乖日久字類序誤曰久乖從崙各本誤蕭今正孝公警云

當作𨍏䡊各本與字類合王本辭亂字類亂依字類序補𨍏䡊誤𨍏䡊凌本誤獻公

辟匠從走各本誤走從走 疑

唐玄宗御書集譔各本誤集譔官本不誤道德經匠作近

席下爲帶各本誤帶案別記席作席公禮記席作席

遂誤爲席詳顧氏美下爲火字類序改各本誤大依字類各本帶誤帶

此之等類例字類序改

序無爲寵錫字四字依經典釋文條例補

以支代文釋文條例作用支代文

混无原誤無依釋文條例改 作將无混无

論音例甚切字類序作備

或濟各本誤

謂帶依釋文條例改情乖作論情

復過解開依下當有重文異音四字今

失偲司伺絲並音巨支反上下紐皆非蓋穿及上篇偏旁當有誤

涉下而紕誤

穿詳連反上紐非又

聲混異呼之字今失開致斷簡並陟利反開在志部不致當聲在至部不當

同音蓋傳寫錯亂

發字例故略舉四十二字攷異云今止三十九字

從但

谷反失失字體各別不辨故發之也當作義此二句注上移於後作發句下當

磔君也微也反上脫一音

亦開又紀苦反開也案紀見反之開集韵訓開也參

也代也此射蛇夜反射也又神亦反神射原誤𦒾當有脫誤仍訓開誤原誤衍作徐役之也案集韵役訓從也

役也法除其賦役也通作復今刪正

遹又丁歷反大也

條丁歷反之適集韵訓艱也玉篇

廣韵並訓從也不開訓大疑誤

汜音祀又音几又孚劒

反又音夷楚人呼上爲汜橋攷異云卉祀者从巳音凡音字劒者从巳形聲俱別張誤
案汜字从巳音怡不音夷末句當作楚人呼橋爲汜此誤倒又衍上字率卽鍰也鍰原譌鈌依周本紀
集解改此類後不復記長直良反久也又張丈反長上也王本僅存下七字又
錯入王字下依淩本補正培又蒲口反冢也各本口譌內冢譌板依玉篇及集韵四十五厚改
沈針甚反又針禁反沈字無此二音上經皆誤
謚法解王本游本接論例不擬板今從之此篇原本益上下兩排傳刻錯亂惟游本尚存舊式王本兩行相
開猶可攷尋今參餘姚盧氏鍾山札記訂本移正其末三十餘謚善惡襍糅無從訂改略依游本民無能
名曰神游本王本無曰字下同上排克定禍亂曰武注以兵征原譌往依
逸周書改溫柔好樂曰康柔逸周書作年虛據注改豐年昭德有勞曰昭注能
勞謙原譌謹依逸周書改聖間周達曰昭注聖聖通合逸周書作聖間通洽也疑
此誤夙夜警戒曰敬注警身思戒思原譌急依逸周書改下排協時肇

享原譌厚依逸周書改資輔共就共就原倒依逸周書乙彊義執正曰威注問
正言無邪游本執作訊案逸周書作彊毅信正注亦作信正疑本信字聲近譌爲訊後又改注信爲問耳
大慮行節曰考原譌孝盧據公羊疏改案篇末考成也與此注成其節合今從之行見中
外曰愨注表裏如一二字依逸周書補執義揚善曰懷原譌德依逸周書改
秉德尊業尊逸周書作遵注曰遵世業不愆滿志多窮曰惑注自足者必
不惑逸周書惑作威注作必不足盧云威古惑字不足與惑義正合案王本注中惑字作感去禮遠
衆曰煬注不親長疑衆剛克爲僞案此有脫文逸周書作剛克爲發柔克爲懿履正爲
莊有過爲僖尊脩也盧本逸周書作遵循也式法也式原譌武依逸周書改截事也
彌久也原脫二也字久譌文依逸周書補改此下原連以前周書云云二十三字並大書殊不分明今依
後分野題例改細書另行
漢書地理志云游本王本並連謚法解後無題目今從之注名馮翊當依百官表作更名

右馮翊治內史依表下脫右地二字潁川之舞陽郾陵依志當作舞陽郾許傿陵襄
城淩脫襄字城陽漢志倒誤北有信都真定常山依志脫中山斗牛之分
壄志作斗分壄也
集解序裴駰游本王本止題此二字今從之它本或題官銜謚依索隱注增正義序之義
王本秦本有之義二字脫序字今補柯淩三字並脫班固索隱廣川太守案漢書敘傳稱爲廣
平相後漢書班彪傳作廣平太守盖西漢末以國相行太守事也單本廣川太守傳寫之誤各本作潁川太守則更
謬矣接其後事索隱本接譌按而羞貧賤索隱本貧賤它本依漢書倒王本秦本四字脫楊
雄柯淩本楊各本作揚乘列正義數家之說數家上衍乘列二字盖正義本出此二字作注
合刻混入注中今刪爲作音義史記游王柯無作字氏姓柯淩倒裨補正義頻彩
反柯淩作頻異反誤
五帝本紀第一宋本游本王本每卷首行並小題在上大題在下今從之柯本亦小題在上而大題

部注小題之下云史記卷之幾盖以意爲之集解凡是云云毛本此注在大題下今依合刻本式
索隱紀者云云單本此注在小題下今從合刻本式正義鄭玄云云至故曰
五帝本紀第一以索隱例推之此注亦當在首行小題下今依合刻本式禮云至故云
史記也此注當在大題下而合刻本並連上注仍其舊黃帝者正義亭亭在牟陰
官本有亭亭二字少典索隱生黃帝生上原衍而字依國語刪徇齊徇羣書治要說文渫
傳引並作徇與集解訓疾義合然如索隱所云則相承作徇久矣神農氏正義山東有石
穴曰神農生於厲鄉疑有脫誤續漢郡國志南陽郡隨注引荊州記曰縣北界有重山山有一
穴云是神農所生㠯征㠯字各本皆同班馬字類亦引之盖古字之僅存者而它處多作以不能改歸一例
後凡字體襍出者放此蚩尤正義銅頭頭字吳增與官本合石子二字吳增造立原作
五吳改不慈仁三字吳增欲令原譌欽命吳改信神二字吳增制伏制字吳補帝因
使之主兵以制天下十字吳增沒後沒字吳補天下咸謂天下吳增萬邦

札十五

二字原作殄滅吳改吳增弭服太平御覽七十九引龍魚河圖合以上吳校本並與埶五種舊刻本游本毛本並作埶索隱本作藝蓋後人所改索隱戎菽官本有菽字各本並脫遂禽殺蚩尤治要引作乃殺蚩尤集解高七丈御覽七十九引皇覽作尺披山通道集解音詖陂者各本音字譌爲陂字譌詖依金壇段氏說文注改案舜紀披九山正義披音皮義反謂分其山遂以通道本裴九山正義案地志案字譌括今正雞頭正義福祿二字原倒依趙世家正義乙平高原譌陽汪改與元和郡縣志合熊湘正義上洛上字四庫全書考證增風后正義圖二卷二原譌三依漢志改此類篆書之譌後徑改不復記蚩蛾索隱一作豕豕此下失音合刻本以爲複衍而刪下豕字誤勞勤中統游本冊府元龜五十六引作勤勞其得姓者十四人索隱儇儇姓在宣反與嬛音義迥別各本並譌从女依天聖明道本國語改西陵襍志云下脫氏字案中統舊刻游本並作西林若水索隱言帝子爲諸侯降居江水下當有若水二字有聖悳宋本橋山索隱陽周原誤同陽考證改帝

顓頊高陽者案史記篇自爲卷脈絡相貫後人取便刪閱中斷提行然亦有改之未盡者舊刻毛本此紀帝堯接帝嚳不提行是其迹也他合傳亦有類是者今槩不提行以歸一例後倣此不復記靜淵以有謀汪云後漢書馮衍傳引作沈深而有謀制義制凌本依正義作剬剬制音義絕不通蓋形近而譌辨見高郵王氏史記襍志各本並作制交阯宋本舊刻毛本並同西至襍志云本作西濟正義濟渡也治要引作濟正義居延海南甘州張掖縣東北千六十四里是李將軍傳正義南作在無千字案郡縣志甘州張掖縣居延海在縣東北一千六百里疑此十四二字即百字之譌蟠木集解東北云云中統本游本毛本冊府元龜十八引皆無此五十一字蓋合刻依漢志注增一名神荼四字汪校增高辛集解少昊以前以各本並作之惟舊刻作以與夏本紀集解及漢書古今人表注合自言其名正義其母生見其神異易疏引世紀作其母不見生而神異御覽八十引世紀同此疑誤岌索隱作夋初學記引世紀同蓋形近譌爲岌有聖聖字吳增德生放勳各本或作勛今書作勳正義云勳亦作勛是張所據史本作勳也下文亦作勳不

札十六

善崩索隱本無崩字據注及正義蓋後人妄增帝堯者宋本無帝字放勳集解年百一十八百上毛本衍一字各本無馴德索隱史記單本無二字合刻增數法索隱此注合刻皆在日月星辰下今依單本後放此不復記義仲正義春官卿官本有卿字字微集解說文云段氏尚書撰異云衍文字尚爲各本作譌依撰異改嘉定錢氏史記攷異錢唐梁氏史記志疑說同仲夏集解以正仲夏之節書傳節上有氣字仲春引有毛毨正義毛更生曰毨理與書傳合曰字衍它本作毨理非仲冬集解失之二字依宋本補舊刻同多矣字氄毛集解氄毳書傳作耎毳丹朱正義丹水縣水原譌朱考證改下同四嶽舊刻岳湯湯洪水滔天浩浩懷山襄陵正義湯音商今讀如字蕩蕩廣平之貌言水奔突有所滌除地上之物爲水漂流蕩蕩然案書傳湯湯流貌正義音下失義柯凌本逕改兩蕩蕩爲湯湯不知蕩蕩廣平之貌十四字本孔傳文地上之物爲水漂流蕩蕩然亦與孔疏蕩蕩然滌除在地之物義合不可以移釋湯湯王本並作蕩蕩不誤惟史文及集解皆無蕩蕩字疑今本有脫誤撰異引五帝紀張守節本云湯湯洪水蕩蕩懷山襄陵浩浩滔天未知所據何本然此注末云言水襄上乘陵浩浩盛大勢若漫天解浩浩滔天在襄陵後或當如段所云負命正義負音佩依字通佩負義不通疑作倍倍與背同義試不可用而已舊刻無用字案標文及傳無者是正義异已已退也今書傳作异已也已退也以孔疏證之宜從此九歲志疑云本作載正義示不相與也示字吳增與書疏合歲歲字吳增與書疏合取禾穀一熟也禾原譌年吳校改案爾雅郭注取禾一熟書疏引孫炎曰年取米穀一熟也與郭義同米亦禾之譌取萬物終更始也終始原互誤吳校乙與爾雅注書疏合鄙悳宋本悳皆言王柯脫言字嬀汭索隱虞鄉鄉字吳增與書疏合正義異原各本譌泉依水經河水注改正月上日正義堯正建丑堯正二字原脫丑譌朔吳校增改與書疏合文祖索隱神斗單本譌祖汁王柯凌本與正義合御覽五百三十三引帝命驗同正義立五府五字吳增案御覽引亦無五府者黃曰神斗督云正義亦當

引帝命驗全文合刻者以與索隱複而刪之黃日四字則刪之未盡者天府依索隱當作五府然御覽引注
云帝者承天立五帝之府是爲天府則亦可通今仍其舊汁光紀汁考證補璿璣正義竝縣
璣竝疑誤書疏作蓋二丈五尺原作二尺五寸吳校改與書疏合六宗正義五緯
星緯星原倒吳校乙與書疏合幽禜經作宗鄭注讀爲禜書疏引亦作禜柯本作宗蓋依經改下雩禜同
禮比大社官本與續漢志合各本比譌北望于山川集解徐廣曰名山大
川七字各本脫游本混在辯于羣神下今移補揖五瑞揖游本輯集解同孔文祥官本祥各
本譌詳柴宋本毛本柴各本柴同律度量衡正義漢律麻志官本有麻字合
龠官本與漢志合各本合誤十本起於黃鍾之重官本有兩字與漢志合爲摯正
義孤執二字考證據國語注增執鶩各本譌鹿考證據國語注改驩兜正義扶翼
今本神異經作杖翼御覽七百九十引同禽獸禽字考證增與神異經合三危正義三峰三字
考證增與後漢書西羌傳注合羽山正義曰云二字當衍其一而崩集解皆小字二字

札十一　七

原誤山考證據漢書劉向傳改正義郭緣生官本有緣字本漢城陽官本城各本譌郕·
重華正義言其光文原譌又依書傳改瞽叟堯與疏御覽百三十五元龜二十七引史
文竝作瞍今作叟疑非又書傳配字曰瞍瞍無目之稱今正義引竝作叟皆誤也雷澤正義龍身
人頭原誤龍首人類依海內北經改淮南子墬形訓亦作人頭陶河濱正義或耕二字吳補
與水經河水注合何必定陶方得爲陶也舜之陶也斯或一焉原脫
上也字舜字錯在爲下考證據河水注改兄弟孝慈志疑云與上下文不接疑衍讓畔正義
韓非子歷山之農原脫非字山字之譌云考證據韓非子改得其利志疑云左傳無依下
文例三字衍后土集解地官原誤也吳改與左傳注合使布五教曽刻使作以渾
沌正義有腸直而不旋原作有腹直短四字吳改增與神異經合抵觸之觸原譌角
脫之字吳改增與神異經合則往原作而行吳改與神異經合北海之帝爲五字原脫考證
依莊子補檮杌正義豬口牙左傳疏引無口字今神異經有御覽九百十引作口有豬牙縉

雲正義字書字字吳增饕餮正義頭上原倒吳乙與神異經合豕老弱者
四字吳增與神異經合饕單饕字吳增與神異經合三凶正義此條王本柯本在不才子下凌
本在饕餮下依文義移訂後放此不復記四門正義以賓禮衆賢也吳校補禮字賢下刪
之字與左傳注合徧正義內言之官也句上脫龍又錯在徧下吳徑改內言爲共工非分
職正義又如字官本有又字嗟然凌本倒誤五刑正義言得輕重之
中正也凌脫言王柯脫得依書傳補朱虎熊羆正義二臣名名譌也吳校改與書
傳合王本二譌云秩宗正義漢書百官表見王莽傳改太常改字吳增稺子
集解稺胄聲相近句上原衍孔安國曰依撰異刪正義長也官本與書傳合各本也譌
子以歌官本與書傳合各本以誤也歌長言歌舊刻游本毛本作謌注同宋本注亦作謌正
義以導官本與書傳合各本譌詔百獸正義不音福尤反官本不音云此集解不服不
氏音也案各本作下疑正義單本出服不二字而注云下音福尤反後人刪其所出字而散隸史文遂不可通此合

札十一　八

刻之弊也服不服之獸也官本有上服字與周禮注合畏忌正義言己凌本有己
字王柯脫民各伏得其實伏御覽八十一引作服鳥夷正義注鳥或作島
此四字藝集解文今本佚封弟正義營道營字依陽湖孫氏輯括地志補本泉陵縣本字
原誤作此大二字依水經湘水注改自黃帝至舜禹皆同姓正義釐音力其
反姞音其吉反儇音在宣反十五字原錯在黃帝紀其得姓者十四人下案史文無釐
姞儇三字此爲集解作音宜在此今移正釐原作僖僖無力其反集解本作嬛也儇亦誤从女竝正帝繫姓
正義繫音奚計反此下原衍五帝德云云四十字乃索隱文官本無
夏本紀文命索隱蓋古者中統作質王本同正義汶山王柯汶譌汝茂
州官本州各本譌洲殛鯀正義黃熊官本熊各本譌熊下同克勤其惡宋本禹
傷先人父鯀功之不成受誅父鯀疑衍御覽八十二引作禹傷先人之功不成受誅
乘檋集解直其泥上以通行路其字疑衍漢書溝洫志注御覽八十二引竝無卑

涇 毛本涇它本溼 壺口集解縣之東南 縣誤懸下索隱同今正案此條全同索隱小司馬注本以補裴不當相襲蓋傳寫錯亂今不能別各仍之後放此不復記 正義吉昌 各本誤常吳校改警云後壺口雷首正義作吉昌 在岐州 在字依陽湖孫氏輯括地志增 鳥夷皮服集解東北之民賦食鳥獸者 書疏引鄭注北作方賦作携疑此誤 入于海 禹貢漢志並作河 雷夏集解縣西北 官本凌本有此三字 賦貞集解下下 宋本毛本同書疏云貞即下下 爲第九也它本作中下非 漆絲集解桑蠶 官本有桑字與書傳合 濟漯索隱漯陰 漯字考證據漢志增 東武陽 東字單本脫 堣夷 宋本舊刻本作堣本古文也索隱本作嵎蓋後人依今文改見撰異 濰淄索隱都昌 原倒依禹貢疏引地理志及水經濰水注乙今漢志亦誤 正義濰山 濰字吳補與郡縣志合 厥田斥鹵 錢氏史記拾遺云瀉斥義同不當重出禹貢漢志皆無此後人妄增襍志云集解徐廣曰瀉一作澤又作斥鄭玄曰斥謂地鹹鹵後人加厥田斥鹵四字移鄭玄曰八字於下加索隱二十二字又於貢鹽絺上加厥字甚謬撰異說同 索隱鹵音魯云云 單本無 萊夷

索隱 單本無 檿絲集解中琴瑟弦 中下衍爲字吳刪與書傳合 其蓺 毛本 索隱艾山 艾譌汶考證據汶水注改 蒙陰縣西南 南字吳補與漢志合考證說同 東原集解今東平郡即東原 宋本作今東郡有東平 夏狄 宋本舊刻本毛本並作狄王柯凌本作翟 淮夷集解淮夷二水 毛本下有名字 夷民也 夷字吳補與書疏及釋文合 通于河 志疑云菏之省 三江索隱浦陽江 官本有浦字與釋文引韋昭合 蕪湖縣西南東至會稽 原作蕪湖東北至會稽吳增改與漢志合 陽羨縣入海 縣下原衍東字吳刪與漢志書疏合 震澤正義澤在蘇州西南 南字吳補德清胡氏禹貢錐指引同 其草惟夭其木惟喬 撰異云其惟字地理志無後人增之 集解少長曰夭喬高也 此亦書傳文上當有孔安國曰字 三品集解銅三色也 疑句上脫金銀二字 羽旄 宋本舊刻本旄各本作毛 集解象齒 書傳牙 織貝集解細紵 書傳作紵疏云細紵布也 織之即成矣 書疏引鄭注成下有文字 九江索隱按尋陽記九江者烏江

蚌江烏白江嘉靡江沙江畎江廩江隄江徧江 釋文引潯陽記沙作源廩作稟隄作提 張須九江圖所載有三里五畎烏土白蚌 釋文引作張須元緣江圖一三里二五州三嘉靡四烏土五白蚌六白烏七箇八沙隄九廩無五畎又通典州郡門注引作張須九江圖疑須貞形近而誤釋文元即九字之譌而又衍緣字 沱涔索隱濳出漢中安陽直西 案漢志漢中郡安陽鬻谷水出西南北入漢此直字疑南之誤而又錯在西上 雲土夢爲治 柯凌本與索隱本合錢氏三史拾遺引宋熙耿梁本同它本作雲夢土辨見撰異 索隱楚子濟江入于雲中 原作昭王寢於雲中考證依左傳改 惟箘簵楛 毛本簵它本並作簬 南河 中統游本倒誤 瀍澗索隱朁亭 官本朁各本潛凌本刻作替與漢志合 正義又東合伊水 東原作各依孫輯括地志改 滎播 宋本舊刻作潘與說文合段注謂潘正字播叚借是也然小司馬謂播是播溢之義則所見史文作播 汶嶓索隱一云汶山 山字吳增與封禪書合 在蜀都 郡吳改 西縣 中統王柯本有西字 正義溢滎 原譌洛考證依唐志改郡縣志同 西傾

索隱行羌中入南海也 南字吳增與漢志合郡縣志同 正義臨潭 原譌澤吳改與郡縣志合 黑水西河索隱地說 中統本地各本譌他 涓汭正義涓州 二字吳補 漆沮正義岐漆山 漆字當衍 石川水 石字孫輯括地志補與水經沮水注合 十三州地理志 地理二字當衍 南有涇渭 渭水注作西有涇渭 灃水索隱而水經以遺水 單本遺譌虛依中統本改各本作沮 鄠縣東南 東南原倒吳乙與漢志合 敦物 中統惇物 索隱華山 漢志作垂山蓋小司馬所見本誤 正義一名泰山 泰疑秦字之譌杜子美慈恩寺塔詩秦山忽破碎蓋即此 地肺 原譌胏考證依釋文引三秦記改 原隰正義高平 官本高平各本並倒案爾雅廣平曰原高字疑誤 涼州 官本涼各本譌源 琅玕集解石而似珠者 石下衍名字吳刪與書傳合 龍門索隱夏陽縣西北 漢志無西字書疏引同 正義小積石 原譌山考證改與郡縣志合 皆雍州地 官本地各本譌城 即序 集解皆就次序 下衍之字吳刪與書傳合 索隱西戎在西域 官本有上西字與書

疏合九山索隱內方文原譌峧矣改岐與下文合荊山索隱猶岐原譌峧矣改岍縣西古文以為岍山岐山在十二字矣增與漢志合美陽縣西北北字矣增與漢志合正義岐岫岐原譌峧依孫輯括地志改砥柱砥譌刻本砥集解在冀州之南河之北上之字衍書傳無正義底柱山王柯脫柱变脫山今補在陝州三字矣增析城山变本山本譌縣各陽城縣三字考證據郡縣志增二泉原譌水矣改與沁水注合太行索隱太行山單本脫山字熊耳索隱平氏單本譌盧氏正義華陰縣南原譌界依封禪書正義改郡縣志同陽城原倒矣乙桐柏縣東南五十里桐柏縣三字矣增案郡縣志唐州桐柏縣桐柏山在縣西南九十里道嶓冢正義按孫叔敖孫上衍縣字矣刪內方索隱六安國官本與漢志合各本誤作大國二字敷淺原集解孔安國原誤國語二字考證據書傳改傅陽山傅譌博依漢志改合黎索隱地說單本地譌他正義窮石各本譌名考證改下同七十里十字矣增

札一 十一

與錐指引合臨松縣臨松山原作臨路松山四字矣校改二十三里王本二柯麦本三流沙集解在居延西北在字矣增與漢志合西北志作東北書疏引同水經禹貢山水澤地及郡縣志並同道黑水正義伊州伊吾原作伊吳二字矣增改二千里千原譌十矣改與錐指引合極遠王柯下衍無流二字南海去此官本有南海二字積石索隱停居游本有居字與漢書西域傳合潛行地中四字考證據西域傳補南出南上原衍其字考證刪華陰集解華山山上衍陰字考證據書傳刪盟津索隱在河陽原譌陰考證據下引十三州記改在河上在下衍於字矣刪又改上為北案水經河水注河陽引十三州志云治河上上字不誤降水集解信都南南字衍漢志師古注續漢志及書疏引漢志並無索隱虖池官本虖與漢志合各本雩正義屯留縣西南官本屯各本譌毛西南下衍方字矣校刪至冀州至字矣增逆河襍志云本作迎河後人依古文改而溝洫志同為迎河河渠書贊余東觀洛汭大邳迎河則改之未盡者撰異說同正義集解相向向字矣補與書疏合道瀶索

隱東流原作行矣改與書傳合案阮刻校勘記云古本岳本作行正義始欲孫輯括地志作衍三澨索隱邵原作郎官本改邵與漢志及水經禹貢山水澤地合東別為沱宋本沲集解及馬融官本及字各本譌曰道沇集解垣縣東原倒作東垣依漢志水經濟水注乙縣字官本有索隱溫縣溫原譌濕依王本改與水經注合正義巖下官本巖各本崖既見而伏四字矣校增濟源二字矣校增汜汜疑沇沇東沇原作汜矣校改泲水泲原譌沛譬云當依說文作泲下會汶正義入泲同當鞏縣之北南入于河縣字矣增北南原互誤考證據水經注改陶丘集解定陶西北漢志師古注作西南水經濟水注禹貢山水澤地注詩譜疏引地理志竝同此作北疑傳寫誤正義國都城記官本有城字于汶正義入泲譌沛譬云泲之譌今改官本作濟又東北入于海毛本作北東與經合傳云北折而東也漢志師古注竝同撰異以為作東北者今文尚書泗沂集解泗沂原倒矣乙與書傳合鳥鼠正義名鼵案鳥鼠同穴之鼵徙忽反此作鼣音扶廢反乃別一物張自誤憶非今本傳寫之譌又

札一 十二

東北至于涇舊刻無北字與經文及漢志合疑此衍然水經渭水注引此紀云導渭水東北至涇則所見本有北字矣東過漆沮集解二水名二當作一見阮刻尚書校勘記四奧集解四方之宅官本宅與書傳合各本作邑何服集解為天子之服治田之字衍書傳無納總集解國馬國下衍之字官本無與書傳合武衛集解天子所以安下衍之字官本無與書傳合玄圭正義水色官本色各本譌也太平治漢志云太當為大治要引作大理民正義已見舜紀官本無伯夷鄒平馬氏繹史云當作伯益身脩正義絕句上衍以為二字閩本無眾明集解以眾賢賢字矣增與書疏引合皋朱本毛本與益予眾庶稻鮮食案與亦當作予故索隱別之云上予謂同與之與下予謂施予之予後人以兩予相混改為與益而并改索隱上予之予亦為與不知若作與益則何所為上下而索隱非贅乎蓋古予與二字通用說見戰國策襍志女聽游本下有之字與女輔之女明之句法一例似勝它本毋水行舟王柯毛本行舟倒予辛壬娶塗山癸甲生啟案辛壬錯在塗山上傳寫偽誤

裴引傳文但增四日二字餘無所辨張亦祇依集解爲說似所見本皆不誤小司馬適據誤本不能辨正反謂今文脫漏不思甚矣索隱女嬀各本皆同官本下作嬀上仍作嬀大戴記帝繫篇作嬀而正義引亦作嬀漢書人表作趫吳越春秋路史作嬀今不能定姑從原本脫漏官本漏各本譌陋行樂正義已見舜紀秩宗下此又屬之夔疑誤衍官本無簫韶集解舜樂名官本舜與書傳合各本舜譌舞舜又歌曰志疑云一本無舜字當衍契六索隱六安國官本六各本譌云十年孟子作七年十與七形近易亂疑今本史文傳寫誤下箕山之陽裴云孟子作陰如此處史作十則亦當引異文今三家注皆無辨是所見本尙未誤也箕山集解孟子陽字作陰各本孟子下衍日字作陰上衍一字官本無勦絕勦當爲剿說文作剿辨見撰異帝太康失國毛本帝上空格中康以下同殷紀亦如此此後人斷之收便檢閱耳而周紀又不然今悉依合刻本不空以歸一例少康索隱殺羿單本殺誤射正義以代夏政各本代譌伐政誤篡吳改不恤民事官本有民字有仍氏有字吳補遺臣遺譌貴吳改韋城韋譌衛孫輯括地志改鬲縣官本鬲各本譌高故

札一　十三

鄩城鄩譌鄩吳改劉累正義劉累之故地之上衍舊字官本無遂放正義巢縣官本巢各本譌樂末喜王本與淮南子合各本末作妹封夏正義郟城官本郟各本譌郤斟氏戈氏考異云索隱本作斟戈氏卽斟灌也上氏字衍會稽集解穿壙深七尺毛本二尺殷本紀殷契正義北蒙原作冢吳改下竝同疑本作冡冡譌爲冢也自亳遷于北蒙原譌字也北冢四字吳校改與項羽紀索隱引汲冢古文合有娀氏之女商頌疏引下有也字相土正義宋城縣宋縣二字吳補曹圉索隱糧圉案三代世表亦作曹漢書人表國語韋注竝作根圉祭法疏引世本又云遺圉生根國根國生冥疑皆形聲近似展轉譌衍子冥索隱禮記記字吳增子振索隱核人表垓成湯索隱書曰予小子履六字單本無成湯自契至湯志疑云成湯二字傳寫誤增史詮云洞本無案舊刻本亦無居亳正義亦徙原誤所從依孫輯括地志改柯本亦字不誤索隱採桑官本有桑字與呂氏春秋

合藝文類聚八十八引同毋居伊水官本毋與呂氏春秋類聚合它本作後誤奸字類奸各本干九主索隱始皇等也單本作之屬也專君授君案集解在勞君等君上此倒又下脫寄君各本同女鳩集解言所以醜夏官本言字與書傳合各本作皆昆吾正義長子長下原衍於夏發三字汪引葉氏石君校刪昆吾者衛氏是楚世家集解引世本作昆吾者衛是也大戴記作昆吾者衛氏也畢服畢宋本中統柯毛作必舊刻游本王本作心案說文畢古文畢管子版法解往非畢登宋本作必襍志云古字假借是也心又必之爛文志疑云後書王暢傳引史作畢泰卷陶集解一無此陶字案一無此字四字葢本注陶下而小司馬所見本偶誤在卷下故辨之云卷作衍字陶字是衍後人遂又增陶於此下耳正義坰原誤陶考證改王自至於東郊志疑有衍字元龜六十二引作王至自東郊東爲江北爲濟西爲河南爲淮志疑引史詮謂江淮當互易又云初學記六引作北爲河西爲濟先王言索隱故後單本無後字咸有一德索隱大史公大上單本衍故字上白二字疑後人旁注誤入正文上白見篇末湯崩

札一　十四

集解北東郭吳云金板作東北郭案正義云北郭東大司空御史長卿臨海洪氏讀書叢錄云大司空下不得言御史此本作大司空史御長卿傳寫誤水經汲水注引皇覽作大司空史郤長卿郎御之譌索隱爲漢司空御史據上下文此御字衍外丙卽位三年各本同伊訓疏及孟子疏兩引竝作三御覽八十三引作二疑依孟子改暴虐不遵湯法亂德疑誤當以暴虐亂德爲句伊尹卒正義大霧大原譌天官本據尙書疏引帝王世紀水經注引皇覽改隞御覽引作敖孟子疏引作囂祖乙遷于邢御覽引作耿句疑錯簡當在祖乙立下仲丁書闕不具志疑云句當在仲丁崩上錯簡巫賢凌誤咸故居御覽引作國皆恐毛本皆誤相凡它本不誤毛本確誤者今重刊毛本竝改正而附見於此記傅險御覽引作巖下同正義地理志營云漢志無此文疑括地志之誤沙淵水北出虞山東南逕傅巖出東二字考證據水經河水注增歷傳說歷字吳增與河水注合毋禮于弃道經作無豐于昵集解無非天所嗣常也原作無非天時天時所常祀也考證據書傳增改卬字類

之閒毛本閒作澗太丁御覽引同世表亦作太紀年作文丁言足以飾非治要引作飾是非之譏疑是集解誤入正文愛妲己御覽百三十五引句上有紂伐有蘇有蘇人以妲己女焉二句與國語文合疑今本史有脫節然書疏引亦無妲己之言是從書疏引句上有惟字鹿臺正義衛州二字吳增充仞泰誓疏引作物沙丘正義竹書紀年下衍云字吳刪二百五十三年原作七百七十三年吳改與紀年合大取泰誓疏引作冣各本譌最依考異改蜚治要飛泰誓疏引同刑辟宋本舊刻游毛並同它本倒非炮格宋本格後同各本皆譌烙金陵段氏云江鄰幾引陳和叔云漢書作炮格索隱引鄒誕生一音閣楊倞注荀子音古責反呂氏春秋肉圃爲格高注格以銅爲之諸書皆爲後人改作格矣說見盧氏鍾山札記餘詳禮志索隱格原譌烙依宋本正文改烙下同銅斗官本斗單本譌升王柯凌譌外九侯正義滏陽王本洛陽柯凌本谷陽官本據唐志改羑里正義臑一作羑舊云據此則正義本正文作臑案水經蕩水注引史記音義曰臑里在蕩陰縣是徐廣本作羑以獻紂毛本無以字洛西正義洛西之丹坊等州也之各本譌文今

札一 十五

正剖比干正義主過王本主柯凌作王七發官本有七字祭樂器凌云一本無祭字志疑云衍周紀無白旗洪範序疏引作太白旗案周紀云縣大白之旗此脫大字封紂子紂字宋本王本毛本並錯在上句封比干之墓封字下今從凌本中統游柯並脫書詩宋本毛本倒周本紀弃宋本王柯凌本並作弃治要同舊刻毛本作棄後並放此正義美陽二字考證據漢志增在西北在字考證據漢志增姜原詩生民疏引作嫄御覽八十四引同居期而生子生民疏引作及荓而生棄隘巷索隱是其事也單本事下衍者依各本刪馬牛御覽牛羊屹游王柯屹凌毛譌仡吳校改仡種樹麻菽生民疏樹作殖菽作麥下同相地之宜宜穀者生民疏宜字不重御覽同封弃正義武功縣武功二字考證增與郡縣志合后稷卒集解黑水青水之閒有廣都之野案今見海內經云西南黑水之閒有都廣之野后稷葬焉文小異疑此因下若木條黑水青水之閒而誤抑今本山海經非郭又海內西經后稷之葬山水環之注云廣都之野與此注合不窋卒子鞠立鞠卒子公劉立詩豳譜疏引鞠作鞫

陶公劉疏引作后稷生不窋不窋生鞠陶鞠陶生公劉酒諸疏國語韋注路史引世本並作鞠陶疑今本脫陶字然三代世表漢書人表亦祇作鞠行地宜詩大明疏引行作相自漆正義從漆縣從原譌徙吳改出岐州普潤縣東南岐山漆溪出原譌在脫南字溪誤水依夏本紀正義改自此始王本始宋本中統舊刻游柯毛作後書武成疏引作自此之後御覽作益自此始也國於豳御覽邠下同正義漆縣漆下衍沮考證據漢志刪差弗差毛本羌下同毀隃世表隃祖類索隱諸盩攷異云當作盩盩類聲近乃與御覽以梁山正義在梁山三字舊依緜詩疏補夏陽夏字吳增與緜詩疏合室屋中統作宮室太姜正義國語注注字吳增下太任正義注字同太任集解有呂原誤邰考證據列女傳改正義摯時官時本時與國語注合各本譌時奚仲官本奚與國語注合各本誤溪生昌正義則杜杜上衍不字吳刪與大戴記合遵德書武成疏引遵作之篤於行義毛本於行倒西伯曰文王禮志云衍曰字脫也字文選報任少卿書注作西伯文王也正義虎肩肩原譌眉吳改與宋書符瑞志引讖

札一 十六

書合胸有四乳胸字吳增同上鏊準聽準字吳增孤竹正義孤竹國也孤字考證增墨胎氏原譌黠氏考證據伯夷列傳索隱改增炮格宋本虞芮正義在芮城三字吳增又云二字原倒吳乙入其境至爲卿三十七字吳增與緜詩傳合芮鄉原作城吳改有獄御覽作訟乃如周如御覽作詣入界御覽入其界遂還舊刻無選字蓋受命之君治要有也字緜詩疏引同犬戎文王詩疏引作犬夷正義又云舊云上無所承必有脫誤案集解引山海經云云疑正義亦引之而又更端再引以詳其支系又者又山海經也合刻本以上所引與集解複而刪之文遂不可通并明并今本山海經作弄下同密須正義密後文密康公正義引括地志同秦紀正義作密須國耆國集解一作肌柯凌作阢改法度正義布王號布原譌有依下文改文王詩疏引乾鑿度亦作布當卽此文武王成大事而退王字吳增案此蓋槃梏大傳文駢齒官本駢各本誤駢上祭索隱星也二字單本無正義不豫豫譌愈吳校改坙立宋本毛本作力號曰集解號令之軍

法重者之字疑當在軍法下 殺王子比干御覽引作剖比干 少師彊中統舊刻游毛作強 樂器類聚十二引作祭器 虎賁集解若虎賁獸獸字吳增與書序傳合 太誓中統游本太作泰案太誓疏引周本紀云武王伐紂卜龜兆不吉羣公皆懼唯太公勸之十八字今見太公世家疑孔氏誤憶 牧野集解朝誓之中統之作也今書傳皆無 有國游本友國 庸蜀正義古庸原誤石盧依郡縣志改 姚府何本夌本同王作微鑑 有梁州微濮州瀘府督云疑有脫誤 不答集解問也問字疑誤元龜五引作報也案國語韋昭注云報德謂祭也某氏傳訓當義亦相近 其于游夌作予 馳帝紂師大明詩疏引無帝字元龜四十四作商 倒兵大明疏作戈類聚作干戈 紂兵皆崩畔紂類聚引作紂軍潰畔元龜引作紂軍皆潰畔紂 殊玉王本殊案據逸周書天智玉云云疑殊字是各本作殊玉 正義環身今逸周書環作旋疑誤 揖諸侯正義其心夌本其王柯誤之 商人皆再拜稽首武王亦答拜索隱云云案逸周書克殷解羣賓僉進曰上天降休再拜稽首武王荅拜稽首孔晁注諸侯賀武王也是武王

札一　十七

荅拜諸侯非荅商人史文殘缺錯亂遂來小司馬之疑 至紂之嬖妾二女至元龜作致義較勝然克殷解作乃適二女之所則史文作至非誤 乃出復軍御覽引作復于軍案克殷解作乃出場于厥軍暘即復字之譌下當有于字 罕旗集解旒旗名王柯夌同誤旒上脫九字毛本作旂旗名誤 叔振鐸奉陳常車案克殷解云叔振鐸奏拜假又陳常車此奉字疑當作奏奏進也見廣雅釋詁志云孔晁訓爲行非 畢公把小鉞志疑云畢公誤周書及魯世家是召公 立于社南大卒之左右畢從志疑云周書王入即位於社大卒之左羣臣畢從此誤增右字脫羣臣字或曰之下脫一左字 明水索隱舊本皆無水字案克殷解作明水 膺更大命革殷游王柯夌本膺更下注監本作受四字蓋校者所加今刪案此文亦本克殷解文逸王元長曲水詩注引周書云受大命革殷受天明命與史同今本逸周書失此十字而其注猶存更古作叜每與受相混 正義殷都官本有殷字 鹿臺之財治要作錢武成疏引同梁志云作財者後人依晚出古文改 命閎夭 封比干之墓武成疏引句在表商容下疑今本錯 作分殷之器物此句文不成義疑本

云分殷之器物作分器分器書舊集解引鄭注可證 營丘集解及束及譌乃吳改正與爾雅注合 義今臨淄城中有丘云此文未完疑有脫句見水經淄水注今不具 青州臨淄縣古營丘之地縣古原倒吳乙又增青州臨淄縣五字與郡縣志合案據齊世家正義此亦括地志文 山阜正義居軒轅之丘於山海經云於字衍營云疑當在居下 封召公正義薊城內原誤薊則二字考證據水經注改 在幽州在字考證增 宗國都城記官本有宗字案附志國都城記二卷不著人名撰五帝紀夏紀正義引作徐才宗國都城記餘祇作國都城記似即徐才宗所著而宗上脫徐才二字 叔鮮正義叔鮮鮮字考證增 商邑正義因公警云疑以之誤 不顯集解不顯亦不賓成原作誠吳改與逸周書度邑解合刻毛本並作不顯失亦不賓滅失語不可曉 索隱亦不賓成成字吳補 定我西土宋本有定字索隱本中統舊刻游毛元龜十三引並同王柯夌脫 方明正義至武王至于周原作爲至周三字吳增改 居易毋固易字度邑解作陽據集解正義疑所見本亦作陽 索隱言

札一　十八

自言字單本無 正義都之原倒今乙 三塗集解太公度邑解作周公 陸渾縣中統渾各本譌澤縣字考證據左傳注增 正義西北二字考證據漢志增 在洛西北官本西各本譌而 恆山恆字考證增 桃林正義夸父官本與山海經合越世家引同各本譌作本火 國宏正義所宏王本脫宏字 亦醜毛本亦上多王字 武王有瘳後志疑云下有闕 伐誅武庚管叔類聚御覽引管叔上有殺字梁志云後人刪之 衛康叔正義餘民柯夌有餘字書傳無 魯天子之命案依書傳當有作嘉禾三字後人以其與下複而刪之然文義不完魯世家有 其事在周公之篇志疑云公是書之誤 殘奄正義泗水孫輯括地志作泗州當是 奄里原譌至孫輯改 度制中統游本倒 作康誥案當作康王之誥 江上正義船解王譌鮮 辛游靡辛譌卒吳改與御覽八十五引世紀合 王道衰微御覽引句上有而字 臣名也官本有臣字與書傳合 纍命正義應劭云云此注已見集解字句全同不當複引疑合刻誤屬正義又疑上尚書序云十三字亦集解文而今本脫之 燔德宋本毛本同王

柯凌作耀訴載柯凌作戴天子曰正義申穆王官本有申字各本脫何敬集解
所宜乎凌本平與書傳合各本作也具備中統游本倒正義視眊原作眇吳改與周禮
注合貌報官本與周禮注合各本譌艱數喘凌本喘與周禮注合各本譌端官獄索隱惟
官凌本有此二字與經合無僩不疑經作聽撰異以爲作疑乃今文案集解但引晉傳索隱正義亦
無辨是所見本皆作聽今本傳寫誤否則如上句惟訊小司馬作音矣段說殆非又疑裴時訊亦本作貌故亦但引
傳文黥辟索隱鋝各本譌鍰考證據周禮注改倍灑集解一作蓰凌本有蓰字各
本脫公行下眾各本作公行不下眾注云國語列女傳皆無不字案據韋昭注劉向頌及正義引曹大家
則不字衍今刪志疑說同正義公之所封王柯脫行字凌脫所字辟方世表無辟字王風譜
疏引此紀與今本同夷王正義烹齊哀公于鼎各本烹譌翦鼎譌昴吳改與紀年合御覽
八十五引同芮良夫游王柯譌正猶日官本日與治要合天聖本國語同各本譌曰用事
小大雅譜疏引作使用事覲國人莫敢言小大雅譜疏引莫作不道路集解相盼
中統凌本盼它本作眄國語注同游譌盻瞽獻曲各本譌典依天聖本國語改注同說詳志疑傳語
集解不得達各本譌言吳改與國語注合語王各本作士國語注同吳改國莫敢出
言小大雅譜疏引作國人不敢出言二相行政御覽引二相下有其字共和正義王
子靖柯凌作請王死于彘小大雅譜疏引死作崩復宗周小大雅譜疏引復下有歸字
虢文公正義東西孫輯括地志改四九十里三字王脫不可索隱人之
繁庶各本人字與下事之共給事字互誤依國語改姜氏之戎集解西夷國語注作戎
料民集解江漢之間原譌漢江之門考證據國語注改仲山甫正義三十
五里四字王脫宮湦王柯凌毛作湼幽王二年國語三年西周王誤州伯陽甫
集解伯陽父宋本毛本與國語合亂之御覽倒必山崩汪云國語漢志必山字倒國
亾國語漢志同中統舊刻游毛倒變愛正義故城柯本有故字愛之御覽引作而篤愛之
莫敢發之襍志云文選幽通賦注運命論注引並作莫之敢發列女傳同既亂志疑云國語作未既

齔此缺未既齔者齒未盡毀也集解而毀齒也官本有齒字與國語注合烽燧宋本毛本與字
類合正義烽土櫓也案魏公子列傳集解引文穎曰作高木櫓櫓上作桔槔桔槔頭兜零以薪置其
中謂之烽此土櫓疑即木櫓之譌文而上下茹有脫字胡三省通鑑注引文穎作土櫓王用之又廢
申后去太子也申侯怒襍志云王用之與上用事複本作王之廢申后去太子也因衍川字
後人遂加又字治要引作王之廢后去太子也御覽引作幽王之廢申后去太子也案王風譜疏引與治要同王說
近是然元龜百八十引王川之上有而字小大雅譜疏引皇甫謐云褒姒與虢石比而譖申后及太子八年竟以石
父譖廢申后逐太子則王川之三字指此一事與上泛言用事不同非復衍文字則或誤或衍耳雅譜疏引申侯
怒上有故字文氣自貫古人引書容有刪節未定今本之必非與繒治要王風譜疏引與上有乃字正義
古侯國禹後王本無此二字柯凌有攻幽王治要王風譜疏小大雅譜疏御覽引並作共攻
幽王驪山下驪王風譜疏引作麗小大雅譜疏御覽引作驪山之下字類引作酈盤木作麗俗附邑旁酈讀
鄭知切者乃魯縣非驪山字各本它篇亦雜出不能悉改也正義王本脫此條明秦藩柯凌本有東遷
于雒邑黍離疏引作東徙雒邑御覽引作乃東徙雒邑辟戎寇御覽引末有也字周室衰
微諸侯彊并弱黍離疏引作周室微弱諸侯以彊并弱御覽引作王室餘同洩父王風譜疏
御覽引洩作泄鄭怨據正義云苑鄭大夫似所見本作苑與經傳合然今各本皆作怨志疑云說文宀部有惌
字云宛或從心則怨當爲惌案鄭世家非公怒周非禮與魯易祊許田疑怨是怒之譌又怨怒義亦相近或不煩改
字正義經合刻竄亂未足爲據正義不能復柯凌有能字與杜注合任許州任字吳增孫輯
括地志云玉海引有在字四十里柯凌有此三字祊城下複衍城字依柯凌刪莊王佗王風
譜疏御覽引作他子釐王御覽引釐作僖下同正義謚作毋涼也謚疑謚上脫皇甫字
此注當在惠王閒下奪其大臣園以爲囿御覽元龜引作奪其大臣爲圃之田以爲囿燕
衛師御覽引作燕衛之師犇溫正義五大夫官本五各本譌王樂及徧舞襍志
云御覽引樂及徧舞上有遂享五大夫五字今本脫叔帶正義甘水甘原譌有吳改與水經注合
伐滑正義滑國都費原作滑故國都吳改與杜注合南東孫輯括地志倒案秦本紀正義

無字南厲公爵集解與鄭宋中統毛本誤作之今以小怨弃之志疑云節錄國
語疑脫可二字不來誅王誤諸珪瞢御覽引作珪瞢踐土正義在城柯凌作王城瞀
云以下文推之當有脫誤有踐土臺踐土下王本有一七兩字柯凌本作一十疑卽土字譌衍官本無
三十二年官本云三十三年之誤合左傳及年表證之自知志疑說同陸渾正義在秦
晉晉字考證據杜注增徙之之字吳增與杜注合泄心官本云晉語作大心案泄疑當作世古世大同
州二十年官本云左傳及年表景王二十五年脫五字志疑說同欲立之正義出水
原倒吳乙與杜注合四十一年志疑云案左傳在哀十七年爲敬王四十二年四十二年敬
王崩御覽引作四十三年與年表合定王介御覽引作貞定王集解貞定王官本有定
字索隱彌縫單本作遺於誤得也單本作得其實也五百載索隱凡五百
二十六年案此謂秦襄公七年下至昭襄王五十二年也單本脫五字各本有合十七歲封霸
書同攷異云秦紀七十七歲老子列傳七十歲皆傳寫之誤志疑云漢郊祀志水經注十九皆作七十案顔師古注

郊祀志已辨之正義邑之秦之字吳增十年志疑云烈王在位七年此傳寫誤赧王延
索隱名誕單本作延誤爾雅曰中統有日字分治索隱分主官本主各本作
王之地二字單本無徙都正義從王城東徙成周從徙原互誤吳乙改下同
王赧原倒吳乙賀之志疑云國策賀作資上文亦云以地資公子資字傳寫誤以疏之於秦
正義周親秦秦字王柯作我疑誤借道正義上借音精夕反下音子
夜反此蓋單本正義出借道二字而注上音精夕反又出下文恐借二字而注下音子夜反合刻既删借字又
仍上下二字而復跲幷爲一而令周不受正義令秦疑周親韓官本令各本譌今韓
字吳增而令周不敢不受韓地也下不字疑衍爲辭於秦索隱以
魏兵單本脫以字攻南陽正義河北二字吳增與杜注合說韓正義蓋或
官本蓋各本作及疑乃之譌說韓王令按兵韓字吳增雍氏正義臣雍父臣父
二字吳補與孫據括地志合韓徵甲與粟於東周案國策在西周策文無東字趙僴

離石集解西河郡有蔺離石原脫郡字有下衍趙字考證據漢志增刪正義藺
近離石劉云近字疑誤楚有養由基者中統游本吳校金板無者字詘右宋本毛本
詘作絀而復之索隱入梁也單本梁下衍之字正義戍周柯凌戍周譌伐
最索隱音詞喻反則當作冣今本並誤作最養地正義城父當依集解作父城必有罪
正義以上至至字吳增則令不行矣正義故禍王攻周周字吳增以
上至至字吳增懸狐索隱何主中統作王正義秦遷東周君地各本譌也
今改滅東西周志疑云西周已滅於赧王五十九年此與年表皆多西字卜居居九鼎焉
王風譜疏引作卜居之遷九鼎焉豐鎬宋本毛本鄗葬我畢志疑云我是於之誤蓋引書序周
子南君正義元帝初元五年嘉孫延年原作元鼎三年嘉弟昭吳改與漢書
元紀合建武十三年封於觀十字吳增與後漢書光武紀合於字吳增爲周後三字
吳增與漢書注合

秦紀生大費秦風譜疏引大作太下又重太費二字乃妻之秦風譜疏引乃作遂集解
賜元龜百八十五引作錫柏翳秦風譜疏引作伯翳大廉秦風譜疏引作太廉鳥俗秦風譜疏
引作谷鳥身人言志疑云鳥身上似脫仲衍二字遂世有功御覽八十引無遂字五多
顓王本多作爲王風譜疏引作名爲紂石北方志疑云水經注述此事言飛廉先爲紂使北方御覽
五百五十一引史記亦曰時飛廉爲紂使北方傳寫誤爲石證說同案據集解則皇甫謐所見本已誤爲壇
霍太山而報得石棺案水經汾水注云飛廉先爲紂使北方還無所報乃壇於霍太山而致命
焉得石棺銘曰云云蓋與史文大同彼文致命卽此文報字史當以爲壇霍太山而報絕句正義或於皇甫謐說以
而報得石棺五字爲句非謂報云作得石棺非史義賜爾御覽作汝騄耳索隱騟騎騄耳
今穆天子傳作踰輪綠耳御覽八百九十六引同西巡正義十六國官本有十字前涼
官本涼各本誤梁珠璣鏤飾鏤譌樓下衍嚴字吳校改與御覽三十八引十六國春秋合徐偃
集解地理志曰毛無日字正義孤獨母各本作無因母譌爲毋而再誤也今依趙世家

正義改後漢書東夷傳注同生時正偃故以爲名吳增時正以爲名五字與博物志合黃
龍柯凌本與博物志合王本黃誤成一日千里毛本有此四字據正義引古史考則史文當有女
防秦風譜疏引作妨與漢書人表合下同太几秦風譜疏元龜百八十二引作大几與人表合下同大
駱秦風譜疏引作雒與人表合下同適子成中統無適字申駱正義重直龍反
四字原錯在言申駱重婚下今乙諸侯或叛之元龜引或作咸西垂正義西縣原誤
郡縣考證據封禪書正義改元年以宋本無此三字戎圍犬丘世父志疑云二字衍雒
邑秦風譜疏引作洛邑正義雒諧官本諧本誤邑各賜之岐秦風譜疏引作岐山下文又引
無山字各三祠上帝志疑云案年表及封禪書三當作一上當作白西畤索隱自以
居西畤西畤縣名兩畤字當衍西縣名三字疑當在下句故作西畤祠白帝下卜居正
義毛萇云鄜地名也詩傳無此文吳徑改毛萇爲秦紀恐非凌本無鄜地名也四字陳寶
正義寶雞神疑當作祠是爲寍公志疑云秦記作寍公索隱引秦本紀亦作寍公則寍字以

札一　二三

形近致譌案漢書人表亦作寍公梁說似是然秦風譜疏水經泒水注元龜百八十二引史皆作寍公則作寍之本
已久蕩社集解蕩音湯社一作杜志疑云蕩即湯古字通西戎亳王號湯湯在杜縣後
人以杜字注其下混入正文又譌爲社立六年宋本無立字晉滅霍魏耿案十二諸侯年
表及晉世家事在晉獻公十六年當秦成公三年疑此文錯簡非紀載之誤索隱系曲沃條上則已同今本索
隱此不言魏史闕文耳晉云據此則史本無魏字正義但釋霍耿則所見本亦同合刻本據
左傳增魏遂刪索隱此文幸尙存於單本而其出史文仍有魏益亦後人妄增杜預注至姬姓二
十八字單本作杜預曰霍在河東永安縣耿今河東皮氏縣耿鄉此亦合刻本據杜注增雍廪齊世
家作雍林人禚志云本作雍林人此後人依左傳改正義雍於宮反廪力甚反禚志云雍
字不須音正義既作雍林又不當有廪力甚反之音此皆後人所加是雍林邑人姓名也禚志
云雍林邑人正釋雍林人三字則不得又以雍林爲姓名此亦經後人改竄坙宋本中統本游本柯本竝作坙
字類引此文同芮伯正義州芮城縣案郡縣志芮城縣貞觀元年屬陝州故芮城在縣西二十

里古芮伯國也此州上當脫陝字御蠱正義穀久積各本久誤皆依玉篇改密畤正
義祠炎帝原作亦祠黃帝吳校改與水經渭水注引太康地記合孤竹正義竹國竹上
當有孤字周紀正義引亦無伯夷列傳正義引有繆公任好案上節索隱云宣公已上史失其名今按
系本古史考得繆公名任好則此史文任好字係後人據索隱增以璧馬賂於虞故也既
虜百里傒宋本無此十三字秋繆公自將伐晉戰於河山志疑云河曲之
戰在秦康公時此十一字衍梁芮正義故滅二國之君凌本故作又繆公問
怒曰御覽三百八十三引作繆公問而怒曰臣子與往毛本臣作臣中統王柯凌本臣下注監本
作吾此校者所注今刪殽阨正義殽音胡交反各本譌作故交反今正鄭販賣
賈人正義賣麥卦反服賣疑衍賣音當在下文將賣下弦高集解人姓名
中統毛本無此注凌本在上節正義下疑校者旁注誤入問伐戎正義韓安國云二十
八字此文見漢書韓安國傳原脫安字今補案所引與伐戎全不相涉疑當注後文開地千里下錯簡在此

札十　二四

王官集解皆晉地王柯凌皆作此正義上文云官本云字各本譌公地東官本
不誤各本倒人謀考證云秦誓作謀人疑此誤倒正義以中忠三字疑涉下正文而誤衍百
七十七人黃鳥詩疏引此文作七十人與十二諸侯年表合子輿正義左傳云子
車氏子輿秦風作子車疏引左傳作子輿而今本左傳亦作子車作文音居孔疏亦不言作輿之本正義此文
徑引左傳子車云云不言同異則所見左傳竝作車不作輿也使隨會正義韋昭各本譌韓昭
云此周語注文也今改晉正卿凌本首有隨會二字取武城取誤於吳校改與左傳及年表合
其公索隱名猳考證云春秋名稻年表名和此疑誤十年楚莊王服鄭志疑云十
乃七之誤景公立索隱始皇本紀作哀公哀當爲僖於中正義南陽
縣酇云縣下楚鄭世家正義竝有北字哀公立索隱始皇本紀作畢公今本秦紀
作畢公惠公元年中統游本譌三年是爲悼公游本吳校宋板有是字吳敗齊
師志疑云哀十年左傳乃齊敗吳師案吳齊世家竝與左同疑此吳齊互誤渭南志疑云六國表作渭陽

立其弟懷公索隱生昭至靈公單本中統本並無此十六字蓋合刻所增十三年城籍姑靈公卒志疑云靈公在位十年卽卒於城籍姑之歲三字衍案元龜百八十二引作靈公十年卒與秦紀及年表合中統游本籍作藉簡公昭子之弟索隱本宋本中統王柯並無子字而懷公子也正義今史記謂簡公是厲公子警云據此則正義本文懷作厲案索隱本作懷與今本同惟秦記謂簡公是靈公子索隱亦已辨其誤蓋此注史記字當作秦記厲公當作靈公河西正義西者秦州西縣櫟志云如正義則正文無河字城櫟陽正義櫟陽漢七年警云櫟陽二字衍合七十七歲吳云上七字衍黼黻字類引二字與正義諡例合桓十四年穀梁傳釋文及干祿字書亦引之蓋當時有此俗字張習鄒誕生前已從岀是也今本多從備蓋後人所改魏晉櫟志云魏字後人所加晉卽魏也魏得晉故都故自稱晉國南有巴黔中志疑引明程一枝史詮曰本巴作巫巴周秦非楚地一元里正義祁城在同州澄城縣界此覆衍上杜平注蓋誤案元和郡縣志太原府祁縣故祁城在縣東南五里咸陽正義秦

孝公考證增孝字四十一縣志疑云四字疑誤年表及商君傳並作三二十年中統無此三字馬陵正義深峻考證據通鑑集覽增峻字與魏世家正義合卽此也也疑當作地商君正義商州商洛縣在州東八十九里通鑑集覽引作商今商洛縣在商州東九十里案商君列傳正義作商洛縣在商州東八十九里鴈門正義二十八里韓世家正義作十八里而卒吳云宋板無二字集解漢書曰注與漢書百官表大同吳改爲徐廣曰未知所本五千石千字疑誤韓非子定法篇作五十石六官大夫七公大夫官公原五誤吳改與百官表及劉昭續漢志注合陰晉二字中統游本不重皮氏正義一里八十步下文秦以垣爲蒲阪皮氏正義同魏世家正義作一百八十步縣義渠志疑云漢文是年義渠爲臣非爲縣也曲沃正義在陝州縣孫云州下脫陝字案魏世家正義作在陝縣北河中統游本倒樂池正義音池疑作沱秦使庶長宋本無秦字申差正義韓將軍軍字與今本年表合韓世家作鯁各仍之中都西陽志疑云此與表同誤趙世家作西都

中陽是漢志地屬西河郡若中都屬太原西都屬山陽未可相混正義謬將泥集解將一作莊案六國表趙武靈十一秦敗我將軍英此注將一作莊疑泥一作英之誤或後人誤憶十三年虜趙莊而改樗里疾六國表樗甘懷侯傳作樗惟此紀獨作樗各本皆同字類亦引之姑仍其舊斬首萬宋本下有級字其將犀首走志疑云五字當在降之下丹犂正義姚府官本與周紀正義合各本姚誤桃楚越集解一作趙案越爲楚威王所破久矣作趙是舉鼎絕臏御覽三百八十六引作舉龍文赤鼎絕臏而死又五百四十八又七百五十六引同惟無而字疑今本有脫文上庸正義竹山山誤邑依元和郡縣志改新市集解晉地記地誤帝吳改景快六國表楚世家並作景缺上文拔新城正義引同今本惟此文作景快各本皆同或傳寫誤然殺景缺在昭襄七年而此在九年疑是錯簡抑別有景快耶今仍其舊金受疑倒正義云秦丞相未知所據封陵正義武遂近平陽地也王脫近字柯凌脫遂字警據上城武遂正義補攻新城正義將而凌本與白起傳合柯本而誤兵王蒲阪皮氏正義故城官本城與魏世家正義合各本誤作縣

十九年王爲西帝案表書十月爲帝疑先秦改十月爲歲首當始此說在下二十一年集解徐廣曰有牡馬生牛而死吳云宋板牛作羊案漢書五行志引史記作秦孝公二十一年有馬生人昭王二十年牡馬生子而死上條今見六國表而下條紀表皆無疑史有逸文牡馬卽父馬子卽駒子字與牛羊字形近致譌疑此文本作牡馬生子而死則史記正文與漢志合當在上二十年下其秦地有父馬生駒乃集解所引徐廣語後人不察誤以正文入注校者又移入二十一年岐之中又有岐矣伐齊河東志疑云河東上疑有脫字古史作取河東侯丹復相侯疑當作魏或侯上脫一穰字光狼正義二十里柯凌無此三字鄢鄧正義柯凌脫南郡正義柯凌脫襄陵正義柯凌脫晉大夫譽警云據水經汾水注當作郤譽武安君正義柯凌脫潞州警云潞當作洺潞州無武安縣唐初武安當屬洺州也五十里案元和郡縣志作五里未知孰誤若伐楚楚字依志疑史詮補黔中正義柯凌脫反我江南毛本反作伐胡傷志疑云穰侯傳作陽趙策作易卽古陽字魏入南陽正義懷獲嘉縣官本云懷下並有州字

南陽郡正義而居陽地案穀梁傳水北爲陽故云居陽地也王本而作旧居作名傳寫之譌
柯凌而字未誤今依釋名改剛壽正義龔巳原譌龔巳依穰侯列傳正義改閼與正義
聚城趙世家正義作落銅鞮原譌鍉依趙世家正義改洛州洛原譌潞依趙世家正義改芷
陽正義鹿原案郡縣志京兆府藍田縣白鹿原在縣西六里此脫白字攻韓南郡攷異云南
郡非韓地志疑云年表及白起傳作南陽是葉陽君官本有君字志疑引一本同集解一云
華陽志疑云華形近葉傳寫致譌華陽君乃昭王舅芊戎悝乃昭王母弟高陵君此紀有脫誤不然將以芊戎
爲公子悝矣正義書涉反書原譌車葉字無此音依廣韵改四十八年十月案上
四十二年先書十月後書九月此年先書十月後書正月大事記古文尚書疏證謂秦先世已嘗改十月爲歲首是
也自此年以後復用夏正故下文書其十月云云遂不以爲歲首而四十九年先書正月後書其十月文甚明白志
疑乃以四十二年之十月爲七月之誤四十八年之十月爲衍考之未審矣伐趙武安毛本下有君攻
二字案六國表趙世家不載此事白起傳但云王齕攻皮牢拔之蕬武安二字涉上而衍後人又增君攻字攻

鄭志疑云疑鄭字晉楚流死正義按此時無楚軍志疑云楚軍卽楚救邯鄲之兵
楚世家稱救趙至新中可證死當讀爲尸古通用拔寗集解一作曼宋本有一字負黍
正義今河南府縣也案郡縣志開元元年改洛州爲河南府陽城縣萬歲登封元年改名告成
此注縣上當有告成二字若周紀正義引括地志則云陽城洛州縣也負黍亭以下與此同亦時疑倒九
鼎正義其一其作然考證改吳城正義虞城官本虞字各本譌廣虞山官本山字
與郡縣志合各本譌下孝文索隱子莊襄王四字單本無中統同成皋正義古
東虢國東誤之孫軏括地志改與郡縣志合高都汲正義汲故城官本有城字十
二邑十二上王有六字柯凌有七字考證刪案六七疑皆之字之譌四年志疑云莊襄無四年乃三年之
誤案王齕攻上黨六國表書在三年不誤此四年二字涉上四月而衍觀下文五月卽接上文四月其證也三年上
已書何必複出五十一年志疑云始皇十三而立踰年改元在位三十七年年五十安得五十一案疑本
作年五十衍一字又誤倒耳二世索隱秦自襄公至二世凡六百一十

七歲案秦襄元年甲子至二世三年甲午凡五百七十一年此六當作五一七二字當互易單本作二十七更
誤矣而注別舉之警云此注字不知何所指疑有集解而缺失也
秦始皇本紀王齮索隱卽王齕王柯凌誤作騎依秦本紀及白起列傳改單本無此
三字四十九年各本四誤二依秦本紀及白起列傳改晉陽反元龜百八十三引在元年下
元年合刻本皆每年提行亦後人取便檢閱耳中統舊刻游本皆連前文毛本此紀亦連今從其式以歸一例
後放此不再出十月庚寅案顏項衞十月戊辰朔二十三日庚寅表作七月誤河魚索隱家
蟲案漢志作劉向以爲魚孽也此有誤垣蒲陽正義垣作垣垣音袁案此宋人諱桓
因并及垣而缺筆非正義有異文也王柯凌所諱宋本皆如此仍其舊以見當時坊刻之謬四月上宿
雍集解案上下文皆稱王此不當忽稱上上蓋王之譌文此集解當在二十八年上問博士曰下後人妄移
於此裴言司馬遷記事當言帝則依違但言上然則此時秦未稱帝不得言上而其注亦不當在此上矣車裂
正義咸陽宮考證云通鑑作萯陽咸疑萯字誤四月寒凍志疑云四月重出史詮云當更

日是月案疑本作是月後人因正義四月建巳之文而妄改之坐嫪毐凌本嫪譌繆云一本作譽舊刻本作
譽案譽疑舉之譌迎太后集解天下亢直疑有誤今本說苑作六枉令直御覽百三十五
引同以秦之彊諸侯御覽八十六引作以秦之强覩諸侯疑今本脫翕御覽無三十萬
金御覽引三作四我布衣御覽七百二十九引下有也字固止御覽引下有之字宜安正
義常山凌本山各本誤州內史騰考證云六國表作勝始皇帝母上下皆稱秦王不得
突稱始皇帝且母字正承上文來無須再稱此亦後人妄增王賁攻薊志疑云年表及王翦傳王賁擊
楚此薊明是荊之譌淮南正義昌平也案此上有脫文蓋謂前秦相國昌平君也卽越君
正義楚威王已滅疑下脫越字誅遂破之誅遂疑倒遂定其荊地襍志
云其字涉上而衍至于萬世王本于譌千誤說具襍志旄旌節旗正義旌音精
旄音毛旗音其據音似正文先旄次旌下又云旄節者編毛爲之又似以旄旗旄節連文而音又先
旄後旗恐皆有錯亂分天下御覽八十六引下有之國二字集解三十六郡者毛本脫者

字下衍謂河南上中地六字金人十二御覽引句上有鑄爲二字置廷宮中考云一本作宮
廷襍志云文選過秦論注御覽皇王部引並作宮廷通鑑秦紀二同周閣御覽八十六元龜百九十六引並作
閣雞頭山正義平高二字考證據唐志增回中正義岐州雍縣四字原作
雍州二字考證據通鑑集覽引增改焉作信宮渭南襍志云焉字下屬爲句立石與魯
諸儒生議刻石頌秦德議封禪望祭山川之事鍾山札記云上鄒嶧
山下卽當云刻石頌秦德其辭曰云云頌後接與魯諸生議封禪望祭山川之事其立石二字與議刻石之議立石
封之石皆衍案嶧山碑辭今史記本無立石封祠祀集解於泰山上立封禪
而祭之據此注則正文無石字如盧說下引瓚曰積土爲封謂負土於泰山上爲壇而祭之益知石字衍
不懈於治元龜百九十二引於作爲案爲猶於也見王氏經傳釋詞建設長利史詮云吏誤作
利案元龜引作吏三萬戶志疑云水經注二十六御覽百六十並作二萬戶案續漢郡國志引史作三郡
縣志引作二今趙戴二家校水經注亦作三蓋依史記改琅邪臺下臺字疑誤水經注郡縣志並作山又

案水經注述此事文與史略同而較詳但不云史記郡縣志引史記御覽與彼文同疑今史文有缺佚正義有
琅邪故疑脫城字吳越春秋越字今補復十二歲水經注郡縣志作年作琅邪
臺正義今琅邪臺此注脫誤有立石刻考云一本無刻字案御覽八十六引無維
二十八年八譌六吳校改誅亂吳云宋板誅作去不用吳云宋板作以銷立名爲
皇帝吳云宋板無爲字隗林索隱隗姓林名有本作狀者非案據下引
顏之推說似小司馬以作狀爲是其所據史本作狀當云隗姓狀名有本作林者非然今各本並作林單木出正文
亦作林注云作狀者非疑經後人改竄顏氏家訓書證篇云史記隗林諸本皆作山林之林則舊本皆林字作狀之
說發於顏氏云徵之秦權未必果得其實存疑可矣而誹此舊刻本無而字武斷正義少習
商縣少字考證據杜注補不怠索隱亦以怠與臺爲韻案越語范蠡語以怠來災
之爲韻無臺字此蓋乃來字之誤考作時亦非嘉平索隱今此云茅濛初成者案今
集解引謠歌無濛字蓋又後人所刪高誓正義亦古仙人志疑云封禪書羨門子高與郊祀志

羨門高是一仙人名張揖司馬相如傳注云碣石山上仙人也分羨門高誓爲二人大誤案梁說是也然誓字不可
解非衍卽誤或有脫文碣石門集解一作盟志疑此注當在誓字下壞城郭決通
隄防志疑引陳太僕兆崙云二語與上下不貫當衍陰山集解在五原北水經河水注作
陶山引徐廣史記音義曰陶山在五原北是酈所據史文及注並作陶今史本作陰而音義止存下四字案蒙恬列
傳集解引徐廣曰五原西安陽縣北有陰山陰山在河南陽山在河北陶陰形近易混此陶本當作陰後人改之今
殿校本水經注兩陶字亦並改陰正義之欲反原誤府今改三十四縣志疑云表作四
十四匈奴傳同此誤陶山北假中河水注引作據陽山北假中案蒙恬傳云於是度河據陽山匈奴傳
云又渡河據陽山北假中二文相同與河水注合據上文云並河以東屬之陰山是正河南此云渡河取高闕是在
河北正與徐廣陰山在河南陽山在河北說合然則此文當作陽山因舊本上文陰山誤作陶而幷此陽字亦誤爲
陶矣田常六卿之臣李斯傳作忠輔拂治要御覽四百五十一類引並作弼李斯傳同字
相救中統游本作助非忠臣治要下有也字李斯傳同恐儒所知治要下有也字異取

元龜二百十八引作趨偶語詩書者者字依吳校宋板補與同罪御覽八十六引作與之同
罪下有諸文學之書捐除之八字城旦集解四歲刑刑字原誤也考證據通鑑集覽引改若
欲有學法令襍志云欲有當爲有欲法令下當有者字李斯傳作若有欲學者通鑑秦紀作若有欲學
法令者復道御覽作複道下同治要水經渭水注引並同麗山治要驪山下同恬倓字類引作
俠中統游柯作惔它本作淡乃令御覽百七十五引作命梁山宮正義秦始皇起
疑紀之譌弗善也中人或告丞相御覽八十六引弗作不又百七十二引作不善之中人以
告丞相皆殺御覽百七十二引作斬博士雖七十人吳校宋板無雖字使者從
關東御覽八百六引使者上有有字襍志云文選西征賦注引作鄭使者從關東來初學記地部上引作鄭客
從關東來漢書五行志同皆有鄭字來字案王者有來字是也下文云謁者從東方來句法一例今年志疑
云搜神記作明年文選西征賦注初學記五引政作明年上許之御覽八十六引作始皇許之海渚
御覽作梅渚正義同安同譌周考證據唐志改浙江集解其流東至會稽

山陰而西折故稱浙原作江水至會稽山陰爲浙江考證據漢書注改極常志疑云文帝名恆何以不諱案元龜百九十二引作典常詐謀索隱刻石文作謀詐作謀原倒今正飾省凌引余有丁曰省字或作眚案徐廣云省一作非正義云省過也余說近是和安毛本倒敦勉中統游本作誠江乘正義謂濟渡也官本如此各本誤作渭京兆也問占夢御覽引問上有以字榮成山正義卽成山也成字考證增而病中統游本作疾其賜死襍志云其字後人據李斯傳增御覽引無雖萬世世不軼毀札記云當在極廟下奉酎襍志云酎當爲酎漢制以八月嘗酎蓋本於秦祠始皇廟中統游本祠作祀遵用治要引作尊用史詮引洞本同管中事御覽六百四十五引中作重實不服治要引下有也字不及謀治要引下有矣字闕廷御覽四百四十七引作朝廷鉅鹿正義離圍趙王歇離上當有王字減省正義上色反案上色反當有誤疑史本作省減正義出此二字作音云上色景反合刻者誤刪之今本又省減倒遂不可通土堦正義一作垍一原誤不依襍志改不轂正

義又皆角反又上當脫一音或言鹿者襍志云者字衍治要後漢書文苑傳注御覽職官部獸部引竝無乃齋中統作齊下同欲祠涇御覽八十六引下有水字坐幃中統游本作帷稱病御覽引作疾三族高家御覽引作夷三族約降御覽作納降鉏耰索隱單本無秦王志疑云當作始皇下五秦王同案陳涉世家竝作始皇飾法治要飭法變化有時襍志云宋本作應時治要諸祕本賈子皆作應案中統游本作應囊括集解結囊也各本結誤括依漢書陳勝傳注文選過秦論注改索隱注同單本無此條而中統本及合刻各本皆有此四字姑仍之重士治要重上有而王廖索隱呂氏二字今補常以宋本毛本嘗以卬關陳涉世家作仰關與新書漢書合蓋本作卬形近譌爲叩文選同逡巡遁逃志疑云世家文選無逡巡字新書作逡巡漢書作遁巡無四字連文者案周禮司士注士皆逡遁鄭固碑逡遁退讓逡遁卽逡巡之異文疑本文或作逡巡或作遁逃後人兩存之讀者不察又增逃字於下耳世家文選作遁逃漢書作遁巡疑皆傳寫誤師古遂音遁爲七旬反集韻收入逡字下恐未必然斬華索隱亦出單本脫二字什伯志疑云世家漢書文

選竝作阡陌此作什誤案如世家索隱梁說似是然裴集解引漢書音義及如淳說則裴所見本作什罷散治要疲散鉏耰治要耰棘矜集解矛槿治要漢書陳涉傳同如淳漢書注作晉灼句戟長鎩治要長鎩矛戟集解鉤戟似矛上三字依文選注補方上鉤曲也選注無方字鉤曲原倒無也字今依選注改增千乘之權志疑云各處作致萬乘之權以養四海志疑云新書云以四海養異也襍志云異上當有無字裂地凌本裂作表云一本作裂威德志疑云案新書臧乃盛之譌襄公立此秦記係後人附益宋本連上王柯竝同今依凌本毛本提行葬車里康景凌云康景疑衍或下有闕文案上文康公葬竘社景公葬丘里南疑車里在康景二字閒脫闕字右秦襄公依王本提行毛同孝明皇帝各本連上凌本低一格今改提行其位

索隱木火之閒火字考證增

項羽本紀下相正義猶豫猶各本誤宜考證據唐書地理志改櫟陽索隱漢史疑世梁掩其口曰舊刻毛本竝脫曰字會稽守通御覽八十七作商通竝本作殷通宋

人諱改後并刪之慴伏索隱讋失氣也舊刻本中統游王柯竝同漢書正文與注竝作讋案說文讋失氣言傳毅讀若慴疑索隱有脫文凌徑依正文改作慴非欲與連和中統游毛竝有欲字凌引一本有令史集解丞史毛本作史人中統作丞吏竝誤蒼頭索隱本作倉頭景駒集解文穎舊刻作如淳彭城正義彭祖原脫彭字祖誤相考證據楚世家正義刪改逆無道凌云宋本逆上有大字案漢書有胡陵集解今胡陵毛本譌陵改曰胡陵高紀索隱引作陸案漢志山陽郡湖陵莽曰湖陸應劭曰章帝封東平王倉子爲湖陵侯更名湖陵是莽改湖陸而章帝復其舊名應劭以漢人言漢事當不誤而續漢志云湖陸故湖陵章帝更名似因湖陵後復稱湖陸而誤水經泗水注引漢志及注竝與今本同藏本徑改兩陵字爲陸矣入薛正義滕縣各本滕下衍國字依通鑑注引刪田文各本譌曰官本不誤又三戶正義善識王凌譌識繇午各本作譌起誤依索隱本改辨見襍志從民所望也御覽二百七十九引作以從民欲也別攻城陽攻異云當作成陽濮陽東正義古吳官本云昆吾之誤西北至定陶襍志云北

漢書作比定陶在東阿西南不得言北文選王命論注引無西字趙歇爲王陳餘爲將志疑
云餘時在鉅鹿北此四字衍不進正義築甬道屬河官本有屬字與傳合諸侯將
毛本重此三字諸侯皆屬焉志疑云諸侯下漢書有兵字三歲毛本年三戶集解
梁淇水經濁漳水注引作期在鄴西三十里濁漳水注引作四十里殷虛集解
此汲冢據索隱及水經洹水注此冢當爲北冢之譌妄人增汲字是舊殷乎中統作墟沛公
兵十萬中統游本作十餘萬毋從俱死也梁志云從當爲徙漢書作特蘇林曰特但也特但徙
一聲之轉飯生集解土垢反南宋本垢毛本后籍吏民中統游本脫吏字籍何
以至此中統至作生與高祖紀合與飲柯本與作舉收其貨寶中統游本寶作取衣
毛本紬倒先下河南郡志疑云漢書無郡字此衍鄱君字類引作番君都邾正義
二十里郡縣志黃州黃岡縣故邾城在縣東南一百二十里俠居至魯隱公徙蘄音
俠原譌狹依左傳隱元年疏引譜改案譜云周武王封機俠爲附庸居邾水經江水注江水又東經邾縣故城南

札一　三十三

楚宣王滅邾徙居于此此文俠居下有脫飾又正文無蘄字正義遂爲集解作音今亦缺矣西楚霸王
正義淮以北沛陳汝南南郡官本與傳合各本以南陳誤郡脫下南字又以
齊梁反書遺項王南宋中統游王毛本作羽五諸侯兵正義漢欲王本下衍
令字凌無與漢書注合今羽聞漢東王本羽下衍乃漢下衍王撥發官本有撥字胡陵
正義徐州二字疑涉下節注而衍貨寶御覽引作寶貨與漢書合睢水正義過郡
西行千二百六十里王本郡下衍其行下衍一兩字末衍者矣兩字至左蕭集解
注之注原譌柱考證據漢書注改漢之四年志疑云此下敘事前後倒置不但與漢書異并與高
祖紀不同恐係錯簡漢之四年當在後擊陳留外黃句上觀漢書高紀籍傳自明廣武正義戴延
之西征記官本與通鑑注引合各本之下衍側字相去百步續漢郡國志注引西征記作二
百步汴水從廣澗中東南流案汴水不閒經廣武澗水經濟水注云濟水又東經廣武城北
夾城之間有絕澗斷山謂之廣武澗疑濟本作汴形近譌爲汴粗食御覽八十七引作道臨廣武間

藝文類聚九引作澗案正義及續漢志注引西征記水經濟水注作澗是也今本史記漢書並作間誤志疑說同
項王怒御覽三百十引下有甚字百姓豈有歸心御覽二百七十九引作豈有所歸心哉與
漢書合又三百八十四引亦有所字大司馬咎長史翳塞王欣皆自剄汜水
上志疑云高紀及漢書紀傳皆無翳塞王三字此後人妄增盧學士云三字必非史記本文槪下但舉咎欣可知
翳舊爲都尉不爲長史又欣稱塞王則翳亦當稱翟王皆不協鴻溝正義在滎陽東漢書注作
東南平國君正義乃肯見依史文則乃字誤續云疑當作不邦國各本邦譌郡考證據
漢書注改匿弗肯復見五字與上下文不按漢書高紀無疑後人依注竄入因其機漢書高紀
及漢紀作幾古通毛作飢御覽二百九十引同垓下正義老君廟各本脫官本云並有廟字今
廬江之古舒城各本之誤則依通鑑注引改九江正義分爲九江九原譌北
考證據漢書地理志改數行正義行戶郎反原作色郎反涉上色陝反而誤今正快戰
凌作決戰誤烏江正義注水經云江水又北左得黃律口注原譌江

札一　三十四

水上脫江字得譌傳依方輿紀要改紀要刪左字非也餘詳仁和趙氏校水經注江水篇補注西之正義
難視研之視漢書注作親御覽引同吾爲若德王柯若作汝御覽引同分其地王凌
無故字志疑云班馬異同無中水正義易縣官本縣各本譌渡吳防正義棠谿
棠原譌唐考證據吳楚世家及正義改涅陽正義涅陽故城故下各本有地字官本云衍
皆項氏中統游本無氏字何興之縣也舊刻何下有其字毛同非用兵之罪
也毛脫也
高祖本紀太公索隱名煓各本作煓字書韵書無煓字後漢書章帝紀注作煓它官反與
湍音合新唐書宰相世系表同今依改母曰劉媼索隱本作母媼與漢書合疑曰劉二字衍正義
無取官本取各本作汲其先劉媼四字漢書無亦疑衍蛟龍漢書作交龍遂產類聚
十二引作生隆準集解文穎據漢書注及索隱當作李斐黶子正義柯凌
本子王誤而仁而愛人類聚引作寬仁愛人與漢書漢紀合泗水梁志云當依漢書作泗上類聚

御覽引竝作上正義有寓室案周語作壐寓塱此脫誤有醉臥類聚引醉上有飲字御覽八十七引作時飲酣臥與漢書合數倍集解讎亦售舊刻本末有也字與漢書注合折券索隱小司寇案文見天官小宰而云小司寇者以秋官士師有正之以傅別約劑之文而誤憶也大手書手原誤字依小宰注改縱觀正義包愷裴本愷柯譌慢王乃呂后也乃類聚引作郤與漢書合生孝惠帝中統本有帝字與漢書合類聚及班馬異同引俱有魯元正義漢制各本倒今正告歸集解印紱漢書注作紱義同夫人天下貴人類聚引有也字與漢書合孝惠類聚引有帝字與漢書合魯元類聚引有公字與漢書合主皆似君漢書似作以師古曰不當作似疑云宋書符瑞志亦作以夜乃解縱類聚御覽引乃作皆與漢書合舊刻夜乃倒夜徑類聚作經御覽八十七同而三百四十二引仍作徑斬蛇類聚引作之正義當佩之劍官本有劍字十五里官本與郡縣志合各本作五十里誤欲告之索隱本作告蓋所見舊本如此今本作皆竝依注改以厭之御覽八十七引厭下有當字與漢書合漢紀無芒碭集

解其閒也毛無也字正義碭縣碭下原衍陽今刪雲氣正義京房易兆候案隋書經籍志周易飛候九卷又六卷竝京房撰類聚一御覽八竝引易飛候云視四方常有大雲五色具其下賢人隱正與此文合兆當爲飛之誤然天官書正義引此文亦作易兆候姑仍之顏師古曰水經睢水注作師曰此衍心喜御覽引作又喜與漢書合以應陳涉上作勝此作涉當有一誤欲以沛應涉御覽引作勝壹敗舊刻一敗珍怪御覽引作奇怪與漢書合故上赤游本上作尙至戚索隱千笠反戚字無此音笠疑笠之譌泗川志疑云川乃水誤周市來攻方與六字疑衍司馬尼南宋本作尼字類引同與漢書合它本作尼作尼竝誤屠相正義故相城官本城各本譌地數月志疑云案月表及漢紀立懷王在六月攻亢父在七月只隔數十日疑月當作日復振集解振迅毛本迅誤退銜枚集解枚狀枚毛誤銜至城陽與杠里漢書讀句同案如淳云秦軍所別屯地名也則與杠里三字屬下爲句史詮云時秦軍屯杠里漢軍與對壘故曰夾壁蓋本此秦軍夾壁南宋本舊刻王本夾作來疑誤破魏二軍魏字誤史

詮云當作秦漢書作其楚軍出兵擊王離大破之志疑云方欲沛公入關不應忽入楚軍漢書無此十字當衍守宛正義故城官本城各本譌地引兵御覽作引軍與漢書合更旗幟御覽引更下有張字黎明漢書作遲明師古云史記遲作邌案今各本竝作黎索隱本出正文同無不下者御覽引作無有不下者西陵集解提陵所封陵字依南宋本補十月正義己未年十月原譌七月今改封漢王官本有封字初至霸上之月官本有月字各本脫又之上衍戰字今刪皇帝璽正義璽令施行璽字上下當有脫文天子之璽以發兵天子二字妄增青璽白素裹原誤作青布素白素考證據續漢輿服志改抵罪集解李裴考證云漢書注作李奇案諸集解案次第下案字妄增與漢書注合函谷正義其水山原壁立疑有脫誤郡縣志引西征記云其中劣通東西十里絕岸壁立五夜往南宋毛本無往字生此生字南宋中統毛本同與漢書合王本作玉亦生之譌凌作至案疑生與至皆出之誤正月正義當時時誤是考證據漢書注改王巴

蜀漢中集解三十二縣舊刻作四十二縣漢書云四十一縣漢紀同據漢志漢中郡十二縣蜀郡十五縣巴郡十一縣則共三十八縣都洛陽南宋中統游本洛作雒蝕中索隱說文作鐍器名也案說文無鐍字集韻六豪云鐍鉀銅器類篇同中統凌本作鐘柯本鍾皆誤有大功御覽二百八十三引有作成南浮正義從是東行官本是各本誤務陳平之計中統游本無之字漢軍絕食中統游本作乏食漢常困御覽引困上有中字且得休御覽引下有息字疑依漢書增輒河北御覽引輒作平漢得休御覽引下有息字蓋亦依漢書漢王堅壁舊刻有王字凌引一本及御覽引同漢王跳索隱超通爲跳義本說文玉門集解徐廣曰錢云曰當作注案如錢說此是後人旁注非集解文疑楚漢久相持楚漢毛本倒乃與公乃與當乙疑鴻溝索隱北征記云單本作水經云今水經無此文合刻本作北征記案後漢書獻帝紀注引裴松之北征記正與此注合今從之大破之舊刻無大字隨何志疑云何字衍漢書無案項羽紀亦作隨劉賈高祖王御覽引作漢王與漢書合皇帝御覽

引作漢王與漢書合下同楚兵不利御覽引作楚兵退淮陰侯復乘之御覽引作信復乘之正義扶富反原誤侯富反今改項羽卒聞漢軍楚歌漢書作羽夜聞漢軍四面皆楚歌項羽本紀亦作夜疑此卒字誤漢軍下各本有之字凌云一本無志疑云衍今刪甲午集解二月甲午毛刻如此南宋本舊刻王柯皆無二字凌本但有二月兩字案疑史文不書二月故徐廣據漢書注之故德番君舊刻德作封天下大定舊刻大作悉夫運籌策御覽八十七引策作於志疑云留侯世家亦作策劉敬敬未賜姓宜如漢書稱婁敬或史公以下文不書賜姓事故省文稱之御覽此處所引皆同漢書劉亦作婁蓋參班文不足據校十月燕王臧荼反志疑云十乃七之誤酈齊正義言齊國形勝次於秦中各本作齊之遠國次秦今依通鑑注校正近齊各本譌濟今改信因與謀反與下王柯毛凌有同字南宋中統游本無故趙將志疑云信本傳云趙苗裔漢紀云趙後則將乃後字之譌平城正義蹋頓當作冒頓然各本皆作蹋仍之長安索隱扶風二字單本無南宋中統游本有未央宮正義公車司馬

凌本有馬字與漢書注合無賴集解江淮淮各本誤湖考證據漢書注改孰與仲多御覽引作與仲力孰多皆呼御覽引作稱與漢書合東往南宋本倒立子恆攷異云文帝名再見高紀一見呂后紀景紀四年立皇子徹七年皇太子名徹皆後人所加會甀索隱漢書作缶音作保非也攷異云沛郡蘄縣有垂鄉即此會甀也隸書垂似缶故漢書譌缶孟康讀會爲檜保之檜非讀甀爲保小顏未達小司馬又承顏之謬洮水全氏經史問荅云九江左右無洮水蓋泚水也泚水見水經陳涉案楚隱王卽陳涉也此二字蓋讀者旁注誤入正文志疑云漢書詔詞無蓋諸帝王皆不稱名也索隱以隱王爲楚幽王大謬提三尺劍柯凌本提作持何益御覽引作亦何益崩長樂宮御覽引崩下有於字集解年六十二各本作六十三此誤依御覽引改此閒南宋本此作比案荀悅漢紀直云此四人者則此字不誤立太子案此謂太子卽帝位也將相表於孝文元年書立太子後七年又書太子立疑此文立字亦當在太子下葬長陵志疑云錯簡當在丙寅句下呂后本紀及留侯策御覽八十七引及下有用字出射御覽引有雉字飲之御覽

引作而飲之犂明孝惠還襍志云當作犂孝惠還言比及孝惠還也漢書外戚傳作遲帝還無明字晉世家犂二十五年與犂孝惠還同義煇耳御覽引作燻漢書外戚傳作熏迺召孝惠帝御覽下有來字孝惠御覽下有帝字其戚夫人御覽其作是人所爲御覽人下有之故有病御覽作疾迺令王柯凌本無令字起泛索隱泛也泛不當仍訓泛疑覂之誤漢書武帝紀夫泛駕之馬師古曰泛覂也字本作覂後通用耳案食貨志大命將泛玉篇而部引作覂云謂覆也孝惠帝崩集解年二十三毛本作二誤呂台呂產呂祿志疑云南北軍不容三人將漢傳無呂祿心安中統游本心作必從欲南宋本從各本作縱魯元公主薨至張敖也志疑云廿六字當在南宮侯句下封齊至妻之志疑云十七字當在二年呂王嘉代立下蓋呂嘉以二年十一月嗣章以五月封也襄城中統游本作城它本譌成下同軹侯正義濟源各本誤終原考證據泰本紀正義改風大臣毛本風誤封常山至名義志疑云十八字當在呂嘉代立下蓋呂在十一月常山在七月也案如梁說當以朱虛次呂嘉以常山次朱虛贅其索隱表

作當作志酈呂城各本譌成今正時無子舊刻無時字有身御覽引作娠爲太子御覽爲上有以字帝壯壯字疑衍皇后子御覽子上有之字壯卽爲變吳云元板卽作則永巷中御覽作於永巷中治爲萬民命集解一無此字案漢書呂紀無爲字命字皆衍以太后制王柯誤剬劉氏危襍志云危古魚戈反不與妃韵漢書高五王傳作微己丑日食晝晦志疑云漢書作己丑晦日有食之案頃術段術皆三月庚寅朔漢書是也頓侯太志疑云漢書異姓恩澤二表皆作大師古無音史記譌爲太案通鑑亦作太據高后掖高后二字疑後人所增魯元王偃志疑云漢書張耳傳無元字是也此紀及耳傳並誤增下文魯王偃句不誤案通鑑作魯王偃年少中統游本倒五百戶集解將帥中統游本作相軍北軍上軍字當作居漢書正作居北軍通鑑同辛巳志疑云通鑑目錄辛巳是八月朔當日麻法疎安知不以爲七月晦案二術八月皆辛巳朔與通鑑合漢書七月承史誤梁因下文書八月而改疑實則八乃九之譌遺詔集解子弟弟字吳刪遺諸侯王書南宋本無王字朱虛中統游本下有侯字呂氏

所立三王索隱本有所字漢書漢紀並同八月庚申旦庚申距辛巳四十日不得同月二衍
九月皆辛亥朔庚申九月十日也將相表九月誅諸呂是其證通鑑作九月是平陽侯問之以呂
產謀告丞相平志疑云十三字與上下文不接且前已言平陽侯馳告丞相太尉矣重出當衍漢書
無已去北軍吳云元板下有之趙二字已殺產吳云元板已殺呂產今已誅吳云元板
今上重產字壬戌以帝太傅食其復爲左丞相案七月辛巳晦食其免相爲帝
太傅卽高后崩之日也九月壬戌復爲相後九月復免壬戌庚申後二日將相表作丙戌誤也通鑑考異以壬戌爲
誤非母家駟鈞鈞字涉下而衍南宋本中統本並無淮南王吳云元板南作陽法駕集
解上所乘曰所字曰字考證據獨斷增皆駕皆字考證據獨斷增二十三年崩諡
爲孝文皇帝此後人妄增房戶御覽引作閒房罘南宋本
孝文本紀嗁血索隱無盟歃事字類引史文云嗁古歃字疑是集解文索隱以此與
呂后紀嗁血盟異義故辨之而今集解本佚矣豪桀中統游本作傑盤石毛本盤索隱本漢書漢紀並同

札十　卅九

它本作磐一節御覽八十八引無一字大橫集解庚庚橫貌也李奇曰庚
庚兩庚北宋本與漢書注合各本皆不重至啓各本至譌王考證據漢書注改乃天子御覽引下
有也字與漢書合高陵正義與樂宮各本誤作與宮二字依下索隱引改補案今本三輔黃圖
及水經渭水注宋敏求長安志引並作長樂宮京石水中渭水注引作橋之北首壘石水中長安志亦作
壘疑本作衆因譌爲京忖留官本有忖字與渭水注長安志引合腰以上腰渭水注長安志並作背
疑彼文誤陰安集解侯信各本誤終考證改頃王后集解林光與漢書注合呂
后紀樊噲傳作臨光並各仍之壬子中統本誤午太尉身率中統游本作卒涉下而誤弗歆
亭吳校宋板弗各本作未莫長焉各本莫下衍不字索隱本無與漢書合考證據刪志疑說同填
撫中統游本作鎮撫乃循從代來功臣何氏讀書記云漢書循作脩是志疑說同壯武
集解景帝中四年中統游本四誤元各三百戶漢書同北宋本舊刻三作二誤申
徒北宋中統游毛本並同王本剜改屠它本作居案元和姓纂申徒引風俗通云本申屠氏隨音改爲申徒尸子

云狄夏賢也莊子申徒嘉兀者漢有申徒建襍志云酷吏傳有勝屠公索隱引風俗通義曰卽申徒衞尉定
志疑云漢書紀及百官表作足周陽侯正義二十九里與外戚傳正義合柯凌本二作三
建國千餘歲襍志云歲字因上治安皆千餘歲而衍此謂千餘國非謂千餘歲漢書無歲字志疑說同
十二月望日又食集解按漢書及五行志無此日食文也
案下文帝詔亦祗言十一月晦不及十二月漢書一同疑誤衍說具志疑句以告朕句各本作白字形相
近而譌考證據漢書改傳道索隱本與漢書合各本誤倒籍田中統游本藉田相讓集解
不斗南宋中統本並作必古通計遺計當依漢書作詔中統游本作諸蓋詔字之誤列侯中統游本
諸侯欲以游本爲邛都正義本邛都國邛字考證增本秦嚴道道字考證
增案疑道下當有縣字都尉卬集解匈奴所殺案此四字疑當在其子上縣長襍志
云縣當爲緜漢書作緜緜亦緜也壇毛本並結軼各本軼下並注音轍二字疑校者所增中統游毛無
句注集解枉腸門陰館各本脫枉字北宋本舊刻脫館字並依漢書注補細柳集

札十　四十

解石徼各本同漢書注通鑑注今本三輔黃圖並同毛本譌右徼孝文皇帝從代來至
興於禮義志疑云此總敘文帝諸善政當在後七年未襲號曰皇帝下錯簡兵器集解服
虔曰三字考證據漢書注增發民晉刻民御覽引同與漢書合它本作人唐諱改釋服集解
細布衣毛本服孝景皇帝中統游本此以下提行疑此亦後人所增除肉刑上文云去
肉刑此不當複出當依漢書作除宮刑與下出美人爲類所謂重絕人之世也志疑以其複出疑上去肉刑爲去田
租案漢書亦作去肉刑不誤世功世字各本皆同漢書亦作世惟凌本作曰蓋校者所改
孝景本紀在代時御覽八十八引作初在代乙巳志疑云二字衍乙巳先乙卯十日不應賜
爵在前亦不應相隔多日案漢書四月赦天下賜民爵一級不書日武陵志疑云功臣表及漢書表傳皆作武
陽此誤集解鄒誕生案鄒誕生南齊人裴氏無由引且其文全同索隱此俗本兼采二注而誤入者
後凡類此者不復出北宋本誕生二字作說亦非秋志疑云上已書八月何又言秋當衍深者二尺
襍志云者字因上句而衍初學記御覽天部引並無熒惑逆行守北辰月出北辰間

志疑云熒或何山守北辰月何山出北辰閒史譌索辰疑戍之誤拾遺以為戉非也辨具漢志置南陵及內史祋祤為縣志疑云當云置左右內史及祋祤為縣嬌雒陽索隱雒陽漢書作淮陽單本如此下云災故徙王於魯也文義本明各本誤以災字上屬遂於淮陽下加王宮二字而刪去雒陽字大失小司馬意楚王戊正義二十一年反官本有反字王卬正義齊悼惠王各本下重悼惠王三字衍官本無平昌侯平字考證據年表增辟光正義淄川官本川本譌州各雄渠正義故白石侯立各本白譌自立譌五官本不誤遣袁盎中統游本遣譌遺平陸侯禮禮上各本衍劉字索隱本無弋陽志疑云易陽之誤地理志可證津關集解音檄傳之傳之原作而依明南雍本改長公主北宋本毛本脫主字隆慮索隱單本無趙綰志疑云以衞綰為趙綰盧學士云趙字後人妄增下嘉渾邪嘉布皆不書姓馳道正義天子道秦始皇作之三丈而樹道字三字依秦始皇紀集解補十二月晦日有食之漢書景紀作十一月庚寅晦五行志同案殷術十二月辛

卯朔顓頊術庚寅朔則此文二字當作一名徹二字疑後人旁注誤入周昌子子當作孫尺八寸中統游柯尺作赤古通列侯正義徐盧各本作慮考證據年表改僕黜各本作日考證據年表改周亞夫死當作免志疑云將相表免十侯志疑云十乃五之譌正義亞谷亞原譌王考證據年表改隆盧隆原作龍考證據年表改盧字年表作慮索隱本亦作盧陳蟜陳下原衍留考證據年表刪中大夫令令字考證據漢書百官表增正義中大夫令官本令各本譌分以御史大夫綰為丞相封為建陵侯志疑云當云以御史大夫建陵侯綰為丞相衍封為二字七緵正義六十緵各本作縫官本云緵字之譌十月志疑云十月不當書三月後史詮謂七月之譌日月皆食赤五日志疑云或疑食字衍當合下作皆赤五日漢書紀志皆不言日食晦雷集解一作雷字又作圖字北宋中統游本雷作書案書乃雷之譌圖乃雷之譌也作書作圖則義不可通故徐云未詳天廷索隱龍在左角在字疑即左之譌衍天官書索隱引無置陽陵凌云置一作并志疑云作并是史詮云此三字當在上文太子即位

何前錯斷盎封太后弟在三月而孝景之非在二月癸酉去甲子崩纔十日爾豈不以謀哉王柯脫謀字

孝武本紀索隱自河閒單本自上衍是字號氏字類補遺引號作褫與漢書郊祀志合今本作號蓋後人依封禪書改平原君集解曰君毛本日誤為是時而中統游柯作有祠竈索隱髻原誤浩依莊子音義改音詰原譌誥依莊子音義改金錢帛舊刻無帛字與封禪書及漢書郊祀志合柏寢正義振窮乏振各本譌服蓋俗作賑而譌也今依韓非子改致物毛本二字不重安期正義一丘官本丘各本譌垂食巨棗舊刻毛本竝作臣是也封禪書此字北宋本舊刻本亦竝作臣與郊祀志合它本作巨誤五帝正義國語考證云此春秋文耀鉤文見周禮春官疏國語無神斗王本汗麥本污或本作協皆汁之譌而汁又斗之譌也今依五帝本紀索隱正義及漢書注改考證說同用羊祠毛本用作宜白金正義錫為官本與漢書食貨志注合各本譌鉤馬以續先王舊刻世豈天地地字毛缺皆言葉校宋本無書

字為書北宋中統游王柯毛竝作為此亦古字之僅存者凌本改為非誅文成正義有使者王本有譌曰鼎湖索隱韋昭云云字當衍各本無至不愈至字疑即上致字譌衍封禪書郊祀志竝無發根集解在臨淮淮浦也北宋本舊刻竝重淮字與郊祀志地理志合置壽宮神君疑當作置神君壽宮故孟康曰更立此宮也下云又置壽宮北宮是其證然郊祀志文與此紀同封禪書正作神君壽宮而其上又作置酒壽宮疑酒壽宮三字後人所增大夫封禪書郊祀志竝作太一疑此誤北宮舊刻宮作兩誤一二數集解黃龍鳳皇毛本無四字與今郊祀志注合以奉先王祀焉吳云元板祀上有祠字不相中得不相中即不相得益謂者別注得字混入正文封禪書郊祀志竝無故吳云衍諸侯耳游本無耳字我何愛乎中統游柯愛作愛人者求之吳云元板者作自迹屬於道中統游本吳校元板迹上有相字夜祠其家舊刻宮搤捥毛本腕祭云集解鷙之毛缺鷙字或曰祭鼎乎封禪書集解作或者祭鼎也鴞烹封禪書作亨鴞集解索隱皆先釋烹後釋鴞似當如封禪書然郊祀

志作鬺亨注引服虔曰以享祀上帝也蓋此文當以皆當鬺亨上帝鬼神爲句古享字烹字皆作亨致相混耳疑史文當作鬺亨社亾正義使不通不字考證增與漢書五行志合危亾亾字依漢書五行志補自堂徂基正義告充已各本脫告字已譌包依鄭箋改補不虞攷異云古虞吳通漢碑亦有不虞不揚之文今封禪書作吳乃後人據毛詩改索隱一曰各本譌口依說文大徐本改制曰可中統游本制作詔上幸雍索隱本無幸字與郊祀志合中統本作上上雍疑後人以上字複而改之封禪書與此同漢書褒志云當作上幸雍宛侯攷異云封禪書作宛朐蓋地名濟陰宛句縣是也漢志作宛侯宛朐宛之譌侯句音相近區對曰黃帝此黃字似衍封禪書郊祀志並同受此書申功王本作公中功曰游本作公功空桐北宋游本崆峒五帝壇北宋本無壇字夕月集解郊泰一畤王毛譌時竹宮凌毛譌行竹滿壇王柯毛多蒲字宋本舊刻凌本並無祐福兆祥中統游本祐福下多也字蓋卽兆字譌衍頌祀封禪書作秋郊祀志同此祀字誤告禱中統本誤作以譸及筮篌瑟瑟字疑當在及上與二十五弦相屬封禪書瑟上多琴字疑衍

郊祀志與此紀同議封禪正義以報天各本報譌放依白虎通改射牛集解示親殺也中統本末有事見國語四字蓋涉宋索隱文它本無比悳毛本比譌此然后去封禪書作祭后土郊祀志與此同二四中統二譌三治邸正義佳擬佳疑準之譌無風雨畱各本句首衍旣字舊刻及吳校元板無與封禪書郊祀志合巡自遼西舊刻無自字其星各本皆同索隱本無其字據注似所見本本無北宋本作塡星疑依郊祀志增封禪書作旗星祝祠舊刻祀泰祝中統游王柯毛作況見天子封禪書見上有欲字郊祀志同設怠封禪書怠慢郊祀志怠嫚雞卜集解雞骨宋本毛本骨尖校元板同它本譌用殿防索隱本作房封禪書郊祀志同若有光云毛缺若西河凌本倒誤公玉索隱音語錄反語疑許誤昆侖中統游本作崑崙度爲中統游本下衍作字唐中北宋本唐作商案郊祀志亦作商中注云如湻曰商中商庭也師古曰商金也於序在秋故謂西方之庭爲商庭蓋別一本然與索隱皆引如湻而不同不可解虎圈正義今在官本今各本譌天漸臺正義故曰漸臺各本脫漸字官本脫臺字

今補井幹索隱一本作斡音疑音下有脫字不然則衍寓馬北宋本寓與封禪書合各本作耦索隱本作耦而注引孟云寓寄龍形及姚氏云寓叚也則所據本作寓與郊祀志合後人改耦耳行親郊游本無行字中統無親字十二樓集解此仙人北宋本有此字名曰迎年北宋本有名曰二字與郊祀志合它本竝脫封禪書作命曰不死焉中統游本誤然祠具王柯毛作其誤泰一后土中統誤山一五寬舒北宋本五下依補牀字舊刻亦有疑依郊祀志增索隱本與今本同如小司馬注則所見史本無牀字

校刊史記集解索隱正義札記二

表

三代世表（此表舛繆互出具詳志疑不悉著）正義表者（官本有此表字）集世紀（毛無集字）顓頊（以下七格毛本小字今依王柯凌本大書）號有熊（三字各本或作中字或作注今依柯本大書餘放此）至顓頊三世（考證云脫號高陽三字史詮說同）蟜極生高辛爲帝俈（北宋本舊刻毛本同它本誤作蟜極生高辛高辛生帝俈案高辛乃國號不可云生索隱本作蟜極生帝嚳是也然表中前後文竝作生高辛姑仍之）號唐（原衍堯字依虞表刪）帝予（柯凌作杼）帝泄（各本帝泄以下不作橫格蓋刊者省之）從禹至桀云云（此十五字各本另作直行祇二格今依前表例橫書後放此）殷湯代夏氏（各本此下複衍殷湯二字舊刻凌本無）帝中丁（游王柯凌本注俗本作仲丁五字蓋校者旁注誤入）是爲紂弒（疑有脫誤凌本作死）代殷（代各本作伐依前殷湯代夏文改）魯周公旦（各本諸國名皆大字另格今依毛本）初封（各本初封一行僻在魯公旦武王弟中閒文氣不屬今移後餘放此）齊太公尚文王武王師（毛無武王二字）秦惡來（秦至非子始封各本表首亦衍初封二字今依毛本）

曹叔振鐸（王毛本誤繹）康王釗索隱古堯反（古各本譌克釗字無此音依玉篇廣韻改漢書人表師古注作工遙反音同）衛孝伯（毛本孝作考）陳相公（志疑云人表作栢公謚法不聞相栢案世家亦作相陳風譜疏引同）詩人作刺（北宋本中統舊刻毛本無人字刺字）秦非子（此格當有初封二字）楚熊無康（考證云衍世家毋康蚤死未立）陳釐公（考證云衍）以惡聞遐亂（晉云遐疑當作過案惡聞過謂監謗者）姊妹（毛本姊譌妹）牛羊（舊刻與生民詩合各本作羊牛）蜀王正義黃帝（王本黃誤皇）朝降（游本朝譌廟）出自燕之鄉（自當作白下同又句下王柯本有正義本作燕五字疑史文舊作鉇故校者旁注此今既改燕則不可通矣凌本亦有索隱曰本作燕六字單本無之今並刪）

十二諸侯年表近勢（凌本世）六論（中統本六誤三）張蒼（毛譌君）太史公曰（依毛本不提行）庚申（錢氏養新錄云六國表周元王元年徐廣曰乙丑秦楚之際月表秦二世元年徐廣曰壬辰共和元年亦當有徐廣曰庚申字今刊本乃於最上格書干支而刪去徐廣注讀者遂疑爲史公本文矣徐注唯於每王元年記干支此表十年輒書并非徐氏之例案錢說甚辨而今傳本皆同無可據改竝仍舊貫）周（案各國名疑當如三代世表述厲各君之首周爲共主不須更書今各本皆另列此行姑仍其舊）共和元年集解在春秋前（毛脫前字）厲王子居召公宮是爲宣王（十一字各本誤入二年今移正）王少（各本王上衍以宣二字今依舊刻本）魯眞公十五年一云十四年（一云十四年五字疑非史文）楚熊勇索隱熊繹十一代孫（單本十一各本作九案楚世家自熊繹至勇僅七世卽增楊延皆以弟繼兄爲九世亦不得云九代孫疑十一兩字卽七字誤分九與七亦形近而譌）楚熊嚴（凌本無楚字它本有案書本國皆稱我疑史文本以共和元年一行爲綱餘皆依其旁行不著國名待後人增之以便省覽故或有或無各本不同今舉其例後竝放此不再出）宣王元年（各本衍厲王子三字蓋讀者旁注混入今刪）燕惠侯三十八（王本三譌五案表中年次前後相承舛譌易見誤者徑改後不復記）齊厲公無忌（中統游王柯無作无）晉獻侯（游王柯凌誤公）秦莊公其索隱其名也（正文其字考證據索隱增案小司馬謂其非名則此注三字疑是引

集解文）晉穆侯弗生（毛誤作秦穆公弗生襍志云穆侯上脫晉字當依索隱本補案索隱單行不能不加晉字以爲別未必表中原有今各本皆無毛又別誤不足據姑仍其舊）蔡釐侯所事（索隱則表無事字後人依世家增）齊成公說索隱系家說作脫（凌脫齊成二字單本此注補出齊莊公購下）楚熊鄂（毛本熊誤雄）宋戴公立（案宋世家惠公卒子哀公立哀公元年卒子戴公立此無哀公疑傳寫脫）曹惠公伯雉（志疑云世家作惠伯雉公字衍案索隱本亦出此五字則衍誤久矣）齊莊公贖索隱竝作購（單本譌贖）鄭桓公三十六爲犬戎所殺（舊刻有爲字）秦襄公八初立西畤（凌譌時）祠白帝（王柯凌白譌皇）鄭武公滑突（二字依索隱本補）魯惠公弗湼（北宋舊刻湼柯凌毛作湼王）秦襄公十二伐戎至岐而死（北宋本而作乃舊刻同）鄭武公十四生莊公寤生（王柯凌寤作悟）十七生大叔段母欲立段公不聽（母欲七字各本錯在鄭莊公寤生元年上語無所承今移此）蔡宣侯楷論（中統游柯凌同王毛楷作揩北宋本舊刻作偕論世家作

揩父經書考父案禮記儒行儒有今人與居古人與稽今世行之後世以爲楷則楷倫亡字義得相比與考父義亦近或有兩名或一其字也楷考一聲楷借偏旁之誤揩又揩之譌也倫論古通晉昭侯元年封季弟王柯夌封下有其字志疑云弟乃父字誤鄭莊公元年祭仲相相原作生依志疑改案世家云莊公使爲鄭愛亥子州吁毛本子作生非武王立志疑云當稱楚武王熊達元年衞

莊公二十三夫人無子桓公立七字各本錯在桓元年依志疑移衞桓公二桓黜之夌本桓下省公字各本遂改桓爲完非晉孝侯十六立孝侯子郤爲鄂侯王柯脫侯字又以下年晉鄂侯郤元年曲沃彊於晉十一字及索隱誤侵入此格之末混爲一夌本亦於此年末複出郤元年曲沃彊於晉入字而以索隱隸之惟舊刻及毛本不誤魯隱公三二月日蝕以下日蝕或不書月疑傳寫失之宋穆公毛脫公字衞宣公晉元年晉字各本錯在年下依志疑乙共立之句上疑有脫字討州吁三字夌本在上格秦盜公夌本盜與秦紀合它本益作寰鄭莊公二十九與魯祊官本祊各本誤璧說具志疑魯隱公

札二　三

九大雨雹電北宋本有電字毛作霰雹無大雨二字魯桓公允索隱一作軌單本軌各本作軌鄭莊公三十三以璧加魯夌本加各本作如案魯世家集解引應劭曰鄭以祊不足當許田故復加璧加字是晉小子舊刻王柯夌本小譌少志疑云小子下脫侯字陳文公三十八弟他云云十二字各本錯入下年依志疑移然索隱本出弟他二字於晉哀侯弟緡下似所見本已誤晉侯緡元年周伐曲沃官本周各本譌因楚武王二十五侵隨北宋本隨各本譌附下同陳厲公二周史卜完後世王齊八字各本誤竄入下年今移正王齊字各本倒今依舊刻秦出公志疑云出子之誤齊釐公三十二釐公令毋知二字各本錯在釐公上北宋舊刻本不誤秩服北宋毛本秩譌秩下同秦出公六三父北宋夌本作父各本譌公燕桓公志疑云燕世家自惠至桓稱侯集解索隱所引世本及人表並作桓侯魯桓公十六公會晉志疑云曹之譌鄭昭公忽元年忽字考證增祭仲取之疑當作立之周莊王二有兄弟志疑云當作有弟克案梁說是

也此三字疑當在四年周公欲殺王上魯桓公十七日食不書官失之北宋本食作蝕毛本脫此八字周莊王四王誅周公誅字中統游柯譌詘王譌訥告夫人心動毛本有告字楚文王二鄧甥北宋舊刻本作甥毛本誤人六息夫人至之楚十三字各本誤入前年依志疑移併入鄭厲公元年十七歲游王柯脫七字夌毛脫十字依志疑補晉武公稱并晉已立三十八年三字各本譌二依晉世家改下三十九同楚堵敖艱集解一作動梁志云動當爲勤案北宋本作動索隱楚杜敖艱梁志云據此則史記本作杜敖杜堵聲近故左傳作堵敖其作莊者杜譌爲壯又譌爲莊耳左傳釋文亦云史記作杜敖漢書人表亦作杜不得以左改史周惠王四入惠王中統游夌同北宋王柯本脫入字毛作惠王入周惠王五太子母云云北宋本夌本有此十字齊桓公十四正義云云案表中歷歷書年何煩贅出疑從世家移來晉釐公夷元年毛脫夷字晉獻公九始城絳都各本下衍之字水經洽水注引無依志疑刪毛本城作成與洽水注合魯莊

札二　四

公三十二子般史詮云上脫慶父弒三字晉獻公十六伐魏取霍志疑云伐當作滅取又取之譌衞戴公元年翟伐至我國十二字各本誤入前年依志疑移併入齊桓公二十八救戎狄伐毛本狄伐誤倒北宋本作救我狄伐則當入衞格楚成王十八許君官本君各本誤公周襄王元年諸侯立王志疑云四字當移前年魯釐公九齊率我官本我各本譌戎晉獻公二十六及卓子三字疑當在立奚齊下秦穆公九夷吾使郤芮賂求入各本下衍夷吾二字依史詮刪周襄王三叔帶奔齊叔帶二字依志疑附齊桓公三十九王怒疑脫弗聽二字秦穆公十三丕豹欲無與史詮云丕豹上脫晉饑請粟四字楚成王二十六滅六英志疑云滅六爲楚穆王四年後此二十四歲及世家皆書之世家於此年單書滅英徐廣曰表一本作黃知此乃滅黃之誤案春秋書滅黃在魯僖十二年當楚成二十四魯釐公十五不書志疑云下脫朔與日三字宋襄公七六鷁王柯作鷂秦穆公十九梁好城舊刻

毛本域與索隱本合各本譌成宋襄公十三楚敗公凌本公作之北宋舊刻本作公敗之誤今
依毛本鄭文公三十五君如楚宋伐我毛本脫此六字晉文公元年
魏武子子字依志疑增秦穆公二十四以兵送重耳中統游本下有晉字齊
孝公十衞公子公字依志疑增衞成公三立公子瑕會晉朝復歸
晉志疑云公子瑕當作叔武歸晉當作歸衞蔡莊侯十四會晉伐楚朝周王中統
游王柯毛本脫此七字而衍下曹表八字北宋凌本不誤衞成公四晉以衞與宋衞下疑脫
田字志疑云在成公二年案疑寫者以前格字多而侵入此此類表中甚多不能悉改晉文公七聽
周毛本聽譌德秦穆公三十有言即去言上各本有奇字蓋郎言字譌衍北宋本無
齊昭公六狄侵我柯脫我字晉襄公元年于殽凌本殽各本作崤下同二
伐衞衞伐我此五字北宋游王柯毛竝誤入上格秦穆公三十四敗殽將亾
歸北宋游王柯本竝同舊刻脫歸字毛本將亾倒凌作三將歸竝誤楚成王四十六立職
舊刻無二字與傳潘崇殺王舊刻作與弑殺王王欲食熊蹯死舊刻脫死字
自立為王舊刻無此四字楚穆王元年為相游本下衍于紅二字宋昭公元
年襄公之子集解徐廣曰一云成公少子據索隱云襄公少子非也案徐
廣云一曰成公大子然則表文之字當作少集解少字當作大今本爾誤周頃王凌本頃各本作傾下同
楚穆王八伐鄭中統游王柯誤作陳晉靈公四北徵案世家集解引無北字今此表
及彼文竝有之蓋後人所增說見世家七得隨會前不書隨會奔秦蓋傳寫失之周頃王六
頃王崩公卿爭政故不赴十一字各本竝誤入前年官本不誤魯文公十四
宋齊晉君死凌脫宋字死字北宋中統游王柯毛脫宋字而齊下竝衍君字舊刻不誤與官本合齊
昭公二十八是為懿公凌脫公字齊懿公二不得民心志疑云當移在鄭
元年四立桓公子北宋中統游王柯毛作悼公誤楚莊公六服晉故毛誤地鄭
穆公二十晉使毛無使字宋文公四以羊羹故官本有故字陷於鄭

北宋毛本有於字五賄華元亾歸毛無亾字志疑云華元歸為宋文四年宋鄭世家與左合此誤
後一年陳靈公十楚伐鄭云云十七字各本誤入上格依志疑移鄭襄公元
年靈公庶弟叢錄云案鄭世家堅者靈公庶弟集解徐廣曰年表云庶兄今表與世家同蓋後人所改
楚伐我我字依志疑增晉成公四與衞侵陳北宋毛本同它本衞誤鄭陳靈公
十三楚伐我各本有滅舒蓼三字蓋涉上楚表而衍依志疑刪晉成公七伐陳中統
游本伐譌成成公甕甕北宋中統凌本它本誤作殺齊惠公十高國逐之北宋舊刻
本有逐之二字它本皆脫衞穆公元年齊高國來奔高國當作崔杼晉景公三
救鄭志疑云趙世家徐廣曰案年表救鄭及誅滅皆景公三年今表無誅滅趙氏事蓋傳寫脫邪鄭襄
公八楚圍我卑辭以解各本誤入下格中統本在此格而作楚莊圍我四字脫下五字吳校
金板同今竝參正宋文公十七華元告楚楚去毛脫一楚字曹宣公廬
北宋本廬舊刻同它本竝作盧鄭襄公十一佐楚毛本佐各本作左晉景公九子
彊游脫子字十一與魯曹敗齊北宋本舊刻有魯字它本脫魯成公三伐鄭
鄭上各本衍楚字依志疑刪曹宣公七伐鄭二字各本皆誤入上格依志疑移晉景公
十三魯公來中統本脫來字鄭襄公十八取我汜索隱本汜各本作范楚共
王五鄭悼公中統本悼誤穆鄭成公元年悼公弟也案索隱本出鄭成公睔四
字而注云古國反悼公弟也疑表中四字本索隱文合刻者誤混入表今姑仍其舊蔡景侯九晉伐
我晉下各本衍侯字依志疑刪鄭成公三與楚盟云云十字毛脫秦桓公二
十六晉率諸侯伐我凌本衍此六字它本無鄭成公七伐秦史詮云上脫晉
率我三字宋共公十三宋華元志疑云宋字衍魯成公十六得以義脫
中統游本作免燕昭公十三昭公甕中統游王柯誤入上格晉厲公八襄公
孫志疑云曾孫鄭成公十二與楚伐宋毛誤伐齊靈公十我不救
鄭晉伐我志疑云齊不會圍宋故晉討非圍不救鄭案救鄭二字疑涉楚表而誤鄭成公十

三晉伐敗我各本敗譌取依志疑改洧上洧字王誤泫柯誤泫齊靈公十二伐吳志疑云無伐吳事因楚而衍陳成公三十成公甍各本誤入下年依志疑移陳哀公三楚圍我爲公亾歸志疑云左傳楚圍陳晉會于鄬以救之楚僞執公子黃陳人使告陳侯于會哀公逃歸楚圍陳爲陳服晉不爲亾歸此誤案爲疑脫乃剪史文當作會于鄬脫會于二字鄬又衍文案以鄬下詩遂不可通鄭簡公喜志疑云當作嘉魯襄公九會河上北宋本年脫上字十二中統舊刻游柯二它本譌一冠於衛北宋舊刻本有冠字宋平公十二伐鄭王凌本衍師字晉成公十四晉率我伐鄭五字各本誤入上格依志疑移王柯率作帥鄭簡公二我與盟北宋本脫我字毛同盟誤作鄭志疑云非在簡公三年三子產攻之毛本攻譌救魯襄公十一各將軍軍上疑有一字晉悼公十一公曰二字中統柯毛本脫王賜之樂三字各本脫宋本舊刻有秦景公十五晉救鄭王柯凌本誤魏楚共王二十九鄭晉伐我志疑云與鄭伐宋之誤案疑鄭下格楚鄭伐我之誤

札二 七

衍宋平公十四楚鄭伐我官本有鄭字衛獻公十五救鄭敗晉師櫟志疑云六字衍史詮云救伐之誤衍敗晉師櫟四字乃楚康王昭中統游本昭它本作招索隱楚康王略疑亦昭之譌衛殤公狄世家作秋攷異云秋之譌人表作猋春秋作剽音相近晉平公元年伐敗楚于湛坂史詮引洞本伐作我中統游凌毛于譌子索隱視林反單本視作褚恐誤晉成公二十二伐衛志疑云衛伐我之譌齊靈公二十七晉圍臨淄晏嬰各本下有大破之三字襍志云齊世家晏嬰止靈公靈公弗從此文殘缺僅餘晏嬰二字共大破之三字因下晉表而衍案今依王說刪晉平公三率魯毛誤齊鄭衛北宋本鄭衛它本倒鄭簡公十七子產曰志疑云三字衍魯襄公二十五以報毛本誤出以衛殤公十二齊晉殺殤公復納獻公凌本有此九字北宋本晉誤楚它本全脫楚康王十五康王游王柯本康誤慶魯襄公二十九吳季札毛本誤子齊景公四吳季札來使北宋本無使字楚熊郟敖

志疑云熊字衍鄭簡公二十二吳季札王柯凌無吳字中統游本無季字吳餘祭四守門閽殺餘祭志疑云案春秋餘祭在位四年夷末在位十三年表與世家倒錯二君之年此守門閽殺餘祭之文蓋後人依春秋移入史表元文必書于十七年鄭簡公二十三諸公子爭寵相殺子產子產上疑脫又欲殺三字志疑云相乃欲之誤子成止之世家作公子或疑皮字譌成轉寫爲或也魯昭公元年昭公年十九有童心各本錯在前年今移正疑當衍下昭公二字秦景公三十六公弟后子北宋本舊刻同它本公弟二字作秦字后子下衍來字皆涉上格而誤也楚熊郟敖四自立爲靈王北宋本舊刻凌本有爲字它本脫齊景公八齊田無宇送女送女下柯凌有來字毛本在送女上志疑云齊字來字皆衍案此皆涉魯表而誤楚靈王圍中統王本圍譌圍齊景公九晏嬰二十字王本誤入下格楚靈王三取三城各本譌五城今正志疑云吳世家作三邑吳餘祭十一楚率中統游王柯作帥秦哀公北宋本舊刻哀它本譌襄燕惠公九齊伐

札二 八

我三字毛脫吳餘祭十二次乾谿毛脫次字楚靈王六芋尹中統游本芋北宋凌本譌芊王柯毛譌羊志疑云釋文芋于付反魯昭公八楚畱之凌本畱各本作召魯昭公十四月日蝕志疑云案春秋是年無日食此誤增案昭七年四月甲辰日有食之前表但書日蝕無月疑此四月日蝕四字即彼文錯簡七年十年字又相近傳寫誤顚容有之如下晉表可證也晉平公二十六十月公甍志疑云春秋平公卒於七月此譌十楚靈王十一王伐徐中統本徐吳校金本同與世家合經傳亦作徐各本作舒誤蔡侯廬侯上疑脫平字鄭簡公三十六公如晉志疑云簡公以三月卒朝晉者定公案疑上有脫文魯昭十五公如晉云云十字各本誤入下年依志疑移十七五月各本作正月北宋舊刻本不誤鄭定公五火欲禳云云十一字各本誤入前年依志疑移宋元公十公毋信詐殺公子王本信誤元殺誤穆案世家作詐殺諸公子疑此脫諸字蔡平侯九平侯甍各本侯誤公依志疑改下靈侯同鄭定公八楚太子建從宋來奔毛本脫此八字魯昭

公二十一公如晉至河晉謝之歸日蝕案經書秋七月壬午日有食之冬公
如晉則日蝕當書在前疑傳寫誤倒吳僚八公子光敗楚毛本脫光字二十四鸜
鵒來巢志疑云在二十五年鄭定公十二公如晉請內王六字各本誤入燕表
依志疑移楚平王十三秦女子立毛本有立字淩本女誤太吳僚十二自立
毛本自各本作光楚昭王四吳三公子北宋毛本三各本並譌王曹襄公五殺
襄公毛本殺誤曹蔡昭侯十以裘故王柯淩裘譌喪甲午毛本脫晉定公
六侵楚毛本楚誤我蔡昭侯十三楚侵我各本楚譌衞依志疑改伐楚郢
史詮云入郢脫入字魯定公五陽虎王柯淩本陽作楊志疑云古通楚昭王十二徙
都舊刻從作都與索隱本合十四子西云云志疑云子西事蔡世家書於前一年衞靈公
三十三晉魯侵伐我北宋本舊刻無魯字案經傳此年有魯侵衞志疑云伐字衍曹伯
陽三請待公孫彊淩毛本請待上有止之二字中統游王柯本請字錯在公孫下毛本公孫下衍

立字魯定公十二女樂淩脫女字毛譌作艾下齊表同衞靈公三十七伐曹
淩本脫它本並譌作伐魯依志疑改晉定公十五趙鞅伐范中行此文疑誤倒當作范
中行伐趙鞅曹伯陽六夢者子行北宋舊刻游柯本有子行二字中統王毛本脫淩作夢者
之子亡去楚昭王二十一滅胡王柯誤相鄭聲公六伐宋毛脫晉定公
十八齊衞伐我各本脫衞字依志疑補衞靈公四十一伐晉游本脫吳
王夫差二伐越淩誤趙晉定公十九我敗之淩本夜衍我字王毛我敗誤倒
脫之字鄭聲公八救范中行各本救譌敗依志疑改衞出公輒王柯脫出字毛
誤衞公出齊景公五十七乞救范氏淩本乞上有田字晉定公二十一
趙鞅拔邯鄲王柯淩拔誤救宋景公二十八伐曹游王柯譌晉中統吳校金板毛
本並譌魯魯哀公七吳徵百牢吳字吳校增宋景公二十九圍曹各本
誤作衞魯今依曹表改曹伯陽十五宋滅曹毛本宋誤鄭吳王夫差九伐

魯中統游王柯淩並脫齊悼公四齊鮑子齊字衍子壬北宋中統游本壬它本作任
楚惠王四伐陳各本作鄭涉宋表而誤依志疑改吳王夫差十一五員北宋
本五它本作伍衞出公十公如晉毛譌魯鄭聲公十九敗宋師各本誤入
燕表依志疑移齊簡公四立其弟驁各本脫驁字索隱本出弟驁二字今依孫志補齊平
公元年景公子志疑云當作孫宋景公三十七子韋曰善疑有脫文衞
莊公三辱戎州人毛脫戎字吳王夫差十八越敗我各本越誤楚毛作敗
楚二字更謬依志疑改周敬王四十三集解歲在甲子北宋本舊刻竝作皇甫謐
云敬王四十四年元己卯崩壬戌已見周紀集解齊平公四二十五卒毛本二譌三秦
悼公十四厲公志疑云厲共兩字謚此脫衞君起元年石傅淩本傅與索隱本合
各本作專乃專之譌燕獻公十六二十八卒北宋本八作七吳王夫差十九
二十三卒北宋本舊刻同它本三譌二索隱二十三年滅此各本刪存索隱文也單

本索隱於石傳逐君起條下出敬王四十三年卒七字注
云皇甫謐云四十四年當魯哀公十八年二十七年卒齊
平公四年二十五年卒晉定公三十五年三十七年卒秦
悼公十四年子驕公立楚惠王章十二年五十七年卒宋
景公四十年十四年卒衞君起元年陳湣公楚滅之前年
蔡朔十四年十九年卒曹伯陽立十五年曹亡在敬王四
十三年鄭聲公二十四年四十八年卒燕獻公十六年二
十八年卒吳王夫差十九年二十三年滅案所引蓋帝王
世紀文中多舛誤傳寫失之推此疑史表本不著卒年故
小司馬詳引之以終其事後人移書各公紀年下合刻者
反以索隱文複而刪之又以史表卒與滅不同故獨存五
字而史文與小司馬書皆失其眞面矣各本皆同不敢附
改錄附於此其各公年數已見
本表及六國表外誤處不復游
六國年表年字依索隱本增太史公王柯脫公字戰功北宋本攻東方毛誤萬
周元王各本周秦楚燕齊別出國號與魏獻子韓宣子趙簡子作一行殊參錯蓋後人所題今移入表中
秦厲共公元年毛脫厲共公元年五字魏獻子志疑云魏獻韓宣後人因趙表而妄增魏
舒卒於魯定元年韓起卒於魯昭二十八年久無其人何
以書案梁說甚確單本索隱此表止出趙簡子無魏獻韓

蓋所見本尙未增入衞出公輒案衛晉附魏鄭附韓魯蔡吳越附楚宋附齊各本附表皆與四表平列今低一字別之趙偖子四十二索隱此條各本並入下年四條今單本出正文明作四十二今移正頃公單本頃各本作傾下同定公明年三十七年卒是四十二爲偖子在位之年三各本誤四依前表及世家改二字單本亦誤三此則各本致誤所由遂并刪上明年二字謬甚今依正文改楚惠王章十三年毛本十三年錯在楚惠上單本索隱誤混入注集解各本錯在吳伐我下今移正索隱五十七年卒單本脫卒字吳伐我志疑云哀十九年止有越伐楚以誤吳盧學士云越伐我之誤案楚世家是年亦有此文燕獻公索隱本作侯齊平公驁五年毛本五年錯在齊平上索隱二十五年卒各本五誤九依前表及世家改已上當並元王元年各本無此八字案單本於衛出公輒下出二作晉定公卒下出趙簡子四十二楚惠王章燕獻侯齊平公驁四條而注云已上當並元王元年蓋小司馬所見本此四條皆錯入元王二年故正之後人既依其說改入元年遂刪此八字然使讀單本者將不知所謂故仍補入而附識之楚惠十

四吳怨凌本怨疑皆恐之譌魏表晉出公錯元年索隱系本名鑿案單本於上年晉定公卒下注明年子出公錯立系本名鑿也各本嫌與表複故刪去明年七字今姑仍之出公世家名鑿與錯聲近疑單本誤楚惠十七蔡景侯卒索隱徐廣不辨卽言或作成據此當有集解而今失之世家作成侯徐廣曰或作景文與此不合秦厲共六縣諸史詮云緜諸之誤楚惠十八蔡聲侯元年索隱單本在蔡聲侯卒下秦厲共七彗星見志疑云秦紀無秦記其十年彗星見疑因而誤重魏表衞莊公飲大夫不解履衞事各本誤入趙表今移正志疑云莊乃出誤履乃襪誤周定王元年王柯本自元王五至定王元年秦下趙上脫一格秦厲共十拔魏城集解一作捕志疑云當爲補若後補龐戲城補龐矣楚惠二十二魯哀公卒志疑云哀卒於楚惠二十一此後一年案疑表中凡前後一年皆傳寫誤此類甚多不能悉正二十三魯悼公元年中統游王柯毛錯在下年志疑云當書於楚惠二十二趙偖子五十四知伯北宋本智伯怨知伯北宋中統

游毛本怨譌怒齊平十七乃今知所以亾所字考證據左傳增王柯凌本今譌令秦厲共十四晉人楚人來賂六字王柯脫十六塹阿旁阿紀作河補龐戲城補龐王柯毛譌捕龍中統游本脫補字趙襄子索隱叛智伯叛疑敗後表可證·未除北宋本此二字連上襄子元年四字誤混入前年格內魏表晉哀公忌元年正義表云晉出公錯十八年晉哀公忌二年晉懿公驕立十七年而卒官本立各本誤驕案晉世家索隱引年表與此正義略同據此則表有晉懿公其元年在此後三年當周定王十五單本索隱於六國表齊宣公就匝下出晉懿公驕四字注云哀公忌之子生幽公柳也其次正相當而今表失去懿公一代各本皆然志疑說同齊宣公就匝北宋本舊刻本作匠索隱積單本無積字趙襄子四與智伯中統游本作知伯下同分范中行地志疑云脫韓魏字案韓魏表亦當有此八字今脫燕孝十四毛脫十四二字下十五同齊宣五宋景公卒案十二諸侯表敬王四十三年宋景公四十六十四年卒世家同則景公卒當在齊宣三年此表後二年

疑亦傳寫誤秦厲共二十九智寬寬上原衍伯字依志疑刪又引杭氏疏證云疑前二十五智開事重出魏表服韓魏志疑云脫趙秦懷元年生靈公案表於是年書生靈公而後靈公元年書生獻公首尾僅五年錯誤甚矣四庶長鼂北宋舊刻本作晁古通中統游王柯毛作鼂蓋亦鼂之譌韓武子二鄭幽公元年志疑云鄭世家幽公之前爲共公丑嗣哀公在位三十一年卒於威烈王二年表失秦靈三作上下畤北宋本誤入下格韓武子三繻公中統本作德公魏文五魏誅晉幽公立其弟止志疑云世家言盜殺幽公魏文侯以兵誅晉亂此表脫誤又世家紀年索隱引世本並以止爲幽公子此亦誤及魏文六魏城少梁王柯誤減城秦靈八城塹河瀕北宋游柯本瀕凌作頻中統王毛誤瀕君主北宋本切十補龐城籍姑各本重城字志疑云衍索隱本無趙桓子十集解周定王舊刻有王字齊宣四十三毀黃城圍陽狐毀各本譌敗世家作毀依志疑改北宋中統游王柯狐作孤魏文十三出其民各本民下衍人字中統無齊宣四十四

安陽志疑云世家作安陵皆非魏地四十五取都王本誤鄭魏文十六元里中統
游王柯元譌九十七擊宋中山志疑云魏趙世家云伐中山使子擊守之則宋乃守之譌案徐廣曰
一云擊宋中山益表本作守形近譌爲宋後人反依誤本改洛陰合陽陰合二字依世家增說具志疑
集解雒陰合陽官本與世家合各本誤作合陽雒陽趙烈侯官本烈各本作列齊宣
四十九取丗王作丗毛作丗皆丗之譌索隱音館可證凌作丹陽謬甚北宋本舊刻本並作巨案世家
作丗上疑表脫上字然索隱本表及世家皆無之魏文二十翟璜北宋本作黃案呂氏春秋替能
篇說苑臣術篇並作翟黃楚聲五魏韓凌本誤倒趙烈七徐越侍以仁義志疑
云世家以節儉侍者徐越以仁義侍者牛畜此撮舉互異又失荀欣案此表疑有脫文秦簡十四陽
狐凌毛狐各本作孤魏表同魏文二十四秦伐我各本作伐秦北宋毛本不誤二十
五太子罃王柯毛作罃志疑云莊子則陽篇作罃莊子釋文云音罃磨之罃則罃非誤字案楚悼
二桑丘志疑云桑丘燕地當依世家作乘丘形近致譌云世家正義引年表三晉公子伐我至乘丘誤也

已解在年表中今正義缺韓烈侯北宋王柯凌本烈作列趙武公志疑云前列侯後敬侯不應獨
稱公韓烈三鄭人殺君志疑云羨文則後年弒繻公事四鄭相中統本吳校金板譌柤毛
譌伯秦惠五伐緜諸北宋本緜諸凌本倒它本脫諸字志疑云亦緜諸之譌韓烈五鄭
康公志疑云世家集解引表下有乙字楚悼九伐韓取負黍毛脫此五字中統游王柯
作韓伐我負黍北宋凌本不誤魏文三十三晉孝公傾志疑云世家作頃三十五
襄陵各本誤陽志疑云世家作陵是今依改秦惠十一太子生志疑云紀魏在十二年
文三十六秦侵陰晉北宋本舊刻有陰字它本並脫世家索隱引表秦作齊誤志疑說同魏
武侯索隱名擊單本出魏武侯三字注云擊元年並脫誤各本於下文襄邯鄲敗肖下注索隱武侯
名擊亦衍誤也今刪二字移正齊康十九始列索隱本作立疑誤遷康公毛脫康字秦
獻六善明氏北宋本善作鄯趙敬八襲衛不克毛脫四字齊威王因齊
志疑云世家魯仲連傳並作因齊攷莊子則陽篇有田侯牟釋文曰司馬云齊威王也案史記威王名因不名牟據

釋文則史元無齊字稱其傳因爲齊威王尤可互證案稷在傳索隱亦以爲威王名因今史文齊字疑後人据國策
作嬰齊而增楚肅四茲方凌本芳韓哀侯元年各本表首有十一二字蓋因魏趙表
而衍依志疑刪趙敬十一分晉國北宋本無國字楚肅五魯共公元年各本
在楚肅六吳校元板在七推凌本在五案魯世家集解徐廣曰皇甫謐云元乙巳終丙寅則凌是韓哀二
康公二十年滅毛本二十年上衍康公以三字蓋誤以康公二字屬上而妄增志疑云康公二十一
年滅缺一字燕釐三十林孤凌作林狐晉世家作林營志疑云通鑑書林狐孤狐形近易譌齊
威六鱄陵北宋本剸作搏游本作鱄陵志疑云當依世家作博陵索隱剸沈反各本沈譌
沈依攷異改趙成三都鄙游譌郡魏武十六魯陽北宋游柯毛本魯譌魚韓
莊侯毛本莊索隱本世家索隱引年表同中統游王柯作壯蓋漢諱改字北宋本舊刻凌本並作嚴則依世家
改趙成六取魏各本倒北宋舊刻本不誤秦獻十七櫟陽雨金四月至
八月志疑云本紀在十八年是魏惠三齊伐我觀各本作觀津志疑云齊表魏世家田完世

家紀年俱不言觀津觀津趙邑與魏無干齊威十一伐魏取觀觀下王柯亦衍澤字凌亦衍津
字它本無志疑云魏世家徐廣引此表無趙侵我長城毛脫侵字各本譌取依趙表趙世家改游本無
此五字秦獻十九洛陰各本譌陽志疑云魏世家徐廣引表作洛陰今依改韓莊五武
都志疑云世家作堵六伐宋取儀臺北宋王柯本取譌敗世家作伐取宋儀臺志疑云世家徐
廣作義臺索隱云表亦作儀臺案今表作儀古通秦獻十一章蟜集解一云車騎
毛本章蟜下衍曰字車騎上衍以字皆校者妄增又各本正文與集解互混致不可讀今釐正石門集解
徐廣曰一作阿毛本脫北宋本阿作河六萬中統六作七天子賀三字各本錯在
斬首上惟毛本不誤二十三虜其太子舊刻毛本未衍也字並依魏世家集解妄增韓莊
九大雨三月游柯三作一魏惠十皮牢舊刻游毛本作虎牢誤楚宣十三
君尹志疑云君疑右趙成十九會河志疑云世家作阿是秦孝七與魏王會
杜平志疑云魏未稱王王字衍案各本皆同秦紀亦有王字仍之魏惠十六表首各本衍徐廣曰

三字蓋涉前年集解而誤官本無十八齊敗我桂陵北宋中統毛本脫我字游王柯作齊□敗桂陵今依凌本趙成二十二魏拔邯鄲王柯拔誤敗齊威二十六敗魏桂陵游脫四字秦孝十二初取小邑爲三十一縣令褋志云取當爲聚令上有脫文案秦紀云幷諸小鄉聚集爲大縣縣一令四十一縣此作三十一亦疑誤十三初爲縣凌毛有縣字它本脫齊威三十三殺其大夫牟辛世家同集解云一作夫人索隱云表亦作夫人是今本後人依世家改北宋中統游本無辛字梁惠二十七丹封名會丹魏大臣世家集解徐廣引表同丹封名會四字不可解彼文大臣下有也字疑後四字是徐廣語後人誤增入表秦孝十九牡丘北宋王柯本作壯丘齊宣二爲師王柯譌帥三與趙會伐魏志疑云徐廣於田完世家引表云與趙會博望伐魏則今本脫博望二字秦孝二十四秦大荔圍合陽秦字蓋衍彤地志疑云商君傳言殺之於鄭黽池徐廣曰黽或作彭索隱引鹽鐵論商君困於彭池爲證水經穀水注云黽池或謂之彭池彤地必彭池之誤魏惠三十三我恐趙世家作魏不

入商君傳作魏人怨其欺公子卬而破魏師弗受此恐字疑怨之譌齊宣七平阿北宋本阿各本誤河秦惠文三拔韓宜陽志疑云拔疑攻之譌魏襄二彫陰舊刻雕陰毛同秦惠文八少梁志疑云秦紀魏世家並不言少梁前二十五年孝公已取少梁矣秦魏兩表當衍少梁二字魏襄五秦圍我焦曲沃中統本焦誤燕案依世家此六字當在與秦河西地上六與秦會應各本作雍志疑云秦紀表及魏世家皆作應案此字形相似而譌今改秦惠文十公子繇志疑云張儀傳作華十一歸魏中統游本脫魏字十三君爲王各本君上衍魏字依志疑刪韓宣惠八魏敗我韓舉毛本魏誤韓舊刻敗上有伐字趙武靈二城鄗志疑云世家在三年秦惠文更元二與齊楚會志疑云脫魏齊湣王地王柯脫地字趙武靈四與韓北宋中統舊刻游王柯本竝脫與字齊湣三封田嬰於薛毛誤蔡秦初更五戎地王柯凌譌池七五國柯凌本五各本作六齊湣六宋自立爲王北宋凌本與校元板同它本脫此五字魏哀二齊敗我觀

澤毛本齊誤徐凌本澤譌津趙齊表同它本魏表亦譌而趙齊世家作觀澤韓世家正義引表賓作澤津乃傳寫之譌今依改韓宣惠十六得韓將軍申差韓世家正義引表無韓字秦紀正義引有志疑云衍趙武靈九與韓魏擊秦志疑云上年事重出當衍秦更元九取趙中都西陽安邑志疑云張儀傳索隱正義引此表俱有十月二字今本失之安邑非趙地此與趙表安邑二字皆衍秦紀正義引趙表作中都安陽亦非趙武靈十一秦敗我將軍英秦紀作伐敗趙將泥燕王噲五顧爲臣顧各本作願志疑云世家作顧索隱云顧猶反也今依改秦更元十一侵義渠得二十五城志疑云紀在十年燕王噲七君噲及太子相子之皆死凌本脫太子二字中統游王柯毛噲字錯在太子下脫相字北宋本作君噲及噲子之皆死尤謬今依燕世家集解索隱引表補正志疑說同秦更元十二公子繇通封蜀志疑云在十一年秦紀及華陽國志可證魏哀七擊子志疑云魏世家徐廣引表作贅子韓宣惠二十一秦助我志疑云我助秦之誤景座志疑云當作痤猶商鞅傳公叔座案

春秋襄二十六年宋世子痤穀梁作座秦武元死于史詮云出之作死于誤趙武靈十六生子何游譌河北宋王柯毛譌阿魏哀十一集解父城各本譌大城依世家集解改韓襄五秦拔我宜陽斬首六萬毛本陽字誤作萬六下脫萬字秦昭王志疑云秦紀秦記竝作昭襄失襄字五魏王來朝中統游王柯毛脫此四字魏哀十七復我蒲坂史詮云復下缺歸字楚懷二十八唐眛各本誤昧依志疑改齊湣二十三使公子將使字依北宋中統游毛本志疑云世家集解引表有秦昭七三萬志疑云楚世家云楚軍死者二萬秦紀正義引世家亦作二萬此誤魏冄爲相志疑云魏冄相在十二年此必譌文之誤當在八年楚懷二十九襄城志疑云秦紀作新城此必後人改齊湣二十四涇陽君來毛脫來字魏哀二十一與齊韓中統游王柯毛作魏涉下韓表而誤趙惠文元爲相舊刻無二字封平原君毛脫君字北宋本誤侯楚頃襄中統游王柯本頃作傾秦取我十六城中統游王柯本取譌敗齊湣二十六孟嘗君

凌本有君字，秦昭十弗內凌本納毛誤用韓襄十六與齊魏擊秦志疑云衍

魏昭元秦尉錯來毛譌卒楚頃襄四魯文侯志疑云公之誤魏昭二

解不利史詮云解當作我案世家作我齊湣三十田甲劫王毛本田甲譌甲申柯本王作主游本誤承秦昭十四二十四萬毛脫十韓釐三二十四萬史詮云上脫斬首二字楚頃襄七迎婦秦各本誤入趙表依志疑移韓釐五秦拔我宛

城志疑云宛楚邑秦取於楚秦紀及穰侯傳甚明此與韓世家竝誤又事在前一年案韓世家無城字疑衍趙

惠文十一桂陽中統杜陽游本社陽志疑云世家作梗陽十五昔陽凌本昔陽各本作淮北案趙世家取昔陽在十六年廉頗傳作晉陽索隱本作陽晉注云陽晉衛地後屬齊司馬彪郡國志曰今衛國陽晉城是也有本作晉陽非也正義云晉陽在曹州乘氏縣西北四十七里據張所云是亦陽晉誤倒說與小司馬同趙世家作昔陽又晉陽之誤然集解引杜預樂平之昔陽釋之則其來已久正義輒承其誤引括地志并州樂平縣昔陽為證與廉頗傳各不相蒙何也本作淮北者葢因下楚表而誤其年則當從表志疑論之矣秦昭二

札二　十七

十四與楚會穰北宋凌本有此四字楚頃襄十六與秦王會穰各本誤入

趙表依志疑移秦昭二十七三萬志疑云廉頗傳二萬案趙表亦作三中統游本誤七楚頃

襄十九漢北凌本有北字與世家合各本脫二十拔陽凌毛本鄢秦昭二十九

更東至竟陵凌本至作攻毛本竟誤亾秦昭三十白起封為武安君志疑云在二十九年楚頃襄二十二秦拔我巫黔中凌誤入燕表魏安釐元

兩城官本與秦紀魏世家合各本兩譌南楚頃襄二十三秦所拔我江旁反

秦各本皆同毛作復取秦所拔我江旁十五邑為郡距秦疑依世家增改魏安釐二軍大梁

下官本下與世家合各本作城韓來救王柯譌投四以和毛譌知楚頃襄二十

七擊燕志疑云齊表誤入楚案燕世家惠王七年卒韓魏楚共伐燕楚世家頃襄王二十七年使三萬人助三晉伐燕與表合葢史公所聞與國策異也韓桓惠三秦擊我閼與城不拔此八字各本誤入明年趙惠文三十表內今移正

趙惠文二十九秦拔我閼與志疑云拔

當作攻我當作韓案此我字正因韓表而誤益知上條入字之當移韓桓惠九秦拔我陘官本毛本有陘字與世家合城汾旁北宋本脫城字毛本重衍秦昭四十四秦攻韓志疑云盧學士曰秦字不當有下年同四十七白起破趙中統游王柯毛破作殺殺卒毛無殺字柯作降周赧王五十九赧王卒各本此三字誤入集解乙巳下北宋中統游王柯毛并誤入秦表今正魏安釐二十一救趙新中志疑云趙世家集解正義皆引魏表作新中軍韓桓惠十七秦擊我陽城救趙新中北宋本晉刻有此九字秦昭

五十二取西周王志疑云王字衍在五十一年楚考烈八魯君封於莒

志疑云春申傳索隱引表作封魯君於莒今本誤倒秦孝文元中統游本此後皆占二格集解文

王后云云此十八字疑亦正文誤混秦莊襄元蒙驁取成皋滎陽初置

三川郡呂不韋相取東周此十九字各本亦混入集解初置上衍元年二字東下衍西字

竝依志疑刪正韓桓惠二十四成皋滎陽中統游本成作城滎作熒楚考烈十

札二　十八

四滅魯志疑云在前一年遷卞北宋本晉刻作卞它本作下邑疑依世家改秦莊襄二

莊襄表此下兩年各本脫二三字依志疑補三王齮云云十七字各本細書與集解相混今改正

魏安釐三十敗秦軍河外河外上毛多於字王脫外字始皇帝元年各本刪一格升并作首格凌仍依前至二十八年乃升并案未并六國立書秦王政如常今既書始皇帝則固已帝之故遂升格豈以政并六國後不更元難斷書邪史於秦紀政即位即別為始皇本紀意亦猶此凌本葢以臆改今從眾

擊取晉陽作鄭國渠各本誤入集解今正趙孝成二十秦拔游王柯毛誤敗

秦始三十三城官本毛本十三韓表同與始皇紀韓世家蒙恬傳合各本三譌二四七

月蝗蔽天下志疑云當有脫字紀云蝗從東方來蔽天天下疫五蒙驁取燕酸棗

二十城案始皇紀將驁攻魏定酸棗燕虛長平雍丘山陽城皆拔之取二十城疑此表有脫文燕下脫虛字淺人誤為燕國移置酸棗上凌本遂據始皇紀改為魏字志疑又謂衍酸棗二字何不察之甚也北宋本二十下衍二字

趙悼襄三魯柯志疑云魯無柯又滅已七年魯字衍案春秋襄十九叔孫豹會晉士匄于

柯村注在魏郡內黃縣西北蓋魏地也 魏景湣二 秦拔我朝歌毛本拔譌攻 衛從
濮陽官本從各本譌徙 徙野王毛本徙譌徙 五 秦拔我垣蒲陽衍北宋本衍
在垣下中統毛本同垣作垣游作垣衍浦陽柯同脫垣字王本北七字並脫今依凌本 秦始十大索
凌本有十日二字考證據本紀增逐客二字 十二 復嫪毐毛本復譌後 趙王遷二 秦
拔我北宋毛本譌伐 秦始十四 請為臣凌無為字 十五 興軍至鄴軍至
太原取狼孟志疑云有脫誤案毛本作大興兵一軍至鄴一軍至太原取狼孟蓋依本紀附 燕王
喜二十三 太子丹質於秦毛脫質字 秦始十七 內史勝志疑云紀兩稱
內史騰形聲相近而譌 韓王安九 秦滅韓三字各本在下年依趙表移楚燕齊同秦字蓋後人
所增 秦始十九 虜王遷之邯鄲志疑云之字衍 楚幽十 弟郝志疑云世家列
女傳作猶案郝疑鄉之譌鄉猶音相近鄉郝形相涉 秦始二十 王翦毛本譌 楚王負芻
元負芻哀王庶兄六字疑後人旁注 秦始二十一 王賁擊楚四字王本

札十 十九

脫 燕王喜二十九 王徙遼東各本王徙誤倒依志疑乙毛本徙譌徙 魏王假
三 秦虜王假志疑云失書秦滅魏案此蓋傳寫誤脫 秦始二十五 又虜得代
王嘉中統游毛有得字凌本王上有虜字 趙王嘉六 秦將王賁虜王嘉 秦滅
趙十字毛本脫志疑云諸國皆於明年書滅以悉定其地為滅獨書滅趙於虜王之年必傳刻譌案梁說殆非也
始皇紀十七年攻韓得韓王安盡納其地以為郡二十二
年攻魏王降盡取其地是虜王即定其地矣至代王嘉見
虜於二十五年而十九年己書盡定取趙地燕王喜失國
五年始見虜於遼東又何待後年始定其地楚世家王負
芻五年秦虜王滅楚名為楚郡正當始皇二十四年與表
合又紀書二十六年攻齊得齊王建秦初幷天下其令曰
兵吏誅虜其王平齊地則不得必至二十七可知韓楚燕齊
表書滅國傳刻誤入後年惟趙表不誤各本皆同今據以
改正各表 齊王建四十四 秦滅齊王柯脫齊字 始皇二十七 更命河
為德水云云各本至二十八年始改直行蓋以秦滅齊三字占入二十七年下故也案二十六年既書
初幷天下立為皇帝豈有二十七年仍前式之理因愈知
滅齊之必書於前年也今更正從二十七年起直行又年

下書事各本或雙或單參錯不齊今改歸一例志疑云
以秦繼周當始二十六年又云所書事本紀皆在二十六
年此誤案如梁說益見秦滅齊三字不當占二十七年表下矣 二十八 阿房毛本阿譌何房作旁舊刻
亦作旁與拾遺引耿本合 之衡山治馳道帝之琅邪道南郡入為太極
廟 賜戶三十爵一級毛本道南誤倒志疑云當云帝之琅邪之衡山道南郡入為極廟治馳道
賜戶爵一級極廟象天極不名太極太字衍 三十三 西北取戎為四十四縣王柯
脫取字案紀作三十四縣表亦竝同故徐廣引一云四十四以著異文今表蓋後人誤依集解改 蒙恬將
三十 蔄志疑云句當在築長城上 三十四 及南方越地志疑云及當作取 覆獄
故失志疑云當在不直者下 三十六 徙民於北河榆中耐徙三處集解
云處一作家案紀云遷北河榆中三萬家疑三下脫萬字 石晝下志疑云本紀徐廣引表云石晝隕 二
世元年此四字毛誤作三十八 阿房王柯作旁拾遺引耿本同
秦楚之際月表帝祚毛本作 然後毛本誤虐 非大聖毛脫非字 秦二世

札十 廿

元年九月 楚兵游王柯楚誤齊 楚陳涉三至戲敗而陳嬰而字疑當在敗
上史詮云蔣作陳誤 齊田儋始 榮弟橫榮字依志疑補 韓廣為燕王始毛脫始字
索隱二世三年十月破破下疑脫邯鄲二字 齊田儋二 儋之起殺狄
令自王八字疑當在前月志疑亦云在九月 趙武臣四 李良殺武臣武臣此月被殺
而各本後月仍衍五字依志疑刪後凡類此者不復出 魏咎四 咎自陳歸立下衍陳涉死三
字已書楚表依志疑刪 趙王歇始下衍立字依志疑刪 楚景駒二 嘉為上將軍
志疑云陳涉世家徐廣云正月今本誤在二月 齊田儋六 景駒使公孫慶讓齊誅
慶志疑云齊讓擅王慶讓齊誅慶本一時事分兩月誤 齊 項梁八 梁擊殺景駒云云
十五字王凌誤入楚表殺誤救 沛公八 雍齒奔魏各本誤入後月依志疑移 魏咎八 臨
濟中統本失校金板誤當、 韓王成始成下衍韓字依史詮刪 齊立田假立字毛譌王
魏咎弟豹走東阿志疑云考豹傳東阿乃楚之誤徐廣注二年六月今本誤後一月 齊田

市二謂楚殺假乃出兵項羽怨田榮各本脫謂字楚誤齊殺誤救今依毛本又各本誤入後月依志疑移志疑羽乃梁誤案項紀無此文而後田市十八表內有項羽怨榮語疑卽後文之衍又誤怨爲怒趙歇十陳餘出救兵志疑云疑是不出或救乃收字之譌十一章邯破邯鄲破原作失考證據通鑑改志疑云入之誤案張耳陳餘傳作章邯引兵至邯鄲韓王成六原衍從項羽略入關六字依史詮刪楚懷七拜籍上將軍毛本拜籍下有爲字沛公十七救趙志疑云二字誤沛公是時攻秦略地至栗韓成八各本衍分魏爲殷國五字毛本魏作趙史詮云衍案舊刻無項羽五虜秦將王離志疑云當前一月田市七各本衍項羽田榮分齊爲二國九字依史詮刪魏豹八各本衍分韓爲河南國六字依史詮刪楚懷二年一月志疑云實計月數爲年隨時改年易月從古未聞史更之日十三月以後月數依次更案或疑後人注於旁側竄者誤混然班表於韓王信亦用其例則固本於史公矣一月毛誤正月中統游本吳校金板並作五月五與正形近入因秦格五月而譌·項羽十許而擊之中統游本許作詐毛脫之字趙歇十九各本

札十一　三十

衍張耳從楚西入秦七字依史詮刪沛公二十三集解南陽毛誤陵二十四南陽中統本南誤申二十六下嶢史詮謂缺關字非也案留侯傳云擊秦嶢下軍疑此誤倒秦十月志疑云秦已亡矣此與下十一月十二月皆當衍集解徐廣曰歲在乙未各本誤入九月依索隱移正索隱依毛本增趙歇二十三從楚毛誤秦沛公二十八三章蔡本中統游王柯毛並譌單楚懷八分楚爲四各本誤入後月依志疑移索隱出正文分楚例索隱依閩本增趙歇二十五分趙爲代國索隱本出正文趙爲二田市十八殺之殺字志疑引一本作救近是沛公二十九講解凌本講與項紀合蔡本王本誤驛毛作謝韓廣二十九滅荼從入分燕爲二國中統游本入誤之分誤幷魏豹十七分魏爲殷國索隱本作魏爲二韓成二十分韓爲河南國索隱本作韓爲三案三乃二之誤也後月表於趙云分爲代於魏云分爲殷於韓云分爲河南則此表趙魏韓三國亦當如楚齊關中燕例疑索隱本爲是今各本皆同不能據改矣楚懷九義帝元年

諸侯尊懷王爲義帝表以義帝接秦升第一格各本誤占二格今幷此下分國各本淆混與前月表不相當今並改正又既稱元年不得復稱前計月表首九字當後人妄增志疑云元年下各本有一月兩字今案各本皆無史例各國初起不書月其有者蓋亦後人依班表增也一索隱依單本增各本摘錄系後十月表中分爲衡山索隱本於義帝元年下出正文衡山王注云吳芮故番君從入關都邾以下至河南王注放此其文皆與表同殊爲複衍疑毛刻改大字爲小字誤以正文廁入如上諸侯尊懷王爲義帝亦廁入義帝元年注也今不出漢正月索隱各本誤系西楚表今依單本移此高祖及十二諸侯此外趙歇田市韓廣魏豹韓成而言十二并高祖爲十三也各本改爲十八誤今依單本十三王同時稱一月案漢表著武元年一月於上故應劭注云十八王同時稱一月小司馬引以注正月下改爲十三王卽上所云高祖及十二諸侯也然非應注之意各本依彼文改爲十八則又非小司馬意矣今依單本分關中爲漢案前表已書分關中爲四則此亦當如楚趙齊魏燕韓例書分爲漢分爲雍分爲塞分爲翟可矣關中字疑衍義帝二徙都毛脫徙字志疑云徙義帝在四月此誤西楚主伯項籍中統游毛

札十一　三十一

主作王毛作西楚伯項王籍趙歇二十七索隱單本出正文代王歇二十七月注中七字誤九各本遂系於後表二十九下不知注中明云前爲趙王已二十六月今從王代之二月則自注二十七下不當越此而注彼也今移正前爲趙王單本爲誤與漢二月索隱各本系後表西楚下誤格內又衍漢表云二月五字蓋後人所增注中十三王亦改十八今並依單本正義帝三凌脫三字案此下凡表中數日字各本或脫或誤不復出西楚二都彭城各本此格下衍都江都一格卽前義帝表多占空格也舊刻無與漢表合考詮志疑並云衍今刪西楚三罷戲下兵中統游王何無兵字齊王田榮始各本衍五字依志疑刪韓成二十七項羽誅成四字毛脫濟北屬齊各本首衍七字依志疑刪渭南河上郡原脫渭字南河倒依漢書異姓諸侯王表補乙漢十月王至陜十月上脫二年兩字各本同趙歇三十六各本衍代王歇遷王趙六字依志疑刪章邯十漢拔我隴西中統游本拔誤伐歇以陳餘爲代王號成安君志疑云餘爲代王與歇復王趙同在十月且餘從歇王代當互易號乃故字之誤章邯十二

北地各本地譌城依漢表改魏豹三十二爲廢王志疑云衍齊王田廣始
蔡王柯凌毛首衍三字中統游本衍一字並依志疑刪漢二年四月壞走中統本吳校金板壞
走各本作壞定舊刻作懷王走案項紀云大破漢軍漢軍皆走又傅寬傳云從擊項籍待懷疑表本作走懷而上失
大破二字爲河內郡屬漢屬漢二字當在河內上屬漢爲隴西北地中地
郡蔡本中統毛本吳校金板同它本誤作爲隴西北成地郡案漢表作爲中地隴西北地郡書在五月漢
二年後九月此以上史表皆後漢表一月以漢元年正月以下遞差一月故也乃漢表又失此後九月
故自三年十月以後史漢適同共敖二十二凌本此以下四格皆誤下一格趙歇四十八
漢滅歇各本下衍立張耳三字凌本又衍屬漢爲郡四字乃後表誤入也並依志疑刪屬漢爲太
原郡各本誤入後月依志疑移英布十二地屬項籍四字各本在後月今依凌本漢
四月楚圍王滎陽中統游本無王字王出滎陽集解徐廣曰項羽
高紀七月出滎陽案王出滎陽項紀高紀不著月分故徐廣引月表七月王出滎陽今本表脫七

月字後人見紊遂六月下故摘徐廣語以著異文不察彼注本引月表非紀文襲誤不至此空於表首補七月而刪
集解然傳譌已久姑仍之八月周苛樅公毛本樅譌縱田廣二十一擊殺廣
凌本下有屬漢爲郡四字蓋即後表誤衍舊刻刪并後表脫去漢四年十二月中統游王柯凌本此
格及下臧荼十二韓王信三皆誤上一格蔡毛本不誤二月王齊毛誤倒項羽四年三
月周苛入楚漢表同志疑云高紀徐廣引表作周苛死孫侍御云今本入楚下脫死字漢四年
四月王出滎陽豹死志疑云事在三年五月且表已書之此六字誤衍案高紀徐廣引表亦作
四年四月魏豹死淮南王英布始漢立之毛脫漢字漢四年七月立布
毛脫布字韓信十二屬漢爲四郡游本爲各本誤南韓王信四四徙王
代都馬邑六字各本誤入後月凌本不誤分臨江爲長沙國毛誤王梁王彭
越始首衍一月二字依志疑刪吳芮六甍中統游本無趙王張敖立史詮云始作立
誤長沙成王臣成王二字毛誤倒韓王信十二毛本作五年一月四字蓋涉後月而

誤衍楚王韓信九斬之舊刻游本有此二字毛本作殺之以間游本脫以字
漢興以來諸侯王年表王字依索隱本增遼陽集解遼陽縣陽字考證
據漢志增怏邪臣毛本怏蔡本中統本誤怏徐並誤快索隱本亦誤快然音訓則本作怏可知辨見漢
書襍志梁分爲五集解濟陰舊刻陰與梁孝王世家及漢表師古注合各本作陽誤菑
補中統游本吳校金板舊作菑高祖元年志疑云諸國當以分封先後爲次乃表不序先後而後之
增封諸國亦遂錯襍不明案史文傳寫錯亂自昔已然而諸表尤甚當時原次今不可攷不得輒蒈史公略之可也
二楚都彭城志疑云韓信都下邳紀傳甚明劉交始都彭城淮南都壽春志疑云英布都
六紀傳甚明此蓋以後之王淮南者都壽春而誤其始也梁都淮陽志疑云彭越都定陶此誤史詮謂當
作睢陽亦誤梁孝王始都睢陽代初王韓信中統無初字王原倒依志疑乙韓都馬邑志疑
云韓王信未嘗更封代此表韓代共格故妄以韓王信爲代又信都陽翟後乃徙馬邑四齊初王信元
年志疑云初王上當有二月字下失韓字案此類是否史公失書抑傳寫殘缺皆不可攷後不復出淮南

十月乙丑志疑云七月之誤武王英布攷異云武王衍趙初王張耳元年
甍志疑云缺書十一月案張耳傳漢立耳爲趙王徐廣曰四年十一月疑表中本有三字而今本失之又此文七
字蔡本中統游王柯本並誤入下年又脫甍字凌本甍下有在四年三字蓋因所據宋本亦在下年故校者刻注此
遂混入表中今刪五齊王信徙中統誤反燕九月壬子初王盧綰元年
志疑云封綰在後九月表將相表漢書異姓表甚明案梁說是也是年九月殷術己未朔顓頊術戊午朔無壬子
後九月戊子朔二術同二十五日壬子此表蓋失後字趙王敖元年敖耳子七字蔡本中統
游王柯本脫凌本王下脫敖毛本作王張敖今依舊刻代降匈奴國除爲郡志疑云信降匈
奴在六年九月此誤六楚高祖弟凌本高祖上衍是字又弟下各本衍也字依志疑刪齊正月
甲子志疑云漢書紀表作壬子案是年正月丙戌朔二術同二十七日壬子無甲子凌本誤入上空格代
空格毛本有初王喜元年五字凌本又多國及按喜高祖兄五字蔡本中統舊刻游王柯本皆無之蓋喜不久
因歸故史不入表其有者後人依漢表增入喜廢後改封如意表亦不書其證也七代空格凌毛衍二

字各本無八燕四廢志疑云九年廢史漢紀表功臣傳甚明案中統游本無廢字代空格凌毛衍三字各本無九趙如意高祖子五字凌本全脫王柯脫如意二字蔡本中統游本脫如字今依毛本梁五來朝二字王本誤入下格代空格凌毛衍四字及何奴攻代代王弃其國亾歸漢十二字舊刻同代王下多喜字蔡本中統游王柯本皆無之案喜之王代高紀七年封八年亾歸將相表六年封八年亾歸吳王濞傳亦云七年封不言亾歸年漢書高紀亦云六年封七年亾歸立如意爲代王諸侯王表同身得有四年之久其爲後人妄增可知十復置代郡中都復各本作後依志疑改此六字凌毛皆誤入九年蔡本舊刻中統游王柯本並不誤又案據此文正與五年代表國除爲郡相承又元年表索隱云二年封韓王信五年降匈奴十一年立子恆也則小司馬所見本代表無王喜可知十一荆六爲英布所殺凌脫所字淮南十二月庚午志疑云布以七月反厲王即七月封史漢紀甚明案術推是年十二月無庚午七月甲寅朔十七日庚午此十二月誤漢書諸侯王表作十月亦字形相近而譌梁二月丙午蔡本王本毛本並同與通鑑考異引史表合凌本依漢表及高紀改三月案三月丙辰朔無丙午淮陽三

札二　二十五

月丙寅各本作二月承梁表而誤也二月無丙寅今依凌本徙趙志疑云衍代正月丙子各本作二月中統凌本作三月志疑云正月之誤漢書紀表可證今依改初王元年凌毛本初王下有恆字元年下有恆高祖子四字蓋後人妄增十二吳王濞元年故沛侯蔡本中統游王柯本此三字誤入下年燕三月甲午志疑云當作二月案術推二月辛巳朔十四日甲午趙四死志疑云死當作薨在孝惠元年史漢表並誤案如意不得其死故不書薨惠紀亦書死孝惠元年趙淮陽王徙於趙名友於字衍上已書名友此不當重出宜如史詮說作淮陽王友七初置呂國攷異云呂國以齊之濟南郡置列梁下誤復置淮陽國中統游本無此五字高后元年魯元王張偃志疑云元乃初字誤常山四月辛卯案四月癸亥朔二十九日辛卯二術同然漢書高后紀書五月丙申趙王宮叢臺災後書立強爲淮陽王不疑爲恆山王五行志書叢臺災與紀同則又非四月矣五月癸巳朔無辛卯元年薨志疑云二年薨呂后紀及漢表可證案此與下呂后表兩薨字疑皆衍呂王台元年薨志疑云薨在二年十一月將相表在二年十二月漢表亦在二年此誤

二常山七月癸巳志疑云紀書義爲王在十一月此七月乃十月誤但十月辛酉朔無癸巳案漢書呂后紀二年秋七月恆山王不疑薨是卽封義之月則七月不誤史紀書於十一月前蓋後人不知漢初仍秦以十月爲歲首妄移七月於前夫七月後之十一月當入下年矣七月癸巳顓頊術初九日殷術初七日皇子哀王弟義孝惠子志疑云皇子衍哀王弟宜置孝惠子下立爲帝志疑云立上缺後字中統游本無此三字呂十一月癸亥志疑云十一月庚寅朔無癸亥案毛作十月中統本作十一月癸巳長沙恭王右蔡本中統游王柯作右與漢書吳芮傳合舊刻凌本作若漢表同毛作石疑皆譌四齊五凌本誤入上空格常山五月丙辰中統游毛本丙辰與漢表及史漢二紀合它本作丙午疑非六呂七月丙辰紀在十月漢表作十一月皆無日惠景表作七月壬辰案以術推是年十月有丙辰無壬辰十一月七月有壬辰無丙辰未知孰是王柯凌本此表誤入上格而此格反空洨侯索隱又音口也單本作又音也三字蓋音下缺一字各本遂刪去之今增空方案主父偃傳洨戶交反淮陽元年武孝惠子故壺關侯毛無武字蔡本中統游王柯同又誤入下年凌

札二　二十六

本後五字誤入上格今並正七趙十四楚呂產徙梁元年案此表九字皆衍而失書王友幽死及王恢徙趙自殺事又漢書諸侯王表於呂后七年書呂祿始則此表亦當書呂祿元年今在下年蓋皆傳寫脫誤梁十六十六二字亦衍徙王趙自殺舊刻凌本如此各本但有趙徙二字蓋誤倒然自殺當書於趙格疑亦錯簡呂七月丁巳柯凌本巳誤卯志疑云紀作二月是索隱依單本補昌平原譌呂平依漢志改八淮陽三武誅國除各本此五字誤入下年而此格又衍二字今依志疑移改然此三字亦當衍孝文前元年前字後人妄增索隱本於下出孝文二年無前字是所見本尚未增紀及將相表皆不著前字它表衍者亦後人所增孝景表放此魯九廢爲侯志疑云偃無九年宜移前年而刪九字案蔡王柯本無此四字初置城陽郡志疑云齊悼惠世家正義引表云都莒今本脫案表中郡字蓋都字之譌而失莒字或疑郡皆爲國然此表濟北河間太原下皆省國字殆非也琅邪徙燕元是爲敬王四字各本誤入下年依志疑移趙王遂元年幽王子三字中統游王柯誤在下年分爲河間都樂成毛本樂成舊刻作樂城蔡王凌誤洛城二

城陽章悼惠王子故朱虛侯此九字幷索隱各本皆誤入下年今依毛本濟北
興居悼惠王子故東牟侯此十字幷索隱各本亦誤入下年今依毛本河閒元
文王毛誤天辟彊毛本彊下同三濟北為郡各本三譌二為郡兩字誤入下年今移正
志疑云當書反誅國除為郡四代三太原王參云云二十字舊刻誤入上淮陽表夌本誤
入下長沙表賁居中統游本吳校金板賁作徙非六淮南二十三為郡蔡本中統游本王
柯毛本此字在下年二十一淮陽十為郡中統游本吳校金板無此二字十二梁十
一淮陽王武徙梁年索隱紀年止於十上年已書薨此十一年即武自淮陽來徙承上年不改
元故云徙梁年蔡王夌本不誤毛本年上有元字舊刻作十一兩字中統年作王皆以意增改志疑謂缺元字非也
十四燕十二來朝游脫二字十五分為膠西都苑志疑云齊悼惠世家引表
云都高苑水經注廿四卷時水又西逕東高苑城中史記漢文帝十五年分齊為膠西王國都高苑徐廣音義曰樂
安有高苑城俗謂之東高苑也據此則史表是傳刻脫高字苑與苑同初置盧江國攷異云盧江亦
淮南所分與清河一格似失其倫十六索隱本孝文十六年下出淮南三齊七趙分為六各注並已見篇首
集解又多舛誤蓋傳寫錯亂今不增衡山淮南厲王子故安陽侯淮南九字各本並誤
入下年今依夌毛本齊濟北濟南菑川膠西膠東淮南盧江各表並放此濟南扐侯毛本扐各本並譌初
後二梁十七志疑云世家十七十八比年來朝此缺代十七薨志疑云文三王傳參五年
一朝凡三朝薨表止書二蓋脫一來朝五濟南六來朝中統游本在下格膠西六來
朝中統游本在下格六梁二十一來朝游本脫孝景前元年初置臨
江都江都夌脫上江字攷異云江都當作江陵史詮同初置汝南國王柯有初國字
置淮陽國史詮云復作初誤二臨江初王閼于索隱本作閼于與五宗世家合各本
無于字蓋依漢表汝南王非夌本非各本皆誤元淮陽王餘夌本餘各本皆誤非三楚
反誅舊刻脫反字魯乙亥中統游本作丁亥是為恭王毛本恭作共中統本誤安濟
南十一反誅為郡為郡二字各本皆誤入下年今移正菑川十一反誅反誅上各

本衍賢字官本無趙二十六反誅為郡舊刻脫反字各本脫反誅二字而為郡二字誤入下
年依志疑補正淮陽徙魯為郡各本首衍二字徙魯誤入上年為郡誤入下年依志疑改正四
四月己巳立太子己巳原譌乙巳志疑云漢紀作己巳四月丙午朔乙巳誤案乙巳己巳形近易亂今
依改膠東表同又案立太子書於將相表大事記不當獨闕入此表疑後人附楚文王禮元王子
蔡本中統游王柯本並脫元字衡山十二徙衡山王志疑云王字衍濟北此表各本止有
十二兩字今從夌本是為貞王此四字各本誤入下年夌本亦誤依志疑移初置江都六
月乙亥汝南王非為江都王元年官本汝各本誤淮志疑云據景紀是三年事六
月乙亥正與魯菑川月日同則此非也以後皆當移前一格汝南徙江都志疑云漢表二年徙此亦
誤後一年當衍三字又缺國除為郡四字六復置臨江國夌本誤入上格七十一月乙
丑太子廢此亦後人所增膠東四表末各本衍復置膠東國五字毛本無臨江十一
月乙丑漢書諸侯王表作己酉案十一月辛酉朔二術同乙丑初五日無己酉史景紀書冬廢栗太子為臨
江王在十二月晦日食前而漢書云春正月恐誤景帝太子各本太子上衍子字依志疑刪中元
年各本脫年字蓋傳寫本作中元元年校者覺衍一元字遂并年字刪之今依毛本膠西六來朝
夌本脫膠東各本衍五字依史詮刪二清河都濟陽攷異云當作清陽漢志清河郡清陽
縣注云王都其證也三清河三月丁巳毛本作五月誤案景紀書於三月彗星出西北前志疑云
封必二月三月壬申朔無丁巳臨江四坐侵云云各本侵譌寢今依五宗世家改志疑云榮無四
年景紀二年三月召臨江王來即死中尉府中當衍四字而移坐侵十四字於前格索隱廟壖外之
壖疑當作廟垣外之壖皆字形相近而譌五常山三月丁巳志疑云三月無丁巳當作四月
故漢紀書夏六城陽三十三薨夌毛本有薨字後元年蔡本舊刻王本脫年字夌毛作
後元元年從俗本也今依中元元年例二齊十二來朝夌本脫孝武建元元年蔡中
統游王柯並脫下元字蓋又因文景中後元而因刪廢省也夌本有三濟川七明殺中傅案明
乃濟川王名也各本皆同惟毛本誤入濟東格蔡中統游王柯誤入山陽格舊刻傳作侍形近而譌夌毛作坐射殺

中傳謚依世家改　四濟川爲郡各本表首衍八字依志疑刪　五廣川繆王元年

集解四十五年凌本與漢表合各本譌脫作此五年　謚曰繆各本誤懿依索隱改　元光

三齊二十二卒當作薨　元朔元年楚襄王注志疑云世家作經　四河

開剛王堪志疑云五宗世家及漢表作基　五常山二十二來朝凌脫　元狩二

置六安國云云首四字各本作爲六安郡誤入上年今依凌本志疑云六安即衡山故地不應在淮南格當於淮南書國除爲九江郡於衡山書初置六安國都陳七月丙子初王慶元年膠東康王子此表舊文外漏與後人增改兼有之　六齊武帝子各本武帝上衍閎字今依毛本　廣陵四月乙巳毛作未誤

王胥蔡本中統游王柯並譌育　燕剌王旦蔡本中統游王柯譌胥　元鼎元年濟

東二十九大河郡各本大譌太依志疑改　三初置泗水都郯志疑云郯東海郡泗疑當作淩　復置清河國各本並作郡凌毛本不誤　清河二十代王義徙清

河年此與孝文十二年梁表淮陽王徙梁年一例王柯凌本乃移表首二十兩字於年上謬甚毛本年譌郡今

依蔡本　元封二菑川頃王遺索隱濟南王辟光之孫也案齊悼惠世家遺乃菑川懿王志之孫辟光以反誅不聞紹封此注誤　二城陽慧王蔡本中統王柯慧譌彗毛作惠游譌思　太初元年泗水十薨各本誤入下年又衍子字依志疑刪　二泗水哀

王安世元年朗戴王賀元年安世子志疑云賀是安世弟五宗世家及十三王傳甚明思王以太初元年薨二年安世嗣一年薨無後以賀紹封在太初三年此并書於二年誤　索隱廣川惠王子也志疑云以泗水而隸於廣川以從祖孫而指爲父子尤舛紊此注蓋本廣川繆王齊下誤衍而戴王賀下當別有注今失去畢本亦如此　三城陽七薨志疑云薨字衍慧王在位十一年　四

城陽荒王賀元年志疑云五字衍乃惠王八年也荒王名順亦不名賀案史表經後人補續竄亂尤多如應稱今皇帝而云孝武應稱今王而輒書其謚表止於太初而謚及天漢以後又表本大幅刻行衺上改爲諸葉傳寫易誤不皆史公原文梁氏於諸糾駁處最爲精詳然相沿已久不能一一改訂記中略舉其槩亦不能悉著考史者有志疑全書在它表放此　長沙二十八來朝凌本脫

高祖功臣侯者年表凌脫侯者二字各本並脫者字今依單本索隱補與自序合　泰山

若礪集解王柯凌若作如並脫集解　苛裔蔡本王本並作襃與字類引合集韵亦載此字蓋相承俗字也　功臣受封者索隱本無者字　見侯五正義齊仁王柯本齊作卞　祕蒙王柯本祕作秋　馮偃王柯本馮譌韓　國名正義王柯本以國名二字居中而正義環繞兩旁今依凌本改列右端以下各格放此此正義凌脫　咸是諸侯所封國名也咸字原譌成今正　高祖

十二各本十二兩字注於高祖字右旁惟毛本大書左行今依其式改一行直下下諸格放此　建元格

太初元年謚後元二年十八志疑云太初以下十一字後人妄續當削之案梁說因是然此類甚多亦不能槩削說見上表　侯第索隱謚遂單本謚遂凌本繼遂告誤王柯作蘇遂是也見禨志　平陽各本亦平陽居中而注分兩旁或變延於下殊易混亂今依王本惠景間侯者表以封國列右端而系注於下諸表並放此　侯功格以中涓集解各本表文細書而注從襍其間或置於後今改表文大書仍系注於下後並放此　皆中官也各本也誤者依蔡本舊刻本改凌本脫此四字而多師古

曰中涓親近之臣若謁者舍人之類涓潔也主居中涓潔也二十九字蓋依漢表妄增　高祖格七王柯凌本並以七字居中而表文環注兩旁今依毛本以紀年列右端表文列左大書餘並放此　孝文格後

四年後下各本衍元字乃後人妄增依志疑刪後放此　孝景格索隱凌本脫　建元格凌本中行有廿四二字及征和二年侯宗坐太子死國除十二字各本皆無蓋又後人妄增今依志疑刪　侯第

格二集解各本誤在平陽下今移正下索隱放此　清陽孝文格索隱凌本並脫　汝

陰侯功格全孝惠魯元凌本全譌至　建元格侯頗坐尚公主官本凌本有侯字　陽陵攷異云漢志陽陵故弋陽景帝更名則高帝時無陽陵楚漢春秋作陰陵近之　侯功

格魏將志疑云漢表作騎將是　孝惠格隨頃侯靖志疑云隨字衍　建元格假

坐與舊刻王本坐作以　廣嚴攷異云嚴字衍　高祖格召歐凌本召各本譌召歐字索隱本與漢表合各本作毆志疑云毆即歐字文通作歐師古音烏后索隱非　廣平侯功格擊項羽

鍾離昧志疑云漢表項籍下有將字是　博陽侯功格殺追卒各本追卒倒依史詮乙正

疑云漢表作殺追士卒高祖格索隱名濆單本濆各本作蒲案漢書作濞孝景格復封始王柯脫復字出逆侯功格初從修武舊刻從作起五千戶舊刻五作三孝文格二十九案上二者陳平之末二年卽孝文之元二兩年也下二者恭侯買在位之年卽孝文之三四兩年也十九者簡侯悝卽位後之年自孝文五年盡後七年也各本並少一二字毛本以二十相連尤謬此類卷中不一而足後諸表皆然今並分析補正不使誤分誤連餘放此不復出堂邑侯功格定豫章浙江都浙蔡本舊刻索隱本並作浙王毛本並作折凌本上作浙下作漸復相楚元王十一年凌本一譌二索隱依單本增建元格未除服姦舊刻作與益厲下句然漢表亦作姦周呂孝惠格各本有罪二字志疑云呂台以高后元年封王不聞罪免案此四下呂則表而誤衍今刪然此表高后格當有脫文說具志疑建成高后格元年五月丙寅志疑云漢表作九月五月癸巳朔九月辛卯朔皆無丙寅八年祿爲趙王志疑云當在七年侯功格申徒蔡本中統舊刻並作司徒高祖格丙午中統游作丙戌侯第格六

札二　三十

十二舊刻一射陽侯功格初起二字毛倒鄭侯功格爲法令爲字依史詮增與漢表合高后格一凌本脫同祿弟案漢書本傳以同爲蕭何夫人表云祿母史記世家不載表則以爲祿弟蓋傳寫誤史詮攷異說同孝文格後五年後字依志疑增案漢表亦失煬侯遺王譌遒柯譌遺建元格何孫史詮云曾孫缺曾字侯第格一蔡本王本脫曲周高祖格六年云云十二字舊刻誤入下格孝惠格七中統游毛誤八呂后格八中統游脫八字孝景格中三年舊刻毛本三譌二建元格康侯遂志疑云名遂成侯宗志疑云名世宗終根元年毛本元誤五後元二年脫元字今補絳孝文格三年免志疑云三當作二案免字疑當在二年上勝之蔡游王柯毛無之字中統作子勝後二年游本二作元孝景格其三年凌本有年字七爲丞相志疑云七下缺年字舞陽高祖格其七年中統游毛無年字呂后格坐呂氏誅族志疑云族字衍案族字疑當在誅上此謂呂須也本傳云大臣誅諸呂呂須媭屬因誅伉是也孝景格中五

年志疑云本傳及漢表並作中六年案它處以孝景七年嗣位至中五年凡六年與表端六字合則作中六年是五字誤潁陰侯功格定齊凌本齊各本誤濟殺項籍蔡本毛本上衍羽字建元格賢爲臨汝侯侯賢元年志疑云更封國名當大書臨汝而衍此五字案蔡本無賢爲二字毛本侯字不重行賕蔡中統游王柯作財汾陰孝惠格建平四四下原有有罪絕三字蓋因下侯意而衍依志疑刪孝景格封昌孫左車志疑云當書元年建元格建元云云八字凌本誤入上格王柯作後元梁鄒孝惠格五年侯最元年毛本五誤元侯上有康字建元格山柎凌本柎各本作耐索隱凌誤師古音夫單本夫各本作趺凌作僧成侯功格二千蔡中統游本二作一八百毛本八作五孝景格索隱單本無建元格霸軍志疑云漢表作罷軍是元狩三年凌毛三譌二參侯功格前元年攷異云前元二三年者稱沛公之年也入關王漢以後稱漢元年以都尉擊項羽屬韓信屬韓信三字疑當在都尉下攷表可證高祖格孔藂凌本藂各本作聚

札二　三十一

孝文格九年侯臧元年中統游本脫此六字建元格索隱臣經學乞爲太常典禮臣家業與安國綱紀古訓案家業二字疑當在經學上下臣字疑當在安國上費侯功格從起碭蔡本中統舊刻吳校金板有從字它本脫湖陽攷異云漢表作湖陵孝景格後三年凌本作五年謬案如漢表則最以侯後元年薨而樂止二年蓋與史異侯第格漢表陳賀第三十一各本皆缺陽夏侯功格索隱豨音虛紀反王柯凌作虛肥高祖格自立爲燕志疑云燕當作王案韓信盧綰傳作自立爲代王陽都侯功格以越將從起鄴志疑云漢表作以越將從起薛疑鄴乃薛誤孝文格侯安成中統游本作哀侯成新陽高祖格呂清索隱本作青與漢表合志疑云清青古通案中統游本吳校金板作靖孝惠格頃侯世志疑云漢表作臣卽項羽紀呂臣也世字誤侯第格八十一志疑云漢表八十七東武侯功格二千戶志疑云漢表三千戶高祖格正月戊午志疑云正月丙戌朔無戊午疑與汁方全以三月戊子封案此侯之封次呂清後清以正月壬子封

札二　三十三

已是二十七日在戊子後二十四日矣梁謂三月戊子是也侯第格四十一志疑云當二十一若四十一則與高苑同位矣汁方侯功格以趙將志疑云疑魏將之誤從定諸侯侯中統游毛本重侯字孝惠格荒侯巨志疑云漢表延鹿建元格二十八王柯夌誤七棘蒲侯功格率將襍志云當依漢表作將卒擊齊歷下軍田既志疑云漢表作臨淄攻田儋傳軍歷下者田解也田既軍膠東後爲曹參所破都昌侯功格騎隊卒志疑云漢表作帥索率當爲率與帥古通武彊侯功格丞相甯志疑云時無丞相甯疑誤擊黥布侯志疑云侯字衍索漢表亦有高祖格莊不識志疑云漢表識古通建元格遬御史大夫張湯志疑云漢表遬作建賁高祖格齊侯呂據索隱本則史文本作呂博國水經漳水注作呂博失圖字今本史表僅存呂字傳鄗缺耳漢表作合傳胡害益字形相近而譌說詳志疑海陽侯功格千八百戶志疑云漢表八作七孝惠格招攘索隱本攘今本竝作攘襄益依漢表改南安侯功格索隱漢表作連將也志疑云漢表作重將孝文格其侯戎中統本作安侯成侯第格六十三舊刻作五夌作二竝誤肥如孝文格莊侯成志疑云漢表戎曲城夌本成下同高祖格蠱逢索隱曲城圖侯蠱逢襍志云蠱逢當依漢表作蟲逢古有蟲姓無蠱姓廣韵漢功臣表有曲成侯蟲逢索隱本作蟲逢注曰蟲音如字今本幷注改爲蠱且刪去蟲音如字四字汲古閣刻單本初作蟲後復依今本改蠱案王說甚確今注中蠱字竝依改正志疑說同孝文格後三年毛本三譌五孝景格十三案孝景止十六年去垣五年餘十一年此十三字有誤據漢表侯捷於孝文十四年復封十八年復免孝景中五年復封垣侯捷十八年當孝文後二年下距孝景帝四凡十六年無復封事與史不同中五年王本秦本脫中字河陽侯功格起碭從志疑云從字當在起上淮陰侯功格別定魏齊爲王志疑云漢表定魏趙爲齊王此誤芒侯功格武定志疑云漢表定武孝景格孝景三年孝景二字疑衍三夌譌二侯申侯上衍張字依志疑刪建元格十七夌脫七字王柯誤十一故市高后格八中統游王毛脫柳丘侯功格千戶志疑云漢

札二　三十四

表八千戶高祖格六月丁亥志疑云此下四侯史漢表皆作丁亥而六月無丁亥疑是乙亥或封在七月魏其高祖格周定志疑云漢表止高后格侯閒志疑云漢表簡孝景格二舊刻譌一祁侯功格漢王顧謂賀祁子畱彭城軍執圭東擊羽志疑云祁字衍執圭上脫以字案軍疑川字之誤平高祖格六年中統游本脫沛嘉志疑云漢表工師喜魯侯功格毋代侯毋字各本作無志疑云因母譌毋因毋譌無耳今依改集解徐廣曰漢書云魯侯涓涓死無子封母疵案此因史表缺名故引漢書補之則相承久矣索隱出魯侯奚涓四字蓋亦依漢表索隱封中母侯疵也案表文作六年中此以中字賜下蓋誤衍故城孝惠格二蔡本舊刻王本譌一侯第格二十六各本皆缺惟夌本有疑依漢表增任任下各本衍侯字依史詮攷異刪高祖格張越索隱任侯張成襍志云成者戉之誤棘丘高后格四索如漢表襄以高后元年免則此四字衍如史表四年奪侯則四當作三志疑說同爲士伍舊刻士各本作仕古通阿陵侯功格從單父志疑云從下缺起字案漢表有孝景格一八兩字舊刻誤幷作六建元格元鼎五年各本誤四年依志疑改與漢表合昌武侯功格九百八十戶志疑云漢表九百戶建元格元朔三年中統游本與漢表合各本誤元年高苑侯功格千六百戶志疑云漢表千六百五戶高祖格丙倩志疑云漢表猜宣曲侯功格起畱柯譌畱爲郎騎志疑云漢表騎下有將字此缺孝景格有罪除志疑云當作絕發嬰志疑云當書一字侯第格四十三舊刻三譌一絳陽索隱漢表作終陵也志疑引趙氏一清漢表舉正云終絳皆誤乃濟南之於陵也華無害曾孫告爲於陵大夫案漢書襍志說同孝文格勃齊志疑云漢表無齊字孝景格前四年前字衍東茅索隱本譌第侯功格以舍人從碭志疑云從下缺起字案漢表有二隊毛本二譌三捕韓信捕譌補依志疑改八月丙辰中毛誤斥丘侯功格剋敵毛本剋譌到擊破籍武城王本破譌被志疑云漢表作成武籍下有侯字此缺誤集解一云城武毛本

誤倒索隱破籍武城初爲武城侯武城字疑皆倒高祖格七各本譌八依志
疑改孝景格十六蔡本中統游王何毛竝脫十六二字以孝文格文頃此格而孝文格反空又譌十三
爲十二謬甚惟凌本不誤建元格二十五何凌二譌一毛誤道十字臺侯功格以將
軍擊燕志疑云漢表下有代字孝文格侯才志疑云一本作年漢表作五案年亦午字之譌
安國侯功格淮水淮字誤陳丞相世家集解作睢于雍侯于字毛作千志疑疑乎之譌皆
非也振陳丞相世家集解疑當作封高祖格定侯安國案陳丞相世家集解徐廣曰王陵以客將
從起豐以廄將別守豐上東閭從戰不利奉孝惠魯元出睢水中封爲雍侯定食安國雖語有詳略其爲引此表無
疑定侯定食意義亦同蒸始封雍侯後改安國也各本皆有此四字志疑以爲衍非也樂成侯功格
從碭中志疑云漢表從起碭此缺起字衍中字案中字疑當屬下孝文格一毛譌二武侯
客志疑云漢表作式侯吾客建元格侯義志疑云漢書郊祀志名登辟侯功格三歲
志疑云三當作二案漢表二十月志疑云四月之誤一歲志疑云三歲之誤呂后格八

札二　三五

中統游王柯脫安平侯功格有功秋舉蕭何功志疑引孫侍御云秋一本作秩屬上
讀孝惠格孝惠三年孝惠二字疑衍蒯成志疑云蒯乃蒯之誤蒯即鄒字漢表及遷傳作
蒯本傳作鄘服虔音菅蒯崔浩音苦壞反知此字譌已久說文繫傳引史作鄘城豈獨見善本乎侯功格
至霸上侯志疑云侯字衍漢表無以繻爲信志疑云漢表同古人謂使者爲信然繻傳徐賢
引表云以繻爲信武侯則今本脫二字孝文格有罪絕國除國除字疑衍中統游本作國除
絕蔡本毛本無絕字北平侯功格徙趙相侯徙譌從依志疑改與漢表合千三百
戶漢表千二百戶孝文格五歲罷志疑云五上脫十字孝景格侯預本傳作類徐廣
云一作顏索隱引漢書作穀而今本亦作類襄志云當作類侯第格六十五舊刻一誤厭次
高祖格集解漢書作爰類蔡本爰作袁上同平皋高祖格十月原誤
六月案六月不當書在十月前漢表作十月是依志疑改復陽侯功格項籍游本羽孝文
格十三凌譌二陽河志疑云河乃阿誤案漢表亦作河侯功格以郎中騎凌誤

起高祖格齊哀侯志疑云哀字衍索隱引作卞訢水經注九作卞訢五作萬訢漢表作其石王孝
康曰卞乃丌誤丌卽古其字丌譌爲万故又作萬案丌古亦作亓亓與卞尢近石亦與訢石旁斤近或𨳝文致誤表
序正義引作齊仁王柯作卞仁皆字形相近孝景格中絕志疑云二字衍案元鼎四年改封岬山或
嘗中絕但當在下格耳朝陽侯功格後攻韓王信志疑云漢表後作復高祖格
三月丙寅志疑云漢表作壬寅是三月無丙寅孝文格十三舊刻譌二棘陽侯功
格從起胡陵毛本有起字與漢表合以擊諸侯志疑云漢表作項籍是案疑諸郎籍字誤
又衍侯字高祖格七年毛誤六年七月丙辰志疑云七月無丙辰案漢表作丙中是建
元格懷侯中統本脫懷字涅陽高祖格呂勝志疑云漢表騰平棘高祖格
集解漢表各本作書依索隱引改高后格碎彊毛本彊下同孝文格鬼薪
志疑云上缺爲字深澤高后格一年毛譌二年凌本絕絕本作紹各孝景格三
年毛譌二年侯循志疑云漢表循罪絕二字王柯脫或志疑云漢表與侯第格九十

札二　三六

八舊刻脫八柏至侯功格集解師古曰案此蓋後人引漢晉注非集解文高祖
格七月戊辰七月無戊辰志疑云漢表十月此譌孝惠格三年凌譌二年建元格
如安舊刻安加與漢表合中水侯功格後共斬項羽史詮云後當作復案漢表復
孝文格夷侯假志疑云漢表瑕靑肩志疑云漢表眉建元格二十三志疑云當
作二案漢表二十二元光元年毛誤五年杜衍孝文格侯翕志疑云漢表翕建元
格十二志疑云漢表十三赤泉史詮云柏至中水杜衍赤泉四侯封年月本次陽阿之後漢表同今
本亂其次案索隱本次序亦與今本同則其誤已久高祖格楊喜索隱本作嘉蔡王柯毛同疑誤高
后格首衍一字依志疑刪孝文格定侯般志疑云漢唐兩表竝作敷栒中統本栒與索隱合
蔡王柯凌作栒毛作拘侯功格定廬奴志疑云漢表絀高祖格頃侯舊刻凌本頃與
漢表合索隱本及它本作項竝譌孝文格侯河志疑云漢唐表作何武原史詮云武原封年月
本次居後漢表同今本失其次案索隱與今本同高祖格索隱漢表胠作胅案今漢表

亦作胠字皆無胠字古書从去从谷之字每相亂而谷又或作胠蓋所見誤本作脍而譌爲胠耳然不當音脅孝
景格十三志疑云不書以後二年免在位十一年此三字誤漢表謂孝景三年嗣在位十三年較多一年
侯第格九十三蔡中統毛本三它本譌二曆志疑云漢表作歷史當作歷古通顏氏家訓識羊甫
讀曆爲歷則傳譌久矣高祖格七月癸酉蔡本毛本酉與漢表合它本誤丑槖志疑云此
侯封於山陽郡之橐水經注廿五卷可證史漢表並譌作槖師古音公老反矣案索隱本亦譌槖孝文格
七年凌誤三年建元格元狩二游譌三朱子侯功格五百四十戶
志疑云漢表五百三十六戶高祖格十二月志疑云漢表二月許瘛凌作瘈集解
毛脫猗氏侯功格千四百戶志疑云漢表千一百戶高祖格三月毛譌二月
孝惠格靖侯交志疑云漢表支孝景格頃侯讙志疑云漢表羌案水經濁漳水注引
作差清侯功格都尉凌本都上衍漢字代侯史詮云定代侯缺定字下三侯同案漢表亦無
高祖格空中志疑云漢表作室中同案室古通案水經漯水注引同今本則脫誤已久索隱本有同字

札十　三十七

建元格蒸侯石舊刻石蔡王柯凌毛作右漢表古彊毛譌彄高祖格三月丙
戌原誤辰志疑云此侯前皆三月丙戌封安得有丙辰案漢表丙戌今依改僩侯留勝志疑云漢表留
侯留勝案字書無勝字彭孝景格侯武凌本有侯字吳房侯功格從下邽
史詮云從下缺起字案漢表有陽夏各本誤倒依漢表乙高祖格三月辛巳蔡本毛本三月
王柯凌譌二月案此侯封在丙戌後漢表作辛卯是矣孝文格十三年凌本三各本譌二甯
高祖格四月辛卯漢表同四月無辛卯志疑云辛酉之譌魏選志疑云將相表漢表水經
注竝作遬索隱本亦作選昌高祖格圉侯索隱本圉漢表同各本竝譌圄孝景格二
中統游本下衍一字三年各本三譌二依漢表改其侯功格臨淄凌本淄各本作菑孝
文格懷侯商志疑云漢表高下同閼氏高祖格馮解敢案漢表作散水經清漳水
注同孝惠格龔無後絕蔡本毛本無誤絕孝文格二年中統游本脫蒸侯
勝之蔡本中統游王柯凌作共侯第格百凌本有百字它竝脫安丘侯功格三千

戶志疑云漢表三作二孝文格蒸侯奴凌毛本有侯字它本脫孝景格二一各本誤廿
作三今正三年官本與漢表合各本與下四年互誤侯第格六十七凌本有它皆脫合陽侯
功格八年志疑云八當作七高祖格九月丙子凌毛子作午志疑云應作七年十二
月丙子矣陽阿侯案漢書王子侯表作八年九月丙午則與下二侯同日孝惠格代頃侯史詮云王
作侯誤襃平侯功格功定平侯志疑云漢表功比平定侯此脫誤高祖格九
月丙午志疑云九月無丙午後九月則有之案後表龍侯後九月己未漢表亦脫後字則此表亦當作後九
月也後九月顓頊術庚子朔殷術辛丑建元格元封元年各本譌二年依志疑改與漢表合
侯第格各本竝缺漢表作六十六則與蔡寅同矣志疑云當云五十六龍高祖格八年凌誤
月繁索隱志闕考證云案地理志繁屬蜀郡侯功格從擊諸侯侯比吳
房下侯字蔡游王柯作族形近而譌凌本不誤中統毛本吳校金板作功益以意改毛本房譌戾高祖格
索隱張瞻案今漢表作張瞻師孝惠格康侯朐獨舊刻朐作朐志疑云朐乃憪誤漢表

札十　三十八

作憪脫獨字陸梁中統本作量與索隱合漢表亦作量高京集解一作景志疑云周昌傳
及漢書表傳皆作景侯功格以內史從各本從上有入字漢表無志疑云衍今刪高祖格
四月丙寅志疑云漢表作戊寅是四月丁卯朔離侯功格各本與下高祖格互誤依史詮志疑
正九年各本誤元年依前後表文及漢書改議陵集解一作議陽義字依索隱本引補
高祖格九月丙子志疑云九月乙未朔無丙子案前後皆四月不當以九月廁其間蓋亦四之誤
推丙子在戊寅前則當次陸梁今在離後或亦非丙子也漢表同吳程索隱云漢表郢古同呂后格
侯種志疑云漢表重皆失諡志疑云諸表失諡多矣豈獨義陵此後人注非史本文宣平高
祖格四月志疑云高紀正月高后格信平志疑云偏檢史漢無改封張敖信平事信平亦
非地名二字宜衍案惠景表高后八年侯偃以魯元子封信都孝文元年廢侈而降封故爲南宮侯南宮信都屬縣
故通志略引風俗通云張敖尚元公主封於信都也疑信平即合信都宣平二字而誤集解引徐廣曰改封宣平
當注孝文格南宮侯下誤入此格後人遂據書於表首建元格睢陽志疑云漢書表傳作睢陵此誤

十八案自元光三年至元鼎元年首尾止十七年此作八誤漢表同侯廣志疑云漢表作廣孫公鄭表作廣國乞祠國除此下各本注漢表緬古日嗣事有闕乞之也蓋亦後人妄增官本無開封高祖格丙辰志疑云漢表開封在慎陽後蓋慎陽以甲寅先二日也孝景格景帝時爲丞相各本誤入惠帝格今移正然不類史文疑後人所注沛高祖格十二月原脫十字依志疑增與漢書王子侯表合十二年蔡本舊刻作十一年誤慎陽高祖格十一年凌本十一與漢表合蔡王柯毛作十三中統游作十二並誤孝景格願之志疑云漢表無之字禾成攷異云水經注瀙水篇瀙水又東南逕和城北漢高帝封郎中公孫耳爲侯國志疑云表於和字脫其半城成史漢通用侯功格漢二年志疑云當依漢表作五年高祖格十一年蔡王柯凌一譌二公孫耳毛本作高邑與下祝阿互誤堂陽孝景格十二各本譌三依志疑改與漢表合祝阿侯功格齧桑各本譌齧乘漢表作齒桑皆誤其一依志疑改正上隊凌本上漢表同各本作十史詮云二隊之誤八百戶志疑云漢表千八百戶高祖格正月己未漢表

己卯則江邑之辛未不當反在其後孝文格侯成蔡本中統譌式長脩侯功格千九百戶毛本九誤五高祖格正月丙辰志疑云正月丁巳朔當依漢表作丙戌案祝阿以己未江邑以辛未此十三日中止有丙寅戊辰若依漢表作丙戌則已是正月晦辛未不當反在其後孝文格侯喜志疑云漢表意襟志云當爲慈建元格四年中統四誤五案漢表相夫紹封三十七年免侯在元封三年與史較一年無可志疑云漢表中可江邑侯功格用奇計徙御史大夫周昌爲趙相而伐陳豨各本徙譌從依漢表改案攷文云徙御史大夫周昌爲趙相代昌爲御史大夫從擊陳豨疑此文伐即代字之譌代下缺之從擊三字高祖格正月辛未毛作己未疑誤漢表江邑營陵並作十一月與前後月次不合蓋十一年之誤營陵侯功格以三年志疑云三上脫漢字劉氏世爲衛尉志疑云孝惠高后時爲衛尉安得言世必有誤萬二千戶志疑云漢表二作一功第格八十八中統游本脫高后格六年侯澤爲琅邪王國除蔡本毛本誤入孝惠格土軍侯功格千二百戶志疑

云漢表二作一武侯志疑云漢表謚式孝景格三年王柯毛三譌二廣阿游柯凌譌河孝文格二一各本誤并作三依志疑正二十王譌三十建元格侯越志疑云漢書侯表百官表竝作越人須昌侯功格雍軍塞陳謁上志疑云漢表作雍軍塞渭上謁乃渭誤沈進士謂此即元年雍王迎擊漢軍陳倉事似陳下有倉字高祖格二月己酉志疑云漢表己丑貞侯王本貞誤功孝文格後四年侯不害元年王本脫侯第格百七王本百上衍一字蔡本柯本一字誤衍入上格臨轅侯功格初起毛本初誤以以中尉志疑云下有缺文案漢表同孝景格侯忠志疑云漢表中古通汲各本下衍侯字毛本無索隱漢表作伋伋與汲並縣名屬河內考證云地理志河內有汲無伋今漢表亦作汲不作伋考河內郡有波縣水經濟水注云波縣故城漢高帝六年封公上不害爲侯國據此則漢表索隱俱當作波傳寫誤攷異說同高祖格二月己巳漢表作乙酉與臨轅同案二月丁亥朔無乙酉己巳疑皆當作己酉與須昌同日干支各誤一字耳高后格八此格各本皆脫於是孝文以下遞侵

上一格而第八格反空今依志疑移正而補八字盜陵侯功格從陳留漢表陳作起史詮云陳誤爲上解隨馬都尉擊陳豨漢表無上解隨馬四字志疑云爲上解追騎也都尉上缺以字隨與追同案馬疑爲字之譌孝文格戴侯射志疑云漢表謝古通汾陽侯功格前二年從起陽夏漢表作前三年從起櫟陽志疑云三誤陽夏誤漢二年十一月漢王都櫟陽也高祖格二月志疑云漢表三月誤戴侯功格以中令志疑云中令缺涓字千二百戶志疑云漢表二作一高祖格索隱秋彭祖單本秋各本竝作祕高后格共侯悼志疑云漢表悼建元格侯安期志疑云漢表安侯軫二十五凌本二十五它本竝作二十八案自元鼎五年至征和四年實二十四年衍高祖格七月乙巳凌本己丑蓋依漢表志疑云七月甲寅朔無己丑疑是乙丑或六月及八月案己乙形似而譌若八月乙巳則不當在平州甲辰前猩盱蔡本盱與索隱合它本竝作盱平州高祖格昭涉志疑云廣韻注通志略皆作昭沙戴侯福志疑云漢表稱悼尾玄孫名福不應同名馬童首脫呂字中牟侯功格二千

三百戶志疑云漢表三作二一馬游無一字高祖格單父聖索隱單父左
車案今本漢表作單右車疑脫誤孝文格十三年各本三譌二依志疑改與漢表合邵侯
功格臨江將志疑云臨上缺爲字漢表有高祖格十二年凌本二與漢表合各本譌
一侯第格百十三王柯凌三譌一博陽索隱屬彭城攷異云彭城即楚國漢志
楚國有傅陽縣即古偪陽國此博陽必傅陽之譌小司馬注史時尚未誤案單本亦作博陽蓋後人依今本改高
祖格十一月辛丑志疑云漢表十月是案下陽義下相皆十月則此十一月誤明矣十月癸未朔
十九日辛丑先陽發一日孝文格侯遬王本與漢表合各本作遬孝景格十一各本譌二
依史詮改案漢表遬以孝景元年有辠奪爵與史異陽義侯功格從爲漢大夫王柯從譌
徙志疑云漢表中大夫脫中字從至陳蔡凌毛本同它本從誤坐還爲中尉游本還作遷下
相侯功格距布凌本距作鉅高祖格十月乙酉志疑云漢表己酉是案若乙酉
則當列中牟前矣孝文格侯慎志疑云漢表順古通高陵高祖格十一月丁
亥志疑云漢表作十二月是十二月壬午朔高后格并弓志疑云漢表弃弓孝景格三
年三譌二依志疑改與漢表合穀陵志疑云漢表穀陽在戚後史在前失封序陵亦誤高祖格
馮谿索隱表作馮谿案此謂漢表也然則史表不作谿今本皆依漢表改索隱本出正文亦作
谿矣惟王本作谿疑谿之譌孝景格二各本作一三凌本不誤三年毛本譌五年隱
侯卬舊刻邛志疑云漢表卯獻侯解志疑云漢表謚侯解中戚侯功格屬丞韓
信史詮云衍丞字志疑云丞下缺相合千戶史詮云衍合字漢表千五百戶高祖格圉侯
季必凌本圉譌圍毛本季作李索隱作李誤也各本李作季正與單本相反孝文格
三漢表孝文元年貲侯長嗣三年薨志疑云失元年貲侯長元年七字齊侯班志疑云漢表躁侯瑕壯
侯功格漢王三年中統游柯無王字志疑云漢表二年高祖格許倩志疑云漢表猜
索隱猜音偲單本作音德譌也案齊風美且偲陸音七才反與猜同音今依改各本此條缺建元
格殤侯志疑云漢表殤侯元光五年侯廣宗元年元鼎元年侯廣
宗坐酎金國除志疑云漢表元光元年節侯周嗣三年薨元朔二年侯廣宗嗣十五年元鼎五年坐
酎金免此失節侯一代又誤書廣宗年考證說同侯第格百十二毛譌一成陽侯功
格屬魏豹豹反柯本豹字不重王本豹豹反誤作椓尸二字以太原尉凌毛有以字
高祖格正月乙酉毛作己酉案顓頊術辛亥朔殷術壬子朔無乙酉己酉疑當與壯同乙丑日或
二月之誤建元格鬼新志疑云漢表要斬桃侯功格淮陰志疑云漢表南是二
月丁巳志疑云漢表三月案二月無丁巳孝文格十四蔡本毛本並脫此二字哀侯
志疑云漢表謚侯建元格厲侯申漢表由高梁建元格侯勃案酈食其傳正
義引表作敵蓋張所見本作教史漢表勃教通用因譌爲敵元狩元年坐詐詔衡山王取
金案漢表勃在位無年數而詐取衡山王金者乃勃嗣平表失侯平一代又以平事并入勃志疑云本傳正義引
表云敵嗣卒子平嗣則唐初史本尚未誤紀信攷異云疑作紀而衍信字案疑信乃侯字譌衍高祖
格壬辰游王柯壬誤丙孝文格六月志疑云衍侯陽志疑云漢表煬甘泉索隱
漢表作景志疑云勃海景城縣甘泉即景之譌分二字耳侯功格車司馬游本車作軍
以都尉從軍侯考證云漢表下有五百戶三字此脫高祖格王竟凌誤敬志疑云漢表
競案依索隱本則史與漢表同孝惠格莫搖志疑云漢表真粘孝文格侯嫖索隱
漢書作嬽許孕反案此小司馬承師古之謬志疑引錢晦之云嫖古文作嬽譌爲嬽賁赫
索隱單本無索隱二字乃集解之誤侯功格從起豐別以郎將入漢志疑
云漢表豐作辟郎作越高后格凌本衍八字志疑云漢表朱以孝惠七年薨嗣子有罪不得代文帝二作
始以它子紹封則當衍八字案中統游王柯丗上二格爲一無七八兩字毛本亦去高后格與凌本並有得失孝
文格表首凌衍一字毛作二它本無依志疑刪二十二毛誤十三張侯功格七百戶
志疑云七百上缺侯字高祖格毛澤志疑云漢表釋之澤釋古通孝文格夷侯慶
志疑云漢表鹿鄳陵志疑云漢志表作傷陵同案索隱本次序與各本同毛本鄳陵菌次賁棗前誤表傷陵次
賁棗後藏鹵前侯功格七百戶志疑云漢表二千七百戶高祖格十二年中漢表

作十二月誤 孝文格六志疑云當作七 菌漢表作藏菌案漢書藏字例作藏今作藏疑非字之譌蓋 郎其謚誤倒王此表箇亦鹵字之譌攷異云代郡有鹵城縣 侯功格中涓志疑云漢表中尉 高祖格十二年漢表作十二月誤 六月二字疑衍當如鄡陵作十二年中 侯第格四 十八志疑云當六十八若四十八則與東茅同位矣

惠景閒侯者年表 八國 集解各本錯在序末今移正 序 肺腑 索隱 柿府二音柿木札也附木皮也據訓義似木文作柿附而音爲脯府經後人改竄爲脯腑而反以柿音肺遂改府爲附矣 又 便孝惠格元年九月 志疑云漢表癸卯此失 頃侯誤侯 王依志改疑改 建元格二十八 各本誤九今正然史漢皆不得千秋元年疑此三字亦後人所增 軑孝惠格利倉 毛本譌秋利 索隱漢書作軑侯朱倉 案今漢表作軑侯黎朱倉師古音大又音第蓋小司馬所據本有脫誤 高后格三年 凌本三譌二 建元格三十 案漢表彭祖嗣二十四年薨則秋以建元元年嗣此脫秋元年而三十字不誤志疑謂當作十字二十字蓋所據漢表本二十四譌作三十四也 元封元年 此以下二十七字中統游王柯皆誤入上格 侯秋 志疑云漢表抉 平都孝惠格三 各本譌二依志疑改 扶柳高后格 中統游王柯凌本表文錯入上格 四月庚寅 案此與下表辛卯當在乙酉後志疑云呂后紀太后欲侯諸呂迺先封高祖之功臣此表書二呂于前四功臣于後明是今本亂其次 呂平 各本呂譌昌依志疑改 郊 宋本注一作洨 三字 高后格八年 各本上衍高后二字依志疑刪後放此 南宮侯功格越人 志疑云水經注十引作張越人 高后格 柯本此表文脫王本亦脫而以梧下梧表齊侯敬侯文當之謬甚 高后格二 一凌譌 敬侯 凌脫敬字 建元格戎奴 宋本戎作式下同 平定侯功格一云項涓 四字似非史文各本皆有姑仍之 傅成侯功格攻雍丘 志疑云雍兵譌刻案漢表巳作共關下 高后格四月乙酉 志疑云漢表己丑 沛高后格乙酉 志疑云不應與封功臣同日疑辛卯之誤 沅陵高后格元年十一月壬申 案十一月無壬申且不當在四月後宋本毛本作十二月志疑云當依漢表作七月丙申 孝景格後三年

舊刻三與表首四字數合各本譌二 上邳孝文格一 毛本有一字各本脫 二年 各本二譌元依志疑改 昌平 志疑云呂后紀及漢紀異姓王表並作平昌 中邑高后格眞侯朱通 眞字朱諱改索隱本作眞漢表作眞侯朱進中統本作宣侯誤 樂平 游誤成 侯功格隊率 中統游陳作降 皇訢 中統誤王 皇 高后格無擇 凌毛譌澤 請求 柯本 山都孝文格三二十 志疑云三字二十字誤倒吳仁傑曰括閒以後四年系二十者括閒在文帝朝爲侯之歲三者中黃在文帝朝嗣侯歲數也 四年惠侯中黃元年 志疑云四年當作後五年漢表諡惠 松茲侯功格郎吏 志疑云誤漢表作郎中 呂后格徐厲 中統游本徐作徐 成陶侯功格度呂氏 志疑云漢表作后足 滕呂后格 中統本空 醴陵侯功格漢王二年 舊刻王柯三年 凌南 河內 毛 長沙相侯 志疑云長沙上當有川字漢表有 呂成侯功格呂后 中統本氏 游 鉅 志疑云漢表鉅 信都高后格張侈 索隱本有張字 樂昌侯功格太后 游王柯太下衍子字 張受 索隱本有張字 建陵高后格九月 九月上各本並衍高后八年四字凌毛無 東平高后格呂莊 凌本莊志疑云當作庇

右高后時三十一 各本此行下衍孝文二十三孝景十六九字依志疑刪

陽信孝文格元年二月辛丑 凌本作三月志疑云有一本作十一月是案漢表作十一月 軹侯功格高祖十年 志疑云宜作十一年漢表七年尤非 孝文格四月乙巳 志疑云漢表作正月是有本亦作正月 壯武侯功格從之滎陽 志疑云漢表無之字天合齊氏召南曰當是守字 孝文格二十三 王柯誤分二字在上十三在下 孝景格十一 志疑云一字衍 清都 毛作清郭索隱本合 與 集解一作鄒 案索隱以齊封田嬰爲靖郭君爲釋清靖古通嚮齊王嬰封以齊地靖郭蓋鄉名也漢志郭屬鉅鹿郡乃趙地漢表作鄔則屬太原去齊益遠都鄔鄔蓋皆字形相近而誤志疑說略同 周陽 攷異云兼以淮南舅父得侯當在淮南曉凡兼失侯未幾即以淮南王子賜爲周陽侯則安在淮楚閒志疑云倉公傳齊中御府長信使楚至莒縣陽周水疑即其地此與淮南王傳及漢表皆誤作周陽當依此表下文王子賜封陽周爲是諸侯王表及漢書表傳作陽周可證 樊侯功格高祖初起

從阿志疑云從字當在高上二百戶柯本一作三孝景格恭侯平凌譌干管
索隱屬滎陽志疑云齊王子何以在河南水經濟水又東北過管縣南注引此爲縣是當作菅蓋唐時
已誤孝文格侯戎奴凌本侯上衍恭字瓜丘毛本瓜作斥志疑云漢表氏丘無攷索隱本作
斥丘齊王子不應國于魏且斥丘侯唐厲見存攷異說同孝景格三年凌本三譌二營索隱
表在濟南案漢表無此文志疑云此侯封營謚平小司馬誤讀爲營平故云在濟南營郎營丘在齊郡臨
淄縣水經注廿六繩水出營城漢封劉信都爲侯國楊虛孝文格十六年侯將廬爲
齊王有罪國除索隱本楊虛共侯劉將廬下有楊虛共侯劉平注云漢志闕齊悼惠王子也攷漢
書王子侯表楊丘共侯安楊虛侯將閭皆齊悼惠王子皆孝文四年五月甲寅封安封十二年薨子偃嗣十一年孝
景四年坐出國界耐爲司寇將閭封十二年爲齊王索隱本竝誤爲楊虛共侯今本遂以劉平之謚及其子偃之失
國并屬將廬而失楊丘一國及劉平二代實傳寫脫誤盧氏羣書拾補錢氏拾遺梁氏志疑說竝同各本皆然不敢
輒補漢表平作安盧作閭義皆通平昌孝文格侯卬中統游無侯字王柯無侯卬二字波

陵志疑云漢表泝陵疑波字誤泝水名蓋卽泝鄉侯功格以陽陵君侯志疑云一本作陵陽
君疑是也在丹陽若馮翊之陽陵景帝始更名似非孝文格三月甲寅中統三譌二志疑云漢表
丙寅魏駟中統游無魏字南郞孝文格一中統游王柯無一字志疑云此侯不得其奪侯年一
字當衍安陽索隱安陵縣名屬馮翊志疑云漢志有四安陽此在汝南水經注卷三
十可證安陵屬扶風惠帝所葬豈有建爲侯國之理陽周孝文格丙午中統舊刻游王柯竝誤丙
寅下東鄃宋本鄃索隱本漢書表志竝同王柯凌毛城表同鄃作鉼集韵鉼下注漢侯國蓋傳寫異文孝文
格侯孫單宋本索隱本匈奴傳徐廣引竝作單漢表同王凌毛本作鄲柯本此作單下格作鄲弓高
孝文格穨當漢表隤當襄成索隱本襄城中統游本漢表同侯功格千四百三
十二戶二凌譌一志疑云漢表二千戶故安侯功格一千宋本中統舊刻毛本一作二
孝景格恭侯蔑毛本吳校元板有蔑字章武侯功格萬一千八百六
十九戶志疑云漢表萬一千戶孝景格恭侯完志疑云漢表居世系表完作定建元

格侯常坐元年志疑云漢表作常生唐表云謚生賓爲定之弟案生字疑因下坐誤殺入而誤衍
右孝文時二十九志疑云表中止二十八脫楊丘一侯也案毛本徑改爲二十八誤此行下原衍
孝景十六四字依志疑刪休孝景格更封富宋本封上有定字無富字王本封富誤倒沈猶
志疑云漢表猷同索隱漢表在高苑志疑云今本漢表缺楚元王傳晉灼曰王子侯表屬千乘
高苑孝景格劉穰志疑云漢表穰同紅孝景格三年凌作元年蓋涉前後諸表而誤
四月乙巳志疑云富更封與劉禮爲楚王同時在六月乙亥案此亦涉前後諸表而誤也三年四月壬子
朔無乙巳莊侯志疑云富謚漢表謚索隱休侯富免後封紅侯此則並列
誤也案紅侯不當別出卽別出亦不當兩元年諸表間疑後人妄析悼侯澄志疑云漢表懷侯登敬
侯發集解發一作嘉志疑云漢表嘉魏其侯功格三百王柯三作二孝
景格六月乙巳志疑云辛亥朔無乙巳案疑當作己巳乙己形近又涉前表而譌建元格
爲丞相二歲免中統舊刻二作一案本傳嬰以建元元年相二年免將相表同似作一是矯制

害王本害宋本毛本作罪它本作書志疑云漢傳作撟先帝詔害棘樂建元格一十一宋本
中統游王柯皆誤并作二十俞孝景格中五年侯布薨建元格元狩六
年侯賁坐爲太常云云今本失侯賁嗣位年漢表中六年侯賁嗣二十二年元狩六年免案
自景中六年盡武元狩五年則二十六非二十二矣據一本賁以元朔二年嗣則至元狩六年國除與表首十字合
蓋孝景表布薨下脫絕字自孝景中六年後至元朔元年晉中絕耳志疑云推其中絕故田蚡得邑于鄃見河渠書
蚡卒元朔二年仍續封賁也廟犧牲廟漢表作雜志疑云廟字誤集解一云元朔二
年侯賁元年宋本舊刻王本柯本此十二字竝在表末疑後人因表首十字而逆推得之非集解文凌
本據此遂去一云兩字增入元狩六年之上大書十二兩字於中毛本又改作元朔三年而大書十一兩字年數皆
不合蓋以意爲之且既中絕不當紀年也建陵孝景格敬侯志疑云漢表謚哀建平孝
景格哀侯程嘉志疑云漢表敬侯案中統程作陳誤平曲索隱案漢表在高
城志疑云漢志表皆云東海無高城文但東海有二平曲水經注又謂封于西平趙氏漢表舉正曰兩平曲一存

曰平端一芥曰端平全祖望疑下平曲當作曲平故莽改端平後書蓋修傳曾孫豐爲曲平亭侯是其證水經注豈
因曲平而誤爲西平乎侯功格二百中統游三百江陽志疑云當依景紀作江陵侯功
格四十一中統一作四王柯凌作七孝景格中三年凌本三與表首七字合各本作二蓋
誤依漢表建元格二一當作十六宋本舊刻毛本同與漢表合中統游王柯連上作二十六凌本
六作五並誤建元三年侯明元年案漢表孝景中二年懿侯盛嗣八年薨孝武建元二年侯
明嗣十六年薨指盧薨於建元元年上距孝景中二年則
九年矣史表盧以孝景中三年嗣則以建元三年嗣則亦
九年矣皆與盧嗣八年之數不合蓋漢表之中二年當從
史作三年史表之建元三年當從漢作二年自孝景中三
年盡建元元年盧在位之八年也自建元二年盡元朔五
年明在位之十六年也數目字積畫易消大率如此明則
亦形近而亂遼侯功格戶千九百七十中統七作六志疑云漢表千一百七十戶孝
景格四月乙巳乙原譌己案此蓋與新市商陵山陽同日封也四月戊寅朔無己巳今依後表改志
疑說同後二年中統毛本二譌三新市侯功格王愼漢表悍楚元世家同孝景

格侯王康志疑云漢表名棄之史以謚作名案此疑傳寫失其名後人誤以謚爲王下耳殤侯志疑
云漢表作殤侯商陵索隱在臨淮志疑云漢表無臨淮文將相表及張丞相傳作高陵是百官表
作南陵亦譌建元格二十九志疑云當作八元鼎五年如上梁說則五當作四山
陽侯功格戶千一百一十四凌脫四字建元格集解程一作澤
志疑云漢表擇安陵建元格五志疑云當作六案漢表軍封十三年薨梁說是建元六年
如上梁說則當作元光元年垣孝景格十二月丁丑志疑云此下六侯封皆十二月丁丑
而是月癸卯朔無丁丑必正月之譌故景紀言在春六年志疑云六上失中字遒漢表作酒水經巨馬水注
同侯功格戶五千五百六十九志疑云五千誤漢表千五百七十戶孝景格
隆彊志疑云水經注十二與此同漢表作陸彊誤漢書襍志說同太初格後元年云云
二十四字此後人所續也各本誤入建元格今依容成表移降後元年當作後元元年下放此不復出
甲辰凌誤申容成孝景格侯唯徐盧漢表作攜侯徐盧漢書襍志云唯徐其姓盧其

名攜乃唯之誤後人誤攜爲謚徐盧爲姓名遂改爲攜侯徐盧案宋本唯作准明是唯字爛文凌本竟改作攜而去
益遠矣建元格建元元年中統舊刻游王柯作二年蓋依漢表改然與表首十四不合康
侯綽志疑云漢表纏二十二王柯脫十二兩字太初格十八當作十七後二年
王本二譌三三月王柯作五月易侯功格志疑云漢表千一百十戶此缺孝景格侯
騶志疑云漢表翳范陽侯功格戶千一百九十七宋本舊刻王柯無一字志疑云
漢表六千二百戶必誤孝景格端侯代索隱本端作靖與漢表合建元格二志疑云當
作三亞谷侯功格盧綰子志疑云綰孫本傳可證千五百戶志疑云漢表千戶
孝景格它父志疑云本傳及漢表作它之此作父與漢傳作人俱誤景紀正義引此表作之建元
格十一志疑云漢表康侯以建元五年嗣在位七年與史異二十五凌本五各本誤四康侯
偏志疑云漢表遍一本遲太初格十五當作十四征和二年王柯凌二譌三侯賀
中統游本無侯字隆慮侯功格戶四千一百二十六志疑云漢表作五千戶必
誤孝景格中五年五月丁丑侯蟜元年集解徐廣曰案本
紀乃前五年非中五年志疑引盧學士云隆慮侯通中元年有罪國除不得于未失侯前封
蟜表云元鼎元年蟜自殺漢表云二十九年自中五年至元鼎元年數方合梁云紀封年雖誤月日不誤丁丑在丁
卯後必與乘氏桓邑同以丁卯封不然何以敘隆慮于前表作丁丑非又云侯姓陳此失蓋建元格元
狩三年侯偃元年案漢表王信封二十五年薨自中五年蓋元狩二年其數正合乃中間又書元
光三年頃侯充嗣則信止十三年矣下格書侯受嗣元鼎五年坐酎金免似即以受當偃既不著充在位年數又失
受嗣封年而與信二十五年之數自相違異志疑反據以詆史表蓋未察也塞侯功格前將軍
兵志疑云軍字衍案漢表無建元格侯堅志疑云傳作望形近誤武安建元格侯
梧志疑云列傳及漢書表傳作栝坐衣襜褕凌毛衣誤以周陽索隱屬上郡攷異
云水經涑水又西過周陽邑南䣕元以爲田勝封國上郡有陽周無周陽侯功格二十六中統作一
十六游本二十一王柯五十一建元格章侯志疑云漢表軹侯右孝景時三十一

志疑云表止三十八人而言三十一者誤以紅休並列也案此一字疑亦後人所增建元以來侯者年表將卒襍志云卒當爲崒卒卽帥字太初格太初已後志疑云已後二字後人增翕元光格三凌譌五元朔格五毛脫持裝索隱漢表作犢據此似漢表持字、與史同今本作特犢元鼎格志疑云當書一字案無罪而薨者當序其年以罪死者去之然不盡如例並亦後人竄亂後放此不復出侯樂死志疑云當作薨案此類讀者自明後不復出親陽索隱在舞陽也志疑云陽當作陰漢書襍志云親與觀同說文地理志水經並言觀水出南陽舞陰元朔格三各本誤入元光格惟凌本不誤而譌爲五今正後若陽表放此二年十月癸巳侯月氏元年此十一字各本亦誤入元光格惟凌本不誤若陽表放此長平侯功格元朔二年宋本凌本二它本譌三元朔格三月凌譌二月元狩格六毛脫太初元年志疑云太初二字衍後放此不復出平陵侯功格靑擊匈奴靑字毛本誤在匈奴下元朔格五志疑云當作四五志疑云衍三月丙辰各本三譌

二案二月無丙辰依漢表改元狩格六志疑云衍元鼎格六志疑云衍六年侯建云云至國除志疑云建敗在元朔六年此廿四字當移入元朔格案梁說與漢表合而各本並同姑仍其舊岸頭侯功格將軍靑靑字凌脫元朔六年志疑云六乃五誤元朔格六月壬辰志疑云漢表五月己巳案中統游王柯本元朔元狩二格皆越上一格誤平津元朔格四志疑云當作二三年當依將相表漢百官表作五年詳通鑑攷異元狩格侯慶志疑云宏傳及漢表傳作度案索隱本作度涉安元朔格一宋本一各本譌三五月各本譌年昌武依志疑改與漢表合昌武索隱表在武陽志疑云此侯封於東郡之東武陽王莽更名武昌漢表依更名書之故注云武陽傳攷誤爲昌武後人不知據改史表元朔格七月庚申志疑云七月無庚申必十月之誤後襄城同元封格二年侯充元年志疑云漢表安稽薨於元鼎六年充國以太初元年嗣四年薨襄城索隱漢表作襄武今本漢表亦作襄城蓋誤依史改志疑云襄武必隴西襄武縣漢表誤在襄垣乃相垣之誤王莽改襄武爲相垣元朔格侯無龍集

解一云乘龍索隱引漢表與此合今本作椉龍志疑云無椉並誤蓋古乘字作椉又作兜也太初格一志疑云當作二二年凌譌三年三年三譌四依漢表改南窌索隱依單本增案王柯本以南窌合騎樂安龍頟隨成從平六侯次若陽後長平前誤南窌侯窌譌大今正作窌原譌窌依衛將軍傳改元朔格四月丁未志疑云漢表丁卯誤元鼎格十歲志疑云十乃七誤太初格十三志疑云十字衍丁卯中統游本誤辛卯征和二年賀子敬聲有罪國除凌本二譌三志疑云太和以下後人妄續案後凡類此者不再出合騎侯功格益封宋中統舊刻游毛本益作增樂安志疑云漢表安樂誤元朔格五年凌脫五字四月丁未漢表乙巳此誤志疑云樂安以四月乙巳封南窌合騎龍頟宜春陰安發干以丁未封隨成從平涉軹以乙卯封此表以南窌合騎列樂安前以隨成從平涉軹列宜春前蓋傳寫失次案衛將軍驃騎傳則封宜春陰安發干在先迨靑固謝乃封合騎以下七侯漢表次序亦未合龍頟元封格丁卯志疑云漢表己卯太初格十三志疑云當作四征和二年中統凌本作三年則與漢表及

上梁說合毛本元年誤子長漢表與隨成侯功格攻農吾凌本攻譌功志疑云漢表辰吾農字誤功侯二字王柯誤倒元狩格三志疑云當作二三年志疑云漢表二年誤坐設史詮云漢表無坐字案上文已有坐爲云云則此坐字衍後從平表亦無從平元狩格上郡志疑云漢表上黨誤涉軹元朔格丁未志疑云當作乙卯案漢表乙卯元狩格元年志疑云漢表元朔六年免宜春侯功格破右賢王功凌譌攻陰安四月宋本中統游王柯誤五月博望侯功格絕域凌本域各本誤國元朔格三月甲辰志疑云癸丑朔無甲辰元狩格畏懦王誤畏儒冠軍元朔格四月壬申志疑云壬午朔無壬申眾利索隱表在陽城姑莫志疑云漢表無陽城字疑城陽之譌晉志姑幕屬城陽郡元朔格五月壬辰五月壬子朔無壬辰以殷術推之是年當閏年前建亥則三月癸未朔有甲辰四月壬子朔有壬申五月壬午朔有壬辰皆與表合疑當時依術置閏漸改秦制觀後兒諸表書閏月可證也潦元狩格煖訾志疑云漢表煖作援宜冠侯功格再出二字各本

倒毛本不誤元狩格正月乙亥志疑云漢表五月庚戌誤案漢表從票五月丙戌並冠五月失
戌並列煇渠二月乙丑前並本作正月與五形近而譌殷術正月壬申朔無庚戌而在丙戌後疑正戊戌之譌史表
乙亥則當在從票前矣疑木作己亥後戊戌一日煇渠志疑云腸的渾渠之譌侯僕多是煇渠譌侯功格
故匈奴凌本有故字元鼎格侯電志疑云漢表通志並名雷電漢匈奴傳晉灼引表又無電
字從驃漢表票侯功格匈奴凌毛有此二字毛本奴譌如匈河王本河譌何匈下衍
奴字柯本譌作匈奴何元封三年中統游本三作二與衞霍傳集解合案據表破奴以元鼎五年失侯
衞霍傳言失侯後二歲擊虜樓蘭王復封則作二年是而表首四字當作五元狩格五月丁丑
此五月亦正月之譌漢表在空冠前作丙戌此在煇渠後蓋因誤本作五月而移其次丁丑在丙戌前十日未知孰
誤太初格浚稽毛本脫下麾衞霍傳漢表並作摩元狩格二年六月乙
亥六月無乙亥志疑云其降在秋安得六月已封呼毒尼漢表呼作評漯陰漢表漯作濕元
狩格二年七月壬午志疑云渾邪與後順梁河綦常樂同封二年乃三年之誤然降漢在二年

札二　五十一

秋即遲至三年何待七月渾邪是王且獨先乘傳詣長安何反後於下麾蓋渾邪封於三年十月乙亥下麾等封於
十月壬午漯陰當列下麾前案衞霍傳亦漯陰在前梁說近是煇渠宋本中統柯凌毛並作順梁毛本旁注一
作煇渠官本游王作煇渠元狩格悼侯志疑云當依漢表作慎侯案據索隱則漢表亦作悼河綦
元狩格烏犁志疑云傳作禽黎漢表作烏黎傳作禽黎常樂元狩格稠雕漢表同志
疑云傳作銅離漢傳作調雖徐廣作稠離師古及野客叢書引漢表作稠雖案據索隱則漢傳作雕離與今本異
太初格二凌脫符離攷異云漢表邳離在朱虛侯功格將重會期索隱將
字上闕志疑云將重會期者將輜重至軍及期而會傳所謂路博德屬驃騎將軍會與城不失期也索隱謬
志疑云漢作杜壯字譌壯侯計倚時未失國漢表云壯在重平則勃海重平縣鄉名索隱言表在東平誤匈
奴因淳王史詮云匈奴字衍眾利侯功格右王志疑云漢表左王手自劍
合宋本手作身元狩格伊即軒志疑云史漢傳作軒案師古小司馬並音居言反則軒乃軒之
誤湘成元狩格丁卯志疑云湘成與散威馬同封漢表皆丙子此俱丁卯因表錯以湘成列義

陽前而誤元鼎格酎金王柯脫金字散元狩格索隱匈奴水名也單本
水譌小臧馬元狩格延年志疑云漢表雕延年瞭凌毛譌瞭志疑云漢表瞭龍亢漢表
無亢字索隱有亢者誤也志疑云沛郡龍亢縣明載地理志漢表誤脫侯功格摎
世樂攷異云南越傳無世字案漢表亦無元封格六年有罪誅國除志疑云漢表謂
元鼎六年坐酎金免成安索隱表在郟郟譌郊依漢表改元鼎格二毛譌三三
月壬子志疑云與龍亢同壬午三月無壬子昆元鼎格昆侯志疑云昆字衍渠復累
漢表案騏元鼎格五月壬子志疑云五月無壬子當在六月梁期侯功格復
累絺縵等漢表作將軍絫絺縵等元鼎格七月辛巳志疑云漢表五月非案五月戊
寅朔昆以五月戊戌封辛巳在戊戌前十日此在其後非五月明矣牧丘元鼎格格侯志疑云案
傳及漢書格乃恬誤太初格三年毛本三譌二瞭舊刻瞭漢表同將梁侯功格椎
鋒宋本椎字與漢表合王柯凌作推舊刻毛本作推蓋椎譌爲推因改推耳元封格四年毛脫年字

札二　五十二

志疑云朝鮮傳及漢書紀傳僕免侯在元封二年安道元鼎格揭陽令定志疑云定上缺
史字隨桃太初格四毛脫湘成侯功格番禺中統游王柯譌閩元鼎格
居翁宋本中統舊刻游本作公北石志疑云漢傳卯石又兩粵傳一本作印石宋祁曰當作卯元封
格元年毛本元譌九下鄜侯功格西于漢書表傳同志疑云西于之譌即交阯元
封格左將凌本與漢表合它本並有軍字黃同元年凌本元字重衍索隱漢表云
將黃同今漢表作左將繚嫈侯功格以故校尉志疑云劉福乃城陽共王子初封海
常坐酎金免當以故侯爲校尉云元封格五月乙卯志疑云五月無乙卯當作己卯案漢表作
正月誤樂兒元封格閏月癸卯殷術是年五月丁卯朔二十九日乙未夏至下月丙申朔二
十六日辛未小暑無中氣是閏建午徐廣謂閏四月非也癸卯是初八日據此可證當時已依術置閏與衆利表皆
五月合或疑不閏建午則後九月亦有癸卯安知非高后八年紀書閏月之例案涉都表書元年中在諸閏月丁卯
後則此非後九月可知臨蔡元封格孫都志疑云史漢傳皆作都稽漢表有侯襄嗣太初元年

生犂番禺亭人虜掠死則都氂於元封時疑此有脫文東成凌本城漢表同元封格居服凌譌
股騠茲侯功格若苴志疑云漢表右苴浩元封格嬌制害凌譌書瓠
諴毛本作瓠瓠元封格凌本有一字各本脫扜者扜宋本譌扜毛譌杅幾元封格張
路宋本作長路舊刻張格志疑云史漢傳皆作戎侯長涅陽元封格康侯宋本中統游毛康譌
庇子最志疑云子字衍右太史公本表志疑云六字褚生所改孫侍御云史表本文必如恐
表例云右元光至太初若干人當塗此下橫綫各本並脫今依宋本蒲圉尉史宋中統本圉譌圖
潦陽漢表潦作橑凌本陽誤陳園廄嗇夫漢表作園嗇富民征和宋本延和凡百
餘歲各本百上衍八字今依舊刻博陸集解博陸城毛本陸譌陵安陽馬何
羅弟游譌等宜春凌本譌宣元鳳三年中統本二年案漢表在四年安平子賁
代立十三年病死九字凌脫陽平爲杜城門侯凌侯譌扶陽爲博
士中統游本脫爲字柯本博誤將魯大儒中統游本重衍魯字營平爲護軍都尉侍
中毛脫侍字平丘光祿中統王柯光誤功諸侯王毛譌玉樂成三千五百
戶宋本三作二冠軍後坐謀反毛本坐譌生都成封侯毛脫封字平通華
陰宋本毛本作陽高昌短兵中統吳校元板作將兵疑誤期門毛本期誤黃建成會
赦宋本王柯凌並譌故
建元已來王子侯者表茲元光格此國元光元朔二格中統游王柯皆遞下一格
誤劉明索隱本出各侯名皆無劉字蓋後人所增元朔格坐謀反殺人弃市志疑
云漢表坐殺人自殺孫侍御疑衍反字安成索隱表在豫章漢書褋志云地理志安成屬長
沙豫章本在容侯下因此條脫長沙二字而豫章遂移入此條下索隱引此已誤句陵集解一作
容陵毛本脫此四字志疑云容陵漢表長沙縣浮丘元光格劉不䛊漢表害元狩
格二游本脫侯訢侯上衍今字依志疑刪廣戚元朔格十一月丁酉史詮
云十月案十一月無丁酉盱台元朔格劉象之索隱表作蒙之志疑云水經注

三十作蒙之湖孰元朔格正月中統本作十二月丁亥志疑云漢表丁卯是案正月無丁
亥秩陽索隱表作秼陵志疑云秩陽誤睢陵攷異云漢書十三王傳作淮陽龍丘
王子號格江都易王子志疑云漢表在張梁後云菑川懿王子此誤元朔格二
年中統本二誤元張梁元朔格哀侯游脫侯字劇元鼎格孝侯志疑云當爲今
侯後人妄改案後凡類此者不再出壤志疑云漢表懷昌元鼎格元年今侯延元年
宋本毛本作延元六年誤志疑云漢志高遂在位二年延以元朔四年嗣平望王子號格懿王
毛誤易王元狩格三年凌譌二年葛魁元狩格今侯志疑云今字衍平酌元
鼎格忠侯凌本忠與漢表合各本作忠劇魁元朔格劉墨志疑云漢表黑元封
格三三王柯脫下三字侯昭宋本招與漢表合平度元朔格劉衍漢表行宜
成元朔格劉偃宋本凌毛本偃它本作衍臨朐索隱表在東海漢書褋志云地
理志東海無臨朐當爲東萊雷漢書褋志云雷當爲盧地理志城陽國有盧縣水經沂水注盧川水逕城陽之
盧縣漢武帝封城陽共王弟劉豨爲侯國元朔格劉豨志疑云漢表豨東莞元朔格二
年二譌三依志疑改辟漢表辟土漢書褋志云壁辟古通莒者誤分爲二字水經沭水注莒陂水西南流逕
辟城南世謂之辟陽城漢武帝元朔二年封城陽共王子劉壯爲侯國索隱表在東海琅木誤陽
尉文王子號格趙敬肅王子志疑云趙王彭祖薨於太始四年不應稱諡當云趙王彭
祖子敬肅字後人妄增元鼎格五年宋本誤元年下又衍五敬三字毛本五亦誤元月封斯
元朔格共侯劉胡陽志疑云漢表戴侯胡傷太初格二二上二字王柯譌一中
統游誤六皆無下二字凌本下二譌三依志疑改三年原誤四年依志疑改榆丘元朔格劉
壽福志疑云漢志受福襄嚵元鼎格五年凌譌三年邯會元朔格甲午
各本譌子依前後表改朝元鼎格三年三譌二依志疑改陰城元封格侯蒼
有罪國除志疑云漢表蒼薨嗣子有罪不得立此有脫文廣望游王柯凌二字誤倒元朔格
劉安中索隱本無中字志疑云漢表水經注十一侯名忠無安字及新館志疑云漢表作新下新處

同陘城志疑云漢表陸城三國志貞封涿縣陸城亭侯水經注滱水逕博陸縣故城南卽古陸城漢武帝封劉貞爲侯國房光志疑云漢表殤光元鼎格侯殷中統本無侯字距陽元朔格劉勾譌白志疑云漢表勾今依改元狩格侯渡舊刻毛本作度下格同志疑云漢表作淒恐非元鼎格五年侯渡有罪國除志疑云漢表匃在位十四年子以元鼎五年嗣嬰安安字疑卽嬰之誤衍志疑云漢表無安字是阿武元朔格滑侯志疑云漢表謚藏州鄉元封格今侯遠志疑云史失思侯一代案漢表節侯禁封十一年薨元鼎二年思侯齊嗣罷元封五年凡十年成平索隱表在南皮志疑云漢今本脫蓋胥考證云地理志無胥字陪安志疑云漢表陰安元鼎格泰容志疑云漢表泰容滎簡索隱漢表作營關單本營各本作滎漢表或作滎周堅志疑云漢表堅安陽元朔格劉桀志疑云一本桀漢表樂五檫索隱本王柯同凌毛作五據漢表同元朔格劉賸巳宋本賸作賸與索隱合古從丹之字或作月本一字也毛作朘誤從舟漢表作臞音劬又音臞索隱舊作臞音劬臞蓋臞之譌字

札二十　五十五

身霍反據此音則當作臞富元朔格劉襲志疑云漢表龍陪元朔格劉明志疑云漢表則叢集解一作散散乃敢字之譌中統游王作前蓋依漢表改詳讀書襍志元朔格劉信游本誤遂元鼎格侯信王柯誤倒平元朔格三年毛本譌二三元鼎格毛本衍六字下元封格同又太初格術四字皆因後羽表而誤胡毋元朔格十月漢表三月誤詳漢書襍志邵索隱表在山陽志疑云漢表無山陽文元朔格劉慎志疑云漢表順利昌漢表同王柯與索隱本合倒索隱志屬齊郡案漢書地理志無昌字續漢郡國志無利字此豈合爲一邪藺元朔格凌本此格有四字下元朔元鼎元封三格有六字太初格有四字自此至千章六侯竝同案各本皆無漢表亦不詳其年世蓋明人妄加劉嘉志疑云漢表作罷軍臨河索隱志屬朔方志疑云代王子皆封西河疑是西河臨水隰成志疑云漢表誤隰爲濕元朔格壬戌各本誤壬子案漢表與前後八侯同日封宋本不誤臯狼漢表琅索隱表在臨淮志疑云在西河漢表誤元朔格三年宋本譌二年千章志疑云千章西河縣各本

皆譌千漢表在平原誤元朔格劉遇失校金板譌遷搏陽元鼎格終吉志疑云漢表古盜陽索隱表在濟陰志疑云今本漢表無元朔格劉恢志疑云漢表及水經注廿五竝名恬瑕丘志疑云水經注睢水東逕太丘縣故城北地理志曰故敬丘也漢武帝封魯恭王子劉政爲侯國則史漢表作瑕丘誤元朔格劉貞志疑云漢表水經注竝名政郁狼志疑云漢表根元朔格劉騎志疑云漢表騎陘城索隱漢表作陸地志疑云漢表陸地在辛處疑陘城卽中山之苦陘與新處接近陸地譌元朔格三月癸酉志疑云漢表乙卯三月無癸酉案疑當作四月癸酉漢表於邯平亦誤爲三月乙卯蓋未足據邯平元朔格四月庚辰志疑云邯平巳下四侯同月封漢表作三月乙卯誤武始元朔格四月庚辰志疑云漢表甲辰誤四月無甲辰下同象氏元朔格節侯游本節作安元封格安德漢表安意襍志云當作悳洛陵元朔格劉章漢表童茶陵元鼎格哀侯陽志疑云漢表湯建成索隱表在豫章志疑云漢表無今元狩格六年侯拾坐不朝

札二十　五十六

不敬國除志疑云漢表元鼎二年免安眾元封格五王柯誤二山州志疑云漢表相葉元朔格康侯劉嘉志疑云漢表平侯喜元狩格六凌本有六字各本脫有利元朔格中統游本元朔元狩二格皆遞上一格誤東平表同東平元狩格三年三譌二依志疑改逕平元朔格劉訢志疑云漢表記釣丘元狩格執德志疑云漢表報德廣陵元朔格常侯劉表志疑云漢表虒侯裘臨樂元朔格敦侯宋本敦作敖舊刻敬漢表亦作敦師古曰敦字或音弋灼反又作敖古穆字襍志云敦無弋灼反敦亦非古穆字當作數敦數皆周書謚法所無數古穆字東野太初格志疑云漢表藏侯章薨侯中時嗣太初四年薨此脫高平元朔格劉嘉志疑云漢表喜千鍾志疑云水經注以爲勃海之千童元朔格劉搖集解一云劉陰舊刻搖譌抽志疑云水經注引史表是陰案侯名疑本作陶古書陶陰字往往相亂陶搖形聲俱近漢表作嬙又搖之譌抽乃搖之闕文披陽志疑云漢表志及水經注八竝作被陽元鼎格今侯陽志疑云漢表偃定元朔格敬侯劉越索隱本敬作敬漢書襍志

云致之譌志疑云水經注五作劉被案越疑本作戉故譌爲成稻元朔格乙卯舊刻誤丑元鼎
格都陽志疑云漢表陽都繁安元封格漢表元封四年安侯守嗣志疑云此失一代太
初格一凌本一各本譌三今侯壽志疑云漢表壽淡柳元朔格劉陽志疑云漢
表陽已元封格今侯凌本有今字雲元鼎格歲發志疑云漢表歲作茂牟平
元朔格共侯劉渫舊刻本與索隱本及漢表合各本作恭侯劉渫柏陽元朔格二
中統游王柯譌三桑丘志疑云漢表乘丘譌漢書襍志說同元朔格十一月辛酉志疑
云漢表三月癸酉是也靖王九子不應桑丘獨先案此承前柏陽部而誤樊與元朔格劉條志疑
云漢表脩安郭元朔格劉博志疑云侯名傳寫漢表水經注可證夫夷元朔格三
月癸酉志疑云長沙王子並皆在六月壬子不應夫夷獨先蓋因前中山王子並三月癸酉故誤耳舂
陵元狩格志疑云漢表元狩三年賈熊子熊渠嗣此缺一代都梁元朔格劉遂志疑
云水經注名定元鼎格首行衍一字依志疑刪今侯係志疑云漢表侯洮陽元朔格

劉狗饒索隱漢表名將燕志疑云漢表名狗燕案此猶三代世表續記白饒譌爲自燕耳
狗與狗亦形近而譌將又狗之譌元狩格五志疑云當作六泉陵志疑云漢表譌泉爲眾元
朔格五年王柯譌三五劉賢宋本中統游王柯無字蓋妄加之偶遺者劉終弋元朔
格一凌本一各本譌二四月丁丑案依術一置閏故四月有丁丑又其一證說見前表麥元
狩格四月戊寅志疑云元狩元年四月無戊寅元鼎則有之又云麥侯已下二十五人漢表並以元
鼎元年封而數其年數又不盡合如雩殷侯劉澤在位六十二年其子舞以神爵元年嗣則是元狩元年封矣疑莫
能定案漢表惟餅侯成差六年適與元狩元年合雩殷侯澤差七年俞閭侯毋害差五年適相近若虛水侯禹差至
九年仍不值元狩元年年數不符或由積畫易誤而此二十五侯皆以元鼎元年封漢表實不誤史表以元鼎之年
入元狩蓋傳寫誤上一格耳然各本皆同而梁氏又有疑莫能定之說姑識之以俟攷鉅合元狩格
劉發志疑云水經注發下有于字賁索隱賁侯音祕又扶謂反漢書襍志云賁
當爲賁與賁通案據索隱則所見史表本作賁而後人依誤本漢表改爲賁也表在琅邪志疑云今本無

雩殷志疑云漢表虖段志作雩段此殷字譌索隱本出正文雩下脫一字而音爲呼加則史本作段然宋本
殷字避諱缺末筆則承譌久矣石洛志疑云漢表原洛扶潚索隱漢表作挾術在
琅邪潚音浸案浸字無省作潚者疑潚當爲浸篆書浸形似潚因以致譌漢志琅邪郡東莞云術水至
下邳入泗術即沭字漢表作術是也扶與挾亦形相近未知孰誤元狩格劉昆吾志疑云漢表譌
景挍志疑云漢表挾誤索隱或以爲琅邪被縣案漢志琅邪有被縣無被縣字形相
近而譌據此疑史表本作拔元狩格侯劉霸索隱漢表名雲城陽頃王
子十九人漢表二十人有挾僖侯霸疑此表脫城陽以下二十二字
單本在麥侯昌下今依各本其脫誤處仍據單本改案此即漢表挾僖侯霸也漢表文成後有挾靖侯雲史表無之
一地不當兩封疑各有脫誤耳小司馬以此當雲而別求挾僖侯霸更不可解太初格四宋本王柯毛並
脫父城志疑云漢表文成是庸元狩格劉譚索隱本作談索隱漢表名餘
中統游本吳校金板作余與今漢表合彭元狩格劉偃索隱彭侯彊漢表作強則索

隱本當作彊今本蓋誤元鼎格五年中統游本五譌三瓡集解一作報瓡與報皆
埶之譌詳漢書襍志盧水索隱盧音壚單本作壚音向誤東淮淮乃濉之省詳志疑枸
志疑云漢表作拘在千乘與此作枸皆譌索隱本作祠引漢表在東海必東海朐縣漢書襍志云枸譌拘枸古朐之
借字索隱祠音苟表在東海案字書無祠字且字从句則不得音苟疑當作向音苟漢表作
枸下文與祠別也之祠亦當作向元狩格劉賈毛作賈案索隱本作賈與漢表同涓宋本作渻
蓋依誤本漢書改然小司馬所據本已誤矣志疑云水經注廿六涓水出馬耳山北注於濰水蓋鄉亭以水得名者
攷異漢書襍志說同陸元狩格四月戊寅志疑云漢表七月辛卯此因上城陽支子並封於四
月戊寅故誤廣饒元狩格十月辛卯志疑云菑川靖王子全封於七月辛卯此俱譌十月
案元鼎元年十月有辛卯七月無辛卯然十月不當次四月後疑當作七月辛酉古戼丣字形相近而譌鉼毛本鉼
鉼索隱鉼中統柯本作鉼俞閭元狩格劉不害索隱侯無害志疑云漢
表毋害·甘井元狩格十月乙酉此十月亦七月之譌七月無乙酉志疑以爲己酉然不當

次辛酉後疑與菑川諸子同日劉元志疑云漢表光襄陵志疑云漢表襄堤疑皆誤當是信都國之高堤
信都郡廣川也皋虞元鼎格三志疑云建在位漢表九年元年五月丙午志疑云此
下三侯漢表作元封元年而五月無丙午案此亦因前城陽菑川廣川諸子誤上一格遂亦誤上一格入元鼎格漢
表作元封是也若元鼎元年則不當以五月次七月後元封元年閏建午丙申朔疑當作閏月今侯處志疑
云漢表定暢侯志疑云漢表暢侯祝茲元鼎格劉延元志疑云漢表延年
漢興以來將相名臣年表索隱謂誅伐單本譌代將位凌誤相高
帝二大事格立太子三字各本誤入第一格史詮據元本闌大事記列案後孝文孝景立太子
廢太子並正此格今依元本三相位格三毛譌二四御史大夫格汾陰索隱
本陰各本誤陽五入都關中志疑云當書大事記格各本誤大事格定陶索隱沈
水單本沈各本譌沉案當作氾六大事格更命毛本名相位格張蒼索隱本倉
下同七相位格七凌脫八大事格誅之中統游本無之字九大事格王

卮凌本杯十一將位格攻代中統舊刻代各本譌伐十二大事格還過
沛凌脫過字置長陵史詮云葬作置誤孝惠元大事格西北方中統游本北方
誤倒三大事格蜀湔氏宋本毛本蜀各本譌湔五大事格八月乙丑參
卒志疑云漢書紀表作己丑誤六大事格七月志疑云漢書惠紀冬十月七字誤八月
赦齊志疑云字疑衍四相位格十月乙巳安國侯王陵爲右丞相
十月己巳志疑云十月無乙巳當移十月己巳在安國前而衍十月乙巳四字公卿表作己丑亦非是月
無己丑七大事格張辟彊凌本彊呂台凌譌部己卯葬安陵己卯誤紀
書九月辛丑是九月丁酉朔初五日辛丑漢書同高后元年相位格三志疑云下方當有一
字二大事格十二月志疑云呂后紀及諸侯王表並是十一月御史大夫格平
陽侯曹窋爲御史大夫集解一本在六年此集解文各本誤進正文又以
正文爲御史大夫五字錯入一本下令正志疑云二年六年皆誤公卿表謂高后四年爲御史大夫五年免與任敖

傳合八大事格後九月食其免相七字毛脫相位格九月丙戌紀作
壬戌是見本紀誤孝文元年相位格十一月辛巳平徙爲左丞相
凌作辛卯案紀書於十月辛亥漢百官表同十月庚戌朔二日辛亥即孝文即位之日審食其以年前後九月免左
丞相至是即遷平與其位也疑此文月日俱誤勃爲右丞相志疑云勃以八月辛未免此失二大
事格太原王勝當從紀作揖將位格一凌脫柯譌二三大事格十一
月壬子志疑云公卿表作十二月誤此與史漢紀合勃免相毛本勃作敎四大事格
十二月乙巳志疑云十二月無乙巳當作己巳御史大夫格申屠嘉志疑云百
官表孝文四年書御史大夫圍七年書御史大夫馮敬十六年書始爲御史大夫此誤九御史大夫
格御史大夫敬志疑云在七年此誤十三大事格戍卒令戍令二字毛誤倒
十六大事格上始見渭陽五帝始字蔡本中統舊刻毛本吳校金板並作郊案疑當
如前格倒作始郊史詮說同後二八月戊辰蔡王柯作戊蓋誤依漢表改八月無戊戌六大

事格三萬中統游本三與史漢紀合各本譌二七大事格其年志疑云其月之誤案二字
疑衍孝景元年大事格立孝文皇帝廟毛脫孝字二大事格閼志疑
云名閼此誤淮陽蔡王凌誤淮南柯誤閼南三將位格鄭寄爲大將軍志疑云寄
亦但爲將軍誤增大字又誤置寄在竇嬰上七相位格六月紀在二月後元年大事
格七月乙巳日食案漢書景紀書七月乙巳晦日有食之則八月丙午朔與術合而百官表云七
月丙午丞相舍死疑漢表誤相位格八月壬辰志疑云八月無壬辰二將位格六
月丁丑案六月無丁丑三大事格孝景崩孝景下當有皇帝二字孝武建元
三其眾凌本眾各本譌家四御史大夫格靑翟志疑云田蚡傳在建元二年是五
大事格行三分錢志疑云平準書半兩錢法重四銖此言三分非案半兩者十二銖四銖則三分
之一故曰三分錢不誤集解漢書云半兩四分曰兩此有脫誤六大事格
正月閩越王反孝景太后崩志疑云漢書武紀太后以五月丁亥崩閩越反在八月此

誤案疑正與五形近而譌閭越反在太后崩下傳寫誤倒元光二將位格篡單于中統游柯篡作誘三大事格決河志疑云河決誤倒四大事格蚡卒志疑云在三年御史大夫格歐毛本歐五大事格十月族灌夫家弃魏其侯市案灌賓之死在田蚡前皆三年事傳寫錯誤詳志疑六將位格皆擊匈奴中統脫二字元朔元年將位格韓安國爲將屯將軍軍代明年屯漁陽下軍字柯譌車志疑云匈奴傳及漢紀安國屯漁陽在元光六年軍代者乃李息是元年事此誤二將位格高闕官本闕各本譌開三大事格敗太守友志疑云敗乃殺字誤四大事格入定襄舊刻定各本誤寇五大事格敗代都尉朱英志疑云敗當作殺將位格太僕賀爲車騎將軍志疑云傳及漢書無車字御史大夫格志疑云百官表五年四月丁未河東太守九江番係爲御史大夫六將位格左將軍中統本左作右郎中令毛脫郎字趙信爲前將軍舊刻有前字各本脫蘇建爲右將軍舊刻右譌

札二　六十

左依傳改各本脫皆尉青凌本三字在此蔡本中統游王柯毛在上文身脫下皆於文義不協蓋錯簡元狩二凌脫二字四將位格大將軍青出定襄志疑云匈奴驃騎二傳及漢書皆言霍去病出代此脫主爵主字中統譌三游譌王五大事格圜堧王本圜誤圂元鼎五大事格八月周坐酎金自殺八字中統本脫志疑云漢紀及公卿表在九月相位格九月辛巳御史大夫石慶爲丞相志疑云公卿表趙周以九月辛巳下獄死石慶以九月丙辰爲丞相此誤六大事格十二月東越反志疑云史漢傳在秋此誤御史大夫格御史大夫式索隱卜式也此正文及索隱各本皆脫僅存於單本今依襍志補太初二大事格正月戊申慶卒正月無戊申漢百官表作戊寅是詳志疑相位格三月丁卯太僕公孫賀爲丞相百官表閏月丁丑誤志疑云是年無閏天漢元年志疑云已下皆後人所續以漢書校之大半乖迕不復匡訂四將位格此格文凌竝誤入下格孝昭元鳳四相位格富春中統柯凌毛富作宜御史

大夫格楊敞毛本楊譌揚孝宣本始二此年表文毛錯在本始元年前三相位格還皆凌本誤作遷延四大事格十月毛誤二月地節二將位格侍中毛本侍譌時五鳳二相位格五月考證云四譌五三吉卒王柯凌脫吉字甘露元年相位格丁未考證云巳譌未孝元初元二毛本自此年至永光五當爲二十一葉自建昭元孝成建始三當爲二十二葉板心互誤五將位格左將軍中統游本吳校金板左作右孝成建始毛本誤作建元三爲光祿大夫右將軍漢表右作左蓋從右轉左也此誤四將位格任千秋爲左將軍官本左與漢表合蓋亦從右轉左也各本譌右十月己亥毛本誤作十一月陽朔二將位格張忠卒三字毛本脫御史大夫格王音毛本音譌章下年將位格同

札二　六十一

校刊史記集解索隱正義札記三

書

禮書 正義胡廷 廷誤依考證據史文改 五經 官本有五字各本脫 龍樂 中統本倒 錯衡 毛本總衡 集解飾諸末 各本誤木吳校改與周禮注合 正義錯作總 此正義本作總而合刻者出之以著異文 圭璧 毛誤辟 布裳正義按襞紊布而爲裳也 王本脫布字柯凌脫而字 或入河海正義禮壞 王本脫壞字 依古以來正義典法 柯凌本典作禮 六國正義爲六國也 官本爲各本誤謂 故不言七國也 官本有故字 故制禮義以養人之欲 凌云一本養人上有分之二字 疏房牀第几席 荀子禮論作疏房檖貌越席牀第几筵疑疏房下脫二字 越席正義蒲草 官本草各本誤華 臭茝 襍志云臭當爲臭說文臭古文以爲澤字荀子作睪同 前有錯衡 中統游本誤行 集解 中統舊刻游毛並有合刻本刪 和鸞集解立衡也 舊刻立作在 正義皇偈 偈譌品吳校改 部浚 舊刻浚各本譌護注同 正義緩車 官本有緩字 彌龍集解金薄 中統游本作箭 龍首銜軛 官本銜與續漢志合各本誤衡 士出死要節 襍志云士即出字之誤荀子無 必死正義好生之人 官本有之字 必危正義且見有 官本見有各本倒 情勝 王本性 正義且見利義之士 王無義字柯凌無利字官本並有案上注已云且見利義之士疑此有誤 苟得其情性 官本有性二字 其兩失索隱易曰 官本易各本誤詩 儒墨之分正義若儒等者 官本者各本誤而 彊固之本也 正義故爲彊而且堅固之本也 官本有之字 功名之總也正義總合也 官本總字各本誤也 王公由之正義言由禮義也 柯凌有言字王本脫 垂涉 襍志云當依荀子議兵篇作垂沙韓詩外傳淮南子並同 莊蹻正義按括地志云 柯凌有按字王本無 楚昭王徙都鄀莊蹻王滇 警云四字文疑誤衍 復參是豈無堅甲利兵哉 案參當作叄在上何四字上是豈連文屬下與下文兩是豈句法一例荀子上句正作楚分而爲三四此文寫叄作參索隱釋以參驗正義音七含反益皆以參是連文亦太不審矣 汝潁正

義汝水 官本有汝字各本脫 河有灘 柯凌誤山 汝有濆 柯凌濆王作潰 陽乾山 乾下衍江字依漢志水經注刪 東至下蔡 下字柯凌誤更 江漢正義漢江 此江字疑衍或當作水 鄧林集解渭河 王本作渭水案今山海經作河渭 鄧鄧正義故城 王本作古城 險阻 中統游本吳校金板倒 炮格 說見殷本紀 刑不陵 宋本中統游毛吳校金板並作陵字類引同說文陵阤高也它本作峻義稍別 機變 毛作變變 則民知懼矣正義則民知罪 官本知各本誤之 刑措 中統舊刻游毛並作錯 偪迫 索隱本偪作偏 諸侯不敢懷索隱不思祀其父祖 單本作母誤 郊畤乎天子索隱止或作畤 畤當作畤止與畤音近畤則因畤而誤也說文畤天地五帝所基止祭地也是畤亦有止義 豆之先大饗 先各本作上襍志云索隱本正文及注荀子禮論大戴禮三本篇並作先上文亦云先大饗索此因上二句而誤今依改 三侑 索隱本侑與荀子合各本作宥 廢齊 索隱本廢作發注同古通 未小斂 毛本未譌末 麻絻 中統游毛吳校金板並作冕 縣一鐘 游本鍾 尚拊膈索隱拊音撫膈 膈上疑脫拊字 終乎稅 游王誤銳 情文集解古情字或假借作請 王本假作段警云按注文則集解本正文作請 正義乃是禮之至備也 乃誤言考證據荀子注改 入焉而弱正義雖有鄒子堅白同異之辨明察 辨上當脫一字 入於禮義之中 王本入誤之 自然情弱敗壞之禮也 之禮二字疑衍 入焉而望 王本嗛 恣睢 宋本譌睢毛同 則不可欺以曲直衡誠縣 王本脫此十字及下集解正義 規矩誠錯索隱規車也 單本車作員案規乃爲員之器不可卽訓員疑車字不誤今筭法家作圓旋尺亦謂規車下文訓矩爲曲尺其證也 詐僞正義故陳繩由直定縣衡輕重分錯規矩方員口 考證云方員下闕一字案今增空格 衒禮詐僞自消滅矣 審禮詐僞四字考證增 情欲省 荀子欲作用 文貌情欲 宋本毛本欲作用與荀子合據正義則所見本亦作用也 步驟馳騁廣騖不外是以君子之性守宮庭也 襍志云廣當爲廓本作騖說文騖亂馳也是以當爲是矣上屬爲句性守當爲壓字隸

嚮處字或作壙形與性相近廓與壙古字通君子上當有是字荀子禮論篇曰步驟馳騁厲騖不外是矣是君子之壇宇宮庭也曲直得其次序梁志云直字後人所加索隱曰委曲得禮之序則本無直字荀子正作曲得其次序禮之盛也正義取荀卿禮論官本有取字各本脫、

樂書正義此於別錄各本作按別錄目有樂象各本樂象倒有賓牟賈各本脫賈字樂書各本倒以上官本並與樂記疏合惟有十一篇各本惟譌雖考證改王本一譌二善守善終哉王本脫哉字而士奮王本士誤自封君世辟游王世誤是作五章以刺時索隱按系家語所云疑單本系下脫一家字各本遂刪去系字所字祖伊正義祖己官本己與傳合各本譌乙上自朝廷凌有上自二字各本無解澤不流正義言非此樂云云至名之也此注有脫誤各本皆同肄舊肄譌隸考證改注同漢家御覽十九引作世以昏時夜祠到明而終御覽十九引作以昏祠到明而終又三十引作以昏時祠到明皆無夜字疑衍惟五百七十引作夜到明使僮男僮女御覽十九引作童子童女冬歌玄冥中統游本誤明神馬集解暴利長王誤常跇萬里索隱亦逝亦下疑脫作字今安匹兮龍為友游王本爲作與比音而樂正義故所執有輕重異衛氏禮記集說輕重下有之字引音之所由生正義諸樂生起之所由也官本如此各本作諸樂生感起所由之生也並有衍誤於物正義言將欲明樂隨心見言字疑衍孔疏作欲將明樂隨心見噍以殺索隱本噍作焦案下文正作焦衰正義則其心哀戚哀戚在心柯凌兩戚字並作感嘽以緩集解寬綽之貌宋本皃下同麤以厲正義悲怒在心官本與孔疏合各本譌謂怒隨心慎所以感正義聖人在上聖人上原衍先王二字依集說刪引制正禮以防之疏作制正禮樂以防之疑此脫正樂二字政以壹其行王本壹作其極一也正義用禮教導其志禮上疏有正字疑此脫導字各本譌尊今改用世樂世字疏作正此誤用刑辟防其凶凶下疏有姦字此脫徒感防之

感字疑誤疏無此句使同其一微疏作致此微字疑譌生人心正義則君人心也集說引作君上心此人字疑誤其正和柯本作正下同暨云正文作正故正義有正政同也四字案錢說是也他本作政後人所改與正通矣集解言八音和否隨政也言下各本衍以字考證據禮記注刪怗懘宋本毛本同各本作怗滯其臣壞正義壞故也疏壞故上重一官字此脫其財匱正義由君賦重於於字衍疏無鄭衛之音正義衛音各本衛下衍國之二字官本無凡音者正義此樂本章第三段也官本有本字各本脫前第一段凌有段字又自人心生而靜暨云心字衍非極音也正義非窮鐘鼓之音窮集說引作崇疏作崇重疑此誤論語官本有此二字非極味也正義大禮之盛官本大各本譌夫朱弦而疏越毛脫此句并集解集解孔盬官本盬與鄭注合各本譌盬有遺音正義樂歌此先王之道各本先譌文考證依集說引改大饗之禮正義此言禮盛不作至味之事

作字集說引作在疑此誤而俎腥魚正義凡俎官本凡各本譌九是俎二字疑衍人生而靜正義其情欲至靜稟于自然疏作其靜稟於自性然疑此衍情欲字之頌集解今禮作欲案頌欲草書相似而譌於是有悖逆詐偽之心柯本假作為古通老幼孤寡中統幼作弱衰麻哭泣正義此以下集說引作衰麻以下又衰麻上有言制禮樂以節於人八字此失所以正交接正義集解鄉飲酒毛本酒作禮誤禮者為異正義是為同也王脫為字禮勝則離正義無樂疏作而無和樂疑此有脫文合情飾貌集解彬彬然中統游本作林林然好惡著正義政化行矣政化上王衍是字刑禁暴正義王者為用刑則禁制暴慢為字疑衍則字疑當作以而又言舉賢者官本賢各本譌祿樂由中出正義故生此樂也王本此字衍禮自外作正義為人在外敬有未足故起此禮也外字故字依集說引補故靜正義樂和心在

內依下節正義疑此當云樂和人心心在內百物不失正義能生成萬物生成下各
本衍性字官本無祀天祭地正義禮與天地同節有尊卑上下報
生成萬物之功官本與疏合各本生成二字錯在天地下合敬同愛正義樂同
和疏作行樂得所以上行禮和句例之當有行字異文合愛正義同以勸愛疏作無不
狀愛疑此文誤名與功偕集解為名在於其功也記注無於字疑衍知禮
樂之情正義既能窮本知末知變疏無知末二字疑衍官本無能術宋本
毛本衍下同與字類引它本作遞蓋後人所改合天地之序正義禮法天地之形
王本法譌仲必明於天地然後能興起禮樂也王脫明字柯凌脫起字樂
之容襍志云容當依樂記作官鄭注猶事也正義亦誤作容與訓不合禮之質正義禮以
心內中正疏作內心此誤倒洽定制禮正義名樂禮章官本樂禮各本皆誤
倒下並同三明天地偩禮樂也各本脫地字考證據下文補千戚之舞中統舊刻

札三　五十

游毛本並作舞正義周武也疑當作武舞也不相襲禮正義崔靈恩官本恩各
本譌思三王文質之不等之字疑衍故不得相襲為禮為下各本衍同字官
本無而禮制行正義是眾大而行有脫誤性命不同正義所祖
之物所祖疏作行殖疑此誤天地之別正義此注有脫誤集說引並同亦別辨宜
集說引無宜字地氣上隮王譌躋注同天氣下降正義此樂象氣此字疑誤
疏作在故禮象形從天始也故字疑當在從上疏作故先禮象形從天為初疑亦有錯誤
靁霆毛本靁作靄煖之以日月正義宣昭官本宣各本誤喧而百物化
興焉物字衍各本同天地之和正義則聖人作樂官本則各本誤有而從
天也官本也與集說引合各本譌地此天地之情正義結階禮樂得失樂字
依集說引補極乎天復刻脫乎字著不息者索隱謂著明白此亦襲孔疏也
著字當在白下屬下讀生不息者為句單本誤倒各本以為衍而刪之君子以自強不息是

疑下脫也字正義言樂氣化官本有化字各本無天地之閒正義靜動而
生四字疑因下文而衍禮云樂云記無上云字以歌南風正義名樂施凌本
名王柯誤明前備疏作既備而孝子歌之言得父母生長歌之言三字各本作
之歌也考證據禮記疏改行綴遠正義而隨功德優劣也舞位行列也
王本德作得上也字疑當作為行綴短柯凌脫行字正義由君德盛王本德作得知
其德正義即知其君德厚薄也官本如此各本其下衍人字君下衍之字厚薄倒
大章各本大作泰考證據正義改寒暑不時正義若寒暑不時各本時誤得依
集說引改教者民之寒暑也集說引正義有樂以氣和民心如天地寒暑以氣生化故謂樂為民
之寒暑也二十四字當在此文下今本失事者民之風雨也集說引正義有風雨之事謂之禮也
禮以形教故曰事也天地之以風雨齊潤萬物猶以禮安治萬民故謂禮為萬民之風雨也六十七字當在此文下
今本失善則行象德正義必以法治集說引治作制賓主百拜集解

札三　六

以喻多也毛本喻誤到所以合歡正義以特合歡適也柯凌特王本作
時所以閉淫正義大止邪淫過失也大字疑誤依上節正義當作本禮也
者報集解而禮有往來各本有字與記注合毛本誤者報情反始集解若
舜之民樂其紹堯也也字疑衍下文韶武是總上兩頌禮別異集解同和
合也官本與記注合各本脫同字禮之經正義是禮之常行也柯凌禮王本誤
理禮樂順天地之誠記作偩天地之情順與偩形相近鄭注訓偩為依象與順義亦不違情誠
古通用見王氏襍志據正義則張本作見天地之情正義是見天之情也之字考證據下文增
則天地將為昭焉昭宋本毛本誤紹區萌達正義由出曰區四字考證
增孕鬻正義謂懷孕而生育之也王本之下衍者字不殰集解內
敗曰殰凌本內與記注合各本及玉篇引鄭注並譌肉正義今和氣不殰殈也王本
今譌合弦歌干揚集解揚鉞也官本鉞各本譌越今禮記注疏本脫此注詩篤公劉注有

此字三正義黃鍾大呂之屬句上下有脫文當謂舉楯以舞也以下王衍
爲字故童者舞之據正義則史文舞作儛樂師辯乎聲詩宋本中統游毛辯作辨下
同故後主人正義習商家神禮官本禮各本並作祀德成而上正義
謂堂上也上字考證增聖人之所樂正義閑淫王本閉作閑血氣心
知正義樂言官本樂言各本倒後並同其風移俗易王氏禮記述聞云漢書禮樂志作其
移風易俗易下易字師古音弋豉反後人誤以爲重複改移風爲風移而刪上易字是故志微焦衰
之音作王柯脫志字而民思憂正義而憂也而字王誤無齋末廣賁
集解廣大也大下各本衍之字考證刪而民肅敬正義民應之所以肅
敬也所以上王柯衍故字下文慈愛正義同凌本無而民淫亂正義由隨樂而起
也官本樂各本誤王也字王誤來五常之行正義胡孟反官本胡各本誤故下同陰
而不密正義陽氣舒散官本與集說合各本脫陽字縝密官本與集說引合各本倒

立之學等集解各用其材之差學之也毛脫之字上省其文采
集解省猶審習之也記注無習之二字蓋涉上而衍以繩德厚集解法其
德厚也宋本與記注合各本厚下衍薄字類小大集解大小索隱引作小大與正文合
疑此誤倒形見於樂正義輯睦官本輯各本作緝慢易正義言無莊敬
慢易也也字疑當在莊敬下慢易屬下無節奏爲句流湎中統舊刻游毛吳校金板並作湎狹
則思欲正義攻之官本攻之各本倒逆氣應之正義名樂象也官本
樂象各本誤倒三明邪正四字考證依下文正義增比類以成其行正義以成
己行也己集說引作其不蹈聰明凌本蹈字與記合正義亦作蹈各本並作流聲之誤也毛本不
流下有於字依下文句法當有皆由順正正義並由集說引作率由邪僻官本邪各本誤
倘周旋象風雨正義是也柯凌有此二字小大相成正義大小當依
正文作小大謂月晦各本月誤日今正十二月律互爲宮羽官本與疏合各本脫

月字互誤牙下衍相字耳目聰明正義故視聽聰明各本聽聰倒考證改與集說引
合血氣和平正義口鼻心知官本知與集說引合各本誤之從正集說引作順正
樂得其道正義雖其人集說引雖作因有異而名通集說引有異二字不重疑
衍感而不樂正義若小人在上王本在誤有忘正道集說引忘下有於
不得安樂集說引得作能成其敎正義內本情和志王本情誤清性之
端正義皆不可僞也各本作皆可爲也考證據上姦聲感人正義改三步正義足
三步也官本足各本誤只復亂以飭歸宋本毛本飭中統游柯凌作飾即飭字之隸變王本
誤飾注同集解明以整歸也歸下各本衍德字考證據記注刪正義復亂者王本
復誤後奮疾而不拔也記無也字疑衍不厭其道正義並無厭干戈
君臣之道何有脫誤疏云不違厭其仁義之道理也疑干戈二字即仁義之誤爛斯須去身
正義樂化官本化各本誤也故樂也者動於內者也禮也者動於

外者也集說引正義云動謂觸也用禮樂以感動之樂從心故云動內禮檢跡故云動外二十五字今本失
知禮樂之道知記作致漢志云正義曰極致禮樂之道則本作致鼎而錯之中統舊刻游本
錯作措正義引舊證王本舊誤舊故禮主其謙八句集說引正義云威儀繁廣
易生厭倦故禮之失在乎損洋洋盈耳不欲休止故樂之失在乎盈失在於損當自勉強失在於盈當自抑止四十
六字今本失以反爲文集解樂充氣志毛本志誤至則放集解放淫
於聲今本記注失於字是故樂在宗廟之中九句集說引正義云正樂流行故隨
所在而各盡其善宗廟有君臣所主在和敬鄉里有長幼所主在和順閨門有父子所主在和親前章使親疏貴賤
長幼男女之理皆形見於樂是也六十九字今本失執其干戚集說引正義云雅頌是發於聲音執其干
戚是形於動靜十六字蓋是刪節其文前七字已見上節後九字今本失飾喜正義故云先王
以樂飾喜也先字依史文補聽古樂正義端冕謂玄冕官本有端冕二字
凡冕服其制正幅袂二尺二寸故稱端也王凌袂誤袂案此十六字襲孔

疏文也袂二尺二寸下有袂尺二寸四字疑今本失合守拊鼓正義拊音敷武反敷譌
數今正亦奏古笙樂也何有誤所好者音正義此第三段王柯段誤
別鏗鎗王本鏘敢問如何柯本中統游毛吳校金板作何如與記合疾疢王淩譌疢克
順克俾舊刻作比下何同蓋依詩改趣速煩志集解音促速宋本無促字武
之備集解謂周舞也官本舞與記注合各本誤武恐不逮事集解事伐
事也記注伐作戎而疏中兩云戰事無戎字下文及時事也注云時至武事當施也伐戎武字形皆相似疑不
能定仍之發揚蹈厲之已蚤正義何忽如此何也兩何字當衍其一官本無
下何字及時事正義故早爲此也此下王衍者字有司失其傳也宋本
無也字正義武王非有貪官本非各本譌伐免席而請正義前所荅
四事五不被叩問五字疑誤或當與四五易太公之志正義自齊其威
武以助也王本助下衍之字北出正義持楯向北王柯持譌時滅商正

札三　九

義前一向北王柯向譌句南國是邇正義象周太平時周字王譌吳下
文分陝正義同盛振威於中國也振字衍官本無與記合正義與大將軍夾
軍而奮鐸振動士卒也大將下衍軍字樂記注云與大將夾舞者振鐸以爲節也疏釋經注
及引皇氏皆無軍字來及下車索隱給禮文作及據此是小司馬所見史文作給今本
作及蓋後人依記改正義步卒七十二官本二本譌三各於祝正義平原郡
各本譌郎考證改虎皮集解包干戈中統舊刻游本包作苞與史文合建櫜中統游本
譌橐騶虞集解所歌爲節也記注所下有以字各本脫衛靈公之時正義
楚故城楚字疑衍或下脫巨字施惡之臺注云韓子十過篇作施夷之臺正義慶祁
慶蓋厖字之誤今者來舊刻者作曰不可遂宋本毛本遂它本作聽何道出御覽六十
三引作是何道出硃志云脫是字則文義不明韓子十過篇作此實道出論衡紀妖篇作此何道出皆其證通
流精神舊刻通流倒而和正禮宋本禮字與下而和正智智字互易疑誤

律書壹稟於六律索隱一本壹作一索隱終於南事各本誤南呂考證據漢志改
兵械械疑機字誤或戎字譌三寫成械然索隱正義則唐時已誤矣吳校本旁注戒字望敵知
吉凶索隱單本此注與下聞聲效勝負句注互誤中統游本吳校金板同王柯淩竝脫惟官本在此不誤
敵強則其眾勁官本重此聲強二字單本脫聞聲效勝負索隱原錯在聲強句
下今移正此即其類也單本無此也二字中統游本吳校金板有正義此注全同索隱王柯淩無
索隱蓋以複而刪之自孟春至于季冬疑當作自季冬至于孟春商之十二月正月即周之一月
二月武王伐紂之月也下云音尚宮蓋即泠州鳩所云詳見國語音尚宮正義失士心官本
士心二字各本并作志舍血王氏懌齋史記正譌云當作歃以殄夏亂正義歷山官本
山上各本譌末喜官本末本譌末各晉用咎犯游本咎犯乘列邦士宋本毛本土各
本作士君辱失守宋本君與索隱本合各本作窘誅伐王柯誤罰宿軍無用之地
正義北闕闕疑邊字之誤下云邊陲其證也絓禍正義絓胡卦反胡各本譌朝今

札三　十

正朝鮮正義樂浪官本浪本譌郎各朕能任衣冠正義王本脫粟至
十餘錢志疑云粟下或斗或斛必有缺文自年六七十翁宋本無翁字耆曰七
正二十八舍此文與上不相蒙王柯淩竝連上毛本空一格皆非今改提行索隱二十八
宿之所舍也單本此文不可通各本遂於句上增二十八舍即五字非是疑二十八宿下脫七正二字
天所以成孰萬物也天所二字疑因上文而衍至於營室正義曰離宮
閣道官本閣本譌闕各主營胎集解一作含中統游本含言陽氣之危
垝硃志云危字因上危垝也而誤衍正義應乙證反四字王脫亥者該也索隱
該閡於亥中統游王柯毛同單本作該閡也於亥反謬甚故該也宋本重該字尚相如
胥也正譌云當是胥如案疑如字衍胥須義通陽氣踵黃泉而出也毛本句首有言字
十二月也也字吳校增各本脫丑各本此下有丑者紐也云云十九字蓋依正義增入根棋集
解一作横也攷異云棋讀如荄横蓋核之譌核亦有該音螾然索隱音引又音

以愼反 單本出蟲然二字注音引又音愼復出寅字注以愼反蓋傳寫誤分又誤衍愼字寅字各本以寅無去聲改爲以愼反愈謬今刪正

律中姑洗

正義 白虎通云沽者故也 柯凌沽王作姑案御覽十六引白虎通正作沽又引天文訓國語蔡邕月令京氏律術竝作沽洗餘見盧學士所校白虎通案沽與姑竝从古皆有故義後人習用姑洗字改爲姑

辰者

索隱 振羨於辰 羨字今本漢書譌作美說見襍志

主風吹萬物而西之軫 襍志云軫上當有至於二字上云主辟生氣而東之至於營室正譌說同案上下文諸宿皆有至於二字此側脫

律中中呂 官本中呂各本作仲呂與正義不合

正義 王脫 西至于張

張者言萬物皆張也 正譌說十二字當在西至于七星上

未者言萬物皆成有滋味也 志疑云獨不言於十毋爲戊己缺文也

參言萬物可參也 言上毛本有者字

三分去一五十四以爲徵 舊刻三分上空二格它本提行蓋皆以意爲之今依下生鍾分例連屬下放此

黃鍾長八寸七分一宮 七字誤索隱本作十是然云舊本多作七分則承譌久矣

大呂長七寸五分三分一 正譌云三分二一字誤

太蔟長七寸七分二角 攷異云七分當作十分角當作商正譌說同

夾鍾長六寸一分三分一 正譌云六寸七分三分一

姑洗長六寸七分四羽 正譌云十分四案羽當作角

仲呂長五寸九分三分二徵 正譌云徵字衍

蕤賓長五寸六分三分一 正譌云一當作二

林鍾長五寸七分四角 正譌云十分四案角當作徵

夷則長五寸四分三分二商 正譌云四分字商字皆衍

南呂長四寸七分八徵 正譌云十分八案徵當作羽

無射長四寸三分二

應鍾長四寸二分三分二羽 正譌云羽字衍案黃鍾爲宮則林鍾徵太蔟商南呂羽姑洗角自古無異說其各律寸分正與上五音分數合後文云音始於宮窮於角則知五音相生次序亦以宮徵商羽角爲次疑史文十二律原本四圖特隸黃鍾一均五聲注於律分下後改直行轉寫錯亂遂不可究詰晉志誣史遷言五音相生以宮生角角生商商生徵徵生羽羽生宮求其理用圖見通攷則當時已皆亂而太蔟爲商似尙未誤今又誤爲角矣又以羽生宮句推之則其本應鍾下當有宮字今作羽蕤賓下當有角字今脫大呂下當有商字據索隱似所見本尙存而所出正文已脫夷則下當有徵字今作商夾鍾下當有羽字無射下當有宮字今皆脫仲呂下當有角字今作徵蓋又非當時所見本矣小司馬於大呂注土生金於姑洗注金生水於林鍾注水生木所謂郢書燕說耳

丑三分二

索隱 林鍾丑衝 各本譌衙依正譌改下節索隱南呂爲卯衝同

寅九分八

正義 又參之於卯 自卯至亥王本皆脫

卯二十七分十六

索隱 餘三分之一 餘譌縣今正

生黃鍾術曰 索隱出正文無生字各本以術曰另提行皆誤今正案正譌謂黃字衍似矣乃并刪曰字則非生鍾術曰者正承上生鍾分而解之

索隱 黃鍾生太蔟 生當作至

羽七角六宮五徵九 正譌云當云角七徵六羽五若以律數誤文爲據亦當云羽七角六徵五宮字誤徵九二字衍

置一而九三之以爲法 攷異云此下當云十一三之以爲實傳寫失之

神生於無形 正譌以神生於無句形字屬下是

正義 無形爲太易氣 易字各本譌陽今正列子云太易者未見氣也又見下文正義

成於有形 此形字亦當依正譌屬下作形然後數爲句

形而成聲 形然後數形而成聲謂形而後有數有形而後成聲也正義以然後數形而成聲爲句非

形理如類有可類 七字不可解當有脫誤

或未形而未類 正譌云二未字皆當作異

聖人知天地識之別 正譌云識字衍案此下多脫誤正譌難强爲之解未敢信也

道者明矣

正義 孰能存天地之神 官本地字與下正文合各本誤下

非有聖心 官本明監本有字與上正義引合它本誤其

孰能存天地之神 凌本存與上正義引合它本竝作在

物受之而不能知及其去來 正譌云及字衍

太史公曰 舊刻連上

故旋機玉衡以齊七政 正譌云故字譌當從尙書作在

正義 王本脫

一百二十八宿星也 句有誤疑當云一百六十一星也

十母

正義 王本但有十干二字柯凌但有甲乙十字官本皆有

十二子

正義 王本但有十二支三字柯凌但有子丑十二字官本皆有

建律運厤造日度 疑有脫文

厤書作於孟春

索隱 今按此文至於十二月節皆出大戴禮注於字當作撫案此篇自首至凡事易壞而難成矣皆大戴記文不止至撫十二節句注有誤

百草奮

興大戴記作權與秭鳺中統毛本鳺它本作鴂集解秭音姊鳺音規案據索隱則所
見本脫誤作秭音規此乃後人依小司馬改子鳺鳥也一名鷤鴂索隱本出注文作秭規鳥
一名鷤鳺撫十二節據上索隱引則節上有月字與大戴記合今本脫又不由人索隱本文
作亦禊志云大戴禮作下卽亦字之譌太史公曰正譌說此四字當屬王者易姓受命句上案此文各
本提行今依志疑連上蓋黃帝宋本毛本黃各本誤皇正閏餘正義八十一分
日之四十三官本三各本譌入小月六日各本譌作小月大月依漢志師古注改小月上
當有又除二字攝提無紀厤數失序索隱本止出攝提失方四字與漢志合此疑皆後人竄改
使復典之中統游本吳校金板典作興疇人集解傳之疇官宋本中統本傳它本
譌傳於終集解邪餘分也官本邪各本誤餘歸邪宋本中統游王柯毛竝注音餘二字
複衍凌本無而散消息之分散字分字疑有誤而亦因三字疑涉下文而亦頗推五勝
句而衍刪之則與上文直接或疑有缺文非也氣漢得土德凌本得朱本游王柯毛竝譌德宜更

札三　十三

元改正朔舊刻元改倒誤張蒼亦學律厤正譌云前有明習厤句此復出蓋後人注建
氣物分數集解分爲五行也毛本有分字各本無朕唯未能循明也
正譌云循當從漢志作脩紬績日分中統游王柯績作續索隱若女工單本脫工字水
德之勝集解土勝水游本作勝水德今日順夏至索隱按夏至謂
夏至冬至案日順夏至語不可解下黃鍾爲宮是冬至律厤起冬至古今不變未有起夏至者疑至乃正
字之譌卽上文所謂然後日辰之度與夏正同也小司馬見本已誤故強爲之解名復正變正譌云變
字衍案朱本無復正二字此句當有誤以至子日當冬至上至字疑亦當作正日當作月下云
十一月朔日冬至是也其更以七年爲太初元年索隱故以七年單本
脫七字四千六百一十七歲四下原衍年字考證據漢志刪年名焉逢攝提
格索隱寅名攝提格單本提下衍攝月名畢聚集解語見自序與正文無涉漢
書無此注蓋傳寫誤衍索隱日月若連珠日月下正譌補合璧五星五字若雖在昔

皆則娵訾之宿上二訾字疑皆當作觜厤術甲子篇志疑云此乃當時厤家之書後
人謬附增入太初等號年數其所說仍古四分之法非鄧平落下閎更定之太初厤也日得甲子索
隱朔旦單本脫朔字正北此文屬上冬至毛本提行低二格非索隱卯年在酉官本
卯各本誤辰章首單本章譌部正義順行四時仲時字衍所至爲正月
一日正上疑當有天字十二王何凌竝屬上毛本又於正北下空二格書之亦非今改提行與後文一
例焉逢攝提格太初元年此題上事也禊志云當作端蒙單閼下文當以次更正案如王
說題年在前於文爲順然相承已久姑仍其舊十二此兩字是題後年各本屬上行誤今改提行後放此不復
出小餘三百四十八索隱九百四十分日之四百九十九
九百二字正譌補吳校同與續漢志合故云小餘者月也云上當有下字正義卽歸
上成五十五日矣下五字今補大餘五十四者者原誤日吳校改猶餘
五十四日凌本餘王柯譌除故稱大餘五十四也也字吳校補更餘分

札三　十四

三百四十八凌本餘王柯譌除是月朔甲子日法法原譌朔吳校改每六
十日除之除字吳校增此是太初元年此字吳校增置大餘五十四
算此以下至如上法也百四十九字原錯在上文日得甲子下今移正加二十九算九原譌三吳校
改每年加三百四十八分四十字吳校增滿九百四十分四十下原衍八
字吳校刪奇留之奇下疑脫算字大餘五正義冬至甲子日法也日原譌月
吳校改小餘八正義猶餘五日餘原譌除吳校改故稱大餘五日也
日字當衍吳校刪八也此大小餘此六字吳校增每六十日除之凌本除王柯譌
餘置大餘五算此以下至奇分也六十九字原錯在朔旦冬至下今移正每年加五算
每年二字吳校增算誤日吳校改滿三十二分爲一日凌本日王柯譌百更置八
算官本算各本誤分大餘者日也王本大誤小者誤有端蒙單閼二年索隱正義
於每年下注年數是所見本本文無年數也今有者蓋又後人所增盧氏抱經錢氏溉亭說同小餘六百

九十九中統舊刻吳校金板六誤三索此後每歲天正氣朔大小餘各本有脫誤者難以標舉徑依術推改不復
出彊梧大荒落宋本毛本荒作芒索隱本作大荒駱祝犂協洽索隱汁洽
單本汁誤計依襍志改商橫涒灘索隱本此文作商橫赤奮若而太始四年作端蒙洒漢蓋小司馬所
見本互誤致與天官書及爾雅釋天逆異張守節與小司馬同時而所據本作涒灘則知赤奮若之誤矣或乃疑爲
改厤之殊翔足果於信誤本也今各冰皆作涒灘推毛本與索隱合昭陽作鄂毛本鄂與索隱合各本作
疆橫艾淹茂毛本淹作閼正義太始元年官本有太始二字尚章大淵
獻索隱本此文大淵獻與下年困敦互易蓋亦誤本也宋本已下皆與今同疑經後人改正推毛本與索隱合其
獨未舊本之誤與抑又依索隱回改也焉逢困敦困敦毛作大淵獻與單本索隱合說見上端蒙
赤奮若赤奮若毛作洒漢與索隱合說見上游兆集解作游桃作上疑脫一字桼游兆巳
見太初三年疑錯簡攝提格正義此釋攝提格義亦當在前錯簡在此後凡類此者不復出格起
也格字汪校增故云格正也此格字亦當重彊梧單閼二年二各本譌三今正

正義李巡云李巡下原衍注字官本無祝犂大芒落集解宋本毛本作大荒落無集
解疑後人剏增後故此商橫敦牂正義爾雅云爾雅上當脫孫炎注三字昭陽汁
洽集解宋本毛本作協洽無集解橫艾涒灘正義孫炎注爾雅云注下原衍
云吳校刪正西二字各本誤入上年今案厤起年前天正冬至此乃甲子部第二章首前部首焉逢攝提格正
北二字亦是年前天正冬至也此文宜屬前章作彊今提行以別之後放此正義萬物皆落枝
起之貌也天官書索隱作皆物芒枝起之貌未知孰誤焉逢淹茂集解宋本毛本淹作
閼無集解端蒙大淵獻宋本中統游王柯毛各本大淵獻三字並與下年困敦互易蓋改之未盡者麥
本不誤正義王柯本亦與下年互易凌本不誤彊梧赤奮若正義赤陽色赤字
今補閏十三元鳳元年有閏也中統游本三譌二祝犂大荒落四年此中子部終之年也
正譌於此下復增本年氣朔替灸小餘者月也攷異云月當作時案疑當作分前文索隱引已誤下
正義云小餘又非是蓋亦疑之端旃蒙者襍志云爾雅端蒙後人旁記旃字遂誤入正文冬至加

子時各本皆注文正譌改大字今從之下放此正義此文三十九字各本錯在征和元年冬至大小餘下
依正譌移此
天官書索隱案天文有五官據此則小司馬所見史本中東西南北並作官字尚未誤
也中宮索隱宮之爲言宣也攷異云此中宮東宮南宮西宮北宮五宮字皆當作官下
文云此天之五官坐位也可證史文皆作官索隱引元命包官之言宣古人取音義相協展轉互訓俗本亦譌作宮
由不知古音案錢說至確司馬相如列傳大人賦正義引此文正作中官天極星則張所見本與小司馬同今索隱
依改而正文皆非成是各本相同姑仍之旁三星三公正義占以徙爲不吉各本
從譌從考證據宋史天文志文獻通考改或曰天一正義彊閶闔外彊字疑誤天棓
索隱音皮棓無皮音疑當作皮項反脫兩字正義棓龐掌反掌字誤後文作蒲講反是
也閣道正義營室七星考證云營室止二星此七字誤北斗七星索隱斗
第一天樞天樞與御覽五引運斗樞合單本誤作魁旋璣據索隱則所見本作璣今單本亦作璣蓋

後人所改以齊七政索隱第一曰正日第二曰主月法各本竝作第一
曰主日法天第二曰主月法地與單本異案晉志引石氏云第一曰正星二曰法星又一主天二主地疑此注有脫
字三曰命火謂熒惑也此以下五謂字皆不可通疑法字之誤下文集解引孟康曰傳曰斗
第七星法太白又曰斗第一星法於日是其證也剽金單本制本作謂各魁枕參首正義
斗衡直當北之魁案魁枕參首四字爲句與上杓衡一例正義此文似誤以衡殷南斗魁五字爲
句一曰天機官本有一曰二字與晉志合北曰左肩主左將西北曰右
肩主右將東南曰左足此二十字各本竝錯在故軒轅氏占參下左將右將下竝衍軍字官
本與晉志合主後將西南曰右足主偏將故軒轅氏占參此十七字
各本竝錯在上文三將第東下後將偏將下竝衍軍字參字誤作之以二字官本與晉志合主天下兵
振官本與晉志合各本主字錯在天下下芒角張王道缺官本與晉志合各本芒角張三字錯
在明與參等上參芒角動搖官本與晉志合各本脫參芒角三字杓自華以西南集

解法太白主主下脫字有衡殷中州河濟之閒正義黃河濟水
官本濟各本譌清魁海岱以東北也集解首陽也宋本無此首字正義代
郡也考證云代郡與海岱絕遠代字誤在斗魁中襍志云斗字衍索隱本無漢志亦無魁下
六星兩兩相比者名曰三能襍志云名字後人所加御覽天部引無漢志同案索隱本
幷無者字明近正義小而不明官本有不字各本脫排賢用佞各本排用互易官本
不誤賤人之牢正義故爲賤人牢也凌本故王柯誤作也牢口二字官本與晉
志合各本作且字視其小大官本視各本譌見東宮蒼龍凌本房行非房爲府
志疑云索隱及御覽五竝作天府案漢志亦有天字曰舝正義占不居其所各本占下衍一
反二字官本無天市正義在房心東北官本有在字各本脫南門正義南門
二星柯本二譌三氐爲天根正義路寢官本路各本譌露主疫正義氐
房心三宿爲火官本火各本譌災疑誤合大火二字尾爲九子正義尾爲析

木之津尾字當衍第一星爲后各本下衍妃字官本無次三星妃官本妃各本誤
作並爲二字案晉志作夫人次三星嬪官本有星字各本脫末二星妾各本妾上有爲字官
本無則後宮叙王本叙譌欽曰口舌索隱謂有敖客行謁請之也
單本之字疑衍各本竝作謂爲數客行請謁也權衡正義太微之庭也官本微各本誤尾
匡衛十二星正義南蕃中二星閒爲端門案晉志此文與開元占經引黃
帝占合此注有同有異又有錯亂不知所本恐仍其舊門內六星正義在東井北河
河字衍晉志無主刺舉官本刺與晉志合各本譌剌理陰陽官本凌本有陰字與晉志合王柯脫
五帝坐正義中坐成形晉志刑蔚然漢志作哀烏與徐廣引一本合晉志作依烏漢
書襍志云烏疑當作焉哀焉猶依然依然猶蔚然也蔚依皆衆盛之貌曰郎位正義郎位十
五星官本十五星各本脫十字光潤有常各本常誤之考證據星經改皆羣下從謀
也羣下下漢志有不字疑郎下字衍誤少微正義在太微西西字考證據星經改與晉志合

軒轅正義黃龍之體王本體誤神激爲雷電御覽六引大象列星圖作激爲雷震
爲電二十四變御覽引大象列星圖作十四變然數皆不合次北一星夫人也官本
有一字與晉志合右一星大民太后宗也官本有此九字與晉志合后族敗官本
有后族二字曰鉞正義一星爲質一星二字各本倒在下官本不誤一大星凌本
大王柯譌八明與并齊官本有明字與晉志合南河正義南河南戒官本有此
四字北河北戒案晉志作南河曰南戍北河曰北戍此作戒後人所改說見後闕梁正義
在南河南官本有上南字與晉志合主兵戰鬪下也官本有主字輿鬼正義
輿鬼四星官本有鬼字天目也官本目與晉志合各本譌田一名質王本一誤主
質欲其沒不明沒字晉志作忽忽疑本作滔滔說文滔青黑色玉篇作滔形近譌爲沒也官本作
舀主木草案索隱似本作草木然漢志亦木作草正義星七星官本七各本譌一占以
順明爲吉王柯吉譌凶官本不誤凌作明吉暗凶蓋以意改爲員官志疑云宮字譌官漢以後

志皆作宮翼爲羽翮正義翼二十二星官本與晉志及下文合各本脫下二字
軫七星凌本合王柯譌令四夷服凌本夷王柯譌火入軫中軫下衍星字索隱本無與
漢志合今刪五帝車舍索隱含秀含實主秋垂有脫誤各本同正義五
兵車舍也官本五各本譌三次東北曰天獄官本曰各本誤星三柱入出
一月入字疑衍期三年官本期三各本譌脫作一柱倒出尤甚官本倒各本譌例王柯本
出譌王甚譌其凌不誤水水舊刻下水字誤火王柯凌本皆以此水字下屬誤今依襍志正爲溝瀆
正義人主爽德各本人誤臣爽誤共官本不誤熒惑星守之官本守各本誤主則
有水之憂水疑當作火塡星官本塡各本譌塡斐爲聚衆正義以其祭
祀柯凌祭作郊晉志亦作郊兵起也柯本兵起上有國死二字死疑危字之譌府積集解務
蘩積爲腐也各本務譌務蘩譌蒿今正鼀頭鼀中統本作旄正義昴七星爲鼀
頭凌本七王柯誤一鼀凌作旄大水且至王本水誤星罕車正義主弋獵官本

弋各本譌戈主四夷之尉也官本有主字與晉志合罕所以掩兔也各本以譌
訓依大東傳改天街正義天街二星柯凌二與晉志及占經引甘氏合王譌三陰國集
解陰西南象坤維象字考證據漢志注增三星直者是爲衡石直者是三
字中統游柯譌作直是也王譌真是也宋本凌毛不譌與漢志合集解東西直東字考證據漢志注
增葆旅集解禾野生曰旅官本有禾字與漢志注合今之飢民采旅也
采旅下衍生字依漢志注刪索隱以斬艾除凶也艾校元板有艾字與漢志注合案此句當
注下文爲斬艾事下今單本亦系葆旅下蓋承師古之誤正義胡規反王本重一胡字衍野生
之可食者官本者各本誤也天廁正義在屏東官本有東字與占經引石氏合天
旗正義可以爰之爰字誤天苑正義天子養禽獸所凌本所王柯誤
益則多死也凌作死亾九游正義人民失業凌本民王柯誤又以金火
守之以字疑誤下有四星曰弧柯本四譌曰正義弧九星王柯譌弧弧狼

比地志疑云狼字衍漢志無附耳入畢中兵起志疑云漢志無此七字疑當在前文附耳
句下劉氏中市天官書經星攷說同案中官天一槍棓楯動搖角大兵起東官火犯守角則有戰房心王者惡之
也皆書在末此亦其例乃文法之變非錯簡也危爲蓋屋正義蓋屋自有星官本有蓋
屋二字各本脫羽林天軍正義羽林四十五星官本與晉隋二志及御覽六引大象
列星圖合各本四誤三散在壘壁南御覽引大象列星圖無散字疑衍亦天宿衛之
兵革出句有脫誤御覽引大象列星圖云若星稀而動搖則兵革出軍西爲壘正義占
五星入皆兵起官本如此各本作占之非故兵起六字索晉志云五星有在天軍中者皆爲兵起
北落正義土木則吉官本土木與下史文合各本譌土水水患褋志云脫一水字漢志作
水水患司空志疑云漢志作司寇恐有誤營室索隱營室十星十字誤中統游本作
土攷異云北方七宿不及東壁蓋傳寫失之王良策馬正義別爲策馬別字疑誤官本
作則牽牛爲犧牲正義一曰聚火晉志作聚久次二星主關梁次

三星主南越占明大官本與晉志合各本脫此十五字婺女索隱爾雅云
文見爾雅此誤察日月之行正義太歲在四孟四季官本有在字與漢志注合
各本脫以揆歲星順逆正義天官云御覽七引作天官占此脫占字其所居
國官本其各本誤夫歲星贏縮北宋本舊刻作贏下同它本作贏非可以罰人罰當作伐
趨舍索隱音聚疑當作趣曰降入索隱二月原譌三川依史文改名曰降
入志疑云四字衍以三月居與營室東壁晨出何本三譌二何氏義門讀書記云居
字疑衍見軫曰青章志疑云曰青章三字衍以四月與奎婁胃昴晨出
志疑云胃昴二字衍跰踵集解一曰路踵踵字蓋本作踵故譌爲踵說見漢書褋志今本集解
又譌踵爲疇矣見房中統游本房譌旁叶洽歲索隱故曰下當脫協洽二字合刻並有
涒灘歲索隱涒灘字書無灘字韓勑造孔廟禮器碑作涒灘疑此因上涒字而誤附水旁
曰大音占經引甘氏同漢志作天音爲長王志疑云爲字衍漢志作長王案占經引甘氏與史同

曰大章有旱而昌占經引甘氏此七字同志疑云有旱而昌四字衍漢志無閹茂歲索
隱故曰下當脫閹茂二字合刻並有大章集解一曰天皇官本與索隱合各本譌大
星占經引甘氏同曰天泉志疑云漢志作天宗案占經引甘氏與史同其失次有應在
前後並作見此獨作在誤占昴經引甘氏作見正譌說同生天棓正義木類星而末
銳官本而字名本誤者如二字案如而古通者字疑衍晉志作木類星末銳長四丈北宋本與晉志及上
正義合各本誤尺索隱石氏名中夫同晉志類彗各本下衍星字官本無生天
槍正義必有破國凌本與晉志合王柯國誤爲察剛氣各本皆連上惟凌本提行下頓
梨太白辰星同以其舍命國熒惑二字涉下而衍史詮說同正義熒惑童兒歌謠
嬉戲也案晉志云熒惑降爲童兒歌謠嬉戲此疑有脫誤五星皆從而聚于一舍
正義是爲大陽漢志作大湯晉灼曰湯猶蕩滌也則陽字誤乃以死亾也柯凌死作
滅歲行十二度正譌云當作十三度可重致天下褋志於可下補以字與歲星熒惑太

白辰星句法一例云開元占經引石氏曰可以重德致天下正義以填主土故也土上各本
衍木字考證刪九芒毛本作光芒音曰黃鍾宮毛本音譌首木星與土合志說
云此下總論五星當別爲一條此句當作凡五星木與土合金爲白衣會若水襍志云若水二
字上屬水災若及也水金在南曰牝牡索隱本有曰字北宋本凌毛並同漢志太白在南歲在北
名曰北牡晉志文同據索隱引晉灼及正義引星經則史文金任南句或上或下當有木在北三字今本失之中統
游王柯脫曰字並金在北歲偏無案漢志太白在北歲在南年或有或無晉志亦同則史文金在
北句或上或下當有木任南三字今本亦失正義星經云凌有云字王柯脫主擊卿官本
主各本作生土爲變主擊卿官本毛本主與索隱本合漢志晉志並同它本作生凌引一本亦作
主大饑志疑云正義引星經火與木合饑則大木字之譌案依上下文例當作木爲饑乃爲北軍
襍志云爲北軍上當有水字漢志熒惑與辰合爲北軍晉志火與水合爲北軍皆其證正義爲北軍
北也據此文則張所見本爲北下脫軍字有殺軍集解是謂驚立絕行官本立各

札三　二十一

本作位掩有四方凌本掩作奄黑角則水意集解一作志意志疑皆思字
之譌太白正義入四十日此四字考證據漢志增司兵月行及天矢攷異
云七字衍以木火土水例之可見正譌云此即後文所謂出蚤爲月蝕晚爲天矢也誤衍於此又加譌外案據後文
襍志說則此天矢亦當作天夭正義星是古麻依下節正義此文星是誤倒星若依晉志當
作若星白雚官本雚與晉志合各本誤普皆以示變之也之字非誤即衍官本無爲
入歲吳校元板凌本毛本並作入與上文索隱合它本誤百二百二十日凌云一本作三十日
案上文索隱正作三十日高遠日曰大相吳校元板與凌本同中統游王本脫曰字柯脫日字下
起兵志疑云天下起兵脫天字疾其鄉凶襍志云疾本作易故蘇林訓爲疾過案漢志作易注引蘇
林曰疾過也一說易向而出入也是本作易可知金居其北曰贏正義金謂太白
也凌本金王柯譌會圍以靜毛本圖與漢志合各本譌圍入三日北宋本無入字漢志同
其下國有軍敗將北中統本軍作亾出三日漢志無出字與上文一例行勝色

集解太白行得度者勝色也毛本者勝譌例行得躔勝之正義色
勝位行勝色行得躔勝之官本與漢晉志及上史文合各本脫上色字上行字之譌作也
出而留桑榆閒集解正出舉目平正北宋本舊刻毛本並同它本舉日二字誤
作氣言案平疑當作平望正出桑榆上者毛本上者上衍而字未躔其日志疑云漢晉志
作期日是過參天毛本天譌矣集解過其一各本過下衍之字官本無此在戌酉
之閒柯本此作比陽兵之彊之字疑衍出西北北宋本酉作邪既爲天夭各本
作天矢襍志云宋本作天夭與祆同亦作妖漢志作天祆占經引廿氏作天妖今依改閼出辰星正
韄一名爨星爨各本譌爨依占經引廣雅改夕出郊奎婁胃東云云至中
國攷異云四郊字皆效字之譌淮南天文訓作効及天夭各本作矢襍志云天文志作天夭矢亦夭之譌
今依改爲格索隱水生金水金當互易或生下有於字故上有軍不戰上當
爲主是謂擊卒中統毛本擊譌繫太白不去漢志無太白二字疑衍正旗上出

札三　二十二

漢志旗作其下祇旗所志同志疑云其上出十五字與上文複疑衍兒過太白索隱兒作兒又云或作㲋
疑兒兒皆兒之譌兒又從之省械劍凌本械各本並作械注同正義漢書云辰星過大
白閒可械劍各本閒下衍太白二字依漢志刪閒可械劍索隱劍古作劒
也五字疑衍合刻本無兒居太白前北宋本兒譌危下文兒七命兒五色同摩太白有
數萬人戰各本皆同惟毛本及漢志有作右案下文云出太白右則此文非右字矣占經引荊州占云辰
星從太白光芒相及若摩之其下有數萬人戰正作有背角兵變黑角水亦行窮兵
之所終史詮云此文當在白角號泣之聲下後天欃毛本欃各本攙七星爲員官辰
星廁細爽星也志疑云十二字當在前辰星條末夏則不長下兩軍相當日暈毛本
日譌曰力鈞中統游譌鈞王譌鈞重抱大破無抱爲和背不和漢志作重抱大
破亾疑此文無字本作亾漢志背下亦有爲字此脫指暈若曰殺將舊刻指作背疑指字非漢志作
破軍若曰殺將日二字疑皆誤若居軍不勝凌本軍它本皆譌暈案此與上居軍勝對文漢志正作軍

有者下大流血有字疑當作見漢志亦誤而食益盡爲主位漢志云而韋昭曰如益
卽盡字之譌衍如食盡則咎在主位也漢志引夏氏日月傳曰日食盡主位也不盡臣位也行南北河
正義若月行北河以陰則水兵南河以陽則旱喪也各本水字
錯在旱上兵字錯在喪上官本不誤而五月者五凡百一十三月而復始北宋
本誤刻毛本五凡二字誤倒索隱謂食始起之日也食字單本譌食各本因譌爲蝕今正
則六月者七五月者一又六月者一五月者一凡一百三
十五月梁依術當云六月者七五月者一又六月者七五月者一又六月者六五月者一此脫中間二句其
又六月者六下六字又誤爲一錢氏攷異所推亦前後失次今正之國皇星正義國皇星官本
有國字各本脫五殘星正義見則五分毀敗之徵官本與晉志合各本見則倒徵
譌徵夫地可六丈御覽八百七十五引作可五六七丈晉志作可六七丈漢志可六丈下有大而黃三
字疑此有脫文大賊星各本以大字屬上六丈下依正義則當下屬正義出則禍合天

下官本與晉志合各本譌作福司危星漢志危作詭古通用星大而有尾集解北宋
王柯本與漢志注合凌毛尾作毛晉志同獄漢星集解下有二彗縱橫漢志注二作三
晉志同出正北北方之野北宋本少一北字此四野星所出漢志無野字疑
衍地維咸光咸漢志作臧晉志作藏疑此誤此下各本衍正義一條卽上四瑱星及此條全文今刪
命曰歸邪集解上有蓋狀如氣漢志注無如字案蓋與氣疑當互易本曰火
集解星石也官本石各本譌名脫也字案漢志作其本曰人今史文脫其字疑漢志人字卽火字壞文
孟康承譌本強爲之說漢者金之散氣索隱案水生金水金當互易或生下脫於
字音在地而下及地志疑云下乃不之譌案漢志亦作下疑當作音任天而下及地觀下文可
見其所往者兵發其下往字吳校元版作任與漢志合御覽十三引師曠占文略同亦作任
及望之如火光各本及字下衍炎火二字毛本無單本索隱出炎火星三字亦誤漢志幷無及字御
覽七又八百七十五引天官書皆無疑亦衍文上兌者則有黃色千里破軍殺將

正義云者字誤漢志作見見則二字當著黃色下案如所改則與晉志合不種而穫毛譌穫必有
大害漢志害作客晉志同御覽八百七十五引作咎蚩尤之旗集解其色黃上白
下北宋本與呂氏春秋漢志注合各本白下倒象伏鼈集解怒當音帑毛本音作作
怒則色青毛本與漢志注合各本脫則字如有毛羽然漢志云羽漢書晉書並作目御覽咎
徵部二引史記正作目常出於有道之國官本與漢志合凌一本同各本脫常字志疑云類
聚一引有案御覽七引亦有凡望雲氣正義釋名云雲猶云眾盛也氣
猶餼然也有聲卽無形也案釋名云雲猶云眾盛也氣猶餼也餼然有聲而無形也此正
義有脫誤文不成義千餘里宋本與漢志合毛脫里字它本脫千里二字有獸居上者勝
正義雲或如雄雞各本雲下衍雄字官本無卒氣摶北宋舊刻毛本摶它本譌搏前
方而後高者兌後兌而卑者卻北宋本與漢志同凌本作前方而高後兌而卑者御
則與晉志同中統游王柯毛無者兌後三字十餘里凌本十餘下有二十餘三字志疑云與漢志合

稍雲志疑云漢志作捎雲是其前低者毛本低它本譌抵漢志前作芮軸雲摶兩端
兌案杼軸二物也各本以軸字上屬誤今正摶字北宋本舊刻同它本譌搏漢志兩作而晉志作杼軸雲類軸摶
而端兌疑本作杼雲類杼軸雲類軸摶而端兌史與二志並有脫誤其蛩者類闕旗故各本及字
類引並同晉志亦同索隱本出天蛩二字疑誤漢志作蜺雲者類闕旗疑闕字亦誤也故下漢志有鋭字以五
色合占漢志晉志皆無合字志疑云卽占之誤復摶衛北宋本舊刻毛本摶字與漢志合它本譌搏
正義易兆候御覽八引此文作易飛候乃有占各本作及凌引一本作乃案漢志作迺則乃字
是人主象正義青衣無手官本與晉志及御覽十五引洛書合各本手譌字聚積
舊刻毛本作積聚輪囷毛本輪與漢志晉志及御覽八引合它本並作輪卿雲見漢志云見字衍
初學記天部御覽天部人事部休徵部引皆無衣冠而不濡而字疑衍漢志無見則其域
被甲而趨域漢志作賊疑譌天雷電蝦虹正譌云天字誤漢志作夫谿狀集解
伏流也伏原譌狀依漢志注改水澹澤竭地長見象攷異云漢志水澹地長澤竭見

象𧰼以長象爲韵北偵例兩字傳寫之譌城郭門閭闠臯枯橐攷異云枯橐當作䕡枯與閭韵
閭臯漢志作潤息義長其人逢俉案說文夆悟也錢氏獻之云史記其人逢俉逢俉卽夆俉化言
宋本作訛言蓋依漢志然索隱云化當爲訛則所見本亦作化一會飲食一御覽引作壹漢志同四
時之卒始也正譌云漢志無卒字衍候之日毛譌日欲終日有雨志疑云漢
志無有雨二字此衍日當其時者志疑云復日字誤則風復起漢志無則字襍志云則者
若也同義古極其所宊襍志引顧子明曰其字因上而衍漢志無至七升而極集解
正月正字考證據漢志注增日直其月北宋舊刻本無廿字與漢志合集解月一日
雨北宋舊刻本一譌二正月水北宋本正誤四爲其環城千里內占志疑云漢志城
作域是則其爲天下候案此則字亦與若同襍志失引志疑云漢志無其字是正義案
月列宿日月下疑脫離字月所離列宿索隱月離于畢案單本出此四字疑
本集解文引詩證離字故小司馬引韋昭以釋之今本失風從東方齊民要術引下有來字案漢志東方

西方下竝有來字若旦黃雲漢志旦下有有字炭動炭字疑涉上而誤當作灰上脫葭字漢志
亦誤御覽二十八引史作灰動鹿解角襍志云鹿當從漢志作麋御覽時序部引作麋案今漢志作麋鹿解
角蓋校者旁注史作鹿因誤入正文泉水躍北宋毛本水各本作出蓋涉上而誤御覽二十八引作水泉涌
漢志同要決晷景中統舊刻游王柯要決倒誤正義言晷景歲星行不失
次襍志云晷景上屬爲句張說非案漢志至晷景絕句無歲星四句御覽二十八引史文亦至晷景止王說是也
至天道命不傳襍志云此本論語爲說命上當有性字正義兩言天道性命是其證正義忽
有志事疑當作或有志士聲之誤也昆吾正義名樊官本樊各本譌楚爲國者
必貴三五貴疑貫字之譌後文必通三五貫通義相因彗星三見志疑云彗乃孛字之誤星
隕如雨正義謂僖公十六年舊刻六各本譌五田氏纂齊正義齊
康公官本有康字各本皆脫近世二字疑衍然唐時本已然故正義以孝景三年事釋之斗秉
攷異云卽柄字候在熒惑舊刻脫此以下六句客主人正義星經云案此下所引星

經文具見前辰星木文有索隱可證不得謂後人以熒惑正義補史文其爲張氏没引或後人附益皆不可知
爲孛前熒惑文下徐廣引此文孛作理志疑謂理亦作李因譌孛耳案如梁說與下理兵理政爲合然今推凌
本作孛各本皆作勃蓋又因彼文熒惑爲勃亂殘賊而誤也師四出正義元年樓船將
軍楊僕擊朝鮮也元年上當脫元封二字然朝鮮傳及漢書竝作元封二年非元年也于河
戍戍各本譌戒中統舊刻游王柯竝於于河絕句下著索隱中統游柯戒字在下節兵征上舊刻王本兵征上空
一字凌本於河戒絕句下著索隱其注中河戍南戍北戍竝作戍游王本同餘本皆作戒卽單本正文與注亦爲後
人竄改矣案漢志正作戍今依改詳見襍志余觀史記舊刻無記字咸池正義西宮
也王柯脫此三字列宿部星正義五官列宿部內之星也據此則上文正
義中東南西北五宮字本皆作官後人所改爲經緯經字衍然唐時本已然故正義強爲之說舊刻記正
譌同說其次脩藏北宋中統舊刻游毛本無其字而三光之占亟用中統游本亟譌
極案此句與上夫常星之變希見對文當絕句或以亟用屬下誤日月暈適集解人事多

亂北宋舊刻本竝行多字大人之符正譌云當作天大必通三五索隱此卽前所
云必貴三五也小司馬前解不誤此又以爲三辰五星自相矛盾蒼帝行德案此以下皆後人附益外
謬不可通正譌强爲移無所依據今不著天天爲之起中統游王毛本竝作天天北宋柯凌本作天
矢疑皆誤御覽八百七十二引作天爲之起蓋脫一字常大赦正譌云常當字之譌爲訓有太
陽也有脫誤天閑正義天閑一星官本有閑字各本脫在五車南官本車各
本譌軍
封禪書正義此泰山上疑正義原本分注題首封字禪字下故云此泰山上此泰山下今作
爲一則兩此字不可通矣金泥銀繩原脫泥字考證據白虎通改石泥金繩石譌古考證改
荷天命以爲王御覽五百三十六引五經通義荷作何屬上句則此荷字譌衍璇璣中統游王
毛璇作旋四嶽中統游王作四岳下竝同遂覲東后襍志云覲本作見後人依尚書改五帝紀正作
見漢書郊祀志卽本史記亦云遂見東后衡山山正義四十里四十下王衍一字各本無恆

山也正義井州字官本有各本脫州嵩高也正義亦名曰外方也曰字王本脫其後二世毛本三譌二後十四世至帝孔甲索三代世表自禹訖孔甲共十四世也漢郊祀志作十三世則自啟以下其後三世湯伐桀此謂帝皋帝發帝履癸也郊祀志作十三世衍十字自周克殷後十四世索三代世表自武王訖幽王共十二世郊祀志作十三世或兼數共和或積世偶譌此作十四更非其後十六年秦文公東獵汧渭之閒郊祀志作十四年案秦紀襄公十二年卒文公四年至汧渭之會則十六年是獲若石云索隱蘇林云質如石似肺各本無此七字而有云謂詞也四字與單本異蓋後人據與集解複而改之阪城祠之正義太白山各本太白下有之字陳倉縣南各本縣下有之字今陳倉縣東各本縣下亦有之字以上三之字官本皆無則若雄雞志疑云漢志作雄雉作伏祠志疑云祠下脫社字年表初作伏祠社其後六年志疑云四譌六禪梁父者正義梁父山官本父各本譌地七十二家正義韓詩外傳官本詩各本誤

書孔子升泰山官本升各本譌封武王克殷二年中統游本吳校金板作三年霸王出焉正義周封非子柯凌無非子二字當復合柯凌無當字謂從非子柯凌無從字至秦孝公柯凌無秦字致文武胙柯凌致誤胙霸王出焉者柯凌無焉字謂從秦孝公柯凌無秦字周顯王柯凌無周字以上王本與官本同是霸出也官本出各本譌王至惠王至字各本作孝公二字官本不誤王者出焉官本有王字各本脫宋太丘社亡集解右陵太丘各本右譌左下索隱同今並依改爾雅銀自山溢集解柯凌脫以天齊也集解當天中央齊各本央誤中考證依郊祀志改莫知起時柯誤身居臨菑南郊山下者索隱本重下字與郊祀志合各本脫小山之上郊祀志無此四字集解一云之下上時命曰時志疑云上字衍案如梁說則與郊祀志合祠之萊山史詮云山指之罘之萊故云皆今本山字譌上句誤索疑山字衍羨門高各本羨門下衍子字依索隱本刪襍志云郊祀志亦無最後云以

為人名者是取疑取之誤取與聚古通疑即高唐賦之聚穀而黃金銀為宮闕漢志云銀上木有白字世說言語篇注文選思元賦結客少年場行石闕銘注類聚居處部藝文部御覽地部珍寶部引皆有始皇紀正義引郊祀志亦有志疑說同後三年游碣石與郊祀志合中統游本吳校金板三作二皆三代之君志疑云君乃居之譌漢志作居案正義王本亦作居則五嶽四瀆王本五誤天冬塞索隱本塞各本作賽襍志云古無賽字借塞為之郊祀志亦作賽案補孝武本紀塞南越禱祠泰一后土亦作賽字引彼文同類華山正義注云官本注各本作謂案文選西京賦注引作古語云文略同水經河水注引作左巨明國語云不知何字之誤開山圖云官本與文選水經注合各本開譌闕山者毛本脫者字襃山也義門讀書記云小字宋本史記作蔣案據集解正義是所據本作襃山今史本及索隱本並作襃水經河水注引此文亦作襃疑依郊祀志改集解毛本莊曰三字衍伯岳山集解武功縣有大壺山又有岳山志疑云岳乃垂字誤以徐注岳太壺為大壺垂山為岳山師古注漢志謂岳山與吳岳同非一山而以徐注為疑所見本與今同吳岳郊祀志作吳山師古注吳

山在今隴州吳山縣案周禮雍州嶽山鄭注吳嶽也續漢郡國志右扶風有吳嶽山郭璞曰別名吳山周禮所謂嶽山者郡縣志隴州吳山縣吳山秦都咸陽以為西岳然則吳山亦名吳嶽亦名嶽山非二山矣岳嶽字古同索隱徐廣云在汧中統游王柯本吳岳下有索隱曰徐說非也案地理志汧有垂山無岳山也十六字單本無之此乃郊祀志師古注文常在上文岳山下蓋後人誤附凌本無汧有八字而復衍上文岐山索隱岐山拒美陽縣西北入字當之更謬祠臨晉正義故大荔各本故譌收依漢書地理志改名公子名字考證補與御覽八百八十一引龍魚河圖合鴻岐吳岳案上云四大冢似此文岳字自指据山非連稱吳岳師古謂非一山蓋本此霸產正義即秦嶺水之下流在雍州藍田縣王本在誤也凌本在字錯在水下而脫之字柯脫在字即荊溪狗枷之下流也官本與水經渭水注合各本溪譌海狗譌猶汧洛正義案有二洛水各本二譌三今正二淵中統本二譌三正義二川王柯二譌三下同鳴澤正義淶水各本淶譌漆考證據唐志改熒惑大白歲星填星襍志云脫辰星當依郊祀志補十四臣集

解自此以下星至天淵玉女 王脫至字中統游毛無星字疑星卽至字之譌衍柯凌無 以下星三字 諸述索隱漢書作逐 官本逐與郊祀志合各本譌遂 於社亳有三社主之祠 志疑云漢志作杜亳有五杜主之祠此誤杜爲社漢志五乃三之譌 唯雍四祠正義青黃赤白 官本有黃字各本脫 最尊貴之也 柯凌脫貴之二字 及四仲之月祠若月祠陳寶節來一祠 志疑云漢志云四仲之月月祠若陳寶節來一祠此當衍上祠字移若字於陳寶上 木禺龍索隱寫鳥馬亦然 單本有鳥字疑卽馬字之譌衍 以歲時奉祠之 舊刻祠作祀 移過於下正義 柯凌脫 乃待我而具五也 中統游本吳校金板五下有帝字 故秦祝官 柯脫故字 復置太祝太宰 毛本宰誤牢 雲中 郊祀志下有君字與楚詞合此疑脫 司命巫社巫祠 郊祀志無司命索隱本於巫先下始出司命疑此處衍然楚詞九歌以大司命少司命與東君雲中君爲類且既是天神不當禖於巫先施糜閟或索隱本錯亂未可定爲史誤也祠字原脫依郊祀志補 社主 志疑云社乃杜之譌索郊祀志作杜 巫先

集解博求 毛本博譌傅 各有時月 志疑云漢志作時日是 立后稷之祠 立字中統本脫 血食正義遍於天下 四字柯凌脫 靈星祠正義右角爲天庭 天各本譌大考證改 常以春三月及時臘 禖志云當依郊祀志作二月時字衍郊祀志無 祠社稷 柯凌祠作祀 鶵被具正義駕車 官本與郊祀志注合各本車誤船 乃水德之始 郊祀志作時志疑云始字誤 其明年 志疑云三字當依漢志移下文夏四月文帝親拜霸渭上 神民之墓集解曰没於西墓謂濛谷也 官本濛字與郊祀志注合各本誤作北毛本曰上衍以字西下衍也字墓下脫謂字 蒲池溝水正義爲池而種蒲也 官本與郊祀志注合各本爲誤謂池蒲字互誤 蒲字或作滿言其水滿 官本與郊祀志注合柯凌脫字字上滿字王柯誤蘭凌誤蘭下滿字竝脫 按括地志云 柯凌脫云字 蘭池 官本蘭各本譌蘭下蘭池字同 疑蘭字 官本蘭各本誤滿 刺六經中 柯凌無中字郊祀志有 長門 索隱本出長門二字各本竝作長安門攷異云安字衍下文云長門五帝可證漢志亦作長門 正義久長

門故亭 王柯竝有久字凌作長安門誤 長門園 王柯譌園 以長門名宮 官本有名字各本脫 至今天子集解第十二卷 宋本作第十裴毛本作第一裴裴字文皆誤爲較 天下艾安 補孝武紀作乂安御覽五百三十六引封禪書作乂宇類引仍作艾 上有故銅器 毛本故作古 丹沙 官本北宋本抄御覽引同它本作砂俗 食巨棗 宋本舊刻巨作臣與郊祀志合說見孝武紀然索隱本已譌巨 太一澤山君地長 志疑云漢志及補紀作皋山山君地長此脫一山字 若麃然 北宋本麃與武紀郊祀志合各本誤麟 天子之邦 志疑云漢志及補紀作邦疑邦字誤 薦壽宮神君 北宋本與武紀郊祀志合各本置下衍酒字又疑此文當作置神君壽宮說見武紀所 以言行下 志疑云補紀作所欲者言行下漢志作所欲言行下錢唐注繩祖曰以所誤倒 畫法 各本誤書法今改說見武紀 脽巨 凌毛脽各本譌睢 侵尋 毛本侵與武紀合各本作寢郊祀志作寢闕 棊棊自相觸擊 志疑云棊補紀作旗 而黃金不就 中統而誤有 焉疏九江 志疑云江誤漢志作河案武紀及河渠書贊竝作九江 隄繇不息 毛譌思 齊金萬斤 武紀同志疑云漢志十萬斤 魏脽 北宋凌本脽它本譌睢 文鏤 北宋舊刻毛本與武紀郊祀志合各本作鏤 壹統 柯凌一統 天地萬物所繫終也 志疑云終字誤漢志作象是 亨鬺 北宋本鬺亨 不吳不驁 中統游本吳作吳毛本驁譌鶩 所謂寒門者 毛本謂譌請 令祠官 毛本祠譌祀 壇三垓 毛作陔 集解垓次也 毛本垓譌階 太一鋒集解斗口三星曰天一 柯凌與天官書合各本天譌太郊祀志注亦誤 古者祠天地 舊刻祠作祀 或曰太帝 北宋本大帝 粢南越 嬖各本作襄今依武紀郊祀志改說見上 琴瑟 武紀郊祀志無琴字志疑云衍案上文二十五弦下集解徐廣曰瑟疑此文瑟字因注而增然則此二字皆衍 澤旅 澤各本作釋依武紀改與集解合說具禮志 奇歐謬忌 毛脫歐字 頌以加禮 武紀郊祀志竝作祠志疑云禮字誤 祭后土 志疑云補紀漢志皆作然后去此誤案御覽引同今本 有司言寶鼎出爲元鼎以今年爲元封元年 志疑云此文當在前羣臣更上壽句下錯簡 獨見塡星 北宋本與索隱本合各本與作旗志疑云當依補紀作其德卽指上塡星案此亦可備一

說辛繚氏城王柯氏誤山如繚城集解一云如繚氏城志疑云補紀漢志並有氏字益延壽觀索隱本及武紀同志疑云漢志作益壽延壽館師古謂二館名攷注引漢武故事及括地志皆云延壽觀無益壽三輔黃圖亦但云延壽觀此多一益字漢志更多一壽字類聚六十三引史是延壽觀鳴澤鳴北宋舊刻本竝作明唐中北宋本商中說見武紀獨五月嘗駒武紀作獨五帝用駒郊祀志無此句志疑云後入誤增封巨北宋本巨各本誤臣武紀郊祀志竝作鉅泰山卑小志疑云泰山上缺東字其後五年云云至恆山此十五字志疑云衍說見後五寬舒之祠官索隱本同北宋本五下嵌補狀字與郊祀志合志疑云地理志谷口縣有五狀山祠此自薄忌太一至五狀凡六祠也行去則已志疑云行字衍補紀漢志無今上封禪云云至四瀆矣志疑云史載太初三年禪石閭後即總敘所興諸祠而以方士候神終殤此前後三十三字後人補今上紀繆割漢志以衍紀井增封禪書遂令文義隔絕河渠書禹抑洪水尙書益稷疏引抑作湮北宋中統舊刻游毛本洪作鴻過家不入門益稷疏引過上有三字陸行載車北宋中統游王毛本與益稷疏引合柯凌作乘車山行卽橋集解近遙反益稷疏及釋文引作巨遙反近字疑誤一作檋益稷疏引作輂中統游毛誤欙下同己足反益稷疏引作几玉反尸子曰山行乘欙益稷疏引作尸子云山行乘欙泥行乘毳子絕反疑今本不全九澤正義陂遏官本遏各本誤過勃海北宋本敦海鴻溝索隱卽鴻溝鴻原誤河今改東方則通鴻溝江淮之閒志疑云鴻字因上文而誤增漢志無此溝卽邗溝吳所掘以通江淮者五湖索隱具區洮滆彭蠡青草洞庭是也洮原誤兆考證改案文選江賦彭蠡青草具區洮滆無洞庭二字穿二江正義任豫益州記云各本任誤杜吳校改冰自以女與神爲婚各本爲字錯在以下依水經江水注類聚九十四御覽八百九十九引風俗通改江岸官本岸與江水注類聚御覽合各本譌峯流汗各本汗誤江依江水注類聚御覽改瓠口正義中山各本脫山字考證增金隄正義一名千里隄王本千誤十溉皮氏正義皆治此各本此譌也考

證改漢汾陰縣是也王無是也二字褒斜道正義溝洫志各本脫志字今補褒水通沔官本沔與下文及漢書溝洫志合各本誤河湯問其事北宋毛本與溝洫志合各本問譌阿從河正義無限官本無限各本誤限之謂河南之東王本謂譌渭皆經砥柱主運主疑當作上故鹵地北宋中統毛本作故它本譌攻溝洫志作故惡地岸善崩正義崖岸官本岸各本譌峯寘決河柯凌本此下注令平聲從去聲六字益後人羼泥誤混它本皆無是時東郡燒草北宋毛本與溝洫志合各本東下衍流字旰旰北宋本作洋洋與溝洫志合案三家皆無音疑本作洋然字類補遺引已作旰延道志疑云水經注作正道攷異云漢書作正古文正與征通征或作延形似譌延案索隱解爲延長則所見本已誤而作河渠書集解考證云此注與本文全不比附乃他處錯簡案溝洫志史起進曰魏氏之行田也以百畝鄴獨以二百畝是田惡也是識西門豹語當在前文引漳水灌鄴下疑史文傳本已闕後人漫附集解於篇末耳然此注亦自有脫誤平準書一黃金一斤索隱本北宋本毛本無一字與漢書食貨志合上約法省禁舊刻約譌約物踊騰糶食貨志作踊躍乃譌字耳索隱曲爲之說市井正義古人未有市及井及井二字疑衍縱得自鑄錢中統游本吳校金板得誤山益造苑馬中統游本苑譌宛先行義而後絀恥辱焉志疑云本無後字食貨志作先行誼而黜媿辱黜與絀同無限度柯脫度字彭吳賈滅朝鮮攷異云食貨志但云彭吳穿穢貊朝鮮置滄海郡疑滅當爲濊濊與薉同賈讀爲商賈之賈云賈當依漢書作穿隸書穿或作穵形近譌爲賈志率十餘鍾致一石集解鍾六石四斗毛誤六斗四升案疑當作六斛四斗邛僰索隱臨邛屬蜀蜀原譌僰考證據地理志改都內游柯都譌郡東至滄海之郡北宋毛本至作置食貨志亦作置案上已云置滄海之郡疑此文至字不誤及贖禁錮免減罪中統游王錮作固志疑云漢志減作滅是凡直三十餘萬金王柯三誤八索隱至十一級一原誤七吳校改二萬乘志疑云漢志三萬兩初先是往證云疑有衍字案食貨志但有先是二字疑史文本作初往後人注漢書文於旁誤刻入正文河決觀集解縣名也攷異

云是時河決瓠子注鉅野及觀漢書觀作灌屬下句不輒決壞費不可勝計中統游本壞譌
壞費譌廢底柱厎夌作砥巨萬十數中統金板十譌千以振貧民北宋本毛本作振它
本作賑俗七十餘萬口舊刻無口字轉穀北宋本王本穀譌轂諸侯以聘享舊刻
脫以字取鉻毛本鉻下同字類引同倉貨志亦作鉻師古音浴攷異云說文鉻銅屑也讀若浴案各本鉻字
多誤作鉻注同白選北宋舊刻本作撰與倉貨志合以重差小以字考證據索隱本增與倉貨志合
擿之索隱隨作隋倉貨志作撱領鹽鐵事中統游本鐵作鐵下同秋豪中統毛本豪它本作
毫俗皆通適襍志云通即適字誤衍索隱本倉貨志皆無牢盆索隱今代人言屜
手牢盆倉貨志注無盆字疑衍奇民中統游王柯皆誤名擅管索隱管作莞案後文皆作莞此
傳窮側岐釱左趾索隱著足足下上足字疑當作左沒入緡錢舊刻脫錢字
漢方數使將擊匈奴舊刻無數使將三字吾有羊上林中襍志云羊下脫任字
當依漢書卜式傳補類聚御覽獸部引史記皆有守相為吏者志疑云吏乃利之誤案倉貨志作利

當異北宋本與倉貨志合各本誤倒有腹誹之法以此志疑云此乃比之譌以字衍案梁說
與倉貨志合於是楊可告緡縱矣襍志云楊可二字後人所加倉貨志無索隱至下文楊可
告緡偏天下始云楊姓可名則此處本無可知郡國多姦鑄錢襍志云郡國下脫民字索隱本出人
多姦鑄錢五字倉貨志作郡國鑄錢民多姦鑄鍾官赤側志疑云漢志脫鍾字百官表水衡都尉之屬有
鍾官分曹往舊刻脫曹字雜置北宋本與倉貨志合各本譌新徒奴婢眾北宋本毛本與
倉貨志合各本徒譌徙欲所置處北宋本與倉貨志合各本下置字誤之不辨北宋本辨各本
作辨俗以除告緡北宋夌本與倉貨志合各本告譌占縣治官儲志疑云漢志官作宮是
赦天下志疑云漢志作赦天下因此缺數萬人發三河以西騎志疑云漢志無數萬
人三字即有亦应在騎字下遠者三千北宋本夌本三與倉貨志合它本作二輒助縣官
之用柯脫助字鐵器苦惡索隱本無鐵字與倉貨志合此衍索隱苦音苦楛反
疑當作苦音楛衍苦反二字言苦其器惡而買賣也此以苦如字讀當在注末錯簡在此

則不可通矣買賣二字當即買貴之譌譏代僮毛本代譌伐貴時志疑云漢志作如異時召
工官與倉貨志合北宋舊刻王柯毛本召譌名他郡中統他譌地郡下各本衍國字索隱本無與倉貨志
合坐市列肆襍志云肆字衍倉貨志無三等攷校改三為二與倉貨志合無異故云
案無異故猶言無它故也或於無異絕句非

校刊史記集解索隱正義札記四 世家

吳太伯世家宋本太作大下並同吳太伯正義使子胥官本胥誤齊自

號句吳集解宋忠宋本毛本忠官本作衷案吳郡志攷證門引史記正義有宋忠世本注云句吳太伯始所居地名也十六字今本無正義蓋合刻者以與集解複而刪之索隱夷語之發聲單本脫之字各本皆有而脫語字吳校元板有太伯卒集解柯本脫案吳郡志塚墓門引史記正義云括地志太伯家在吳縣北五十里無錫縣界西梅里村鴻山上去太伯所居城十里三十二字當在此下仲雍卒

索隱柯本脫此伯仲雍之後得周章周章已君吳因而封之乃王本脫此十八字是為虞仲吳郡志攷證門引史記正義云周本紀云古公有長子曰太伯次曰虞仲左傳云太伯虞仲太王之昭按周章弟亦稱虞仲當是周章弟仲初封於虞號曰虞仲然太伯弟仲雍亦稱虞仲者當是周章弟封於虞仲雍是其始祖後代人以國配仲故又號始祖為虞仲以上八十五字蓋當在此合刻者嫌與索隱複而文宂亂故刪之又句卑卒中統本脫句字子壽夢立正義夢莫公反

案吳郡志攷證門引史記正義此四字下有當周簡王元年左傳云吳子乘卒杜預云壽夢也左傳及世本又云吳孰姑壽夢也世謂孰夢諸也春秋傳壽作孰音相近姑之言諸也毛詩傳云舊讀月諸為姑是以姑為諸也則知孰姑壽夢一人耳又名乘以上八十字當在此蓋亦合刻者嫌與後人文索隱意複而刪之然所引似有脫誤行人

集解賓大容賓周禮作殯索隱國是夷昧子單本國疑固字之譌各本作則光二字曹君集解晢伯盧也吳校元板盧作廬國未可量集解世數長短宋本數長字誤倒其周之舊乎毛本舊作東涉上而誤大而寬索隱本寬與注合各本作婉蓋依左傳改拾遺志疑說同不揣集解貳也毛本貳譌貳猶有感索隱本感各本作憾蓋依今本左傳改襍志云襄二十九年左傳釋文作感韶護考證云左傳及他書護皆作濩無邑

無政凌本作與政涉上而誤欒高之難集解王柯凌本皆無蓋嫌與正義複而刪之未有患也游王柯凌本上複衍子字將舍於宿集解左傳曰將宿於戚攷異云衛世家封孫文子于宿宿即戚也古音戚如蹙蹙與縮通少牢禮縮執俎注古文縮為蹙是也向誰與

乎御覽七百七十七引尚作當靈王索隱楚子虔各本譌虔考證據春秋改餘祭卒索隱各本末有合在季札聘魯之前例錯此十二字單本無疑後人妄注誤入於伍子胥來奔宋本奔怒相滅類聚八十八引作相怒喧五子胥之初奔吳舊刻五五員舊刻見之光光喜中統王柯光字不重楚器中統游柯凌同與字類引合四月丙子索隱左傳亦無丙子無原誤云今改疑本作亡而譌竟代立王柯凌無代字光謀欲入郢光疑王字誤蓋瓦正義子囊之孫子字北監與杜注合比至郢毛本比譌北檇李集解有檇李城也官本檇各本作醉經注亦作醉三行正義行胡郎反各本胡譌故今改敗之姑蘇案吳郡志攷證門引史記正義謂姑蘇檇李相去二百里今本此文失病傷集解昌門毛本昌作閶爾而忘句踐殺汝父乎襍志云而爾左傳作而後人依五子胥傳記爾字因誤入正文敗之夫椒案吳郡志考證門引史記正義吳敗越於夫椒引杜預曰太湖中也又引賀循會稽記云句踐逆吳戰於五湖中大敗而退今夫椒山在太湖中洞庭山

西北今本此文失商之以與集解有顓之越之舊刻顓之字倒無下之字還報毛譌執吳東門正義吳俗傳云吳郡志考證門引吳俗有閶闔城無東門六字上六月戊子左傳作丙子是若戊子則不當在乙酉前我為長毛本我為誤倒乃長晉定公志疑云秦紀晉越世家言長吳使伐敗吳於笠澤使當為復之譌與復通案吳郡志考證門引史記正義云吳地記云笠澤江松江之別名又云笠澤即太湖今本此文失自剄集解卑猶位位上衍之字舊刻無毛本位字與下越字誤倒

齊太公世家漁釣吳校宋板二字倒本同又釣譌作鉤游奸周西伯奸詩文王疏引作千元龜三百八引同正義凡谷凡古丸字各本譌凡趙本水經注亦誤蓺校改丸下同泉水潭積自成淵渚官本與水經渭水注合各本脫誤作積水為陣四字今人官本有人字與渭水注合石壁深高幽篁邃密官本篁渭水注作隍各本止作有石壁深高幽邃七字林澤秀阻官本濁字渭水注作障御覽六十七引同各本無此四字人跡罕及渭水注作交蓋太

公所居也官本有也字有磻石可釣處官本如此磻字王凌作磻柯作盤渭水注作平御覽引同皆無有字可字跪餌渭水注跪作跽是有磻磎之稱也官本有有字與渭水注合
非虎非羆志疑云章懷注馴逵旨注李善班固荅賓戲注初學記六御覽八百三十一並引作非熊非羆
立爲師志疑云齊風譜疏引世家作立爲太師呂子長見爲注同案大雅大明疏引亦同疑今本脫太字
奇計正義律之音聲今本六韶之音誤倒此其今本六韶其譌貢角管聲應
官本聲字與六韶合各本誤齊又案六韶本作角聲應管下三句放此此管字皆在聲上蓋誤商管聲應
六韶商聲應管下有當以朱崔羽聲應管二句此脫五管盡不應無有商聲六韶本作五管盡不應者宮也此誤陰敗六韶陰作成此誤八百諸侯志疑云諸侯二字衍太誓毛本太作泰
武王將伐紂云云案泰誓疏節引此文作周本紀誤說見前客寢甚安殆非
就國者也御覽百九十五引甚作處封國作封水經淄水注引亦作封北至無棣集解士
地毛本無地字衰公時宋本脫時字成公脫舊刻說與齊風譜疏引合然如索隱云則所見

本已譌莊公購各本下有索隱蓋從年表移譌單本無嫁爲魯桓公婦毛本爲作與
拉殺志疑云左傳疏引作摺殺與魯世家同沛丘集解樂安毛本誤倒遂弑之毛本弑作殺齋祓毛本齋作齊於甄集解甄城也宋本甄作鄄納貢于周舊刻于作事
盩公集解偝字宋本作公方城集解葉縣毛本葉譌華大路中統游本作輅孤竹集解亦作離字毛本譌子難近集解王柯凌誤作正義管仲
曰宋本毛本同它本並作管子曰豎刀正義尚可疑邪王本可與呂氏春秋合柯凌作何
又曰柯凌又作公案呂氏春秋作公又曰周告急於齊中統舊刻王本無於字徐姬志疑云左傳作徐嬴是宋華子集解宋華氏毛誤子內寵集解內官之有
權寵者與左傳注合毛本作內宮人之權寵者疑誤葬齊桓公集解在臨菑城
南七里毛本城南誤倒七上有十字案水經淄水注引郭緣生述征記曰齊桓公冢在齊城南二十里御覽五百六十引皇覽冢墓記齊桓公冢在臨淄城二十里淄水南與正義引括地志相近則七里十七里皆非也十

月卽墓上志疑云左傳七月乙卯此十字誤戕齊急毛無戕字取飲正義鄭周
父官本有鄭字與左傳合晉初置六卿志疑云成三年左傳疏引作六軍是不敢受志疑云左傳疏及困學紀聞十一引作不敢當疑今本誤仲姬戎姬志疑云左傳作諸子仲子戎子姬字誤
欒盈舊云史記皆避孝惠諱諸盈字皆當作逞案如徐廣說則當時已有改作盈者矣從官宋本游本官各本譌宮私暱毛本私譌抵嬰所不獲獲字疑卽下文唯字譌衍左傳無成請老
於崔杼吳校刪杼字是蓋涉下而衍崔宗邑集解濟南各本誤陽考證據左傳注改
告慶封正義棠無咎官本棠各本譌堂崔杼毋歸索隱本有毋字各本脫並刪索隱宋本徑作無求與索隱不合蓋史記古本無字多作毋故小司馬音無也襍志云左傳至則無歸矣呂氏春秋慎行篇崔杼歸無歸其秋齊人徙葬莊公志疑云傳十二月朔上文已書十月何倒言秋公
子駔毛本鉏益依左傳改齊乘意茲攷異云下當有脫文案齊字疑衍又據集解則徐廣見本已缺
召公子陽生毛本召譌昭私匿毛譌暱諸闒索隱闒在東平剛縣

北與左傳注合凌脫北字各本誤作東南監止官本監與索隱本合各本作闞蓋妄依左傳改考證攷異
志疑說同四乘索隱虞丘子尚豎茲虞丘單本譌棗立尚字當衍豎茲杜注作意茲疏引世本作鬷茲芒子盈芒字誤倒依左傳注疏乙遷諸敝集解欲徙從毛誤從郭闞
集解齊闞名舊刻毛本作也大陸子方集解子我毛本子我下有之字徐州索隱本作徐與注合各本譌徐說詳志疑索隱嵇縣單本嵇誤華宣公積志疑云表名就匝

魯周公世家自以爲質中統游本譌貲告于太王中統王柯毛太作大下同史
策祝集解祝祠舊傳作辭疑祠乃詞之譌負子集解大子舊刻大與書傳合各本譌太敷宋本下同葆命集解寶猶神也王柯神作主攷異云因下文而誤強葆毛本褓
捉髮後漢書陳元傳注御覽三百九十五又四百二又四百七十四引並作握髮嘉天子命
索隱本命上有之字匑匑集解謹敬貌宋本兒夔夔毛本夔各本並作發玉篇發變之俗

字好神命御覽三百七十引好作予作多士案尚書多士篇次洛誥後序云成周既成遷殷頑民周公以王命誥作多士其文曰惟三月周公初于新邑洛用誥商王士今本史記脫入此處與上下文全不屬此三字當在上居雒邑下然其上亦有脫文其下當接後文多士稱曰云云四十五字久勞集解勞役朱本役言乃讙集解臣民游王本同各本誤倒密靖集解密宋本與詩公劉傳合各本譌宓祖甲集解孔安國各本下衍曰字今刪孔疏下放此久為小人集解小人之行毛本小誤之武丁毛本武誤改多士稱曰撰異云此下至周多士當別為一節案上文無逸稱云云乃繫栝無逸文此多士稱曰云云是亦繫栝多士文此至其民皆可誅當在上文作多士句下而周多士三字衍依志疑衍誕淫厥佚朱本誕作信疑這字之譌說文誕重文這昃朱本中統游毛作吳離成王元龜七十六引無成字是繇風雷雨毛本雷作靁正譌說書作雷電以風故下文曰天乃雨此文雨字衍禮亦宜之正義天乃雨反風也官本如此各本作天反雨不風也禾盡起集解謝天也毛本譌地肹誓索隱尚書作費單本費各本竝作棐撰異謂棐從古文尚書衛包改為費案小司馬謂郎季氏費邑則索隱本作費不得依集解改棐六年卒攷異云漢書律厤志煬公即位六十年此脫十字志疑云漢志謂煬公二十四年又謂六十六年卒出世家妄也案梁說非也漢志本以為煬公在位六十年與世家異其說以煬公二十四年正月丙申朔旦冬至為蔀首自此譌煬公年加幽公十四年微公二十五年合七十六年其明年正月乙亥朔旦冬至又為蔀首竝非謂煬公在位二十四年梁氏所據本漢志六十誤倒又誤合文義輕背古人矣伯御正義御我嫁反各本御誤作令改不犯所知張志云知當為咨所問所咨皆承上文而言周語正作咨多畔中統游本作叛長庶子息志疑云下脫姑字魯頌疏文十六年左傳疏及穀梁文穀梁首篇疏引世家竝作息姑太山舊刻太作泰許田集解許田乃魯之朝宿之邑宋本舊刻無乃字末有也字案穀梁傳作許田者魯朝宿之邑也蔿氏毛本蔿作鳶注同蓋依左傳改申繻諫止舊刻止下有公字與凌引一本同官本亦有觀社集解以示軍容今國語注作以示客疑脫誤命牙待於鍼巫氏集解舊刻命作令凌本誤題集解為正義又脫杜預曰三字父魯桓

公舊刻父上有其字案疑其父魯三字皆衍喬如柯凌喬作橋鄭瞞集解瞞毛譌滿正義鄭作廋鄭作二字合刻者所加為哀姜索隱本有為字生子俀索隱本作倭古音委要同部字形亦近往往相亂魯欲背晉舊刻魯作公昭公三年朝晉志疑云三字譌表作二年偽讒臧氏左傳偽作為志疑云古通眾將合謀宋本無眾字子將索隱一本單本誤系一文子武子宋本毛本與左傳合它本文武字互誤十一年齊伐魯宋本毛本與左傳合它本竝誤作十二年徐州各本徐譌徐依齊世家索隱改田常初相欲親諸侯此八字疑非史文遇孟武伯於街索隱本街各本作衢辨見襍志二十二年平公卒志疑云下二字衍文公七年志疑云元誤七頃公官本頃各本作頫下楚頃王同徐州志疑云徐州即舒州其屬魯當在齊湣王時呂氏春秋首時云齊以東帝困於天下而魯取徐州案據集解索隱似即田常弒簡公之徐州而今單本亦作徐姑仍之遷於下邑王本下與索隱合各本作卞蓋依表改案卞下形近易亂未知孰是兩仍之集解下一作卞各本下卞二字互誤今依王本燕召公世家姓姬氏索隱召穆公虎穆原誤康考證改率維中統游王柯本率作卒哥詠蔡本中統本游它本作歌子桓侯立毛本無子字集解徐廣曰古史考曰世家自宣侯已下不說其屬案上文索隱引譙周曰系家桓侯已下不言屬與此同引一書既有參差而上召公九世至惠侯索隱又云自惠侯已下不言屬又復不同然今史文釐頃哀鄭繆宣桓莊襄七侯二公上皆有子字志疑謂皆後人妄附舉漢書人表獨燕諸君以世計數至三十六世文公以後始注某公子為證或當然也伐周惠王索隱二十年此下原衍齊伐山戎四字涉下三十年文而誤今刪桓公十六年索隱據此史補系家譜云家疑當作本惠公多寵姬志疑云三姬字皆臣之誤即表所稱幸臣姬宋索隱宋或作宗劉氏云其父兄為執政據此則劉所見本是姬字於遺云依或本末作宗亦可通四年齊高偃如晉請其伐燕志疑云上已書六年何例書四年案表伐燕書在九年四字疑傳寫誤孝公志疑云人表孝作考伐敗齊于林營各本敗齊誤倒依志疑乙案索隱本無伐字表作敗齊于

林孤文公立志疑云人表以文公爲桓公子百姓恫恐蔡本譌怨因搆難數月史詮
云國策因作國然誠得賢士以共國御覽四百二引以作與臨淄毛本菑獨唯
聊莒即墨志疑云後書李通傳注引無聊字十三年秦敗趙毛本三作二與表合而並
世家書於孝成王七年則適當燕武成十三年破卿秦樂乘於代志疑云樂乘趙將此與樂毅傳
同誤當以樂乘趙破卿秦上燕北迫蠻貉內措齊晉襍志云北當爲外風俗通義燕外迫
蠻猶內管齊晉即本史文
管蔡世家太姒正義思媚太姜太任各本止思任二字汪校增與列女傳合
成叔武正義在濮州雷澤縣在字原錯在縣下考證移改冄季載思齊疏引
冄作聃與左傳合索隱冄由鄭姬由誤李汪校改與國語合封叔度集解世本
二字毛誤杜預封叔武索隱後漢郡國志以爲成本國單本作郎北郕三字
無此十字郎國二字原誤地理考證改與車十乘十字毛誤予御覽百五十九引作七與晚出古文微

札四　七

子之命合列爲諸侯毛本與凌引一本合各本並作封爲列侯嫁其弟毛本妹非景侯固
各本譌同今改四十九年各本四譌二今改隱太子友者官本毛本同它本不重隱太子
友四字昭侯申中統游毛並作中表亦作中與春秋哀四年經合乃與文侯同名它本作甲又與莊侯同
名滅沈集解汝南平輿縣北有邥亭北字吳增與春秋文三年經注合邥汲作
沈以共伐楚御覽四百八十引以作謀賊利殺昭侯攷異云殺昭侯者公孫翩志疑云利
字誤伯邑考毛本提行曹叔振鐸者各本別題曹叔世家四字案史公自序不及曹叔小司馬
述贊亦不別出索隱云附管蔡之末而不出題則史本無題矣乃單本索隱雖不別題卻中出曹叔振鐸系家六字
而系之於下則自相矛盾矣其補史記題此六字云右亦姬姓之國而文昭豈可附管蔡之末今自爲一篇是亂
史公之例者貞也吳校刪去甚是今從之而移注於史文下於曹集解濟陰定陶縣官本
陰各本譌陽石甫志疑云曹詩譜疏引石作碩齊桓公始霸毛本誤晉齊私善於
重耳毛本於作與成公三年晉厲公伐曹志疑云三當作二案表二年晉執我公以

歸春秋經傳皆云執之於會不云伐平公頃志疑云平公名須此譌頃案表作須不誤及振鐸之
夢凌本及作乃
陳杞世家平公變志疑云陳風譜疏引變作燮桓公鮑卒各本首衍陳字素隱本無
桓公弟佗索隱本作他負檐中統舊刻游本作擔八世正義按陳敬仲各本
脫按陳仲三字而敬上衍杜預曰三字官本不誤還過陳蔡王柯本還譌遠成公元年王柯
本元譌九二十八年楚莊王卒仁和杭氏史記疏證云表在八年二十字衍立留爲
太子柯本立譌亾自經集解三十五毛譌三十三十年陳火各本譌七年表
在哀公十與春秋經傳合今改題公生謀集解謀一作謨索隱云注一作諜者諜疑誤
乃諜之譌諜與謀形近相亂德公集解索隱並引世本作悳公古德字作悳與悳形近孝公十七
年卒毛脫卒字隱公弟遂志疑云春秋哀八年傳公名過疏引世家同今本譌齊湣王毛誤
公著于傳上志疑引張氏說上當作云吳校同

札四　八

衛康叔世家恐其有賊心大誥序疏引作恐有則心疑今本誤康伯代立索
隱牟髡聲相近髡與牟聲絕不近疑髡本作髦傳寫誤考伯志疑云世表人表作孝伯詩疏
引史亦作孝今本譌子庭中統舊刻游毛本作庭從注說文訓庭即延字蓋本張揖字詁而古今人表詩邶鄘
衛譜疏並引作建諡法無庭與建未知何字之譌蔡王柯凌並譌作庭類篇又作迺則不成字矣
同其伯索隱本共作恭武公五十五年與表合詩譜疏引作五十年誤莊公揚表作
楊與詩譜疏引合石碏諫集解衛上卿毛本衛譌爲因殺州吁于濮詩譜
疏引作九月殺州吁于濮索隱離狐凌本狐與漢志水經注合單本譌派中統游王何作瓜受沂
各本譌術考證改桓公弟詩譜疏引作子黔牟立八年攷異云年表十年乃出奔三十
一年惠公卒詩譜疏引作三十三年好鶴蔡王何作鶴案諸家無音釋則鶴非古本翟於
是遂入官本有翟字與凌引一本合周主焬凌引一本周作晉穆公遬毛譌遬是
爲殤公中統游本是誤迷與孫林父爭寵休父中統游本作文子蒙衣集解

以巾 毛脫以字 吾姑至矣 毛本姑誤始 石曼尃 各本譌專注同依攷異改索隱本作石尃
曼成侯遬 索隱本遬各本竝作速 君角立集解 王柯凌本此下有索隱文云年表與此不
同徐註備矣十字單本無
宋微子世家而紂之庶兄也 索隱本紂上有帝字 滅阢國 各本重阢字攷異云
下阢衍案疑正文作滅阢後人注阢國二字於旁而誤刪也今姑依索隱本刪三阢字阢當作阢今本竝作阢類篇
集韵皆出阢字承譌已久仍之字類引此文正作西伯之修德滅阢 四方集解將必亾也 毛本
將作終 姦宄 舊刻毛本誤軌 維獲集解言屢 毛譌屨 典喪 攷異云典如殄攷工記
輈欲頎典鄭司農讀典爲殄 索隱徐廣 疑當作裴氏 今誠 毛本今譌令 爲死 雜志云爲
猶如也案說詳經傳釋詞 爲桮 雜志云治要引作爲玉杯 詳狂 治要詳與殷本紀合各本作佯 微子
曰至遂行 案此文五十二字疑當在上文不如去下遂行二字卽遂亾之衍殷本紀云微子數諫不聽乃
與大師少師謀遂去事在比干剖心之前其文正相應錯簡於此遂來裴氏之疑梁以爲追敘殆非也 不離

于咎集解不罹 毛本離 作女用咎集解雖錫 毛本賜 遵王之義
集解當循 各本譌修依書傳改 僭忒集解 凌脫 曰陽 蔡王柯凌陽中統舊刻游毛作暘撰
異云五行志王莽傳作陽假借字 五者來備 志疑云困學紀聞引作五是後書荀李兩傳注引一作者
一作是蓋傳寫誤續律厤志有五是以備語 麥秀之詩 毛本麥譌黍 不與我好兮 志疑
云御覽五百七十引作不我好仇 弒煬公 毛本弒作殺 哀公元年卒 表無哀公蓋傳寫脫
醇酒 毛本醇作湎 其殺君樂 舊刻殺作弒 鮑革集解一無革字 攷異云左
傳無革字下文亦有單稱鮑者革爲衍文明矣周禮攻皮之工有鮑氏或作鞄蓋讀如鞄革之鞄涵入正文 鄭
命楚伐宋 志疑云楚命鄭傳寫倒 二日糧 舊刻毛本二作三 共公元年 志疑云當
作十年 昭公者 中統游本脫者字 賭山集解 王缺此集解及下至辟兵立正文悼公下索隱
三仁集解仁之窮也 中統游本仁各本譌仕 智之窮也 各本智譌志吳校改 修
行仁義 毛本行仁倒

晉世家晉唐叔虞者 索隱本唐上有晉字 文在其手 雜志云文上初學記御覽天部
引皆有有字 字子于 宋本毛本作千 子燮正義宗國都城記 官本有宗字說見周
紀 厲侯之子 凌本有之字 自唐叔至靖侯 志疑云當作厲侯 費王 索隱本作
弗王 子郄 索隱本作都 聞晉鄂侯卒 王脫鄂字 盡以其寶器 中統本無以字 代
晉二歲卒 此卒字似衍 滅霍索隱河北縣 官本有河字與漢志合 先爲之
極 毛本爲誤謂 今命 毛譌令名 不從太子 宋本毛本無太子二字 小臣集解宦
名 毛本宦譌官 勃鞮正義寺人披 各本作勃汪改 以其族去虞 中統游本以作
與 及其大夫 毛本及作扶 夷吾將奔翟 凌引一本將作欲 生倬子 志疑云秦
紀年表齊世家皆作卓徐廣於秦紀云一作倬古通此或倬字傳寫譌倬耳 諸侯非平 宋本菲 爲
之驗 凌本爲誤謂 迎公子重耳於翟正義使屠岸夷告公子重
耳 各本岸下衍迎字告譌吾考證據晉語改 呂省正義名飴甥 官本甥各本誤生 邳鄭

使謝秦 宋本邳作丕 更葬 索隱本作更喪 師深集解深猶重 宋本舊刻猶各本誤
尤 鄭不孫 毛本不譌丕凌本孫作遜 遂失秦繆公 宋本脫繆字 文公曰也 志疑
云四字注涵入 務備蒲城守秦 備守疑當互易 獻公使宦者履鞮 攷異云前云勃
鞮後云履鞮史駁文或云本讀鞮爲履鞮字後人制入正文轉去勃存履耳志疑云文選報任少卿書及宦者傳論
竝引史作履貂蓋所見本異 索隱 單本此條次在以女妻重耳後則當系在下文惠公乃使宦者履鞮下若
獻公使勃鞮已見前不當復出蓋後人竄亂 逐斬 毛本逐譌逆 非以爲可用與索隱
與音余諸本或爲興 各本正文與作興又刪去索隱首八字蓋徑依或本改也今從單本 五
鹿集解陽平 各本倒吳校乙與左傳注合 凡五歲 志疑云五乃三之誤 且言何以
易之 攷異云謂其不可移易小司馬讀易爲去聲非 從者憐之 宋本舊刻毛本憐作怜 五蛇
中統本作虵 卒以成立 御覽六百三十三引卒上有我字 若以力事我而無補
吾缺者此受天賞 雜志云無復字則文義不明御覽治道部引此作復受天賞 晉人聞

之毛誤人以原封趙衰集解沁水毛本沁譌泌虎賁三百人麥本百誤
千布閭在下集解下謂人毛誤地在位集解孔安國曰毛本孔譌
張內外相應宋本無此四字晉侯度河各本脫侯字毛本有王狩河陽者宋本
中統游毛並作著王官正義文公三年麥本有公字先蔑隨會亾奔秦
宋本脫先字晉之鄙索隱徐云年表曰徵據此則年表及此文集解徵上皆無北字
今本既兩增之遂刪去索隱首六字而改下文之徵二字作所謂不成文義今依單本刊正而附記之則年表及集
解增字之非自見避丸中統毛本避作逃鉏麑退柯麥無退字宦三年集解宦
學事也宋本事毛本仕它本並作士宣二年傳杜注云宦學也疏云宦者學仕宦案說文宦仕也又云仕者
學也段注云古事士仕通用齧狗王脫狗字盾遂奔晉刻脫盾字為弒易單本弒作殺
出疆宋本壃字類引同乃使解揚麥毛作楊下同卒致晉君言宋本毛本致各本誤
至始作六卿卿當作軍梁山集解夏陽縣毛脫縣字怨巫臣晉刻怨譌怒

札四 十一

豎陽穀攷異云左氏作穀陽豎志疑云呂子權勳淮南人閒並作陽穀會與國不具毛本俱
與大夫盟而立之是為悼公四字設出疑衍其亦佐寡人毛本佐作助
可用者毛本可譌何其子祁午毛譌牛不隱仇毛本隱作避九合諸侯
集解一謂二字疑倒六會于柤宋本游本柤中統毛本譌祖它本並譌相秦取我櫟
志疑云取當作敗絳不戒中統游本脫絳字三十一年麥脫三字盡并其地索隱
本無盡字周威烈王宋本無威字趙敬侯毛脫侯字
楚世家其長一曰志疑云索隱本作長曰左昭十二年疏作一曰本有異文後人妄合爲之會
人正義昔高辛之土王本高辛下有氏字案詩譜作古高辛氏火正今越章索隱
越作就襍志云大戴禮帝繫篇作戚章戚字音與蹴相近而蹴从就聲則作戚是古熊眴志疑云宣
十二左傳疏引作煦索隱劉音舜舜疑誤案玉篇咰所律切史記曰楚先有熊咰若音舜則與徐同矣
徐音舜原誤作劉舜音依上文改熊通志疑云杜世族譜左文十六宣十二昭廿二引並作達國學紀

聞引作達尚不誤還報楚王本無楚字游本空兵罷集解葛陂毛本陂譌陵谷而
名中統舊刻王毛並作名即銘字文王二年中統游本二譌三是為莊敖案年表索隱引
系家作莊敖此注音側狀反是小司馬所見本作莊而讀爲壯今各本作杜單本出正文亦作杜蓋皆後人所改
至陘山中統游本陘譌逕重耳過楚麥本有楚字不可立也中統舊刻游本作之
蓋涉下而誤熊躋集解外救之舊刻作至疑是予滑崇麥本予作與叢將毛本
作則下嘐將同滅鄖正義今房州竹山縣今字錯在縣下考證改陸渾正義
允姓允誤尹考證據左傳改周郊集解示周也毛本示譌于滅祀六百宋本
載作藏相若敖氏集解子越椒毛脫椒字乃復國陳後王柯麥國陳倒賓
之南海攷異云賓讀為擯非所敢望也中統游本所敢倒君兄之子中統游本
無之字使棄疾殺之襍志云當作使疾殺之左傳作使速殺之棄字因下文而誤衍皆受寶
器中統游本受作及將欲入鄭毛作將入于鄭正義鄭清縣清譌青考證據唐志改

札四 十二

託仗山官本仗各本譌伏銷人曰中統游本銷作涓下同芋尹毛本芋譌芊巴姬
麥本巴譌已五公子宋本中統王毛無公字抱其上而拜宋本如此各本作抱而入再拜
而不忌集解無所畏忌毛脫無字私欲不違毛譌違守邊集解王柯
麥脫正義杜預云言成父云言當衍其一而召其二子而告以免父
死案召二子在下文此不當闕入蓋後人妄竄乃令王本乃誤功知也中統游王毛知作智使
者還走王本還作遂邊邑卑梁襍志云御覽州郡部引卑梁下有女字是吳世家曰楚邊邑卑
梁氏之處女與吳邊邑之女爭桑五子胥傳亦曰兩女子爭桑呂氏春秋察微篇亦曰楚邊邑卑梁處女殺伍
奢子父游王柯麥作尙吳三公子索隱此條各本作集解今依單本公子掩餘
奔徐公子燭庸奔鍾離此在二十七年不當在三十年奔楚下蓋有脫文又錯倒楚兵
走王柯麥作奔申鮑胥宋本舊刻並作鮑與集解引合堂谿正義八十有五里
王本無有字都鄀正義三十二里王本二作三滅頓集解南頓縣南字

汪校增與談志合，正義括地志云四字柯凌脫滅胡集解西北毛譌比十
月昭王病志疑云七月之譌乃遂與中統舊刻游本作以江淮北正義徐泗
等州是也王無是字子倜王中立正義中音仲各本下衍反字今刪乘巳
正義三晉公子伐我至乘巳索表無公子二字乘作桑此衍誤已解在年
表中警云今年表缺正義賀秦獻公游凌誤王齊孟嘗君父田嬰欺楚孟嘗
君父四字疑後人旁注誤混正文張丑僞謂楚王曰襍志云僞讀爲爲人謀之爲復搏其
士卒襍志說搏當爲摶摶與專同引田完世家集解吳王濞傳索隱爲證案宋本及舊刻正作摶然則索隱
所見本已譌爲搏取我陘山志疑云取當作敗圖表魏世家可證六冠之上晉刻上字脫
索隱冠音官單本官各本作貫攻齊勝之王脫齊字盟黠黍柯脫盟字六國
共攻秦王本共譌兵兩國索隱韓魏也案此自謂齊秦小司馬說非歸報懷
王游王柯凌歸作命不敢取儀柯譌秦二十六年各本作二十年今依索隱本襍志云

正文本作二十六年小司馬以爲當作二十八年今本依改而又於注首加徐本或作二十六年八字甚謬三川
正義三川王本無此二字河山爲塞正義蒲州各本誤河考證改楚往迎
婦志疑云六國表秦來迎婦屈原傳云秦昭王與楚婚則此誤故爲婚姻正義王本此注譌脫
今依柯凌面相約毛本面譌而昭王詐令中統游本昭王上有秦字然則東國必
可得矣宋本無必字乃告於秦王柯凌誤齊取析十五城正義析縣
官本縣各本誤之伊闕王柯凌譌關正義伊闕官本闕各本譌門騶費索隱本騶各本
作鄒下同朝昔索隱本昔各本作夕索隱昔猶夕也各本昔夕互易圍之東宋本圍譌
國縞繳正義蘭臺桓山之別名也官本有蘭臺二字各本脫新繳集解
傳弋毛譌戈布鵐集解一作鬭毛本一作被昔鬭疑皆誤當云說文被亟文鵐而
顧病索隱本有而字而處柯脫二字此勢有地利襍志云貴爲又有臣世君毛本
也誤共小國不附中統游本誤輔不足以傷民傷民疑誤交絕於齊正義

凌本誤作索隱喜攻毛譌政而忘毛作亾必爲於虎矣各本爲下衍之索隱本無正
義麋蒙虎皮柯本麋下有鹿字詐楚柯誤子六翼索隱事具小爾雅
今小爾雅無此文至新中正義秦莊襄王官本襄王本誤大柯凌誤文幽王悍
中統游本譌怚亾十餘城志疑云表作十城名爲楚郡志疑云秦避莊襄名豈有置楚郡之
理案疑名楚二字後人妄增
越世家而相怨伐襍志云伐字衍文選賦注引無誹范蠡曰正義會稽
典錄官本典各本譌興悉五千人王柯凌脫悉字山是觀之凌本是作此塡撫
索隱本塡各本作鎭拊循其士民凌本下重士民二字衍今乃復殷給舊刻乃作方
役反官本役各本誤欲而父弱索隱闔廬單本中統本並誤作夫差習流二千
人索隱本有人字各本脫案習流謂水卒小司馬解爲流宥非以請成越襍志云文選答蘇武書注
引作請成於越姑蘇之山案吳郡志琢墊門引史記正義云夫差棲於姑蘇山轉戰西北敗於干遂在蘇

州西北四十里萬安山有遂山云云當在此下今本失不者且得非索隱本無者字於宋毛本
於作與烏喙毛本烏譌鳥七術正義貫羅誤作逍敵考證據越絕改以焚譌榮考證
改陽翟正義河南南字考證據呂韋傳及唐志補不上蔡正義上蔡縣下
衍邑字考證刪析酈索隱本析作析正義音挪各本譌雖案漢志注音持益反則當音挪今改商
於析酈官本析酈各本譌折擨宗胡索隱本宗各本譌宋夏路正義宗石爲固
各本固字與下楚字互倒考證改吾不貴其用智之如目襍志云忠譌貴後人加不字韓
子喩老篇臣患王之智如目也能見百步之外而不能自見其睫語意正同非有馬汗之力也
宋本毛本同中統本有作其凌游作其汗馬三千七百里正義巴巫巴譌邑考證改皆
備秦晉也皆譌不晉譌魯吳校改四邑正義則四邑四譌西魯校改范蠡正
義困學紀聞二十引太史公素王妙論下注史記正義七略云司馬遷撰此蓋因集解引素王妙論而釋之也今
本缺在陶柯脫在字居楚王本居譌君天運各本運譌連千歲歲字各本脫挾弓

矢（各本誤按挾）千吳王（各本千誤于）其戒之（其字各本脫）闕其辭（各本誤闕）
乃入越（各本乃誤及脫入越二字以上官本並與越絕合）可與同患（宋本毛本下有難字）
戮力（御覽四百七十一引戮作務疑勞之誤）數十萬（柯凌作千）十知友（御覽引作交疑古本作反）
（形近誤爲友）蘇藝（中統游柯凌本並誤蘇）然長男發書（此然字疑涉下而衍）某星宿
某（御覽六百五十二引某作犯）三錢之府集解銅鐵（舊刻鐵與國語注合各本誤錢）母
權子（權誤平考證據國語改）賈韋之說（毛無韋之二字索詳裴意似不取韋說此二字疑後人增）
昨暮（舊刻夜）集解赦出（毛本赦作放）蓋爲（御覽引蓋作恥）多持（御覽引作將）金
錢（毛本銀）見苦（御覽引倒）輕齊（中統淩本誤去）吾日夜固以（御覽引固在日夜上）字
陶朱公正義葬處有二（各本誤三吳校改）漸九川集解字或（毛本亦）
鄭世家二十二年（與表合吳校金板下二字誤三）封三十三歲（中統本上三字誤二）
（凌引一本卦作立舊刻並同）河雒（毛本洛）或昨（毛本版）伯騶（凌本紧）十邑集解

札四　十五

歷華（各本誤華依天聖明道本國語改下索隱同）是爲武公索隱術舊失（失疑史）
當是（畢本作時）太叔（宋本大叔）穎谷正義穎考叔（官本叔本誤之）各祝聸（各本
誤瞻依考異改）周王疾（舊刻無王字）九月辛亥（志疑云傳是丁亥案下文有己亥則此文辛字
誤可知）死固宜哉（舊刻無固字）市假（索隱本作叚故引左傳異文以證之各本作假蓋後人依
左改）厲公果復入（中統本吳校金板果作突）與周惠王歸（毛本誤惠）周使伯猶
（毛脫使字）又怨（凌誤恐）因伯猶（毛誤猶）背晉（毛本背作倍）攻晉者（志疑云者字衍）
而卒（二字各本倒依志疑乙）峭（毛本殺）初往年（初下不當復云往年疑因下文而衍）與宋
華元伐鄭（句有誤志疑云鄭受命楚伐宋非宋伐鄭）擊羊（毛本羔羊）或欲還（游王柯欲誤從）
伯宗諫（毛誤見）解揚（中統游本作楊）二年楚伐鄭（毛本伐誤反）子惲索隱
髡頑（各本誤原考證據左傳改）僖公（毛本僖作釐）公子子孔（宋本脫一子字）商星集
解湯（毛作殷）夏商正義范氏所云在周爲杜氏也（官本有云字也字）

方娠（上文叔虞索隱引此文作方動今本娠字蓋後人所改說詳襍志）十三年定公卒（案表
云十六年此三字誤）子產卒正義溱水（溱誤溱考證據水經注改）古之遺愛也（各本
此下有兄事子產四字與上文與子產如兄弟云複且不當襍出於此志疑引淮南集雜說同此蓋後人旁注誤
據葉校宋大字本空今刪）三十六年晉知伯伐鄭（三誤二吳校改與六國表合）三晉
滅知伯（三字晉引石君校增）集三十一年共公卒（一字吳校刪志疑說同）負黍
正義故周邑（周誤國考證據秦本紀正義改）
趙世家大戊（毛誤戍）繇耳（凌本騄耳）及千畝戰（毛誤栽）五世而生趙
夙（襍志云生字涉上而誤御覽封建部引作至）以其少女（中統游本無其字）趙朔晉景
公之三年（志疑云毛本二年史誤故徐廣正之若作三年則復下文而徐說贅矣案今毛本亦作三）乃
君之子（中統本乃作及）而今（宋本作后毛作後）[illegible]我（御覽四百二十引與作予）謀匿（毛本
立吳校本同）鳥噣（游本咮）立功（御覽引作功德）[illegible]世而亡正義倒子（辭下衍公

札四　十六

字汪校刪）范魁正義伐衛（伐字汪校增）小阜[illegible]（[illegible]川汪校改[illegible]語注合）七世之
孫（志疑云十誤七論衡記妖篇是十世）滅二卿（王柯誤滅）滅而[illegible]正義裘裘（冠疑
裘之誤）乃告諸子（中統游本乃作盡涉上而誤）常山上（御[illegible]二十九又八[illegible]常山）
（下有之字）范中行作亂（凌本余有丁云作亂在下衛[illegible]此先言誤志疑云五字衍）[illegible]十
月范中行氏（志疑云七誤十）正義同承襲逝遨（同誤因依索隱文改）苗[illegible]
（木樑各本作躁）索隱（單本智瑤下系此注其前樑下但注智文子三字蓋傳寫誤）諸大夫朝（志
[illegible]云文選辨亡論注引朝上有在字）居戚正義故戚城（官本城各本並誤戚）倅於諸侯
（毛本倅誤侯）越圍吳正義趙世家云（趙當爲越之誤云字疑衍）文說誤（說疑脫）
使楚隧正義故滅祭饌（官本滅各本誤滅）銅料正義音斗（王柯下衍合作）
（枓三字凌本無）摩笄正義亦名爲山（水經濕水注引魏土地記摩笄山亦謂之爲鳴雞山疑山
上脫鳴雞二字）自刺（各本誤殺依水經注改）遂亦自殺（王脫遂字）伯魯（凌本誤倒）謚分

其志疑云其字衍赤黑宋本毛本赤它本譌亦高共志疑云韓子難一第三十六淮南氾論人間訓
說苑復恩及人表竝作赫桼赫赫或作共因譌爲共呂氏春秋作赦亦赫之譌治中牟集解三卿
毛譌鄉正義蕩陰各本譌陽依唐志改九年伐齊齊伐燕趙救燕案六國表
趙敬侯七年齊伐燕取桑丘魏韓趙伐齊至桑丘九年魏韓趙伐齊至靈丘田完世家正義前引魏趙世家後引韓
魏趙世家文竝合今趙世家獨無此文而又合救燕於敬侯九年蓋有脫誤志疑說同鄉邑表作都鄙前范
魁下正義引同此疑誤魏敗我藺凌本魏誤衛以與韓韓與我長子王柯本脫
韓韓與三字伐魏敗湪澤魏敗疑倒凌本湪作涿侵齊至長城正義濟州
濟譌齊考證據楚世家正義及唐志改攻衛取甄王本重攻字衍太子痤王柯作座葛孽
此下王柯凌竝衍正義一條與皮牢下正義同今刪平陸正義平陸城與與字非衍卽誤會
阿正義徐兗考證云案水經注兗當作濟地理志漢志無此文燕會趙卽此
地曾字考證增官本地各本譌也檀臺正義洺州官本洺各本譌洛下同桂陵正義

札四　十七

乘氏縣官本有氏字各本脫公子緤合刻本下有苛蒞二字宋本中統游毛集解皆無蓋後人竄注
誤說今刪起蔚陵正義常山山誤州考證改鹿門正義盂縣官本盂各本譌孟
源山官本源各本誤魏南渚官本渚各本譌海大戊午盧氏札記云漢書人表大戊午韓非
內儲作大成牛長城正義漳水考證云趙南界無漳疑漳之誤桑丘正義不得在
泰山有桑丘縣有疑字誤之秦取我中都及西陽各本中西互誤考證據注
及表改苕之榮正義其華細綠色陳風疏作其華紫綠色此疑誤命乎正義
重言名乎者乎譌呼考證改異日襍志云舊本北堂書鈔引作且日御覽樂部同九門正
義戰國策云本有宮室而居考證云今國策無此語案姚宏題戰國策後亦舉此爲逸
文然其文不類野臺正義新樂縣新字依唐志增西南王柯凌下復衍此二字官本無與郡
縣志合無窮志疑云疑無終北有燕正義涿郡涿字各本脫鄚州各本鄚譌鄭
河閒各本河譌之以上官本竝與漢志合秦韓之邊正義邊邑各本倒考證改洺潞

官本洺各本譌洛寵有游本寵作竉與國策合正對下達字然正義據本已誤孝弟舊刻竝它本竝
作悌開於於字疑衍國策無功多官刻功上有成字而序襍志云張所見本作學故訓重當依
策作享兄弟之通義也志疑云兄弟當依策作先王使緤單本紲卻冠志疑云策
作鯷冠此卻字疑非賢聖凌本倒異於己而不非者毛本不譌小先王不同
俗先王策作古今故禮也不必一道而便國不必古襍志云當依策作理世不
必一道而便國不必法古商君傳治世不一道便國不法古服奇者志淫則是鄒魯無
奇行也襍志云兩奇字皆讀爲奇袤之奇以書御者國策書下有爲字疑此脫與之陘
正義與音與疑史文與作予故正義發音華陽正義按北岳北譌此汪改鴟
之塞集解王柯凌本無正義鴻上故關官本有鴻字各本脫中山獻四邑
和官本和上有請字惠后卒攷異云此卽吳娃也後文吳娃死乃追敘此事索隱非義再拜
受命而籍之索隱此索隱文各本移置前文公孫支書而藏之下又妄增藏一作籍四字今依單

札四　十八

本正生者不愧正義必盡盡下疑脫力字竝見何王無變竝見二字疑卽序見
之誤衍累至游本累譌潔子勉之矣中統游本無之字主父開之中統游王柯本
開譌閒索隱謂滅之也單本滅之誤倒今正各本脫之字主父死惠文王立
立五年志疑云五年上八字當衍魯關正義南陽官本陽各本誤河公主死宋本
作主父死蓋涉上而誤中陽正義陽城官本陽各本誤倒齊人患之王本脫齊字
教順詁爲訓古通貫而而猶則也見釋詞凌本不解其義而乙之上黨正義儀沁王柯
譌沁下同至分集解一作王公攷異云疑三公之譌常山郡元氏縣有三公山上佼襍志
云說文佼交也事王者中統游本誤下昔陽正義肥國所都也各本肥譌服洁
縣各本洁譌治下同昔陽城肥國肥國各本誤作服姓以上官本竝與杜注及釋例合取之
集解洁縣洁各本譌治王譌治依杜注改石城集解合刻各本竝誤入正義今依宋中統游毛各
本正決河正義故城各本下復衍二字官本無秦敗我二城志疑云敗當作取歟

代宋本殿與索隱本合太后盛氣而胥之入入字當屬下讀連上胥之非集解而行
耳索隱本脫字各本有耳安平君正義臨淄官本淄各本譌海有城市邑十
七杭氏考證云策作七十則王所以賜吏民宋中統游王柯毛並作則國策作才凌本聽非
王召平原君王柯原譌陵取上黨集解華陵君漢書馮奉世傳作華陽君
師將漢傳師作帥下同軍長平正義二十一里王本與郡縣志合柯凌二作三誤
七年廉頗免志疑云七月之誤白起傳可證反燕正義此時官本時各本誤是攻
西周凌誤州趙氏死者梁志云燕世家趙策皆作趙民攻代毛譌伐卿秦樂閒
正義三人皆燕將姓也姓字疑衍龍兌正義在易州遂城各本遂下
衍南字官本無汾門正義爾石成井官本與水經滱水注合各本爾譌解成譌城又案汾門當
引易水注此以滱水注龍門當之誤遂城及永樂安新城縣地也安上疑脫固字臨
樂正義固安南十七里也各本固譌同南譌六依下文方城正義改孝成王卒

云云至是為悼襄王志疑云案廉頗傳孝成王卒子偃立是為悼襄王十二字當在攻繁陽取
之下此錯簡大備正義諸行王本無諸字中牟正義湯陰官本湯與前獻侯治
中牟正義作蕩陰合各本譌汾中牟山王本無字疑衍中平都正義與地理志當有
誤官本作括地志饒安正義七國下又云戰國疑有誤以饒正義長安君君誤
縣考證改幽繆六國表集解作幽愍武城集解蔡拔我平陽宋本毛本扱與表合各本
誤敗大饑毛本饑各本作飢趙怨宋本怨與李牧傳國策合各本譌怨下同遷降集解中統
游王毛各本系邯鄲為蔡下何凌本誤混入此節正義今參正
魏世家從其國名中統本從譌徙魏武子以吳校元板無魏字是周威王同
時威下省烈字或如貞定王之省稱定王也同字疑當在周威王上言不用中統言吳事邐吳校
元板作歷二十二年魏趙韓列為諸侯與表合毛譌二十一年不軾正義
過光臥反各本光譌先今正河內正義折東北官本折各本誤卽中山邑

拔中統游本邑各本已將識正義武平城武下衍之字考證刪公子朔杭氏考證云趙
世家六國表並作朝于澮正義出此山也官本此各本譌北魏君闘宋本毛本凌引
一本同宅本闘作為誤齊敗我觀索隱本觀下衍津字正義國語注誤作云考證改會
宅陽城城字當連下武渚為何表作城武都可證然如正義引括地志則已誤以宅陽城三字相屬矣攻異
志疑說同公孫痤中統游王柯作座社平秦紀六國表並作杜平此疑誤桂陵凌誤林固
陽正義遂銀州王柯本遂誤庭盟漳正義洛州官本洛各本譌洛下同二十
一年與秦會彤與表合游本一誤二中山君相魏索隱其弟單本不誤各本
改子繫非馬陵正義趙與韓親各本脫趙字救韓趙各本
韓趙側以上官本並與田完世家合虜魏太子申官本與田完世家合各本脫魏字戰困官本
困各本誤國元城官本元各本譌先軍遂大破中統舊刻游本無軍字末有之字數被
王凌作敗不遠千里舊刻下多而來二字蓋依孟子增上下爭利中統本爭作欲五年

秦敗我考證云表作二年雕陰宋本王毛雕作彫焦山沃正義古虢官本號凌
譌號王柯譌号陘山正義新鄭新字考證據世家正義增楚上郡正義自於山
官本白各本譌自平周正義汾州王柯誤周秦求志疑云當依表作來七年攻齊
集解贅子表作聲子拔闕與正義為二官本二各本譌三魏為從主也
毛本譌無為蒲反舊刻及凌引一本作阪表作坂下同陽晉正義拔我官本與表合各本此
二字脫與秦伐楚集解與齊王會與表合吳校元板齊誤秦函谷集解河
渭絕一日王柯本與表合中統毛本作一日河渭絕誤山陽正義年表及三字疑衍
又拔我二城舊刻二譌三案表作兩用梟正義博頭通鑑集覽引作散郪丘
集解宋公縣毛誤孫而對曰官本有而字與宋本合灌晉陽正義保晉
陽保譌堡考證據趙世家改不湛游本吳校元本作浸平陽正義引此王柯譌北勿易
也各本勿上有必字索隱本無約車中統游本作乘无忌宋本无各本作無梁志云惕係注衍子盈

國篇引作朱忌是魏策作朱己己忌古同聲案朱无形近三寫成無兩弟毛誤地外交强秦魏
之兵襍志云交當爲支策作外安能支强秦魏之兵與大梁鄴索隱本鄴蓋所見史本如此今本竝
作鄭後人依策改改索隱文以就之又漳滏中統游王柯凌本作釜涉谷各本涉下衍山字索隱本
無行三千里正義涉谷是西道河外是東道王脫涉字柯凌脫兩是字
冥阨集解此注十九字凌本誤混入上下正義正義故石城官本故石王柯凌誤倒此
其一也王本譌三一左召陵正義正南面王本作任邢丘集解此注
六字凌本誤混入上下正義中滎澤毛本滎譌彔惡安陵集解安陵鄉官本與續漢郡
國志合各本鄉譌郡葉陽凌誤縣舞陽宋本毛本與國策及正義合各本誤武陽正義此時
王本此誤州南國必危正義此時官本時各本誤是國無害已志疑云策作魏
國豈得安哉則已當作乎北至平監志疑云策作北至平闞則平字譌禍必由此矣志疑
云國策由作百案元龜七百三十五七百三十六引竝作縣則所見史文不作百趙挾韓之質志疑

云趙字策作而是而又與彊秦鄰之禍也襍志云又當依魏策作無案元龜七百三十六
引又下有免字天時襍志云當依魏策作大時秦策日今攻齊此君之大時也魏齊甚畏中統本甚
譌其敗之河外凌作內固謂魏相中統游本固作因太子增立毛本立字錯在
太子上衛從野王集解衛從游本從各本作徙涉正文而誤
韓世家韓原正義韓城官本城各本譌地故城故譌地茲依四庫提要改晉悼
公之十年志疑云十乃七之譌衎子卒子莊子代據徐廣說史云貞子生康子則今本
史文簡莊二代後人所增魏取朱柯凌譌宋擧嚴集解襃秏毛本褏譌褻濁澤正
義敗魏趙觀澤趙觀澤三字誤作世家云考證據表改韓必德王也索隱本必作之
必不爲索隱本無爲字殉韓凌毛殉譌御楚救不至韓此韓字疑衍丹陽正
義左傳例例上當有釋字秦孤王柯凌倒到襍志云策作勁是隸書或从刅从至因譌爲到施
三川宋本舊刻中統游毛施竝作弛正義周天子都也官本周各本誤各三反中統

游本作及爲韓求質子索隱本有子字與下爲秦求質子聽入句法一例國策亦有各本竝脫
質子正義楚王聽入質子於韓於譌相茲依提要改兩周柯凌兩作西涉上而
譌請令王柯凌譌令太行正義河內官本河各本譌沔趙孤之子史詮云孤
字當在之下
田敬仲完世家陳厲公他凌本佗是爲觀國之光句上當有日字故
陳完毛誤桓宣公十一年志疑云在陳宣公二十一年缺二字于斐毛本飛陳字
毛本氏文子卒卒字疑衍下無宇卒同其乘襍志云當爲椉說文椉賸殺也御覽器物部引作椉
兩相高國此二字疑後人竄注誤混立孺子宋本孺作孺下同遂返凌本反晏孺
子奔魯攷異云晏孺子晏圉之誤田常兄弟四人乘考證云齊世家無人字案齊世家索
隱引此無乘字疑今本後人依彼文增追執簡公于徐州此亦當作徐州然索隱本亦譌徐故
別之云非九州之徐南通宋本誤之女子長宋本毛本子長誤倒貫城正義冠氏冠譌

寇考證據唐志改伐魯葛及安陵考證云表作魯莒及南陽伐取魯之郕正義
孟氏氏字考證增三年太公與魏文侯會濁澤案依索隱似三年上有又字
桓公午五年宋本作元年索隱張田吳校元板田字與單本同各本作丑取桑丘
正義魏趙世家案韓世家亦有此文此脫韓字晉伐我至博陵考證云博年表作鱄
案御覽百六十三引齊威王伐晉至博陵徐廣注東郡之博陵也以晉伐齊爲齊伐晉傳寫誤其徐注則今本脫落
矣取甄正義此注各本誤入後攻甄下末有此合在郎墜字上七字蓋後人覽其誤而旁注之致混入
正義今移正刪去威王初即位以來不治二字疑涉下而衍毀言日至御覽
六百二十三引無言字下擧言同疑衍濁以春溫御覽五百七十七引無春字與索隱本合下同又四
百六十引有春字無溫字攫集解以爪持弦也宋本有弦字醳之愉者索隱
愉音舒也襍志云醳下文作舍古讀若舒愉字古音在侯部絕不通案疑索隱愉字後人所增不校
索隱大耳二字疑衍各本無大字若寡人國小也志疑云後書李膺傳引作寡人之國

鄧小盼子盼宋本訛盼毛訛盻公孫閱索隱公孫閱志疑云今策作閈田忌必
將宋本誤侯田因率其徒因下各本衍逆字索隱本無發救之索隱張丏本
田各本作張可與今本國策合孫子爲師志疑云帥乃師之誤表傳可據呂甥魏宋本呂毛本臣
亦呂之譌葉校作自益亦本作呂也它本作以接予正義藝文志云接予二篇案今
漢志有捷子二篇云武帝時說襍志以爲志誤湣王地索隱系本名遂案纈文地作鑒字形
近遂馮因摶毛摶譌貸伐三川游伐譌代秦與韓志疑云脫魏阿東志疑
云阿策作河此誤正義作謬伏式結軼東馳者宋中統游王柯本並脫結軼二字而與私
通焉中統游本下有之字與臨菑毛本淄子還柯誤楚
孔子世家正義自天子王侯天誤孔史贊改依陬邑攷異云說文鄹魯下邑不
从阜左傳作郰生叔梁紇正義叔梁紇廟官本廟各本作廟蓋廟之譌生孔子
正義於顏氏於誤爲依索隱改鄹人毛本陬人誠其嗣柯本誠譌誠始有宋

札四
二十三

而嗣讓厲公宋本無讓字案左傳作以有宋而授厲公史益以讓字代授字誤轉爲嗣而後人或又
兩存之也始字疑卽以字之誤以字古作㠯譌爲台三舄成始王號私定家語時已誤矣季氏史宋本王本
作史它本並作史子疏引作委氏史孟仁人者吳校刪人字案御覽三百九十引與今本同家語無好
議人御覽引下之非二字有廣大御覽作宏廣軌法舊刻譌執軌季孟之閒集
解季氏爲上卿上譌正依論語集解改其守游本誤首僬僥氏集解按括
地志在大秦國北也案裴駰無引括地志之理而各本集解中皆有之不得獨合刻本以正
譏誤入尋大宛傳正義引括地志固有小人國一條云在大秦南卽僬僥國蓋後人撮注其文於旁遂混入集解又
誤南爲北也今空格以別之營惑索隱本營各本作熒君若悼之則謝以質舊刻質與
上合各本作質將墮成毛譌城、不求有司集解其職毛本譌具其文馬宋本
脫文字過匡正義匡城匡字考證據唐志增孔子辭謝毛譌誰形狀末也
志疑云白虎通論衡家語末皆作末而謂似喪家之狗舊刻有謂字各本脫楚圍蔡舊刻

楚下有兵字石砮正義砮征官本與河水疏及御覽九百二十六引陸疏合各本譌鵲正題
肩汪校改與河水疏合各本肩譌肩肖河水疏御覽引腸陸疏並作雀鷹陳湣公索隱湣
公十六年年表世家皆六年十字衍肅慎正義河六十日行河字譌御覽七百八
十四引肅慎國記作可匏瓜宋本王柯本匏譌瓠注同有間曰有所穆然深思焉
此日字疑涉上而衍家語無如王四國凌引一本如王上有心字疑非家語作奄有四方舜華
如索隱則所據本作慶華今本出正文亦作舜華後人所改集解又作竇犨犨字考證據家語增
晉國之賢大夫也毛脫晉字麒麟宋本作麟舊刻作騏騏毛不合陰陽索隱
有角曰蛟龍能興雲致雨案說文無角曰蛟疑此本作無角曰蛟有角曰龍能興雲致雨
有文脫誤子顏宋本王毛同問津正義許州當作汝州不輟集解不以津
告也舊刻也各本誤首論語集解無皆非仲尼之意宋本無皆字使知者舊刻知各
本智逃三五宋本五各本誤王志疑云文選東都賦劉注皆進表王融曲水詩序袁宏三國志名臣贊李

札四
二十四

運命論李善注引皆作五會稽正義沂州州字考證據唐志增東海郡官本郡各本誤縣
何其正也中統游本作哉無所錯舊刻游本作措必可行集解遊行者毛本
也戰於郞集解自陳至衛官本與年表衛世家合各本陳衛五誤夫子不利
也各本此下有索隱一條云二十五家爲社千社卽二萬五千家單本無案昔社前已有注此後人妄竄今刪
逐公華哀十一年左傳疏引逐作使疑此誤吾從周集解當從之也官本也各本誤
周論語集解無以備王道中統本備作唯疑維之譌象正義下象卦下辭卦上衍爻
字今刪象正義上象卦辭下象爻辭案此總舉大小象傳也疑當作上象卦爻辭下
象卦爻辭二句各脫一字顏濁鄒正義非七十七人數也閣本作七十二人與上史
文合毋意毋字宋本作无舊刻作無下同子罕宋本不侯習集解行出舊刻與論語集
解合各本上衍既字行魚餒中統王本作餧然后宋本夫子之文章集解可以
耳目循舊刻游本與論語集解合各本譌修既竭我才游王柯凌我作吾達巷黨人

童子童子二字似因闕黨童子而誤衍三家無辨或所據本無鉏商索隱車士中統游本與單本同它本作子親周故殷攷異以爲劉公羊家新周故宋之說正義訓殷爲中非故子夏之徒困學紀聞云曹子建與楊德祖書注引史記子游子夏之徒今本無子游志疑云楊答脩牋注引作子夏之徒梁木摧乎毛本脫此句予始殷人也游本凌本始譌殆後七日卒集解明聖人知命也毛本作謂明正義褒成王柯譌城下同後魏官本不誤各本倒二十七代孫文獻通考名乘此脫七十三中統游本二失志爲昏失所爲愆索隱案索隱本所出正文與今本不合上云禮失則昏乃復云失禮爲昏禮字則誤愆即愆之俗字見玉篇其所引左傳家語下句又作失禮爲愆亦不合各本遂易其注云左傳及家語文皆同則又失小司馬之眞矣唯子贛索隱本字伯魚索隱并官單本譌并各本譌上依家語正長沙太守攷異云漢書孔光傳作長沙太傅惠帝時長沙爲王國不得有太守景行行止褋志云王應麟詩攷引作行之案古之字作止與止形近相亂然如亦既見止亦既覯止與之字義亦同用祗迴索隱本祗迴凌作祗回它本並作低回折中索隱師叔案後漢書文苑傳王逸字叔師而索隱皆作師叔屈賈傳注同或別有所據仍之

札四　三五

陳涉世家陽城人索隱史遷攷異云疑有誤傭耕宋本毛本傭作庸與字類引合下同苟富貴宋本苟譌可庸者中統游王柯並與宋本毛本合下同乃行卜柯譌上卜之鬼集解則是也漢書注則作即古通用吳廣之次所旁各本次下有近字索隱本無與漢傳合褋志云近字衍行收兵比至陳游本比譌北陳守令各本陳字與漢傳合索隱本作郡蓋後人誤據注中張晏云改也覸小司馬注本是陳字不作郡陳之賢人中統游本陳誤秦視日集解日者毛本日譌目西壁秦秦字吳校增與漢傳合人奴產子生索隱本出此五字案人字當屬上驪山徒人爲一類奴產子爲一類生字則小司馬所據本衍也今本皆無生字或依漢書刪二三月案月表二世元年九月周文兵至戲敗十一月周文死史云二月三月漢傳云二月餘皆約計之史詮謂月當作日非封耳子耳譌其注校改與漢傳合而遣故上谷卒史

游王柯遣譌還諸將之徇地者中統游本之譌又少道兵索隱本道漢書同各本譌遣滎陽宋本熒各本作滎居鄭正義鄭城縣城縣各本倒考證據下文改蔡嘉集解泗水國毛脫國字朱雞石中統游本雞譌離臘月索隱宗慄慄譌栗考證改呂臣集解如謁者如譌知考證據漢書注改倉頭索隱本宋本中統游王柯字類引並作倉楚安得不請而立王王凌本作而自立郰盜集解故謂之郰盜者也者字疑衍立懷王孫心王本立譌王自辯索隱本辯各本作辨沈沈者集解故音長含反各本下衍含一作金四字蓋校者旁注誤混今刪守家三十家杭氏考證云高紀作十家褚先生曰凌低一格毛空格宋本接寫餘皆提行頂格刑法宋本柯本刑作形西河中統游本誤倒燕趙宋本倒邵滑正義邵作昭皆云此合刻者所加係頸凌本係作繫鉏櫌宋中統游王柯本鉏作鋤仟佰依索隱本它本並作什佰斬木爲兵揭竿爲旗王柯脫爲兵揭竿四字且天下中統游本且下有夫字仁義不施索隱本義

札四　三六

作心注同外戚世家守文索隱守文猶守法也守文下衍者字法上脫守字考證刪增內德毛本惪書美釐降春秋譏不親迎宋本舊刻並脫此十字或不能要其終索隱本無其字漢興各本誤提行官本連上與舊刻合呂后宋本中統游毛作后各本誤氏長陵集解不合陵也宋本有也字及尊志疑云二字衍漢書無王后生四男志疑云景紀作三男及代王立爲帝中統游王柯本及作後遝臥岸下褋志云寒字當從漢書作暴御覽火部引正作暴壓殺毛本壓作厭數日當爲侯日疑月字誤丐沐沐我凌本上沐字譌沭王柯二沐字皆譌沭注同案說文汏淅灡也灡淅也淅汏米也蓋淅灡後同汏而汏米之汁曰潘索隱以米潘訓沐疑上沐字乃汏字之譌或淅字壞文建元六年索隱本出後景帝六歲而崩之云是當武帝建元六年是史文本無此四字後人所增奇此女索隱漢書作倚褋志云奇卽倚字說卦參天兩地而倚數蜀才作奇太祝奇拜杜子春讀爲倚兒姁生四男索隱

清河王乘常山王舜乘誤舜舜誤憲汪校改與諸侯王表及五宗世家合皇后母子
毛本毋譌母欲予王夫人疑下脫男字毛本予譌子景帝嘗體不安中統游王柯凌
本嘗誤常又有志疑云漢書作耳是武安正義洛州洛譌洛考證據唐志改景帝十
三男志疑云三當作四十二男志疑云二當作三元朔四年志疑云四當作三武
帝攷異云史稱孝武曰今上曰今天子曰天子凡稱武帝者皆後人追改武帝祓集解蓋與
游字相似據此疑徐所見史本祓字譌游索隱游水自潔游疑流譌倚衣正義
主衣官本主各本譌王封冠軍侯宋本中統游毛封作爲昌邑王志疑云以天漢四
年六月封非史所及正義名賀案賀乃髆子此誤號協律志疑云都尉二字脫海西
正義西海官本西各本譌四褚先生曰晉云據正義則舊本當無此四字所生子
女者御覽五百三十九引子作一正與上史文生一女矣相應集解名俗中統游本作谷橫城
正義在雍州雍譌淮考證改小市王本譌少帝當用列侯王本當譌嘗身貌

梁志云類聚人部初學記中宮部御覽皇親部人事部引並作體貌何去其母乎毛本夫作乎
楚元王世家嘗辟事中統游本嘗譌常交兄仲集解項王宋本毛本項譌
項棘壁正義郢梁棘壁郢上衍州字考證刪襄王注毛本注與年表及漢書表傳合
各本誤經王純立志疑云此下廿七字後人妄增以爲文王志疑云當作是以邯鄲正
義洛州洛誤洛考證據唐志改
荊燕世家荊王劉賈者舊刻本有者字與下文燕王劉澤者書法一例各本者字在下句諸
劉下誤也諸劉不知其何屬索隱本諸劉下無者字正與舊刻本合已而楚兵擊
劉賈已而二字漢書同朱本中統舊刻游毛各本作而已則當屬上句追項籍王本項作逐王
淮東五十二城志疑云漢書高紀作五十三縣正義此條與正文全不相涉而與齊悼惠世家
正義末十字同疑即彼文錯簡復出以將軍擊陳豨毛本重陳字誤衍以畫干營陵
侯澤杭氏考證引黃氏日抄云畫即明年所施於張子卿者弗與矣案鄭注檀弓云與及也弗及矣

者黃氏日抄云促之之辭是也呂后所幸毛譌幸集解騶案毛脫案字太后欲立
呂產爲呂王毛本后譌呂志疑云下呂字衍令營陵侯澤諸劉志疑云下脫長字漢
書有姦中統游王柯本作姧下同劫捕毛本劫譌劫
齊悼惠王世家燕飲二字中統游本倒鄖侯索隱索鄖無字音單本出鄖侯注作
鄖五字而云二字並音字是讀鄖爲鄖也而鄖字下又別著音歷二字疑讀者別注誤入今不補正義鄖
音呈益反官本有鄖字各合刻無者蓋正義單刻出正文隨字著音故也西馳史詮云西當作迺
悼惠王於齊志疑云於乃王誤呂后紀可證擅廢高帝所立志疑云呂后紀及高五王
傳作擅廢帝更立此誤三趙王正義梁王徙王趙趙誤作徙考證改因侍
大臣諸將志疑云呂后紀五王傳將乃侯誤朱虛侯與太尉勃毛本朱誤諸下遺朱
虛侯同虎而冠集解箸冠宋本箸各本著太子側表作則漢書同此誤罷軍正
義罷音不案罷無不音漢傳注罷音皮彼反又音疲此有脫誤地入于漢中統誤王告於

天子天子兩天子毛本並譌太齊趣下三國毛本齊譌楚交景杭氏考證云年表作
交呂姦中統游王柯作姧非劉氏集解王太后毛本王誤皇不得間於天子
志疑云不字衍子建延立志疑云年表及漢書表傳皆作延案建卽延字之譌衍頃王二十
八年卒志疑云八乃六字之譌後十二年志疑云二乃三之譌志亦齊悼惠王
子王柯凌亦作以案志事前已詳此但書自濟北徙菑川先後年數可矣複衍上文疑後人所竄昌平志疑
云當作平昌史漢表傳世家及水經注廿六可證
蕭相國世家蕭相國何者毛脫何字監郡毛譌都辨之毛本辯之酇侯
集解作鄼毛本譌鄭各本或作鄼或作酇皆誤汪校改酇亦非也今依說文正得走獸志疑云漢
書作走得獸是乃令蕭何梁志云下脫第一二字當依漢書補御覽治道部引有乃疑相國
中統乃作自受買人錢中統游本作金入徒跣謝柯本人譌又奉法志疑云漢書奉
作奏班馬異同本史亦作奏則奉字誤當以法字絕句

曹相國世家司馬𡰥宋本尼它本竝𡰥毛譌𡰥亢父索隱凌本誤混入正義北救阿各本作東阿索隱本無東字與注合說具漢志臨濟正義有狄故城有譌北考證改安帝官本帝各本誤縣秦將章邯中統本將下衍平字楊熊宋本揚熊緱氏正義轘轅王柯轘譌環下同[illegible]索隱凌本誤混入正義正義音貽索隱藻音胎部無貽音蔬胎之譌此條正義所引括地志有脫誤當參周秦本紀正義正之詳考證更名索隱本名各本作命王武反於黃志疑云史漢樊噲傳破王武于外黃漢灌嬰傳王武反擊破之攻下外黃此缺外字徐廣非杜天侯索隱毛本竝作天杜案杜天乃其自號志疑引洪編修亮吉以為後書齊武王傳杜天都尉杜天大將軍之類是也索隱本誤高祖三年志疑云三當作二漢傳及水經注六可證山陽志疑云陽山之誤武垣志疑云武字衍鄭東毛誤倒如齊故俗諸儒以百數漢志云如與而同漢書作而齊故諸儒以百數俗字後人所增顟漢志云說文篇韵皆無顟字乃覞之譌平陽志疑云當作信陽

留侯世家韓人也正義郟城縣各本作郟縣考證云案唐志當有城字韓里也考證云里疑地悼惠王宋本脫三字倉海君正義元年考證云上當有元朔二字狙毛譌徂博浪沙正義鄭陽武縣各本鄭下有州字官本無案疑當作滎陽陽武縣圯上圯本作圮說文一曰窮瀆也段注引此為證甚確今本史漢作圯皆依張晏改詳漢志索隱下邳各本竝作上下邳疑單本缺姚察見史記有作土旁者據此則小司馬本作汜令單本出正文从土亦後人改之詳說文段注直墮漢志云直之言特也古同證通用長跪索隱為取履履字吳校宋本增夜未半往志疑云漢傳無未字是黃石正義鬚眉皆白狀狀字疑當在鬚眉上欲叛中統游本作畔遂北至藍田志疑云遂乃逐字之譌鯫生集解此苟反毛本此譌比下索隱單本亦同今依集韵正宋本作士苟反姓解考證云漢書注楚漢春秋鯫姓此解字乃鯫之譌百溢中統游本溢各本作鎰謀橈凌本撓下同侵伐毛譌我具以酈生語告曰於子房何如各本曰字錯在子房下漢志云當從

宋本作曰於子房何如稱子房乃高祖語若記事則當稱張良藉前箸集解箸明宋本作箸各本作之著度能制桀凌本能譌其釋箕子之拘漢志云宋作式箕子之門今本後人據禮記周書荀子及東晉古文尚書改不知下文曰式智者之門若作釋箕子之拘則不合矣漢書張良傳新序善謀篇竝作式箕子之門封聖人之墓舊刻脫之字其不可六矣毛誤也桃林索隱應劭官本云疑誤案疑下有脫文十三州記凌本三本譌二各帷帳中統游毛本作幄六年志疑云亟山徧封王柯徧譌偏什方宋本汁方劉敬說高帝曰都關中曰字疑衍漢書無雖有此固王本雖譌雖殽函正義二殽各本二譌三今正胡苑中統游本作宛計筴毛本策建成侯呂澤志疑云建成侯名釋之則呂侯名澤此因澤釋字通又脫之字耳通鑑考異云澤當是釋之臣筴中統游本作計有四人索隱角里單本凌本角作角今依中統游王柯本下同上曰終不使宋本脫曰字輜車宋本輜譌輺角里凌毛角作角遨去宋本遨作起矰繳集解韋昭凌誤徐廣索隱故云

繒也單本無此四字及立蕭何相國集解良勸高祖立之毛脫良勸二字各本脫良字考證據漢書注增從高帝過濟北宋本毛本帝作祖并葬黃石家漢志云家字衍漢書類聚地部御覽時序部地部引皆無決勝千里外千里下各本有之字宋本無

陳丞相世家長美色漢志云漢書作長大美色下文人謂平何食而肥肥大同義御覽飲食部引史正作長大其嫂宋本毛本作㛐糠覈集解訓麤屑宋本毛本訓誤為信武君游本譌平溢宋中統游毛竝同攻下殷王漢志云下殷者下殷國不當有王字御覽珍寶部引無漢書亦無[illegible]中統游本作讙諸將盡讙索隱漢書作皆怨考證云漢書作當讙與索隱據本興索漢紀作諸將皆怒怒與怨形義皆近荀書本班疑今本漢書後人依史改反使監護軍長者漢志云長者諸將自謂不當有車字漢書漢紀皆無盜其嫂中統嫂反覆中統復頑大王用之漢志云顧當依漢書作頗亦多歸漢毛本誤過歸恣侮中統游本恣作資與漢書同女子中統游倒誤弟出遊索隱本弟它本作第豫具毛本豫作預始秦時

舊刻脫始字王陵爲右丞相集解八年定侖安國表作六年漢書同此誤
給事集解使止宮中漢書注使作便乃謝病王柯凌本作病謝附侯恢志疑
云史漢表竝作悝何代侯二十三年宋本三十一年毛本二十一年它本作三十三年竝誤今
依志疑改與表合
絳侯周勃世家胡陵宋本作湖胡攻張索隱壽良縣良誤梁考證據漢志
改號安武侯宋本號安誤倒凌引一本作武安侯長社毛譌杜尸北索隱北謂
尸鄉之北官本有上北字各本鄉誤縣考證改盜巴志疑云漢傳作益己泗川凌引一本作水
志疑云當作水潁陽侯志疑云潁陰之譌灌嬰也案正義作潁陰不誤凌引一本作陰若石索隱
晉灼音赤座反案漢書注作齊恭音赤坐反不知孰誤集韵上去兼收巽肆志疑云漢傳作
肄案索隱引包愷音四反是讀肄爲肆也以下薊毛本譌卞下定上谷十二縣凌本二譌
一說士志疑云漢傳作事置太尉官正義按孝惠六年高后八年

札四 三十

崩六年下脫至字疑吏事方驗而出之禨志云不當有事字漢書無案事卽吏之譌衍封
爲條侯集解脩音條毛本音誤作鯈絳侯後宋本毛本作氏下文此句兩見皆然
疑誤曰有從理入口宋本曰字在入口下御覽四百八十六引同索隱從音子容
反單本無此五字從理橫理案文云從理不得訓以橫理漢書師古注從豎也音子容反是矣疑史文
本無從字故小司馬云理橫理後人妄依漢書增竄史文遂幷注而增竄之不計從理之不可以訓橫也後六
年宋中統游王毛作歲乏糧飢凌作饑人主各以時行耳宋本主作生徐廣
志疑云唯徐廣脫唯字此不足君所乎毛本作此非不足若所乎凌引一本同漢傳有非字縣
官索隱夏家官本作官凌作者案此二字疑卽上文官者二字之誤衍吾不用也集解
折辱毛誤褒鄙樸王柯凌作朴堅刃集韵云忍通作刃不學索隱而虛已
不學古人不字疑當在而下
梁孝王世家孝景帝王本景誤忠爲代王正義平遙遙誤通考證據文紀

正義及唐志改淮陽王舊刻淮譌睢代王十九年宋本脫九字王清河正義
清陽舊刻有陽字各本脫齊脫宋本譌高有方三百餘里志疑云御覽百五十九引史曰
梁孝王築東苑三百里是日兎園今無兎園句正義兎園各本誤兎園依邵縣志改疑本作苑字故譌爲
苑豪桀中統游本桀各本作傑閤下凌本閤譌闕著籍游本箸各本作著天子殿
門毛本天譌大宦官王柯本倒疑衍宦字案義格義卽議字凌引一本作議陰使人志疑
云文三王傳上有謀字是梁王恐王本譌怨三十五年冬復朝游王柯本冬誤又六
月中病熱六日卒案史漢兩紀梁孝王以景帝中六年四月薨疑四字篆文與六相近而譌小司
馬乃附會爲六月六日不倍史文六月下有中字也措指集解許愼云措置字借以
爲笮舊刻本與漢書注合各本脫云字借譌措倉官舊刻官與漢書合各本譌宮正義倉官
各本譌侯舊刻不誤宮任后未嘗請病毛本任下有皇字疑王之誤各本無類犴反索隱
本無類字與漢書合而注有類字見知之中統游凌本見作具襲立三十九年中統游本

札四 三十一

九作餘褚先生曰宋本舊刻進凌本低一格上令梁孝王游王柯凌本令譌今正月
朔旦奉皮薦璧玉中統游本旦譌是奉譌今玉譌王後三日毛本粵譌月粵者
中統游本脫者字以故國亂中統本以誤爲其議毛本議凌引一本同來殺來疑求字之譌
對曰言梁王不知也曰字疑衍
五宗世家二十六年卒集解颱然凌本颱宋中統游王柯本作色毛本作颮豪
桀中統游本桀各本作傑遂爲無訾省王本遂譌逐集解爲無所訾錄無
所省錄也警云漢書蘇林注但有爲無所省錄也句此疑衍言不能覩錄貲財警云
今本漢書注作言不覩訾財也二千石莫敢治毛脫石字與其客江充毛脫具字有
所辟索隱故以丹注面目的爲識疑有誤字今釋名本作故以丹注面曰旳
灼然爲識所忠索隱按漢書又告中尉蔡彭祖單本脫又告二字蔡譌彝各本
脫按字又字蔡譌秦今依漢書注補正王后各本作王王后毛本不重用常山憲王子各本

常山下衍王字毛本無 皆賦集解皆入 王本皆譌背
三王世家卑讓 中統譌議 奏義 游本議與夌引一本合 臣閎集解一作閎
閒與閎形近而譌閒乃俗閑字也各本遂又誤爲閑 相傳 毛譌傅 平津正義四十二里
王本二作一 天施 夌引一本作地 錫號 宋本錫作賜 白牡集解白牡 夌譌北各本譌
牲依正文及公羊解詁改 以列侯 毛本以作此 西溱 禮志云溱當爲溱故正義音臻漢書王褒谷永
王莽傳師古並云溱與臻通字類十九臻有資字引史音臻則所見本已誤 珍獸 中統游本作怪 而家
皇子爲列侯索隱云云 王柯夌本脫正文七字及注二十字 太子少傅 夌本少譌
太諫大夫 宋本諫下衍議字 皇子 宋本皇下衍太字 臣閎 柯譌闕 俾君子怠
毛本俾譌裨 降期 索隱本作期注云漢書作旗是古本史文作期也今史本皆作旗案論語巫馬期史記弟
子傳作旗蓋同聲通假 楊州 毛本揚州下同 好軼 索隱本軼各本作佚 傳中稱三王 各本
傳上有列字宋本毛本無 博聞 中統游本作學 閎且立 中統游本無閎字 色物 毛本倒 裹

札四　三十三

以白茅 中統游王本裹作裹 無佹德索隱 單本無此條 云廣陵王爲上 宋本
中統游毛重云下有立字警云云即立字之譌 勿使上背德也 上乃王字誤前文佹德下索隱引此
作王背德宋本作比北字之譌北即背字蓋 會武帝崩 宋本武上有孝字 濟中集解 毛本
脫 淅米 官本淅各本譌浙 庶人不服者 毛脫者字 廣陽王正義廣陽故
城 官本陽各本誤陵

校刊史記集解索隱正義札記五

列傳

伯夷列傳 王柯本題老子伯夷列傳第一別行注云正義本老子莊子伯夷居列傳之首正義曰老子莊
子開元二十三年奉敕升爲列傳首處夷齊上然漢武帝之時佛教未興道教已設道則集惡成致正埋捌樂邪人
未有佛教可尊故列老莊於中韓之上今既佛道齊妙與法乖流理居列傳之首也今依正義本夌本亦有此注而
無末五字蓋正義止老子以下至首也七十九字首尾皆合刻者語王柯本皆依正義次序以老子居列傳首夌本
雜亦用末人合刻本而不依其次故刪去末五字其餘各本本無正義恐依史公舊次索隱本成昔在正義前未奉
開元敕改更無論矣今校刊本亦依夌本之次并刪去此條恐讀正義者以爲不備故附列於此乖流二字於文義
不諸乖疑乘字之譌又王柯夌本又一條云監本老子與伯夷同傳第一莊子與韓非同傳第三蓋亦合刻者所
記 太史公曰 綦本中統舊刻游王柯本並提行謬今依夌本毛本 所聞由光 索隱本光上有
務字 義至高索隱桐水 莊子作椆水水經穎水注作洞水疑桐椆皆誤 孤竹君正義
本前注丙寅作殷湯正月三日丙寅 此十四字是合刻者之言下當有脫文

札五　一

義人 毛本作異人疑誤 首陽山正義北至 官本北各本譌比 若伯夷叔齊
困學紀聞引作若伯夷者 可謂善人者非邪 索隱本作可謂善人者邪抑非也困學紀聞引作可
謂善人非邪 盜蹠 索隱本蹠正義同各本作跖 索隱蹠及注作跖 雜志云集解當有一
作跖之文今本脫 恣睢索隱千餘反 攷異云從鄒音則當从且 壽終集解睢陰
縣 舊刻縣各本誤山 按盜跖 官本有按字 彰明較著 索隱本無明著二字 終身逸
樂 索隱本無終字 禍災 索隱本倒 勝數 毛本勝作㯝 儻所謂天道是邪非邪
索隱本儻作豈是非二字互易 索隱而遯樂 單本脫而字 名不稱正義疾沒世
官本有世字 眾庶馮生正義若貪夫徇名 柯夌作財疑所據本貪夫下原脫徇財烈
士四字毛承其誤柯夌則改名爲財然不當獨遺烈士句 風從虎集解張璠 毛作蟠 萬物
覩正義紹名世 王本名誤明 書以道事 道譌導考證改 驥尾 索隱本驥下有之字
趣舍 案正義音趨則正文作趣明矣各本作趨非今正

管晏列傳潁上正義夷吾王柯本作管夷誤管嚴之子今國語注無此四字
於柯正義東阿譌河考證據唐志改管仲卒正義三榷王柯本譌權戄然
正義牀綿反戄無此音疑作渠緜反爲以爲大夫集解北宋中統舊刻游毛此注
系在晏是以求去也下殊失倫今移傳末正義注皇覽云云王柯凌本以此注首二十字與裴同
遂刪去集解而系此正義於上文晏子戄然下尤爲失倫且此注字本指集解刪之則發矣今移次集解晏子
春秋索隱七篇七下衍十字依正義刪誓云漢志晏子八篇隋唐志皆七卷
老子韓非列傳凌本題老莊申韓傳非也今依索隱北宋毛本與史公自序合王柯本題申不害韓
非列傳別行注云開元二十三年勅昇老子莊子爲列傳故申韓爲此卷案昇老子已見前正義此亦合刻者所記
老子者正義朱韜玉札官本札各本誤禮蓋因札形似礼而譌朱疑當作珠珠韜玉札蓋道
書隋志無月懸類聚七十八引神仙傳作庭足蹈二五類聚作三二內篇云李母
懷胎王本此七字作玉女夢流星入口與下文復誤刻也今依柯凌本而有娠官本娠各本譌脤下
同晝夜王柯同疑一本作晝一本作夜校者旁注兩存而誤凌本晝譌晝曲仁里正義按
年表官本按各本誤國姓李氏索隱本在字耼下字耼據索隱本各本作字伯陽謚曰耼襍
志云經典釋文序錄文選征西官屬送於陟陽侯詩注游天台山賦注反招隱詩注後漢書桓紀注竝引史記字耼
淫志正義皆無益於夫子夫字疑衍闕令索隱單本此注在下文始秦與周條
注後蓋傳寫亂老萊正義蓍艾王譌丈菹芰官本芰各本譌艾解毛王本無解字
百有六十餘歲索隱本有字在六十下百二十九年集解實百一十
九年北宋本實下有百字各本脫始秦與周合合五百歲而離離七十
歲而霸王者出焉各本作始秦與周合而離離五百歲而復合合七十歲而霸王者出焉毛本七
十下有餘字襍志云此後人依周秦本紀改索隱曰紀與此傳離合正反若此則何反之有案今依襍志從所引宋
本改索隱本出始秦與周合五百歲而離則較宋本同少一合字注子宮宮玄孫假志疑云神
仙傳引史宮作言假作叚蒙人集解地理志毛本下衍曰字寓言依索隱則所據本史文作

偶今單本亦作寓蓋後人改之離辭正義分析各本譌力折依襍志改洸洋正義已
音紀官本紀王譌祀柯凌譌紀吾志正義盡死各本誤無考證據莊子改京人也北宋
舊刻京譌刑正義在鄭州滎陽五字考證據項羽紀正義補韓非者正義韓
遂亾遂譌非考證據世家改執勢北宋舊刻本作埶觀往正義則得失之變
異則字疑誤萬言索隱制之制譌利注改又非吾辯之難志疑云難字衍樹
失正義此雖官本雖各本譌難吾說索隱本作意疑誤語以泄敗中統毛本語作
而貴人得計正義先得其計已功其計下疑脫爲字迺自以爲也
故襍志云也譌爲他韓子作乃以成他故志疑說同粥權索隱本粥各本作鬻索隱貴重攷異
云貴當作賁汎濫正義博文王誤聞則毋以其失中統游本毋各本作無下同
自多其力則毋北宋毛本作毋與中統游本合大忠襍志云忠當作意無所拂悟
各本悟字與下句辭字互誤索隱本亦然而注意可尋正義亦明白可證今依盧氏札記及王氏襍志移正督說同
又據索隱疑正文本作拂悟王欲幷諸侯中統游本王作主
司馬穰苴列傳阿甄御覽二百九十六引作鄄注云阿今濟陽郡東阿縣鄄音絹今濮陽郡鄄
城縣疑是集解文期而後至御覽引止後期二字馳三軍法何依北宋本又注引一本作
軍中不馳今使者馳云何與今各本同最比正義比音卑必耳反舊刻音各本誤作作
案疑卑必二字當衍其一皆求行舊刻無皆字封內中統游本封譌邦
孫子吳起列傳吳王闔廬御覽二百九十六引作閭下同既有御覽引作畢嘗
與龐涓中統本嘗譌常索隱本無坐爲計謀襍志云文選報任少卿書注引坐作主義長批
亢御覽三百六十八引此文有注云亢音剛又音亢人喉也疑是集解文今本缺十三歲各本作十五年
今依索隱本攷異云當作十三三萬竈中統舊刻游毛本三作二御覽百八十六引作三又四百四十八引
作二輕銳御覽四百四十八引作輕輓注亾拼反度其行御覽二百九十又三百四十八引度作[illegible]
陝北宋本陝各本作陜阻隘御覽四百四十八引作險俱發御覽引俱作共智窮御覽引智作計

入衛（御覽三百六十九引下有門字）以事魯君魯君疑之（讀書記云二魯字衍）臥不設席（御覽二百八十引下有署不張蓋四字）騎乘（毛本倒）又吮其子（治要引其作此）右彭蠡（吳郡志攷證門引此文有裴駰注云今太湖中包山有石穴其深洞無知其極者名洞庭十九字蓋集解文）羊腸集解皇甫謐曰（毛本脫甫字謐譌謚）大河（凌毛本大譌太）敵國集解楊子雲（北宋中統游凌本並作楊）即封（志疑云守不可言封且起已守西河矣二字衍）此三者子皆出吾下（各本子字並錯在此三者上依後漢書注引改說詳襍志）而自喜名也（襍志云名字衍御覽皇親部引無）盡欲害吳起（毛本無欲字）

伍子胥列傳　來之并禽（北宋毛本來譌求）二子到（凌引一本作去）而令讎（中統游本令譌今）尚既就執（游本譌報）郤宛伯州犁（志疑云伯州犁三字衍）灊（北宋本濳各本作潛）吳使五員迎擊（舊刻五各本作伍）吳兵圍隨（中統本兵作王）謂隨人曰（北宋舊刻本無謂字）韓（索隱本韓各本作韓）堂谿正義吳房（房字考證據唐志補）

傳闔廬指正義解在吳世家（警云吳世家無此條正義下夫漱條同）遂威郢（凌本威譌滅）詳病（北宋中統舊刻游本並作詳它本作佯俗）為器正義櫃可材也（官本可與左傳合各本誤亦）縣吳東門（襍志云縣後人依吳語改匡謬正俗藝文類聚人部初學記太平御覽人事部引史並作著）正義闕此門（官本此各本譌北）立祠正義東門內（吳郡志考證門引作外）號為白公正義襄信縣（信縣二字考證據楚世家正義及唐志增）勝自礪劍（索隱本作自公厲劍）乃劫之王如高府（襍志云不當有之字）

仲尼弟子列傳　師也辟（中統舊刻王柯本並作僻）由也喭正義咹音畔（各本錯在索隱前今移正）喭音岸（原脫喭字今補）屢中集解唯財貨是殖（毛衍勇字）雖不窮理（毛本雖譌唯）蘧伯玉集解自設（官本設與大戴記合各本誤娛）汲汲於仁以善自終（北宋本舊刻並作以善存亾汲汲與大戴記合）索隱又云（單本有又字）不並世索隱唯舉猳介山二人行耳（案據此是集解於蘧伯玉以下諸人並未引大戴記故索隱引以補之而不及銅鞮介山二條者以裴氏已引也今各本於蘧伯玉晏平仲柳下惠三人經依大戴記引則索隱文復故刪去索隱而各條又失注大戴禮三字乃老萊子下又獨存索隱此皆妨刻以意去取無從論其是非也傳本已久不能刪削今仍其舊而依單本補入索隱以質讀者）家語又云（此以下五十三字單本所無與史文無涉蓋亦後人竄入）少孔子三十歲正義少成妙反（成譌戍今改）有是夫正義論語疑釋十卷論語駁二卷（官本如此各本作論疑釋十卷及語駁虛二卷脫誤也案隋志云論語釋疑十卷又論語駁序唐志云論語釋十卷又駁一卷）命也夫集解包氏曰（中統游毛本脫氏字下可使南面下集解同）復問子路仁乎孔子對曰如求（此文不備且見下子路傳為詳疑此衍）問同而答異（史詮引所見宋本無此五字）志伉直（毛本伉譌阬）集解佩以豭豚（北宋本毛本無以字）先之勞之集解先導（毛本道）治其賦（中統賁賦作賦誤富賦疑誤）子路為衛大夫孔悝之邑宰（警云索隱本出為衛大夫四字注云云則小司馬所見史文無孔悝之邑宰五字）不

聞於耳集解為孔子侍衛（北宋毛本脫子字）是時子貢為魯使於齊（案此於上下文皆不相涉索隱本出此九字於子貢傳好廢舉與時轉貨貲條後疑今本錯簡）宰予晝寢（中統游王柯毛本子作我）端沐（索隱本沐吳校本同各本作木）瑚璉集解包氏（各本脫氏字今補）其地狹以泄（襍志云越絕書吳越春秋並作其池狹以淺）夫上驕則恣（上疑當作主涉上文而譌）有報人之志（北宋本志各本作意）劍一（毛本劍譌鉶）鈇屈盧之矛（鈇字柯本誤鈇凌本誤鈇注同而音鈇索疑屈聲近鈇而譌衍索隱引劉氏云一本無是也）與晉人相遇黃池之上（索隱本無之上三字）人越遂圍王宮殺夫差而戮其相（索隱本出越圍王宮夫差自殺八字與今本異）故子貢一出至霸越（據下五國各有變索隱疑舊本無此十六字後人卽依索隱竄入特刪云字耳）武城正義南城（攷異云據續漢郡國志南武城亦謂之南城）城邑（各本誤倒考證改）言詩集解包氏（中統游王柯毛本脫氏字）西河正義謁泉山（謁譌謁依郡縣志寰宇記改攷異說同）隰城（隰譌隰考證據唐志改）陳

蔡閒因北宋凌本譌因蠻貊之國北宋本國作邦州里集解五家毛譌象夫
然後行集解想見毛本想譌相必問集解蹤多中統游本二字倒孝道
正義琥瑕韓詩外傳瑕作轉澹臺正義延津王本延譌誕七里官本七宅本譌
北子賤正義永昌脫昌字東門脫門字淡世脫漢字以上竝考諸排顏氏家訓補
虙字從虍脫虍字必從山脫山字以上今補少孔子三十歲各本作四十九
歲蓋後人依家語改今依索隱本索隱少孔子四十九歲此云三十不同
各本四十九與三十互易蓋既依家語改史文遂并易其注而不復計其與家語不合也可以為難集
解包氏毛本作鄭玄原憲遂亡索隱本有遂字藜藿襍志云藿當為藋爾雅拜蔏藋注蔏藋
藋似藜若藋為豆葉非其類似字形相近而譌奡盪舟集解寒浞毛譌浞曾蒧說文玉篇
廣韻竝無蒧字疑蒧之譌索隱一音其炎反是其證兌見後字路路者顏回父索隱本無路者
顏三字無椁凌本郲下同駻晳子弘案弘當為厷厷卽肱字名晳故字子厷諸書作弓者同音

札五　六

假借漆彫開毛本彫作雕公伯繚索隱本繚各本竝作僚無訒集解言仁亦
不得不訒也北宋中統游王毛本竝作不難也字子遲索隱本遟各本作遲有若少
孔子四十三歲各本脫四字今依北宋本毛本索隱注引作四十二未知孰誤亦不可行
集解亦不可以行也北宋本也各本作之取室正義六五景子六譌立子
誤行依攷異改世生外象云云此下譌脫致異難以意推衍未必盡合其云子水為世貢木為應則
世應誤矣互子旗中統游本譌祺下同陳司敗游本譌馬顏幸字子柳志疑引宋本家
語宋史禮志作顏辛索疑作辛是也柳字本从丣丣古酉字名字相配形近譌為幸顯有年名王毛本顯
作頗及受業聞見于書傳其四十有二人無年及不見書傳
者紀于左案索隱本於傳末出正文已上四十二人無年及不見書傳者十四字著注云云疑此文顯有年
年名及受業于書傳下亦當有者字題上三十五人也其下四十二人之末則當如索隱本所出後人移并一處頗
提在前截趾適履增減其字失史文之眞矣左字毛譌右公祖句茲索隱本次申堂下漆雕哆

索隱本雕作彫下同商澤索隱本作石商澤疑石字涉下而衍商商形近易譌集解字子季毛本
譌秀公良孺索隱在三十二人不見文有脫誤參正義自明正義今在
四十二人數四誤三依史文改秦冉正義家語無此人家語下衍云字今刪
奚容箴說文黑部黬雖晳而黑也古人名黬字晳段注云弟子傳曾蒧奚容箴皆黬之省論語曾晳名點
借字索隱蒧作蔵者隸書相亂說文名黬字晳蓋即本史文點與黬義相近段說是也黬省作蒧譌為蔵三寫成誤
公肩定毛本肩與索隱本合它本作堅鄡單集解音善毛脫音字申黨索隱作堂顏
之僕索隱本次步叔乘下子祈毛誤祺下子祺誤同燕伋索隱本作級原亢籍集解
名亢毛作杭廉絜字庸索隱本作子庸叔仲會集解晉人舊刻柯本作魯人
邦巽索隱本邦各本作邦襍志云廣韻邦又姓而邦下不云是姓索隱謂家語巽作選而不云邦作郱則家語
亦作邦今本作郱皆後人所改公西輿如舊刻無如字公西蒧字子尙索隱本作蒧毛
刻家語作滅案上尙古通尙加也與滅名字相配

札五　七

商君列傳庶孽公子襍志云公字後人所加玉篇曰公子曰臣孽是公子卽爲孽文選西征賦
長笛賦注引皆無公字公叔座各本皆作座下同問病索隱卽魏侯之子魏下
疑脫文字鞅欲變法襍志云鞅字衍此孝公欲從鞅變法恐天下疑己故鞅有疑事無功之諫商子更法
篇孝公曰今吾欲變法云云是其證新序善謀篇同恐天下議己北宋毛本下誤予五伯毛本
霸不易禮舊刻作古牧司索隱本作牧各本譌收襍志云几相監察謂之牧司周官禁殺氏曰几奚
隸聚而出入者則司牧之酷吏傳曰還伯格長以牧司姦盜賊皆其證各以率北宋柯凌本譌卒莫
敢從舊刻敢誤能作為築冀闕疑為字一本作築者為注後人誤并校而集小都
鄉邑聚為縣襍志云都字衍秦本紀曰并諸小鄉聚集為大縣六國表曰初聚小邑為三十一縣皆無
都字封疆正義疆音疆案正文及注中疆上疆字疑皆誤古疆或作畺或省作畺見集韻及字
類不知文何屬史殺將軍龐涓中統游本將軍上有其字領阬索隱本領各本作嶺於商
正義三邑三疑當作二得交舊刻作見涉上而誤疑荆國之禍索隱六國

年表（六國誤當十二諸侯）云會晉救楚（救字誤表作伐無救荆事致異云謂宋有荆禍而秦救之）君又南面而稱寡人（中統游王本而作也毛本而上有也字）相鼠有體（中統游柯本譌禮）持矛而操闟戟者集解徐廣曰一作云云（志疑云文選吳都賦注引史同蓋異本也）莫如商歃反者（毛脫反字）惡名集解歸籍（中統游本籍它本作藉）以勸戎士（毛誤君）法令（毛本法誤發）蘇秦列傳雒陽人正義乘軒里人也（脫乘字里下衍之字考證據趙策改）出其書偏觀之（索隱本於屈首受書下出偏觀之三字其下山得周書陰符五字疑此文六字當在下文雖多亦奚以爲下作於是出其書偏觀之得周書陰符云云今本錯簡）被山帶渭東有關河正義函谷（王柯譌幽谷）南山（南下有脫文當云南有某山云云）嶢關（王柯譌堯）被山帶渭又爲界（各本截正文被山二句別爲一節而截正義又爲界以下系之於文義不順今并連爲一節又字誤疑當作以）地里江渭岷江（地里字疑有誤警云渭疑當作謂）渭州隴山

札五　八

之西南流入蜀（渭州上疑脫西從二字）疾辯士（中統本疾誤病）雲中九原正義在榆林（官本榆林各本誤倒下同）九原郡城（城字考證增）嘑沱集解其川嘑沱（周禮作虖池）嘑沱出鹵城（索隱本作滹沲今本蓋後人改）索隱音呼沱（各本作沲則與所出字無異今改）正義易縣（易字考證據唐志增）河合（各本倒官本不誤）地方二千餘里（毛本地誤城）西迫彊趙正義貝冀深趙（各本深譌燕考證據地里志改）南近齊正義齊地（官本地各本譌也）而君不任事（而君誤倒考證據趙策改）（禄志說同）與齊則齊必弱楚魏（正義不釋魏境下文亦止云楚弱疑此魏字涉上弱韓魏而衍）包周正義趙邯鄲危故須起兵自守（危字錯在須下考證移改）據衛取卷（索隱本出此四字各本作取淇卷毛本譌作取淵巷禄志云淇字後人加之史作取卷策作取淇正義但言守衛得卷則無淇字明矣）番吾正義常山（官本常各本誤房）然則韓魏趙之南蔽也（舊刻無則字案然猶是也亦猶則也然則二字不必連用說見經傳釋詞此疑後人依國策增）湯武

之士不過三千（禄志云文選枚乘諫吳王書注引作湯武之土不過百里）卒不過三萬（禄志云趙策作湯武之卒不過三千人後人改土不過百里爲士不過三千又改此爲三萬謬矣下文說魏亦云武王卒三千人）夫破人之與破於人也臣人之與臣於人也（各本兩於字上並有見字趙策無索隱本出臣人句亦無並案正義解此甚明今依禄志刪）夫衡人者（中統舊刻游毛本衡下並有音橫二字疑後人旁注合刻本無）趙涉河漳博關（北宋本有淳字王本關譌闕）乃飾（舊刻作飭）千溢（中統毛本作溢索隱本游本注皆作溢則正文作溢者後人所改也）韓宣王（各本宣下有惠字索隱本無志疑云衍）滎洛（索隱本無洛字御覽百五十八引亦無）距來（禄志云荀子廣雅並作距黍文選閑居賦谿子巨黍注引史作巨黍）吹芮正義棫（王柯譌械）干遂正義萬安山西南一里（各本山下衍前遂二字一里二字脫誤作山考證據春申君傳正義改）僉於干遂（王柯譌遂）內劫其主（毛本作王）豪氂（依北宋本各本作毫釐）鋒矢正義齊軍（各本誤君今改）陽晉正義陽晉故城（城字考證增）盧獨（索隱本獨各本作喝陘）

札五　九

塞正義順陽故城（順上王衍門字凌衍郎字並脫陽字官本不誤）大王不從（禄志云不從下脫親字當依楚策補從郎容反）惡至而后憂之（王柯凌本而誤其）則無及已（中統游本作矣）疑於王者（索隱本疑各本作擬）索隱並音蒲作（作疑本作償乃俗蒭也單本作下又作之翢文）以而掩地（四字疑後人依索隱增竄）貸人百錢（北宋本有人字各本脫）賤喙正義奚毒（奚誤與依廣雅改南主術訓作雞毒）愈充腹（禄志云燕策作偷充腹鄭注表記曰偷苟且也淮南主術主亦偷欲休漢書作偷韓子雖一偷取名歟淮南人間訓作愈是偷與愈通）禮之於廷（中統游本作延）而攻得十城（攻字疑衍）危王（毛本作主）抱柱而死（禄志云文選獄中上梁王書注御覽人事部引作抱梁柱而死燕策莊子盜跖篇同）今王奉仇（毛本奉譌泰）對曰（毛本譌封）對大宋正義齊宋在前三十餘年（齊下疑脫滅字王柯本三譌王）恐文誤矣（王本文譌大）鉅防正義濟州（官本濟各本譌齊下齊西正義同）竹書紀年云梁惠王（官本有年字王字）從子母弟（索隱本從各本作說後人依策改）燕

王專任毛本王誤主涇陽君正義以封官本封各本誤射肥大齊合刻本以
齊字屬下史詮說當三字句甚確是益一齊也正義各本系肥大下謬今移正北夷襍志
云當爲九夷敗素集解染以爲紫毛本染譌深焚秦符中統本焚譌楚燕趙
之所利也毛本燕趙倒脫躧毛本脫作屣以此若言襍志云若言猶此言燕策作若
此言各本若譌苦今依改楚得枳而國亡集解西陵二字考證據正義增齊得宋
正義四十年四誤三考證據年表改出於巴正義記大江記字當誤觸鄭
正義東觸官本觸各本誤解道南陽集解軹道亭攷異云道謂南陽徐誤政
循背正義淇口各本誤淇水依水經注改淸淇口官本譌淸各橋水入
以寡寡人寡乃爲字之譌爲古象字燕策作象致藺石石上策有離字疑傳寫脫綦鄗阨
索隱本褰作安襍志云安即闕字闕亦褰也正義古鄗官本鄗各本誤皆已得講於魏
巳譌趙考證據策改襍志說同譓石北宋本譓作離而遇敗索隱本有而字則劫魏不爲

割不上當重魏字策有岸門集解大破我岸門舊刻作鴈門趙莊集解趙
莊與秦戰敗北宋本作而
張儀列傳數讓襍志云索隱數音朔非也數讀如數之以王命之數此在吾術中中統
本吾誤乎凌本在吾倒文檄集解尺一中統游王柯凌作咫尺今從北宋毛本苴蜀正
義王自葭萌禦之王上當重蜀字取苴與巴焉各本作賊巴蜀二郡考證據華陽國
志改石鐃各本譌鐃考證據唐志改什谷凌本什作斜正義緱氏緱譌維考證據唐志改
南鄭正義令楚兵官本令各本譌今王業襍志云業字衍秦策有業姚宏曰曾錢劉無新
序善謀篇亦無謁其故索隱本謁各本作論襍志云秦策新序竝作謁公子華志疑云六國表作桑
觀津志疑云當作澤則楚攻其南中統游本脫則字大王不事秦何本脫不字
卷衍酸棗志疑云國策衍下有燕字正義亦有故云燕滑州胙城縣傳寫失之集解巨檻反
毛本巨譌兵北宋本作輕乃使勇士至宋借宋之符北罵齊王齊王大

怒折節而下秦借宋之符句當有誤楚世家作乃使勇士宋遺北辱齊王齊王大怒折楚符而合于
秦則是所使勇士姓宋名遺耳雖無出甲襍志云雖讀爲唯言是唯無出甲出甲則席卷常山而折天下集
之脊也其勢不兩立北宋本其誤兵下甲毛譌中而距扞關王柯凌距作拒集
解魚復縣有扞水關脫縣字水下衍扞考證據通鑑集覽注刪從境志疑云策作從
竟陵以東此誤夫待弱國之救襍志云待當爲恃涉上文而誤楚策正作恃兩虎相搏
集解或音轉襍志云搏本作據故徐音轉後人改搏加或字謬甚必大關索隱本無必字混
一北宋中統舊刻游王柯本竝作壹飯菽襍志云當爲菽飯韓策作豆飯春秋後語亦作菽飯跿跔
索隱韻集各本誤倒案隋志韻集十卷不著撰人名姓又韻集六卷晉呂靜撰又韻集八卷段弘撰不知
何屬戎兵之衆上下皆言馬此句襍出且上文已言之矣疑衍騰者舊刻無騰字者下有而字夫
羣臣諸侯羣臣字疑當在諸侯下桑林集解一作栗毛譌粟取於澠池
北宋毛本澠下復衍音切今刪趙服襍志云服當爲破趙策作破趙奉祀北宋毛本作奉祭祀很戾

各本很譌狠今改入儀之梁襍志云儀字衍齊策作內之梁內即入也馮喜索隱舊本
作憙者誤襍志云喜古通作憙皆貴重爭寵毛本爭誤尊令軫不忠令疑合字
譌王以其言毛本王譌主厭事索隱本厭各本作壓臣與燕趙毛本與作於中
謝北宋本下有之士二字卞莊子王柯本卞作辨下同索隱館莊子案困學紀聞引此傳
卞莊子戰國策作管莊子索隱引戰國策作館莊子蓋伯厚未見單本也立須之中統游王柯本須譌項
焚杅毛譌杆重幣正義義渠之國王脫之字此言言下王衍者字大敗秦
人李伯之下中統游本人作入與索隱本合
樗里子甘茂列傳蓋出其人中統本吳校金板出作人知伯索隱本知各本作智
遺之廣車據國策韓非子此文遺之下有脫文正義盂縣王本盂譌孟欲伐仇猶
國仇字考證據韓子增除塗官本除各本譌險赤章官本章各本譌草因隨之以兵
舊刻王柯無以字伐衛正義作宰地官本地各本譌也侯煇中統游王柯凌本作煇

不朽中統游本譌利挾韓而議之襍志云之字涉下而衍秦策無新序同公叔二字疑衍
葉刪校其坤德韓毛本德誤得幸有餘毛本誤可有斯便宋本使譌殺絜正
義王脫齎之鬼谷正義陽城鬼谷官本有鬼字各本脫章義之難集解
內句毛可譌復入秦中統游毛復誤獲大項橐索隱本大各本作夫請因孺子
宋本譌作譌
穰侯列傳華陽君正義司馬彪云官本有司馬二字它本脫謂液曰中統
本脫謂字且劫王中統游本劫譌卻此臣之所聞於魏也此緻上所聞魏長吏之說
也小司馬注即聞魏見欺句不可解君王君指穰侯下文屢稱君可證王字衍計之工上毛作七
仍集解爾雅曰所引文見小爾雅何索而不得毛脫此句得魏三縣毛本
三譌二長社柯本社譌杜秦將益甲毛本將誤兵臣竊必之如小司馬解此四字
當連下為文正義中斷之非是秦昭王悟昭字王柯凌脫收陶為郡志疑云郡當作縣

札五　十二

白起王翦列傳夷陵正義峽州峽作硤考證據唐志改陘城正義在
絳州官本在各本譌有南陽太行集解此南陽毛本此譌北平陽君索
隱未詳何人攷異云趙豹見趙世家氏正義綸薾官本綸各本譌輪趙軍
長平正義二十一里二十誤作北考證據郡縣志改四尉正義二鄣王柯譌部
軍數敗軍字疑涉上而衍秦壁正義亦名官本亦各本譌古壘阬官本阬各本作
坑下並作阬遺其小者毛本遺作遣禽馬服官本禽各本作擒南定鄢郢正
義率道各本率誤夷考證據郡縣志及唐志改梁州各本誤褒州或誤襄州考證據郡縣志及唐志
改周召官本召各本作邵邢丘襍志云邢丘魏地非韓地丘字衍邢丘陘之借字垣雍集
解正義凌本並脫破秦軍凌誤兵武安君遂稱病篤毛脫君字陰密正
義卽古陰密國國字疑衍祭祀集解則張虛捲毛本卷說文捲气執也或借作
拳詳段注補袒毛本作但案補袒字之借用但猶但陽字之借用袒矣可謂善戰毛本作所可

年少毛本倒果勢集解勢一作新案御覽二百七十四引作果斷義長新與斷同从斤
而誤城父正義使太子建居之官本使各本誤是始皇聞之毛本皇誤王
自送毛本倒怚毛本怚各本譌怛案說文怚驕也疑我邪王柯作矣果代李信舊刻
果作東御覽二百七十四同不祥中統游本作詳案字類引自序陰陽之術大祥誤書作詳是祥詳亦通借
固其根中統游柯本固譌因
孟子荀卿列傳索隱云云案今序傳與今本次序同漢書司馬遷傳亦同孟軻舊刻
作孟子不果襍志云廣雅果信也騶忌中統游王柯毛騶作鄒物類所珍中統游本作珍
莫能相通中統游本能作得乃為一州毛本為作謂始也濫耳案此謂其始泛
濫無禮故間者心動及其歸於仁義節儉則又不能行小司馬說非是懼然攷異云懼即瞿字惠王
郊迎王本惠上有梁字撇席凌本撇作撇主運毛本主譌王而孔子毛本而誤於
飯牛宋本中統游凌飯作飰倘亦有牛鼎之意乎案此比鄒子始之泛濫者為飯牛負

札五　十三

鼎之類鄒之也索隱非自騶衍襍志云此本作自如騶衍云云自如二字連文後人移如字於淳于髡諸
人上文不成義管晏凌誤嬰不足為言邪毛本足譌是壹語舊刻壹作一開第
舊刻開譌門過髡集解別錄曰髡云曰字疑衍索隱則過是器名單本脫過
字各本錯在則上今乙正案說文楇盛膏器讀若過廣韵作楇過乃假借字齊襄毛誤宣猾稽舊刻
毛本作滑稽堅白集解特堅利毛本特譌持長盧毛作盧吁子索隱音
芊案疑吁字本或作哶故小司馬音芊師古音弭哶即芊之俗字見玉篇飾用集解墨子解
帶云云此以下二十八字王柯凌本脫
孟嘗君列傳殺魏將龐涓索隱三十六年六誤一據魏世家索隱引紀年
改韓魏服於齊王本韓魏字不重東阿南正義濟州濟譌齊考證據唐志改
短褐索隱短亦音豎據此疑短本作裋故音豎嬰適舊刻適各本作乃下同一與
文等御覽四百七十五引文作之襍志云當作之文代立下皆稱孟嘗君不稱文之字指食客而言親己

毛本親上有將字木禺人索隱本禺各本作偶禚志云封禪書木禺龍後漢書劉表傳其猶木禺之於人
也是偶通作禺古敗則歸土御覽三百九十六引則作卽古通用宮滅中字類引作滅各本作
藏敝邑舊刻敝各本作弊下同韓魏賀秦志疑云魏賀二字誤策作韓慶入秦是也迺奔
魏子所與粟賢者聞之御覽四百三十六引作乃奔魏前有披粟於流嘗之賢者聞之盜是
別本然推之此本疑魏字當重中立於諸侯舊刻於各本誤爲躡蹻索隱本蹻各本作屩蹬
傳舍十日御覽三百四十六引作置之傳舍五日疑今本脫誤謌曰凌本謌各本作歌歸來
乎御覽引作兮下同狀貌宋本作兒出息游毛本山作貸爲民之無者以爲本
粲也者字疑衍下云爲無以奉客也兩無以相對爲文今富給者中統游王毛本今譌令而
奉邑益廣王本奉譌秦馮軾毛本馮各本作憑下同爲雄雄者禚志引顧子明曰爲
雄二字下脫衍一雄字無不欲彊齊而弱秦者馮軾結靷西入秦者
王本脫此十七字朝趣市索隱本趣字類引同各本作趨禚志云當作趣市朝下文過市朝者正承此文

札五　十四

索隱本已譌
平原君虞卿列傳毛本與索隱本同各本作盧平原君曰夫賢士
中統游本無君字而未廢也索隱本廢各本作發禚志云謂未發於口也廢卽發之借字命縣
毛本縣各本作懸銅槃索隱本槃各本作盤錄錄索隱說文云錄錄隨從之
貌攷異云說文作娽云隨從也志疑云廣韵引史作娽自已爲不失已字宋中統游王柯凌竝同
後宮百數已字宋中統游王毛本竝同柯作臣亦已之譌士方其危苦王本士下衍於
爲趙國無有毛誤憂而以國人無勳句有誤疑以字衍上句也字當在此下檐
簦宋中統王毛本竝作檐它本作擔發重使爲媾索隱本使下有而字楚魏欲得王本
楚魏二字不重今秦善韓魏王本今譌令下今臣同解負親之攻鮑彪注策云趙嘗親
秦而負之故秦來攻意自明小司馬所據本之攻誤倒因强爲之說以爲韓魏不救趙也而
王之軍必孤有以禚志云十六字衍趙策及新序善謀篇竝無予秦地何如毋

予孰吉禚志云何字衍如者與也新序作予秦地與無予孰吉柰此何字疑後人依趙策增彼無孰吉二字
構難宋本毛本構它作構因秦之彊怒疑怒字一作彊努注誤并危哉樓子禚志云危
讀爲詭古或以危爲詭天文志司詭是天官書作危淮南說林篇尺寸雖齊必有詭文子作危而齊趙之
深讎何疑有誤今魏已宋本凌本作已下稿已同
魏公子列傳宋本中統游毛各本竝與索隱本合合刻本作信陵君列傳疑本正義舉烽集
解作高木櫓中統本作土櫓宋本毛本土又譌爲士爲寇正義王本脫深得索隱
本深各本作探敝衣冠舊刻敝各本作弊公子顏色各本公子二字不重親枉毛譌往
今邯鄲至之困此二十一字王本脫不憐毛本怜然公子過臣厚舊刻然作
往閒語禚志云閒讀閒廁之閒漢書鄧禹傳因留宿閒語注閒私也索隱語謂靜語也
語上疑脫閒字各本并删語字主令中統本主譌王不授中統游本譌受嚄唶凌引茅坤曰卽項羽
喑啞叱咤狀其勇氣臣迺市井舊刻迺各本作乃鐵椎毛譌錐下同埽除中統游本埽譌

札五　十五

歸豪舉謂徒以客衆爲豪耳索隱非公子皆名之凌引茅坤曰客進兵書而總名于公子故
世稱魏公子兵法索隱正相反有以也疑衍也字有以二字錯閒當在末秦祠不絕下
春申君列傳受其弊舊刻作敝舉甲王本譌中桃入邢志疑云策作桃人入字誤
集解桃城毛誤縣邢丘毛誤縣濮磿各本作歷志疑云磿之誤新序善謀篇作濮歷今依
改集解濮水毛本濮譌僕絕楚趙正義楚趙之絕從絕從疑誤倒詩
曰毛作云榆次正義洞渦官本洞渦與水經注合各本譌同迴三渚正義三江
官本江與吳世家正義合各本誤公卑辭除患除疑徐之誤說文徐緩也策作慮摺頤御覽三百
六十八引此注云摺盧合反校於秦索隱本下有矣字與策合禁王宋中統游王毛本禁作楚如索
隱云則禁字小司馬所改與策合壹舉事舊刻毛本壹作一舊刻無事字集解一作遝毛脫
一字王施毛本王誤左施字疑誤策作禚拱手正義濟州濟譌淵考證據唐志改兩游
正義廣言橫度中國東西也正文無廣字疑是釋集解或廣上有文今皆缺封爲

春申君正義然四君封邑 警云然上當尚有文今缺 吳墟正義闔閭 考證
云何有脫當作闔閭所都 又改 譌攻考證改 刀劍室 御覽四百五引同四百九十三引作悉七百九
十七又八百七引室悉竝有疑今本脫悉字 剖以與秦 毛本與作爲 將吏 中統游本倒 毋
望之禍正義謂不望 王本謂作酒 毋望之人正義謂吉凶忽爲
爲疑焉字譌 而君相少主 舊刻而上有卒字 李園不治國而君之仇也
索隱本無不治國而四字疑後人依楚策增 此所謂毋望之人也 宋中統游毛本皆無所字
朱英 各本同惟索隱本作朱亥豈小司馬獨見誤本抑後人改正也 失朱英 游本脫失字
范雎蔡澤列傳 宋本毛本雎竝作睢下同 辨門 祼志云御覽居處部又人部引作辯有門 守
者乃請 宋本無乃字 三亭正義蓋闕字 字譌亭考證改 至湖 各本湖下衍閣字索
隱本無祼志云地理志京兆尹湖不言有閿水經河水注亦但言迴穰侯於湖縣文選解嘲注引史記范雎入秦
至湖無閣字 累卵正義九層之臺 官本有之字 苟息 今說苑無此篇類聚二十四又
七十四御覽七百五十八引竝作孫息 危哉危哉 王柯本此下更衍危哉二字凌無 此殆不
危也 凌本有此殆二字王柯無類聚二十四引作臣謂是不危也御覽同 謀議將與 類聚御覽引下
有兵字 嘗稱帝 柯凌嘗譌常 綱壽 舊刻作剛壽與穰侯傳合 明主 舊刻明誤名 砥砨
祼志云說文篇韵無砨字秦策作厄 不概索隱概作闔 案今策本作圖 以其 祼志云以語如
無以其轉語詞 離宮正義雍州 州字考證增 永巷索隱宮中獄 案睢豈能入獄
王又何爲至獄此注恐非 酒然 索隱酒作灑案徐音先典反則本酒字段氏說文注云酒灑殊義而雙聲故相
假借 王業 王本王譌正 五伯 宋本毛本作霸 死者 舊刻無者字 卒興吳國 柯本與譌
與 有補於 舊刻有於字各本脫 而身死 舊刻無身字 鄉秦 舊刻鄉作向 下惑於
索隱本無於字 柰何而言 舊刻毛本而作有蓋讀爲又 谷口正義公孫卿 各本公譌
云又衍一云字 得仙寒門 各本門誤仙 寒門者 各本脫門字 九嵕山 各本下衍中字
以上官本皆不誤 施轑盧 索隱本施與策合本作馳後人所改 各 碎地正義尺亦反

尺疑當作匹蓋俗作正形近而譌 罷獘 舊刻敝 皆咎其王曰 王本重曰字衍 而齊 宋本
舊刻毛本有而字與索隱本合 因可虜也 舊刻作矣 有韰正義石柱韰 石疑當作蝕涉
上如字而誤王本脫此正義 國斷正義宜陽 下衍令字考證刪 田文 祼志云張載注魏都
賦引作單 利歸於陶國獘御於諸侯 志疑云依策鮑注則陶字絕句吳氏據別篇云利盡
歸于國國之幣帛入太后之家疑此有缺誤 射王股索隱言射王股誤也 志疑云策
止言淖齒史涉崔杼致有此誤 見王獨立於朝 舊刻見作是 唯唯亦得謂 唯諸爲雖
見君 依舊刻各本倒 吾固不出 舊刻有固字凌引一本同 包胥辭不受 王本包上有中
字 君卒然捐館舍 中統卒然下衍有字 上計集解凡郡掌治民 宋本毛本
與續漢百官志合各本掌譌長 高平正義春秋 二字各本誤作秦考證改 貴而爲交 索隱
本交各本作友祼志云隸書交字或作支又因下勝之友而誤 馬服子索隱趙括之號也
凌云馬服君之子故曰馬服子索隱非 爲趙所圍 王柯凌本作困 持國秉 索隱本出此三字各
本下有政字祼志云後人妄增御覽人事部引無 魋顏集解上魋 上字當衍 膝攣 王本膝譌
眛 刺齒 二字御覽三百八十三又七百二十九引竝作齧 秦王必困君 秦王二字疑衍 子
嘗 御覽四百六十三元龜八百九十引竝作嘗各本作常誤 成功者去 御覽引下有未成者來四字
澤流千里世世稱之而無絕 志疑云策作澤流千世稱之而無絕足也 困己以
說集解式紬反 毛本式譌或 怨咎 宋本毛本倒 碎離集解毀訾 毛本誤分
作此言二字 忠聖 王柯凌脫忠字 若臨 毛本誼 游客 毛本說 吾聞欲而不知
止失其所以欲有而不知足失其所以有 祼志云止足二字互誤足與欲
韵止與有韵 綱成君 舊刻綱作剛 一切 毛本世
樂毅列傳重巨索隱平原 蘐說云平原在齊西北不得云南左氏襄十七年傳飲馬於重
丘杜注重丘曹邑此時當屬楚 觀津 志疑云當作澤 咽說 索隱本有說字 濟上正義濟上
在濟水之上 官本如此各本錯作濟水之上在濟上 歷室 舊刻歷各本譌曆 慊於志

索隱此條當訓樾訓足注非沈子胥游本沈誤波隳先王之名游本誤明惡聲
正義言君子官本有言字函意集解顧仇毛本顧譌願願釋毛本願誤儀
燕趙以為客卿毛無燕字代廉頗毛本代譌伐
廉頗藺相如列傳陽晉索隱本作陽晉各本誤例說見六國表願結友襍志云交
之誤文選恨賦注御覽治道部引並作交廣成傳各本下衍舍字索隱本無襍志云魏都賦廣成之傳無以
嘷張載注引無其從王本下有去聲二字各本集解無蓋後人所增欲毋行舊刻毋作不請奏
盆缻舊刻奏御覽四百三十三又七百五十八元龜八百四十七寰宇記五引並同各本作奉譌襍志云奏進
也上文曰請奏瑟正相對文選西征賦注引作奏一擊治要引一作壹大功襍志云文選西征賦注後
漢書寇恂傳注御覽兵部人事部疾病部引並無大字治要通鑑同與廉頗同列襍志云頗當為君文
選盧諶覽古詩注曹攄感舊詩注並引作君治要同固止之治要云固舊作故案二字古通不肯出
租舊刻租各本誤作趙國賦太平治要作治王乃令趙奢御覽二百八十二引令作命

札五　十八

復請諫索隱本復請倒先據北山正義趙之官本趙各本作移蓋趙之譌趙王
信秦之閒秦之閒言曰秦之閒三字王本不重不將括卽已治要卽作則
身所奉飯飲治要無飲字疑衍士大夫三字疑衍詳敗走毛本詳各本作佯有
何怨乎襍志云有讀為又壽春毛誤陽代鴈門正義故云代官本有代字各
本脫襜襤各本並从示與集韻類篇合索隱本从示則後人以不習見而改不知襜無都甘反襜字襤字亦無
合釋為胡名者然說文玉篇廣韻皆無襜襤二字譌唐傳襜林集解徐廣曰襜一作譫單本索隱譫丁甘反一本作
襜襤字从衣今它本亦並改从示索隱匈奴傳林胡索隱正義並引如淳云林胡卽襜林為李牧所滅然則襜襤卽襜
林也此傳襤字徐廣曰一作臨疑史文本作儋臨古擔字亦或作擔臨林同音臨與監形近義同因以致誤又涉
擔字而增衣旁其从示則皆因衣旁形似而譌也毛本此文作襜襤字與馮唐傳索隱單本合秦破
殺趙將各本殺趙二字倒索隱本不誤於武遂各本下衍城字索隱本無故異云世家作武城怯
懦集解一作掘懦二字疑狃懊之譌舊刻作懦懦

田單列傳敗死舊刻作奔疑誤前行正義胡郎反胡譌故今正俱欲出
戰舊刻俱各本譌其開戶正義劇卒劇誤破考證改安平君單傳似未完今不可攷
初淖齒王柯凌本淖作悼蔡本中統游本此段在索隱述贊之後疑後人所增毛本連上空一格恐非今依
舊刻王柯凌本
魯仲連鄒陽列傳畫策正義飛兔王本飛作非仕宦蔡本中統舊刻游本
作宦它本並譌官秦兵凌本作軍今齊湣王鮑注國策云衍湣王字不能去舊刻不作
末吾請為君毛本請作且魯連見新垣衍游本魯下有仲字過而為政
於天下襍志云高誘注呂氏春秋知士篇曰過甚也當為仁義矣毛本誤也周烈王
崩集解烈王十年崩威王之七年此十與七互誤故正義引紀表以糾之各本依
紀表改則正義背矣今依舊刻毛本因齊王本因譌同志疑云齊字衍說見六國表九侯正義滏
陽官本滏各本譌溢牖里蔡本舊刻毛本牖它本作羑來吾君襍志云來下脫衍字當依趙策

札五　十九

補抱机官本舊刻毛本凌引一本作抱它本並譌抱舊刻机譌机魯仲連辭讓使者三
襍志云使字衍趙策無類聚人部御覽封建部人事部並作辭謝者三文選左思詠史詩注江淹上建平王書注引
並作辭謝解紛亂襍志云類聚人部御覽人事部文選詠史詩注北山移文注後漢書桓榮傳注荀彧傳注
引皆無亂字所貴於天下之士者各本所下衍謂字舊刻無二十餘年索隱本二
作三卻死索隱本卻故注云避死各本誤怯無稱焉舊刻作無所稱齊之南陽索隱
卽齊各本齊譌濟今改單本作楚亦誤反外襍志云外當爲北北古背字齊策作北三戰之
所以舊刻所下衍以猶豫蔡本舊刻毛本豫它本作預非蝕昴索隱本蝕作食昔卞和獻
寶楚王刖之索隱本卞和作玉人刖作誅蓋誤尾生索隱於齊齊誤秦今改析
肝中統游本析作折舊刻作析御覽四百七十五引同范雎蔡本雎借宦中統游本譌官出逐
不收蔡本王本不誤之五伯舊刻霸彊瘖舊刻偪而能不說於田常之
賢襍志云漢書文選無能字於字驕傲舊刻毛本傲雖蒙索隱本各本作包襍志云新序漢書文選

竝作蒙七首索隱通俗文類聚六十引通俗文與此注正合單本作風俗通誤殿殿下殿
字誤也漢書文選竝作鼓集解據誤本强爲之說
屈原賈生列傳左徒正義蓋今在在字疑即下左字之譌衍草稾索隱本作
稾誤从木它本或作蔡式作槀皆譌俗曰以爲治要無曰字今本有者疑涉注異文誤混離騷索隱
本作懽疑今本史文皆後人所改怨誹王本作非注同蟬蛻舊刻作脫不獲襍志云廣雅獲辱也
又濩辱污也皭然集解疏淨蔡本靜丹淅索隱本淩毛本竝譌淅注同依攷異改蔡本中
統游王柯本竝作丹陽楚世家同正義枝江枝譌岐考證據郡國志改屈匄索隱本作丏注同
追張儀索隱本無張字唐昧各本譌昧依志疑改正義莫曷反曷誤暮汪校改毋行
索隱本毋各本作無愚智索隱本作知不知忠臣之分臣字疑誤心惻索隱本作測誤
豈足福哉舊刻脫哉正義豈足受福足譌是考證改隨其流索隱滑其
泥滑今本楚詞作淈同見段氏說文注義汶汶集解垢污舊刻污各本作敝游本作瑕索

札五　二十

隱汶汶者音閔疑衍汶者二字世俗舊刻有俗字與索隱本合溫蠖索隱本誤倒懷
沙之賦索隱本無之字窈窈蔡王柯凌本作窈窕索隱徐氏云眴音眩案集解眴
眩也故即讀爲眩幽墨正義歎無人聲數字疑誤俛詘中統游本作絀不章集
解奏公毛誤功無明正義眄也眄譌眄今改鳳皇正義應瑞圖類聚
九十九引韓詩外傳與此注大同鴻前王本誤作鳥鴻雞喙王柯作啄翼俟順俟字疑誤類聚
作翼挾義今本韓詩外傳亦有挾義二字足履正官本有足字與類聚合五色官本有色字與類聚
合今本外傳作彩誹駭索隱本作非駭駭字各本皆同姑仍之含憂索隱楚詞作舒
虞襍志云含當爲舍舍即舒字沅湘索隱陽海各本誤倒依漢志乙正正義陽海
山北入江脫陽字北下衍至字考證依說文改曾唫舊刻作吟冐程攷異云程讀如秩與西韻
書平秩東作史作便程人生稟命各本作有命襍志云當從宋本作稟楚辭作民生稟命余何
畏懼索隱本餘各本作余曾傷爰哀四句襍志云上曾唫恆悲四句即此四句異文侍史在前

楚辭在後耳後人據楚辭增史不知已見上文也此四句似當從史較叔師本爲長自投索隱本作汨襍志云
汨字是正義湘陰湘譌相考證改竹筒官本有竹字與類聚四引續齊諧記合竝爲蛟
龍所竊官本有爲字各本無類聚作苦蛟龍所竊練樹類聚練作楝下同以弔屈原游本
無屈字而常學事中統游本作士法制度中統游本法作政自賈生發之游本
發作廢辭往行問長沙卑溼自以壽不得長又漢書文選無此十五字志
疑云生因服鳥入舍故以爲命不得長非因卑溼也此乃下文之複出者當衍適去舊刻至嗚呼哀
哉游本下有兮字方正倒植攷異云植與置同論語植其杖而芸石經作置案選注引史記作値幹
弃周鼎兮寶康瓠各本兮下有而字索隱本無與下二句一例襍志云漢書文選兮在瓠下亦無
而字誶曰索隱周成此下疑有脫文隋志梁有解文字義七卷周成撰師古音碎也
此自引漢書注合刻改師古二字爲解詁謬堙鬱索隱本堙作湮隱處正義自珍官本作珍
字各本脫騏驥舊刻驥正義騏文如綦也騏譌其綦譌綦汪校改覽悳煇而

札五　二十一

下之蔡本毛本悳各本作德游作得索隱本煇而各本作煇焉險微志疑云困學紀聞云顏注險阨之證
則微當作徵文選作徵橫江湖索隱本橫作撗螘螻此倒文以叶韵蓋讀螻爲龍珠切集韵十虞有螻
此一音此後世轉侯入虞之韻讀者習見螻蟻字以爲誤而乙之不知蟻字不可與華都下去魚爲韵也今推索
隱本未改長沙王太傅索隱單本於蟻螻句注下出爲長沙傅四字而系注與下正義互有詳略
明當以類注系於此合刻本乃系索隱於前文以賈生爲長沙王太傅下非小司馬意今移正乃曰服集
解山鴞毛譌鳥土俗毛譌俗索隱有鳥小雞鳥下疑脫如字筴言索隱本筴
各本作策以意索隱本意各本作臆斡流舊刻斡作幹變化而嬗毛本與索隱本及漢書文
選合各本倒集解謂變蛻也中統游毛本無謂字夫差已敗已字蔡本中統舊刻游本王
柯毛竝同糾纆索隱本糾作糺注同索隱通俗文單本誤作風俗通鑪索隱本鑪各本作爐
控摶蔡王柯凌本竝譌博烈士舊刻與索隱本同各本烈作列夸者集解不光毛本譌死
攌索隱本欄各本作攌索隱說文云攷異云說文無攌字漢書作僩蘇林音歎全反案說文閫閫僩

三字皆無以字音字義求之於圖字爲近遺物索隱本作遺物疑譌淡漠舊刻淡作儋蓋澹之譌索
隱捐道捐譌損考證據莊子改其死若休索隱本其死下有兮字襍志云漢書文選並作其生
兮若浮其死兮若休如索隱本則上句亦當與漢書文選同澹乎舊刻作兮下句同若空而浮
索隱本與漢書文選合各本浮作游襍志云游字誤慸葪攷異云葪不成字當作薊正義加邁反
加譌如今改世其家官本與漢書合各本重世字材游毛誤君微何國毛本何誤使
呂不韋列傳陽翟正義今河南府縣誤也字考證改賣貴賣各本譌賁注
同今正孽孫索隱本孽作孼注同憐之毛本憐譌鄰奇貨正義立主定國官本
立主各本皆倒扇城王柯扇作聊陽泉君官本陽與秦策合各本譌楊下同山陵崩王柯
脫崩字下山陵句同重尊據上索隱引則當作尊重莊襄王所母各本所下有養字索隱本無襍
志云後人妄加雒陽舊刻毛本雒與索隱本合各本作洛齊有孟嘗索隱孟嘗春申
死已久據表及傳單本無此十一字不韋又陰謂舊刻不韋上有呂字徙處

札五　三二

蜀中統本吳校金板處作居
刺客列傳遂邑正義龔巨官本龔各本譌龍堂邑索隱本堂譌常注同五子
胥舊刻五各本作伍下同無如我何索隱左傳直云單本直下衍注字我爾
身也單本誤死如我何至史記也此三十一字單本脫事范氏及中行氏
索隱本與治要引合襍志云今本無氏及二字蓋依趙策刪醳去索隱本醳各本作釋韓哀侯索
隱列侯生文侯文侯生哀侯凡更三代單本作後次文侯後次哀凡三代
有郤索隱本作郄注同索隱二人相害也嚴遂與韓傀之過韓傀
叱之於朝各本與韓策合單本脫也嚴十四字拔劍趨之單本劍誤趙脫趨之二字自暢
正義數色吏反案數字無此音疑吏乃庾字之譌大人麤糲官本大各本作夫正
義尊婦嫗爲大人各本婦作大吳校改與下刺傳索隱合官本大人與今本漢書合各本作夫
人下同宣元六王傳官本有六字各本脫未敢以許人舊刻敢作可所欲報

仇毛本讎下同衆終莫能就襍志云衆與終一字也今作衆終者一本作衆一本作終後人誤合
之耳韓策作終莫能就不棄王本誤益請益其車騎蔡本王本益誤登襍志云韓策益其作益
具義長韓之與衛相去中間不甚相遠索隱本出韓衛間不甚遠六字疑此有衍
文無生得失索隱本出無生得三字考證云唐本無失字後人誤增襍志說同因自皮面
襍志云廣雅皮離也又曰剝也續列女傳作自披其面案御覽五百十七引史作披面購縣之襍志云當
爲縣購之下文曰王縣購其名姓千金自刑正義自刑作刑此蓋正義本作自刑而合刻者
爲之詞其姊嫈云下複衍一云字考證刪乃其姊亦烈女也游王柯凌本乃譌及
蔡本烈作列以列其名毛本列譌烈其後二百二十餘年蔡自韓哀侯六年始
爲侯至秦始皇二十三年首尾百八十年若韓哀侯六年又減三十二年六國表書俠累事於韓烈侯三年下至秦
始皇二十三年實百七十四年此傳文及集解索隱所言年數皆不合正義更譌疑並傳寫之失目攝之
襍志云攝攝也襄十一年左傳武殺以攝威之釋文攝又之涉反提攝與攝同高漸離索隱王義

札五　三三

之音哉靡反案隋志有小學篇一卷晉下邳內史王義撰此之字疑衍蔡本王本並無之字作子靡反
與此音同柯本改王爲正割入正義斯爲謬矣不能爲之謀王本誤謂爲此所謂資怨
舊刻有所字智深毛本智作知逢迎舊刻毛本逢作進可使也正義武陽疑卽
下秦舞陽志疑云蔡舞陽國策燕丹子隸續武梁畫並作武陽太子丹恐懼蔡本毛本無丹字長
侍游王本譌待揕其匈蔡本中統舊刻游柯毛本揕作揕下同集解一作抗襍志云抗
當爲抌集韻抌揕並涉甚切荊卿豈有意中統游本吳校金板卿作軻非而爲歌曰中統
舊刻游毛本有爲字九賓正義文物文譌交考證據簡相如傳注改圖柙索隱本押各本作匣
操其室正義燕丹子丹誤太汪校改荊軻逐秦王秦王環柱而走
舊刻秦王字不重疑是蓋此時軻與秦王皆環柱而走也中桐柱策無桐字疑衍毛本作銅軻被八
創毛無軻字箕踞蔡本毛本踞它本作倨欲獻之秦欲字疑衍朱子正義在趙
州平棘縣各本趙譌提棘譌頼案隋志趙郡平棘大業初廢宋子縣入隋郡縣志武德元年改趙郡爲趙

州平棘仍舊屬今據改 彼有善 毛本彼譌彼 召使前聚筑 索隱丈人 案此與聶政傳正義所引不同盖小司馬所見漢書別一本也 乃矐 柯凌譌曜

李斯列傳

郡小吏 襍志云郡字類聚獸部引作鄉案御覽百八十八引亦作鄉與小司馬本合 之秋 舊刻誤昨 卑賤 舊刻微 故詬 毛本而詬涉下而誤 胥人者去其幾也 襍志云胥者須也去當為失 五伯 舊刻霸 由竈上騷除 襍志云御覽人事部引竈字上有老嫗二字案索隱若炊婦云云則當有老嫗字 溉渠 正義自中山西邸 中字西字考證據河渠書溝洫志增 來丕豹 索隱本來各本作求 此五子者 王柯凌毛本脫子字 鄢郢 正義上郡 譌都汪校改 范睢 蔡本毛本並作雎下同 皆以客之功 舊刻以下衍為字 太阿 集解 蔡本脫 阿縞 襍志云阿或作綱廣雅綱縞練也淮南修務訓注阿細穀漢書禮樂志注阿細繒司馬相如傳注同 叩缶 索隱本缶各本作缻 快耳目 襍志云目字後人所加文選無舊本書鈔類聚御覽樂部引史皆無目字 昭虞 集解徐廣曰 毛本脫此條王柯凌本誤作索隱曰 不問可否

毛本問作論涉下句而誤 明其德 索隱泰山 泰字誤衍舊子無 尊主 舊刻作王 卑臣 各本倒考證改 別白黑 索隱本別各本作辨 及幸宦者 王柯本宦譌官 故顧小 舊刻故各本譌胡 內官 中統游本譌宦 就變 毛本就作龍志疑云文選東方朔畫贊引作龍變而從之 故秋霜降者草花落水搖動者萬物作 索隱本出下句無動字襍志云秋字動字皆後人所增 孔墨之智 舊刻知 足以為寒心 襍志云以字文不成義文選報任少卿書注引作足為寒心 不得飛歸 舊刻誤能 得於上郡 毛本於誤與 諸公子及大臣 治要作至 及姦謀 治要舊刻姦作姧 砥死 集解史記音隱曰 宋本中統本同毛本脫此條游王柯凌本音隱二字誤作正義 治直馳道 襍志云直下脫道字治要引作治直道馳道 不穀於此 索隱本作是 股無胈 集解 毛本脫 然則夫所貴 然則二字疑衍 賜志廣欲 賜字蔡本中統游王毛本並同字類補遺引此文亦作賜方言賜盡也義自可通今本作肆者疑後人以賜志不經見而改 可不察焉 治要邪 以天下為桎梏者 王誤告 無他

舊刻它 謂之為桎梏 蔡本中統游王柯毛並脫梏字 不能督責 治要能作知 弃灰 於道者 毛無者字 庸人不釋 索隱本不作非 百溢 索隱本溢各本作鎰 盜跖 舊刻蹠 樓季 集解樓季之兄也 句有誤 泰山之高百仞而跛牂牧其上 牂當作牂今本皆從俗志疑云說文繫傳夌字注引史曰泰山之高跛牂牧其上夌辟故也與今本殊 集解牝曰牂 舊刻牝作牡案牂詩傳爾雅廣韵集韵並云牝羊內則鄭注說文玉篇類篇並云牡羊牝牡字形近易亂未知孰是然此文跛牂對僂季而言是指人非謂羊莊子駢拇篇有臧穀同收羊之論疑牂與臧同聲假借乃言牧羊之跛豎耳集解非也 峭塹 索隱本峭各本作陗 閒於側 蔡王柯毛本側作則 烈士 蔡本列士 磨俗 索隱本磨各本作摩 則可謂能督責矣 前句王本治要皆無責字 則可謂能督責矣 後句中統舊刻游本吳校金板無則字蔡本中統王柯毛本治要皆無責字 益發繇 王柯凌無益字 吾有所言者 治要作吾所欲言者 待二世 舊刻待作侍 公行 集解音松 各本譌私依吳王濞傳集解改 布惠 舊刻布作市 加致 中統舊刻吳校金板加作如

先王之時 王毛本王譌生 罪一矣 游本也 百越 舊刻粵 戴主 蔡本舊刻毛本主譌王 囚安得上書 王本囚譌因 封之 王本封譌封 避宮 中統譌害 壞者 中統壞譌環 乃召 舊刻詔 韓談 史諱談作同此後人改 不務 毛誤輔 爵祿之重 蔡本中統本脫之字 俗議 蔡本中統柯毛本作譏 周召 蔡本中統王柯毛本作邵

蒙恬列傳

成皋 蔡本毛本成各本作城毛本皋誤皇 得為秦將 毛無得字 收河南 正義謂靈勝 各本靈下衍及字宦本無 用制險塞 蔡本中統舊刻毛本同它本制險倒 至遼東 正義至海之上 之上二字疑衍 逶蛇 舊刻虵 罪死 中統吳校金板劍 適 使蒙恬 舊刻適作乃下同 各本 公子胡亥 蔡本中統王柯毛本同它本作少子 中車府令 毛本車譌軍 復貴而用事 蔡王柯本脫用字 愈非立 索隱本愈非各本作念不倍 秦之約 毛無之字蔡作士蓋也之譌 而主欲 毛本主譌王 先主之意 中統主譌王 情實 毛本寔 遂殺之 王柯本無遂字 然自知 舊刻毛本衍然字 殺祿 中統祿 李

定天下（毛本卒下有平字）孰謂周公（毛本謂譌爲）身死則國亾（凌引一本作則身死亾國）亭障（舊刻毛本作鄣）

張耳陳餘列傳　被堅（柯凌本被作披）以德服之（中統本吳校金板服作報）長城之役（毛本役與漢書合各本誤域）頭會箕斂集解家家人頭數出穀（杭氏考證云有脫落漢書注云吏到其家人人頭數出穀）西擊秦（舊刻擊下衍於字）君急遣臣（中統本君作若）驅馳（毛本倒）未敢參分（中統本未譌永）左提右挈（蔡本毛本左右互易）石邑（凌本石譌后）獨立趙後（索隱本與漢書合各本重立字蓋誤以獨立屬上雖字爲句也）當是昨燕齊楚（王本脫昨字）率存鉅鹿（中統本存誤亾）楚力也（毛脫也字）與陳餘相見（毛本餘誤與）與君印（毛本與作子）漢元年二月（毛本作十二月）素數聞（毛譌問）陳餘客（毛脫客字）三縣以封（警云以字疑衍）曰漢王（毛無曰字）甘公索隱字逢（二字疑當在甘德下）亦復覺（復疑後）箕踞（舊刻踞與索隱本合各本作据）孱王

集解仁謹（毛誤敬）索隱服虔音鉏閑反（單本作咋軒反孱字無此音案服虔時未有反切當有誤）小顏（與漢書注合單本作孟康）故欲殺之（中統本欲作爲）令事成（舊刻令作今）置廁（毛本有廁字與索隱本及漢書合各本並脫）并逮（舊刻并作並下并捕同）自剄（舊刻刎）絕肮逮死（索隱本逮作而）尙魯元公主故（索隱本有公主二字）諸客以鉗奴（毛本重客字）高后（王本高誤魯）乃封（王柯凌本乃譌及）他姬（舊刻他作它）壽爲樂昌侯（蔡本中統舊刻毛本無壽字警云據傳末集解此句壽字下句侈字皆後人所增）勢利交（索隱本有勢交二字各本脫）、

魏豹彭越列傳　臨濟正義故城（官本城各本誤越）豹國集解河東太原（毛脫東字複衍原字）昌邑正義昌邑國（邑字考證據漢志補）漢乃使人賜彭越（漢字衍）守成皋（官本成各本作城）固陵正義固陵地（各本脫地字官本有）宛丘（官本宛各本作苑）會垓下（毛本會作至）五年項籍已死（志疑云五年衍上已書）王恬開（游本開與功臣表張釋之傳合各本誤闓）虜囚（宋本譌因）戮（舊刻僇）

黥布列傳　范曾（宋本中統舊刻游王柯毛本並同）先渡河（各本渡上衍涉字宋本舊刻無案漢書作先涉河此後人旁注混并）軍鋒索隱前鋒（考證云今漢書作鋒）遣將將（宋本下將字誤軍）親用之（舊刻無親字）百全（毛本萬全注云一本作百全）項王伐齊（毛本項字複衍）深溝（毛本譌漢）不得攻（中統本得作能）不得解（中統游毛本得作能）封大王（宋本封作分）并力（舊刻并作並）布甚大怒（志疑云甚大當衍其一漢書作大怒案此亦旁注混并）故當反（宋本毛本故各本作固）殺韓信（毛本殺作斬疑誤）此三人者（各本此上衍言字宋本舊刻無）敖質（索隱本質各本作倉）麗山（舊刻麗作驪）布之初反（王本初誤夜）諸將獨患（宋本無諸將二字疑脫）會甀索隱鉦下（案鉦疑銍之譌漢志銍蘄皆屬沛蘄垂鄉）高祖破黥布都尉治蓋地相近數止（舊刻譌上）長沙哀王集解孫固（表作回漢書同）妒媢索隱不得言妒媢是媢也（按此是舊本有誤作妒媢者顏氏家訓引史亦辨之）

淮陰侯列傳　杖劍（宋本王毛本杖作仗）乃韓信也（王本無韓字凌引一本同）惟信亦爲大王不如也（惟漢書作唯王本作雖唯雖字形相近古亦通用見漢書襍志凌引一本亦下有以字）嘔嘔集解凶于反（毛本凶于誤倒）有背（襍志云有讀又）何所不散索隱何不散（襍志云案注則正文無三所字後人加之新書新序並無）詐阬（宋本毛本詐譌誅）秋豪（宋本中統游王柯本並同俗作毫）齊趙亦反漢（亦字宋本中統游毛同它本誤欲）欲度（索隱本度各本作渡）李左車（毛本李譌季）別道（舊刻道御覽四百六十一引同各本作路）倍則戰（各本下衍之字襍志云宋本無涉上誤衍御覽兵部引無漢書通典並同）能千里（襍志云能猶乃也古聲近義通）輕來伐我（毛本輕誤聽）廣武君策不用（六字疑衍當是後人注於下知其不用句旁誤入正文）三十里（毛本十譌千）夜半傳發（毛無半字）人持一赤幟（宋本脫入字）萆山（索隱本作卑疑因引楚漢春秋作卑山而誤觀其引說文從竹卑聲云云則本作箄也）傳飡集解音滄也（索隱本作傳滄疑集解本亦作滄而音飡今本互誤耳）背水陳正義

回星柯凌回作迴泜水此下集解索隱合刻本皆脫休畢賀宋本無休字然竟以
勝此何術也舊刻勝此倒此在兵法舊刻在作皆敗軍之將中統游本軍誤
君莫不輟耕王本不誤敢距境王柯脫距字境王作竟數使奇兵王柯脫使字
宛葉宋本中統游本宛作苑成皋毛本成各本作城下同已聽酈生王本脫酈字乃
亨之亨字中統游王柯本同下同追信度水宋本中統游毛本有信字各本脫散走毛本
散誤敗相與勠力毛本勠各本作戮叄分毛本叄作參下同予我數萬眾毛本
子作與賁乃不可言舊刻乃作而壹呼舊刻壹作一賢聖舊刻倒請命正
義士卒不死誤作士卒亾三字考證據漢書注改懷諸侯以德游本以各本譌之褉志云
漢書正作以韓信曰漢王遇我甚厚宋本毛本無韓字東殺龍且襍志云推
楚兵殺龍且本一作漢書漢紀竝作遂斬龍且戴震主王本作載儋石集解一儋與
一斛之餘毛本無與字斛疑當作石餘疑儲之誤方言注所謂家無儋石之儲儲字今本亦誤餘又案此

語本出漢書楊雄傳疑集解向有脫文闞鄉相宋本毛本闞它本竝作闞故知者決之斷
也褉志云當作決者知之斷也豪氂氂字宋本中統游王柯本同時乎時舊刻毛本下衍乎字
行縣邑毛本縣下有鄉字公之所居舊刻有之字與漢書合漢十年各本下衍一十
字舊刻無待豨報宋本譌赦信方斬王柯凌本下衍之字綦之綱宋本毛本譌綱豨之
狗舊刻蹠各本作跖夷滅宋本威
韓信盧綰列傳各本韓下衍王字宋本舊刻無與索隱本合東鄉索隱本鄉各本作嚮與
其將白土人志疑引朱子文漢書辨正曰多一與字曼丘宋本曼作曼下同復破之
各本復上衍後字漢書無依褉志刪樓煩毛譌頓居代上谷褉志云上字衍漢書作居代谷若上
谷去平城遠矣陳豨宋本豨後皆同故韓王信宋本脫信字柴將軍集解柴奇
也毛本奇作武蓋後人依索隱引應劭注改旨者舊刻作人與上句合參合王柯參作叄積當
城集解匈奴地毛譌也弓高索隱漢書功臣表屬營陵案史記功

臣表索隱及漢書韓王信傳注引晉灼竝與此同今推明嘉靖廣東本漢表有營陵字地理志營陵屬北海卒
為案道侯志疑云案疑當作今說孫曾索隱本作曾毛譌會豨等已誅毛本有豨等二
字各本無詐論它人舊刻它各本作他審食其宋本中統王柯本脫審字降者言張
勝此降者二字疑復衍候伺王本譌同封為亞谷侯宋本封為誤倒宛朐人正義
陳豨王柯脫豨字封豨為列侯凌本列譌烈集解將卒五百人前元
年從起將字起字考證據表增監趙代邊兵舊刻脫趙字案漢書無兵字疑涉下而衍高
祖十年各本十譌七考證改自立為代王宋本中統舊刻毛本與校金板同它本代譌大羽
檄集解飛羽檄之意也中統舊刻游毛本飛譌非中統游本羽作取案疑皆有錯誤當作取
飛徵之意也不以慰趙舊刻有不字與漢書漢紀合各本脫聊城考證云當是鄗城國策所謂秦
子異人質于趙處于鄗城者中都正義平遙官本平各本譌于日疏自危中統本譌
自疏毛本譌事危

田儋列傳殺奴集解故詐縛奴宋本詐各本作詳亾士宋中統舊刻游王柯
本竝作亾下定亾地亾王田榮兵敗竝同大破齊魏宋中統毛本魏誤楚東走東阿中統游毛
本有上東字蝮螫正義一遍疑圖字誤分今田假毛本今作則醳齊索隱本醳
各本作釋而亨宋中統游王毛本作亨下竝同走博陽考證云漢書作走博蘇林曰泰山博縣此陽字
衍志疑云灌嬰傳破田橫至嬴博傅寬傳屬相國參殘博若博陽則汝南縣矣下亦誤破殺中統本吳校金
板誤倒遂自剄舊刻剄不無善畫者索隱本不無各本誤倒莫能圖索隱本無
能字
樊酈滕灌列傳司馬𡰥宋本𡰥舊刻毛本譌𡰥餘本譌尼上閒爵集解如
淳曰閒或作開案漢書作上閒天子賞文侯以上閒爵案如淳本引呂氏春
秋以證上閒爵所始此譌為閒與漢書注乖并與上閒或作閒語不合或傳寫誤然索隱據此以為上閒之證則所
見本集解已如今本矣志疑云今本呂覽作上鄉亦誤從攻圉杭氏考證云漢書作從攻圉注圉地名

捕虜二十七人中統游本吳校金板七作一漢書作六宛陵宋本宛作苑轘轅正
義轘轅闕各本譌門考證改重封舊刻爵亞父凌譌夫肩蔽之張志云肩字誤
漢書作屏案中統舊刻游本無之字有沛公二字時獨沛公中統游本無獨字譙讓索隱本譙
各本作誚白水集解廣平平字考證據漢書注增虜二十八毛本十作千秦車
騎凌本車與漢書合各本作軍攻鄒正義鄒兗州縣官本有鄒字虜茶宋本舊刻
無此二字綦毋卬毛譌卬中統游王柯譌卯參合王柯凌參作叄太卜疑卽下文太僕之誤衍毛
本明監本無此二字漢書亦無封噲他庶子舊刻他作它下同他廣奪侯索隱舞
陽單本誤武陽旬關柯本旬作洵注同商爵信成君警云設出疑誤勇氏索隱本勇
各本譌身正義縣在王本縣下衍乃縣東王本縣下衍之龍脫志疑云趙世家以龍兌汾門臨
樂與燕龍脫卽龍兌脫亦有兌音滅趙王自殺宋本中統脫自字爲太常坐法國
除志疑云七字後人妄增泗水監平集解給之毛本給譌紿雍樹集解南

札五
三十

陽考證云漢書注作南方案如索隱引則本作南方而致孝惠舊刻致作置沂陽索隱
漢書作沂志疑云水經注六作沂陽項他中統游本作佗定陶南王柯本定譌走攻下
黃志疑云漢書作下外黃可爲車騎將者志疑云車字衍案漢書無車字皆推故秦
騎士中統故作其五人中統毛本五作伍連尹一人舊刻一作二數宋本柯本攻
龍且留公旋於高密中統游本吳校金板如此宋本王柯凌毛無旋字索隱本旋作族注同無
於字各一人中統一作二攻博陽志疑云博乃傅之譌盡降其城邑中統城譌殘
頤鄉集解苦縣有頤鄉毛誤縣呂車騎將軍先出宋本中統游何毛竝
作目王本作臣亦已之譌已誅宋本中統游毛竝同平侯阿志疑云阿乃何誤功臣表灌夫傳漢書鼂
錯傳竝作何案漢表亦作何然此傳各本皆作阿姑仍之十三年宋本舊刻毛本與史漢表合它本三譌二
漢廷舊刻廷各本作庭逃費更王考證云誤
張丞相列傳高景侯集解九年毛本九各水譌元上以留侯策中統

本吳校金板上譌止知其不可正義昌以口吃昌誤期考證改東箱各本作廂依索
隱引小顏改跪謝宋本毛本跪各本譌詭奇才王脫才字請問志疑云宋祁曰問疑作閒其
人堅忍質直人下衍有字今剛梁志云御覽職官部引無漢書作其人堅忍伉直亦無有字左遷
索隱仕於諸侯王也中統游本有侯字非公無可者御覽二百二十六引無作
毋恭舊本如是江邑侯集解十一年宋中統游毛本下有封字守豐二歲毛本二作
三三歲免索隱又引任安書警云集解不兒引任安書曹窋柯凌譌窗不與
大臣共誅呂祿等免志疑云衍不字漢書云與大臣共誅諸呂後坐事免入之音聲
舊刻入警云倪氏史漢異同許氏史漢方駕錄此傳作入今本皆譌人子康侯代索隱本康侯各本誤
倒案侯下疑脫奉字子類集解一作頩毛本一譌二頩譌頩梁志云頩乃類之譌國除索
隱康侯代侯字依正文增蒼子復長志疑云御覽五百十九引史作蒼子復長八尺與漢書同
疑今本脫蒼年百有餘歲中統游本無有字太中大夫柯毛太作大坱垣集

札五
三十一

解畏愞毛譌愞他官索隱漢書作冗官梁志云冗與它形近而譌後人又改爲他
侯與毛譌更劉舍宋中統毛本舍各本譌舍集解陶舍宋本舍各本譌舍下同高陵
毛譌商陵而不遵明用秦之顓頊厤何哉中統本哉作也志疑云句不可解漢書作
專尊用秦之顓頊厤劾中尚書宋本舊刻無尚字鄉丞相宋本無鄉字何見之明
也宋本毛本何上有是字豈非遇時而命也哉御覽二百四引命作合疑今本誤
酈生陸賈列傳閒其將舊刻閒各本作問適酈生里中子酈生索隱本作
酈食其倨牀各本倨索隱本作踞然其訓主退牀則當從倨句之倨之衛字類引作衞各本作衛
數困滎陽成皋柯凌本下有數亦音朔四字蓋涉注誤入各本無王事可成王本此下
有索隱曰管子云王者以民爲天民以食爲天能知天之天者斯可矣二十六字蓋後人涉注誤混各本皆無下民
人以食爲天王本索隱與各本同知此爲衍矣王者以民人爲天而民人以食
爲天漢書無兩人字管子亦無索隱本出上句無民字志疑云唐時諱民爲人後遂幷入文選籍田賦注引漢

譌上句作人下句作民令適卒皆刻令譌今敖倉之粟正義在今王無今字西十有五里西各本譌四依項羽本紀正義改與郡縣志合王本無有字秦始皇時王本無始皇二字故名之曰敖倉也王本無之曰也三字𦒎狐正義俗號為飛狐口也王本無為字歷城宋本中統毛本吳校金板作歷下郎齊國凌本郎作則劉宋中統游本同刓而集解玩惜毛本玩誤刓索隱杬園各本作刓斷案今莊子本作輐斷武遂侯平正義子敦各本作敵字形相近而譌今正今史漢表作勒尉他柯凌作佗下同三王各本誤皇甫志云當從漢書漢紀作王御覽奉使部引史作三王車蹕中統本作蹕剖泮柯凌作判橐中索隱以入囊橐也以字疑衍它本上有裝裹二字以南越王宋本中統游毛吳校金板竝有南字高帝罵之中統本帝作祖粗述凌本作麤揣我集解度也毛本度作量士務附集解徐廣曰務一作豫宋本毛本無徐廣曰三字毛本注在上句則士務附下案疑此四字乃後人旁注非集解文權不分宋本中統舊刻游毛本皆重此三字而聽梁父侯宋本無而字毋故集解災危毛脫災字初沛公引兵各本連上令依凌本別行志疑云酈生事復出猶秦記也御覽三百六十六引楚漢春秋與此政仝討不義王脫討字狀貌宋本中統游本作兒衛宋本沛公引兵中統引譌及余讀凌本余作令傳靳蒯成列傳陽陵侯集解宋本中統游毛皆無此文疑後人所增杠里宋本舊刻杠譌杜殘博索隱顧祕監中統游王柯凌本竝作顧單本作顏警云漢書無此注徧將軍傳傳校獲王索隱亦然唐志顧胥漢書古今集義二十卷小司馬徵引或即此他處亦屢引顧胥頃侯精宋中統舊刻毛本同它本頃譌須偃立三十一年宋中統毛本吳校金板同它本三譌二斬騎千人將一人毛本千與漢書合各本譌十志疑云七字一句讀如淳曰騎將率號為千人斬車司馬二人柯凌二作一邪說集解音悅毛本作稅車馬二百五十匹警云車馬同以匹計恐有脫誤饟柯凌作餉信武中統本倒無人可使中統本人誤令劉敬叔孫通列傳洛邑正義尚書曰成周既成遷殷頑民

此多士序文尚書下疑脫序字以此而論漢書非也警云漢書疑誤案疑亦當作書序迸豐沛毛本凌引一本同與漢書合它本豐下衍擊字其亢索隱本亢御覽三百七十一又四百九十六引同它本皆作肮即日車駕西都關中索隱本即日駕西四字御覽引亦無關中二字老弱中統作病械繫毛譌擊封徵二千戶中統本吳校金板譌石迺入胡宋本譌朝關中十餘萬口索隱本無關中二字衣一襲索隱案國語謂之一稱中統游王柯本同單本作國語云一稱案國語不見此文凌本遂改為古語警云疑是閔二年左傳祭服五稱注文矢石集解投八毛本投譌殺所徵三十八毛本作三十三人習肄毛本與索隱本合各本譌隸衛宮漢書作官臚傳各本臚下有句字索隱本無襍志云句字後人依漢書加之集解引漢書音義但釋臚字不釋句字其證也索隱為臚各本與漢書注合單本為作云下為句同告上單本脫告字以為臚傳單本下衍也字從上語下為臚單本作曰為御史執法王本史譌吏讙譁柯凌讙作誼諫上曰毛無上字莫能習襍志云當從漢書作莫習書鈔設官部類聚職官部引史竝無能字漢諸儀法宋本毛本此四字重論箸宋本箸各本作著及閒往各本下衍來字索隱本無迺作複道舊刻迺作廼乃之譌及道上行集解複道下下字考證據漢書注增則示有過中統游本示作是非一木之枝也宋中統游柯毛本脫也字季布欒布列傳為氣任俠漢書無氣字疑此衍御覽四百七十三引氣作人集解俜也王柯凌本俜作甹索隱同索隱其義難喻攷異云說文甹俠也三輔謂輕財者為甹車集解馬車也據索隱疑馬上脫一字忌壯士宋本忌作誌以毀臣者宋本無以字與漢書合疑此衍一人之毀中統游毛本人上有以字一上默然作刻及凌引一本與漢書合各本脫然字故特召君宋本中統毛特作時王金錢集解招求也求譌來考證據漢書注改術軍中曰毛本有曰字與漢書合方提趣湯索隱本出提趣二字云上音啼下音趨又出趣湯二字云上音娶徐廣云一作走走趨向之也疑湯上重趣字今本皆無御覽四百二十引同漢書

亦重不遂不能西襍志云當依漢書作不能遂西御覽人事部引史同徒以彭王中統舊刻
毛本吳校金本與漢書合它本徒譌從不行御覽四百二十引作不得從吳軍反時考證云漢
書作吳楚罪字誤身屨典軍索隱無典字與漢書合志疑云衍師古云流俗本加典字非集解
一作屨毛譌屨瓚曰毛本瓚誤贊然至被刑宋本中統游毛吳校金板有至字
袁盎鼂錯列傳持節夾乘四字疑後人依索隱增或旁注羼入漢書無不騎衡
志疑云水經注十九引作立不依衡依上坐不垂堂句似失立字案漢書坐字立字皆無適所以失尊
卑矣宋本有此七字各本缺漢書亦無毋何宋本毛本作苛王本作奇盜亦苛之譌跪說毛本
作說志疑云漢書作起是受禍宋本毛本受譌授下受吳王財物譌亦同丞史集解丞及史
也舊刻及與漢書注合各本譌相有絕集解事未發毛本事誤爲具在吳事王柯
凌本具譌俱嘗有從史宋本中統游王柯毛竝重從史二字疑衍今依舊刻凌本嘗盜愛盎
侍兒此句與上句兩嘗字疑當衍其一吾不足以累公舊刻足作可碎吾親碎字

索隱中統游王柯本同道從醉李直隧出襍志云道讀爲隧字當在直上尊騎馳去
舊刻脫馳字棓生宋本毛本棓各本作掊集解泰時毛無時字奇其材舊刻才壖
垣正義上人緣反此正義各本錯在下文乃壖中垣下今案當在此反下多石字蓋郎反字譌衍
今刪集議集字字類引作集蓋襍之譌漢書作雜錯父問之宋本問譌間報仇舊刻讎
張釋之馮唐列傳堵陽正義哀帝改爲順陽考證云地理志此注在博
山下又誤哀帝爲明帝攷異云此承酈氏淯水注堵陽下引地理志縣有堵水漢哀帝改爲順陽之誤以訾
集解顧錢毛本作顧與雇同各本作雇諜諜集解音喋毛譌諜公車令毛本
公作宮北廁集解蘇林曰廁毛譌側倚瑟集解聲依永宋本作咏與漢
書禮樂志合陳蕠御覽五百五十二引無蕠字漢書本傳及楚元王傳劉向說此事亦無漢紀并無此二字
舊刻蕠作絮與索隱本同捕屬之廷尉漢書周之例一人犯蹕毛本吳校元板一作此與
漢書同襍志云宋本作此類聚水部引作一初學記地部御覽儀式部引作此拾遺云一人犯蹕罰金四兩漢律文

也二人以上罪當加等漢書義短案本作此者蓋涉下文帝言此人親驚吾馬而誤令他馬舊刻他作它
所錯舊刻指下廷尉治各本重廷尉二字凌引一本及班馬異同本不重漢書亦無致之
族舊刻與漢書合各本之族例宗廟中統游本宗作高涉上而誤王恬開集解一作
開宋本中統舊刻游王柯毛同凌刻改作開欲以重之毛本欲譌故高袪毛作袪李將
襍志云卒當作率集解帥將毛本帥譌師都尉卬索隱本卬與文紀惠景間侯者表匈奴傳
合御覽二百七十八引作卬注音卬今各本竝作昂說見襍志不從中擾毛本作擾漢書同御覽引作御
彀騎萬三千襍志云脫四字御覽兵部引有漢書同百金索隱小爾雅單本無小
字然今爾雅小爾雅皆無此文南支韓魏王本支譌友澹林索隱襜襤說見廉藺傳
顏聚正義絕庾反此聚字音也各本庾譌瘐今改私養錢志疑云私上缺出字漢書有
伍符索隱本伍凌本同各本作五郡國車士毛本郡誤軍集解車戰戰誤車考證據
漢書注改有味哉中統本不重

萬石張叔列傳太子太傅免王譌逸舊爲太子太傅舊刻無舊字
中帬廁牏索隱本帬各本作裙集解音住毛譌注其側浣滌毛本側譌廁浣譌洗
反閉索隱引作閒今漢書注作門侯察廁此廁字當衍漢書注無索隱引亦無廷見毛本廷作
庭誤書馬者游王柯凌本作字雖他舊刻它下同爲太僕御至然猶如
案此三十六字蓋史文所無故正義引漢書注之此後人據注增竄則正義爲贅矣舊刻毛本然猶倒咸宣
各本作減宣晉云當作咸案漢書作咸師古音減省之減此集解引服虔音正同則本亦作咸明矣不嘸呵
索隱誰何二音志疑引野客叢書云史記不誰何綰傳甯誤以爲譙呵案索隱所據本作誰何何故釋
爲借訪而云一本作譙呵蓋別本也今史本無作誰何者并改單本所出文爲嘸呵而反以誰何作音疑非小司馬
原文且正文既作嘸呵何又云一本作譙呵耶漢書作孰何誰孰聲之轉朝廷見何本廷譌延人或
毀王本人譌之常衣宋本中統游王柯毛常譌裳刑名言索隱六家之二也
單本二作一疑譌刑名家正義自有傳有字疑衍此謂史公自序

田叔列傳樂巨公正義王本脫所此所字疑當在文喜游諸公下下諸公正義王本脫切直游本譌迢漢七年宋本七作十蓋因上云陳豨反而改也然七年不誤陳豨則誤耳徐廣已糾之弒上柯本弒誤戕臨城死敵王柯譌敵如其伏法宋本無如其二字疑後人增財物毛本吳校元板作錢物搏二十中統游本二作一疑誤中府正義王之財物所藏也王本無之也二字苑中正義三十里王本脫觀者如堵牆也原重堵字汪校刪與射義合王本止有觀者如堵四字司直集解此注各本錯在下文閉守城門下今移正正義百官表云武王本無此五字並脫正義曰三字警云此注與集解全同疑有誤仁發兵至族死此十五字疑後人附注異說誤入正文部署老小當壯劇易處漢志云處字衍當丁也劇俗作劇後漢章紀欲視知其劇易李賢注劇猶難也御覽人事部資產部獸部引皆無處字不甚欲近疑當作欲甚迫不去越宋本脫越字扁鵲倉公列傳勃海郡扁鵲時未置勃海郡史亦無此書法當是後人竄改鄭人也

集解鄭當爲鄚據下文乃齊人而家於鄚鄚字非誤舍長索隱守客館之郎單本帥各本作師藏結正義大小腸脫小字考證增專國事中統本專譌事血脈王本譌脈秦穆中統游本作繆子輿索隱未詳案子輿卽子車見秦本紀小司馬失記秦策攷異云趙世家作識范魋正義謂衛也謂下衍爲字依趙世家正義刪小阜各本小作月又川之譌說見趙世家也號太子集解各本系在下文越人能使之起下今依索隱移此死正義各本錯在上文血脈治也下今移正治穰御覽七百二十一元龜八百五十八引並作禳然韓詩外傳說苑並作禳土之事則是治壤蘊非祈禳矣撟引宋本中統游毛撟作撟下撟然同案抗索隱宋本中統游凌毛並作杌王柯譌杭凌引一本作亢攷異云索隱音玩謂按摩而玩弄身體當作抏从手从元五藏之輸正義合谷合譌全考證據難經改訣脈中統本譌脈終日雜志云終日猶良久素問脈要精微論曰言而微終日乃復言者此奪氣也亦謂良久乃復言論得其陽正義幕在陰幕譌募考證改下同楊玄操官本操各本譌孫腹爲陰腹譌腸考證改當閭王本當譌

官鼻張正義音脹王本譌張三焦膀胱正義經絡下于王本下柯凌譌不陰上而陽內行宋本中統吳校元板無上而二字破陰絕陽之色已廢脈亂雜志云上文正義引此文云色廢脈亂此之已二字衍御覽人事部引無案已字蓋卽色字之譌衍三陽五會正義少陰誤陽今改兩腸王柯誤腸齊桓侯客之集解各本誤系下文桓侯遂死下今依索隱移正桓侯體病雜志云病當爲痛生論桓侯以疾病之日爲受病之始文選爲石仲容與孫皓書注引史作痛韓子喻老篇新序雜事篇亦作體痛桓侯遂死宋本脫侯字則疾可已中統本無則字淄于氏正義州公官本有州字各本脫肉刑正義左右趾官本趾各本作止高后八年集解意年三十六舊刻本三各本譌二案高后八年年三十六加文帝三年適三十九與史合奇咳說文奇侅非常也段氏注云漢志五音奇胲用兵二十三卷五音奇胲刑德二十一卷據張守節正義則史記本亦作奇胲肉部訓胲爲足指攷毛則侅正字胲其借耳淮南兵略訓刑德奇賌又作賌亦假借案奇咳及下揆度今並見素問正義胲當宍也王本

胲柯凌作咳宍柯凌作頰玉篇皆無其文宍俗肉字其義不可解當有脫誤許愼云胲官本胲各本譌咳年三十九歲毛本無年字嘔膿正義女東反王柯反誤也絡脈有過正義魚際際字考證增少陽初代少陽上吳校元版有以字疑衍少陽之界正義鏡界鏡當作境其自高骨骨字錯在上考證改自得之少耎案少疑心字之譌下文云診其脈心氣也又云病主在心又云重陽遝心主又云此悲心所生也病得之憂也是其證數忔食飲集韵九迄魚乙切下有忔字訓心不欲也引史記此文爲證類篇同案下文云故煩懣食不下語正相應則心不欲之訓當有所本又食飲集韵類篇並作欲食疑此例誤脈來數疾去難而不一者疾字舊刻毛本又考證據宋本並同案此十字作一句讀謂來疾去遲而至數又不調也它本皆誤作病逷王本毛本誤遝注同歷入中毛本入譌人火齊湯案火疑大字之譌齊卽劑字扁鵲傳齊桓侯節其在腸胃酒醪之所及也酒醪二字韓非子作火齊新序作大劑是其證後火齊字故此前溲雜志云御覽方術部引作前後溲三飲而疾愈宋本毛本吳校元本疾作病而溲據下文疑下脫旋字并

陰者吳校元板陰譌陽脈順清襍志云讀爲靜上文肝氣濁而靜徐廣曰一作淸故以此

知之中統游本故作固失治一時中統游王毛本失譌未客脬正義音卑阜

也也當爲字之誤反流汗出滫滫者去衣而汗晞也索隱劉氏音

巡滫宋本中統游王柯作滫娄作渗索隱晉刻毛本作滫案集韵十八諄滫流兒史記汗出滫滫與劉音合是古本机承作襍志云滫當爲滫讀與脩同王風暵其脩矣毛傳循且乾也故曰滫者去衣而汗晞說文玉篇廣韵皆無滫字集韵訳沿劉氏之音又以滫滫連讀其失甚矣溼然風氣也誤溼疑大堅正義

沈一作深王本沈深互易適其共奮此謂任病者所欲耳索隱非盜郎死矣吳校元板無盡字義長少腹宋本中統游柯毛少作小積瘕正義龍魚河圖官本河各本誤及卒然合集解一云來然合毛本下複衍然合二字誓云正義云卒一作來是惟卒字有異文爾脾氣正義生於五藏官本有生字各本脫三陰俱摶凌本與如湆音合各本譌摶下同三石毛譌日汗出伏地者毛本汗作汁案說文汗身液也汁液也是汁與汗同

溲水正義手足液身體汋今玉篇無此文案此注疑當在上文汗出下然亦有脫文常

灼反官本反各本誤也蹶陰之動正義鄒疑下脫云字阿母正義鄒慈

己者此蓋引喪服傳注鄭下疑脫六字召臣意中統本吳校元板襍志引宋本並有臣字它本脫

流汗者同同字疑衍此亦關內襍志云當作內關此承上文齊侍御史成內關之病故云亦下文齊丞相舍人奴病亦曰內關內關猶內關靈樞終始篇溢陰爲內關內關死不治左大陽明脈宋本大作太毛本無疑此四字有誤五六枚王譌枝即示平中統游本示作視召舍人奴志疑云奴字衍心悉然無苦悉字疑誤灸於火毛本灸作炙煩懣正義非但有

煩也官本非各本誤止諸客坐襍志云諸客上脫與字御覽引有腎瀉疑當作輸因上文瀉腎而誤五藏輸見扁鵲傳之正義欲溺腎王本溺作弱古通用然正義說非即弄之襍志云御覽引作取弄之義長暮要脊痛毛本脊譌痏病蟯襍志云蟯字衍凡篇內稱病得之於某者皆不言病名化爲蟲王本蠱所以知薄吾病者各本薄吾上衍奭字襍志引宋本及

中統毛本並無毛美奉髮集解奉一作奏又作黍蔡宋本舊刻毛本元龜引並作奉案奉古作卷小雅卷髮如蠆是也於義爲長然小司馬見本已作鬈故以鬈首釋之索隱奉一作

奏單本作縣驅疾元龜引作疾驅疑是左右閣都尉索隱閤即宮閤閤此則閣

當作閤御覽引正作閣知其醫馬者游本誤也黍主肺中統毛本作肺瞀喜陽處

宋本毛本與上句一例它本瞀喜倒益瞀宋本瞀各本作者忿發中統游本亟發字果爲疽

御覽引爲作病疑今本涉上而誤陽虛侯時集解謚孝王中統本孝譌平殺杯中統

本柸當診安陽宋本當各本譌常使人瘖集解一作瘖疑當作瘖音才亦反故

曰壯瘖中統游本壯譌壯下同爲勞力事王柯本此四字不重一絡集解毛脫他

所診中統游誤脈能異之凌本能誤皆文王病時集解以文帝毛本誤作

文文以家貧毛譌負因事侯游本因譌內大蘆集解深藏之毛無之字古

傳方襍志云當作傳古方索隱正義可證事之舊刻作各之悉受書之舊刻之作而屬下句

時者舊刻重時字疑衍陽慶王柯毛本陽作暢邪逆順襍志云邪下脫正字御覽引有案元

龜引亦作邪正齊王侍醫中統本王作國正義胃大一尺五寸案此下藏府脈

法盡張守節所附合刻各本皆有之姑從其舊回腸注受穀受誤之考證改八分合之一

分合誤寸半吳校改與後凡門條合藏魂注女子三女誤世三誤也官本不誤裹疑褁血

藏意誤案考證據素問改重三斤官本三各本作二長二丈一尺案大腸即迴腸也上

文云二丈二尺肛門案肛門即廣腸也胃小腸大腸廣腸尺寸容納並複衍徑二寸太半上文

廣腸下無太字注又名嗔此不知何字之誤長五尺五譌三吳校改與下數合注五六

三丈官本丈各本誤也合三丈九尺注各有三陰三字考證增督任脈

任字吳校增脈行六寸注二十七氣王本十譌寸故五十度十字吳增

吳王濞列傳益鑄錢襍志云益字誤文選吳都賦注蕪城賦注引並作盜漢書同平賈

集解爲卒者雇其庸者雇誤倒考證據漢書注改正義迭爲迭譌送脫爲字考證

據漢書昭紀注改增茂材拾遺云漢初本稱秀才東京避光武諱改茂賈生傳儒林傳竝稱秀才此茂字後人改
依班史改訟其禁弗予集解音松各本皆同廣韵集韻類篇竝有此音又見李斯傳毛本作
公訟依如訓改鼂錯宋本鼂作晁下同往年爲毛本年爲誤倒諸齊集解爲國者
毛誤名什二漢書同中統本作一誤正月丙午孝景本紀三年正月乙巳赦天下與此先後一
日班馬異同作戊午正月甲子顓頊術癸未朔殷術甲申朔無甲子亦無戊午案二術皆壬子晦而漢書
景紀書二月壬子晦日有蝕之年前無閏不知何以致誤然二月壬子晦則正月有戊午甲子而無乙巳丙午矣
長沙王子集解二人毛本二譌一人雖少柯本人上衍寡字三十餘年
毛本三譌二西走蜀正義走音奏奏誤後考證據家括傳索隱改人戶五千毛本
人上衍一如得列將中統本誤侯軍法凌本軍作常益時家居毛本盎上有袁字
顧屏王柯凌作井爲名宋本毛本倒宗正集解宗正也毛本正譌王吾撽
滎陽王柯凌本重滎陽二字楚兵輕正義遣正反脫遣字考證據左傳隱九年釋文增
推鋒宋本中統王毛推作椎比至城陽宋本中統舊刻游王柯毛本城陽誤倒破城陽
宋本中統舊刻柯毛城陽誤倒游王誤作湯城爲非者中統本作爲不善者及漢使者宋本舊刻
毛本及它本譌反吳王之度淮毛本之誤上梁數使使中統游本無梁字利陷
集解徒覽反毛本覽誤屬盛其頭正義今入于江王柯本于譌平及未
有詔襍志云及當作乃圍遒十月樊酈滕灌傳漢書荊燕吳傳竝作十月楚元王世家云相距七
月案七國以景三年正月反至十月則入四年歲首矣恐誤豈盇錯邪毛本盇錯作袁盎
魏其武安列傳高祖天下中統游本高祖下有之字嬰乃言袁盎宋本中統
游毛嬰上有竇字王本有竇字失嬰字財取集解令自各本倒考證據漢書注改藍田官本
有盬字沾沾集解沾一作怙索隱本怗各本譌怙多易集解沾音怗索隱
本宋本游毛作怗與怙形近而譌集韵怗與沾無同音今正漢書注作音怗索隱怗音尺占反
單本怗亦譌怗怗無尺占反今正此爲集解怗字作音也子姓漢書作姓史本譌姬襍志云古惟女子謂昆弟

之子爲姪男子則否當依漢書欒孟毛本欒作盎集解凡二十九篇九譌六考證據漢書
注改未如魏其中統游本如譌知郡諸侯各本郡下有國字索隱本無襍志云國字後人所加
漢書亦作郡諸侯師古曰郡及諸侯猶言郡國也貌侵集解音核刻研二字皆無核音索隱又音
研爲刻疑皆有誤曲旃集解大夫建旃曲旃柄上曲也各本作大夫立旃曲
柄上曲也考證據漢書注增改案漢書注曲下亦脫旃字壯義班馬異同本壯下有而字志疑云與漢傳合
吳已破王本脫破字剛直王本剛誤則尤益敬中統游本尤誤猶數十百人
中統毛本十譌千奔之者索隱令不得逼單本譌退餘半膝席吳校宋板半作
坐乃罵臨汝侯中統本乃作因呫囁索隱女輒反單本女譌汝灌夫所
爲中統本以臣乃不知毛本如堅對毛譌封轅下車正義駒馬加者
轅漢書注作駒者駕著轅下疑各有誤石人正義人形形字考證據漢書注增首鼠集
解禿老翁毛本翁作公漢書注無老字君亦毀人宋本中統游毛作之簛賁宋本毛本
澌作薄乃使昆弟子宋本無乃字武安侯病正義秦楚之際表云
此下當脫十月二字子恬集解則其春當作死襜褕正義衣襜前衣誤今考
證據爾雅改特爲中統游本特譌時竟被惡言毛本竟譌音
韓長孺列傳成安人正義地理志誤括地志考證據漢書改睢陽毛本誤雒
陽大長公主集解景帝姊毛本譌姑正義景帝姊考證云漢書注作姊案徐
廣亦云姊前日宋本倒鄙縣集解駰案侘音丑亞反誇也宋本毛本注侘
字下無駰案二字梁內史游譌使足與治王本足誤成索隱繩持當作治邪
臣索隱漢書作訛誤𢘄考證據漢書及說文改下同未至越宋本中統游毛本上有兵
字天子下議吳校本下下有其字將縱集解尤薄毛本尤譌尤財物可盡
中統本可作乃驍騎集解驍矣毛本也顧謂左右毛本謂作問縱取辱
宋本毛本縱注同各本作從取舍宋本舊刻作合各本作舍漢書同所推舉中統游毛本所上有

然字歐血游本歐作嘔
李將軍列傳衛陷宋本毛本作衛它本作衛後廣轉為至為名疑此文三十一
字當在後文不知廣之所之故勿從下而衍徙上郡三字則與漢書次序合皆大恐中統游本作驚大
軍誘之各本大下衍將字宋本中統毛本無褋志云當依漢書作大軍之誘白馬將正義而
出官本出各本誤將刀斗中統游本刀同各本作刁注集解飯食中統游毛飯譌飲莫
府索隱軍行舍於帷帳故稱莫府此莫字當作幕治軍簿宋本薄頯
陰侯孫集解孫灌嬰之孫注中上孫字衍注校改按疑後韓將軍徙右
北平宋本無後字吳校宋本亦無案漢書作韓將軍後徙居右北平死以功為侯者集解
充本法毛本與漢書注同各本作本義法後二歲中統本二各本作三志疑云名臣表匈奴傳及
漢書武紀匈奴傳皆元狩二年則當作後二歲大黃集解南都毛郡誤軍曲折褋志云當
從漢書作失軍曲折自到王柯凌誤頸鼓旗中統游本倒李陵既壯志疑云此下後人妄

札五　四十二

續天漢事史不載且與漢傳不合於祁連中統游毛本有於字遮狹柯本俠
匈奴列傳正義此卷或有本次平津侯後索隱本正如此其述贊次第
亦然然史公自序具在不能易也先生舊本譽云疑即梁孝王世家正義所云張先生舊本者毌
弓索隱本毌各本作彎兄弟死游本下衍者字而無姓氏姓字衍漢傳無然裴見本當已衍故
引漢書諍之昧夷索隱弄明單本與大荒北經合下同各本作幷明二牡大荒北經作北
牡注言自相配合也海內北經云黃帝之後幷明生白犬二頭自相牡北疑索隱有脫文周道衰索隱
單本無此條諡王柱穆王後不當闌出其前案漢傳穆王下遜及諡宣並引宋微六月詩疑亦本史文小司馬見本
尙完故有此注及宋時刊單本者見史無其文爲衍而刪之它刻本亦以無可附麗而系之此疑有卻舊刻
隙焦穫正義城北誤例證改考齊郊此下各本有索隱云盧音僖名諸兒也七字謬甚單
本無戎狄是應舊刻游本應建元以來侯者年表引詩及字類引年表亦同它本並作膺戎翟舊刻
狄雒邑中統游本雒作洛河西索隱本倒圁洛志疑云洛疑當作潞案此說與下白翟正義合

集解音銀游王本作音張盭有脫字吳校金板下有張作銀三字白翟正義按文言
文上疑有脫字翟獂索隱獂道獂誤狄考證據漢志改大荔正義括地志云
王柯脫云字故王城官本王各本誤三下大荔王城同朐衍集解音詡舊刻作音頊于
反宋本王柯凌毛作音頊中統游本作音頊亦頊之譌諸皆脫于反二字注校本改頊為詡與索隱引徐廣音合然
索隱又引鄭氏音吁則當頊于反疑集解有脫文樓煩正義故樓胡地胡譌故依索隱改
築長城正義築水經云案下衍長城二字官本無白道白譌百依水經河水注改
毀河水注作毀沿溪官本沿與河水注合各本譌公陰山索隱陽山北蒙恬傳集解作
陽山在河北此脫在河二字鴈門中統游本鴈它本作雁月氏盛正義延沙柯本延作
或不敢射者者字疑衍莫居毛唐譌僂燕代褋志云三字因下文而衍漢書漢紀
竝無膚施正義秦因不改秦因疑倒自如左右賢王以下舊本有王字各
本脫以西接月氏氐羌漢傳無月氏二字與索隱本合索隱排其種人單本排譌

札五　四十三

非河關單本譌關最為大國志疑云衍國字什長索隱郡國志當作百官志
祭其先游王柯本祭譌登龍城索隱後漢書云此章懷引漢書疑後字衍有罪
王脫罪字索隱擿抶也單本抶各本作杖漢書注同斬首虜中統本吳校金板斬作捕如
烏凌本烏丁零索隱本零各本作靈索隱接習水中統柯本習誤閒三國志烏丸鮮卑東夷
傳注引魏略作安習水青駹馬褋志云類聚御覽獸部引青駹烏驪下皆無馬字代地毛本代譌
伐其三年五月中統本五譌三難氏集解毛本脫呼揭正義音桀譌架
依集解改二騶正義二騶注脫二字考證據漢書注增漯鹵正義上音易譌息
今正生力中統本吳校金板生譌至彭陽褋云據正義則所據本作城圍丘誤國兵依郡縣志改
周舍毛召誤人民中統本吳校金板作戶悆荔民毛本悆作亾二國毛本主得
長中統誤止天年王柯凌本作命鄉國之敵宋本毛本國敵互易令約褋志云當依漢書作
今約軍臣單于既立集解後元三年毛本三譌二立四歲集解不

容爾毛本谷誤云終孝景時毛本景下有帝字今帝游王本今作武非奸蘭索隱
本奸各本作姧中統本作姦集解凌本脫龍城中統游本龍作籠鴈門宋本毛本鴈它本作
雁什辟字類引什作件皆斗之誤志疑云隸書斗作什與什易混集解西近胡西字索隱同誤
當依漢書注作曲亾降漢宋本降誤除封於單宋本毛本於單各本誤作單于恭友官本
友各本譌及索名臣表衛霍傳集解漢傳竝作共友焉支山正義失祁連官本有失字各本脫
乃歌王本誤識得胡首虜騎萬八千騎萬二字疑衍驃騎傳無漢書亦無金人正
義卽今佛像王柯本今譌金擊匈奴左賢王凌本左各本作右下句同當云案李將軍
傳當作左負私從馬合刻本於從字絕句襍志云當依漢書作私負從馬正義私募王柯譌蓁
漢士卒物故襍志云漢士與漢馬對文索隱與漢書皆無卒字索隱魏臺訪議官本
臺各本譌壹案隋志魏臺雜訪議一卷高堂隆撰匈河水索隱本與衛霍傳合各本匈下衍奴字漢書亦
然二劉已辨之索隱水名水上衍河字依漢書注刪主客集解主使來客官也
毛本客官誤主客今單于能卽前與漢戰襍志云能卽當為卽能與卽不能相對漢書西
南夷傳注曰卽猶若也何徒遠走王本徒譌徙王烏志疑云類聚作烏李商隱為李兵晉祭兄
文去節盛類于王烏與竊雪獲全為韵習胡俗宋本無俗字西置凌本誤至月氏大夏
正義宛西王柯誤茁而又以公主宋本舊刻作翁主肱䠞毛本肱誤肱注同漢書作
吃雷服虔音州縣之縣身孫北毛本孫誤子無幾正義幾音記此讀幾為覬幸之覬
不當音記疑誤入漢見天子毛本漢見倒及遣太子舊刻及譌乃單于死三字
疑衍漢書無貳師宋本中統游王柯本貳誤二兵來迎我志疑云漢書作來兵近我得數
千人宋本中統游毛竝有得字軍遂沒舊刻脫軍字盧朐索隱本朐各本譌昫漢書作盧朐
正義地理志誤作括地志考證據漢書改稒陽稒譌相考證改虖河城誤作牢城河考
證改又西北得宿虜城宿譌宿考證改案漢志無北字服虔云盧朐脫朐字今補
居延澤正義一千五百三十里凌本有一字强弩都尉脫都字今補

九世官本九與漢書合各本誤百集解公羊傳宋本公羊各本作春秋猶可以宋本
有以字且鞮侯單于旣立志疑云史詮太初不及天漢此下乃後人所續非史公書丈人
行正義胡郎反明誤郎今改書注胡浪反漢天山正義在伊州王本譌川陵
降匈奴宋本中統舊刻游毛竝有陵字并眾降匈奴集解及漢書毛本及譌乃
得降匈奴索隱單本此注在史贊彼已將率餘後無漢書云明年且鞮死長子狐鹿姑單于立十六
字據漢傳余吾水之戰明年且鞮死疑小司馬所見本贊後有續記孤鹿姑事故引張晏語以明之後經刪削合刻
者以無所系故增此十六字附於傳末然單本標題出且鞮侯已下五字不可解或索隱猶有脫文彼已將
率案彼已二字宜連上不參為句不參彼已詞不能知彼知已也將率當下屬小司馬誤解遂失其句讀詳志疑
衛將軍驃騎列傳得幸天子集解生子襃毛本生譌主與壯士
毛本與上衍數字往鑿索隱本有往字雁門宋本中統游毛雁作鴈下同龍城宋本凌毛龍作
籠遼害集解抄邊宋本中統游柯毛本抄作鈔西河正義今勝州今誤云考
證改畢收中統游本譌救討蒲泥毛本討譌封伏聽凌本伏各本作服夜逃中統游本
作逝案以上下文審之疑二字衍郎軍中宋本毛本郎作凶纓宋本毛本同中統游王作緲舊刻柯
凌作襍綵宋本中統游毛同舊刻作襍王柯凌作保太僕賀為左將軍王本左誤列右
內史宋本作左右見忿中統游王柯本誤擊長史安正義長史長字考證據漢書注
壂不亦可乎宋本誤乃亦受詔宋本中統游毛本受上重大將軍三字雜姑比索
隱索顏氏單本顏各本竝作顧身毒中統身誤變張騫從大將軍毛本張騫上有
校尉二字與漢書合因前使游本因譌困驃騎正義驃黃馬髮白色一曰
白髦尾驃下衍騎字一曰下脫白字依說文刪補髮字說文作發集韵類篇引同疑此誤懰懰游本
懰作懰盧胡王正義是蘭是誤其考證據漢書注改誅全甲柯凌本全作全注同王本
惟集解作全盞全之俗字也案漢書云鈲捍者誅全甲獲醜疑此缺稽沮索隱本沮注同各本作且對橋
煇渠侯志疑云渾渠之譌說在表先其大將軍襍志云本作先其大軍漢書無將字上文曰直

衆大軍數百里趣利是其證使人先要邊舊刻止此五字各本使人先下衍遣使向邊境要遮漢人令報天子十三字褉志云乃集解誤入正文索隱本出先要邊三字漢書作使人先要道邊皆其證案王說致確推所衍字是否集解文或係後人旁注誤入未可知今止從舊刻見漢軍而多舊刻軍作兵巨萬舊刻巨作鉅鷹庇索隱鷹作雁原譌雍依漢書改銅離索隱徐廣一作稠離與漢書功臣表同考證云漢書本傳作調雖功臣侯表作稠雖與此俱異降異國之王中統游王柯本作主仍與志疑云漢傳作與故鑿外正義北地官本有地字各本脫厲國正義徙置五郡徙譌徙今正元狩四年春元狩四年字疑衍漢書無踵軍正義轉逝譌逝征校改人馬凡五萬毛本人上衍軍字游葬毛本韓各本作碁六驫毛本驫各本誤驫紛拏毛本作拏頗捕斬毛本捕作擄比車者朱本舊刻比譌北漢書同復陸支毛脫復字大司馬位中統游本位下衍及字集解裴本脫定令令驃騎毛本下令字譌今嘗欲致之毛本嘗譌常得尚平陽長

札五　四六

公主宋本中統游毛本有長字它本脫故長平侯伉氏侯王柯本脫伉字案長平疑當作宜春六歲坐法失侯志疑云此後人妄增伉失侯在天漢元年建元侯表書今侯伉則知非史公本書左方兩大將軍及諸裨將名此行宋本中統舊刻游毛皆不提王本淩本方譌右侯千三百戶淩本與漢書合宋本中統王柯毛本侯作二游本作三皆誤無傳者曰據此句疑附傳諸人皆後人所增故有及天漢後事者辨見志疑今不具事景帝至武帝宋本帝字脫後三歲毛本後譌從武帝立十二歲游本二譌三爲驃騎將軍官本云驃字衍志疑及淩引余有丁說同築受降城宋本降下衍上字復纍宋本譌塈冢在大猶鄉宋本王淩冢作家博望侯後三歲淩脫後字冢在漢中宋本淩本冢譌家毋功母字宋本中統王柯毛本同首虜十一萬宋本毛本首虜它本誤例酒泉正義謂涼肅等州若本云謂字上疑脫酒泉二字平州正義按西河郡今汾州郡譌郡汾譌邠考證據唐志改匈河王本誤奴後二歲集解元封二年游本二作三與表合

下集解太初二年同破奴生爲虜所得王柯本無破奴二字自衛氏興至侯者志疑云此三十三字史詮謂當在上文六歲坐法失侯下是也然亦皆後人續而誤者平津侯主父列傳齊菑川國毛本無齊國二字元光五年志疑云漢書武紀在元年弘對毛本作策儉節毛本倒二歲中集解一云一歲毛脫上一字封平津侯集解元朔三年三當作五說見建元侯者表平津鄉毛本雖誤侯詳淩引一本作陽畔逆淩本畔作叛智仁勇宋本毛本智作知知此毛本作斯負薪之病宋本中統毛本作疾善善惡惡君亞知之君亞知之四字復衍上文漢書無蓋因篇後續錄元后詔誤倒在下刊者從彼增入也不德毛本譌得今事毛本今譌令上不召毛本上誤書鳥舉游本吳校宋本鳥譌易歷樊索隱本樊各本作敝索隱單本在後黃腫條下蓋因彼文亦有歷樊二字而誤地固澤鹹鹵褉志云鹹字後人所加漢書作澤鹵漢紀作斥鹵澤即斥也案匈奴傳亦云地澤鹵黃腫索隱本與漢書合各本作東腫誤軛輸北河中統游本作河北下

札五　四七

脩近世之失褉志云脩字當依漢書作循慮易毛本慮譌虞愁苦索隱本黃腫歷樊二條下徐樂條上出雖愁二字注云上音焦今史文無此疑即愁苦二字之異文蓋小司馬據本與今不同徐樂中統游本誤岳下恐而上不知也志疑云也字衍安土樂俗中統本士譌上而不服乎哉毛譌誠五伯者宋本無五字主海內中統毛本主作一而脩其故俗褉志云脩字亦當依漢書作循尉佗居睢攷異云佗字漢書無志疑云南越傳尉佗無攻越事因下文尉佗成越而誤衍毛本睢譌雖深入越舊刻作粵下同乃使尉佗毛本譌陀下南越傳佗字並同誤項梁舉吳毛本梁譌渠景駒游王柯淩本並譌騎棘矜舊刻作矝下同壤長地進集解長進注長誤瓌依漢書注改數見上疏言事志疑云數見上當依漢書增偃字遷樂志疑云樂字衍鑪錯中統游王柯本鑪作朝盩偃有力勇益字吳增與傳刻合暴施索隱不跌疑軼之誤說文軼車相出也鄭篇一日侵軼義與及近出關毛譌閼服受諸侯金中統本服誤偃不劫王中統本王誤又太皇太后宋本中統舊刻游王

柯本並連上毛本空一格本另行低格今依泰記例 麥治之盛也 宋本毛本治它本作始 子牽
而正 凌本作以 而 故丞相 游王柯本故誤效 即制曰 中統本制作詔 牛酒雜帛
游王柯本雜誤離 終于相位 游王柯本于誤至
南越列傳 索隱本止四字各本南越下有尉佗二字 楊越 毛本楊作揚 十三歲集解
六年耳 毛誤也 龍川令正義即穴流泉 流下各本有東字蓋即泉字之譌衍今依
漢書注刪 待諸侯變 毛本待譌侍 湟谿 索隱本作湟谿則與鄒氏劉氏及姚察所見本同也湟乃
譌字今本史記並作湟疑依漢書改 索隱衛青傳 案當云南粵傳 含洭縣南有洭浦
關 案水經洭水出桂陽縣盧聚東南過含洭縣南出洭浦關爲桂水洭字皆誤詳穢志 別異蠻夷 毛本
蠻譌變 奉祀 中統本作奉祭祀 裸國索隱和寡反 案躶裸字同集韻魯果切無和寡之
音 遂至孝景時 中統時誤帝 使人朝請 凌本人譌入 且先王 王柯本譌生
說好語索隱說漢書作怵韋昭云誘怵好語 案誘訹字从言怵乃假借

字 遂不入見 宋本中統毛本脫入字 王弗聽 王本無王字 亦恐嘉等 宋本無等
字 郟集解古洽反 毛柯凌本洽譌治 勇士二百人 毛本二作三與漢書合 自
擇 中統游本自作四 日莽 毛本莽各本作莽、 蒼梧王趙光 毛本蒼梧上衍日字 九郡
集解交阯 毛譌趾、
東越列傳何乃越也 中統游本乃作必 窮困 中統無困字 彼當安所告
愬 舊刻彼字 有終滅國 中統滅作威 所爲來者 毛本爲誤謂 而黏 攷異引惠氏棟
云此拡字之誤左傳陽子辱矣說文引作拡拡古陽字 梅領 中統本領它本作嶺 正義括地志
警云通鑑綱目集覽引正義有豫章記云梅嶺在西山極峻處十二字在括地志上案下云二所未詳謂豫章記括
地志二說不同也今本正義文不全 殺漢三校尉 中統無漢字 山州侯 毛本州譌川 白
沙正義若如一預州有白沙山蓋從如此邪 案此五字當在預州上
云漢書作如邪此作若邪正義蓋謂若如一義也上下文俱有脫譌通鑑綱目集覽引正義曰越州有若邪山若邪

溪蓋從此邪字山在州東南四十里溪在會稽縣東南北流二十五里與照湖合案白沙東故閩州也 轅終
古 王柯凌本終譌絡 自歸 中統無自字 舊從軍 毛本舊作繇議似漢書但云從軍
朝鮮列傳故燕人也 宋本無也字 眞番集解番普寒反 毛本寒譌塞 魋
結 舊刻魋譌魁 眞番旁衆國 宋本衆作辰案漢書作眞番辰國蓋即後漢書東夷傳所謂辰韓弁
辰者也然此作衆於文義亦通 旁擁閼 凌本擁作雍引一本 譙諭 索隱本譙與御覽七百八十引合各
本作誘 左將軍卒正多 中統游本左譌右 亦往 毛譌往 天子曰將率不
能前及使衛山 漢書作天子爲兩將未有利乃使衛山疑史有誤及則譌字也 往征之 志疑
云漢書作正之通鑑考異曰征字誤 大害 毛本大譌太 以報天子 毛誤下 誅遂 毛譌遂
韓陰 攷異云漢書作陶 集解凡五人 凌本云師古曰相路人一相韓陶二尼谿相參三將軍王
唊四云五人誤 官紀 毛本官譌管 右渠子長降 攷異云降字當連上長降功臣表作長路 澅
清侯 凌本澅譌畫 溫陽 攷異云當從表作涅陽 洌口 索隱本洌各本譌列

西南夷列傳楪榆正義上音葉 譌楪依集解索隱正 楪澤 楪亦譌楪今正 葉
楡 集譌桑今正 昆門正義今嶲州也 嶲誤體蓋因上音隨而轉譌也今據郡縣志改 冄
駹正義九氏 氏誤錢考證據後漢書改 土箸 宋中統毛本箸它本作著 循江上 中統游本
循作循 略巴蜀 僰志云蜀字衍漢書無 滇池地 僰志云不當有地字索隱本及漢書皆無 索
隱而更淺狹 案後漢書作而未更淺狹此失末字義不可通下正義同 開蜀故徼 僰志云開
當爲閞因俗書作閞形似而誤漢書正作開 道西北牂柯牂柯江廣數里 僰志云漢
書漢紀並作道西北牂柯江江廣數里 道指牂柯江索隱 案牂柯已見上文不當至此始釋單
本此條亦出在倉重萬餘八條後疑錯亂 言其不便 舊刻其下有苦字 逐胡 舊刻逐誤北 指
求身毒 中統指誤猶 滇王與漢使 中統滇誤漢 沈黎 中統作黎 首善 游本首誤
守 離難西南夷藥國降 漢書無難字南字師古注云言東粵非漢 牽爲七郡 王本
脫此四字秦藩本同

司馬相如列傳於是相如往舍王脫是字毛本注誤乃相如初尚見
之凌無相如二字琴心索隱又曰單本蔡本中統游本皆無此下三十三字聞雅甚都
王本甚譌是以奔索隱婚不以禮爲以也以疑當作奔馳歸成都蔡本
中統游毛本襍志引宋本及文選左思詠史詩注引史贊引吳注校柯本眉上舉白鹿本竝有成都二字舊刻及王
柯凌本竝脫家居襍志云居卽家也左思詠史詩注引作居徒四壁立案御覽百八十七引作家徒四壁立
與漢書合疑本異文後人誤幷有第倶如臨邛索隱本無倶字後人依漢書增疑當鑪王脫
當字保庸集解謂之甬官本與方言合各本謂譌調脫甬字非財毛譌材乃與毛本
乃譌及身有先生者集解身一作惡中統游本作身有一作惡此竝集解單行本出
身有二字而著注也腳麟索隱掎偏引一腳也說文無腳二字一桀輪集解
而悅反毛本悅作兌疑充字之譌後園王誤國玫瑰集解赤玉舊刻本有此二字各
本脫葴菥集解馬藍毛譌監蕻苞索隱似荏誤舊考證改身蘆誤燕考證

札五　五十

據爾雅注改、菴閭毛本菴作菴瀰泉毛本瀰作涵菱華毛本菱作蓤蛟蠫正義
小頭細頸頭細互誤脫頸字考證據山海經改增蜥蜴蜥譌蜥考證改璿瑁正義飾
器物王柯飾誤節豫章正義枕木枕字疑誤案御覽九百六十引遊名山志曰樓石山多章
枕皆篤三四圍又引南康記曰南康縣營水極源去郡九百地多章枕疑枕乃形近而譌又九百五十七引廣志竝
曰豫章生七年外始辨注云几木似豫章故待七年當分別與此下文七年云云相合或枕省爲尤再譌爲几耳
桂椒正義光靜疑當作淨木蘭集解王柯凌本脫正義葉冬夏榮常
以冬華葉譌菓脫榮字春字據文選蜀都賦注改增榮下彼有似長生三字如小甘蜀都賦注作柿
蘂離毛本蘂作棐赤猨蠷蝚毛本蠷作蠼漢書文選無此四字正義蠷音劬蝚
音柔各本誤重蠷蝚二字脫二音字吳改鵷鶵中統本鵷譌鵷毛本譌鵲兕象野犀窮奇
玃挺漢書文選無此二句攷異云後人妄增瞥云玃挺與上蝯蜒複出集解二索隱本蓋皆無之故無辨釋而窮
奇象犀注於後也馴駁集解食虎豹官本與漢書文選注合各本脫豹字夏服集解

夏羿毛誤羿未舒索隱亦曰未得也單本疏誤各本作亦爲得也距虛集
解而色青蔡本中統游王毛本脫色字柯本空凌本而色倒五言毛本互譌五儵胂毛本
呻與文選玉篇目部引子虛賦合宋本王本譌聊柯凌譌聊中統舊刻游本譌聊漢書譌胂字頫引同淒洌毛本
漢書文選玉篇引子虛賦凌作倩琱節索隱節信漢書文選注同當依集解乙翺翔毛本
誤作翔翱曼姬正義鄧曼曼字考證增紆縞正義韋昭王柯無昭字扶與
柯凌作興威蕤王柯凌威作葳神仙毛本僊仿佛中統游本佛作彿毛作彷彿鴐鵝中統
游毛本鴐作駕與索隱本合紫貝正義交阯官本有交字各本脫貝貨涸也貨殖傳無
此文語亦有脫誤摐金鼓毛本摐作摐注同勠力宋本中統本勠它本作戮東陼巨海
索隱本陷作與漢書文選合各本誤有因注而誤湯谷正義十日所浴官本與山海經合各本日
譌月浴譌落沬毛本秋青丘集解王柯凌本無盜以與索隱正義覆而刪之今仍補入正義
在海東三百里官本如此各本在誤東脫百字郭璞王柯本脫璞字在海外王本作

札五　五十一

徬徨乎海外王柯本吳校宋板無此句若乃毛脫若字又見客索隱是賓客
之也文選注無賓之二字疑衍王辭而不復索隱本與漢書文選合各本不下有能字襍志云後
人所加類聚產業部引無今齊游本無今字中統本空故未可也故舊刻作囿毛本紫淵
正義其水紫色注亦紫漢書文選注無此七字疑是讀者旁注誤入滾滴索隱
丹紫二川單本二譌三所謂八川分流單本疏譌洲淤舊刻游譌蜿灦正
義蟬音善據此是張所見本作蜿蟬衙麗毛本衙作衙臨坻正義小沚譌水阯依
爾雅改汨㴔毛譌㴔徐徊毛作佪東注大湖當依沈存中說作河與下池蟜離爲韵正
義以爲蘇州太湖謬赤螭正義案虬螭蟜字校補汪螹離毛本作漸螹鰬魠集
解吻口蔡本中統游本吻它本譌多鰅鰫集解一作鰅毛本譌鰅揵鰭正義
鼠也王何鼠譌鰅不成字振鱗毛本振譌擬鰨瑀正義長頸赤目頸譌頸脫目字
官本與集解合鮫鯖王何本交青鴢鷂集解鶬鴰蔡中統游柯凌本作鴢泛濫索

隱汜汜單本脫一汜字唆喋正義丈甲反丈譌文依王篇改嶄巖正義嶄
音咸舊無咸音當有脫誤巖陁蔡本陀𠂤陵中統游毛𠂤作自崫巖毛譌嵓綠蔥
正義菉一名王芻王柯菉譌菓苹結縷中統游王柯毛苹譌苹集解一作
布舊刻布中統游譌抪它皆譌佈櫕戾莎蔡中統游本櫕作攢蔣芧蔡芧譌布濩蔡柯王一作麥
譌獲麢麖中統游本麈譌麈象犀索隱一角在頭角疑在額漢書注作在鼻一角柯譌在額
驢騾正義驛騠官本有驛字它本脫駃騠音決啼官本有音字它本脫巖突毛突譌䂞
崖集解音振誤作㞊無此字當依索隱改燃柿索隱音汝燕反燃音誤無此集
約橪支之橪入因切下與下音烟合蓮𣟤㮈索隱𣟤㮈棣熟也句本有注無誤合刻字
欃檀集解似栟誤栟漢書注考證改據發欹毛本欹本譌欻各玄猨蔡猨它毛本
作猿蜼玃蔡中統游本作蠼蠼舊刻譌蠼索隱皐塗山皐譌鼻依山海經改蜥
胡索隱又說文云獑胡索說文作獑蝯本握板譌柘集今改依類篇說文作引說

〈札五〉 五二

文同殊棣正義爾雅當云廣雅捷垂條正義捷持文譌特依文選注改漢書蹠
稀閒集解託鈞反毛本託譌記舘舍舊刻與漢書合各本舍誤客文選雲旗正
義熊虎王柯熊虎能譌誤於能猨豹柯猨譌猵熊羆正義始春而出王本始譌柯麥衍
麥譌治依類聚九十五引詩義疏改野羊集解殺之蔡本毛本誤人犆白虎犆王柯作犆疑
虛發中統作張本儵敻下文大人賦索隱引此作儵與轔白鹿集解一作惠
之關文漢書正作聽宇宙正義張揖王柯揖作字無駭飈各本譌颷文選作猋與爾雅合今改
正義扶搖搖字依爾雅補拊颫皇集解道泰由反鴳鳥雅反張云
中統游毛本脫此十字志疑云當作關索漢書作闕文選亦譌為闕掩焦明正義員尾各本員譌冥依漢書行志引作叶關樂依微叶改五歷
石闕與下綜寒約文選亦譌為闕集解甘泉宮毛本脫宮字各本㝎春
正義萬年縣官本有縣字各本脫鈞獠舊刻鈞譌鈞毛本獠作獵徒車衍各本作亂字依上徒
漢書文選刪巴俞宋蔡異文云當作喻正據此賦益以宋蔡嚊喻說淮南與

淮南于遮對文郭璞純以巴渝當之非是索隱王柯麥本俞作渝鄲集解蔎攻蔡中統游與索隱引合本
王柯麥取作此部濩官本作護各本作濩娛耳目毛本娛譌妖娛爛漫中統游本與毛本漫作嫚
冶蔡麥作妖毛本刻飾中統游毛作飾鄣約蔡中統游本作綽集解靚莊
作毛本豔作靚嫵媚姽正義白眼反今眼譌眼改服的皪索隱以姱以上當有脫字疑
得至游志誤六藝正義六藝云舊疑有脫文易道正義乃射及乃字疑
怪獸正義張揖王柯無揖字本抗譌抗作抗中統游本漢書毛本諸侯正義諸侯王柯本各字作各皆作功美毛美譌
抗士卒中統毛本索隱本作卒奭中索隱皆西夷各本作夷疑單作夷毛皆脫西字
字責唐蒙蔡中統游毛本有字漢書下合郡又擅為毛譌爲今本部郡西夷略西夷本毛南
西譌洋溢柯麥本譌溢結軼索隱本作軼依漢書志改云誚為大夫本毛
四請作粗陳麥作本麤粗固常之所異毛本與漢書常文下選有人合字請莫非王
土作毛本匪非係纍毛本纍洋而恩普柯麥本洋下注洋溢貌二字

〈札五〉 五三

案洋溢已見上文此後人旁注誤混非集解文登三集解三王毛本譌五王鶡明舊刻柯麥本
引人同一稱病閒居字同稱病與漢書上合中統游毛本作有常長楊正義三里官本有孟字各本脫
三二作其辭蔡本作本毛詞貲南毛本誤貲正義孟貲官本有孟字各本脫逢蒙
舊刻逢作逄集解逢同不亦難矣不亦同漢書疑倒無亦字文選家累千金蔡王柯中統游毛本
下無與益漢有書者文字選麥合本索隱恐墜之也恐字疑衍之作墜各本也三條單本
宮正義杜之南官本杜下同各本杜下五句云此後人所妄無下拾蔡中統游毛本脫王
無本亦敻迥漢志書疑拾九天舊刻作拾無正義僭
道毛本道仙王柯蔡中統游本作森蔡作蜩蟉蟉柯麥作蟉蜩虺毛本脫蟺字以蔡中
本統王柯作蠼毛蠼赹蜈索隱牙跳也單本牙字疑當作衍下之叫觬毛本譌叫
正東正義飛泉王柯倒五帝正義五時王柯時譌太一正義中官
此官字猶未爲俗人所改可貴也伯僑蔡中統舊刻游本與索隱本合它本伯誤北祝融驚當依

漢書作警陸離集解毛本脫徑入蔡中統游本徑作徑鬼磈集解楚辭曰毛本
曰上有字衍五河正義仙經經字警依漢書注增弱水正義輒然各本輒下衍物
字官本無東去官本東各本誤車其山為天柱王柯誤作其主為主四字凌本同惟山字不誤
今補正流沙集解王柯凌本竝脫崑崙正義崑崙在肅州在字錯崑崙上今正
春秋王誤泰云柯凌誤泰亾建國國字各本脫臨羌各本譌差阿傉達譌建建末
達來誤山出於崑崙西北隅誤作出書於西河北隅黃河出東北隅河誤
海以上官本竝不誤崑崙黃河二條亦見考證穴處舊刻誤倒正義勝代漢書注無代字疑涉下而
衍亦苹蔡本亦譌赤俯降蔡中統舊刻游柯毛本倚竝作語案俯降義窒漢書作修師古雖訓為長
文云循長路而下馳蓋亦騎嶠舒節中統游本譌郎寥廓凌本寥作廖紛綸索隱綸没
也綸無没義各本作論没也然則小司馬本正文從水七十有二君集解七十有二
人毛本注中有字在七十上郅隆集解徙郅舊刻游本郅各本作程下竝同案此以郅郅形近故

札五 五十四

疑為郅若程字則不相及矣周書毛本周譌漢生於畢郢生當作卒宜為郢乎毛本
宜作其舊刻乎作字軌迹毛誤於逐而索隱本逐與漢書文選合字類引亦同今本竝誤逸又作
峰讀曰烽案韋張二解義自明了師古據誤本為說小司馬遂承其謬收龜毛本收譌牧翠
黃集解訾黃其何訾譌紫其譌溫何譌何考證據漢書改仁育中統游本譌有望幸
索隱摯虞原誤倒今正濟世索隱言自單本誤倒各本遂刪自字今正也如也字
疑衍如譌故今改展采蔡王本展譌展符瑞集解符瑞之富毛本瑞誤符之誤大厥
壤王譌壞滲漉集解色陰反毛本蔭譌陰汜尃濩之舊刻汜誤我中統游王柯
本尃譌尃其儀可嘉志疑云嘉之譌案漢書作嘉上下文韵竝合文選亦譌嘉與煇煌舊刻毛本
煌它本作湟託窮舊刻託與漢書文選合據集解則本是託字它本作記非翼翼也毛無也字舜
任柯誤尤至隱集解推見事王本事譌爭易本隱之以顯之以漢書作以
之據索隱則所見史本與漢書同今本誤倒據單本所出正文而改之矣小己集解小雅之人

之譌云汪校改
淮南衡山王列傳十月志疑云當作七月廷尉臣賀志疑云賀雖不知何入然
可證公卿表於孝文三年書張廷尉之誤奉以二千石所不當得九字當作一句讀如說近
之尉及索隱皆失其義十五開章蔡中統游王柯毛本竝作五注同凌作伍蕑忌毛本蕑作簡下
同棺椁中統游毛椁它本作椁為亾命毛本有亾字與漢書合它本竝脫今復之凌本
今誤命逮考毛本逮它本竝譌遂陽周各本作周陽考證據惠景侯者表漢書表傳改下同志疑說同
不能相容集解而更相逐毛本更相誤倒東城侯中統本下重侯字廬江
王非應中統舊刻作聽陰結索隱伍被蔡本伍作五而謀反滋甚謀反疑倒
下文云其反謀益甚語意相同陵慧舊刻毛本同各本譌彗中詷集解采寮下索隱引作採
蔡此采字疑譌王皇太后王字疑衍漢書無中尉宏索隱姓殷志疑云公卿表是殷
容廢格索隱鼓閣鼓譌致依梁孝王世家集解改道從長安來索隱道長

札五 五十五

安來襍志云道郎從也漢書作道長安來史本一作道一作從後人誤合之耳日夜與伍被志疑
云漢書無伍被不即常山王游王本郎誤如蔄全蔡本中統本作全可知衞霍傳誅全甲之誤益
亦當時俗字也一動中統本作怒聖人之道蔡中統游王毛本作聖人它本作先王紡績
王譌紛績還為偽辭襍志云僞為也御覽珍寶部引無為字案疑史本一作為一作僞後人兩存而誤
并耳止王不來正義闕文警云此及後武闕正義皆有闕文二字蓋後人所記尉佗知
中國勞極止王不來志疑云漢書作止王南越此因上不來而誤百姓願之毛本
願誤怨地方中統游本誤封內鑄消銅志疑云消當作部一船蔡王本脫二字吳越
之眾越疑楚字之譌上下文竝作吳楚萬倍於秦舊刻於秦與志疑說合各本作於吳楚毛本無
於字王氣怨結襍志云王字衍漢書作被因流涕而起深購毛本備且覺二字舊刻作迴
吳興兵舊刻興作舉成皋之口正義溷水攷異云水之譌汜雒陽毛本洛陽
太半毛本吳校宋本作平誤耐罪集解完其耏鬢故曰耏古耏字從

彡各本彡譌形從誤與彡字舊刻毛本不誤它本竝誤兒今依漢書高紀注改杜林杜誤蘇依高紀注改
產五十萬舊刻毛本凌引一本產上有家字逮書志疑云逮字當在書下誤倒一本書下有以逮
二字亦非案舊刻毛本凌引一本逮書下有以逮二字官奴入宮王柯譌官屈彊江淮閒
毛本江淮作淮南非會肆丞相諸侯議索隱會肆丞相者案如索隱本則諸侯
議三字衍蓋諸郎者字之譌後人因加侯議字也舊刻肆譌肆免官蔡王毛本誤倒欲勿誅中統本作
殺游本譌誅首爲王畫反謀游凌本王作之中統舊刻游毛本謀作計爲九江郡集
解徐廣曰又爲六安國以陳縣爲都拾遺云陳縣淮陽國都六合不得有其地
又據漢志六安國乃衡山故地此注當在衡山王傳末案拾遺此條刊本誤入汲鄭傳亦傳寫誤也故劾慶
王本故誤死侵辱人田毛本無辱字田誤日壞人冢蔡中統游王柯本冢譌家二百石
以上蔡王本誤人輣車中統蝴誤輣淮南已西毛本已譌巴元朔六年中
志疑云五字衍已書元朔六年上衡山王使人中統游毛本王字它本脫有吏捕𤦲蔡王

本捕誤稱元朔七年冬志疑云元朔安得七年乃元狩元年之誤謀反者未得舊刻者作
漸疑本作所與淮南謀反者漸得寡者誤耳又疑凌本譌擬坐王告不孝凌本王告倒舊刻王
柯本脫坐字毛本亦脫告誤后信哉是言也蔡王柯凌本脫言字藉臣舊刻藉作藉
循吏列傳索隱中統游本作首行題下與單本合蓋猶舊式施教舊刻脫二字吏無
姦邪盜賊不起志疑云後書郭丹傳注引姦邪下有遂霸諸侯句案如章懷所引則句當在盜賊不
起下但彼節去盜賊句耳今市令凌本今譌令不悔毛譌侮子產者中統游本子產上有
鄭字織布好毛本布好倒不奉主法中統游毛本主作王自刎而死舊刻中統游本
下有也字傳其罪中統游王本傳譌傳號哭哭字與後逐爲韵中統游本作泣非
汲鄭列傳至黯七世舊刻作十世與漢書合閭閻中統游本譌閻弘大體漢書
作引大體疑此譌志疑說同常揖之毛本揖誤損上常賜告舊刻譌誥最後病集
解一作其毛譌甚放析游本析乘上閉蔡游毛本乘作承中統一本亦剜改承益

貴弘湯王脫湯字亢禮中統游本亢作伉稍益貴中統本稍譌俏令天下毛本令譌
今奴婢中統游本倒段宏毛本段與索隱本合各本譌段索隱段客客疑容之譌如淮南
王傳漢中尉殷宏公卿表作殷容矣攷異謂公卿表未見段宏疑即殷容張羽凌誤爲莊爲太史
太疑內之譌漢書作大吏僦人索隱推者獨也推說文作推無獨義疑誤
儒林列傳正義姚承盤云前卷多作丞齊魯之閒毛本開本作門各院術
士正義三里三下衍百字考證據漢書注刪以爲秦院爲字考證增四海正義
相次官本次它本誤以申培公集解一作陪毛作培當與計偕索隱本當
作常次治掌故中統游本次作以無傳疑毛本無疑字與漢書合於是天子舊刻
脫是字弟子至申公此二十一字舊刻脫集解馬車毛本倒不在中統王柯凌誤
至文詞舊刻辭招致舊刻至反因過舊刻反譌及代泰蔡中統游本代作伐朝
錯舊刻游本作鼂錯資用中統游本資作貲兒寬集解元封舊刻與名臣表合各本誤

元狩瑕丘毛本段誤瑕未嘗不得毛本嘗譌常弟子遂者毛本吳校元本遂作通
百數王本百誤言
酷吏列傳愉快拾遺云漢書愉作婾小顏云婾苟且也遂禽志疑云當作夷楊人正
義以故王本以譌北野彘卒入廁毛本卒有來字下數十騎毛本十譌千其
使民御覽四百七十三引使作役周陽氏集解國除舊刻毛本二字倒傳爰書
攷異云傳當爲傳讀曰附謂附於爰書案傳與下文欲傳古義之傳同然舊注已誤矣大府毛本大作太
乾沒案乾沒猶言陸沈謂陰取其利佞幸傳長公主賜鄧通吏隨沒入之是也舊注皆迂集解隨勢
毛誤世亭疑集解均也中統王柯毛本無此二字賢者正義廷議王譌識誰
常釋閒志疑云當依漢書作閒廚下於是湯益毛脫於字告緡正義每千錢
一算出一等案出字疑當在一算上而衍一等二字然與平準書不合當有脫誤蕃臣舊刻蕃作
藩事下湯蔡中統游毛本吳校元板並有事字湯治中統本譌始治鑄中統本冶譌治常

排趙王中統本常作當他囚毛本他作佗沕無與也毛本無作弗心望舊刻作怨
擧常欲死之中統游毛本常它本譌當使吏捕蔡本吏譌使上黨郡襍志云郡字衍
索隱本無長陵毛誤安孔彔集解二姓中統游王柯毛二譌三捕鞠蔡本捕譌補毛
本鞠作鞠捕其爲可使者襍志云索隱本出求爲可使四字今本作捕疑後人依漢書改後一
歲志疑云一當作二黎來索隱本黎各本作梨淩引一本作追求益依漢書改徒諸名禍猾
吏索隱本作徒請名禍猾吏漢書作徒請召猾禍吏襍志云名郎召字之譌猾禍皆猾之譌徒諸又徒請之譌當
作徒請召猾吏秦疑諸字不誤但錯倒耳當作徒召諸猾吏關東毛本中居廷漢書廷作它疑史誤
爲方略游王方誤萬投缿王柯譌訴以牧司姦盜賊牧淩引一本作收與漢書合漢
書無盜賊二字疑此文有衍誤少禁游本少作小宛軍集解伐大宛毛本伐譌代尸
亾去漢書尸作妻疑史誤徐野民據本已作尸然自溫舒等志疑云自此至以文辭避法焉乃漢
書載宣傳尾語後人妄取入史使繡衣治盜事在天漢元年沈命法更在後非史文刪矣其治吳校元板無此

二字索上云欲爲治者則此二字爲贅漢書無小羣盜襍志云盜字後人所加漢書無其後小吏
凌本脫後字十萬中統本十譌千周中廢志疑云此下後人增入推咸索隱本咸各本作減
襍志云推咸者椎咸之譌椎郎椎繫之椎故音直追反索隱推繫襍志云推繫之譌
大宛列傳張騫漢中人索隱本無張字飲器正義血盟官本血字與漢書合
各本譌立故胡奴索隱本無故字漢書亦無蓋此郤胡字譌衍亦或因下文故胡人語而增之經匈
奴索隱本經作徑導繹蔡中統王本繹它本作驛而居中統游毛本下有之字與索隱本合正義
盡也王本盡譌書其㫄毛本傍扞采扞字索隱音汙漢書注音烏字當从于而各本多作扜非
采毛作采下同集解漢紀毛本譌記于寘各本譌窴今正鹽澤正義去玉門陽
關去字陽字考證據漢書增大月氏正義康泰外國傳官本不誤各本泰譌秦脫外字
安息正義地理志漢書地理志無此文見後漢書西域傳京西萬一千二百
里案漢書西域傳安息國王治番兜城去長安萬一千六百里後漢傳安息國居和櫝城去洛陽二萬五千里文

竝不合西關後漢傳作安息自此南乘海此南二字依後漢書補烏弋譌戈汪改與後
漢書合效王面御覽八百十二引效作放黎軒正義土多譌地考證據後漢書改有
夜光璧官本與後漢書合各本有夜倒皆青水精爲及及字誤或上脫一字斯調州
州當爲洲御覽八百二十引異物志云斯調國有大洲白鼠皮疑當作毛在安息息字考證增
羊羔王本譌黑植之植誤鄭考證改大鳥正義鳥鶻膺身蹄駱案漢書注作大
爵及膺身似橐駝此似剛節其文然彼此皆有脫誤彼文膺卽此鶻字之譌而此文踏駱二字當倒國善眩
集解應劭毛誤昭西王母正義長老長下衍安者二字考證刪流沙誤水考證
改大荒西經考證云大荒西經無此文女國北出崑崙山南各本此下又衍女國
北山崑崙山南八字官本無去京凡王脫凡字王長襍志云王當依漢書作君御覽四夷部引史作
君長善賈市蔡王本誤氏藍市城毛本市作氏與後漢皆合漢書作監氏城身毒正義
頂有光明官本頂各本譌項臨兒國疑有誤監地官本監各本譌臨卽經稱

河者也河上當脫恆字西役騶馬役字疑誤思欲見佛欲譌飲今正以指蹤
石石譌名警依水經注改向存王本存譌有犍爲正義其逝反官本有反字它本脫
滇越集解一作城毛本誤絕西城數萬人襍志云城當爲域字之誤漢書作破匈奴
西邊殺數萬人史脫殺字數有功蔡本有誤月守於西城襍志云亦域之譌扞采中統
游本作采窺漢知其廣大中統本吳校金板作窺漢地廣大鑿空集解鑿開空
通也游本開空倒若出其南集解漢書作及蔡今漢書作迺徐所據本蓋乃字之
譌毛本南誤用善眩人襍志云後人以上文云善眩因加善字漢書張騫傳無索隱本出犂軒眩人四字無
善字明矣名倉庫名字譌當從漢書作各進孰集解從行毛本從譌徙鹽水集
解水中漢書注作水中行妄言王本妄譌忘發屬國毛本屬譌蜀西至敦煌
毛無西字數日則去中統本吳校金板則作而橐它毛本橐譌槖中統毛本它作他置居延
蔡本置誤至故待遇漢使善者名昧蔡中統吳校金板使下有之字蔡王本名誤爲

偵而輕之也（褉志漢書偵作負師古曰恃也則偵乃偵之譌偵與負同）醴泉瑤池（褉志云類聚山部御覽地部白帖山類文選遊天台山賦注洪注離騷引益作華池論衡談天篇引史作玉泉華池海內西經注引禹紀亦作華池今本作瑤池乃元以後人所改）余不敢言索隱荀悅作效（今漢紀作攷）

游俠列傳延陵（志疑云二字漢書無案疑涉下信陵而誤衍然徐野民本已然）虛附（中統游柯譌腑）乘傳車將（志疑云漢書作乘傳東將師古云乘傳車東出爲大將）薛兄（索隱本兄各本作況）

韓孺集解有郯（毛複衍一郯字）南越（毛脫越字）藏命作姦剽攻不休及鑄錢掘冢（褉志云漢書作休乃鑄錢掘冢師古曰不報仇剽攻則鑄錢發冢也是休字下屬爲句及當作乃不字後人所加貨殖傳起則相隨剽攻休則掘冢又其一證）嚼（舊刻作釂爛文）遂去其賊（南宋本遂譌逐）箕倨（宋刻毛本作踞）踐更集解顧更錢（譌踐考證據漢書昭紀注改）怪之（王本怪誤快）且無用待我（此待我字涉下而衍漢書無）及徒（中統王柯本及譌又）解兄子（中統游無解字）爲人短小不飲酒（志疑云七字複出衍）侍使者（南宋中統游本侍譌待）

遂族郭解（毛本遂譌逐）郭公仲（毛本公作翁）鹵公孺（案索隱本則史文本作翁今本公字蓋後人依漢書改）朱家之羞也（吳校本之作所與漢書合）人貌集解則貌（毛本作色）

佞幸列傳士宦（南宋舊刻毛本士作仕）材能（毛本才能）宦者（毛本宦誤患）南安集解（凌脫）濯船索隱（凌脫）衣裘集解（凌脫）索隱衫襦之橫腰者（拾遺云說文裻背縫小司馬非）後穿索隱（凌脫）以夢中陰目求推者郎（毛本目與漢書同各本作自舊刻作衣疑史文夢中下本有衣字誤倒其作目者後人依漢書改自則目之譌也）銅山正義案榮經（案誤邑考證改）得自鑄錢（中統本吳校金板自作以疑本作已譌爲自）乃不甚篤（南宋本毛本作乃不各本倒）寖與（南宋中統游本寖它本作浸）

滑稽列傳春秋以義（凌本以下衍道字）穰田（索隱本舊刻毛本穰各本譌穰）祝曰（中統游王柯凌本祝上有而字）滿篝集解篝籠也（御覽七百七十七引注下有音構二字又元龜八百三十三亦引注篝籠也音搆甌窶猶杯樓也言豐年案樹易可滿篝疑皆集解之文而與索隱大同或今本以重複而刪之案疑宋之譌樹當依索隱作撥）索隱猶杯樓（南宋本杯作柸御覽引注同）汙邪集解汙邪下地田也（元龜引注云汙邪下地田也言下地田之中有薪菜可滿車也亦與索隱大同案亦宋之譌）苹車（中統本誤馬）對曰（毛本對上有髡字）裕褠集解衣褭（舊刻褭各本誤褢下同）袂也（袂誤衿考證改）其後百餘年（攷異云優孟在前二百餘年此云後百餘年乃踈較之甚者）優孟索隱（單本錯在下文若無遠有所之後）以爲不可（南宋本無以字）楩楓（毛本楩各本譌梗正義同）翼衞集解趙韓（毛本倒）糧稻（中統毛本糧作粳南宋本譌粳）孫叔敖子也（中統游王柯凌子上有之字南宋舊刻毛本無）貧困往見（南宋本貧作窮往作且）談語（中統游本吳校金板作話）集解容則（毛譌府）楚王及左右（南宋中統游毛吳校金板並有及字御覽四百五十一引亦有又三百九十六引作與）侏儒（南宋中統毛本作朱儒）幸雨立（褉志云幸字涉下而衍雨下脫中字初學記人部御覽人事部樂部引並作雨中立）主上（毛本主譌王）

外家傳語索隱（此注各本錯在東方朔傳中單本亦然今移正）滑稽索隱（單本錯在東方朔條後今移此各本改系篇題下）無徙（柯譌徒）上書正義秩六百石（官本秩各本譌殊）飯已盡（毛本飯譌飲）據地（毛本據下衍其字）高廬（游本廬譌盧）宦署門（毛本宦譌宮褉志云宦下脫者字類聚御覽居處部文選西都賦注別賦注引並有）彊失士者（王柯脫此四字）平均（毛本倒）輻湊（游本輳）常侍（王譌時）因其常也（王柯凌本其作有）建章宮正義（凌本脫）混邪（中統游本混作渾）余吾（凌本余誤於）遮衞將軍（中統重軍字衍）北海太守（毛本太誤北）王先生曰天子郎問（毛無王字）於呼（游本戲）娶婦正義華陰（誤陽考證改）遂爲河伯（下衍娶婦二字考證刪）小家女（南宋舊刻毛本小它本誤人）齋宮（毛本齋作齊）行十餘日（褉志云行字衍御覽方術部引無）爲河伯取之（南宋舊刻毛本有河字它本脫）困貧（御覽七百三十四引倒）漂沒（王本漂誤河）里父老（毛本里誤異）以人民（御覽引以作與）三二千人（王柯無人字）十

人所凌本譌千十衣繒毛本繒譌繪呼河伯王本呼誤子得更求好女御覽
三百六十七引得作待義勝詟折正義為筆官本筆各本譌笄胥側王譌則民田
正義令吾臣皆如令譌今吾下衍為字如誤非行冂西誤不興譌與以富魏
富下衍涼河內誤名魏都脫都字以上竝考證據溝洫志改忠哲毛譌苦治鄭索隱本治
作相集解王劭治要劭各本譌邵索隱唯彈琴單本無唯字是人見思單本
作是仁恩三字益連上而化為文
日者列傳集解壁子凌本誤題索隱論議毛本倒誦易御覽七百二十五引作講
習疑今本誤先王王柯譌生觀采索隱易用疑倒所賢中統本吳校金板作貴下文別
賢同誇嚴禓志云說為誠說文敝疑也誇誠也非其功中統本脫其字見人有污中統本誤
眾賓正攷異云賓讀曰擯六國表諸夏賓之張傳大王收攝天下以賓秦皆擯棄之義儌飾虛功
中統飾譌飭以少為多毛本為誤無虛公家元龜八百三十三引作虛托公家疑今本脫
才不賢元龜引作不才不賢君子義也中統吳校金板義誤非旋式索隱中統游毛本同
它本誤按後乃有之類聚七十五引有作育委聚王柯脫聚字不可卜哉王柯
脫可字辯人王柯誤辭人乍亾毛誤立公責中統譌貴飾先王中統游本飾作飭此
隸書飭口不能言索隱本無口字疑衍地壓毛本壓以伎能立名中統本作身
夫家中統本吳校金板夫作一好舍南宋本作舍五行家南宋本脫行字天人攷異云當
作天一漢志五行家有天一六卷
龜策列傳筮吉中統本筮誤無亦有決疑毛本誤以有上尤加意中統本吳
校金板誤禮朏眦毛本倒搓策定數灼龜觀兆案玉篇搓扶容切灼龜觀兆也蓋卽
引此文而失其上句是搓本作搓集韻符容切搓下引孫佃曰兩手分而數亦與索隱合又云通作搓則所見史本
已有作遾者蓮葉集解蓮一作領領疑蓮之譌集韻蓮荅之或字文選七啟寒芳苓之巢遾
注引史文神龜常巢於芳蓮之上云苓與蓮同則蓮亦與蓮同江傍家人御覽九百三十一引作人家疑

今本誤倒上有擣蓍毛本上誤下松根禖志云伏苓非松根御覽藥部及爾雅翼引作松脂其
叢生滿百莖禖志云類聚草部御覽百卉部引作其叢生百莖共根必見其光游王凌本
必誤之玉處凌本誤出太卜官三字柯凌本不重蓋脫寫有神龜在江南嘉林
中禖志云水經決水注引作神龜出江灌之閒嘉林之中今本後人改於白蛇中統蜳刻吳校金板作蛇
介蠡南宋本蠡譌蠡下蝗蠡同漢正南北正義天河官本天本譌大各在籠王本
譌龐雷雨游凌本雷譌靁欲亟去也游王柯欲譌卻毛本欲下有望字疑衍竄於刑德
中統本吳校金板審誤定還復其所毛本復誤服今我聰子王本譌令今送龜毛本
誤歸山原游本譌源有介之蠡南宋本毛本竝譌蠡開術游本作衍口得所嗜王譌
蓍疑作耆本抃蚱毛本抃譌坪以為大寶中統本吳校金板以作出以知吉凶王本
吉譌告象郎御覽八百八十五引作廊案淮南子本經篇紂為璇室瑤臺象廊卽此市說文無廊字集
解不出毛譌甲象箸王誤箸聚兵中統譌共貪很游柯本很它本譌狠取之以
黿彊中統游毛本吳校金板無之字賓服毛本賓誤兵桀紂毛本重此二字各本脫賢民
禖志云民當為眠與常郎諸字韻縣而毛本縣各本作懸傳之賢士士疑當作王與上下文不韻
大悅而喜疑當作起於是元王元王二字疑衍理達於理禖志云文不成義御覽方
術部引作程達於理邦福重寶集解福音副如徐音則集韻類篇福當作福然字類引此文
皆作福矣賢者有恆常恆常字常衍其一蓋漢諱恆為常後人兩存之也谿門集解雄
渠毛本作熊渠毋椽南宋舊刻毛本椽它本譌掾而骨毛本而譌面騰蛇中統本蛇三
瓦集解棟之毛本棟譌陳正月正義為十二月王柯脫十日二字誤作中
闕內高外下此上兆乃正文各本混作集解今正四月當在月上三首仰南宋中統游毛
首上空格不誤王凌連上四月柯本脫正義柯本與索隱系四下凌本混入索隱月於開當作是於
首倪大索隱當次首仰下刪下文重出之首倪大三字而以正義次索隱後
案正月下正義云言正月二月三月右轉周歲十二月首日月之龜疑當式本依日躔之次從亥位起正月右旋十

二辰列於上辰者日月所會故名日月𨒪矣其卜兆別扛下方傳寫錯亂致不可解今依正義尋之尚可得其彷彿別寫如左

四月 三月 二月 正月 中關內高外下 首仰 首俛

五月 十二月 大 足開 足肣 橫吉

六月 十一月

七月 八月 九月 十月

卜禁曰南宋舊刻毛本同它本曰譌日食已卜上卜字疑衍月旦南宋中統游毛吳校金板同它本月譌日明祓正義以常疑倒而遂之疑有脫文周禮華氏凡卜以明火爇燋遂龡其焌契以授卜師遂役之若常毛本常各木譌昔以造集解音諡毛本音誤有索隱挶若木三字疑衍灼首曰正足灼首下疑脫曰正首灼足五字假之之疑附字之誤下文假之同數𦵔南宋本舊刻作刺䕷志云索隱作𦵔皆𦵔之誤說文刺策也疑刺聲刺策聲近故徐音策集韵策著也或作𦵔養郎本徐今日毛譌目某欲某譌其依下文改首足收首誤手今改下首足滅去同中外游本中作內靈𪚩卜祝靈𪚩二字疑衍不如凌毛本如譌知某身良貞南宋中統舊刻游毛本同它本脫貞字內外自垂誤隨依下文改卜占占字疑衍首上開中統本上作止疑足之壞文而上脫仰字交駭駭字疑誤今病有祟無祟呈無疑當作今病者祟無呈兆無卜繫中統本譌繫呈兆首仰足肣案卜兆蓋以首仰足開為類首俛足肣為類今各條有首仰無首俛疑傳寫誤卜擊盜南宋王柯本擊譌繫案擊繫字形近易亂義亦易辨後不復出身首集解一作簡案此對上身正而言首字簡字皆非首足開首下亦脫仰字肣勝肣字疑衍而勝又肣之譌衍足開有肣外肣字疑衍自去二字疑衍身節折各本節折倒官本不誤不孰足肣首仰中統王毛本首譌手身節有彊外有彊疑倒身作外彊情有脫誤若無漁無字疑衍漁卽後文云漁人也疑脫人字首仰足肣有外中統本下衍足字不過呈兆疑下有脫文命曰橫吉安各本連上下天雨霽條譬

云別室過一日不得不得二字複衍民疾疫無疾疫本作無疫命曰呈兆病者不死呈兆下疑有脫文而市買而字疑卽市之譌衍下而市買同問言不開疑當作來其莫疑莫卽其字譌衍備者仰也案備無仰義疑誤說文儼昂頭也儼之命曰首仰足肣有內無外全同上條疑衍雨不雨霽小吉霽下疑有脫文雨霽霽小吉雨下疑有脫文卜日毋瘳死毛本卜作占民疫無疾疫字衍或作無下雨霽雨霽疑當作雨霽霽雨內外自吉吉字疑誤雨霽不霽雨下疑有脫字見貴人吉行不過盜中統本脫吉字行下衍人字來者來中統本者作不命曰首仰足肣外高內下中統本舊刻仰誤頭而市買不得而字疑卽市之譌衍行行不行第一行字疑衍中統毛本無雨不雨霽不吉疑吉上脫霽字行行來疑來字重當聞盜過盜上云聞盜來不來此非誤卽衍霽凶霽下疑有脫字聚者久不出中統本久誤交橫吉內外相應南宋中統游王柯毛本脫應字上柱足三字疑衍內外自垂誤隨今改行來者來行下疑脫者行二字此橫吉首當有𪚩兆形傳寫失之以下各條放此又疑上文命曰各條上亦有之上柱外內內自聚內字疑衍一柱足以作作疑詐字之譌此挺詐有外南宋毛本誤連上病不死數起聚而禍罪無傷毛本不誤有各本字錯在傷下今正聚此狐貉以卜有求吳校本狐作交中統游王柯毛本卜行誤倒此狐貉中統柯本吳校金板狐作交聚而有罪聚而倒今正有求不晦晦字疑誤此橫吉上柱足肣中統游王本此條複衍為人病三字疑衍此條毛本連上卜輕失大王柯譌十卜首仰足肣此條疑當連上亦以繫有罪以下疑有脫字大論曰索隱命兆誤召證改考首俛者變此下當有脫云云傳寫脫卿行者足開至行字疑當作來內高而外下也疑有脫文

貨殖列傳饒材南宋游本作財犀玳瑁志疑云通志犀下有象字正義絳州絳譌徐拾遺云徐州無龍門縣唐志龍門縣貞觀十七年隸絳州徐當為絳之誤某道正義山上有

攡有字考證據管子增虡不出游本至九府正義泉府二字考證據漢書食貨志增
職幣二字考證據食貨志增尚猶忠貪凌本猶作有二者形則毛無則字平糴
游誤雜賤取如珠玉索隱元注恐錯據此疑當有集解今失之江湖正義
反至五湖反譌及依國語改之陶正義齊州平陽縣拾遺云齊州無平陽當
爲陵猗頓王柯凌本猗作倚集解孔叢子南宋中統王柯毛本無子字五牸中統本牸
各本譌牸索隱鹽謂出鹽直用各本鹽譌鹽依周禮注改正義一尺許坑柯本
誤作以案坑乃坑之譌下同說見漢書襍志四雙陸及暮萁疑綦之譌池中雨下明南雍本
雨字不誤脫下字王柯凌本雨誤有鹽地官本地各本亦譌坑什倍其價襍志云索隱本作當今本
役人依漢書改廣韻價當也當與價同義巴蜀寡婦清襍志云蜀字因下文而衍案索隱特引漢書巴
寡婦清蓋所見本已衍蜀字故引漢書正之殖五穀中統本殖作植重爲邪索隱畏言
言疑罪之誤及秦文孝繆居雍史詮云孝當作德志疑云涵志無孝字獻孝公志疑

云孝字衍戎翟毛本戎譌伐武昭治咸陽志疑云武當作孝唐人毛本唐誤成秦
翟正義皆白翟所居皆誤今改皇儇枝集解枝音堅枝注中枝字疑誤
類篇枝有居企切一音毛本注脫枝字僄悍毛本僄作慓陳掾毛本掾集韵二仙掾下引此文同它
本並作椽儇急集解一作惡也案慧惠古通一作二字疑涉上而衍多美物集解
美一作弄漢書作弄疑美字譌鼓鳴瑟跕屣漢書作彈弦跕躧集解跕屣也
屣字誤屣下引贊曰疑當爲躧集韵跕屣履也微重而矜節集解矜一作務志疑云御
覽百六十二引作重義而務節齪齪索隱齪音側角反又音側斷反南宋中統
王本並作側角反疑側字譌又齪無側斷反之音疑當云又作斷漢書地理志洙泗之間斷斷如也及其衰
南宋舊刻毛本有其字它本脫巨野正義在巨野澤也在疑當作有梁宋集解
今之浚儀各本今下衍陶字舊刻無睢陽正義宋城也城誤地考證據唐志改成
陽集解成陽毛湯譌昔堯作游成陽案作游不辭游疑於字之譌與下二句一例

楚夏之交正義夏都陽城都下衍計字考證刪取慮集解下邳南宋本邳
字誤入下句正文矜已諾王本矜作務東楚正義今海州也州誤郡考證據唐志
改朐繒正義在沂州之承縣官本之各本作丞皆誤衍承譌丞依郡縣志改五
湖毛誤河衡山正義故邾城在黃州東南百二十里項紀正義引括
地志故邾城在黃州黃岡縣東南二十里此作潭州蓋涉下長沙正義而誤而此文百字與郡縣志合可補彼注之
闕江南集解所留毛誤制正義徙郡宛陵陵誤城考證據郡縣志改南楚
之地柯凌重南楚二字王本空干越舊刻干各本譌于說見漢書襍志豫章出黃金正
義括地志官本有志字各本脫更費集解顧費用也顧誤故依漢書注改毛本費譌
費之湊集解果謂毛誤爲鹽鹵舊刻鹽作海蓋涉上而誤鹽疑當作鹽正義池
鹽官本池各本譌地果隋索隱本毛本字類引作隋注同它本作隋俗省集解作蓏中統游毛
蓏它本譌蓏正義隋今爲橢各本橢譌搖依汪改與襍志合下並同尚有裹橢之語

官本倘各本譌向官本裹各本譌裹下同足螺魚鼈螺即蠃也疑下脫蛤字述地志乃改
云志疑云改譌故考證改果蓏王譌蓏柯凌譌隋依漢志改呰窳正義窳蛇各本譌蛛
依淮南修務訓改巖穴毛本巖作岩走死地如騖者南宋中統舊刻游毛本襍志引宋本
者並有字集解一作流毛脫一字馳阬谷游本馳作駝販糶舊刻作新居之一
歲南宋本脫一字息二千戶志疑云戶字衍漢傳無更徭南宋王柯毛本徭它本作徭牛
蹄角千集解百六十七頭也南宋本頭下衍千字魚陂索隱漢書作
皮單本與漢書注師古說合各本依今本漢書改波非畝鍾集解四斗南宋本作斛薑韭
索隱單本有各本脫進醲舊刻誤醲千釀正義醯醋云云當作也此三字乃下句正義
醯醬千瓨字類引作瓨漢書同與索隱音合今索隱本作甀各本作瓨皆譌索隱聞江反
單本聞譌開蓋開之譌集韵瓨胡公古雙胡江寒剛四音無開江切漿千甔南宋本毛本漿與漢書合它本
作醬襍志云涉上而誤書鈔酒食部御覽飲食部引並作漿其軺車百乘舊刻脫乘字髹者

千枚枚字後人依漢書刪索隱本無正義以漆物依漢書外戚傳注當重漆字俗云黑
髹盤朱黑誤里今改案漢書外戚傳注作黑髹盤朱髹盤此朱下脫髹盤二字文不成義榻布索
隱此下至師史索隱二十三條單本有各本皆脫千荅漢書作合疑荅字形近而誤南宋本毛本作瓵荅後
人依集解改集解或作台誤合汪改與漢書注引文本合孫叔然誤敖汪改索隱千
菑菑疑當作盃古通川盃與合聲近下音貽盃無貽音疑當有引集解文仍台字之音也炎反
說文云此仍承集解文當作孫炎說云卽裴舉孫叔然說如下文也脫孫字衍反云二字乃以炎反連上音
貽爲貽炎反使人不知爲何字之音矣鯫千石鮑千鈞漢書作鮿鮑千鈞集解鯫音
輒膊魚也案鮿从耴聲音輒膊魚也鯫从取聲昨苟反小魚也音義迥別此文以鮿鮑爲類當从耴而集
解索隱正義皆亂不分蓋亦或於誤本說詳漢志棗栗正義謂三千石官本三各本誤之
佗果菜佗字疑衍漢書無金錢南宋毛本脫錢字駔會集解節節物貴賤
也毛本脫一節字求近處處鼓萌王本少一處字蹲鴟集解古蹲字作踆

杭氏云據此則本文作踆案漢書作踆正義都安都誤郡依漢書注改今華陽國志無此文滇蜀
正義滇池疑當作蜀贏得過當舊刻誤常貫貨柯本貫誤貫刀閒中統本刀各本
作刁志疑云玉篇刀亦人姓俗作刁非漁鹽毛本魚鹽宜山正義宮名宮誤官依漢書文選
注改督道集解泰時南宋本有時字獨窖倉粟王本窖誤穿宍校金板粟作穀則身
不得王本身誤囫塞之斥也集解若此毛本若作至章章中統游王本脫一章
字掘業字類引作掘禝志云後人改爲拙則與音義相左秦揚索隱本揚各本作陽漢書作楊田
叔南宋舊刻毛本同它本田作曲用之富禝志云用亦以也與上下三以字互文後人加之字
太史公自序司地索隱故命南正重南下衍方字考證刪程伯休甫
索隱然後案虐之序後案二字疑倒在遐正義系本系誤孫依索隱改傳
劒論集解厖刃毛本厖誤兼索隱蘇林云傳作摶案集解引蘇林曰傳手摶
論而釋之非卽以傳爲摶字此疑誤𠜱聵正義如淳云刺客傳之𠜱聵也言此

以別於衛之𠜱聵然刺客傳無此人案左傳齊有申𠜱死崔杼之難韓詩外傳作荆𠜱芮說苑作邢𠜱聵莊公好勇
士或卽其人又淮南主術訓故操劍鋒以離北宮子司馬𠜱蕢不使應敵楚詞九懷𠜱聵登於清府兮與烏獲並舉
末知卽申𠜱否抑何以云刺客傳也杜郵舊刻誤陲爲秦主鐵官南宋本主作王疑爲高門
正義亥陽縣故城城字脫考證增談爲太史公索隱邯縣南宋本郡各本
誤州正義釋柱武本紀證云武本紀末見此文撮名法淩本名誤明茅茨正
義屋甍屋誤屈考證依漢書注改土簋集解一作塯南宋柯本塯它本誤溜糲粱
禖志云糲粗粱精不得連文粱當爲粢李斯傳粢糲之食韓子五蠹篇淮南精神篇人間篇皆糲粢與藜藿並舉其
證也繳繞中統本繳作繚非因物與合志疑云漢書作與舍後書馮衍傳引作與物趨舍蓋舍字
是聖人不朽漢傳作巧顏師古云無機巧之心禖志云史本作朽者後人改之巧字古讀若模正與守
韵混混冥冥正義元氣神者之皃也漢傳注師古曰元氣之貌也疑神者二字
衍神者生之本毛本神誤人不先定其神志疑云下脫形字漢傳有丙穴正

義承以文王王本承作丞仰天而笑吳越春秋作啗此誤岩岩吳越春秋作岩嵒此
誤李庚王本古通吏以水泉之脈吳越春秋作得通水之理類聚十一引同疑此誤鄒
嶧正義嶧山在鄒鄉北嶧誤鄒北誤各考證改漢末陳辭此下凌本闡益以與
索隱夜也禮樂衰南宋本樂作義四百有餘歲官本有有字凌引一本同與漢傳合汝其
念哉毛本其誤某受紀集解百神毛本百誤肖辯是非毛脫辯字集解公
羊經傳毛本公羊二字錯在上文春秋上必蒙中統本誤家疑本作冢夫君不君南宋
中統游毛本有夫字禮義之大宗毛脫義字殺慶中統游本吳校金板作卿作高祖本
紀毛本祖作帝殺隱幽友王本重幽字衍洞疑禖志云洞讀爲恫三嬗南宋毛本嬗它
本作擅彊弱之原集解天漢序曰案下二句見漢書序傳此天字衍序下脫傳字正
義相不能有所錄紀也相字疑衍維高祖禖志云高字後人所加文選吳都賦注漢
高祖功臣頌注弔魏武帝文注引皆無高字下文述荆燕世家云維祖師旅又其一證隕國南宋本毛本隕

它本作殞 決瀆 南宋本譌瀆 申呂肖矣 顧氏日知錄云肖乃削字脫其旁與孟子魯之削同 番番集解 南宋中統舊刻游毛本皆無 爰饗 游本譌叏 爰解以 襍志云解當爲鮮鮮之言斯也釋言曰斯離也 燕易 志疑云喻之誤 收殷 柯本毛本作收周紀亦云頗收殷餘民各本作牧非 衛頃 索隱本頃各本作傾 珪鬯 南宋本珪作圭 實賓南海 王脫賓字柯本作居案此文賓亦當讀爲擯 騄耳 中統游本騄作綠 卜人 毛本卜譌十 作田敬仲完世家 志疑云史記篇題無名字乘書者此必後人妄增漢書遷傳無敬仲二字 詘意 凌本詘作細 戊溺於邪 舊刻戊譌成 嘉游輔祖 中統本譌相 怵午 中統本午譌中 嘉參不伐功矜能 中統本嘉誤言南宋本無矜字 運籌 舊刻作算 洽和 凌本洽作協 景公以洽 中統游本以作亦 非信廉仁勇不能傳兵論劍 襍志引顧子明曰本作非信仁廉勇不能傳劍論兵書上文在趙者以傳劍論與集解是其證今本上下錯亂又脫書字 作五子胥傳 游本五它本作伍 王翦之計 毛本翦譌翦南宋本舊刻作能 收西河 毛本西作兩 垓下 中統游王柯毛本垓作陔 作韓信盧綰列傳 南宋游凌本韓下有王字 朝錯 游本鼂錯 守數精明 南宋本脫守字 後世修序 襍志云修當作循 號令不煩 毛誤順 祁連 毛本祁誤神 納貢 王柯凌作順無此字 壯有溉 志疑云壯卽莊字鄭當時字也案溉下疑有勇字與上長孺矜勇對 作汲鄭列傳 南宋毛本鄭作黠 欲觀中國 毛本觀作親 不既信 襍志云方言廣雅竝云既失也 能亦各有所長 襍志云能乃也 繼五帝 中統游本繼誤繼 接三代統業 襍志云統當從漢書作絕絕業與末流對文選頭陀寺碑注引史記正作絕 律厤 毛本作數 爲太史公書序 索隱本引上五字不連序字疑當屬下句 俟後世聖人君子 漢傳作以俟後聖君子與素隱本同 襍志云今本無以字有世人二字皆後人所改 第七十集解削去 毛譌云

史記自漢已殘缺竄亂迄今又千數百年展轉傳寫積非成是蓋有明知其誤而不能改者矣裴氏集解序稱采經傳百家幷先儒之說豫是有益悉皆抄納今史文之下著注寥寥大非完帙惟索隱有汲古閣單刻所出史文每勝通行之本然其注改宋本大字爲小字頗有混淆又或依俗本改竄反失小司馬之眞張氏正義僅存於南宋以來之合刻本刪削既多舛誤彌甚三家注又有互相重複錯亂者先是嘉興錢警石學博泰吉嘗彙校各本歷三十餘年點畫小殊必詳記之烏程周縵雲侍御學濬借其本過錄擇善而從同治五年春請於署江督肅毅伯今相國合肥李公以屬學博高弟海甯唐端甫文學仁壽覆校付刊及明年春相侯湘鄉曾文正公自淮北回金陵命文虎同校文虎與侍御及唐君議以新刊史文及注皆不主一本恐滋讀者疑請於刊竣之後附記各本同異及所以去取意文正頷之七年冬公將移任畿輔命凡已刻之卷中有宜改者隨時剜補以是至九年夏始克印行乃屬彙爲札記是年冬公復任江督文虎以先成槀二卷呈公以爲善去冬旣蕆事請公總序其端公命以札記先授梓氏幷記緣起於末嗚乎孰意寫未竟而公薨不及爲之序乎所記異同大半取資於錢校本其外兼采諸家緒論則梁氏志疑王氏襍志爲多閒附文虎與唐君管見所及不復識別其有偶與前賢暗合者悉歸之前賢以避攘善之譏餘例散見記中限於聞見不免挂漏有志於校史者以此爲質而益精攷之以成善本庶有當於兩侯相嘉惠來

學之意云同治十一年二月南滙張文虎識於冶城
書局

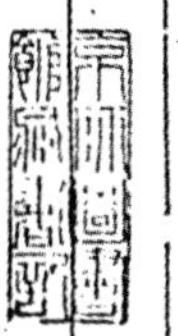

讀書雜識·史記六國表

［清］勞格

清光緒四年苕溪丁氏刻本

讀書雜識卷第一

仁和勞　格著
歸安丁寶書述

史記六國表

齊湣王二十三年與秦擊楚使公子將大有功　今本脫公字徐廣田敬仲完世家注引表有公字今据增案秦本紀昭襄王八年使將軍芈戎攻楚取新市齊使章子魏使公孫喜韓使暴鳶共攻楚方城取唐眛本紀以上呂氏春秋似順論處方　齊令章子將而與韓魏攻荊荊令唐蔑將而應之章子練卒以夜奄荊入果殺唐蔑呂覽以上史記公子二字當是章子之誤秦本紀八年當依表作六年

越縵堂日記·史記札記

［清］李慈銘

一九二八年北京圖書館鉛印本

史記札記

史記　漢司馬遷撰

周密齊東野語摘史記司馬相如傳贊中有揚雄以爲靡麗之賦，勸百而諷一語；又公孫弘傳，有平帝元始中詔賜弘子孫爵語。又焦竑筆乘摘史記賈誼傳中有賈嘉最好學，至孝昭時列爲九卿語。史記誼傳，當以賈嘉者最好學能世其家與余通書句結，而末一句乃後人所加，故漢書亦惟云嘉好學世其家，無孝昭時爲九卿語也。

今本史記平津侯主父偃傳後，另行低一格載元后此詔，徐廣注以爲後人所寫附者。且此詔突然以太皇太后詔大司徒大司空起頭，亦不詳其爲何時何代，惟漢書有元始中詔修功臣後云云。至相如贊及賈誼傳，則本文痕跡宛然，顯係後人羼入。

咸豐丙辰（一八五六）三月初一日

偕蓮士觀宋槧史記，紙墨極古，字畫亦不類明人影本。卷首有寧河王鄧氏藏書印，乃鄧愈後人。又有景濂二字印，或即是宋金華，惟書中殷字俱缺筆，而胤字項字俱不缺，殊不可解。又細閱其每册均有方印二寸許，皆剜去之，其跡宛然，疑是內府官書竊出而滅其圖誌者。然書被補抄，大是恨事，收藏家亦當品之中駟也。

咸豐丙辰（一八五六）五月初三日

史記司馬相如傳贊末有揚雄語，賈誼傳末有孫嘉孝昭時官九卿，公孫弘傳末提行載元始中太皇太后詔一節，自南宋人王楙周密輩已疑之，固是後人羼入。予又讀楚元王傳，末敍文王子孫，直至地節二年，王純謀反自殺國除，此事尚未經人指出。而王純實未嘗謀反。據漢書純立十六年薨，謚節王，子延壽嗣。宣帝卽位，與武帝子廣陵王胥謀反，立三十二年國除。諸侯王表亦同。明是史記乖謬，皆褚少孫所補者也。

咸豐辛酉(一八六一)八月初二日

因校賈子，遂并校史記秦始皇本紀。王氏鳴盛謂贊中所載過秦論上篇秦孝公據殽函之固至攻守之勢異也，爲後人所羼入，此徐廣注可據，其説是也。謂贊末所附周曆已移仁不代母一篇，其向使嬰有庸主之才句，上賈誼司馬遷曰，司馬遷三字是衍文，其秦之積衰句上當有司馬遷曰四字，非也。周曆已移一篇，上冠以孝明皇帝十七年十月十五日乙丑曰，乃明帝問班固論賈誼司馬遷所言是非之文後人所附入者，徐廣注及索隱言之甚明。班固以賈誼責子嬰而司馬遷取其説，故先列賈誼司馬遷曰云云。秦之積衰以下，乃班駁賈馬語也。

同治癸酉(一八七三)十二月初一日

錢竹汀餋新録論張守節史記正義合氾氾爲一字，遂列氾字有四音之誤。臧拜經日記以王觀國學林知氾水當音祀，而不知南氾之當音凡。又以氾澤汎城相混，因爲分而疏之。左傳成四年晉伐鄭，取氾祭之氾音祀，漢河南郡成皋之氾水也。孔氏左傳正義顏氏漢書注皆辨之甚晳，今河南開封府氾水縣西有氾水者是。左傳僖二十四年王出適鄭處于氾之氾，音凡，漢潁川郡之氾城，所謂南氾也。陸氏左傳釋文蘇林漢書注皆音之甚明，今河南許州襄城縣南一里氾城者是。左傳僖三十年晉侯秦伯圍鄭秦軍氾南之氾亦音凡，漢河南郡中牟之圃田澤，杜元凱所謂東氾也，釋文亦音凡，今河南開封府中牟縣西圃田澤者是。成七年楚子重伐鄭師于氾。襄二十六年涉于氾而歸，皆襄城之南氾也。襄九年諸侯伐鄭，甲戌師于氾，此中牟之東氾也。惟昭五年鄭伯勞子蕩於氾，杜注及釋例皆不言南氾東氾。以子蕩自楚歸推之，亦當是南氾，蓋鄭之南竟近楚也。故臧氏系之氾城。史記高祖本紀卽皇帝位氾水之陽之汜，音敷劍反，在濟陰郡定陶，今山東曹州府曹縣北四十里有汜水與定陶分界者是。春秋隱七年天王使凡伯來聘，注汲郡共縣東南有凡城，釋文作汎城，汎亦音凡，漢河內郡共之汎亭也。今河南衛輝府輝縣西南凡城者是。（補）左傳昭二十二年王師軍于汜，杜氏無注，釋文音凡。臧氏以下文于解注洛陽西南有大解小解推之，則此汜亦周地，當即凡伯之汎城。臧氏之學，頗嫌餖飣，繁而寡要，此數條折衷諸說，剖斷詳明，極有功於經學史學。汜水之汜，今河南公私皆讀如祀，而經籍反致繆轕者，則由陸氏釋文誤音凡始。予案山海經中山經浮戲之山，汜水出焉。北流注於河，其東有谷，因名曰蛇谷。浮戲山者，水經注謂即方山，方山今在汜水縣東南。汜從巳，說文巳爲它即蛇字。象形，因汜水出于此谷，故名曰蛇谷，可證汜之字從巳音同，巳無疑矣。郭注蛇谷，言此中出蛇，望文生義，實爲附會。至汜澤杜氏釋例以爲在中牟縣，而僖二十三年鄭有原圃注云：中牟縣有圃田澤。兩漢志中牟縣皆有圃田澤，而不言有汜澤，臧氏謂圃田亦作甫田，甫巳一聲之轉，疑汜澤即圃田澤，其說近理。而洪北江乾隆府廳州縣志云，新鄭縣東北有東汜水，今涸。洪氏自當有所本，俟再考。

十二月初七日

秦三十六郡，裴駰謂河南上中地 案汲本有此五字蓋誤衍，監本王本皆無。三川河東南陽南郡九江鄣郡會稽潁川碭郡泗水薛郡東郡琅邪齊郡上谷漁陽右北平遼西遼東代郡鉅鹿邯鄲上黨太原雲中九原鴈門上郡隴西北地漢中巴郡蜀郡黔中長沙，凡三十五，與內史爲三十六郡。晉書地理志因之，遂謂其後置閩中南海桂林象郡爲四十郡。王伯厚等皆從其說。近儒錢氏大昕據漢書地理志，謂三十六郡是河東太原上黨東郡潁川南陽南郡九江鉅鹿齊郡琅邪會稽漢中蜀郡巴郡隴西北地上郡雲中鴈門代郡上谷漁陽右北平遼西遼東南海長沙三川泗水九原桂林象郡邯鄲碭郡薛郡，以內史爲京師，別於三十六郡。鄣非秦郡，劉原父漢書刊誤已辨之。黔中郡置於昭襄王三十年，而漢志不之數，故取南海桂林象郡以易裴說。段氏玉裁說文注力主錢氏之言。全氏祖望則去內史，而列東海黔中楚郡；又謂九原在三十六郡之外，而當取水經注之廣陽郡。王氏鳴盛則數內史，而云其一當闕疑，以黔中鄣郡爲不在三十六郡之內。金氏榜、洪氏亮吉則去內史而數鄣郡黔中郯郡。金氏榜說見禮箋。姚氏鼐則云，南海桂林象郡不當數。梁氏玉繩則數內史黔中及廣陽。亦據水經瀔水篇注。折衷諸說，則錢氏是也。蓋自裴氏泥于史文，分天下爲三十六郡在始皇二十六年，而略取陸梁地爲桂林象郡南海在三十三年，故謂此三郡不在三十六之數。抑知漢志明云秦京師爲內史，分天下作三十六郡，足見秦一代定制，止三十六郡，無所謂四十郡也。無論史家敍事，往往總括前後，不必拘定年次。若以二十六年爲斷，則是年僅因滅齊置齊郡琅邪兩郡，其餘多置於二十六年以前及惠文昭襄莊襄之世，並有爲六國舊所置者。且史文於三十三年，但云發諸嘗逋亡人贅壻賈人略取陸梁地，爲桂林象郡南海郡，以適遣戍，不云始置桂林郡象郡南海郡也。故徐廣注云，五十萬人守五嶺，明爲發罪適之人，以戍守三郡，非至此始置郡。其曰陸梁地者，謂三郡時有陸梁不靖之徒耳。索隱正義說皆同。況裴氏所數之九原，全氏謂其置郡當在三十三年蒙恬闢河南地之後，則裴說亦不能以二十六年爲限斷也。若內史則必不得儕於列郡，漢志甚明，郡各置守，而內史不名守也。鄣郡，班氏於丹陽下不稱秦置，明是楚漢之間分會稽置，猶吳郡之比也。楚郡則秦以莊襄王名子楚，故諱楚字。始皇紀於楚皆改曰荊，而楚世家云滅楚名爲楚郡者，謂滅去楚名，下楚字乃三字之誤，集解引孫檢注可證。王本注作三郡，各本皆誤作秦郡，此由校者不解三郡之義，疑爲秦字爛脫之故，而後人又以向無秦郡，遂逕改正文爲楚郡矣。東海班志明言高帝置，陳勝周勃傳所稱東海守及東海郡，皆不足據爲秦制，故高帝紀又稱爲郯郡，明是秦末及楚漢之間隨時分易，猶東陽郡之比也。黔中雖見楚世家及秦本紀昭襄王三十年伐楚取江南爲黔中郡，而次年卽云楚人反我江南，正義謂黔中郡反歸楚，蓋自後秦不復置，故班志武陵郡下不載，是亦如新城巫郡之比，爲楚舊郡而秦旋廢也。廣陽漢志言昭帝改燕國所置，酈注云，秦滅燕以爲廣陽郡，不知所本，亦恐不可信也。夫可證史記者，莫如漢書，班去司馬時代不遠，圖籍具存，班志兩引秦地圖。不此之信，而橫求單文孤證，出此入彼，強以足數，皆臆說也。故錢氏謂以志解志，自持其說甚堅，兩與談階平書及與姚姬傳書，皆反復詳辯。段氏謂其說確然不易，而姚氏範援鶉堂筆記載集解三十六郡之說，亦以漢志爲據也。

光緒丙子（一八七六）正月廿六日

校太史公書及漢書張良傳。四皓之名，史記有之，而漢書不見。班氏於史公書雖有所刪節，大率閒文不急之事，若此則非所應刪，疑史記亦本無之，後人取它書附益者也。蓋四皓不必實有其人，所謂須眉皓然，衣冠甚偉者，不過一時賓客，聳動觀瞻，高帝藉以塞戚夫人之請，豈眞憚其羽翼太子哉，故史家皆等之傳疑荒忽，後人侈張其事，旣傳其姓號，又妄造名字，且有爲作碑祠神坐者，所謂卮言日出。而疑之者或謂是子房所假託，或謂史公好奇傅會，皆非也。

光緒己卯（一八七九）正月初四日

校史記龜策列傳，其衍宋元君得龜事二千五百餘言，古今奇作也。其用韻或三句，或兩句，皆因其自然，多存古音，而傳寫頗有譌衍者，不能盡正也。

光緒己卯（一八七九）五月二十四日

史記荆軻傳，刺客曹沫事不足信，聶政則盜也，專諸乃亂賊，惟豫讓荆卿不失爲義。燕秦敵國也，丹與荆卿出萬死一生之計，冀存社稷，非嚴仲子以一己之憾仇其國相，幾併死其君者可同年語也。故聶政眞盜，史公於六國表亦明著之。綱目以荆卿與政同科，其謬已甚。今之自附講春秋之義者，尙拾紫陽之餘唾，是夏蟲之語冰矣。丹與荆卿田光高漸離諸人事，足以增長氣義，故爲甥姪言之。史敍荆卿事較國策爲詳，卿與漸離皆具本末。其論曰，始公孫季功董生與夏無且游，具知其事，爲余道之如是，則史記此傳非取之國策，而中壘戰國策敍言取中書餘卷及國別者八篇，以次相補，除其複緟，其書名又有國策國事事語短長等之異，是戰國策一書本雜掇而成，疑燕策此篇卽取之史記而芟其首尾，以國策之體非紀一人之事，故删去荆卿始事，而徑以燕太子丹質於秦亡歸句起耳。史記索隱謂此傳雖約戰國策而亦別記異聞，非也。 史公謂世又言荆軻傷秦王非也，使國策先有明文，何必辨之？

光緒癸未（一八八三）正月初七日

校史記十二諸侯年表。竹書紀年雖始出時事已難信，今本又屢經竄亂，非唐以前人所見之本，然如所載春秋以後事：威烈王六年，晉夫人秦嬴賊幽公于高寢之上；十二年於越子朱句伐郯，以郯子鵠歸；十七年，田悼子卒；安王九年，晉烈公卒，子桓公立；十五年，晉太子喜出奔；二十三年於越遷于吳；二十六年，越人殺太子諸咎越滑，吳人立孚錯枝爲君；此等皆足以補正史表 其以赧王爲隱王，蓋赧非謚。 史記赧王名延，延赧一聲之轉。隱其謚也。

光緒戊子（一八八八）九月初一日

史記志疑　清梁玉繩撰

梁氏史記志疑，竹汀錢氏亟稱之。其攷訂訓詁，固多可取，而頗多錮于學究識見，強解三代以上之事。最謬者辨禹無葬會稽事一條，盡翻國語管子墨子吳越春秋越絕書水經注及本書之說，而獨據論衡之頗僻，杜注左傳塗山之孤解，謂禹時會稽在荒外，何由巡狩至此？又據路史言塗山亦有會稽之名，而幷欲移會稽於濠州，且力辨舜葬蒼梧之誣。豈知古聖王勤民憂物，不遺遐遠，桐棺薄葬，隨地而安，不必如後世營卜山陵，重煩人力。國語管墨，皆出周時，三代所傳，章章如是。許氏說文，最稱謹愼，間引經傳，必致確且精。其山部嶷下云，九嶷山也，舜所葬，在零陵營道。系部緥下引墨子曰，禹葬會稽，桐棺三寸，葛以緥之。屾部下云，會稽山也。可知舜禹葬處，古無異說；而嵞山本在會稽，漢時經師已言之。杜預謂在壽春，不過相傳別說，（說文嵞下云一曰九江當涂也。）亦不得以酈氏之駁爲非。漢書劉向上疏，言堯葬濟陰，舜葬蒼梧，禹葬會稽，不改其列。般湯無葬處，使禹葬稍有可疑，子政必不別白言之。王仲任漢之陋儒，所言多誕；羅長源所述尤無稽。曜北信所不當信，又雜引唐人柳宗元鄭魴之說以盡黜載籍徵信之言，是以溝猶瞀儒，不出方隅之見，而妄測古人，何其舛也。至謂句踐非禹苗裔，閩越非句踐種族，又不知誰授以世系矣。嵞山與塗山是兩地。嵞山自在會稽，因此山而特制嵞字。塗山則在漢爲九江當塗，在晉爲淮南壽春。（晉志淮南郡下亦有當塗縣，注云古塗山國，而杜氏云在壽春東北。案壽春今爲壽州，當塗今爲懷遠縣，地界相接，非今江南太平府之當塗也。）在唐爲濠州，乃古塗山氏之國，禹所娶者。涂塗古今字，後人牽合嵞塗而一之，致滋異說。漢書地理志九江當塗下，應劭注曰：禹所娶塗山氏國也；其文甚明。會稽禹陵，事無可疑，越爲少康少子無余之封，歷古訖今，更無異說。至以餘姚爲舜後支庶所封，而附會歷山舜井漁浦諸地則妄矣。漢地理志，續漢郡國志，於餘姚下皆無注。蓋餘姚如餘暨餘杭之比，皆越之方言，猶稱於越句吳也。姚暨虞剡，亦不過以方言名縣，其義無得而詳，安可以姚虞之字有關于舜，遂謂重華居此耶？

同治己巳（一八六九）七月十一日

史記酷吏傳置伯格長以牧司姦盜賊，梁氏志疑云牧乃收之譌，司卽伺字。予昨所購本爲高郵王氏藏書，於牧乃收之譌五字，以墨筆勒之。考讀書雜志云，史記商君列傳令民爲什伍而相收司連坐，引之曰，收當爲牧字之誤。方言監牧察也。周官禁殺戮注，司猶察也，凡相監察謂之牧司。周官禁暴氏，凡奚隸聚而出入者則司牧之戮其犯禁者，亦引酷吏傳此語爲證。梁氏因漢書酷吏傳作收司，顏注謂收捕司察姦人，故據以正史記。王氏謂必先司察而後舉發，舉發而後收捕，不得先言收而後言司；其說是也。王氏雜志序中頗稱志疑之細密，而書內抹勒處甚多，前輩論學虛心而不相假借如此。

光緒丙子（一八七六）正月廿五日

越縵堂讀史札記·史記札記

［清］李慈銘

一九三二年北京圖書館鉛印本

史記札記

卷一　讀史札記之一

會稽　李慈銘

秦始皇本紀第六

生始皇以秦昭王四十八年正月生於邯鄲及生名爲政姓趙氏（汲古閣本頁一上）

慈銘案秦之姓趙氏後人多以爲疑蓋秦嬴姓而以蒙造父趙城之號故別爲趙氏此古人姓氏之別也始皇以前未嘗自謂趙氏至始皇以生於趙倂皇帝後即以趙爲姓此古天子建德因生爲姓之義也後人不達古誼多妄駁之非也

八年王弟長安君成蟜將軍擊趙反死屯留軍吏皆斬死遷其民於臨洮將軍壁死卒屯留蒲鶮反戮其屍（頁一下）

徐廣曰鶮一作鷃屯留蒲鷃皆地名也壁於此地時士卒死者皆戮其屍

慈銘案此處文義不可讀當作王弟長安君成蟜將軍擊趙句反句死屯留句軍吏皆斬句遷其民於臨洮句遷上衍一死字言成蟜擊趙而反旋敗死於屯留始皇怒屯留人助逆故斬其軍吏而遷其民于臨洮此一事也其下云將軍壁死句卒屯留蒲鶮反句死句（上所衍死字應在此處）戮其屍句壁者是將軍者之名當即是討平成蟜之人而壁旋亦死軍中無主蒲鶮者是卒之名蓋蒲鶮屯留人聞屯留人盡當遷故因將軍之死而反反亦即死故戮其屍也此近儀徵清許氏宗彥說

十二年文信侯不韋死竊葬其舍人臨者晉人也逐出之秦人六百石以上奪爵遷五百石以下不臨遷勿奪爵（頁[illegible]上）

正義臨力禁反臨哭也若是三晉之人逐出令歸若是秦人哭臨者奪其官爵遷移於房陵不哭臨者不奪官爵亦遷移於房陵慈銘案臨謂臨葬也不臨通指六百石以上若言謂五百石以下之臨者及六百石以上之凡不臨者皆止遷勿奪爵也

初并天下罔不賓服親巡遠方黎民（頁六上）

慈銘案黎民二字疑誤衍銘辭皆以四字爲句且時名民曰黔首故諸銘皆倂黔首無倂黎民者亦其證也

維二十六年皇帝作始端平法度（頁六下）

慈銘案二十字當并作廿字

維二十九年時在中春（頁七下）

慈銘案此及下兩二十字皆當爲廿字

皇帝明德經理宇內視聽不怠作立大義昭設備器咸有章旗職臣遵分各知所行事無嫌疑（頁八上）

索隱怠協旗疑韵音銅綦及國語范蠡曰得時不怠時不再來亦以怠與臺爲韵慈銘案國語以怠與來災之爲韵無臺字此臺字誤怠從台聲台从目聲固本音也又案章旗職臣皆似不辭章旗疑當章識讀若志古職識字通疑本作咸有章職臣職遵分後人不識誤改旗字以叶韵又去下職字攷釋名旗期也旂倚也俱無章義蓋古無幟字亦以職

識字通作疑此職字作幟遂改爲旗耳

方中人主時爲微行以辟惡鬼（頁十下）

慈銘案方中者謂方術書中言也

諸生傳相告引乃自除犯禁者四百六十餘人皆阬之咸陽（頁十一上）

慈銘案傳即轉字除猶陳也或即陳字之誤

三十有七年親巡天下（頁十二上）

慈銘案三十字當并作卅

以罪過連逮少近官三郎無得立者（頁十四下）

索隱曰逮及也少小也近近侍之臣三郎謂中郎外郎散郎正義曰漢書百官表有議郎中郎散郎又有左右三將謂郎中車郎戶郎慈銘案漢表有議郎中郎侍郎郎中無所謂外郎散郎者不知索隱正義俱何本也又表云中郎有五官左右三將秩皆比二千石此謂五官中郎將左中郎將右中郎將爲三將也又云郎中有車戶騎三將秩皆比千石

注如淳曰主車曰車郎主戶衞曰戶郎此謂主車郎者曰郎中車將主戶郎者曰郎中戶將主騎郎者曰郎中騎將爲三將也皆與三郎無涉張說皆誤蓋少近官三郎即下所謂郎宦者以皆爲始皇近臣恐其與諸大臣公子有謀故連逮誅之無得立者謂無得立於朝也蓋趙高始爲郎中令專權郎宦者皆其所屬故盡去舊人樹立其黨使二世左右無親信之人也其後高爲丞相而其弟成代爲郎中令望夷之變遂爲內應事甚明矣

行射郎宦者大驚 頁十七上

慈銘案此處當重郎宦者三字於宦者爲句

善哉乎賈生推言之也 頁十八上

索隱曰案賈誼過秦論以孝公以下爲上篇秦兼幷諸侯山東三十餘郡爲下篇鄒誕生云太史公删賈誼過秦論著此論富其義而省其辭褚先生增續既已混殽而世俗小智不惟删省之旨合寫本論今頗不

可分别王氏鳴盛曰宋刻本賈誼新書自秦孝公至守攻之勢異也爲上篇自秦幷海內兼諸侯南面稱帝至是二世之過也爲中篇自秦兼諸侯山東三十餘郡至而社稷安矣爲下篇今此贊乃倒其次以下篇爲上篇上篇爲中篇中篇爲下篇又陳涉世家末有褚先生曰吾聞賈生之稱云云即用秦孝公至攻守之勢異也一段若果本紀已采之則兩處重出褚少孫亦不應至是據此贊徐廣注及司馬貞索隱則知史公當日實取過秦中下二篇爲始皇本紀贊上篇爲陳涉世家贊而中下篇亦仍就賈生元次未嘗倒其文班固所見司馬氏元本本如此徐廣亦見之今本此贊秦孝公至攻守之勢異也一段乃魏晉間妄人所益後人見陳涉世家贊重載此篇因疑爲褚少孫手又妄改彼贊太史公曰爲褚先生曰矣慈銘案王說是也此贊秦幷海內兼諸侯南面稱帝下徐廣注引一本云云則本無秦孝公一段甚明漢書陳勝傳贊即用賈誼論秦孝公至攻守之勢異也一段其首曰昔賈生之過秦曰注引應劭曰賈生書言秦之過此第一篇也司馬遷取以爲贊班固因之則史記世家贊非褚少孫所益顯有明證而此紀之不應重出不辨可知也

孝公既沒惠王武王蒙故業因遺册 頁十九下

慈銘案惠王武王新書作惠文武昭襄王漢書亦同惟無王字史記陳涉世家贊作惠文武昭王此作惠王武王脫昭襄王一代非也下文云延及孝文王莊襄王則此處不當獨無昭襄王矣惠文王亦稱惠王昭襄王亦稱昭王皆省文耳

銷鋒鑄鐻以爲金人十二 頁二十上

慈銘案新書漢書俱作銷鋒鍉鑄字屬下讀 潭本新書鍉作鏑

襄公立饗國十二年 頁二十二上

索隱曰此已下重序列秦之先君立年及葬處皆當據秦紀爲說與正史小有不同慈銘案此亦當是後人坿入非史公本有志疑曰此篇是

秦記魏了翁古今攷謂班固明帝時所得也史公言秦燒書獨秦記不滅故東漢時猶有存者後人遂幷班固語坿載本紀之末以備參證史詮及丹鉛錄並云古本自襄公立以下低兩字别于正文今本平頭刻失其舊矣索隱以爲馬遷重列則誤也史以傳信無一事兩書之理史記中惟此及酈生傳有之皆後人坿益酈道元亦誤以此記爲遷史

孝明皇帝十七年十月十五日乙丑 頁二十三下

慈銘案此處當提行低一格另起

賈誼司馬遷曰 頁二十四上

慈銘案賈生論兼責子嬰史公即取其語爲贊是司馬意與賈同故云賈誼司馬遷曰秦之積衰以下乃班氏駁賈馬語其文甚明白王西莊乃謂司馬遷三字是衍文而秦之積衰句上當有司馬遷曰四字大謬

項羽本紀第七

沛公項羽相與謀曰今項梁軍破士卒恐 頁三下

許林董份曰項羽不宜自偁季父之名沛公亦不當名羽之季父此項梁二字誤史詮曰當作武信君慈銘案此史家敘述語非入兩人語吻

謀曰猶謀以爲也

將軍何不還兵與諸侯爲從約共攻秦頁六上

慈銘案此當讀約字爲句從約者約爲合從也下文兩欲約字即根此索隱讀從字爲句非

項羽乃與期洹水南殷虛上頁六上

集解汲冢古文曰盤庚遷于此汲冢曰殷虛南去鄴三十里是舊殷墟

慈銘案索隱引汲冢古文作盤庚自奄于北蒙曰殷虛南去鄴州三十里殷本紀正義引竹書紀年亦同惟作南去鄴四十里又引括地志云相州安陽本盤庚所都即北蒙殷墟今竹書紀年正作自奄遷于北蒙曰殷是此注中此字乃北之誤汲字衍冢字乃蒙字之誤而雷氏學淇獨以此注文爲不誤謂古無北蒙之名殷墟二句本是竹書紀年傳文

故臣瓚復標以汲冢曰三字案雷說非也北蒙之名水經注括地志及史記索隱正義路史國名紀皆同況紀年正文明白可據御覽八十三引紀年亦如是安得盡謂之誤乎且此注若曰盤庚遷于此上無所承既不成語下又出汲冢曰三字安從別之爲傳文注例無此文法是此字明是北字之誤冢字明是蒙字之誤汲字涉上文而誤衍所當更正者也

行略定秦地函谷關頁六下

慈銘案函谷上當有至字漢書有

項王曰此沛公左司馬曹無傷言之不然籍何以生此頁七下

慈銘案生此一本作至此漢書亦作生此王氏念孫以生字爲誤今案王說非也生此者謂生此郤也項王未擊沛公事無傷害安得云何以至此以嘗有相疑之心嫌郤已露故沛公言將軍與臣有郤而項王對之以此也

樊噲側其盾以撞衛士仆地頁八上

慈銘案正義讀撞字爲句非也當於衛士讀句

沛公已去間至軍中頁八下

慈銘案間者少間也當讀句

然身被堅執銳首事暴露於野三年滅秦定天下者頁九上

慈銘案此當於事字年字讀句正義於野字讀句非也

項王乃西從蕭晨擊漢軍而東至彭城日中大破漢軍頁十一下

慈銘案此當讀東字爲句謂從西之蕭邑擊漢軍直至東盡穿其軍而過也正義於軍字讀句非

項王進兵圍成皋漢王逃頁十三上

慈銘案逃索隱音徒凋反漢書作跳字此古通用字也

願與漢王挑戰頁十三下

李奇曰挑音荼了反慈銘案挑戰之挑此音荼了反漢書注作徒了反

與左傳釋文音都了反皆合廣韵亦收入上聲二十九篠徒了切惟張守節正義音田弔反作去聲

大司馬咎長史塞王欣皆自剄汜水上頁十四下

慈銘案各本長史下俱有翳字盧氏文弨曰翳塞王三字必非史記本文觀下但舉咎欣兩人可知梁氏玉繩曰高紀及漢書紀傳皆無翳塞王三字慈銘案此本作長史塞王欣者是也欣雖失國而舊爲塞王羽蓋以舊恩仍其故爵此既偁長史復偁塞王乃史公文法之密後人妄增一翳字耳漢書作長史欣而下云欣故塞王雖以欣爲獄吏事上文已見避此複出然於當日情事爲疏矣

漢王乃封侯公爲平國君匿弗肯復見曰此天下辯士所居傾國故號爲平國君頁十四下

正義楚漢春秋云上欲封之乃肎見曰此天下之辯士所居傾國故號曰平國君張氏文虎曰匿弗肎復見與上下文不相接漢書高帝紀無

騅乎見日下十一字此疑後人依楚漢春秋竄入慈銘案張說是也
使史記本有此文則與楚漢所言無異正義何必引之張氏又謂乃有
見即騅乎有見之誤亦是

歌數闋美人和之頁十五上

正義楚漢春秋云歌曰漢兵已略地四方楚歌聲大王意氣盡賤妾何
聊生慈銘案困學紀聞十二引正義四方作四面王氏所見本是也

直夜潰圍南出馳走頁十五下

慈銘案直夜猶中夜謂夜半也

乃分其騎以爲四隊四嚮頁十六上

慈銘案以爲四隊四嚮漢書作因四隤山爲圜陳外鄉較此爲當以其
先據山上故下云期山東爲三處又云大呼馳下情事更爲瞭然

項王乃曰吾聞漢購我頭千金邑萬戶吾爲若德乃自刎而死頁十六下

徐廣曰亦可是功德之德慈銘案德漢書作得疑此本亦作得故徐廣
注云亦可作功德之德注中是字乃作字之誤今本依注語改爲德字
致徐語不可解

尚不覺寤而不自責過矣乃引天亡我非用兵之罪豈不謬哉頁十七下

慈銘案而不自責過矣句漢書作不自責過失蓋此矣字是失字之誤
若作過矣既與上難矣詞複又與下豈不謬哉語意重出當作失字無
疑

高祖本紀第八

老父曰鄉者夫人嬰兒皆似君君相貴不可言頁二上

慈銘案似君漢書作以君是也此以字相似而誤宋書符瑞志亦作以
君

沛公還軍亢父至方與周市來攻方與未戰陳王使魏人周市略地頁三下

慈銘案此謂因周市來攻故沛公軍至方與未及戰也或謂周市來攻
方與六字是衍文漢書無周市來攻方與未戰陳王使十一字

攻下邑拔之還軍碭頁四上

慈銘案還軍漢書作還擊是也

且楚數進取前陳王項梁皆敗頁五上

如淳曰楚謂陳涉也慈銘案楚數進取者小顏漢書注謂總言楚兵陳
涉項梁皆是者是也下云前陳王項梁皆敗則此句楚字非專指陳涉
明矣

至成陽與杠里秦軍夾壁破魏二軍楚軍出兵擊王離大破之頁五上

程氏一枝史詮曰各本與杠里屬上句誤也時秦軍屯杠里漢軍亦屯
杠里與之對壘故曰夾壁破魏之魏當作秦漢書魏作其事也志疑曰
楚軍出兵擊王離大破之十字當衍此乃項羽救趙之兵也方叙沛公
事不應忽插入漢書無之慈銘案秦楚之際月表亦載漢是時破王離
事疑此爲王離擊趙之分兵或王離字有誤此句自叙沛公事不涉項
羽也羽是時尚未至趙安得與王離遇且其事下文明叙之不得先出
於此曰楚軍者時皆爲懷王之軍也曹參世家云擊王離軍成陽南復
攻之杠里大破之漢書曹參傳同尤其明證矣

至丹水高武侯鰓襄侯王陵降西陵還攻胡陽頁六上

慈銘案漢書無西陵二字此下亦無注疑二字衍

殺龍且齊王廣奔彭越頁十一上

慈銘案廣當作横廣已與龍且同死矣

十二諸侯年表第二

庚申頁二上

徐廣曰自共和元年歲在庚申錢氏大昕曰史公以漢武太初元年歲
在焉逢攝提格據此上推共和之元不值庚申且漢人言太歲百四十
四年而超一辰不皆依六十之序故史公作表有年歲而無干支此表
庚申甲子甲戌之類蓋徐廣注非史記本文慈銘案錢說是也漢以前
皆以歲名歲陰紀歲不偁干支且使史記本有庚申字則徐廣注不必

復六歲在庚申矣

六國表第三

周赧王五十九赧王卒 三頁二十上

徐廣曰乙巳慈銘案赧王卒於此年故以後無周紀年史公大書於表所以志周之亡也徐廣曰乙巳亦以周之王終於此故注其甲子至次年秦取西周而周社屋矣故徐廣復注曰丙午以志之今本皆誤連正文及注而赧王卒三字又誤低一格又案赧王卒而西周君始獻邑於秦是赧王未嘗一日屈於秦也赧王始居王城就西周武公其政皆出西周君也至是年因秦來攻而王遽卒次年秦遂取西周遷九鼎則王之卒猶共主也史文例當書崩此卒乃字誤後人或以入秦頓首謝罪獻邑者爲赧王謬矣

韓桓惠王十七 二十三頁上

慈銘案監本殿本有秦擊我陽城救趙新中九字王本評林本皆無

秦楚之際月表第四

韓王成韓始 三頁上

慈銘案下韓字衍

秦軍圍歇鉅鹿陳餘出救兵 三頁下

慈銘案救是收字之誤

章邯失邯鄲徙其民於河内 三頁下

慈銘案失當作入

分趙爲殷國 四頁上

慈銘案此五字當衍

分韓爲河南國 四頁下

慈銘案此六字當衍

封禪書第六

尙書曰舜在旋璣玉衡以齊七政 一頁上

慈銘案言禪祭也者史公之意以古惟有燕有方祀之禮無所謂日禪也

皆至泰山祭后土封禪祠其夜若有光 六頁十下

慈銘案祭后土三字漢書作然後去疑史記皆字誤曰禪祠字亦當是時之誤

遂登封太山至於梁父而后禪肅然自新 七頁十上

慈銘案漢書武帝紀載此詔作升禮肅然注家以然字讀句以自新字屬下讀非也肅然太山下小山名必禪肅然者正取肅然鼎新之義漢書禮樂志百官侍祠者數百人皆肅然動心焉是其明證故曰肅然自新

平準書第八

議令民得買爵及贖禁固免減罪 三頁上

慈銘案漢書減作臧此蓋字形相近而誤

齊太公世家第二

八月齊秉意茲 十二頁上

慈銘案秉意茲下脫奔魯二字各本皆同

衛康叔世家第七

告以紂所以亡者以淫於酒 一頁上

慈銘案據文義此處告以紂上當有爲酒誥二字

大臣言曰君好鶴鶴可令擊翟於是遂入殺懿公 三頁上

慈銘案此處當重一翟字

初翟殺懿公也衛人憐之至故立昭伯子申爲戴公 三頁上

慈銘案此處憐之二字恐是衍文或衛人憐之句本當在前三行讒殺太子伋代立句下爛脫在此耳又案昭伯與黔牟皆伋同母弟知衛人初立黔牟後立戴公文公者皆痛伋之公心也左氏無明文史公所傳必有本漢書古今人表以戴公文公爲黔牟子近儒錢竹汀力申其說

因闕左傳之謬余謂左氏述此事却可疑衛承康叔武公之敎與魯相近國人猶知禮義當懿公翟難以後推戴新君豈別無宗室可擇何至立宣姜姦亂之子且齊桓伯業方盛當時天下尚非全無人心此必左氏傳聞偶誤者耳鶉奔詩所刺公子頑未必即是昭伯即左傳强烝宣姜之言果確戴公文公亦決非宣姜所生

宋微子世家第八

及祖伊以周西伯昌之修德滅阢阢國（頁一上）

慈銘案重一阢字

未能自決乃問於太師少師（頁一上）

孔安國曰太師三公箕子也少師孤卿比干也慈銘案據正文似史公意不以太師少師爲箕子比干裴氏尚引僞孔書傳下注又以比干已死而尙云少師爲誤此未深求史公文法也

趙世家第十三

以至父子俱死爲天下笑豈不痛乎（頁十五下）

徐廣曰或無此十四字慈銘案無此十四字者是叙事中忽夾論贊語史公無此文法

外戚世家第十九

乃厚賜田宅金錢封公昆弟家於長安（頁三下）

慈銘案公字下當脫一乘字漢爵公乘第八蓋封其兄弟二人爲公乘也至景帝立乃封侯耳

留侯世家第二十五

四人前對各言名姓曰東園公角里先生綺里季夏黃公（頁六下）

慈銘案漢書各言其姓名下無東園公云云疑史記亦本無此後人羼入者也漢書王貢兩龔傳序云漢興有園公綺里季夏黃公角里先生顏注云四皓稱號本起於此更無姓名可稱使史記此處先有此文師古不應爲是言且班氏於史記雖有異同不過辭句緐簡省并移易若此處明言姓氏祗十三字班氏何故去之且名前臣名四皓既從太子各言名姓不應止稱姓號且自稱曰公曰先生有此理乎

陳丞相世家第二十六

少時家貧好讀書（頁一上）

慈銘案漢書好讀書下有治黃帝老子之術一句

然其後曾孫陳掌以衛氏親貴戚願得續封陳氏然終不得（頁七上）

慈銘案親貴戚漢書作親戚貴疑此誤倒衛青傳云靑姊少兒故與陳掌通上召貴掌漢書霍去病傳言少兒更爲詹事陳掌妻

絳侯周勃世家第二十七

方與反與戰却適（頁一上）

慈銘案適同敵漢書作敵

擊章邯車騎殿（頁一上）

孫檢曰一說上功曰最下功曰殿戰功曰多周勃事中有此三品與諸

將諸計功則曰殿最獨捷則曰多多義見周禮故此云擊章邯車騎殿又云先至城下爲多又云攻槐里好時最是也慈銘案此當從索隱說以孫檢爲是讀騎字爲句

攻開封先至城下爲多（頁一上）

慈銘案此當讀先至爲句城下爲句城下者城降下也

因轉攻得雲中守遫丞相箕肆將勳（頁二上）

慈銘案箕下肆字涉下都尉高肆肆字而誤此役所得皆單舉其名不應一人獨出姓名而箕肆又不似二名也注徐廣曰箕一作奠勳一作專一作轉而於肆字獨無言且漢書兩肆字皆作肄知爲相涉誤衍無疑也

文帝乃擇絳侯勃子賢者河內守亞夫封爲條侯續絳氏後（頁三下）

慈銘案續絳氏後氏監本官本皆作侯然此傳此語凡三見皆作絳氏且如酈商傳曰續酈氏後灌嬰傳曰續灌氏後文法一例蓋以氏周者

多故變文曰絳氏以國爲氏也
皆推亞夫乃封亞夫爲條侯續絳氏後 下頁三
慈銘案續絳氏後四字衍涉上文而誤

史記札記 卷二

會稽 李慈銘

伯夷列傳第一

慈銘案此篇爲列傳之首故舉許由卞隨務光顏淵與伯夷叔齊竝言以明列傳之體蓋列之云者列其人而論之也又自明其所傳必以六藝爲考信以著其采擇之愼其文抑揚往復亦爲古今第一文字

太史公曰余登箕山其上蓋有許由冢云 上頁一

慈銘案曰蓋有許由冢云者疑詞也謂古來讓國者如許由卞隨務光等皆不見偁於孔子其事皆不可信故獨傳伯夷而又疑古之行如夷齊者亦或不乏而不爲至人所偁說遂幷滅不傳尤可悲也通篇主意如此

豈以其重若彼其輕若此哉 上頁二

慈銘案其重若彼者謂名也其輕若此者謂貧賤死亡也此二語領起下文歸宿本意索隱正義所說皆誤顧氏炎武云其重若彼謂俗人之重富貴也其輕若此謂淸士之輕富貴也似非

巖穴之士趨舍有時若此類名堙滅而不稱悲夫 上頁二

慈銘案正義讀時字爲句非也當讀此字爲句言巖穴之士其趨舍有時若夷齊顏淵者而往往名滅不偁爲可悲也

魯仲連鄒陽列傳第二十三

昔者魯聽季孫之說而逐孔子宋信子罕之計而囚墨翟 下頁六

慈銘案子罕漢書文選俱作子冉注俱引文穎曰子冉子罕也而李善曰未詳索隱以左氏言司城子罕爲宋之賢臣且與墨翟時不相直或以子冉爲是案李斯傳亦云司城子罕相宋期年遂刼其君且與田常竝言則此子罕別是一人近人藤縣蘇時學爻山筆話云韓非子曰司城子罕取宋又曰戴氏奪子氏於宋每以戴氏與齊之田氏竝言竹書

紀年云宋易城肝廢其君璧而自立易成肝蓋即司城子罕之訛其言甚有理

齊用越人蒙而強威宣頁六下

慈銘案蒙字漢書文選俱作子臧二字

此二國豈拘於俗牽於世繫阿偏之辭哉頁六下

慈銘案阿文選漢書俱作奇

則士伏死堀穴巖巖之中耳頁八上

慈銘案巖巖文選漢書俱作巖藪

呂不韋列傳第二十五

太史公曰不韋及嫪毐貴封號文信侯頁四上

索隱曰文信侯不韋之封傳已言之此當作長信侯言嫪毐由不韋得寵貴封長信侯耳慈銘案小司馬說是也及逮也上逮下之詞也

刺客列傳第二十六

然後具酒自暢頁三下

徐廣曰一作賜慈銘案國策作觴此暢字及注賜字必有一觴字之誤

我雖不受然是者徒深知政也頁四上

慈銘案者徒二字國策無此者字略讀言仲子如是者徒以深知政也

多人不能無生得失生得失則語泄頁四下

慈銘案索隱本作生得言將多人往殺俠累後又被生捡而事泄也無兩失字

鄉使政誠知其姊無濡忍之志不重暴骸之難頁五上

慈銘案難讀去聲言不重避政暴骸之禍難也索隱音難如字非

荊軻怒叱太子曰何太子之遣往而不返者豎子也頁八下

慈銘案何太子之遣太字當作豎下豎子也豎字當作太此兩字疑互易但國策亦作往而不及者豎子也當是指秦武陽言或以爲指丹則軻不應直斥之爲豎子且下文今太子遲之明偁太子也若史記此處何太子之遣句太子當作豎子無疑此句是明斥舞陽下云往而不反者太子也言令我往而不反者太子爲之也語意與國策有別

李斯列傳第二十七

臣聞之臣疑其君無不危國妾疑其夫無不危家頁十下

慈銘案兩疑字讀如疑女於夫子之疑疑即儗也

昔者司城子罕相宋身行刑罰以威行之朞年遂劫其君頁十下

慈銘案韓非子二柄篇云子罕謂宋君曰夫慶賞賜予者民之所喜也君自行之殺戮刑罰者民之所惡也臣請當之於是宋君失刑而子罕用之故宋君見劫與此語正同李斯與韓非同時宋子罕之事耳目相接必得其實也此可以補宋世家之闕

淮陰侯列傳第三十二

淮陰侯韓信者淮陰人也頁一上

慈銘案韓信史不言其所出蓋亦韓後也潛夫論言韓亡子孫散處江淮間語轉爲何此信所以爲淮陰人蓋以國爲氏者故漂母稱之曰王孫以其爲王者後也蘇林注謂如言公子者非

則諸侯謂吾怯而輕來伐我不聽廣武君策廣武君策不用韓信使人間視知其不用頁三下

慈銘案上廣武君策四字當衍漢書無下廣武君策不用句然此上當讀不聽爲句然後云廣武君策不用方與下文知其不用相應

漢兵二千里客居齊城皆反之頁六上

慈銘案漢書客居齊下重一齊字是也此蓋脫

信遂追北至城陽皆虜楚卒漢四年遂皆降平齊頁六下

慈銘案漢書至城陽下作虜廣楚卒皆降遂平齊此疑有脫誤廣之被虜亦不可略當本作虜廣楚卒皆降漢四年遂平齊

百姓罷極怨望容容無所倚頁八上

慈銘案容容即顒顒仰望之貌

項王亡將鍾離眛家在伊廬頁九下

慈銘案眛當作昧從目從末音莫葛反

信初之國行縣鄉邑頁九下

慈銘案漢書作行縣邑史記監本亦無鄉字

而天下已集乃謀畔逆頁十一下

慈銘案天下已集乃謀畔逆此史公微文謂淮陰之愚必不至此也

韓王信盧綰列傳第三十三

慈銘案史公此篇之意以韓燕二王皆無功而王漢待之甚厚而負恩反叛其罪甚大乃猶封其子孫以與淮陰相形爲古今之極冤也末附陳豨意尤明

韓王信者頁一上

徐廣曰一云信都索隱曰楚漢春秋云韓王信都恐謬也諸書不言有韓信都韓初爲韓司徒後謁云申徒因誤以爲韓王名耳慈銘案史公

於淮陰侯信傳特題曰淮陰侯其他傳如酈生傳寬等傳亦多偁淮陰而不出姓名皆以與韓王信同姓名而別之使此本名信都則史公何以去此都字使與淮陰相混陸生之說誠爲可疑然索隱謂因爲韓司徒而誤則此傳及漢書皆言其爲韓太尉未嘗爲韓司徒惟張良世家及此傳言良嘗爲韓申徒即司徒也且司徒有轉爲申徒勝屠申屠未有轉爲信都者信都自是郡國之名蓋韓王始以地爲名後去都止名信與淮陰同耳陸賈當時人所述必有本如云叔孫通一名何丁公固淮陰所寄食之南昌亭長作新昌亭長困學紀聞采其爲史記所不載者數事皆足以廣異聞

漢五年以破項籍迺使盧綰別將與劉賈往擊臨江王共尉破之頁三上

慈銘案以已古通云已破項籍方令將兵以見綰之未有寸功皆所以與淮陰相形也

而陰使范齊之陳豨所欲令久亡連兵勿決頁三下

晉灼曰使陳豨久亡畔慈銘案漢書作久連兵無亡字然此所引晉灼語實出漢書注故漢書仍存此注而久亡殊不辭注尤迂曲蓋久連兵勿決者謂令久與匈奴相連合以綴漢兵勿決一時之戰故晉灼以使久亡畔釋之

東垣降卒罵者斬之不罵者黥之頁五上

慈銘案王氏念孫梁氏玉繩皆謂黥之當從高紀作原之慈謂紀之原字誤也不罵者原之自是常事但書罵者斬之一句足矣惟不罵者亦黥之方見高帝恨怒之甚淫刑以逞也班紀但有卒罵者斬之一句從略耳

樊酈滕灌列傳第三十五

賜嬰爵列侯號昌文侯食杜平鄉頁六下

慈銘案此食杜平鄉四字衍漢書亦誤

嬰從還軍於雍丘王武魏公申徒反頁六下

張晏曰秦將降爲公今反慈銘案王武即下所云柘公王武也柘公二字當在此上柘公魏公皆縣令稱公者張注非

從擊破之攻下黃頁六下

慈銘案漢書作外黃是也此誤脫

漢王乃擇軍中可爲車騎將者頁六下

慈銘案漢書無車字是也此誤衍

余與他廣通爲言高祖功臣之興時若此云頁九上

慈銘案他廣樊噲孫也

張丞相列傳第三十六

臣口不能言然臣期期知其不可頁二上

慈銘案期期即極之重言也下文高祖曰吾極知其左遷語意正同

羣臣不知上之所以然趙堯進請問曰頁二上

慈銘案問乃間字之誤漢書作間景祐本作問王氏念孫曰作請問義

亦可通慈銘案請問詞義既複且堯此計必辟人言之故後至呂后元年后始聞堯此畫是請間者即辟左右之意謂請私間也

高后崩不與大臣共誅呂祿等頁三上

慈銘案漢書無不字不字衍

故他官居其中且又我使爲之頁五上

慈銘案他官漢書作冗官是也此由冗與它字相似遂誤爲他耳

言正朔服色事而不遵明用秦之顓頊歷何哉頁五下

梁氏玉繩曰而不遵明用秦之顓頊歷句不可解漢傳贊作專遵用秦之顓歷慈銘案此當讀遵字爲句其時漢已改顓頊歷用太和歷而史公嘗與壺遂等上言以顓頊歷爲非故譏蒼之專用此也

酈生陸賈列傳第三十七

無以爲衣食業爲里監門吏頁一上

慈銘案漢書吏字在然字下傳寫偶誤也宋人劉辰翁乃以漢書爲是謂縣吏中之賢豪者不敢役一監門意象可想宋人專有此愚誣不通之論

此蚩尤之兵也非人之力也天之福也頁三上

慈銘案蚩尤漢書作黃帝然蚩尤始作五兵故行師者祭之古人文字不如後世之多顧忌新序善謀下亦作蚩尤是也

於是尉他迺蹶然起坐頁四上

慈銘案顧氏炎武云坐者跪也似非古人坐雖有訓跪者然此則與上酈生傳延酈生上坐謝之一例尉他初箕踞至此蹶起端坐也觀其下云我孰與皇帝賢則此時安肎遽向陸生跪乎

與汝約過汝汝給吾人馬酒食極欲十日而更所死家得寶劍車騎侍從者一歲中往來過他客率不過再三過數見不鮮無久慁公爲也頁五上

慈銘案此一歲中往來過他客句率不過再句三過數見不鮮句無久慁公爲也乃謂一歲中過他客無至三者謂數見則不以爲鮮少將令人厭突云無久慁公者公指客也慁猶煩也與上過諸子是兩事故上曰汝下曰公非併子爲公也陸生既以好時地善家居分食於諸子若謂一歲不過再過則計家居者止百日其餘皆客於他人無是理也漢書作一歲中以往來過他客率不過再過句數擊鮮毋久溷女爲也自是班氏所見本偶異以爲皆指其諸子言注家遂以擊鮮爲殺鮮各順其文解之而索隱並以解史記以不鮮爲莫令見不鮮之物以公爲賈自謂迂曲甚矣顧氏炎武以數見不鮮謂猶今人言常來之客不殺雞而父子亦如此當時薄俗可想以稱公爲未安皆牽於舊說也

聞平原君諫不與謀得不誅語在黥布語中頁五下

慈銘案聞平原君云云至黥布語中漢書作聞建諫之高祖賜建號平原君家徙長安

初沛公引兵過陳留酈生踵軍門上謁曰頁六下

慈銘案此下漢書所無疑亦是後人若褚少孫等所附入非史記本文也故所叙事語多複出志疑曰御覽三百六十六引楚漢春秋與此正同明是後人因其與史記小有異同而附入者史通雜說篇誤認爲本書

傅靳蒯成列傳第三十八

屬太尉勃以相國代丞相噲擊豨頁一上

慈銘案相國上當有齊字

李將軍列傳第四十九

廣暫騰而上胡兒馬因推墮兒頁二下

徐廣曰一云抱兒鞭馬南馳也慈銘案一云者是也下云取胡兒弓此處安得先推墮兒漢書從一說

教射酒泉張掖以屯衛胡頁五下

慈銘案漢書作以備胡此衛字疑備字之誤

匈奴列傳第五十

自如左右賢以下至當戶大者萬騎小者數千凡二十四長立號曰萬騎頁四下

慈銘案漢書自左右賢王以下至當戶史記多以自如二字連文如田敬仲世家云自如騶衍湻于髡田駢接子愼到環淵之徒七十六人皆賜列第爲上大夫孟荀列傳云自如孟子至于吁子世多有其書蓋當時有此語辭也賢下各本皆有王字

而務調納其說以便偏指不參彼已將率席中國廣大氣奮人主因以決策頁十六下

集解詩云彼已之子慈銘案索隱以參字讀句已字屬下讀句謂已將率者指樊噲衞霍等猶詩人譏彼已之子其說皆非也不參彼已謂不度彼我也下言將帥但憑中國廣大以自奮而人主因決策從之

堯雖賢興事業不成得禹而九州寧頁十六下

慈銘案賢興謂以賢興起也據張守節正義疑史文本作賢聖疑今興字涉下興聖統句而誤

衞將軍驃騎列傳第五十一

渾邪王裨將見漢軍而多欲不降者頁五下

慈銘案漢書作渾邪裨王將是也裨王將者謂渾邪王下之裨王及將耳觀下文封其裨王呼毒尼等可知也

左方兩大將軍及諸裨將名最頁八下

慈銘案左方兩大將軍及諸將名十一字是標目字宜別提行最猶凡也又宜提行另起

南越尉陀列傳第五十三

陀即移檄告橫浦陽山湟谿關曰頁一上

慈銘案湟谿關即湞浦關也水經湞水出桂陽縣盧聚東南過含湞縣南出湞浦關爲桂水說文湞水出桂陽盧聚山出湞浦關爲桂水漢書地理志桂陽郡桂陽縣湞水南至四會入鬱林又含湞縣下應劭注云湞水所出此傳下云伏波將軍出桂陽下湟水即此地也湟乃音同之借字湟乃湞形近之誤字此傳及漢志皆誤作湟

嘉遂出分其弟兵就舍頁三下

慈銘案分其弟兵就舍分漢書作介介乃分之誤也兵不必被甲嘉就舍後但稱病不見無先被甲之理索隱謂分取弟兵者是也蓋其弟本將兵衞宮嘉分之以自衞漢書注以爲被甲自衞望文生訓耳分草書作分介草作分二字易混

立明王長男越妻子術陽侯建德爲王頁四上

徐廣曰元鼎四年以南越王兄越封高昌侯慈銘案注當作以南越王兄越高昌侯封此封字誤在高昌侯上耳史記建元以來侯者年表漢書功臣表術陽侯建德以南越王兄越高昌侯侯三千戶此注即用其文也建德在越本封高昌侯歸漢後改封術陽侯此傳術陽侯者蓋其封在輿上書請比內諸侯之後漢賜呂嘉銀印之時故史表列於元鼎四年而云五年國除在繆廣德韓延年之前若至漢滅南越被擒之時則不復應得封矣漢表亦列繆韓之前而書元鼎五年三月封蓋字誤

衞尉路博德爲伏波將軍出桂陽下匯水頁四下

徐廣曰或作淮字慈銘案淮當是湞字之誤

因禍爲福成敗之轉譬若糾墨頁五下

慈銘案因禍爲福上當脫一句

汲鄭列傳第六十

遷爲大農令莊爲太史誡門下客至無貴賤無留門者頁四下

慈銘案大農令漢書作大司農從後所改官名書之太史漢書作大吏當據改

酷吏列傳第六十二

張湯傳　上所是受而著讞決法廷尉絜令頁四上

慈銘案絜漢書作挈絜挈皆猶契也古鍥刻字只作契

大宛列傳第六十三

慈銘案此傳叙道里甚晳後來西域傳等皆自此出

與堂邑氏故胡奴甘父俱出隴西 頁一上

慈銘案漢書張騫傳作堂邑氏奴甘父無故胡二字服虔注謂堂邑姓漢人其奴名甘父劉氏刊誤謂奴甘父是此人名號胡人名號多以奴爲偁非堂邑氏之奴下文秪偁堂邑父知其姓堂邑而名奴甘案服說固非劉說亦未盡奴甘旣名號何以又加父字且下文何以不稱奴甘父而曰堂邑父蓋此本匈奴人名奴甘父降漢而居堂邑者胡人無氏姓遂以堂邑爲氏其名亦可單偁一字故曰堂邑父又下文曰堂邑父故胡人則此處故胡二字疑是後人妄加非史文本有也

旣臣大夏而居之 頁一下

慈銘案漢書作旣臣大夏而君之史記索隱曰旣臣大夏而君之謂月氏以大夏爲臣而爲之作君也是史記亦本作君之今居字誤索隱單

行本亦誤出居之與注不符

東則扜罙于窴 頁二上

慈銘案扜罙索隱音汗彌又曰拘音俱彌即罙也拘彌與汗罙是一案漢書西域傳作扜彌是扜與拘音近作扜者誤罙當作冞說文网部引詩商頌冞入其阻

匈奴攻殺其父而昆莫生 頁三下

慈銘案漢書騫傳作大月氏攻殺昆莫父難兜靡其叙事較此爲詳而小有不同馬班皆本騫所言何以致異

必以岑娶爲太子無令他人代之 頁四下

慈銘案岑娶漢書西域傳作岑陬陬娶聲轉譯音無定字

於是天子以故遣從驃侯破奴將屬國騎及郡兵數萬至匈河水 頁六上

梁氏志疑曰是時破奴已坐酎金失侯不得云從驃侯慈銘案故字當在遣字下故從驃侯破奴猶下云故浩侯王恢耳於是天子以遣故從驃侯曾天子以是遣之也若作以故則與於是語複傳寫誤倒耳漢書騫傳止作於是天子遣從驃侯

天子案古圖書名河所出山曰崑崙云 頁六下

慈銘案天子案古圖書名河所出山曰崑崙蓋漢武亦知崑崙不在此特强名之猶其遣其遣方士求蓬萊之事耳上云安息長老傳聞條枝有弱水西王母而未嘗見亦此意也故贊獨以此事論之而云惡睹所謂崑崙皆其敫文刺譏與封禪書同恉

於是大縠抵出奇戲諸怪物多聚觀者 頁六下

慈銘案縠抵即角抵漢書作角氐

然以畏匈奴於漢使焉 頁七上

慈銘案於漢使上當脫一甚字

雖頗異言然大同俗相知言 頁七上

慈銘案然大同俗相知言漢書西域傳作然大同自相曉知也語意較

明而似專指言語一事說

烏孫侖頭易苦漢使矣 頁八上

慈銘案侖頭漢書作輪臺譯音無定字

游俠列傳第六十四

慈銘案史公以救李陵遭腐刑憤當世士夫拘墨洩涊無爲言者故思游俠之士不能顧身家急人之難其意甚痛而曲此傳起處以儒相形蓋深嫉當時公孫弘之流唯阿時旨以深文中人而布被脫粟飾名欺世故特擧季次原憲以見二人者終身困約方爲眞儒非然者亂法之僞儒也反正相形詞極委婉後之讀者多不得其解耳

魯朱家傳 吳楚擧大事而不求孟吾知其無能爲已矣 頁二下

慈銘案矣字疑衍

郭解傳 軹人楊季主子爲縣掾擧徙解 頁三下

慈銘案漢書擧徙解三字作鬲之二字鬲同隔注謂鬲塞其送不令解

得之也

東道趙他羽公子頁四上

慈銘案羽姓公子名羽氏出鄭穆公子子羽左傳有羽頡曹參傳有羽嬰漢書何武傳有杜公子儒林傳有大中大夫劉公子

佞幸列傳第六十五

仁寵最過庸乃不甚篤頁二上

慈銘案庸用也言仁寵爲最過庸乃不甚篤以見孝景之無寵臣也庸是語詞左傳屢用之錢竹汀史記攷異謂當讀庸字爲句言仁寵最過常人乃不甚篤此以庸爲常句法甚拙似不可從

龜策列傳第六十八

宋元王二年江使神龜使於河頁四上

梁氏志疑曰此下衍莊子外物篇宋元君得龜事二千八百餘言皆用韵語奇恣自喜必當時舊文而褚述之惟語多悖謾不可以訓慈銘案

褚氏上明言連其事於左方令好事者觀擇則爲采用它書可知攷漢書藝文志載龜書五十二卷至雜龜十六卷凡五種此當出於諸書中其文奥衍恣肆多可以攷見古音古義必周秦間人所爲不得以經傳正義繩之

殺周太子歷囚文王昌頁七上

慈銘案太子二字乃季字之誤

貨殖列傳第六十九

輓近世塗民耳目則幾無行矣頁一上

張氏文虎曰明余有丁云言用此以輓近世之俗是也說文輓引車也塗民者猶云如塗塗附言近世塗民耳擩目染於聲色嗜欲若必以上古之治輓之不能行也索隱音輓爲晚云古通用古書未見借輓爲晚者自小司馬有此注而俗遂書晚近字作輓近以爲古矣慈銘案張說得之惟解塗民猶迂曲塗民即塗人所謂道塗之人也謂必以至治之道老死不相往來者推之近世則塗中行人矣

請略道當世千里之中賢人所以富者頁八上

慈銘案說文貝部賢多財也此用賢人是其本義

洛陽街居在齊秦楚趙之中貧人學事富家相矜以久賈頁八下

慈銘案漢書無貧人學事四字此當於家字讀句謂貧者多喜爲富家所任以久賈相矜師史能役之故下云設任此等也漢書去此四字則文義不明

冒脯簡微耳濁氏連騎頁九下

慈銘案冒一本作胃謂㸿羊胃作脯也漢書亦胃冒雜出而晉灼注作胃索隱引之是本當作胃然或云冒即芼也芼脯者治饌以待客猶今之市肆設食者

詁經精舍文集·史記闕篇補篇攷

［清］阮元

清嘉慶間揚州阮氏琳琅僊館刊本

史記闕篇補篇攷

孫同元

案漢書藝文志春秋家載太史公百三十篇注云十篇有錄無書司馬遷本傳云十篇闕有錄無書後漢書班彪傳亦云凡百三十篇而十篇闕焉張晏注遷傳言遷沒之後亡景紀武紀禮書樂書兵書漢興以來將相年表日者列傳三王世家龜策列傳傅靳列傳元成之閒褚先生補闕作武帝紀三王世家龜策日者傳言辭鄙陋非遷本意也謹攷孝景本紀全篇俱在與漢書景紀迥不相同且班固漢書成於章帝建初時褚先生乃元成閒人而索隱以爲褚取班書補之其誤甚矣孝武本紀其文全取之封禪書而亦閒爲增改如李少君爲深澤侯舍人而以爲深澤侯亳人薄忌即謬忌而以爲亳誘忌神君之最貴者太一而以爲大夫頗乖意旨至大通將軍下多天道將

軍四字或謂欒大四印合五利爲四誤并天道玉印爲四印然細玩本文四金印似合五利將軍之印爲五而天道將軍之印則又別刻以玉故下文總曰佩六印也不得遽以爲非此篇勦襲本書乃出之後世陋儒非少孫之筆也禮書自太史公曰至垂之於後云樂書自太史公曰至當族文筆古雅且其中並有今上即位之文其爲史公元文無疑惟兩段後漫采禮論樂記泛論禮樂大意與漢事無涉此當爲褚先生所續耳兵書即律書易云師出以律周禮云大師執同律以聽軍聲而詔吉凶足證兵律相關之意即

太史公自敘亦云非兵不彊非德不昌司馬法所從來尚矣太公孫吳王子能紹而明之故作律書且行文閎博精深似不得更疑有竄入之者漢興以來將相年表自高祖元年至太初四年完然全備無可議惟天漢以下非史公所能及見或爲褚先生續筆其中謬戾甚多如劉屈氂本澎侯而誤以爲彭城侯樂陵侯史子長爲大司馬車騎將軍子長史高字也表例書名而誤書其字王章爲安平侯而兩處皆誤書平安侯張禹之卒在建平二年而誤以爲鴻嘉元年悉與漢書不合殊可疑也日者列傳文近蒙莊與史

公不類當是褚先生因贊中有及至司馬季主余志而著之云云遂取當時所記季主事舊文而附會之然汪洋恣肆筆意絕佳六一公每欲作文先誦此傳正以此耳三王世家亦本贊文語意敷衍成篇多取廷議封策補之其閒亦有誤處如元狩六年俞侯樂賁爲太常而曰太常臣充公孫賀爲太僕而曰賀行御史大夫事又五等之爵成周定制而曰春秋三等從殷制合伯子男爲一且以武五子傳參校亦多不合豈褚先生有所增易者歟龜策列傳自太史公曰至豈不信哉中有今上卽位之文與禮樂二書竝同當亦爲史公元文此下乃褚先生取龜策卜事編於下方者或并敘論亦疑爲褚補則又非也傅靳列傳敘事簡括有法則與曹相國世家樊酈滕灌傳一例非史公斷不能作豈少孫所能哉蓋十篇中景紀兵書傅靳傳三篇全具竝無闕文禮書樂書將相表龜策傳四篇其上半篇尚仍史公之舊至武紀三王世家日者傳三篇不特與史公元文不類且恐非少孫一人所補矣此外如秦始皇本紀三代世表建元以來侯年表外戚世家梁孝王世家張丞相傳田叔傳滑稽傳各篇末段或標褚先生字或書低一格者

勿論至惠景閒侯者年表建元以來侯者年表楚元王世家齊悼惠王世家曹相國世家雜出征和後元地節建始等年號封禪書載天漢時事賈誼傳載昭帝時事韓信傳載韓會續侯酈商傳載終根免法李將軍傳載李陵降匈奴衛將軍傳載賀等坐巫蠱主父傳載太皇太后詔語酷吏傳載減宣杜周傳文要皆不得定爲史公之筆故周密齊東野語摘司馬相如公孫宏兩傳中可議者以爲後人竄入是也竊謂漢志太史公後卽列馮商所續太史公七篇又班彪傳言史記自太初以後闕而不錄好事者或綴集時

事然多鄙俗不足踵繼其事注云好事者謂揚雄劉歆陽城衡褚少孫史孝山之徒史通古今正史篇亦云續史記諸儒有劉向歆馮商衛衡揚雄史岑梁審肆仁晉馮段肅金丹馮衍韋融蕭奮劉恂等葢此書爲後人之所續補者甚多固不僅褚先生一人而已也

史記闕篇補篇攷

汪繼培

漢書藝文志司馬遷傳後漢書班彪傳並云史記闕十篇有錄無書所缺之篇班氏不著其目張晏注漢書稱遷歿之後亡景紀武紀禮書樂書兵書漢興以

來將相年表日者列傳三王世家龜策列傳靳蒯列傳然序目本無兵書顏師古已糾其繆至謂景紀取班書補之則景紀所載每有在班書外者日者傳辯肆淺深亦豈褚先生所能是二篇固未嘗缺也禮書樂書龜策列傳皆有今上即位之文使非出自遷手何以并年歲而襲之觀其自敘三篇原止畧舉大槩言簡而事括或乃取禮樂論龜兆雜書以益之皆贅矣將相名臣表自高祖元年至太初四年首尾完具無可疑其載天漢後事爲後人所增與建元侯表正同凡此諸篇雖有增補而本書要無缺者也傅靳傳

班書多仍其舊其敘事簡而有法洵非史公不能作若孝武本紀序稱今上本紀當有目而無其書舊說皆謂武帝怒其短已削之不知遷書至宣帝時始宣布武帝曾未及見且序謂漢興五世隆在建元則必不作詆毀語可知三王世家贊云燕齊之事無足采者自序又云三子之王文詞可觀此篇葢本詳載冊文而略於事褚先生觀列傳誤三子之王爲三王世家遂謂世家文辭可觀求其書而不得亦得失相半者也要之十篇之目班氏所未言無從懸揣或班氏修史時雖亡而後或得出如泰誓之比亦未可定紛

紛指屬多成臆斷亦疑以傳疑可矣續史記諸儒詳史通正史篇及後漢書班彪傳注張晏徒見三王世家龜策日者傳俱有褚先生名遂舉屬之少孫則三代世表建元侯表外戚世家梁孝王世家田叔傳滑稽傳少孫俱有附益又何以不在補篇之數而始皇本紀之附秦紀及班固語厤書之附厤日甲子篇及表傳世家中增入史公以後事者凡數十處安能一一名之至索隱謂褚生以班書補景紀則褚生仕元成間又安能取章帝時書而用之斯爲謬矣

諸史瑣言·史記

［清］沈家本

民國刻沈寄簃先生遺書本

諸史瑣言

諸史瑣言卷一

史記一

集解序庶賢無所用心而已　按此用論語猶賢乎己之意索隱注複沓不明

五帝紀幼而徇齊索隱云大戴禮作叡齊一本作慧齊錢氏攷異云今大戴禮作彗齊蓋慧之省　按高安朱氏本大戴禮作慧未知錢氏所據何本

是爲靑陽集解太史公乃據大戴禮以嫘祖生昌意及元囂杭氏世駿云按戴德禮有孝昭冠辭則其後於太史公明矣集解竟以爲太史公乃據大戴禮疑有誤　按太史公所據帝繫篇在今大戴禮中故裴注云然大戴禮亦漢初相傳之書戴德刪爲八十五篇遂名大戴實非德所撰述也

養材以任地索隱大戴禮作養財　按朱本大戴禮作養材家語作養財

莫不砥屬集解王肅曰砥平也四遠皆平而來服屬索隱依王肅音止蜀據大戴禮作砥礪也　按朱本大戴禮作祗勵與小司馬所見不同集解所引王肅曰乃家語注今閱本家語作底屬而小司馬未言異同不知唐時本何若

殷本紀過女鳩女房索隱云按古本尙書商賢臣女鳩女方今誤作女鳩女房　按詩大田箋方房也房方乃古同音叚借非誤

帝祖丁崩立弟沃甲之子南庚　按弟沃甲當是帝沃甲之譌祖丁乃沃甲兄祖辛之子不得接以弟沃甲上文言弟沃甲立是爲帝沃甲下文言帝南庚崩立帝祖丁之子陽甲則作帝爲是

帝陽甲之時殷衰自中丁以來廢適而更立諸弟子弟子或爭相代立比九世亂皇王大紀曰以其世考之自沃丁至陽甲立弟者九世中丁之名誤也　按中丁至陽甲凡九王故言九世大紀所言豈以商世兄終弟及自沃丁之弟太庚始故云然耶然自沃甲至陽甲中閒立弟者止七世太庚 雍己 太戊 外壬 河亶甲 沃甲 南庚郎據世表以小甲爲太庚弟亦止八世若以昭穆言之則爲七世皆不符九世之數不知大紀何見而云然況太戊稱中宗實能紹成湯之業雖以弟繼兄位豈得云亂以理推之中丁之名不誤

益廣沙邱苑臺正義竹書紀年自盤庚徙殷至紂之滅二百五十三年今本計二百六十五年更不徙都　按紀言武乙立殷復去亳徙河北與正義所引紀年不同今本竹書紀年武丁三年自殷遷于河北轉與史記合蓋非原本矣

微子數諫不聽乃與大師少師謀遂去比干曰爲人臣者不得不以死爭迺強諫紂紂怒曰吾聞聖人心有七竅剖比干觀其心箕子懼乃詳狂爲奴紂又囚之殷之大師少師乃持其祭樂器奔周　按前大師少師指比干箕子觀比干曰云云可知後大師少師則周紀所謂大師疵少師彊也王若虛辨惑疑微子何至與樂工謀決去就是混前後爲一致滋疑竇不知官名雖同其職分迥殊也

封紂子武庚祿父以續殷祀集解譙周曰殷凡三十一世六百餘年汲冢紀年曰湯滅夏以至于受二十九王用歲四百九十六年也　按漢書律歷志謂殷世繼嗣三十一王六百二十九歲而以殷歷四百五十八歲爲非傳曰鼎遷於商載祀六百自當以班言爲是譙周所說亦與班合惟本紀自湯至紂凡三十世竹書紀年不數湯故云二十九王世數則與史記同通鑑前編無外丙仲壬二世爲二十八世六百四十四年與班所言皆不合

周本紀后稷卒集解皇甫謐曰冢去中國三萬里也　按此言誕

殷之末孫季紂殄廢先王明德正義周書作末孫受德受德紂字也　按周書克殷解殷末孫受德迷先成湯之明孔晁注紂字受德也正義蓋用其說竊謂周書當以受爲句德字下屬德迷先成湯之明猶此言殄廢先王明德耳尙書屢言受矣受德則無聞也

麋鹿在牧蜚鴻滿野　按此二句猶孟子云園囿汙池沛澤多而禽獸至也注說皆非

石父爲人佞巧善諛好利王用之又廢申后去太子也申侯怒䙝志云王用之與上用事複本作王之廢申后去太子也因衍用字後人遂加又字札記云用之非複衍又字則或誤或衍耳　按王用之數句乃總束語以見周之所以亡用字又字皆非衍文

秦本紀武公弟德公同母魯姬子生出子正義德公母號魯姬子　按此當以母字句絕正義非

十二年齊田常弑簡公官本考證云事在秦悼之十年今作十二年與春秋及年表不合　按二字蓋衍文下文孔子以悼公十二卒亦與春秋合

齊魏爲王索隱齊威王魏惠王　按是年爲秦惠文四年乃魏襄王元年齊宣王九年小司馬似誤然威王於二十六年自稱爲王秦孝公九年惠王稱王見於孟子雖不詳始於何年必生時自稱王故孟子稱之曰王魏世家以爲追尊

恐未必然
縣義渠志疑云羨文是年義渠爲臣非爲縣也　按此時義渠不得爲縣杭氏世駿有說疑縣乃伐字之譌
十三年四月戊午魏君爲王韓亦爲王正義魏襄王韓宣惠王也　按魏世家襄王元年與諸侯會徐州相王也追尊父惠王爲王年表亦書其事於秦惠文四年是年又書魏君爲王然前已書齊魏爲王此不應複出疑魏字爲衍文秦惠文初稱王故十四年更爲元年表亦衍魏志疑已論之矣韓世家宣惠王爲王在十一年爲秦惠文後二年年表同此蓋連及之
始皇紀拔衛迫東郡其君角率其支屬徙居野王官本攷證云六國年表衛君角以始皇十八年立此是衛元十二年不名角　按角字衍
十九年王翦羌瘣盡定取趙地徐孚遠曰羌瘣舊本無注疑是人名王翦之副　按上言羌瘣伐趙是秦之別將與王翦楊端和各將一軍者非翦之副
欲出周鼎泗水使千人沒水求之弗得　按秦紀昭襄王五十二年九鼎入秦正義秦昭取九鼎其一飛入泗水餘八入于秦中正義所稱未知何本始皇所求蓋九鼎之一耳水經泗水注稱周顯王四十二年九鼎淪沒泗淵秦始皇使數千人沒水求之不得蓋據漢書郊祀志也然赧王時九鼎入秦則顯王時無淪沒泗淵之事
百姓當家則力農工　按文選甘泉賦注引禮記鄭注當主也當家者謂主一家之事也
妻爲逃嫁子不得母咸化廉清正義言妻棄夫逃嫁子乃失母　按正義非此言妻逃嫁者子不得復以爲母故下按云咸化廉清與上文夫爲寄豭殺之無罪男秉義程文法一律
今襲號而金石刻辭不稱始皇帝其於久遠也如後嗣爲之者不稱成功盛德　正義上稱尺證反下稱無音按上稱當讀如字下稱讀尺證反帝字句也字句者字句言金石刻本始皇帝所爲今不稱始皇帝久遠之後如後嗣之所爲則不足以稱成功盛德也
近官三郎注索隱三郎謂中郎外郎散郎正義漢書百官表云有議郎中郎散郎又有左右三將謂郎中車郎戶郎　按漢書惠帝紀中郎郎中滿六歲爵三級四歲二級外郎滿六歲二級蘇林曰外郎散郎也然則三郎者中郎郎中外郎舊注皆非小司馬分外郎散郎爲二尤誤正義所引百官表與今本不符當是傳寫有譌奪耳據百官表郎有議郎中郎侍郎郎中續志言議郎不在直中則當以中郎侍郎郎中爲三郎與惠紀又不同
是其所以取之守之者異也余有丁曰按賈書作是其所以取之也文意甚明史添守之者異四字似誤梁志云異上當有無字　按上文言秦離戰國而王天下其道不易其政不改己兼取與守說無此四字文意轉不明不得云賈書是而此誤也如梁志說文意更明
項羽紀大司馬咎長史翳塞王欣皆自頸汜水上大司馬咎者故蘄獄掾長史欣亦故櫟陽獄吏兩人嘗有德於項梁是以項王信任之　按翳塞王三字衍高紀及漢書紀傳皆無
高祖紀周市來攻方與未戰陳王使魏人周市略地　按陳王使魏人周市略地九字疑在周市來攻句上余有丁

日此一周市也書法如此疑誤
是時秦將章邯從陳別將司馬巳將兵北定楚地　集解
索隱皆以別將爲句按此應以陳字句絶
秦軍夾壁破魏二軍札記云魏字誤史詮云當作秦漢書
作其　按魏字未必誤也是時楚懷王子魏豹數千人復徇
魏地或先與沛公俱爲秦所破秦破魏軍故下接云楚軍
出兵擊也如依漢書作其則下楚軍二字贅矣下云與魏將皇欣申徒武蒲之軍并攻昌邑可見魏軍之與沛公俱也
楚軍出兵擊王離大破之志疑云方敘沛公入關不應忽
入楚軍漢書無此十字當衍　按集解引表云三年十月
攻破東郡尉及王離軍於成武南即此事非衍文也曹相
國世家從攻東郡尉軍破之成武南擊王離軍成陽南復
攻之杠里大破之與表紀合惟世家破東郡尉在成武南
破王離在成陽南是兩事表統言成武南者其辭略耳沛
公受命於楚懷王故亦稱楚軍
與南陽守齮戰犨東　按水經淯水注稱爲呂齮不知何
所本
十月燕王臧荼反淩稚隆曰十月疑誤高祖用秦正十月
後事當屬次年志疑曰十乃七之譌　按梁說是月表五
年於漢書八月帝自將誅燕於燕書九月反漢虜荼蓋荼
於七月反八月高祖擊之九月虜荼次序甚明反漢虜荼
表并書者史總言之耳
皆屬齊集解漢書音義曰云云正義孟說恐非　按如正
義說則音義當是孟康說
呂后紀三年方築長安城四年就半五年六年城就　按
漢書惠帝紀五年九月長安城成則五年六年乃五年九
月之誤
呂平徐廣曰呂后姊子　按呂后姊子何以亦姓呂疑有
誤
文帝紀陰安侯列侯頃王后　蘇林以爲二人如淳以爲
一人按蘇是如非如說則當云列侯陰安侯矣　徐孚遠曰
公議廢立事而以婦女二人爲冠首非體也或尙有呂后
時遺風耶　按時無太后及皇后宗室中尊屬爲楚王時
又不在京師在京師者二人爲最親故大臣與議引之
彫文刻鏤云云一段　說苑反質篇李克之對魏文侯曰
彫文刻鏤害農事者也錦繡纂組傷女工者也農事害則
饑之本也女工傷則寒之原也饑寒並至而能不爲姦邪
者未之有也此段詔文全本於此
已下服大紅十五日小紅十四日纖七日釋服注服虔曰
凡三十六日而釋服矣此以日易月也　按呂下師古曰
音義與高紀同高紀注蘇林曰下音下書之下鄭氏曰已
下棺也然則此三十六日之服乃已下之後改服紅纖凡
三十六日其未下之先自崩至葬凡七日必當仍服衰麻
合之爲四十二日非止三十六日乃自來相傳以日易月
之說未知何據而云然殊不可解翟方進傳及後母終既
葬三十六日除服是三十六日是既葬後算起漢法實如
是也
復晉陽正義故城在汾州平遙縣西南十三里　官本故
上有晉陽二字顧亭林曰此當言中都言晉陽誤是顧所
見本亦有晉陽二字此注已見卷首中都下顧說誠是按
此正義原本蓋標晉陽中都四字下注晉陽云云中都云
云今晉陽下有奪文遂致譌舛十三里卷首注三作二

然上召賁尉佗兄弟以德報之　賁王本同毛本㓗蕭本官本作貴按貴是賁字與下意背南越傳召其從昆弟尊官厚賜寵之與此紀貴字相應除肉刑札記云上文云去肉刑此不當複出當依漢書作除宮刑與下出美人爲類所謂重絶人之世也志疑以其複出疑上去肉刑爲去田租案漢書亦作去肉刑不誤　按十三年索隱引崔浩漢律序云文帝除肉刑而宮不易張斐注云以淫亂人族序故不易之也據此則文帝時未除宮刑故武帝時尚有司馬遷下蠶室事漢書亦有誤疑此三字乃衍文

孝景紀爲孝文立太宗廟　漢書景紀五月無此事按立廟之詔見文紀末乃元年十月事此書於五月疑衍文

深者二尺禄志云者字因上句而衍初學記御覽天部引並無　按毳不必皆深二尺有者字爲是諸書所引未必無奪文也

醴進索隱音進漢書作進　按此正文不作進王本官本無此注

於是甘泉更置前殿始廣諸宮室索隱姚氏按揚雄云官本考證曰云字宜作傳下乃班固漢書之文非甘泉賦中語也　按雄傳乃雄自序之文自贊曰以下方是班語班贊已明著之攷證殊誤注中甘泉本因秦離宮至屈奇瑰偉見雄傳下文又有高華温德法相習成宮白虎走狗天梯瑶臺仙人弩法相思觀皆壯麗也二十八字則雄傳所無疑姚氏本據雄集非采漢書也

有芝生殿防內中張氏照曰按隷辨曰校官碑董並字公昉按卽房字唐公房碑君字公昉房亦作昉隷辨云隷法房字其戸皆在側故人多不曉或作防或作昉皆誤也據此則今本史記武帝紀芝生殿防內中漢書溝洫志築宮其上名曰宣防皆昉字傳寫之誤內中二字必有一衍或曰按爾疋防卽今屏風防若是屏風諸儒必有注解今無之知防爲房之譌也　按古段借字多難遽定防爲昉誤索隱本作房後漢光武紀元氏昉子章懷太子注元氏房子屬常山郡並今趙州縣也防與房同古字通用

三代世表蟜極生高辛爲帝佶札記曰高辛乃國號不可云生索隱本作蟜極生帝嚳是也然表中前後文並作生高辛姑仍之　按上云昌意生顓頊爲高陽氏則此當云蟜極生帝佶爲高辛氏索隱本可從

從禹至桀十七世　按下文從黃帝至桀二十世不數黃帝爲二十從黃帝至湯十七世不數黃帝爲十七從湯至紂二十九世從黃帝至紂四十六世不數湯與黃帝爲二十九四十六而此文十七獨連禹數疑彼此必有一誤下文從黃帝至武王十九世則與此同

帝庚丁廩辛弟殷徙河北　按本紀殷徙河北在武乙時此疑錯簡

十二諸侯年表索隱戲夷狄不數吳　按楚獨非夷狄乎

衞桓公二弟州吁驕桓黜之出奔　按左傳不言出奔雖事在春秋前左氏未及詳然既出奔何以能弑君恐有誤

宋公馮元年及殺殤公　及王本毛本同官本作叉測議本作乃按似乃字是

晉侯湣元年　按世家春秋俱作緡疑此偏旁傳寫偶誤

鄭昭公忽元年忽母鄧女祭仲取之官本攷證曰文義未詳按世家初祭仲甚有寵於莊公公使娶鄧女生太子忽故祭仲立之則太史公書之見立忽之由此也取當是娶

按取娶古今字札記疑當作立之則與忽毋句不貫且上已言祭仲立忽又按此八字當上格祭仲立忽之下錯簡在此

楚文王五息夫人陳女過蔡蔡不禮惡之楚官本攷證曰世家不載春秋左傳在莊十年爲楚文六年是當與伐蔡獲哀侯以歸同入六年　按左氏敘事每因後而述前以明一事之原委安知息夫人非前一年過蔡者耶似宜姑仍其舊札記稱此十三年各本誤入前年依志疑移併未免武斷矣

晉獻公二十六公卒立奚齊里克殺之及卓子札記曰及卓子三字疑當在立奚齊下　按奚齊卓子之立是兩時事不得云立奚齊及卓子

秦穆公三十圍鄭有奇言即去　北宋本無奇字札記從之按有奇字是奇異也蓋謂燭之武之辭也

秦共公和　按本紀無名索隱曰名貑不知何據春秋作稻與和字形近未知孰是

曹宣公盧官本攷證春秋盧作廬　按春秋作廬釋文廬亦作盧

鄭成公三與楚盟官本攷證曰世家楚共王使人來與盟鄭人私與盟據此則春秋鄭成元年馬陵之盟自是兩事　按馬陵與晉盟與楚無涉何必疑左氏傳鄭伯會楚公子成于鄧不言盟

陳成公二十九倍楚盟楚侵我官本攷證曰世家二十九年倍楚盟三十年楚共王伐陳春秋襄三年陳侯使袁僑如會左傳楚子辛爲令尹欲侵於小國陳成公使袁僑如楚求成據此則是年陳爲請盟非倍盟也且經傳俱無楚侵陳之文又襄四年左傳春楚師爲陳叛故將代陳三月陳成公卒聞喪乃止夏楚彭名侵陳據此則當在陳成三十年　按此條大誤春秋襄三年六月公會單子晉侯宋公衛侯鄭伯莒子邾子齊世子光己未同盟于雞澤陳侯使袁僑如會戊寅叔孫豹及諸侯之大夫及陳袁僑盟是陳倍楚服晉經文本自明白又是年左氏傳楚司馬公子何忌侵陳陳叛故也亦與表符合乃此條引傳文改侵欲爲欲侵改如會求成爲如楚求成遂謂陳請盟非倍盟傳[redacted]明有楚侵陳事而謂經傳俱無不知所據何本左傳致乖謬如此至三十年事表與傳亦合是另一事更不得執彼疑此

鄭簡公三子孔作亂子產攻之札記曰毛本攻譌救　按鄭殺子孔在簡十二年不得於此年先書攻之當以救字爲是世家子孔又欲自立子產曰子駟爲不可誅之今又效之是亂無時息也於是子孔從之而相鄭簡公左傳子孔當國大夫諸司門子弗順將誅之子產止之衆而後定所謂救者指此事也又上格誅子駟三字當在此子孔作亂之上錯簡在前世家及左傳可證

楚康王元年共王太子出奔吳　按世家無此事左傳言共王無冢適則安得有太子世家云共王有寵子五人無適立與左氏合世家言康王以長立是也

魯襄公三十一襄公薨昭公年十九有童心札記曰魯昭公元年昭公年十九有童心各本錯在前年今移正疑當衍下昭公二字　按年十九上疑奪立字非昭元年之錯簡也

鄭簡公二十八子產曰三國不會　按左傳昭四年楚子

問子産曰諸侯其來乎對曰不來者其魯衛曹邾乎當指此事四國而言三國表無邾也官本攷證據左傳楚王問禮于左師與子産子産曰小國共職敢不薦守獻伯子男會公之禮六謂子産曰下疑有奪文其說恐非

燕悼公元惠公歸至卒　按此疑前一年之錯簡

蔡侯廬官本攷證曰世家春秋同左傳作盧　按今本左傳作廬不作盧惟昭二十年經蔡侯廬卒一本作盧

宋元公十詐殺公子　按官本公子上有諸字與世家合各本皆奪

蔡平侯九平侯䙺靈侯孫東國殺平侯子而自立　按世家殺作攷是也

蔡悼侯東國元年奔楚官本攷證曰春秋昭二十一年蔡侯朱出奔楚二十三年蔡侯東國卒於楚朱穀梁作東第攷朱無歸入蔡之文東國無出奔之事汪克寬曰東即東國誤爲朱　按左傳朱乃平侯子東國乃平侯弟不得謂東國誤爲朱也東國卒於楚亦許男甯卒于楚之例不得以朱出奔而附會之也表文奔楚上當有奪文春秋昭二十年蔡侯廬卒二十一年蔡侯朱出奔楚與表正合

陳滑公二十三楚滅陳殺滑公官本攷證曰世家二十四年左傳哀十七年秋七月己卯楚公孫朝帥師滅陳與世家同　按王本毛本測議本此後一格復書二十四三字是也楚滅陳殺滑公六本在二十四年錯簡在前一年而後人以陳既滅不應復有一年遂刪去二十四三字致與世家及左氏不符楚世家言惠王復國是歲滅陳爲惠王十年是陳滑二十三年然楚白公之亂在秋七月滅陳亦在秋七月其非一年之事可知自當爲惠王十一年事吳世家夫差十八年管蔡世家蔡成侯十三年楚滅陳當惠王之十一年

六國表秦厲共公元年翁氏祖庚曰按通鑑在敬王四十四年則元王元年乃厲共二年也　按表以敬王爲四十三年故厲共元年爲元王元年通鑑以敬王爲四十四年故厲共元年爲敬王四十四年其同異在周不在秦也

齊宣公五宋景公卒集解徐廣曰案左傳景公死至此九十九年索隱以徐說爲謬　按左傳景公立於魯昭二十六年卒於魯哀公二十六年立凡四十八年與史記不同計魯哀二十六年至此爲十九年徐廣注衍一九字致來小司馬之譏耳

楚聲王王魏韓趙始列爲諸侯　按此但書於楚表似無義疑當在周表九鼎震之上

趙敬侯七伐齊至桑丘　按世家無

燕釐王三十敗齊林孤　按世家伐齊敗于林營與此不合

秦惠文後十二樗里子擊藺陽虜趙將官本攷證曰本紀十一年樗里疾攻魏焦降之非藺陽也　按此條誤本紀十二年庶長疾攻趙虜趙將莊趙武靈王十三年秦拔我藺虜將軍趙莊此一事也表不誤惟藺作藺陽耳乃據魏事以證之宜不符矣

秦昭王十八客卿錯擊魏至軹取城大小六十一官本攷證曰本紀作十六年又祇稱左更錯取軹及鄧無取城六十一之文通鑑亦作十八年云秦大良造白起伐魏取六十一城又似兩事　按本紀十八年錯攻垣河雍決橋取之魏世家昭王七年秦拔我城大小六十一秦昭十八卽

魏昭七似是一事惟十六年已言取軹不應復言至軹表
十六年不書取軹事或統前事言之故言至軹耳
秦楚之際月表楚懷二年一月志疑云實計月數爲年隨
時改年易月從古未聞宜更之曰十三月以後月數依次
更　按史遷之作本爲創格前無所因此表諸侯皆計月
而不分年而楚懷獨以年紀者以別於諸侯也
漢興以來諸侯王年表高祖四趙初王張耳元年薨　官
本攷證於三年書十一月王耳元年而删此文按此據漢
書異姓諸侯王表也然史記秦楚之際月表立耳爲王在
四年十一月漢書耳傳則言四年夏三處不同此表與月
表合疑漢表乃錯簡耳傳夏字譌耳
呂后七趙十四楚呂產徙梁元年　按南監本官本有幽
死二字無楚呂產徙梁元年七字是也
孝文二初置城陽國二月乙卯景王章元年　按文紀在
三月疑紀誤二爲三濟北河間太原梁代同
元狩六燕初王剌王旦　按旦於昭帝時誅此不應書諡
元鼎三節王純　不應書諡後人所增當曰今王下同
當術剌王二字
元鼎四頃王授　不應書諡
是爲剛王　按四字乃後人增
頃王平　不應書諡
元鼎六康王昆侈　不應書諡
元封二頃王遺　不應書諡
元封五戴王通平　不應書諡
太初二戴王賀　不應書諡
高祖功臣侯者年表侯第　按列侯位次高苑東武皆四
十一東茅菌皆四十八肥如高粱皆六十六棘陽新陽皆
八十一磨高陵皆九十二此其重見者也其缺者則二十
一三十一三十八五十四五十六六十八七十六八十七
九十七百二十百二十八百二十九百三十三百三十六
共十有四今據漢表補其闕正其譌不知者仍闕之表次
如左
一　酇　蕭何　八千戶
二　平陽　曹參　萬六百戶傳萬六百三十戶
三　宣平　張敖
四　絳　周勃　八千一百戶傳八千一百八十戶
五　舞陽　樊噲　五千戶傳五千四百戶
六　曲周　酈商　四千八百戶傳五千一百戶
七　魯　疵奚涓亡子封毋疵漢書作底　四千八百戶功比舞陽
八　汝陰　夏侯嬰　六千九百戶傳同
九　潁陰　灌嬰　五千戶傳同
十　陽陵　傅寬　二漢表作三千六百戶傳同
十一　信武　靳歙　五千三百戶傳同
十二　安國　王陵　五千戶
十三　棘蒲　陳武
十四　清陽漢表清河疑此是　王吸　三千一百戶漢表二千二百戶
十五　廣平　薛歐　四千五百戶
十六　汾陰　周昌　比清陽二千八百戶
十七　陽都　丁復　七千八百戶
十八　曲城　蟲逢索隱蟲達與漢表合　四千戶
十九　博陽　陳濞
梁鄒　武儒漢表武虎　功比博陽二千八百戶

二十一　闕　按東武侯郭蒙第四十一與高苑侯丙倩
同志疑謂東武當二十一然無以證其必是惟高苑功
比斥丘位次相比無可疑者則志疑說或是
二十二　酇成漢表鄭成　周緤　三千三百戶傳同漢表二千二百戶
二十三　都昌　朱軫
二十四　猒次　元頃漢表爰類
二十五　成　董渫　功比猒次二千八百戶
二十六　故城漢表城父　尹恢　功比猒次二千戶
二十七　阿陵漢表河陵　郭亭
二十八　廣　召歐　二千二百戶
二十九　河陽　陳涓
三十　蓼　孔蘩漢表孔聚
三十一　闕　漢表費侯陳賀齊氏召南曰以本紀證之費
將軍與孔將軍分居左右功應相類蓼侯弟三十則費
侯弟三十一是也　按平侯功比費則位次相比無可
疑者
三十二　平　沛嘉漢表工師喜　功比費侯千三百戶
三十三　武彊　莊不識漢表莊作嚴避諱也
三十四　隆慮　周竈
三十五　臺　戴野
三十六　貰　呂徐廣曰一作台索隱呂博國漢表傳胡害　千六百戶功比臺
侯漢表無千字
三十七　海陽　搖毋餘　千八漢表七百戶
三十八　闕　按高梁侯酈疥功比平侯嘉或當次此
三十九　栒丘　戎賜　千戶漢表八千戶疑衍八字
四十　斥丘　唐厲　千戶

四十一　高苑漢表高宛　丙倩　千六百漢表下有五字戶比斥丘
侯
東武　郭蒙　二千戶漢表三千戶　志疑謂第二十一說
見前　按依漢表三千戶則位次誠不應居此
四十二　樂成　丁禮　千戶
四十三　宣曲　丁義　六百七十戶
四十四　魏其　周定漢表周止　千戶
四十五　昌武　單寧漢表單究　九百八十戶比魏其侯漢表九百
戶
四十六　絳陽漢表終陽　華毋害　七百四十戶
四十七　曲逆　陳平　五千戶
四十八　東茅　劉釗漢表劉到　千戶
菌漢表菌　張平　二千七百戶　志疑曰當六
十八
四十九　復陽　陳胥　千戶
五十　猗氏　陳遬　二千四百戶漢表千一百戶
五十一　祁　繒賀　千四百戶
五十二　鄢陵漢表傿陵　朱濞　七百戶漢表二千七百戶
五十三　博陽　周聚　千四百戶漢表無
五十四　闕　漢表平定侯齊受　按故市汁邡皆比平
定位次相比則班是也
五十五　故市漢表敬市　閻澤赤　千戶比平定侯
五十六　闕　按襄平侯紀通此表無侯第漢表六十六
然表云功定平侯漢表云功比平定侯則此表有譌奪
耳功既比平定則應與平定相次六十六位次懸隔且
已見肥如高梁二侯不應重複如此疑六十六乃五十

六之譌與故市什邡相比正符合也

五十七 什方 集解汁邡索隱什邡漢表汁防 雍齒 二千五百戶功

比平定侯

五十八 柏至 許溫 漢表許盎 千戶

五十九 辟陽 審食其

六十 高京 徐廣曰一作景漢表景 周成 功比辟陽侯

六十一 安平 諤千秋 漢表鄂秋 二千戶

六十二 留 張良 萬戶

六十三 南安 宣虎 九百戶

六十四 平棘 執 漢表林摯

六十五 北平 張倉 漢表蒼 千三百戶 漢表三作二

六十六 肥如 蔡寅 千戶

高梁 酈疥 九百戶功比平侯嘉 按平侯

沛嘉位次三十二高梁功旣相比不應位次懸隔如此

表中三十八闕或六十六乃三十八之譌方不與肥如

同位 又漢表襄平侯紀通亦六十六說已見上

六十七 安丘 張說 三千戶 漢表三作二

六十八 闕 蘭侯四十八張平志疑以爲當六十八

六十九 朝陽 華寄 千戶

七十 彭 秦同 千戶

七十一 清 空中 徐廣曰空一作窒索隱空中同空一作窒窒中姓漢表室中同 比

彭侯千戶

七十二 彊 留勝 漢表肸 比彭侯千戶

七十三 遻陵 呂臣 千戶

七十四 祝阿 高邑 漢表邑 八百戶

七十五 煮棗 赤 索隱赫朱漢表革朱 九百戶

七十六 闕 漢表梧侯陽[redacted]延 五百戶

七十七 堂陽 孫赤 八百戶

七十八 甯 魏選 漢表遬 千戶

七十九 張 毛澤 索隱毛澤之亦作毛釋之漢表毛釋之 七百戶

八十 紀信 陳倉 七百戶

八十一 棘陽 杜得臣 千戶 漢表二千戶 新陽見後

八十二 高胡 陳夫乞 千戶

八十三 陽河 齊哀侯 索隱齊侯卞訢漢表其石 五百戶功比高

胡

八十四 龍 漢表龍陽 陳署 千戶

八十五 下相 泠 漢表泠耳 二千戶

八十六 堂邑 陳嬰 千八百戶 漢表六百戶

八十七 闕 按新陽侯呂清 漢表陽信侯呂青 比堂邑侯千戶

此表稱八十一與棘陽同位漢表作八十七是也功比

堂邑故列堂邑之次與此表義例相符若作八十一是

轉在堂邑之前不得言比矣

八十八 營陵 劉澤 萬二漢表作一千戶

八十九 廣阿 任敖 千八百戶

九十 威 季必 千戶 漢表千五百戶

九十一 栒 漢表摯 溫疥 千九百戶

九十二 磨 漢表歷 程里 千戶

高陵 王周 漢表王虞人 九百戶 按程黑與溫

疥均以定臧荼功封其位次相比似無可疑王周何以

又與同位武原云功比高陵則高陵位次亦無可議此

所未詳也

九十三 武原 衛胠 索隱云漢表胠作胠而今本作胜 二千八百戶

功比高陵
九十四 吳房 楊武 七百戶
九十五 繁漢表平 彊瞻索隱漢表作張瞻今漢表作張瞻師 比吳房侯
千五百戶
九十六 汾陽 靳彊
九十七 闕
九十八 深澤 趙將夜漢表作夕 七百戶
九十九 宋子 許瘛 功比磨侯五百四十戶漢表四十作三
一十六
百 闕氏 馮解敢漢表敢作散 千戶
百一 中水 呂馬童 千五百戶
百二 杜衍 王翳漢表王翥 千七百戶
百三 赤泉 楊喜 千九百戶
百四 涅陽 呂勝漢表騰 千五百戶比杜衍
百五 穀陵漢表陽 馮谿
百六 甘泉徐廣曰一作景漢表景 王竟漢表競 漢表五百戶
百七 須昌 趙衍 千四百戶
百八 長修 杜恬集解一云杜恪 功比須昌千九百戶
百九 昌 盧漢表旅卿 千戶
百十 成陽 意索隱奚意與漢表合 六百戶
平都 劉到 千戶 此見漢表
百十一 平州 昭涉掉尾 千戶
百十二 壯徐廣曰一作莊漢表嚴 許倩漢表猜 六百戶
百十三 邔 黃極中漢表忠 千戶
百十四 共 盧罷師漢表作旅 千二百戶
百十五 開封 陶舍 比共二千戶

百十六 臨轅 戚鰓 五百戶
百十七 禾成 公孫耳漢表昔 千九百戶
百十八 東陽 張相如 千三百戶
百十九 陽義漢表羹徐廣曰一作羹 靈常 千三百戶
百二十 闕 漢表軑侯朱倉第百二十汲古閣漢書作
百十謁攷平皋侯劉它此表云比戴侯漢表云比軑侯
平皋第百二十一戴第百二十六不應比之者反居于
前自當以漢表爲是
百二十一 平皋 劉它 功比戴侯彭祖漢表比軑侯 五
百八十戶
百二十二 土軍 宣義 千二百戶
百二十三 汲索隱云漢表作伋今漢表作伋 公上不害 千二百戶
百二十四 寧 陳錯漢表錯 六百戶
百二十五 中牟 單父聖漢表單右車索隱漢表作單父左車 二千三
漢表二百戶
百二十六 戴 彭祖索隱秋彭祖漢表祕彭祖 千二百戶
百二十七 德 劉廣 漢表在王子侯表
百二十八 闕 漢書王子侯表上邳侯郢客位次一百
二十八
百二十九 闕 漢書王子侯表朱虛侯章位次一百二
百三十 衍 翟盱 九百戶
百三十一 慎陽 欒漢表樂說 二千戶
百三十二 期思 賁赫 二千戶
按說告信反赫告布反故位相次
百三十三 闕 漢表便侯吳淺以父長沙王功封二千
戶

百三十四　義陵　吳程漢表郢　以長沙柱國侯千五百
戶
百三十五　桃　劉襄　千戶
百三十六　闕　漢表沅陵侯吳陽以父長沙王功
百三十七　陸梁漢表量索隱量　須毋漢表無
右表錄次侯第瞭如指掌矣其闕而可以意補者各其
說于前其莫可補者則九十七也表中之無侯第者周
呂侯呂澤建成侯呂釋之漢表在外戚以恩澤羹頡侯信合
陽侯仲沛侯濞以宗室陽夏陳豨淮陰韓信以反誅茫昭任
張越漢表百五十戶七棘上襄漢表百七十戶九江邑趙堯百戶六以罪廢此本
無侯第者也離侯鄧弱則失所起及所絕者也惟射陽
侯項纏以恩封以宅襄例之必有侯第此則史失之也
惠景表有俞侯呂它父嬰功比朝陽侯當亦有侯第亦
不可考矣
陽陵楚漢春秋作陰陵　按陰陵漢志屬九江
舞陽坐呂氏誅族志疑曰族字衍札記曰族字疑當在誅
字上　按志疑說是如族誅則市人不得續矣
汁方功比平定侯攷異曰按平定侯齊受孝惠元年始封
雍齒以高祖六年封不應轉準其例當有誤文或是平侯
沛嘉之譌　按平侯位次三十二相去甚遠且平侯己比
費侯不應汁方又比平侯也此表侯第乃呂后時陳平所
定不必以前後爲疑
北平孝文格其四爲丞相索隱爲計相也　按蒼傳孝文
皇帝四年丞相灌嬰卒張蒼爲丞相是丞相非計相也索
隱誤
五歲罷志疑曰五上脫十字　按傳蒼爲丞相十、五歲而

兒梁說是
柏至侯功格集解漢表師古曰　按集解不得引師古語
此注漢表有奪文而師古云云則後人所旁注也
武原史詮曰武原封年月本次磨後漢表同今本失其次
　按武原以八年十二月封磨以八年七月封漢以十月
爲歲首故七月在十二月後武原之次不誤也惟磨之後
爲槖爲宋子皆以八年十二月封猗氏清彊彭吳房以三
月甯以四月昌共闕氏以六月皆在磨前安上方與磨以
七月癸酉同封磨因與安上相比此爲失其次也
清侯功擊項羽代侯札記曰史詮云定代侯缺定字下三
侯同案漢表亦無　按定字不必增
平州馬童札記曰首脫呂字　按此謬昭涉掉尾以昭涉
爲姓安得橫加呂字
惠景閒侯者年表扶柳昌平　各本皆同局本依志疑改
呂平　按志疑之說蓋據本紀然平爲呂后姊子何以亦
姓呂氏恐昌字未爲誤也
郊高后格高后八年九月產以呂王爲漢相謀爲不善大
臣誅產遂滅諸呂　志疑以高后二字爲衍局本從之刪
去　按此文疑是後人旁注而誤入者產爲呂王國除矣
則此語應見漢興表內不應在此軹壺關昌平但言爲王
國除此其證也毛本此數語不入高后格另列於下一格
其旁注之痕尚可考見
錘坐呂氏事　按四字疑衍
楊虛共侯　按共字衍
有罪國除　按有罪二字衍　此侯上奪楊丘共侯劉平
說詳札記

山陽程博士弟子故不以實徐廣程一作擇　按擇各本
誤作澤惟毛本官本不誤與漢表合程量也課也
建元以來侯者年表順梁札記曰宋本中統柯凌毛並作
順梁毛本旁注一作煇渠官本游王作煇渠　按衛將軍
傳正義云煇渠表作順梁是張所見本與宋本中統柯凌
毛合而索隱所見本則作煇渠似唐時已有兩本
龍元侯廣德有罪誅志疑曰漢表謂元鼎六年坐酎金免
　按誅字衍王毛測議本官本並無此字
高平譖毀韋賢代爲丞相　按漢賢傳相傳皆無此事賢
自以老病免不知褚先生何見而云然
平望索隱表志闕攷異曰按水經注平望在平壽縣故城
西北八十里漢武帝封菑川懿王子劉賞爲侯國　按漢
志平望侯國屬北海索隱言志闕非菑川國後并北海
臨樂敦侯索隱謚法善行不怠曰敦　按周書謚法無敗
不知小司馬所據何書今　會典謚法有善行不怠曰敦
曲禮敦善行而不怠謂之君子
漢興巳來將相名臣年表征和元年冬賀坐爲蠱死　按
漢書武紀巫蠱起于元年冬十一月賀于二年春正月下
獄死蓋賀于元年冬得罪二年春正月下獄死也漢書百
官公卿表書四月壬申丞相賀下獄死誤也
征和二三月丁巳涿郡太守劉屈氂爲丞相封彭城侯
按漢書劉屈氂傳征和二年爲左丞相與此合漢表書五
月丁巳誤也本傳屈氂封澎侯此衍城字
征和三李廣利出朔方　按武紀出五原
商上成出河西　按武紀出西河此倒
後元二二月己巳光祿大夫霍光爲大將軍博陸侯都尉

金日磾爲車騎將軍秺侯大僕安陽侯上官桀爲大將軍
　按己巳漢表作丁卯是武帝以丁卯崩在己巳前二日
又光封博陸日磾封秺桀封安陽雖以遺詔封然至始元
[illegible]年始封不得并書於此光時爲侍中奉車都尉日磾爲
侍中駙馬都尉此譌奪桀以大僕爲左將軍大字亦譌
始元四王莽爲左將軍○漢表左作右時上官桀爲左將
軍則王莽當爲右將軍此譌
本始韓曾爲後將軍　按漢書紀表皆作前此譌
本始三六月乙丑義薨　按乙丑當作己丑漢紀表可證
充國奪將軍印　漢書充國傳無奪印事
本始四十月乙卯　據漢紀當作三月
地節四七月壬寅禹腰斬　按漢表作壬辰
神爵二上郊雍五時祓祕出寶璧玉器　按漢紀是年無
此事惟郊祀志是年鳳皇集祓祕於所集處得玉寶亦無
郊雍五時事
五鳳三三月壬申　按漢表作二月是丙吉於正月癸卯
卒也
甘露元三月丁未漢紀二月丁巳漢表三月丁巳
甘露三三月己丑霸薨與宣紀合漢表作二月
七月丁巳御史大夫于定國爲丞相　漢表作五月甲午
初元五許嘉爲左將軍　漢表在三年
中少府貢禹　漢表作長信少府
十二月丁未長信少府薛廣德爲御史大夫　漢表作丁
巳按貢禹以丁未薨廣德以丁巳代漢表是
永光元十月戊寅　漢表作十一月
二月廣德免　按二月誤廣德傳言爲御史大夫光十月

廣德於初元五年十二月代禹至是年九月方得十月之
數而韋元成代廣德在七月此表與漢表同不知七月字
有譌抑廣德傳中十月字譌也
永光二雲中太守韓次君爲建威將軍擊羌後不行　元
紀無此事
建昭三繁延壽　漢表作李一姓繁按繁是
建始四任千秋爲右將軍　漢表右作左是也
陽朔二六月　漢表作四月
鴻嘉元禹卒　按卒當作免
樂書蹠萬里索隱亦逝札記曰亦下疑奪作字　按亦疑
音之譌上奪蹠字
其治辨者　辨禮記作辯釋文辨本又作辯
夔始作樂以賞諸侯集解鄭元曰夔欲舜與天下之君共
此樂官本攷證曰今鄭注無此語　按宋撫州本鄭注有
禮樂順天地之誠張氏照曰按樂記作禮樂見天地之情
正義云見胡練反又云見地之情見天之情可知古本亦
作見天地之情也今依樂記改正官本攷證　按據注以校史
其說良是然樂記實作儐天地之情不作見也
樂師辯乎聲詩札記曰宋本中統游毛辯作辨下同　按
禮記亦作辨辨別也
商祝辨乎喪禮集解鄭元曰商祝祝習商禮者商人教以
敬於接神　按今鄭注無此語
致禮以治躬者也　按者也疑衍
五成而分陝周公左召公右集解王肅同分陝東西而治
按禮記無陝字鄭注言周召分職而治是鄭所據本無
而王肅本有也張守節正義曰儛者至第五奏而東西中

分爲左右二部象周太平後周公召公分職爲左右二伯
之時按其文義似張所據本亦無陝字故不爲陝字作解
與集解有陝字者異也律書大呂者其於十二子爲丑集
解徐廣曰此中闕不說大呂及丑也正義案此下闕文或
一本云丑者紐也言陽氣在上未降萬物厄紐未敢出也
札記曰各本此下有丑者紐也云云十九字蓋依正義增
入　按毛本集解無及丑也三字正文有丑者紐也云云
十九字似大呂者句下有奪文而丑下無奪文即正義所
謂一本也不得據正義而删此十九字
天官書末太星正妃索隱辰極横后妃四星端官本考證
端一本作從臣照按從即縱對横而言端即耑直也端與
從未審孰是　按諸家本從字在端字上竝有是也監本
奪一字耳横以東西言從以南北言端首也言辰極横而
后妃四星從列其從之端爲大妃故云末大星正妃也
一曰上將二曰次將三曰貴相四曰司命五曰司中六曰
司祿索隱司祿賞功進司命主老幼司災主災咎　按司
命二句王本官本測議本作司命主災咎司中主左理考
證云左理一本作大理與此本不同漢志正文四曰司命
五曰司祿六曰司災與史記又不同晉隋二志四曰司祿
司中司隸賞功進五曰司命司怪太史主滅咎六曰司寇
大理佐理寶與史漢又不同則索隱之是非未易決也
其斗魁中貴人之牢　按其字上恐有奪文此謂天理四
星
權衡　按衡即下文太微三光之廷權即下文軒轅孟康
謂軒轅爲權太微爲衡是也正義引權四星在軒轅尾其
說誤

輿鬼鬼祠事　按下鬼字疑有譌
爲天街正義土金守官本攷證曰土一本作火　按作火
者是
其東有大星曰狼正義金木火守亦如之張氏照曰按星
占木爲德星守則爲休祥木字乃衍文也　按五星入守
皆有災祥如壘占五星入皆兵起將軍死是也木字似未
必爲衍文
見危曰大章　按曰大章見下此疑衍
正旗上出正義言辰星出　按此疑有奪字當作辰星出
其上
免過太白正義漢書云辰星過太白間可椷劍明廣雅是
也官本考證曰此注略無文理定係譌傳今删札記曰各
本間下衍太白二字依漢志删　按此注衍太白二字以
致難解局本删去甚是張氏蓋據漢書以證廣雅疑漢書
上有奪文官本删去未爲是也
去地可六丈大徐廣曰一作六張氏照曰按大下疑有奪
字漢書天文志五殘星大而黄下賊星大而赤司危星大
而白獄漢星大而赤可證徐廣一作六之說非也攷異曰
大當作六六字連下句讀六賊星名也　按正義大賊星
者一名六賊錢說蓋本之漢志晉志竝作六賊自當以錢
說爲是張氏照駁徐廣之說豈未取漢晉志相證耶且其
所引漢志作下賊何也　又按以漢志證之大字六字皆
有大下奪而黄二字大而黄句六字屬下句正義謂大賊
星一名六賊蓋未知此下有奪文而强爲之說也正義大賊官本
作天賊
其怒青黑集解李奇曰怒當音帑晉灼曰帑雌也或曰怒
則色青　按當音帑毛本音作作帑尾也
杓索隱杓劉氏音時酌反說文音丁了反許愼注淮南云
杓引也　杓說文大徐甫遙切小徐片幺反大徐本乃孫
愐唐韻小徐乃朱翺反切皆無丁了一音上文用昏建者
杓索隱引說文匹遙反玉篇甫遙都歷市若三切廣韻四
宵甫遙撫招二切二十三錫都歷切皆無丁了之音按此
字應从手作扚玉篇手部丁歔廣韻二十三錫都歷切又
二十九篠都了切皆云引也與叔重淮南注合今本淮南
道應訓孔子勁杓國門之關而不以力聞亦譌从木諸字
書韻書皆引入杓字下矣扚說文大徐都了反小徐得了
切集韻則作丁了切與索隱所引說文合金壇段氏說文
扚下注謂扚雲从手今本譌从木其說良然
而澤摶密官本密作宓考證曰按宓字不可解蓋密字也
鈌其下半傳寫至今　按諸本皆作密北監本誤奪其半
故考證有是語
若霧索隱音如字一音亡遘反爾雅云天气下地不應
不應曰霧言蒙昧不明之意也　按爾雅天气下地不應
曰雺地气發天不應曰霧釋文雺或作霧字同亡公亡侯
二反小司馬所據蓋卽或作之本故與今本相乖李善文
選甘泉賦注所引小司馬同是唐時固有此一本矣雺霧
之說說文玉篇諸書多與爾疋乖異形近易譌未可一言
央也
薄山者衰山也　毛本衰作褭何義門曰褭作衰注同从
汲古後人得小字宋本校正獨與揚雄河東賦合也　按
正義作衰衰色眉反何說是官本作褭并正義色眉反亦
譌爲色良反矣　集解末毛本有伯莊曰三字札記以爲

衍按此處有奪文他本因此三字無著而刪去之耳
而雍有日月參辰南北斗熒惑太白歲星塡星禖志云奪
辰星當依郊祀志補　按上已言辰恐郊祀志衍也
西亦有數十祠索隱西卽隴西之西縣　按西者雍以西
卽指湖下𨛦灃滈諸祠也
置酒壽宮神君壽宮神君最貴者太一何義門曰小字宋
本無重四字　按宋本是局本刪酒字漢志無第二壽宮
字
乘輿斥車馬　官本局本輿作轝毛本作輿　按補紀作
輿輿是
鄉有札書何義門曰小字宋本作禮　按札是禮古作礼
與札形近而譌
獨見塡星　此索隱本也札記曰北宋本與索隱本合各
本塡作旗何義門曰旗當从漢書作塡星故下云信星昭
見也志疑曰當依補紀作其䝉卽指上茀星　按補紀索
隱引漢志爲說而此注又云樂產包愷竝作旗星旗星卽
德星也符瑞圖云旗星之極芒䰰如旗本亦作旗何其矛
盾也
泰山卑小志疑曰泰山上缺東字　按疑東字衍
河渠書　按此書贊言水之爲利害蓋以河之害爲尤甚
而諸渠皆利民者也故曰河渠漢書改爲溝洫聊以示異
於史公然溝洫之制自阡陌既開而後久已廢而不可復
當時諸渠之利不過資灌漑而已非有遂人匠人之經緯
也謂之溝洫非其實矣
平準書市井正義古人未有市及井若朝聚井汲水便將
貨物於井邊貨賣故言市井也札記曰及井二字疑衍
按孟子以市井與草莽對言則市井不指郊野說且周官
有司市諸職安得云古人未有市後漢書劉寵傳注引風
俗通所載春秋井田記井田之義謂因井爲市交易而退
其說較爲可信或曰市井者市四達如井也亦可備一解
漢志市井作市肆
天下之經費　按天下漢志作天子索隱注言故不領入
天子之常稅似索隱本正文亦作子
居官者以爲位號集解如湻曰倉氏庾氏是也索隱注倉
氏庾氏按出食貨志　按漢志如湻倉上有貨殖傳三字
索隱食貨志乃貨殖傳之譌
因以數攻吏發兵誅之　按漢志重一吏字疑此奪
一國之幣爲三等　毛本作二何義門曰小字宋本作三
徐孚遠曰名爲三等而止敘其二不及中幣恐三字誤札
記曰吳校改三爲二與食貨志合　按此當以毛本爲是
他本皆誤

史記瑣言卷一

諸史瑣言卷二

史記二

吳太伯世家子熊遂立　按吳越春秋分熊遂爲二人曰章子熊熊子遂（世家太伯至夫差凡二十五世越紀太伯至夫差二十六世）

餘橋疑吾　吳越春秋橋作喬

柯盧　吳越春秋盧作廬

轉　吳越春秋作專

句卑　吳越春秋卑作畢索隱引古史考作畢軫

大而寬　索隱左傳作大而婉寬字宜讀爲婉　按寬婉字異而理並通奚必讀寬爲婉寬婉古音同部

魏獻子　索隱名鍾舒也　按左傳獻子名舒此衍鍾字測議本無

晉國其萃於三家乎　集解服虔曰言晉國之祚將集於三家　按左傳杜注同祚作政疑此服虔二字有譌抑征南之注本襲服氏也

政將在三家　集解杜預曰富必厚施故政在三家也　左傳杜注下句曰故政在家　按左傳文無三字故注亦無三字此或集解以意增

十七年王餘祭卒弟餘眛立　四年王餘眛卒　按二王之年與春秋乖異說詳索隱吳越春秋則與此同

楚邊邑卑梁氏之處女與吳邊邑之女爭桑　按伍子胥傳及吳越春秋並同楚世家作小童爭桑與此異

專諸　正義吳越春秋云專諸豐邑人　按今本吳越春秋作堂邑人與刺客傳合豐字譌

雄貌深目侈口熊背　按今本吳越春秋貌作顙侈口作虎膺

七年北伐齊敗齊師於艾陵　按年表此年無此事左傳在哀公十一年乃吳之十二年年表十二年與魯敗齊與左氏合

十年因伐齊而歸　按年表是年無是事十一年書與魯伐齊與左傳合吳越春秋亦在十一年

十一年復北伐齊　按年表十二年書與魯敗齊與左傳合吳越春秋亦作十二年　此紀夫差事多與左傳乖迕疑史文有錯簡非馬遷之誤也年表與左氏多符應不明於彼而闇於此

猶不田無所用　集解王肅曰石田不可耕　按與左傳杜注同疑王肅二字譌

賜子胥屬鏤之劍以死　按年表亦於十一年書誅伍員與此同左傳則是十二年事吳越春秋則作十三年似應以左氏爲是　又按左傳使於齊反役王賜之屬鏤以死徐天祜吳越春秋注曰或者子胥十二年使齊十三年反役左氏連書之耳

會於槖皋　索隱發繇口　按左傳杜注口作亭

齊太公世家蓋太公之卒百有餘年　集解皇覽曰呂尙冢在臨菑縣城南去縣十里　按太公反葬於周安得冢在臨菑

成公脫　札記曰舊刻說與齊風譜疏引合然如索隱云則所見本已譌　按毛本說與年表合不當从索隱也

使之間　襄公集解王肅曰候公之間隙　按左傳杜注候作伺

笙讀　索隱論語作溝讀　按論語溝瀆如字解非地名索隱誤左傳作生竇

於甄　按年表作鄄
丙戌　年表邴歜與左傳合
庸職　年表閻職與左傳合
惠公二年長翟來王子城父攻殺之　按據左氏文十一年傳乃襄公二年事
反魯衛之侵地正義左傳云晉師及齊國　按此下有奪文依左傳當有佐盟于袁　五字
慶舍發甲圍慶封宮　按此有譌奪左傳云慶氏以其甲環公宮
其秋齊人徙葬莊公志疑曰傳十二月朔上文已書十月何倒言秋　按秋疑冬之譌
是爲簡公集解徐廣曰年表云簡公壬者景公之子也徐字遠曰左傳亦作悼公子年表非也且簡公非悼公子則在魯而闞止有寵其事難通　按今年表云齊鮑子殺悼公齊人立其子任爲簡公與徐廣所言本異豈後人據世家改耶
魯周公世家代王發之身集解謂疾不可救也不可救于天　今孔傳無也不可救四字
索隱鄭元亦曰丕讀曰負　按孔疏鄭元曰丕讀曰不釋文鄭音不與小司馬異
成王少　成王之叔父　按周公口中不得稱成之謚此史駁文
朝服以開金縢書索隱蓋由史遷不見古文尚書故說乖謬　按孔安國以古文尚書起家司馬遷常從安國問故史記多古文說乃云遷不見古文疏矣
惟朕小子其迎　按史遷以開金縢爲周公卒後事與尚書乖異索隱以爲謬誤是也楊慎曰周公旣卒則所謂迎者何迎也其說誠然乃正義以孔安國遣使者逆之之說爲非而謂成王亦設郊天之禮以迎柰强不可從
武公九年官本考證曰年表武公立十年而卒是爲周宣王之十二年下文云夏武公歸而卒是立九年也與表互異　按疑九年乃十年之譌
子弗湟立集解徐廣曰表云弗生也索隱年表作弗生　按今年表舊刻本北宋本作弗湟王本柯本凌本毛本作弗湟蓋皆非唐以前舊本矣左傳正義引世家作弗皇釋文隱元年作不皇文十六年引世家作弗皇漢書律歷志曰惠公皇無弗字
長庶子息索隱隱公也系本隱公名息姑志疑曰下奪姑字魯頌疏文十六年左傳疏及釋文穀梁首篇疏引世家並作息姑　按梁說是年表正作息姑隱元年左傳疏亦引世家作息姑
生子允集解徐廣曰一作軌索隱系本亦作軌也　王本官本索隱一作兀五忽反無系本云云六字按兩本不同疑各奪其半故互異如此或諸本以一作兀五忽反六字已見年表而删之前漢律歷志左傳桓元年疏引世族譜陸氏釋並名軌
觀漁于棠　年表漁作魚集解引杜注觀漁臺今注疏亦作魚
圉人犖自牆外與梁氏女戲　按左傳雩講于梁氏女公子觀之圉人犖自牆外與之戲杜注女公子子般妹與史異
立莊公子開是爲湣公索隱系本名啟今此作開避漢景

帝諱耳　按左傳疏引杜世族譜名敔方謂杜从世本與
小司馬異疑此奪方也左傳釋文亦曰名敔方漢書律歷
志亦曰敔方
季友母陳女　按左傳杜注季友莊公母弟莊公母文姜
則季友母非陳女也
是歲襄公三歲也　按左傳襄元年杜注於是公年四歲
正義九年傳曰會于沙隨之歲寡君以生晉侯曰十二年
矣知於是公年四歲此云三歲誤也沙隨之會在成公十
六年　年表九年云公年十一
十五年朝晉　按年表書於十六年據左傳則於十五年
冬如晉晉人止公故十六年猶在晉至夏始至自晉也
晉留之葬晉昭公　按左傳公於十六年夏至自晉晉昭
於秋八月卒冬十月季平子如晉葬昭公無留公送葬事
自謂主君集解服虔曰大夫稱主比公於大夫故稱主君
　按左傳齊侯使高張來唁公稱主君子家子曰齊卑君
矣疏高張以齊侯之命稱公爲主君以晉不受公故輕侮
之比公於大夫也此云自謂當有譌字
穆公三十三年卒　按漢律歷志合表止三十二年
共公二十二年卒　按漢律歷志合表爲二十三年疑楚
表魯共公元年之文錯簡多一年
平公十二年秦惠王卒　按秦惠王卒在平公八年
二十二年平公卒　按志疑云下二字衍其說與漢律歷
志合然楚表止十九年
是爲文公索隱系本作湣公鄒誕本亦同仍云系家或作
文公年表集解徐廣曰一作湣　按漢律歷志曰緡公世
家世家即位二十三年是班所見史記不作文也攷異曰
春秋時已有文公湣又與閔同疑漢志是然諡法無緡疑
緡湣古通用漢志所據即徐廣所云一作湣之本與世本
亦相符世家中先後同諡者頗多不以此爲疑
文公七年楚懷王死于秦志疑云元誤七　按楚懷王卒
於頃襄三年世家與表均合在文公元年之上一年以表
年計之則平公十九年也
十九年楚伐我取徐州　按表於楚考烈八年書取魯魯
君封於莒爲魯頃之十八年與此差一年
燕召公世家與宋衛共伐周惠王集解譙周曰按春秋傳
燕與子穨逐周惠王者乃南燕姞姓也世家以爲北燕失
之索隱譙周云據左氏燕與衛伐周惠王乃是南燕姞姓
而系家以爲北燕伯故著史考云此燕是姞姓今檢左氏
莊十九年衛師燕師伐周二十年傳云執燕仲父三十年
齊伐山戎傳曰謀山戎以其病燕故也據傳文及此記元
是北燕不疑杜君妄說仲父是南燕伯爲伐周故且燕衛
俱是姬姓故有伐周納王之事若是姞燕與衛伐周則鄭
何以獨伐燕而不伐衛乎　按北燕僻處北陲春秋之初
不與中國盟會南燕國地理志東郡燕縣與衛近故隱元
年傳衛人以燕師伐鄭桓十三年魯與紀鄭及齊宋衛燕
戰是年亦衛師燕師伐周立子穨其爲南燕而非北燕無
可疑者小司馬伸司馬而詘譙杜未爲是也至齊伐山戎
事隔十一年各不相蒙詎得取以爲證且春秋莊二十八
年齊奉王命以伐衛以其立子穨也北燕果與同罪齊何
以不伐之而轉救之哉左傳是役無宋年表亦云燕衛伐
王不及宋此宋字疑衍
禹薦益已而以啟人爲吏索隱按以已配益則益已是伯

益而經傳無其文未知所由或曰已語終辭　按此當以益字爲句已字屬下讀下兩已字同

管蔡世家其長子曰伯邑考次曰武王發次曰管叔鮮次曰周公旦次曰蔡叔度次曰曹叔振鐸次曰成叔武次曰霍叔處次曰康叔封次曰冄季載　按文王十子次序各書互異列女傳則曰伯邑考武王發周公旦管叔鮮蔡叔度曹叔振鐸霍叔武成叔處康叔封聃季載白虎通姓氏篇引文王十子詩傳則曰伯邑考武王發周公旦管叔鮮蔡叔度曹叔振鐸成叔處霍叔武康叔封南季載毛詩疏思齊篇引皇甫謐則曰伯邑考武王發管叔鮮蔡叔度郕叔武霍叔處周公旦曹叔振鐸康叔封聃季載與史記皆不同趙岐孟子注以周公爲管叔之兄與列女傳白虎通合杜預左傳注定四年以蔡叔爲周公之兄正義引賈逵說亦同與皇甫謐合然孟子文明曰周公弟也管叔兄也趙氏故迂其說似不可從左傳疏伸杜而絀司馬謂僖二十四年傳富辰言文之昭十六國蔡在魯上明以長幼爲次然定四年將長蔡於衛不聞長蔡於魯祝佗私於萇宏宏以蔡叔康叔之兄爲說如蔡叔果周公之兄則祝佗止以何不先魯一言折之足矣列子楊朱篇有周公誅兄放弟之言賈杜之說未可遽信毛詩疏言富辰之言曹在衛聃之下不以長幼爲次其說甚確與在傳疏之說則自相矛盾矣諸家之說既有牴牾則當以史記爲是列女傳白虎通所言惟霍叔武成叔處互易然漢書古今人表杜預左傳注並言成叔武霍叔處皇甫謐亦同疑二書所言本同列女傳霍武二字互譌白虎通武處二字互譌致有乖異

蔡景侯少子廬　按左傳昭十三年隱大子之子廬歸于蔡則廬乃景侯之孫與史異

隱大子友者靈侯之大子平侯立而殺隱大子　按春秋昭十一年楚師滅蔡執蔡世子有以歸用之傳曰用隱大子于岡山有友古同用是隱大子實楚所殺史文誤也且上文言平王乃求蔡景侯少子廬立之使隱大子尚在何事於求此則自相牴牾者矣

二十六年　楚昭王伐蔡　按表在二十五年是也

後陳滅三十三年　按當作三十二年

成叔武其後世無所見　按春秋隱五年秋衛師入郕十年齊人鄭人入郕桓三年公會杞侯于郕文十二年郕伯來奔左傳文十一年郕太子朱儒自安於夫鍾國人弗徇十二年春郕伯卒郕人立君大子以夫鍾與郕邽來奔公以諸侯逆之此見于經傳者非無所見郕公羊作盛成郕盛古通用

冄季載其後世無所見　按白虎通作南南采邑也冄南同音古通用毛詩出車篇傳南仲文王之屬常武篇南仲大祖大師皇父箋以南仲爲大祖者今大師皇父春秋隱九年南季來聘皆其後也周語富辰言聃之亡由鄭姬而列于鄶之後息鄧之前鄶之亡在平王時息鄧之亡在釐王時則聃之亡亦當在桓莊時乎

弟蘇殺幽伯代立是爲戴伯　按曹風疏引世家同年表作戴伯鮮當以形近而譌

其弟武殺之　曹風疏引作攻之

莊公夕姑　曹風疏引作射姑

十六年初晉公子重耳其亡過曹　按年表亦敘于十六年然史文有初字則非十六年之事矣

宣公彊索隱按左傳宣公名廬　按年表名盧本亦作廬
與左傳合
聲公弟露　按春秋同年表作路
及振鐸之夢豈不欲引曹之祀者哉如公孫彊不修厥政叔鐸之祀忽諸正義至如公孫彊不脩霸道之政而伯陽之子立叔鐸猶尚饗祭祀豈合忽絶之哉　按此振鐸之夢豈不欲引曹祀其如公孫彊妄言霸說而不脩德政致叔鐸之祀忽然而亡左傳云皋陶庭堅不祀忽諸馬遷蓋用其語正義非
陳杞世家釐公六年周宣王卽位　按表宣王元年爲釐公五年
公世正義按陳敬仲札記曰各本奪按陳仲三字而敬上衍杜預曰三字官本不誤　按正義曰按陳敬仲八代孫田常之子襄子磐也而杜以常爲八代者似其文先引杜說而申以按語杜預曰三字非衍其下有奪文耳左傳莊二十二年成子得政杜注成子田常也敬仲八世孫
靈公太子午奔晉徵舒自立爲陳侯　按左傳無徵舒自立事以春秋經傳證之史文誤也春秋宣十年書陳夏徵舒弑其君平國十一年書夏楚子陳侯鄭伯盟于辰陵所謂陳侯者卽成公午也是靈公弑而成公已立也冬十月始書楚人殺陳夏徵舒傳文云陳侯在晉然則楚之討陳者以陳侯之如晉而假討徵舒爲名也徵舒未殺而成公先己立則徵舒無自立之事明矣
乃殺陳使者索隱卽司徒招也　按春秋楚人執陳行人于徵師殺之使者乃于徵師非招也公子招楚執而放之于越

使棄疾爲陳公　按左傳使穿封戌爲陳公與此異
吳復召懷公懷公恐如吳吳怒其前不往留之因卒吳　按春秋定八年秋七月戊辰陳侯柳卒九月葬陳懷公杜注三月而葬速使懷公果卒於吳恐不能如此速也左傳無此事哀元年傳始云夫差克越乃脩先君之怨侵陳哀元年湣公之八年
湣公六年孔子適陳吳王夫差伐陳　按年表書孔子來于六年吳伐我于八年疑此六字誤而年表孔子來錯簡也
是歲孔子卒官本攷證曰年表陳亡于湣公二十三年孔子亦卒於是年此作二十四年與左傳合與孔子之卒差一年　按此五字疑在上文白公自殺句下方左傳文合
東樓公者索隱又州國名杞後改國曰州而稱湻于公故春秋桓五年經云州公如曹傳曰湻于公如曹是也　按杞未嘗改國曰州小司馬此說無據春秋隱四年杜注曰推尋事迹桓六年湻于公亡國杞似并之遷都湻于然則杞滅州而非改國名州也
平公鬱索隱一作郁釐　按春秋名郁釐
子簡公春立立一年　按疑一當作十下云杞後陳亡三十四年上云湣公十五年楚惠王滅陳十六年湣公弑哀公立十年卒出公十二年卒得二十四年此一字作十方得三十四年也
杞後陳亡三十四年　按杞亡於楚惠王四十四年上推陳亡之年乃惠王十一年
衛世家告以紂所以亡者以淫於酒酒之失婦人是用王若虛辨惑曰酒誥之文曷嘗有用婦人語　按楊子雲言

酒誥之詞俄空焉疑今書或有缺文不得遽以訾司馬

齊襄公率諸侯奉王命共伐衛納衛惠公　按春秋王人子突救衛無齊襄奉王命事

惠公立三年出亡亡八年復入與前通年凡十三年矣　按立三年亡八年爲十一年年表則云立三年亡十年爲十三年殊爲乖異上文言惠公四年犇齊黔牟立八年惠公復立與春秋經合此當云立四年出亡亡八年復入與前通年凡十二年

三十一年惠公卒　按與春秋合詩疏引作三十三年誤

九年翟伐衛　按與春秋合表在八年誤

十六年晉公子重耳過無禮　按與世家左傳合年表在二十三年誤

甯喜與孫林父爭寵至執殤公　按此與春秋乖異恐此誤也

立二十一年卒索隱按出公初立十二年亡在外四年復入九年卒是立二十一年自即位至卒凡經二十五年而卒于越　按表則出公復入又得二十一年索隱說與表不合以左傳考之則出公十三年而亡亡在外三年通出亡之年亦可云四年復入七年復出奔宋衛人立悼公出公後卒于越不知爲何年史文既與左傳牴牾索隱說尤舛錯

敬公十九年卒　按表二十年

昭公六年　按表五年

是爲懷公　按表悼公

二十九年成侯卒　按表三十九年此三譌二

懷君三十一年　按表三十年一字疑衍

野王縣索隱十三年　按十三當云十二

二十五年元君卒　按表二十三年據集解則其誤已久

宋世家曰涕集解尚書作圛　按尚書今文作圛[redacted]文作悌太史公從孔安國問多得古文之說則應作悌惠氏九經古義曰古書篆字作意與水相近讀者故誤从水

五者來備　困學紀聞引史記作五是後漢書李雲作五氏按氏與是古通今本史記仍作五者則元明以來傳刻之譌也錢警石學博校史記所見宋本凡四種獨此句不聞有校語何耶

一極亡凶集解謂其不時失敘之謂也　按此句有衍字注疏本作謂不時失敘

丁公申卒子湣公共立　按表云丁公弟與此異家語亦以爲丁公子

殤公即位十年耳張氏照曰按既云十年何得編於九年之下左傳此事本在十年則上文九年九字蓋十字之譌也　按下文有十年則此九字非譌督見孔父妻事左傳載于桓元年宣言國中載于桓二年本非一年事史撮敘一處故有牴牾耳

是歲魯弒其君隱公　按此誤應在八年然上文無八年事

九年執鄭之祭仲　按表在十年與春秋合

十年夏宋伐魯戰于乘丘　按此事春秋在莊十年乃宋湣公八年在九年大水之前史誤左傳載南宮萬事于大水之後者爲次年宋萬弒君傳張本也宮本考證以乘丘之役大水爲一年事亦誤

十一年秋杭氏世駿曰按湣公立十年而被弒此云十一年秋一字蓋衍文　按上書十年夏此不得又書十年秋

疑上文夏乃初字之譌而此十一年三字皆衍表在十年與春秋合

萬弟南宮牛　左傳杜注以牛爲萬之子

是年晉公子重耳過宋　十四年夏襄公病傷於泓而竟卒索隱按春秋戰于泓在僖二十三年重耳過宋及襄公卒在二十四年今此文以重耳過與傷泓共歲故曰是年又重耳過與宋襄公卒共是一歲則不合更云十四年是進退俱不合於左氏蓋太史公之疏耳　按左傳總敘重耳出亡之事於僖二十三年爲次年秦納重耳張本非謂皆一年之事重耳居狄十二年留齊五年九十七年當宋襄之十二年自是由齊至曹由曹過宋則在襄之十三年重耳去宋過鄭又去之楚居楚數月而晉太子圉亡秦圉亡秦亦宋襄十三年此其證也然則史文並未誤乃小司馬之疏耳又春秋戰泓在僖二十二年襄公卒在僖二十三年此誤二爲三誤三爲四當是傳寫之譌非小司馬之謬也

成公弟禦殺太子　按左傳無殺太子事

昭公四年宋敗長狄於長丘集解魯世家云宋武公之世獲緣斯於長丘今云此時未詳索隱春秋文十一年魯敗翟于鹹獲長狄緣斯於長丘齊系家惠公二年長翟來王子城父攻殺之此並取左傳之說載於系家今考其年歲亦頗相協而魯系家云武公此云昭公蓋此昭當爲武然前代雖已有武公此杵臼當亦謚武也若將不然豈下系公子特爲君又合謚昭乎　按左氏敘長狄事於文十一年傳蓋因僑如而總敘其始末其事非在一年緣斯事傳文曰初宋武公之世明係補敘前事魯世家與左氏合是也此誤當先由於表表因僑如而并書緣斯世家亦遂書之而未及刪正乃太史公之疏也小司馬曲徇史文而謂年歲相協昭當爲武夫公子特不合謚昭獨杵臼合謚武乎宜余氏有丁讓其曲說不通也集解引魯世家而曰未詳蓋亦有見於史文之誤矣索隱注敗翟于鹹下文義不明當有奪文

因大夫華元爲右師正義公子鮑因華元請得爲右師

按時華元爲右師而鮑因之也正義非左傳則曰國人奉公子鮑以因夫人

二年昭公子因文公母弟須與武繆戴莊桓之族爲亂

按左傳曰宋公殺母弟須及昭公子使戴莊桓之族攻武氏於司馬子伯之館遂出武穆之族是爲亂者武繆而無戴莊桓時戴莊桓之族方爲六卿必無助亂之人史文衍也下文云出武繆之族則此爲衍文明矣官本考證曰左傳爲亂者武繆之族攻之者戴莊桓之族與此異

楚以圍宋五月不解張氏照曰按杜預注左傳云在宋積九月此云五月不解蓋承公羊傳夏五月宋人及楚人平之文年表遂云圍宋五月其誤正與此同　按此言楚圍宋至夏五月猶不解也年表當以圍宋絕句五月絕句則不必以九月爲疑

共公元年華元善楚將子重又善晉將欒書兩盟晉楚徐氏孚遠曰在左傳向戌之事也此言華元爲誤陳氏子龍曰宋共公之元年爲魯成公之三年傳無兩盟晉楚之事是時鄭方黨楚晉宋同伐鄭其明年華元始聘魯其譌爲魯襄二十七年宋之盟無疑　按此事見左傳成十二年徐陳之說疏矣官本考證采之何也惟魯成十二年爲共

之十年志疑謂元年當作十年其說良是

太子肥　按左傳言公子肥非太子

共誅魚石　按左傳言晉人以宋五大夫在彭城者歸寘諸瓠丘不言誅

三十七年楚惠王滅陳官本考證曰左傳三十七年魯哀公之十七年也　按表在三十八年亦誤也此七字爲九之譌

昭九四十七年卒集解年表云四十九年　按表四十七年與此合未詳集解何據而云然

宋王偃立四十七年集解年表云偃立四十三年　按齊滅宋之二年湣王卽走莒死則表是也

晉世家穆侯費王索隱鄒誕本作弗生或作潰王　按唐風疏引世家同表作弗生與鄒誕本合索隱本作弗王

八年曲沃桓叔卒　按表在九年

十五年曲沃莊伯弒其君　按表在十六年左傳云在惠之四十五年則十六年是也

晉人乃立哀侯子小子爲君是爲小子侯　按此文似小子爲名矣然小子侯猶言孺子王耳恐非名也果是名當言侯小子不當言小子侯

晉小子之四年　按左傳在桓七年則小子侯立凡五年表以小子之四則爲緡之元則小子止三年矣

晉侯緡四年宋執鄭祭仲　按此魯桓之十一年事以左傳而言爲緡之五年表則在六年此與左傳及表皆不合疑四字譌　緡表與湣左傳作緡

十九年齊人管至父弒其君襄公　按表在二十一年以左傳言爲二十年此亦與表傳不合

先晉穆侯曾孫也索隱晉有兩穆侯言先以別後張氏照曰按三代世表及左氏並無兩穆侯以別先後索隱不知何據而作此論也然則先者何蓋起事之辭猶左傳云初也　按張說亦未安以文法論之不得爲起事之辭先晉猶言前晉以別曲沃之晉耳

其必有眾集解有眾多之象　今注疏本注無多之二字

使死者復生索隱謂荀息受公命而立奚齊雖復身死不背生時之命是死者復生也　生者不慚索隱言生者見荀息不背君命而死不爲之羞慚也　按此言死者復生生者見之而不慚耳索隱說似迂

郤芮正義郤成子卽冀芮　按郤成子乃郤缺芮之子也此注誤

君其祀毋乃絕乎　其字疑衍

恭太子更葬矣索隱言後十四年晉不昌恭按此下有奪文譌字官本無之當以其語無著而刪之也

獻公卽位重耳年二十一　按國語僖負羈之言曰晉公子生十七年而亡杜元凱注左傳從之與史蓋差二十六年疑國語之言是也

咎犯文公舅也　按志疑謂文公舅也四字旁注溷入按咎犯二字亦係衍文

取新城　按表云圍邧新城與左傳合此疑有誤

虜秦將赤　表曰獲秦諜殺之絳市六日而蘇與左傳合

轂先軫子也　按軫之子且居且居之子克克之見殺在魯文之九年至是已二十三年恐軫子未必尚存疑史文有誤也

二十二年伐燕　表二十三年入燕君

知伯乃立昭公曾孫驕爲晉君是爲哀公索隱按趙系家云驕是爲懿公又年表云出公十八年次哀公忌二年次懿公驕十七年　按今表哀公忌凡十九年無懿公驕與小司馬所見不同豈又爲後人妄改抑表有奪文耶然下文哀公四年趙韓魏共殺知伯事又與表合何也

十八年哀公卒　表十九年

十五年魏文侯初立　表十四年按上哀公卒表多一年此少一年或表文有錯簡也

十八年　與表合

烈公十九年周威烈王賜趙韓魏皆命爲諸侯　表在十七年

孝公頎索隱系本云孝公傾　表孝公傾

孝公九年魏武侯初立襲邯鄲表十七年按七九最易譌史文中蓋不可勝數矣

十七年孝公卒　表十五年

靜公二年魏武侯韓哀侯趙敬侯滅晉後而三分其地索隱趙系家烈侯十六年與韓分晉封晉君端氏其後十年肅侯遷晉君於屯留　按此文與年表及趙韓魏世家皆合不知索隱所言何據其所引趙世家今趙世家初無是語豈亦紀年語耶今本紀年已失其舊無以證之

楚世家摯紅卒其弟弒而代立　按摯紅既卒則其弟所弒者何人疑弒下或有奪文下文熊通弒冒子而代立恐此或亦然也

熊咢　表熊鄂索隱熊疆

二十三年衛弒其君桓公　按三是二之譌

武王卒師中集解皇覽曰楚武王冢在汝南郡鮦陽縣葛陂鄉城東北　按武王時楚地未及汝此言恐未可信也

上文正義引世本云楚武王墓在豫州新息然息之滅亦在文王之世

二十二年伐黃　表在二十三年

晉救宋至於城濮　表在四十年與春秋合

二十年圍宋以殺楚使也圍宋五月　按此文恐有譌奪莊王十九年九月圍宋至二十年五月而罷凡九月年表於十九年二十年兩書圍宋其文可通此不書十九年事而并書于二十年致有圍宋五月之文不符九月之數遂滋後人之惑矣

於是晉宋魯衛不往杭氏世駿曰按春秋經魯昭四年夏楚子蔡侯陳侯鄭伯許男徐子滕子頓子胡子沈子小邾子宋世子佐淮夷會于申此云宋不往誤　按晉宋疑曹邾之譌表言曹不會楚左傳曰不來其魯衛曹邾乎表無邾故不言也

吳越兵　按左傳時越大夫常壽過作亂非越兵吳方與楚相距於乾谿其無吳兵更明

太子閭之亡奔宋　表在七年

小童爭桑　吳世家女子爭桑

遂滅鍾離居巢　按表在十一年與春秋合下城郢索隱云去年已城郢今又重言豈索隱所見本有十一年字而今本奪耶

辱平王之墓　按表云鞭平王墓而吳世家云鞭平王之尸伍子胥傳云掘平王墓出其尸鞭之三百與表不同吳越春秋云掘平王之墓出其屍鞭之三百左足踐腹右手抉其目恐未必若是之甚當以年表爲是左傳無此事也越絕云操鞭捶笞平王塚其言爲近理季布傳云鞭荊平王之墓

滅胡　表在二十一年與春秋合
以爲巢大夫號曰白公　按左傳云使處吳境不言巢巢
時屬吳與白逵且爲巢大夫何以號白公也恐此巢字乃
衍文伍子胥傳云使居楚之邊邑鄢或巢乃鄢之譌
襲殺令尹子西子綦於朝　按表在十年與左傳合此在
八年誤
是歲也滅陳而縣之集解徐廣曰惠王之十年　按上文
無十年文故徐廣云然然滅實十一年事是徐廣所見表
已誤或有奪文也
八年魏文侯韓武子趙桓子始列爲諸侯杭氏世駿曰按
楚簡王八年三家皆初立尚未列爲諸侯也周本紀威烈
王二十三年命韓趙魏爲諸侯是年於楚爲聲王五年蓋
後二十二年　按年表不誤世家蓋史公未及刪正也

悼王熊疑　表悼王類
西起秦患北絕齊交則兩國之兵必至索隱兩國韓魏也
札記曰此自謂齊秦也小司馬說非　按札記說是此事
與韓魏不涉何得妄指
還蓋長城　按徐廣以蓋爲縣名小司馬謂蓋覆也而以
徐說爲非然蓋覆之義與射事遠仍以徐說爲是
子幽王悍立廖道南曰幽王即李園女弟所生幸於黃歇
黃歇進於考烈王者楚紀絕矣故上著秦王趙政立下著
秦相呂不韋卒有意哉閻伯詩曰楚爲黃者僅幽王悍十
年耳悍卒而猶立是爲哀王仍考烈所生也　按猶幽王
同母弟列女傳以爲考烈王遺腹子猶立二月餘哀王庶
兄負芻之徒襲殺哀王而立負芻爲王列女傳以負芻爲
考烈王弟與史不同然亦楚裔也楚中絕十年後負芻又

得五年而楚紀始絕與趙政稍異悍表作悼列女傳亦作
悼
越世家其先禹之苗裔　按吳語引世本云越芊姓蓋鄭
語所謂芊姓夔越者也與禹後之封越者當是同名或夏
之時芊姓之越絕祀而少康以封其庶子也
後二十餘世至於允常　按吳越春秋云無余傳世十餘
曰無王王生無曎曎卒或爲夫譚夫譚生元常所謂元常
即允常也正義引輿地志亦稱越侯夫譚子曰允常越絕
夫譚作夫鐔
大夫種正義吳越春秋云　按今吳越春秋未見是注語
虜齊高國索隱國惠子高昭子　按左傳言敗高子獲國
書與此異也惠子名夏昭子名張前五年已奔魯是時高
子名無[redacted]覺誤

會于徐州　按吳越春秋注引索隱曰徐音舒徐州齊邑
薛縣是也其字從人左氏作舒史記正義曰音舒其字從
人據此則正文作徐有索隱正義注今奪
句踐卒　吳越春秋二十七年卒通鑑外紀作三十三年
未知何據
子王鼫與立索隱紀年云於粵子句踐卒是菼執次鹿郢
立六年卒樂資云越語謂鹿郢爲鼫與也　按左傳謂句
踐太子名適郢吳越春秋名興夷即位一年卒越絕作與
夷
子王不壽　越絕無此一代
子王翳立　吳越春秋越絕並無此一代而稱翁子不揚
不揚子無彊越絕作彊
子王之侯立　吳越春秋無此一代越絕則以爲無彊子

北破齊於徐州集解徐廣曰周顯王之四十六年　按表在三十六年官本攷證曰通鑑在周顯王之三十五年

諸族子爭立　按吳越春秋彊卒子玉玉卒子尊尊卒子親親失琅邪爲楚所滅越絶楚威王滅無彊無彊子之侯竊自立爲君長之侯子尊尊子親失衆楚伐之走南山所言各不同

范蠡正義吳越春秋云　按今吳越春秋無此注語越絶云在越爲范蠡在齊爲鴟夷子

在陶爲朱　按今越絶無此語

彼爲彼我爲我　今越絶無此六字官本無之豈用今本删去耶

盡日方去　今越絶無方去二字

以分與知友鄉黨札記曰友御覽引作交疑古本作反形近譌爲友　按友交義通蠡去齊之陶非反鄉黨也反字無義

鄭世家而宣王庶弟也集解徐廣曰年表云宣王母弟鄭氏詩譜曰初宣王封母弟友於宗周畿内咸林之地是爲鄭桓公今京兆鄭縣是其都也正義曰漢書地理志云本周宣王母弟友爲周司徒食采於宗周畿内是爲鄭桓公鄭據此爲說也春秋之例母弟稱弟繫兄爲尊以異於其餘公子僖二十四年左傳曰鄭有厲宣之親以厲王之子而兼云宣王明是其母弟也服虔杜預皆云母弟鄭世家云宣王庶弟皇甫謐亦云庶弟又史記年表云鄭桓公友宣王母弟世家年表同出馬遷而自乖異是無明文可據也張氏照曰豈傳聞異辭而兩著於篇耶　按孔疏明桓爲母弟其論最確韋昭國語注陸氏釋文並云母弟爲異說者惟皇甫謐耳史公於表稱母弟豈於世家故爲乖異恐是未及刪訂或是後來傳寫之譌母變爲庶未可知也張氏兩著之說未免騎牆

掘突　譙周作突滑世族譜釋文作滑突

三十三年宋殺孔父　表在三十四年與春秋合

文公踕　按表作捷與春秋及杜預世族譜合說文無踕字古今人表名棲

與翟人伐鄭弗克　左傳云取櫟與此異

初鄭文公有三夫人寵子五人皆以罪蚤死　按三夫人者左傳所謂報鄭子之妃曰陳嬀又娶于江又娶于蘇也寵子五人者左傳所謂陳嬀生子華子臧娶于江生公子士娶于蘇生子瑕子俞彌也華爲太子甯母之盟得罪於鄭於文公二十九年被殺子臧奔宋好聚鷸冠三十七年文公使盜殺之公子士則楚人酖之而死俞彌則早卒公子瑕逐于文之四十四年至穆公元年覆于汪然則文公之世以罪死者止子華子臧二人瑕以罪死而在穆公之世士及俞彌則非以罪死者史之與左乖異者殆因總敘其事而不及析言之歟

公怒溉集解徐廣曰一作瑕索隱音葢左傳作瑕　按五帝紀溉執中集解引徐廣曰古既字作水旁此溉字亦應讀爲既既者何盡也怒字句溉字屬下逐羣公子讀言盡逐羣公子也左傳云公逐羣公子即此事徐廣云一作瑕索隱云左傳作瑕者左傳云洩駕惡瑕鄭伯亦惡之故公子瑕出奔楚二家葢取此事而云然然此文正不得作瑕也

三年鄭發兵從晉伐秦敗秦兵於汪　按春秋文二年冬

晉人宋人陳人鄭人伐秦傳曰冬晉先且居宋公子成陳轅選鄭公子歸生伐秦取汪及彭衙而還以報彭衙之役卽此事也官本考證曰左傳秦晉戰于彭衙秦師敗績此堅汪疑彭衙之誤豈考之未精耶

者靈公庶弟集解徐廣曰年表云靈公庶兄　按今表作庶弟或後人依世家改也

繆氏者殺靈公子公之族家也　按繆氏乃繆公之族非子公之族家

七年鄭與晉盟鄢陵官本考證曰左傳作辰陵　按辰陵乃鄭與楚盟非晉也左傳曰鄭既受盟於辰陵又徼事於晉鄢陵之盟其此事歟

悼公瀆　表作費與春秋合

楚囚睔　左傳云楚人執皇戌及子國與此異

立其弟睔是爲成公　春秋同班氏古今人表作綸

相子駟欲自立爲君公子子孔使尉止殺相子駟而代之子孔又欲自立　按此與左傳異　札記云公子子孔宋本奪一子字　按此當以宋本爲是

楚共王救鄭敗晉兵　按是年秦救鄭敗晉無楚敗晉事

簡公欲與晉平　按欲字疑衍

二十八年鄭君病使子產會諸侯與楚靈王盟于申　按春秋申之會鄭伯次陳蔡之後左傳則言三年如楚四年楚子止之與史異又春秋言會不言盟

十年太子建與晉謀襲鄭　表在十一年

孔子嘗過鄭與子產如兄弟云　按此事甚爲可疑攷左傳子產始見於襄之八年其時父子國呼之爲童子則尚未冠也卒於昭之二十年首尾凡得四十四年計其卒時年六十餘矣孔子生於魯襄之二十二年至昭之二十年年方三十耳孔子世家載適鄭事於魯定公卒之後其時子產早卒矣世家又言孔子年十七南宮敬叔言魯君與孔子適周自周反魯年三十五而適齊是三十五以前適周之外無周流列國之事則何自與子產定交乎適周之事四書釋地辨史記之誤其說極確則年十七并未適周足跡更何由至鄭哉

共公三年三晉滅知伯　按韓表不載鄭共公以年計之當在二年

是爲繻公集解年表云鄭立幽公子駘　今表無駘字是爲鄭君集解六國年表云立幽公子駘又以鄭君陽爲鄭康公乙　按此注未詳立幽公子駘亦見上注此處宜衍然世家無鄭君陽豈徐廣所據本乙爲陽耶今表亦無乙字

趙世家夙生共孟　共孟生趙衰字子餘索隱系本云公明生共孟及趙夙夙生成季衰衰生宣孟盾左傳云衰趙夙弟而此系家云共孟生衰譙周亦以此爲誤耳徐孚遠曰夙事獻公衰事文公年相當也不應衰爲趙夙孫世本是也　按國語以衰爲夙弟與杜氏世族譜合韋昭又以衰爲公明之少子未知何所本也

趙盾代成季任國政二年而晉襄卒　按左傳趙盾於晉襄之七年將中軍是秋襄公卽卒則不得云二年

晉景公時而趙盾卒　按春秋宣六年盾見於經八年傳曰郤缺爲政使趙朔佐下軍則是年盾已卒乃晉成公之六年非景公也

趙朔晉景公之三年志疑曰毛本二年史誤故徐廣正之

若作三年則複下文而徐説贅矣札記曰案今毛本亦作三　按此三年與春秋合既今本皆同恐非誤也或下文之三年字本不作三故徐廣爲是説而注於其下後人依注改爲三致與上文複耳

晉景公之三年大夫屠岸賈欲誅趙氏集解徐廣曰按年表救鄭及誅滅皆景公三年　按今表無誅滅事豈奪歟

襄公曾孫周集解徐廣曰年表云襄公孫也索隱晉系家云襄公少子名周官本考證曰晉世家悼公周者其大父𢹂襄公少子也與此同與索隱不符年表亦奪曾字與此異　按杜氏左傳注亦以悼公爲襄公曾孫與此合疑年表奪曾字致來徐廣之疑索隱少子下當有奪文蓋𢹂爲襄公少子索隱所言必依世家不應乖異如此

平公十二年而趙武爲正卿　按左傳趙文子爲政在平公之十年疑二字衍

十三年吳延陵季子使於晉　按表在十四年與春秋合

卒歸於趙武子　按何義門校曰武作文是也各本皆誤下文云趙武死謚爲文子

秦讖於是出矣　據此則讖緯不始於哀平

七世而亡正義謂晉定公出公哀公幽公烈公孝公靜公　按此據年表也晉世家同惟哀公表名忌世家名驕爲不同趙世家無哀公而有懿公驕晉世家正義引年表有哀公忌又有懿公驕則爲八世矣

後二年晉定公之十四年范中行作亂　按上簡子疾在定公十一年則二當爲三據左傳則范中行之作亂定公十五年非十四年也志疑以范中行作亂然十四年卜援明年春恐亦無此文法必有誤也

仇人魏襄　按襄下疑奪子字左傳作魏襄杜注魏舒孫曼多也

韓不佞　按左傳作不信韓世家索隱引世家亦作不信佞信形聲俱近晉世家亦作不信

魏哆索隱魏簡子系本名取　按魏哆即左傳之魏曼多也謚襄子魏世家作魏侈索隱引世本作襄子多索隱此注誤

晉定公十八年趙簡子圍范中行于朝歌中行文子奔邯鄲　按左傳此事在定二十年此年但言伐朝歌

簡子又圍柏人中行文子范昭子遂奔齊　表在二十二年與左傳合

趙竟有邯鄲柏人　表同按左傳則柏人至二十二年始有

定公三十七年卒而簡子除三年之喪期而已　按此文謂簡子於君死而不爲三年之喪降爲期也左傳趙孟降于喪食乃襄子無恤時有父簡子之喪喪食本降襄子又降之故下文楚隆曰三年之喪親暱之極也主又降之無乃有故乎與史異此恐史文誤也降喪食事史又係在後與左傳年數全乖

是歲越王句踐滅吳　滅當作圍表不誤然以文法而言則此八字當在下文問吳王下下方言越圍吳此不應先言滅然史言簡子事及年數多錯亂

晉出公十七年簡子卒　年表同按以左傳證簡子卒於越圍吳之歲與晉定公同一年

趙襄子元年越圍吳集解從此以下至問是三十年事

按左傳襄子元年即出公元年此與表則爲出公十八年相距蓋十七年

使厨人操銅枓以食代王及從官行斟陰令宰人各以枓擊殺代王及從官集解徐廣曰各一作雒徐孚遠曰本文各字蓋言殺代王及其從官各用銅枓擊之也徐廣曰各一作雒則以雒爲宰人名也張氏照曰今按徐廣說是蓋以枓擊殺代王者猶寘劒魚中之類代王既死其從官之被殺固不必問其何器矣甯有令庖人盡持枓以爲戰具之理耶　按史文連言及從官似當以各字爲是襄子計誘代王故用銅枓而無戰具得以乘代王及從官之不備而殲之也

襄子立四年知伯與趙韓魏盡分其范中行故地晉出公怒告齊魯欲以伐四卿四卿恐遂共攻出公出公奔齊道死知伯乃立昭公曾孫驕是爲晉懿公　按晉世家此爲出公十七年事與此蓋差四年年表則在哀公忌三年與兩世家並異三處必有一誤范中行之亡至是凡三十七年其地未必得屬晉君至是而始分也

[redacted]晉陽歲餘　國策言圍晉陽三年

二年敗齊于靈丘　表在九年

伐魏敗涿澤正義涿音濁　按凌本作涿澤是也表作涿澤正義以爲解縣之濁水故字音濁涿濁聲近若涿則不應音濁也

取皮牢　據魏表則在十四年

十一年秦孝公使商君伐魏虜其將公子卬　表在十年此衍一字

二十三年韓舉與齊魏戰死于桑丘正義此時齊伐燕桑丘三晉皆來救之　按此事惟見於韓世家齊魏世家皆不載至齊伐燕三晉來救之事在敬侯七年至是蓋五十四年矣正義殊誤

三年城郭　表二年

齊破燕燕相子之爲君君反爲臣　表在十二年

十六年秦惠王卒　表在十五年

爲敵弱正義曰我爲胡服敵人必因窮也　按國策作敵弱者注與弱爲敵謂胡翟其說是也與趙爲敵者胡翟爲弱故用力少而成功多爲去聲正義非

趙希并將胡代趙與之陘　按此疑以代字句絕趙字下屬趙與人名也

反巠分集解徐廣曰一作王公孜異云王公疑三公之譌常山郡元氏縣有三公山　國策作三公

先俞　國策作什清

上佼　國策作上交說文佼交也

廉頗將攻齊昔陽取之　表在十五年

魏冉來相趙　按穰侯傳無相趙事是年秦表魏冄復爲丞相或因是而誤也

七年廉頗免而趙括代將　按廉頗傳在七年與此同表在六年秦本紀白起傳秦表並在四十七年爲趙之六年則此及頗傳誤也志疑以七年爲七月之譌白起傳可證

趙括以軍降　按廉頗白起傳並言秦軍射殺趙括則括非降也疑以字乃死字之譌以死形亦近

虜卿秦樂間　按據燕世家及樂毅傳間當作乘時樂間奔趙非虜也志疑則謂燕世家與樂毅傳同誤

魏世家魏侈索隱侈他本亦作哆蓋哆字誤　按趙世家作哆侈哆皆从多得聲古通用非誤

秦侵我陰晉索隱按年表作齊侵陰晉　按今表曰秦侵

晉蓋奪我陰二字索隱所據本誤
公子朔爲亂　趙世家及趙表均作公子朝
魏君圍　疑當云圍魏君表云圍惠王
儀臺索隱按年表作義臺　今表儀臺
襄王元年與諸侯會徐州相王也追尊父惠王爲王　按
孟子與惠王稱之爲王國策魏惠王死篇惠施稱爲先王
似惠王生時已稱王矣非追尊也齊之稱王在威王之世
與惠王同時豈此本惠王事而傳聞少誤耶此後十年而
秦始稱王又後二年而韓燕始稱王惟趙武靈王不肯而
命國人謂己曰君傳位子何而自號主父則其爲死後追
尊無疑
陽晉封陵正義表云魏哀王十六年秦拔我杜陽晉陽
按今表作蒲坂不作杜陽
去梁千里集解又云河南梁縣有注城　按此注已見上
敗秦于注下此衍官本無
韓世家十一年厥與郤克將兵八百乘伐齊　按表在十
年與春秋合此疑衍一字然下云晉作六卿而韓厥在一
卿之位又是十一年事
獻子卒子宣子代　按據左傳則獻子卒宣子已佐上軍
矣
宣子徙居州　按左傳昭七年鄭歸州於韓宣子宣子以
易原縣於樂大心則韓氏實未嘗有州也
晉定公十五年宣子與趙簡子侵伐范中行氏宣子卒
按晉世家與趙簡子伐范中行氏乃韓不信左傳同不信
謚簡子宣子之孫趙世家作韓不佞即一人也宣子卒於
頃公之十二年見左傳至是凡十七年矣蓋史文原奪簡
莊二代故有是誤
子簡子代簡子卒子莊子代莊子卒札記曰據徐廣説史
云貞子生康子則今本史文簡莊二代後人所增　按班
氏古今人表云韓康子貞子子則亦無簡莊二代人表别
有韓悼子宣子子則不知何人也
十一年君號爲王　表在十年
公仲索隱韓相國名侈　戰國策曰公仲明又曰韓朋
司馬庚集解徐廣曰一作唐　國策作康
楚圍雍氏　於是楚解雍氏圍　按此一段乃錯簡也上
文言公子咎公子蟣蝨爭爲太子蘇代謂韓咎云云下文
蘇代又謂云云其文勢相接不應中間揷入楚圍雍氏之
事其爲錯簡甚明第不知當何屬耳　按雍氏之役秦本
紀係於惠文十三年田完世家係於湣王十二年是爲赧
王三年韓宣惠之二十一年也周本紀係於赧王八年當
秦武王之四年韓襄王之五年是年秦武王卒昭王立甘
茂傳言楚懷王怨前秦敗楚於丹陽而韓不救乃以兵圍
韓雍氏韓使公仲侈告急于秦秦昭王新立太后楚人不
肯救公仲因甘茂爲韓言乃下師於殽以救韓楚兵去與
周紀合若韓襄之十二年當秦昭之七年則甘茂亡秦而
出於魏久矣安能復言秦事哉史文言甘茂與昭魚遇於
商則甘茂時尚在秦可知甘茂用於秦則其爲襄王五年
事明甚竊疑此段文當係於前五年秦拔我宜陽斬首六
萬秦武王卒之下秦甘茂拔韓宜陽之後韓使公仲侈入
謝與秦平故楚圍雍氏而公仲侈因甘茂爲韓言救韓甘
茂許公仲以武遂爲言秦昭王而歸之韓向壽公孫奭譏
甘茂茂懼亡去其事次第甚明故係于秦武王卒之下則

六年秦復與我武遂事正相應於上文皆合也正義以此爲楚後圍雍氏赧王之十五年一段事其說固非卽集解以爲楚前圍雍氏赧王之三年事其時甘茂尚未柄用於秦恐亦未爲是也又攷赧王之三年乃楚懷王之十七年其時秦大敗楚軍丹陽取漢中郡楚襲秦又大敗藍田韓魏聞楚之困乃南襲楚至於鄧楚新當敗挫之後何暇圍韓而圍雍氏五月之久哉恐此役本止一事秦本紀田完世家年數偶舛讀者不察而遽謂有前後兩事耳又徐廣言周赧王三年楚懷王十七年皆云楚圍雍氏而今周紀楚世家並無其文未知何據而云然

田完世家乃使人遷晏孺子於駘而殺孺子荼　按晏孺子孺子荼複沓疑誤齊世家則稱使人遷晏孺子於駘殺之幕下而逐孺子毋芮子

鮑牧與齊悼公有郄弒悼公　按左傳悼公立二年殺鮑牧其四年吳伐齊齊人弒悼公以說吳然則弒悼公者非鮑牧也齊世家及年表弟言鮑子而不稱其名似爲得之

齊大夫朝御鞅索隱御官也鞅名也亦田氏之族　按觀索隱似以朝字爲句然左傳實作諸御鞅杜注鞅齊大夫則非田氏之族恐朝字亦當下屬也

於是盡誅鮑晏監止及公族之彊者何義門曰按前已殺監止此疑衍徐孚遠曰前已誅監止矣此復及者蓋盡其黨類也　按如徐說則監止下有奪字

貸立十四年淫於酒婦人不聽政太公乃遷康公於海上食一城以奉其先祀　齊世家及年表皆在十九年

晉伐我至博陵陳子龍曰此時晉已亡豈三晉同伐齊乎　按晉魏也魏自稱晉

大夫牟辛索隱年表亦作夫人　今表作大

盟而去集解徐廣曰表曰三年與趙會博望伐魏　按今表無博望二字此衍

明年與魏襄王會徐州諸侯相王也　按上文威王二十六年云自稱爲王則何待此時相王乎

夫約鈞然與秦爲帝張氏照曰按戰國策補注曰言齊秦俱相約如此一本無然字疑鈞字卽約字之譌而又重出耳去約然二字文義自明　按鈞字句絶然字下屬其義自明舊解以然字上屬故費解耳約鈞者伐趙與伐宋也戰國策奪鈞字遂滋疑竇

田乞及常所以比犯二君索隱二君卽悼公簡公僖子廢晏孺子鮑牧以乞故殺悼公而成子又殺簡公故云田氏比犯二君也　按二君乞弒荼常弒王也史以悼公爲鮑子所弒左傳亦不言陳氏弒悼公小司馬曲爲之說非也

孔子世家孔防叔索隱家語宋襄公生弗父何以讓弟厲公　按今本家語同左傳昭七年疏引家語作湣公攷宋世家湣公共卒弟煬公熙立煬公卽位湣公子鮒祀殺煬公而自立曰我當立是爲厲公然則湣公名共煬公名熙今家語言襄公熙生弗父何似煬公卽襄公矣攷左傳弗父何以有宋而授厲公杜注弗父何宋閔公之子厲公之兄何適嗣當立以讓厲公史文亦云弗父何始有宋而嗣讓厲公是弗父何者湣公共子非煬公熙子也漢書古今人表亦云宋煬公愍公弟宋弗父何愍公子今本家語固誤索隱所引亦非當以左傳疏所引爲是

考父生孔父嘉　按古今人表宋大金考父子宋孔父大金子較家語多大金一代

孔父生子木金父金父生睪夷睪夷生防叔　按左傳疏引家語睪夷作皋夷父睪皋相亂此奪父字桓元年左傳疏引世本作祁父祁夷音近也古今人表宋方叔嘉子宋伯夏叔子無金父夷父二代與世本家語不合而與杜元凱所云孔父嘉爲宋督所殺其子奔魯則相合以事理論則杜説爲長

孟釐子病且死索隱昭公七年左傳云孟僖子病不能相禮乃講學之及其將死召大夫云云按謂病者不能爲病非疾困之謂也至二十四年僖子卒賈逵云仲尼時年三十五矣是此文誤也　按傳言及其將死云則史文病字不必與左傳病字相牽連小司馬規之苛矣惟繫於年十七之下年數未免差耳史以孔子魯襄二十二年生至僖之卒凡三十四年賈逵以爲三十五者據公羊爲説也

季氏史索隱有本作委吏趙岐曰委氏主委積倉庫之吏　按孟子疏引世家作委氏吏然則季者委之譌而史吏爲兩本不同也周官委人之屬有史四人恐史字是

司職吏　周官牛人凡祭祀共其享牛求牛以授職人而芻之鄭注職讀爲樴樴謂之杙可以繫牛樴人者謂牧人充人與釋文職樴音特或餘式反劉之式反注樴同　朱子曰此官即孟子所謂乘田　按周官牧人之屬史二人充人之屬史二人

適周索隱莊子云孔子年五十一南見老聃蓋系家亦依此爲説而不究其旨遂俱誤也何者孔子適周豈訪禮之時即在十七耶且孔子見老聃云甚矣道之難行此非十七之人語也乃既仕之後言耳　按史文繫在年十七之後故索隱辨之如此然史文年十七之後又云孔子貧且賤及長則已非年十七之時矣小司馬其讀之未細耶水經注亦云孔子年十七適周亦誤會世家文也閻伯詩四書釋地則因下文云魯昭公之二十年而孔子蓋年三十遂謂馬遷以適周在是年然其中間尚有自周返魯弟子稍益進未必爲一年之事則閻之言亦未爲是竊謂馬遷此文亦大略敘去未嘗定指何年魯昭公之二十年而孔子蓋年三十矣乃文勢至此一小結非謂以上之事必皆在是年也至莊子五十一適周之説則是時孔子方用於魯由中都宰爲司空亦未必有適周之事攷孟僖子卒南宮敬叔始事仲尼敬叔言之於魯君而始適周則爲昭二十四年之事四書釋地備載諸説而以此爲是其言曰曾子問孔子曰昔者吾從老聃助葬于巷黨及堩日有食之惟昭公二十四年夏五月乙未朔日有食之見春秋此即孔子從老聃問禮時也他若昭公二十定公九年皆不日食昭公七年雖日食而敬叔尚未從孔子游何由適周其證據可謂精確矣然昭之二十四年王室之亂未定敬王播遷在外干戈擾攘孔子亦何由問禮訪樂歷郊社之所考明堂之則察廟朝之度哉則其言仍可疑也然則此事究當在何年乎竊即閻説而推之夫適周由于敬叔則必在昭二十四年後而王室之亂至昭二十六年而始定先一年昭公出奔魯國無君敬叔又無自而請惟定公初年孔子在魯不仕適周當在斯時春秋定五年書三月辛亥朔日有食之以閻説參之或即是乎

吳伐越墮會稽得骨節專車吳使使問仲尼余有丁曰吳伐越事在哀公元年家語云吳子使聘于魯問之孔子今載于定五年此時吳未至會稽安得獲骨之事　按史文

年數固差即家語亦未爲是哀公元年孔子時不在魯則又安有來聘而問之事恐是孔子在陳時吳使使往問之耳

爲釐姓索隱家語云姓漆蓋誤系本無漆姓　按國語亦言漆姓

匹夫而熒惑諸侯索隱謂經營而惑亂也　按索隱本作營惑故注語如此然其說迂回不必從也莊子人間世篇而目將熒之注使人眼眩釋文向崔本作營是營熒古通熒惑眩惑也其作營者叚借字也又莊子齊物論是黃帝之所聽熒也釋文向司馬云聽熒疑惑也趙策熒惑鮑彪熒火光也猶眩

費人襲魯公與三子入於季氏之宮徐孚遠曰費人襲魯而公與三子入季氏之宮則三都之不隳其家臣不欲而三子不爲異同陳子龍曰身佯爲恭順而令其下抗命此後世藩鎮強臣之習也　按其時叔孫以侯犯故季孫以陽虎故皆畏其家臣強盛故郈費之墮二子不爲異同成宰公斂處父忠於孟氏不肯墮成故孟孫亦陽不知而陰縱之則成之不墮者其事勢與叔季異也徐陳之說皆未悉當日之情形也

顔濁鄒　孟子作顔讎由讎由濁鄒音相近左傳有顔涿聚

分異方以遠方職　國語職下有貢字

會晉楚爭彊更伐陳　按哀公時無晉伐陳事疑當云吳楚

孔子去陳過蒲會公叔氏以蒲畔　按春秋定十四年衛公叔戌來奔傳曰衛侯逐公叔戌與其黨故趙陽奔宋戌來奔無以蒲畔豈戌既奔而蒲人畔耶年表以孔子於十四年適陳居三歲而去陳則在哀元年矣吳之侵陳亦在元則史文與傳文正合爾時無公叔之事則此一段年數又差矣攷年表孔子於定十二年去魯十三年至衛十四年至陳此世家則言去魯適衛居十月將適陳過匡去匡過蒲月餘反衛月餘去衛過曹去曹適宋適鄭遂至陳約略計之去匡過蒲之時正公逐公叔之時則此事當在定十四年而非哀元年也

是歲魯哀公三年　按上文衛靈公卒趙鞅內蒯聵蔡遷州來皆哀公二年事此是歲二字疑衍

楚侵蔡　按哀公四年春秋無楚侵蔡事傳曰楚葉公諸梁致蔡於負函杜注此蔡之故地人民楚因以爲邑致之或指此事

秋齊景公卒集解徐廣曰哀公五年也　按下文明年二字疑當在秋字之上

孔子遷於陳三歲吳伐陳楚救陳集解徐廣曰哀公四年也　按此六年事見春秋及左傳孔子於四年至蔡至是三年矣

陳蔡大夫至發兵圍孔子朱子曰是時陳蔡臣服於楚若楚王來聘孔子陳蔡大夫安敢圍之　按是時陳服楚蔡服吳朱子所言尚未分析

戰於郎　按左傳云戰于郊疑此郎字誤杜注郊地名

孔子之去魯凡十四歲而反乎魯索隱前文孔子以定公十四年去魯計至此十三年魯系家定公十二年孔子去魯則首尾計十五年矣　按孔子當以十三年去魯至是得十四年前文十三年十四年字皆誤年表以爲十二年亦未得也孔子於十二年夏在魯史傳皆有明文是年冬十月公會齊侯盟于黃見春秋女樂之歸必在此時孔子

之去魯也以郊之不致膰俎也魯之郊在春則孔子之去魯必在十三年之春確有明證春秋十三年夏築蚳淵囿蓋孔子去而魯君臣之志荒矣

車子鉏商集解服虔曰車子微者也　按服虔乃杜預之誤服虔云車車士微者也子姓鉏商名以子爲姓與杜異見左傳疏索隱亦以服虔爲非

陳涉世家自辯數集解晉灼曰數音朋友數斯疏矣索隱一音疏主反謂自辯說數與涉有故舊事驗也又音朔數謂自辯往數與涉有故此數猶朋友數之數也　按小司馬兩說皆不明晉灼音則是也數頻數也言辯之數乃置之也

外戚世家鉤弋夫人索隱號曰鉤弋夫人　按索隱引漢書文今漢書無此句

故諸爲武帝生子者無男女其母無不譴死　按無男女者無論男女也然褚先生此言失實武帝時以譴死者獨鉤弋耳陳后衛后皆以巫蠱死非因生子而譴死也王夫人李夫人皆有子而蚤卒何嘗譴死耶

楚元王世家戊則殺尙夷吾徐孚遠曰則殺疑賊殺也　按作則亦可通

王純立至彭城郡集解徐廣曰純立十七年卒謚節王子延壽立十九年死索隱按太史公惟記王純爲國人告反國除蓋延壽後更封至十九年又謀反誅死故不同也正義漢書云王純嗣十六年子延壽嗣與趙何齊謀反延壽自殺立三十二年國除與此不同地節是宣帝年號去天漢四年二十九年仍隔昭帝世言到地節二年以下者蓋褚先生誤也志疑曰王純立以下廿七字後人妄增　按徐廣註純立云云於下則其所見本尙無王純立以下廿七字索隱以爲太史公記正義以爲褚先生誤皆非也徐廣索隱所言與漢書不合當以正義爲是純之薨當天漢二年延壽立當天漢三年下至地節二年凡三十一年而漢書紀表皆言延壽於地節元年謀反誅則止三十年又表傳言三十二年錯互不合恐漢書亦有誤也此文固爲後人妄增然亦不應誤謬至此或地節二年上尙有奪文耳

蕭相國世家常辨之　按辨理也治也具也

何乃給泗水卒史事　按給供也事字句絶

文終侯　按謚法解無終

後嗣以罪失侯者四世絶天子輒復求何後封續酇侯　按漢書何子祿薨亡後高后封何夫人同爲酇侯小子延爲筑陽侯孝文罷同封延爲酇侯延薨子遺嗣遺薨亡後復以遺弟則嗣有罪免景帝後封則弟嘉爲武陽侯薨子勝有罪免武帝後封何曾孫慶爲酇侯薨子壽成嗣有罪國除史記以同爲祿弟同有罪而封延此其異也祿無後初絶而延續遺無後復絶而則續則免復絶而嘉續勝免復絶而慶續此所謂四世絶而輒續者也

曹相國世家成陽南索隱成地名周武王封弟季載於成正義史記云武王封弟季載於成　按管蔡世家言封叔武於成非季載也索隱正義皆非正義引史記尤不可解

取宛虜齮　按高紀言宛降封宛守爲殷侯與此異

留侯世家圯上集解徐廣曰圯橋也東楚謂之圯音怡索隱李奇云下邳人謂橋爲圯音怡文潁曰沂水上橋也應劭曰汜水之上也姚察見史記本有作土旁者乃引今會

稽東㴉大橋名爲靈圯圯亦音夷理或然也漢書本傳注
服虔曰圯音頤楚人謂橋曰圯師古曰下邳之水非圯水
也又非沂水服說是矣張佖曰按从水乃詩云江有汜及
今有汜水縣字音詳里切據許慎說文云東楚謂橋爲圯
在土部本從土傳寫蓋誤從氵合從土作頤音下文直墮
其履汜下並作圯字校定宋祁曰舊本从水佖說非也今
胡旦作圯橋贊字亦從水若从土則應從說文謂橋爲圯
之訓李白詩我來圯橋上是謂我來橋橋上矣自宜以應
說爲是說文水部汜一曰汜窮瀆也段玉裁注釋上曰窮
瀆汜郭云水無所通者漢書張良閒從容步游下邳汜上
服虔讀爲圯音頤楚人謂橋曰圯此漢人易字之例也應
劭曰汜水之上此不易字謂窮瀆無水之上也下文直墮
其履汜下良下取履其爲無水之瀆了然　按圯字本亦
作汜漢書則本作汜而張佖改作圯其訓解諸說棼如札
記謂段說甚確然應劭云汜水之上必誤以爲成臯之汜
水故師古非之使其訓爲窮瀆必當引據說文爾疋其說
方明不應疏略如此也郭云水無所通乃不與他水相通
非竟無水段氏改易舊說又強取應說以就己見未免武
斷況既云窮瀆無水又安得云汜水之上耶宋子京有取
于應說亦未察汜水之在成臯不在下邳耳太白之詩未
足以證史漢且恐是太白之疏夫與其穿鑿附會而說終
未安則何如仍舊說之爲得哉是有李奇服虔徐廣之說
在又攷水經沂水又南過下邳縣西南入於泗酈道元注
沂水於下邳縣北西流分爲二水一水於城北西南入泗
一水逕城東屈從縣南亦注泗謂之小沂水水上有橋徐
泗間以爲圯昔張子房遇黃石公於圯上即此處也然則
文穎之說必有所承師古非之過矣
黃石即我矣正義孔文祥云黃石公鬚眉皆白狀杖丹藜
履赤舄張氏照曰按狀字疑衍因下杖字而誤札記曰狀
字疑當在鬚眉上
且夫楚唯無彊六國立者復撓而從之集解漢書曰唯當
使楚無彊彊則六國弱從之索隱按荀悅漢紀說此事云
獨可使楚無彊若彊則六國屈撓而從之又韋昭云今無
彊楚者言六國立必復屈撓從楚是二說意同也董氏份
曰言客計欲立六國以撓楚權今縱能使楚無彊而遂撓
楚矣然六國並立則亦將從而撓我也注謬撓字應就沛
公計撓字　按集解之說出於服虔見漢書良傳注彼注
又引晉灼曰當今唯楚大無有彊之者若復立六國皆撓
而從之陛下焉得而臣之乎師古以服說爲是然諸說皆
未得事情當以晉灼爲勝無彊猶言無敵耳
絳侯世家擊章邯車騎殿　按殿字注中凡四解小司馬
以孫檢下功曰殿之說爲是然下功何足書顏師古漢書
注則本服虔略得殿兵爲說然略得殿兵書法亦不應如
是宜如瓚說在軍後曰殿也
定鴈門郡十七縣雲中郡十二縣　按漢志鴈門郡縣十
四雲中郡縣十一定襄郡縣十二蓋漢析鴈門雲中置定
襄也
定上谷十二縣右北平十六縣遼西遼東二十九縣漁陽
二十二縣　按漢志上谷縣十五右北平縣十六遼西縣
十四遼東縣十八漁陽十二惟右北平同餘異殆漢時有
所增盆歟然漁陽驟省十縣殊可疑也豈衍上二字歟
最從高帝索隱最都凡也　按最應作冣說文[illegible]部冣積

也與索隱之義相通段懋堂說文注言之甚詳
十三年爲太子太傅　按漢書傳同而百官公卿表元鼎
五年平曲侯周建德爲太常則非太子太傅也太常掌宗
廟禮儀故坐酎金不善免若太傅則何涉耶疑世家及漢
傳皆誤表五年於建德後復書杜相爲太常則建德爲太
常不及一年
坐酎金不善元鼎五年有罪國除集解徐廣曰諸列侯坐
酎金失侯者皆在元鼎五年但此辭句如有顚倒索隱旣
云坐酎金不善復云元鼎五年國除似重有罪故云顚倒
而漢書云爲太子太傅坐酎金免官後有罪國除其文又
錯也按表坐免官至元鼎五年坐酎金又失侯所以二史
記之各有不同也　按年表平曲侯建德元鼎五年坐酎
金國除漢表元鼎五年坐酎金免並非先坐免官後又國
除索隱所言表史漢皆不如是不知其何據而云然徐廣
以爲顚倒者疑元鼎五年四字當在坐酎金上耳然旣言
不善復言有罪語意重沓疑史文本止元鼎五年有罪國
除八字後人注坐酎金不善五字於旁傳寫者竄入正文
又誤在元鼎之上遂致倒錯不可解耳　建德於元鼎五
年方爲太常則其先之未嘗免官可知漢書多一後字則
似先免官後國除恐非
守節不遜索隱謂顧尙席取箸不對制獄是也　按遜順
也言不能遜順以自全也故繼之曰終以窮困悲夫傷之
至非責之也索隱說泥乃余有丁曰太史公以守節不遜
責之過矣殊未達史公之旨
梁孝王世家方三百餘里正義梟島　按此引西京雜記
今本作梟渚下文索隱所引亦作梟渚

三十餘里索隱連亘七十餘里　按此引西京雜記今本
作數十里
等士通亂　按士字衍正義曲爲之說非也漢書無
襄立三十九年卒　按年表疑于三十六來朝爲太初四
年此言三十九則天漢三年漢書言四十年則天漢四年
蓋表終於太初世家則至天漢也中統游本九作餘非
爲大河郡　漢表無大河郡豈後廢耶
五宗世家剛王基　表作堪漢傳堪表基按此蓋形近而
譌然莫能定也
子頃王授代立　表終于十三年漢書立十七年卒當天
漢四年然此不著其年而稱其謚恐是後人所增
廟壖垣索隱音人椽反　漢書注人緣反按字應作堧
于王端索隱按廣周書謚法　按廣謚法隋志不載載劉
熙謚法三卷沈約謚法十卷賀瑒謚法五卷
長沙定王發　立二十七年卒　漢書二十八年
子康王庸立二十八年卒　表書二十八來朝豈來朝之
後遽卒耶漢書康作戴八作七年數與定王發史漢互異
未知孰是
廣川惠王　十二年卒　漢書傳十三年表十二年按漢
傳誤
子齊立爲王索隱漢書齊謚繆王謚法傷人蔽賢曰繆
按漢書師古注引謚法曰蔽仁傷善曰繆與小司馬異然
謚法解並無之年表徐廣稱齊謚曰懿不知何據也
膠東　子慶爲王集解徐廣曰他本亦作慶字惟一本作
建不宜得與叔父同名相承之誤　按表名通平與漢書
表傳並合此明因下文六安王慶而譌徐廣不以表爲證

而第二云不得與叔父同名何耶
常山　長男梲索隱許愼說解字林　按此不可通官本
作說文解字疑字林二字不誤說解二字有譌奪耳
泗水　子哀王安世立十一年卒　按十字衍表哀王安
世元年卽王賀元年漢書云嗣一年甍
三王世家而家皇子爲列侯則尊卑相踰索隱謂諸侯王
子已爲列侯而今又家皇子爲列侯是尊卑相踰越矣
按下云今諸侯支子封至諸侯王而家皇子爲列侯所謂
尊卑相踰也
天祿永終黃氏震曰永終者堯戒舜之反辭云四海困窮
則天絕其祿不執中者也今乃用爲期望之辭屬之執中
之下誤矣豈亦王早天國絕之先兆耶　按論語堯曰篇
注包曰言爲政信執其中則能窮極四海天祿所以長終
疏曰天之祿籍所以長終汝身尙書大禹謨傳則天之祿
籍長終汝身論語皇疏曰永長也終猶卒竟也若內正中
國外被四海則天祚祿位長卒竟汝身也是古注無作反
辭解者至宋人始訓終爲絕然唐以前訓詁無以終爲絕
者易歸妹永終知敝亦可謂之長絕耶
北州以綏集解臣瓚曰綏安也　按漢書作妥孟康曰古
綏字臣瓚曰妥安也此作綏而用瓚說故改妥爲綏凡集
解所引衆說若此者甚多不可枚舉
王其戒之集解徐廣曰立三十年自殺國除　漢書立三
十八年而誅國除此注奪八字
求其世家終不能得竊從長老好故事者取其封策書編
列其事而傳之歸氏有光曰三王世家本不闕讀此贊文
可見太史公亦不及三王後事褚先生淺陋遂謂求其世
家不可得也序亦云三子之王文詞可觀可知獨載其文
詞也趙氏恆曰三王世家昔云亡逸在十篇有錄無書之
數今觀太史公贊以封建之義則云弗論著也以燕齊新
立則云無足采也以天子恭讓羣臣守義云云故附世家
則文詞爛然具在語中是未嘗亡逸也竊意分封莫不有
册冀封非特三王若以制策獨爲可觀則漢文爾雅非特
三王之制爲然安得一一記錄也而褚先生從長老取其
册列其事且爲疏解殊失有損無益之義是以褚先生所
補者無不可删也　按據褚先生所言則此篇贊語僅存
而羣臣之議及封策皆一褚先生所補歸以爲本不闕者
未爲全是太史公喜其文詞故附之世家則封策乃史文
本有而不可補者至於羣臣之議文繁不殺太史公爲之
必不如是褚全錄之而未加翦裁此其失也趙氏謂其所
補無不可删亦未爲全是也
廣陵王胥四子一子爲朝陽侯一子爲平曲侯一子爲南
利侯最愛少子引立以爲高密王　按漢書胥傳宣帝卽
位封胥四子聖曾寶昌皆爲列侯又立胥小子引爲高密
王年表有朝陽荒侯聖平曲節侯曾南利侯昌而無寶傳
又言南利侯寶未詳也胥死後七年元帝復立胥太子霸
是爲孝王褚先生何以不言
傳曰蓬生麻中不扶自直索隱已下竝見荀卿子　張氏
照曰按蓬生麻中二語見荀子勸學篇下文今本荀子所
無　按蓬生麻中不扶自直白沙在泥與之皆黑見大戴
禮曾子制言上此衍一中字荀子自作而
我安得弟在者索隱亦由權臣輔政貪立幼主之利　按
武帝擇愛而立非由權臣貪立幼主且鉤弋譴死卽武帝

亦何嘗惑於內寵而立童孺哉昭帝英明賢於胥旦萬萬
惜享年不永致有後來廢立之事耳
以本始元年中晝復封燕王旦兩子一子爲安定侯立燕
故太子建爲廣陽王　按漢書旦傳宣帝即位封旦兩子
慶爲新昌侯賢爲安定侯又立故太子建是爲廣陽頃王
是旦三子皆得封而此遺其一者豈以建與賢封於本始
元年慶封於本始四年封不同時故遺之耶

史記瑣言卷二

諸史瑣言卷三

史記三

伯夷傳　茅鹿門曰以議論敘事傳之變體也　按列傳
創於太史公伯夷傳又居列傳之首安得云變體耶
孤竹君之二子也正義本前注丙寅作殷湯正月三日丙
寅札記曰此十四字是合刻者之言下當有奪文　按此
合刻者因正義所引與索隱同而删去仍記其異於此非
其下有奪文也
非公正不發憤而遇禍災者索隱謂龍逢比干屈平伍胥
之屬　按士言近世則不得舉龍逢比干以爲證
同明相照索隱已下竝易繫傳文也　聖人作而萬物覩
正義此以上至同明相照是易用乾象辭也　按易文言
傳文非繫傳亦非象辭也今本易云同聲相應同氣相求
亦異此文同明相照同類相求異
管晏傳貴輕重索隱輕重謂錢今管子有輕重篇　慎權
衡正義輕重謂恥辱也權衡謂得失也有恥辱甚貴重之
有得失甚戒慎之　按管子輕重篇凡十九曰臣乘馬乘
馬數問乘馬事語海王國蓄山國軌山權數山至數地數
揆度國准輕重甲輕重乙輕重丙輕重丁輕重戊輕重己
輕重庚其所該之事甚廣不止謂錢也又輕重甲篇言五
戰曰戰衡戰准戰流戰權戰勢慎權衡者即所謂戰權戰
衡也索隱說固未諦正義亦非評林謂輕重權衡指下三
事亦誤也
後百餘年而有晏子焉　按管仲卒桓公四十二年當魯
僖公十六年晏子於魯襄之十七年即見於傳相距凡八
十七年史言百餘年誤

老子韓非傳楚威王聞莊周賢至以快吾志焉　按正義
引莊子釣於濮水之上云云而謂與此傳不同按正義所
引出莊子秋水篇言楚王此史所言出莊子列御寇篇言
或聘而不言楚又無子亟去已下數語此則其不同也
非吾知之有以說之難也　按知讀去聲乃與下辯字對
正義說未明
司馬穰苴傳盧舜治曰穰苴齊之宗人田乞也　按田乞
者陳僖子也史下云田乞田豹之徒是也盧言絕無根據
至常曾孫和因自立爲齊威王　按爲當作至
孫子吳起傳君弟重射索隱重射好射也董氏份曰重射
謂以重射即下千金是也注非徐孚遠曰重射再射也注
與董說俱煩而不明也顧氏日知錄曰重射謂以千金射
也索隱非　按如徐說則重讀平聲然上文已言忌數與
齊諸公子馳逐重射則再射之說難通當以董顧之說爲
是
不摶擨索隱擨以手擨刺人余有丁曰擨義當爲擊非矛
戟也　按漢書五行志中注師古曰擨謂㨃持之也揚雄
傳下注師古曰擨㨃也詩鴟鴞傳拮据擨㨃也釋文擨本
亦作戟說文手部㨃戟持也段注戟持者手如戟而持之
也左傳公戟其手杜注捩徒手屈肘如戟形然則擨字本
當作戟後人始加手旁其義則作㨃持索隱及余說竝非
批亢擣虛索隱亢音苦浪反亢者敵人相亢拒也顧氏日
知錄曰索隱非也此與劉敬傳搤其亢之肮同張晏曰喉
嚨也下文所謂據其街路是也以敵人所不及備故謂之
虛　按漢書劉敬傳作亢師古注亢音岡又音下郎反一
切經音義二十引蒼頡篇亢咽也顧說是索隱音義皆非
擣虛者乘其虛也即下文所謂衝其方虛也批亢謂搤其
要路擣虛謂攻其不備顧合爲一事亦未是
左洞庭右彭蠡　按國策左右二字與此互易
伍子胥傳楚誅殺其大臣郤宛伯州犂之孫伯嚭亡奔吳
集解伯州犂之子曰郤宛郤宛之子曰伯嚭宛亦姓伯又
別氏郤索隱郤宛州犂子伯嚭郤宛子　按左傳昭元年
楚殺伯州犂乃靈王非平王也志疑云伯州犂三字衍是
也左傳不言嚭爲宛子楚世家云宛之宗姓伯氏子嚭及
子胥皆奔吳宛之宗姓郤宛之宗姓伯氏子嚭伯氏之子
嚭文雖相連各不相涉讀者誤合爲一年耳史文初不以
伯氏爲郤之宗姓也吳世家云楚誅伯州犂其孫伯嚭奔
吳亦不云嚭爲宛子集解索隱不知何所據吳越春秋以
郤宛白州犂爲一人尤誤
楚將子常集解子常公孫瓦索隱公孫瓦也　按囊瓦子
常之孫不得稱公孫注並誤
敗吳兵於稷集解稷丘地名在郊外　按史文稷而注稱
稷丘恐注有奪文楚世家言敗吳于稷左傳定五年子蒲
曰吾未知吳道使楚先與吳人戰而自稷會之大敗夫槩
於沂杜注稷沂皆楚地是左氏亦作稷而敗吳之地在沂
不在稷也乃索隱云左傳作稷丘杜預云稷丘地名在郊
外何耶
遂威鄒魯之君以歸官本威作滅攷證臣照按此與左傳
及魯世家俱不符且與下文召魯衛之君會之橐皋句相
刺謬疑文有誤　按攷證未以王左毛本相較故有是疑
凌本亦誤作滅
齊鮑氏殺其君悼公而立陽生　按陽生悼公名也此文

有誤爾時齊人立悼公子壬或陽生二字乃壬之誤

仲尼弟子傳仲由儒服委質　按質之利切晉語臣委質于翟之鼓韋昭注質贄也蓋古者相見必執贄以爲禮說文無贄字周官作摯說文質以物相贅委質於人亦引伸之義臣委質於君弟委質于師其義一也索隱引服虔左氏注迂迴贄解

乃下石乞壺黶攻子路　壺左傳作盂

是時子貢爲魯使于齊索隱左傳爲魯使齊在哀十五年蓋此文錯誤也札記曰案此於上下文皆不相涉索隱本出此九字於子貢傳好廢舉與時轉貨貲條後疑今本錯簡　按仲由之卒亦是哀十五年在子貢使齊之後下文宰予死於齊子貢亦卒終于齊故綴此句以聯絡上下文非竟不相涉索隱以爲誤故未必然札記以爲錯簡則子貢傳内亦無從著此句也

惡言不聞於耳集解王肅曰子路爲孔子侍衛　按今家語注作子路夫子禦侮之友疑侍衛乃禦侮之譌而下又奪之友二字前顔回傳引王肅曰顔回爲夫子胥附之友其文法一例

端沐賜　五國各有變索隱按左傳謂魯齊晉吴越也

按左傳無此事

澹臺滅明　以貌取人失之子羽宛委餘篇曰夫子云以皃取人失之子羽意謂其皃寢也及觀李龍眠所畫七十二弟子像其猛毅更甚則所謂失之子羽者以其皃武而行儒耳　按龍眠之畫以子羽斬蛟事而附會耳且後人之繪事何足以證史

高柴　費郈宰　按郈字衍費季氏邑郈叔孫氏邑安得並言之論語見作費宰

司馬耕官本考證曰家語耕上有黎字　按汲古閣本家語無黎字索隱引家語不言有異同未知考證所據何本

伯虔官本考證曰家語作處　按汲古閣作虔索隱云家語作伯處則考證所見本是

公孫龍正義孟子曰趙人　按孟子有奪字此據孟子荀卿傳文而言孟子七篇無公孫龍也

公祖句兹　今家語作公祖兹

顔高字子驕索隱家語名産　按今家語名刻孔子世家及班氏古今人表並有顔刻困學紀聞引家語亦作顔刻

漆雕徒父索隱家語字固　按今家語名從而索隱不言同異今家語字子文而索隱云名固何也

公肩定札記毛本肩與索隱本合它本作堅　按班氏古今人表有公肩子次公伯寮子石之間蓋即此人今家語作公賓恐傳寫誤也

顔祖字襄索隱家語無此人　按今家語顔相字子襄祖相形近而譌索隱前注云公伯遼秦冉鄡單三人家語不載不言顔祖而此注云家語無此人何也正義亦云公伯寮秦丹鄡單家語不載

申黨字周索隱家語有申繚字周　按論語正義引史記作申棠引家語作申續續與繚蓋唐宋本之異也今本家語作申續誤

原亢籍集解家語曰名亢字籍正義亢作宂仁勇反官本考證曰亢家語作伉或作桃　按今汲古閣本作抗

欒欬字子聲官本考證欬家語作欣　按索隱云家語同閣本家語亦作欬不知考證所據何本

顏何字冉索隱家語名稱　按今本家語奪此人故止七十六人然蘇子古史已云顏何不載于家語則宋時本已奪

商君傳姓公孫氏　按鞅蓋是衛公孫故稱公孫鞅非姓也史云諸庶孽子蓋言庶孽之子

吾說君以帝王之道比三代　按比三代者比隆於三代即下文所謂比德於殷周正義說不明索隱本無代字故訓比爲頻而謂頻三見孝公然以有代字者爲是

行之十年　按十乃七之譌也秦紀衛鞅變法在孝公三年築冀闕在十二年此下文云居三年築冀闕十二年前去二後去三卻得七年

作爲築冀闕董氏份曰既云作爲又云築何也恐有衍字札記曰疑爲字一本作築校者旁注後人誤并　按秦紀孝公十二年作爲咸陽築冀闕或此奪咸陽二字

居五年秦人富彊天下致胙於孝公諸侯畢賀　按秦紀十九年天子致伯二十年諸侯畢賀此上言居三年乃十二年又云四年乃云居五年則爲二十一年與紀不合表與紀則此文有參差紀表並言致伯此言致胙亦誤致胙乃孝公二年事

商君相秦十年索隱戰國策云孝公行商君法十八年而死與此文不同案此直云相秦十年耳而戰國策乃云行商君法十八年蓋連其未作相之年耳　按鞅變法始於孝公三年至二十四年孝公卒凡二十二年國策所言十八年實誤今國策云行之八年而死者又奪去十字也至商君相秦之年史無明文可證此言十年豈即咸陽既作之後耶

其天資刻薄人也索隱謂天資其人爲刻薄之行　按天資猶言天性謂天性刻薄也漢書陳平傳注資謂天性也索隱非

蘇秦傳東有關河　按正義言江謂岷江則史文關字應作江

栗支數年索隱戰國策栗支十年　今策作二年黃金千溢索隱戰國策作萬溢　今策作千溢

韓氏太原卷索隱又下軹道是河內軹縣言道者亦衍字徐廣云霸陵有軹道亭非魏之境其疏謬如此我下軹道南陽集解徐廣日霸陵有軹道亭　按燕策鮑注道道所由也其說是徐固非索隱亦未是惟今燕策重一道字乃衍文攷異亦云道謂取道南陽徐非

張儀傳苴蜀　注中諸說徐孚遠以爲未知孰是按徐廣取譙周之言以方音證苴爲巴索隱以巴苴草名疑郡因芭苴得其字遂以苴爲巴皆肌度不可信當以正義所引華陽國志括地志爲是

繕兵不傷衆正義繕音膳司饍具食也　按一切經音義引三蒼繕治繕之言善左傳成十六年繕甲兵杜注繕治也正義非

周天下之宗室也齊韓之與國也田汝成曰按齊字恐衍當云韓周之與國也　秦策云齊韓周之與國也吳師道補注曰齊字恐衍按下文言周自知失九鼎韓自知失三川將二國并力合謀以因乎齊趙上文言伐韓臨周自應如田吳之說

盡城守矣　李光縉曰盡城守言可盡據其城而守之

按此言扞關驚則從境以東楚皆須城守也城守者修守

備也

進熱啜索隱左氏羊羹不斟是也張照曰按左傳云羊羹不徧羊斟是華元之御此誤引之公羊傳又無此語　按淮南子繆稱訓羊羹不斟而宋國危此注左氏二字譌耳

陳軫使於秦　按魏策陳軫爲秦使於齊

田需　按魏策李從

卞莊子索隱館莊子謂逆旅舍其人字莊子者或作卞莊子也札記曰困學紀聞引此傳卞莊子戰國策作管莊子索隱引戰國策作館莊子蓋伯厚未見單本也　按戰國策楚絕齊篇鮑彪注傳管作卞吳師道補注索隱引策作館其所言與伯厚同是宋本史記如是今所傳單本索隱云出北宋未必伯厚與鮑吳皆未之見且單本亦未必是索隱原本安在其無奪誤耶何義門曰論語稱卞莊子之勇索隱所引或傳寫之誤而又妄爲之說翁元圻曰管莊將刺之管與止之蓋以管與而并誤以卞莊子爲管莊子索隱又誤管爲館也

館豎子　國策作管與

臣主與王何異也索隱言我主與王俱宜待韓魏之斃而擊之亦無異也徐孚遠曰軫言己之爲秦王計不後於楚王也　按上言願子爲子主計之餘爲寡人計之故言臣主與王何異仍以索隱說爲是

樗里子甘茂傳虜趙將軍莊豹　按秦紀言虜趙將莊趙世家云虜將軍趙莊疑豹字衍

乃以兵圍韓雍氏索隱按秦惠王二十六年楚圍雍氏至昭王七年又圍雍氏韓求救於秦劉氏云此是前圍雍氏當赧王之三年戰國及紀年與此竝不同　按史文云秦昭王新立則非七年事亦非惠王二十六年事也說詳韓世家

反宜陽之民正義武遂宜陽本韓邑秦伐取之今欲還韓令其民得反歸居之徐孚遠曰反宜陽之民者欲秦歸宜陽俘民於韓非并以宜陽地與韓也後言竟以武遂歸韓亦不言宜陽也　按戰國策反宜陽之民吳師道補注取其地而還其民也正義說誤

茂懼輟伐魏蒲坂亡去集解徐廣曰昭王元年擊魏皮氏未拔去　按徐據年表而言以樗里子傳證之茂此時與樗里同伐蒲茂亡樗里亦釋蒲而還擊皮氏也然則擊皮氏者樗里也故下云樗里子與魏講罷兵

范蜎索隱戰國策云作蝝　今策作環蓋蠉之譌

章義之難索隱案戰國策云納章句之難　案今策納句章昧之難此誤淩本作內句章昧之難是也

向壽　策作公孫郝

大項橐索隱尊其道德故云大項橐札記曰索隱本大各本作夫　按此當以夫字爲是不必從索隱以示奇

穰侯傳乃使仇液索隱戰國策作仇郝　今策作仇赫

其客宋公索隱戰國策作宋交　今策作宋突吳師道注索隱引策云宋交

穰侯封四歲爲秦將攻魏魏獻河東方四百里拔魏之河內取城大小六十餘　按穰侯之封在昭王十六年魏入河東四百里表在十七年客卿錯擊魏至軹取城大小六十一表在十八年不得云四歲也

戰勝暴子集解徐廣曰韓將暴鳶　按表是年於韓書暴鳶救魏爲秦所敗走開封徐據此爲說秦紀亦在是年而

下文明年走魏將暴鳶何也戰國策作舉子鯢鹿注地缺
明年魏背秦與齊從親秦使穰侯伐魏斬首四萬走魏將
暴鳶得魏三[redacted]卯和　按魏世家及表在安釐三年爲秦
昭三十三年與此合秦紀及韓世家韓表在昭王三十二
年與此不同暴鳶乃韓將此云魏誤也
明年穰侯與白起客卿胡陽復攻趙韓魏破芒卯於華陽
下斬首十萬　按秦紀趙世家在三十三年與此不同表
及魏韓世家白起傳在三十四年與此合據韓世家乃趙
魏攻韓華陽而秦救之此云攻趙韓魏韓字恐是衍文表
云得三晉將魏世家云秦破我及韓趙白起傳云虜三晉
將恐皆誤也秦紀表皆云斬首十五萬魏世家云殺十五
萬人白起傳云斬首十三萬與趙將賈偃戰沈其卒二萬
人於河中此云十萬當奪一五字也

白起王翦傳昭王十三年而白起爲左庶長　按秦紀作
左更疑紀誤
是歲穰侯爲相　按表紀皆在十二年
明年白起爲大良造攻魏拔之取城大小六十一　按秦
紀是年白起攻魏取垣復予之不言取城六十一魏世家
及六國表取城大小六十一事皆在昭王十八年表言客
卿錯非白起
明年起與客卿錯攻垣城拔之　按紀言左更錯取軹及
鄧與此異魏世家及六國表皆不載此事
後五年白起攻趙拔光狼城　秦紀趙世家六國表並不
載此事
拔鄢鄧五城　秦紀同魏世家云秦將白起拔我西陵表
云秦拔鄢西陵與此異

武安君因取楚定巫黔中郡　秦紀昭王三十年蜀守若
[redacted]取巫郡及江南爲黔中郡與此異楚世家及六國表亦
在三十年
昭王三十四年白起攻魏拔華陽走芒卯而虜三晉將
按說在穰侯傳又按韓世家趙魏攻我華陽韓告急於秦
秦救韓敗趙魏於華陽之下秦紀正義括地志云故華城
在鄭州管城縣南三十里國語云史伯對鄭桓公虢鄶十
邑華其一也然則華陽者韓地是時秦方救韓未必遽取
韓地紀表及趙世家亦並不言拔華陽恐此誤也
斬首十三萬與趙將賈偃戰沈其卒二萬人于河中官本
攷證曰秦本紀及六國表皆作十五萬五譌爲三或傳寫
之誤穰侯傳又作十萬　按此言十三萬又言二萬合之
爲十五萬紀表統言之耳非有譌也穰侯傳則奪五字孟

子荀卿傳撇席索隱張揖三蒼訓詁云撇拂也　按毛本
撇王本淩本官本𢶍作撇是文選甘泉賦注引張揖三蒼
注作撇此作𢶍者誤也文選洞簫賦注引說文擎拭也拭
與拂同義四子講德論注擎與撇同則撇者擎之異體刺
客傳之蔽席則撇之叚借字也說文玉篇皆無𢶍字字典
衣部𢶍下引史𢶍席蓋未知其誤耳
自騶衍與齊之稷下先生如淳于髡慎到環淵接子田駢
騶奭之徒各著書　按漢書藝文志鄒子四十九篇鄒子
終始五十六篇名衍在陰陽家慎子四十二篇名到在法
家蜎子十三篇名淵楚人老子弟子師古曰蜎姓也在道
家蜎淵即環淵甘茂傳范蜎徐廣曰蜎一作蠉楚策作環
一切經音義三蜎或作蠉是蜎蠉一字蠉環古同聲通用
廣韻二十七刪環下云又姓古有楚賢者環淵接子田完

世家作接予正義引藝文志接予二篇在道家流今藝文志惟有捷子二篇齊人武帝時說然古今人表則捷子於尸子之後鄒衍田駢之前則非武帝時人恐志誤也廣韻二十九葉捷下引藝文志捷子齊人著書豈宋時本異歟

田駢騶奭詳正義淳于髡之書則無傳焉

田駢正義號天口　按口下奪駢字

故愼到著十二論集解徐廣曰今愼子劉向所定有四十一篇　按漢志一作二

自如淳于髡以下皆命曰列大夫　按上言淳于髡終身不仕而此言爲列大夫相抵牾

劇子集解徐廣曰按應劭氏姓注直云處子也　按漢藝文志處子九篇在法家師古曰史記云趙有處子以應劭之說參之則劇當作處

楚有尸子集解今按尸子書晉人名佼秦相衛鞅客也　按漢藝文志尸子在襍家魯人秦相商君師之與此注稍異

長盧索隱未詳正義長盧九篇楚人　按漢藝文志長盧子九篇在道家

阿之吁子焉正義藝文志吁子十八篇名嬰齊人七十子之後顏師古云音弭按是齊阿又屬齊恐顏公誤也　按漢志作芈子故師古音弭索隱以顏爲誤豈以芈實楚姓不得爲齊人歟

自如孟子至於吁子董份曰自如孟總前自孟子至吁子也加一如字恐衍　按自如乃文法如此非衍如字

平原君虞卿傳秦之圍邯鄲正義趙惠文王九年秦昭王十五年張照曰按六國表邯鄲之圍在趙孝成王九年秦昭五十年若趙惠文九年則爲秦昭王十七年正義有誤字　按趙惠文九年無圍邯鄲事此注誤孝成爲惠文五十字誤倒恐皆傳寫之失也

而未廢也索隱按鄭氏曰皆目視而輕笑之未能卽廢棄之也札記曰索隱本廢各本作發襍志云謂未發於口也廢卽發之借字　按此以作發爲長恐索隱所據本誤而又曲爲之說不當以索隱改諸本也鄭氏疑鄭氏之誤王本官本作鄭元

非以君爲有功也而以國人無勳日知錄曰當作一句讀言非國人無功而不封君獨有功而封也札記曰而以國人無勳句有誤疑以字衍上句也字當在此下　按顧說是古人句法往往有此初非有譌衍也

故號爲虞卿集解譙周曰食邑于虞徐孚遠曰虞係食邑則虞卿姓名今皆不傳也　按虞卿所著書曰虞氏春秋恐虞是姓非食邑譙叟之言不足信

尉復死徐廣曰復一作係　按趙策作係鮑彪注係尉名吳師道注[illegible]係作復史同

告趙郝趙郝[illegible]

樓緩從秦來至王眘勿予　策此段在前前後皆樓緩事

危哉樓子之所以爲秦者襍志曰危讀爲詭古或以危爲詭天文志司詭星天官書作危淮南說林篇尺寸雖齊必有詭文子作危　按管子大匡篇注危傾險也言樓子之言傾險也則不必以爲古叚借字國策注言爲秦計深而趙勢危亦通

魏公子列傳札記曰宋本中統游毛各本竝與索隱本合合刻本作信陵君列傳疑本正義　按自序稱作魏公子

列傳合刻本誤

魏王及公子患之　按此言患之而下文不具其事恐有奪文

徒豪舉耳索隱謂豪者舉之舉亦音據也日知錄曰謂特見爲豪傑舉動非眞欲求有用之士也札記曰謂徒以客衆爲豪耳　按札記說是顧說亦當參舉動也言但有客衆自豪之舉動耳

有以也札記曰疑衍也字有以二字錯簡當在未奉祠不絕下　按有以也者言公子之不恥下交非若諸公子之之徒爲豪舉實欲得岩穴之士爲魏用也三字內含蓄不盡如札記說於文則明白然恐非史公之意此以後人之文法繩古人而轉失其旨者也

春申君傳先帝文王莊王之身三世不妄接地於齊余有丁日策作文王武王之身是此日莊王誤也　按策作先帝文王武王之身三世而不接地于齊此文王下奪武王二字如余說下不得云三世也不妄接地於齊國策鮑彪注不與通也按不妄應從毛陵本作不忘言欲地與齊按三世未嘗忘也

以絕從親之要索隱音腰以言山東從韓魏是其腰戰國策鮑彪注要約也　按鮑說是

盛橋　按策作成橋鮑彪注秦人吳師道補注劉伯莊云橋音矯按吳所引劉伯莊疑是此傳之注

桃入邢志疑云策作桃人入字誤　按策無邢字鮑彪注桃人史作桃則宋本已如是

而肥仁義之地　國策高誘注肥猶厚地猶道

易曰狐涉水濡其尾正義言狐惜其尾每涉水舉尾不令濕比至極困則濡之嘗不可力臣之國策鮑注曰未濟注小狐不能涉大川雖濟而無餘力將濡其尾不能終也按下云終之難也鮑注是正義非

楡次之禍正義注水經云楡次縣南洞渦水側有鑿臺按此注當在鑿臺之下句下

而詳事下吏策注吳師道曰詳其事以下於吏愼重之意應士葆利言　按史記佯字多作詳詳詐也說文無佯字吳注非

要約天下　策作要絕鮑注要中也

五年圍邯鄲邯鄲告急於楚　按此與趙世家合楚魏世家及六國表則在六年蓋是時秦圍邯鄲甚久五年圍之六年圍始故表傳世家語有參差

楚使春申君將兵往救之　按楚世家云楚遣將軍景陽救趙七年至新中秦兵去六國表於楚云六年春申君救趙七年救趙新中於魏云魏韓楚救趙新中秦兵罷是救邯鄲者春申君救新中者景陽兩事也世家失書其一耳或秦釋邯鄲而攻新中春申遣景陽往救救趙乃一時事而地不同

世有毋望之福正義無望猶不望而忽至也　索隱周易有无妄卦其義殊也　策作無妄朱子易无妄注史作無望謂無所期望而有得焉者按朱子解與正義合妄望古同聲通用

而君之仇也索隱戰國策作君之舅也謂爲王之舅　按今策作王之舅也

棘門正義壽州城門　按國策鮑注宮門以棘衛之徐孚遠曰棘門疑是宮城門非都城門也

是爲楚幽王索隱按楚捍有母弟猶猶有庶兄負芻及昌
平君是楚君完非無子而上文云考烈王無子誤也　按
猶兄負芻或是捍弟捍生之後始生故前云考烈王無子
也昌平君乃項燕所立者見始皇紀是完之子與否不得
而詳矣
范睢蔡澤傳三亭之南正義按三亭岡在山部中名也蓋
岡字誤爲南　按三亭卽爲岡亦何不可言三亭之南
爲其割榮也索隱割榮卽上之擅厚謂擅權也何義門曰
謂能割去秦所尊榮之人索隱之說非也　按索隱固非
何說亦未爲得也國策割作㓻鮑彪注㓻傷也榮草華也
此喻厚重彼有擅之則此無有其說較安割分也呂覽應
損也漢書楊雄傳下集注諸侯擅厚則分主之榮而主之榮損也
而不概於王心耶集解徐廣曰一作槩音同索隱按戰國
策概作闕謂闕涉於王心也徐注音同非也　按概槩音
同故徐云然索隱非之何也概感動之意莊子至樂篇我
獨能無概然釋文引司馬彪注概感兒今策作闕鮑注闕
合同吳師道注史作概索隱引策作闕唐宋本已不同如
此
使以傳車集解徐廣曰一云使持車索隱使持車戰國策
之文也　今策作使人持車
會義渠之事急寡人旦暮自請太后　按匈奴傳曰秦昭
王時義渠戎王與宣太后亂有二子宣太后詐而殺義渠
戎王於甘泉遂起兵伐殘義渠卽此事
施韓盧札記曰索隱本施與策合各本作馳後人所改
按策注吳師道言姚本施作馳史同是宋時策有兩本之
不同而史亦作馳也

至今閉關十五年不敢窺兵於山東者　策作今反閉關
而不敢窺兵於山東者按策是此云十五年誤也上文言
昭王已立三十六年則范睢之見王當在是年取齊剛壽
之後三十四年已前秦之攻楚攻魏未有寧歲何嘗有閉
關十五年之事惟三十五年佐韓魏楚伐燕三十六年伐
齊取剛壽此兩年中爲未大出師耳疑三十四年破魏華
陽之後穰侯欲閉關息民故僅出偏師以擊燕齊而未加
兵於韓魏趙楚范睢遂得持以爲言燕齊遠而韓魏楚趙
近穰侯固予睢以隙也
伐魏拔懷集解徐廣曰昭王三十九年　後二歲拔邢丘
按此與表合秦紀取邢丘懷在四十一年爲一年事
崔杼淖齒管齊　按下文淖齒李兌而不及崔杼國策亦
不言崔杼則崔杼二字衍也下言射王股崔杼射莊公中
股然莊公不得稱王恐亦淖齒事
於是廢太后逐穰侯高陵華陽涇陽君於關外　當是時
秦昭四十一年也　按廢太后者奪其權耳逐穰侯等亦
非一年事紀言四十二年九月穰侯出之陶四十四年葉
陽君悝出之國未至而死此其證也史承策文總敘於此
擢賈之髮以續賈之罪尚未足評林曰續贖古通用　按
擢髮安能贖罪此續當如字續髮而未足喻其多也信陵
君聞之畏秦猶豫未肯見陳子龍曰迹信陵所爲欲以實
事勝秦非專尚意氣者固不輕納魏齊也　按信陵此時
不任魏政其猶豫者非眞畏秦也畏魏王之畏秦而終不
能匿魏齊也信陵志不得行故不輕納魏齊觀後救趙時
魏王不納信陵言可見
故天下以其君父爲僇辱索隱言以比子胥申生皆以

至忠孝而見誅放故天下言爲其君父之所僇而憐其臣子國策鮑注曰戮殺也戮之加刑戮爲辱之人　按鮑注是即下文所謂名在僇辱索隱所言不合語意

太史嗷　策作大史敫

綱成君　策綱作剛水經濕水注于延水又東徑罡城南按史記蔡澤燕人也謝病歸相秦號罡成君疑即澤所邑也按國策吳師道注引水經以爲證然澤仕秦而地在燕未敢信其必是

樂毅傳望諸君索隱戰國策望作藍　今策亦作望

樂間居燕三十餘年　按自燕惠王元年至燕王喜四年即栗腹被殺之年凡二十七年恐三乃二之譌也

禽栗腹樂乘樂乘者樂間之宗也於是樂間奔趙　燕世家云栗腹將而攻鄗卿秦攻代趙使廉頗將擊破栗腹於鄗破卿秦樂乘於代樂間奔趙趙世家云廉頗爲趙將破殺栗腹虜卿秦樂間按三處不同恐皆有譌奪也燕策趙使廉頗以八萬遇栗腹於鄗使樂乘以五萬遇慶秦於代是樂乘趙將而禦燕師者也趙世家閼與之役王問廉頗樂乘爲惠文二十九年孝成十年趙將樂乘慶舍攻秦信梁軍破之然則樂乘久爲趙將雖爲樂間之宗而不在燕疑此傳樂乘下有奪字樂乘爲樂間而爲趙破燕故樂間懼而奔趙恐當日情事如此史書樂間之宗也一句以明奔趙之由也燕世家則當云樂乘破卿秦於代樂乘二字誤在卿秦之下趙世家則當云虜卿秦樂間奔趙奪奔趙二字

趙遂圍燕燕重割地以與趙和趙乃解而去　其明年樂乘廉頗爲趙圍燕燕重禮以和乃解　按此文複出而未刪正者也燕世家及廉頗傳燕與趙和止一事趙世家廉頗破燕在孝成十五年十六年廉頗圍燕十七年假相大將武襄君攻燕圍其國十八年延陵鈞率師從相國信平君助魏攻燕假相相國信平君者頗武襄君者乘蓋燕趙搆兵歷三年而始和非有兩事

樂間樂乘怨燕不聽其計二人卒留趙　按燕王不用間計與乘何與此襲國策之誤

廉頗藺相如傳設九賓正義劉伯莊云九賓者周王備之禮天子臨軒九服同會秦趙何得九賓但亦陳設車輅文物耳　按秦時久僭稱王安見九賓之設不與天子同乎其時天下異秦韓魏幾如關內侯矣關內所封之國如穰應華陽涇陽等皆爲列侯蓋久已帝制自爲矣

明年復攻趙殺二萬人　表作三萬

請奏盆缻集解風俗通義曰缶者瓦器所以盛酒漿秦人鼓之以節歌也索隱缻音缶正義缶音缾　說文缶瓦器所以盛酒漿秦人鼓之以節謌臣鍇曰史記澠池之會藺相如進盆缶曰竊聞秦人善擊缶按小徐引史作缶集解引風俗通義以解缶而不言缻恐史本作缶而唐時本有作缻者故索隱正義皆有音詩陳風疏引史記作缶此唐有兩本之證也廣韻四十四有爾雅釋器疏並引作缶缻缶之俗字玉篇有之正義音缾當有誤李斯傳叩缶索隱本作缶諸本作缻文選作缶

居二年廉頗復伐齊幾拔之　趙世家廉頗將攻魏幾取之在二十三年此云居二年則爲二十二年且曰伐齊而非攻魏與世家異或二十二年趙取齊幾旋又屬魏至二十三年又取之魏歟

後三年廉頗攻魏之防陵徐廣曰一作房子　世家二十
四年廉頗將攻魏房子拔之按世家與徐所云一本合惟
後三年則爲二十四年疑三乃二之誤下文後四年藺相
如將而攻齊乃二十八年事與表合益可證三字爲譌
自邯鄲圍解五年而燕用栗腹之謀　按邯鄲圍解在孝
成九年破燕栗腹軍在十五年相距七年
其明年趙乃以李牧爲將而攻燕拔武遂方城　按上文
居六年乃孝成二十一年則此明年爲悼襄元年矣下文
亦云元年李牧攻燕而表及世家皆在二年
莫府索隱莫當作幕字之訛耳　按莫幕古今字非訛
後七年秦破殺趙將扈輒於武遂城　按後七年當王遷
元年世家及表並在二年札記曰各本衍城字索隱本無
按世作武城恐非衍衍遂字耳索隱則據誤本而言表作
平陽
趙乃以李牧爲大將軍擊秦軍於宜安　王遷三年世家
及表同
居三年秦攻番吾　按世家及表皆在四年當云居一年
方合
田單傳燕既盡降齊城唯獨莒即墨不下　按樂毅傳云
樂毅留徇齊五歲下齊七十餘城是毅之破齊七十餘城
本非一年之事其始破臨菑爲燕昭二十八年三十三年
而昭王卒前後止六年耳以弱燕而破彊齊五年之中下
七十餘城其用兵不可謂不精蕳之不下以襄王既立齊
人有君而堅守也即墨之不下以田單之智勇相敵也論
樂毅者多以莒即墨之未下爲劣固未識當日之情勢美
之者以爲毅欲以德撫之恐亦未然

兵以正合以奇勝集解魏武帝曰索隱注引魏武蓋亦軍
令也　按太史公此段語多本孫子集解所引乃曹操孫
子注索隱以爲軍令非
適人開戶索隱若我如處女之弱則敵人輕侮開戶不爲
備也　按索隱注是正義以敵人謂燕軍言燕軍被田單
反間而令齊卒甚怒是敵人爲單開門戶其說牽混
魯仲連鄒陽傳今齊湣王已益弱國策鮑彪注曰衍閔王
字今乃襄王耳史亦誤吳師道注曰謂今之齊視閔王已
益弱　按邯鄲之圍在齊王建七年鮑注誤閔字自屬衍
文如吳說則齊下有奪字
尊秦昭王爲帝　國策鮑注稱謚非當時語吳注追書之
辭　按此左傳陳桓公之例也
從頌　策作從容頌容古今字
過而爲政於天下索隱謂以過惡而爲政也正義至過字
爲絶句言秦得肆志爲帝恐有烹醢納羑徧行天子之禮
過失也徐孚遠曰此解非也言秦未能幷滅六國若尊之
太過使得稱帝則爲政於天下矣穰志曰高誘注呂氏春
秋知士篇曰過猶甚也國策鮑注曰過猶不幸吳注過即
過甚之義　按五說不同考證采徐說然當以鮑吳二說
爲勝吳與穰志說同本之高誘其義近古
齊湣王將之魯徐孚遠曰前言齊湣已益弱據此則在出
亡以後恐前誤也　按湣王出亡下距秦圍邯鄲得二十
七年前文之誤無疑
其後二十餘年燕將攻下聊城　按此事以姚姬傳之說
爲當見古文辭類纂魯仲連遺[redacted]將書下諸說皆未諦
以資說士索隱劉氏云讀說士爲鋭士意雖亦便不如依

字　按說士者游說之士劉音是
亡意亦捐燕棄世東游於齊乎索隱亡音無言若必無還
燕意則捐燕而東游於齊乎　按亡意猶意者策作意者
索隱非
昔卞和獻寶楚王刖之礼記曰索隱本卞和作玉人刖作
誅蓋誤　按索隱本與漢書文選同
坼肝札記曰中統游本坼作折舊刻作析御覽四百七十
五引同　漢書文選作析
子罕　文選亦作子[redacted]
越人蒙　文選亦作子臧
匕首索隱案通俗文　文選注亦作通俗文
屈原賈生傳董份曰此傳大槩漢武帝命淮南王安爲原
作者也太史公全用其語班固常有論矣淩稚隆曰漢武
帝愛離騷命淮南王作離騷傳太史公作原傳本淮南詞
也　按漢書淮南王安傳爲離騷傳師古曰傳謂解說之
若毛詩傳王逸離騷後序孝武帝使淮南王安作離騷經
章句然則淮南所作乃離騷解非屈原傳董淩二說非也
班孟堅離騷後序曰昔在孝武博覽古文淮南王安敍離
騷傳以國風好色而不淫小雅怨悱而不亂若離騷者可
謂兼之矣蟬蛻濁穢之中浮游塵埃之外皭然泥而不滓
推此志雖與日月爭光可也斯論似過其眞據此則史公
用淮南語其可考見者惟國風好色數句耳
懷瑾握瑜索隱按楚詞此懷瑾握瑜作深思高舉也　按
文選作深思高舉明萬歷王逸楚詞注本作懷瑾握瑜王
注獨行忠道似當作懷瑾握瑜
察察集解王逸曰己靜絜　按萬歷本作已清絜文選同

汶汶集解王逸曰蒙垢污　萬歷本汙作塵文選同
常流　楚詞作湘流
蒙世俗之溫蠖乎索隱楚詞作蒙世之塵埃哉　按楚詞
王注引史無俗字塵埃哉作塵埃乎
易初本由兮　楚詞由作迪王逸注迪道也按迪道也釋
詁文由字古無訓道者集解引王逸注疑史文本亦作迪
傳寫失去[redacted]旁幷注文亦改作由耳正義本常也云云亦
本王注
前度未改　楚詞度作圖
內直質重　楚詞作內厚質正
巧匠　楚詞匠作倕
孰察其揆正　楚詞揆作撥王逸注察知也撥治也言倕
不以斤斵則曲本不治難知其工巧乎以言君子不居爵
位衆亦莫知其賢能也按撥治也詩長發傳廣雅釋詁三
公羊哀十四年傳訓皆同揆字誤
矇謂之不章集解王逸曰立黑也　楚詞矇下有瞍字注
黑作墨
鄙妒　楚詞妒作固
窮不得余所示　楚詞無余字
誹駿疑桀　楚詞桀作傑
衆不知吾之異采　楚詞吾作余
重仁襲義集解王逸曰襲及也　楚詞注及作仍按襲有
仍及二義此以仍義爲長
豈知其故也索隱楚詞作莫知其何故　萬歷本楚詞與
史同
進路北次兮正義北次將就　按正義疑有譌奪王逸注

路道也次舍也
曾唫恒悲兮永歎慨兮世既莫吾知兮人心不可謂兮集解王逸曰謂猶說也索隱楚詞無曾唫已下二十一字　按萬歷本楚詞有此二十一字而無王注恐是後人據史文增也集解所引楚詞在下心不可謂兮句下
人生稟命兮札記曰各本作有命䙴志云當从宋本作稟楚辭作民生稟命　萬歷本亦作人生有命然王注云言萬民稟受天命是原本作民生稟命後人以史改楚詞也
數十年竟爲秦所滅　按自頃襄元年至負芻被虜凡七十六年
嚜嚜　漢書文選作默默
嗟苦先生集解應劭曰嗟咨嗟苦勞苦言屈原遇此難也　文選胡氏攷異曰茶陵本校語云苦五臣作若袁本作苦無校語非何云漢書作若陳云苦當從漢書作若更有顏延年祭屈原文可以互證云云案所說是也苦字但傳寫誤蓋誤認注中勞苦屈原以爲正文有苦字耳今史記亦作苦誤與此同　按正文如無苦字則注中勞苦字殊屬無著此注嗟苦分詮文甚分明選注同而無言字胡說未必然
鳳漂漂其高遰兮　按文選注曰史記音漂匹遙切恐是集解文也漢書漂作縹遰漢書文選並作逝
請對以意　文選意作臆漢書作意此從索隱本作意諸本作臆
坱軋無垠　索隱軋作圠與漢書文選合然說文無圠字
惔漠　漢書文選作恬漠
釋知遺形　索隱知作智與漢書文選同

細故慸薊兮攷異曰薊不成字薊芥聲相近故漢書作芥　按慸薊漢書作蔕芥索隱引漢書作介張揖作遰介文選善注引鶡冠作媂薊而曰媂薊與蔕芥古字通西京賦作蠆芥善注蠆與蔕同並丑介切廣韻十七夬作慸芥孫氏示兒編十八蔕芥之蔕當讀曰蠆俗曰帝按以刺鯁之義推之此二字當作蠆介蠆螫蟲也說文蠆之螫以尾刺也介畫也說文隔也易兌卦介疾左傳昭二十年偪介注礙也漢書翼奉傳注畫者分畫既分畫則必有隔礙有隔礙則如食骨而鯁於喉中也慸遰蔕皆蠆之通借字薊玉篇俗薊字薊芥之通借字媂字說文所無他書亦罕見
刺客傳曹沫　管子亦載此事曰曹劌
獻遂邑　按春秋齊人滅遂遂國名非魯邑此因與柯盟同一年牽合爲一殊誤
讓　三躍而擊之索隱戰國策曰云云　今策無此語
聶政　不能無生得失索隱戰國策作無生情　今策與史同鮑彪注曰謂相可否與索隱所引不同
而與仲子爲讎索隱徐注云一作難戰國策譙周亦同
今策與史同
荆軻　躧而蔽席　策作拂席按蔽者撇之叚借也徐廣曰一作撥撥者撇之譌也
李斯傳拜國二十　文選作三十
而跛牂牧其上札記曰跛牂對樓季而言是指人非謂羊莊子駢拇篇有臧穀同牧羊之論疑牂與臧同聲假借乃言牧羊之跛豎耳集解非也　按跛牂之喻但言其平塹易涉耳似不必定指爲人
趙高教其女壻咸陽令閻樂　按趙高宦者何以有女

蒙恬傳趙高昆季數人皆生隱宮索隱劉氏云蓋其父犯宮刑妻子沒爲官奴婢妻後野合所生子皆承趙姓竝宮之故云兄弟生隱宮謂隱宮者宦之謂也　按高有女壻閻樂恐高非眞宦者下云除其宦籍則高以父爲宦者世世在宦籍耳高昆季未必野合所生未必竝宮之生隱宮者生長於隱宮耳劉氏所言恐非其實

使者以蒙恬屬吏更置胡亥以李斯舍人爲護軍徐孚遠日更置二字連下言更以李斯舍人典軍奪蒙恬兵也　按更置二字連下讀於文不順仍以更置句絶爲是其義則未詳也

故周書曰必參而伍之索隱參謂三卿伍即五大夫　按參而伍之猶易言參伍以變謂更相考覈也索隱非

張耳陳餘傳亡其夫徐廣曰一云其夫亡也　一本是

乃卒爲請決嫁之張耳索隱謂女請父客爲決絶其夫而嫁之張耳也余有丁曰卒爲請決乃父客爲之往誤○按此當以請字句絶決判也斷也謂請之女家而判嫁之張耳也　李光縉曰去抵父客云者婦人謂嫁曰歸則視歸寧爲客也下父客客字疑衍必若注所云則方喪其夫遽去抵父之賓客何說且是女之擇賢夫必與凡女不同卒爲請決云者父爲請之張耳如呂公請之沛公願爲季箕帚妾是也張照曰亂世何事不有史明曰逃去其夫去抵父客父客爲之請決去其夫而嫁張耳亦何用致疑別生枝節哉　按張耳宦魏爲合其時必未亂史文本有兩本亦未可定爲逃去其夫也李以請決爲請之張耳則決字贅矣恐皆未然

夫武臣張耳陳餘杖馬箠下趙數十城集解張晏曰言其不用兵革驅策而已也　按杖馬箠猶言躬擐甲胄耳注未的

乃壁人柏人要之置廁集解韋昭曰爲供置也索隱文頴云置人廁壁中以伺高祖也張晏同鑿壁空之令人止中也今按云置廁者置人於複壁中謂之置廁廁者隱側之處因以爲言也徐孚遠曰要之置者謂强邀高祖至柏人置頓也張照曰觀索隱語則置下有一廁字漢書亦有廁字　按諸本無廁字故徐張云然毛本索隱本有廁字陵本云正本置下有廁字置驛也廁行清也言壁人柏人驛中之廁以要之也置如解作置人則與壁人複沓矣韋昭以爲供置而不及廁字豈所見本亦無此字耶然供置之解亦未是

子偃爲魯元王以母呂后女故呂后封爲魯元王元王弱索隱案謂偃以其母號而封也　按呂后紀年表竝云魯王不曰魯元王偃中廢而以侯終安得稱元王耶況元者主之謚魯者其食邑偃因母之食邑而封非以母號也疑此三元字皆衍文

彭越傳彭越衆萬餘人毋所屬陳子龍曰是時楚已裂地封諸侯天下略定矣而如越者將萬人旣無所屬又不能誅可見楚之疏矣　按諸侯於漢之元年四月罷戲下就國而田榮即於五月畔項王定三齊然則非楚之疏亦勢有不及耳

漢五年秋項王之南走陽夏　按漢五年三字衍文也上書四年冬下書五年春則此秋乃四年之秋漢用秦正以冬十月爲歲首故冬在前而秋在後疑是讀者不悟因上文有四年冬而此言秋遂注漢五年三字於旁而誤入正

交也羽走陽夏漢高紀在四年羽紀言解而東歸亦在四
年年表漢四年九月太公呂后歸自楚則羽之走陽夏亦
必在九月正是秋時也
五年項籍已死志疑曰五年衍上已書　按此五年非衍
乃上文衍耳說見前
春立彭越爲梁王　表在五年二月
喋血乘勝日有閒矣索隱喋猶蹀也殺敵蹀血而行漢書
文帝紀注服虔曰喋音蹀屣履之蹀如淳曰殺人流血滂
沱爲喋血師古曰喋音大頰反本字當作蹀蹀謂履涉之
耳　按文紀索隱引廣雅喋履也今廣雅釋詁蹀履也不
作喋此字既訓爲履自當從足疑史文本從足故索隱引
廣雅爲訓後訛爲喋并注文亦改從口耳師古謂本字當
作蹀蓋亦知從口之非矣喋蹀說文竝無依說文字當作
躠足部躠躠足也徐鍇曰足躠躠然連蹋也今俗作蹀廣
韻喋血流皃則承如湻之說耳文紀作啑或叚借字徐廣
曰喋一作啑恐當作蹀一作踥　劉辰翁曰喋血乘勝日
閒矣不可解意曰字句讀閒字誤　按喋血乘勝者猶言
血戰成功也日有閒言功名聞於當日也
黥布傳謂左右曰索隱案謂隨何　按左右泛指左右侍
從之臣不專屬隨何
故曰楚兵不足恃也集解徐廣曰恃一作罷言其已困不
足復苦也索隱案漢書作罷音皮　按此言楚兵雖强不
足恃以破其從楚之心徐從一本作罷其注不明
漢五年布使人入九江得數縣　高紀在四年
六年布與劉賈入九江誘大司馬周殷周殷反楚　高紀
在四年按六年衍項籍之死實五年也漢書無此二字

淮陰侯傳諸母漂李光縉曰或謂漂母非婦人乃秦漢閒
之隱君子蓋以其不望報數言有儒者氣象且似教韓信
立功不當責報耳按此則毋當作毋或云越絕書有漂冉
蓋冉字之誤[redacted]按千古婦人具隻眼者奚獨漂毋安得妄
生異說若以爲冉字之誤則諸冉一冉將作何解
以木罌缻渡軍徐廣曰缻一作缶　按作缶是缻俗字
六月魏王豹謁歸視親疾至國卽絕河關反漢　表在五
月紀在三年疑皆誤
其八月以信爲左丞相擊魏　信遂虜豹　表在九月紀
在三年疑皆誤
斬成安君泜水上禽趙王歇　按紀在三年表在三年十
月此失書
乃立張耳爲趙王　表在四年十一月下文六月則三年
之六月或三年請之四年始立之耳
齊王廣亡去　紀云齊王廣犇彭越與此合田儋傳則云
虜齊王廣表又云擊殺廣竝異儋傳又言田橫亡走梁歸
彭越則亡去乃橫非廣此事紀在三年表在四月十一月
表是下文云漢四年遂皆降平齊蓋與表合信之破齊實
在三年之秋至四年冬始皆降平齊耳
漢十年陳豨果反　呂后使武士縛信斬之長樂鍾室札
記曰各本十下衍一字舊刻無　按韓信之誅紀表竝在
十一年疑一字非衍文也豨之反雖在十年此因誅信事
而追敘之
韓信盧綰傳子代集解徐廣曰名長君　按子代以下正
文二十一字皆後人所妄非馬遷筆也說子表名長漢書
名與恐史誤史表征和元年子長代有罪絕云云亦後人

所增說於征和二年爲衛太子所殺史不及書
說孫曾集解徐廣曰長君之子也　按漢曾乃興弟則是
說子非說孫
續說後正義征和二年孫子曾復封爲龍頟侯漢書功臣
表云武後元年說孫曾紹封龍頟侯　按漢表按道侯說
爲衛太子所殺征和三年侯興嗣四年坐祝詛上要斬後
元年侯曾以興弟紹封據此正義文誤甚恐傳寫之失
漢十一年秋陳豨反代地　按一字衍文高紀在十年八
月豨傳稱九月皆十年秋也
高祖十年七月董份曰淮陰傳中漢十一年豨反此云七
年不知何也張照曰按高紀十年七月太上皇崩八月陳
豨反韓信傳亦云漢十年信令王黃等說誤陳豨至淮陰
傳則作十一年是時高祖固在邯鄲誅豨等未畢也馬遷
誤耶抑別有意也田叔傳亦云陳豨反代漢十年高祖往
誅之札記曰各本十譌七考證改　按十譌爲七故有董
張之說淮陰傳自因信事而追述非與豨傳有異
自立爲代王　淩本代譌大故陳子龍曰本代王譌爲大
者北音相誤官本亦誤故采陳說札記曰宋本中統舊刻
毛本吳校金板同宅本代譌大按南監亦作代
田儋傳盡屠之徐廣曰立故王田假也徐爲遠曰田假後
立史失載之　按徐廣據表而言下注假走楚楚殺之亦
史表文也傳略之非失載
樊酈滕灌傳從攻圉東郡守尉於成武　漢書作後攻圉
都尉東郡守尉於成武師古曰圉卽陳留圉縣　按漢書
圉都尉東郡守尉乃二人若改此圉爲圉當增都尉二字
否則文不可通矣

捕虜十一人　漢書作十六人
斬首二十四級捕虜四十人　漢書斬首十四級捕虜四
十四人
章平索隱章平卽章邯子也　按高紀云虜雍王弟章平
則非邯子
從斬首百七十六級　按通計實百八十九級內二十四
級依漢書作十四級則百七十九級
虜二百八十八人　漢書二百八十七人
將軍十二人　漢書十三人
二千石已下至三百石十一人　漢書十二人
呂須嫽索隱音須眷二音　按據索隱音須則正文不作
須
乃以商他子堅封爲繆侯索隱諡曰靖侯漢書無諡　按
漢書傳無表有
蘇駔索隱駔者龍馬也丹鉛總錄曰駔從馬從且音亶無
龍馬之訓　按駔子朗反楚詞憂苦注駔駿馬也與索隱
訓相近字書不見從旦之駔字用修不知何據
乃賜嬰縣北第第一　漢書無縣字
張蒼傳千二百戶　表千三百戶
後五歲正義高后之年　按據正義則此五歲承上三歲
而死爲言當高后元年與高祖功臣侯年表高后元年國
除之文合漢書表傳竝同漢興以來將相名臣年表則書
堯抵罪於孝惠六年誤也漢表言堯爲御史大夫十歲堯
以高祖十年爲御史大夫至孝惠七年乃十年國除自當
在高后元年
子類　按漢書表傳竝作類索隱引作穀恐是傳寫也此

條索隱錯誤不可通當從王本凌本官本爲是史表類作
預亦誤
子共侯蔑代三年卒子侯去病代三十一年卒徐廣曰一
本無侯去病而云共侯蔑三十三年子臾改封靖安侯張
照曰按徐廣所云蓋據年表然漢表作侯共嗣二十二年
薨與徐又異　按史漢二表竝無侯去病漢傳云傳子至
孫臾有罪國除則徐廣所云一本是也共侯蔑自孝景前
三年至元狩元年實三十三年漢表二十二年恐是傳寫
之譌
子侯臾代六歲　年表作五年按元狩二年侯臾元年元
鼎元年國除則表是
至弟二子其名元成　按漢書元成爲賢少子元成有三
兄也
而長子有罪論不得嗣而立元成　按漢書賢長子方山
早終次子弘爲太常丞賢病篤弘坐事繫獄罪未決賢門
生儒賢令以元成爲後元成陽爲病狂不應召丞相御史
劾奏元成不得已受爵
丞相司直繁君　漢書是蕭望之
至九乃中丙科　漢書匡衡傳除爲太常掌故
郡不尊敬　漢書云學者多上書薦衡經明當世少雙與
此不同
酈生陸賈傳更食武遂　按史漢兩表竝不言更封恐是
以高梁侯而食邑武遂耳
取死家得寶劍車騎侍從者朱𤀹曰說者謂賈取死之子
家得此物考上文賈常安車駟馬云云則下文謂其子云
何待死而後與以遷史考之乃從字謂十月後遷別子或
過他客處則以所携之物與之耳徐孚遠曰所死家有喪
葬費故得所遺物　按徐說是也朱說難通賈十日而更
安得如許寶劍車騎侍從者以與其子耶
數見不鮮索隱數見音朔現謂時時來見汝也不鮮言必
令鮮美作食莫令見不鮮之物也　無久慁公爲也集解
韋昭曰慁污辱索隱慁患也公賈自謂也言汝諸子無久
厭患公也　按此兩語承上率不過再三過而言數頻數
也見如字鮮好也廣雅釋詁慁亂也廣雅猶汨亂之意范雎傳索隱言
頻數相見則不鮮好無久淹留以汨亂我也舊注似未合
語意漢書作數擊鮮毋久溷女爲也與此不同楊用修曰
數見不鮮恐其久而厭也注非漢書作數擊鮮尤非劉貢
父說亦如是　日知錄另作一說
初沛公引兵過陳留歸有光曰其文類褚先生補入者茅
坤曰當入前酈生傳而今乃以復出附平原君傳後蓋太
史公初本世所傳酈生書由高帝距項羽於鞏洛之間而
以衣儒冠見及與平原君子善乃得酈生本由高帝過高
陽時見云云遂草次如此蓋其未定稾也誤見於此耳凌
約言曰此必有兩聞故竝紀之張照曰史記事兩見而小
異者甚多蓋史家法信以傳信疑以傳疑不臆斷也子曰
吾猶及史之闕文此其遺意歟志疑曰酈生復出猶秦記
也御覽三百六十六引楚漢春秋與此政仝　按文出楚
漢春秋則非太史公未定稾亦非褚先生補入也當是後
人以楚漢春秋與史不同附注以見異傳寫者遂誤入正
文耳志疑以爲後人附益其說是
傳靳蒯成傳頃侯精　表作靖漢表作清
共侯則　表同漢表作明

凡斬首九十級　按上文斬首實八十五級
虜百三十二人　漢書百四十二人按上文捕虜實百三
十人
謚爲貞侯正義謚爲尊侯一作卓　按漢傳作貞與此傳
合正義作尊與表合漢表作制
季布欒布傳爲氣任俠集解俠傳也索隱傳音普丁反其
義難喻札記曰王柯凌本傳作甹索隱同　按說文丂部
甹或曰甹俠也三輔謂輕財者爲甹人部傳使也繫傳作
俠也廣雅釋詁傳俠也然則傳與甹音義竝同又何難喻
之有
顧金錢　漢書鼂錯傳注師古曰顧讎也若今言雇賃也
按讎猶答也後漢桓帝紀注雇猶酬也顧雇同聲得相
假借言數招權而人酬答以金錢也
季布母弟丁公索隱案謂布之舅也　凌本官本無此注
按史文明言母弟索隱云然豈讀爲母之弟耶然經傳
稱母弟皆同母弟未有以爲舅者索隱非集解引楚漢春
秋以丁公爲薛人而季布乃楚人故小顏以爲同母異父
之弟
毋何凌稚隆曰毋何言更無餘事也札記曰宋本毛本作
苛王本作奇蓋亦苛之譌　按苛何古通用凌說非漢書
亦作何
杖步行七八里　漢書作展步行七十里按杖步行者扶
杖而步行也
馮唐傳百金之士十萬　李牧傳作五萬
萬石張叔傳以爲九卿徐孚遠曰太子太傅不當九卿言
其位次當爲九卿也　按此疑有奪字如徐說或當連下

迫近二字讀言太子大傅迫近九卿也
慶爲太僕考證曰漢書百官公卿表慶未嘗爲太僕與傳
異　按漢表建元二年內史石慶三年內史石偏是慶爲
內史一年也建元二年灌夫爲太僕二年爲燕相而三年
不書繼夫而爲太僕何人六年方書太僕賀不應歷三年
而虛位以待賀此必慶於二年爲內史三年爲太僕故石
偏即代慶也慶爲太僕三年徙爲齊相而賀方代慶也表
有奪文致滋讀者之疑
五歲代桃侯舍爲丞相　漢傳同漢表作四年按漢表是
史表亦四年
景帝時尊重常爲九卿　按漢書百官公卿表景帝前四
年安丘侯張歐爲奉常二年而蕭勝代之
至武帝元朔四年韓安國免詔拜歐爲御史大夫　按漢
表建元元年中尉張歐九年遷元光四年中尉張歐爲御
史大夫五年老病免此言元狩誤也
塞侯微巧索隱功微案直不疑以吳楚反時爲二千石將
景帝封之功微也凌稚隆曰索隱以爲將受封爲微巧非
是徐孚遠曰爲將而封不爲微巧　案索隱本作功微故
注語云然凌徐譏之蓋未見索隱本也其文自當作微巧
方與下文相應
田叔傳數歲坐太子事至中山國　按衛太子事在征和
二年疑此五十三字皆後人所增時無左丞相言左尤誤
居是國必聞其政趙恆曰田叔居趙則政聞於趙居魯則
政聞於魯字作名聞之聞與論語解異　按此謂田叔居
趙而趙人舉之得聞國政耳趙說非下文義不忘賢明主
之美以救過則指其居魯時

扁鵲倉公傳扁鵲過虢虢太子索隱然案虢後改稱郭春秋有郭公蓋郭之太子也　按郭虢一聲之轉非虢改稱郭而別有郭國也虢滅已久傳元之說爲是韓詩外傳亦作虢說苑辨物篇作趙當以趙爲是

醴灑　按醴醴酒也灑散也言以酒散其病也

案抏札記曰索隱宋本中統游凌毛並作杬王柯譌杭凌引一本作抗字典手部抏下曰與玩通史記案抏今本多譌杬攷異曰索隱音玩謂按摩而玩弄身體當作抏从手从元　按荀子王霸篇注抏與玩同則索隱音玩似非肌說然玩弄身體之說於理頗疏疑其字當从气从手作扢或省作扢文選吳都賦注引廣雅扢摩也今本作磨摩磨古通漢書禮樂志注引孟康曰扢摩也玉篇手部扢柯礙何代二切摩也廣韻九迄居乙切摩也十九代古代切磨也然則案扢猶按摩也按摩見韓詩外傳說苑上文撟引索隱謂爲按摩之法撟引者如三國志華佗傳所稱熊頸鴟顧引輓腰體動諸關節也與按摩不同

搦髓腦　說文搦按也

揲荒　說文揲閱持也

齊桓侯　新序作魏桓侯

數者中下熱而湧札記曰攈下文疑下奪疝字　按中下之熱上湧故曰湧疝此句不應有疝字釋名曰心痛曰疝疝詵也气詵詵然上而痛也气詵詵然上者即湧也

齊北宮司空命婦徐廣曰一作奴奴蓋女奴　按作奴爲是命疑是司空名然下云因以接內則非女奴

故濟北王阿母正義鄭慈已者考證照曰正義文疑有訛奪字　按鄭下奪元云二字

毛髮而色澤脈不衰　而字疑在毛髮上

正義肝者幹也於五行爲木其體狀有枝幹也　心纖也所識纖微也　脾裨也在助氣主化穀裨助氣今本釋名作裨助胃氣　肺孛也言其氣孛故短也故短也三字衍釋名無　腎引也腎屬水主引水灌注諸脈也　膽敢也言人有膽氣而能果敢也今本釋名無此條　胃圍也言圍受食物地地乃也之譌釋名可證　腸暢也言通暢胃氣牽去穢也牽去穢釋名作去滓穢蓋滓譌爲牽又誤倒　膀橫也胱廣也體短而又名胞胞虛空也主以虛承水液釋名作胞鞄也空虛之言也主以虛承水汋也或曰膀胱言其體短而橫廣也按此文恐有錯譌水液當從釋名作水汋前譏水下正義汋音常灼反或當在此下也　舌泄也言可舒泄言語也釋名作舒泄所當言也　咽嚥也言咽物也又謂之咽主地氣胃爲土故云主胃氣也釋名作咽所以咽物也或曰嬰在頤下纓理之中青徐謂之脰物投其中受而下之也又謂之嗌氣取流通阨要之處也按又謂之咽咽字誤當作嗌　喉嚨空虛也言其中空虛可以通氣息焉心肺之系也　肛釭也言其處似車釭故曰釭門即廣腸之門又名瞋也　按以上諸條與釋名多同疑皆本之釋名其膽喉嚨肛三條今釋名無或釋名逸也或謂此皆甲乙經之文今未得甲乙經無以證之

吳王濞傳齊王後悔飲藥自殺畔約　按飲藥自殺四字衍齊王先畔約後方自殺也

魏其武安傳貌侵集解韋昭曰侵音寢短小也又云醜惡也刻确也凌稚隆曰按注有刻确也字則本文侵字下當有刻字　按刻确乃訓侵字凌說非

不好面諛官本諛作庾攷證曰按面腴蓋面諛也或古字通或傳寫之譌或謂面腴以喜悅親附意著於顏面非口諛也若然則諸家必有注解今無之故知非也　按諸本並作諛官本承北監本之誤故有是語

引繩批根生平慕之後棄之者何義門曰根音痕當作拫
誤作根　按朱子語類漢書引繩排拫不附已者今人誤
讀拫爲根增韻吳楚俗謂牽引前却爲拫挌亦本漢書注
語是漢書本作拫索隱引孟康音拫挌小顏音痕則史亦
本作拫也廣雅拫引也釋詁　廣韻拫急引也　索隱注騶
謂云云恐是集解語
且帝甯能爲石人耶索隱謂帝不如石人得長存也　按
下文言帝在故錄錄設百歲後云云索隱是也正義引小
顏言徒有人形耳不知好惡云云其說非
韓長孺列傳郅佗朱無曰若郅他是人姓名爲天下名士
何不著見於史漢書作至宅是也　按以郅他爲不著見
於史則臧固亦何嘗著見於史耶
李將軍傳軍曲折正義言委曲而行迴折使軍後大將軍
也褉志曰當從漢書作失軍曲折　按軍曲折者軍事之
曲折非專指失道失字似不必增正義亦未是
敢從上雍索隱大顏云雍地形高故云上　按從上雍者
從上至雍也顏說非
匈奴傳遂取周之焦穫而居于涇渭之間　按詩六月云
玁狁匪茹整居焦穫侵鎬及方至于涇陽史豈據詩而言
耶然詩乃宣王時事豈幽王時事亦同耶詩釋文曰爾疋
十藪周有焦穫爾疋郭璞注曰今扶風池陽縣瓠中是也
郭所謂瓠中即正義所謂刳中也
而山戎越燕而伐齊　左傳作北戎
其後四十四年而山戎代燕燕告急于齊齊桓公北伐山
戎　按春秋莊三十年齊人伐山戎傳曰以其病燕故也
自桓六年北戎伐齊至是四十三年表書於三十一年故
爲四十四年與春秋差一年
其後二十有餘年　按春秋僖二十四年天王出居于鄭
傳曰頹叔桃子以狄師伐周大敗周師王出適鄭處于氾
是也自齊伐山戎山戎至是二十八年
而戎狄至洛邑　左傳僖十一年夏揚拒泉皋伊雒之戎
同伐京師杜注揚拒泉皋皆戎邑及諸雜戎居伊水雒水
之間者與僖二十四年乃兩事且所謂戎狄恐皆是戎狄
之在中國非西北之戎也
於是戎狄或居于陸渾東至于衛　按左傳陸渾之戎乃
秦晉所遷在魯僖二十二年至狄之入衛乃魯閔公時至
僖公時狄伐衛侵衛皆在是年之前
故詩人歌之　按此乃宣王時詩
周襄王既居外四年　按年表襄王十六年奔氾十七年
晉納王首尾止二年左傳同此云四年誤
圁洛之間正義後入秦秦置三十六郡　按三十六字有
譌
自是之後百有餘年　按年表晉納襄王至魏絳和戎七
十六年
後百有餘年　按年表自魏絳和戎至趙襄子并代百十
二年
至於惠王遂拔義渠二十五城　年表在惠王後十一年
惠王擊魏魏盡入西河及上郡于秦　按書此者言秦與
戎界邊也然魏入河西在惠王八年納上郡在十年皆在
拔義渠二十五城之前
十餘年而蒙恬死諸侯畔秦考證曰恬以始皇三十四擊
胡以二世初即位死首尾實四年　按此承上秦滅六國

秦始皇二十六年併天下三十七年二世殺蒙恬二世元
年陳涉反諸侯畔秦相距十三年故云十餘年
相封徐廣曰一作將　漢書無封字疑此衍
漢初定故匈奴以驕　按前已言漢初定此疑衍漢書無
漢初定故四字
錦三十匹　漢書二十匹
至代郡萬餘人　漢書無至代二字
鄰國之敵　宋本毛本南監本國敵互易與漢書合
後四歲老上單于稽粥單于死子軍臣立爲單于徐廣曰
後元三年立　按上言後二年此言後四歲則當後元六
年徐說蓋以軍單于立四歲絕和親當孝文後六年故此
云三年然恐誤也
軍臣單于立四歲　案四歲字疑衍漢書云立歲餘恐亦
未必然此即紀所書後六年冬事下云後歲餘孝文帝崩
可證也
後五年之秋　按此元光六年事秋當作春漢紀可證
其冬　按冬當作秋漢紀可證
所築城列亭鄣　城列疑當作列城漢書無此二字
而罔襃忌諱之辭索隱罔者無也謂其無實而襃之是也
忌諱當代故也劉辰翁曰罔襃謂不得不襃則有可諱矣
董份曰罔襃言无可襃而不敢斥言故爲忌諱而微也
按三說皆於文不順恐未然也禮記樂記襍記上注襃進
也蓋言忌諱之辭不可進故微其詞也
衛將軍驃騎列傳與侯妾衛媼通索隱外戚傳云薄姬父
與魏王宗女魏媼通則亦魏是媼姓而小顏云衛者舉其
夫姓也然案此云侯妾衛媼似更無別夫也下云同母兄
衛長子及姊子夫皆冒衛姓又似有夫其所冒之姓爲父
與母皆未明也　按漢書妾作家僮則非平陽侯之妾矣
衛媼如爲平陽侯妾則衛孺等與青不同父者何以皆冒
姓衛疑妾者婢妾之通稱若今人之僕婦循吏傳之所稱
家婦漢書稱家僮蓋家僮之妻也衛是其夫姓衛媼之夫
爲侯家僮故青亦得爲侯家人也下文云媼長女衛孺次
女少兒次女即子夫後子夫男弟步廣皆冒衛氏疑衛孺
實衛氏子故稱衛孺餘非衛氏子故皆冒姓書法如是理
或然也外戚世家衛皇后字子夫生微矣其家號曰衛氏
則子夫固非衛氏子
益封青三千戶　漢書三千八百戶此奪八百二字
再從大將軍受詔札記曰宋本中統游毛本受上重大將
軍三字　官本有漢書亦有按有者是
斬捕首虜過當索隱按小顏云計其所將之人數則捕首
虜爲多過於所當也一云漢軍亡失者少而殺獲匈奴數
多故曰過當也　按去病八百騎斬首虜二千二十八級
是過於所當也前說是
益封去病二千戶　漢書二千二百戶
師大率減什三索隱案漢書云減什七不同也　案漢書
與史文同其減什七之文在是年春索隱誤也
益封去病五千戶　漢書五千四百戶
校尉僕多索隱案漢百官表　按百官乃功臣之譌他本
無此二字
先其大將軍軍亦有天幸襍志曰本作先其大軍漢書無
將字上文曰直棄大軍數百里赴利是其證　按王說是
也然右丞詩云衛青不敗由天幸豈唐時本已有將字右

遂誤讀史文而云然歟
禽棃 徐廣曰禽一作烏索隱案表作烏棃 案表作烏黎
漢表同漢傳作禽棃
師率減什三 漢作什二
會與城 漢書與作輿
斬首捕虜二千七百級 漢書七作八
符離 表同漢表傳作邳離
仁善 漢書仁喜士
左方兩大將軍 按王本淩本官本方作右誤也兩者謂
大將軍與驃騎將軍疑大字衍
最大將軍青 按最應作冣才句反說詳段氏說文注
武帝立二十二歲 漢書十八年
平津侯主父傳秦乃使尉佗將兵以戍越 按南越傳佗
於陳涉舉兵時爲南海龍川令恐先未爲秦將兵也
南越傳揭陽令定 漢書作揭陽令史定
朝鮮傳左將軍卒正多 漢書無正字注如淳曰遼東兵
多也按下云卒遼東兵先縱敗散多還走坐法斬則多乃
人名卒正者卒之長猶軍正之正也下云左將軍擊朝鮮
浿水西軍未能破是左將軍軍未嘗敗散敗散者卒正多
所率之兵故多坐法斬也
天子誅遂 漢書誅作許按贊云與遂皆誅則誅字也
右渠子長降 徐廣曰表云長路漢書表云長路音各攷異
曰降字當連上長降功臣表作長路 按表作張路漢表
同與徐廣所言不合豈今本史漢兩表傳寫誤歟
西南夷傳楚威王時使將軍莊蹻索隱楚莊王弟爲盜者
按韓非子楚莊王時莊蹻爲盜於境內小司馬殆據彼

以爲說然此云楚威王時則非爲■之莊蹻矣且史文明
曰將軍曰楚莊王苗裔與索隱所言不同小司馬誤也
會秦擊奪楚巴黔中郡 按此楚頃襄王二十二年事上
距威王末年五十二年矣 華陽國志楚頃襄王時遣莊蹻伐夜郎與史言威王不同然其
言頗合
蜀枸醬 索隱又云取葉 按此下疑有奪文
司馬相如傳文君夜亡奔相如索隱郭璞云婚不以禮爲
亡也札記曰亡疑當作奔 按禮記奔則爲妾弟謂六禮
不備者耳與文君之私奔不同不當引此爲訓 又按集
解索隱屢引郭璞璞嘗注相如傳序及遊獵詩賦見漢書
敘例
齊王悉發境內之士備車騎之衆 文選作王悉發車騎
善曰本或云境內之士備騎之衆非也漢書作齊王悉發
車騎按下文言齊王欲奪車騎之衆恐當以史爲是
割鮮染輪集解郭璞曰染濡也濡之於輪鹽而食之索隱
李奇云染濡也切生肉濡鹽而食之 按染輪者言射中
獲多而血染車輪也舊說似迂
射中獲多 按此句與上文獲多乎曰少不免矛盾
名曰雲夢索隱褚詮音亡棟反又音莫風反裴駰云孫叔
敖激沮水作此澤 隋志百賦音一卷宋御史褚詮之撰
疑索隱奪之字或省文也裴駰云云當是集解語而今無
之
瑌石 文選作碝石漢書作礝石按作碝是說文碝石次
玉者從石耎聲凡耎多譌需故漢書及山海誤作礝此作
瑌乃碝之異文玉藻作瓀釋文瓀又作瑌則瓀又瑌之譌
也山海經中山經扶豬之山其上多礝石郭注音耎今雁門

山中出礌石白者如冰半有赤色者如冰半調如冰皃也
武夫　山海經南山經　會稽之山其下多砆石郭注砆武夫
石似玉今長沙臨湘出之赤地白文色蘢蔥不分明
芷若射干　漢書文選並無射干師古曰今流俗書本芷
若下有射干字妄增之也善曰芷若下或有射干非也按
干與上文蘭爲韻無此二字句法亦參差不齊當以史爲
是此賦三射干字義各異不嫌其複也
葴蔪索隱作葴析音針斯二音析漢書作斯　今漢書作
析文選作菥
薛莎　漢書作薜莎
菰蘆索隱郭璞云菰蔣也蘆葦也　漢書文選並作觚盧
師古曰書不爲菰蘆字郭說非也漢注引郭注菰作苽
但不知觚盧於今爲何草耳　按上文已有蒹葭此不得

復言蘆當從漢書文選爲是
菴閭　集解本作奄閭與漢書合索隱本作菴閭與文選
合
軒芋　漢書文選作軒于
其中則有神龜蛟鼉瑇瑁鼈黿　此兩句爲韻鼉从單聲
黿從元聲古音叶瑇瑁漢書作毒冒下同
陰林巨樹　漢書同文選巨作其善曰本或林下有巨字
樹下有則字非也　以句法而論當以史漢爲是
蘗離　毛本蘗作檗與漢書文選同是也蘗乃俗字說文
檗黃木也徐廣音扶戾反豈以爲薜荔之薜歟
櫨栵　栵漢書文選作棃
騰遠集解漢書音義曰騰遠鳥名索隱孟康云騰遠鳥名
非司馬彪云騰遠蛇名郭璞云騰蛇龍屬能興雲霧焦竑

曰服虔云騰遠獸名夫騰遠旣作獸則不應在上或禽名
末可知也莊子騰猿得柘棘南都賦鸞鸑鵷鶵翔其上騰
猨飛猵於其下蜀都賦猨狖騰希而競捷豈騰遠即騰猿
猨遠字相近而誤耶　按漢書文選並用服虔之說焦氏
非之是矣然上文已有赤猨蠷蝚則焦以騰遠爲騰猿亦
末是索隱取馬郭之說然亦與上下文不類恐當以孟康
之說爲勝
淒浰札記曰漢書文選玉篇引子虛賦淒作倩　按徐廣
音七見反恐淒字誤耳
徼谻受詘淩稚隆曰谻與郤同　谻索隱作𧮰漢書作𧮰
文選作𧮰皆譌體也按說文人部𠊳徼𠊳受屈也𠊳正字
谻叚借字方言𠊳倦也𠊳者𠊳之異體也集解引郭璞曰
谻疲極也索隱引司馬彪云谻倦也與方言之訓正同淩

謂與郤同者非　說文心部𢠸者勞也與𠊳音義同
奴傳及漢書趙充國傳之徼極與徼𠊳音異而義同也
說文谻相踦谻也踦段氏謂當作踦踦偏引也則徼遮之
踦引之義亦可通然叔重之意固以徼谻爲徼𠊳也
被阿錫　文選注善曰列子曰鄭衛之處女衣阿緆緆與
錫古字通五臣本錫作緆儀禮燕禮冪用綌若錫鄭注今
文錫爲緆緆易也治其布使滑易也說文緆細布也與張
揖注同然則緆者正字錫者段借字
紆徐委曲　文選有此句漢書無諸家注皆不及
卹削　索隱本作戌削漢書文選皆作戌削師古讀如字善
音卹蓋皆戌之譌也上林賦戌削索隱本作恤削漢書同
文選作卹削卹恤戌並同音通用
噏呷　漢書文選噏作翕

萃蔡　索隱蔡作粲乃粲之譌體字書不見
縹乎忽忽若神仙之彷彿　縹乎漢書文選作眇眇漢書
及文選善本無仙字正義引戰國策有仙字漢書注引無
與策合然兩注所引同而與今本國策字多有異同胡氏
文選考異以爲史記誤衍
嫳珊勃窣　索隱作盤姍勃猝漢書文選姍作媥文選勃
作教
上金隄　文選上下有乎字爲是
連駕鵝　札記曰中統游毛駕作鴐與索隱本合　按王本
淩本作鴐與正義本合文選善本作鴐胡氏文選考異曰
駕者鴐之假借左傳棠駕唐石經宋槧本下皆從馬古今
人表所載亦然相如此賦用字古矣唯中山經是多駕鳥
郭注未詳也或曰駕宜爲鴐鴐鵝也然則鴐字晉代不復
行用之
有而言之是彰君之惡　漢書有此二句文選無善曰本
或云有而言之是彰君之惡者非也何義門亦謂無此爲
優
觀乎成山　索隱張揖云觀闕也於山上築宮闕郭璞云言
在山下游觀　按郭說是猶孟子云吾欲觀於轉附朝儛
也
秋田乎青丘　集解郭璞曰青丘山名亦有田出九尾狐在
海外矣索隱郭璞山名出九尾狐也正義服虔云青丘國
在海東三百里郭璞云青丘山上有田亦有國出九尾狐
在海外　南山經又東三百里曰青丘之山郭注亦有青
丘國在海外海外東經青丘國在其北君子國之北其狐四足
九尾　按山海經則集解郭注田應作國正義服注國應

作山漢書文選注竝誤上有田三字南山[redacted]所無當卽亦
有國之譌衍索隱所引郭注不同或出九尾狐四字在亦
有國之上青丘山亦出九尾狐也大荒東經亦有青丘之國
听然凌稚隆曰听音矧古哂字　說文听笑皃與哂不同
楊慎修亦以听爲古哂字皆無據玉篇廣韻听笑皃哂笑
也其義不同說文無哂字卽矧字也
潦潏　索隱今名沇水　此從索隱本諸本沇作泬胡氏文
選謂當作泬段氏說文注謂當作沇
滂瀆　索隱作澎湃漢書文選竝作彭湃
滭浡滵汩　浡滵漢書文選竝作弗宓
澎濞　索隱滂濞與漢書文選同然吳王濞傳索隱澎濞
字也恐是用此賦語洞簫賦長笛賦皆言澎濞
穹隆　郭璞曰水隴起回窳也　窳文選注引作窊
蜿灗　正義作蜿蟺漢書文選作宛潬
螹離　集解未聞　漢書文選螹作漸選注司馬彪曰漸離
魚名也張揖曰其形狀未聞按彪注蓋因上下文皆魚屬
而云然也
鱅　漢書文選作鰫
鵁鶄　漢書文選作交精
鷛鸈　漢書文選作庸渠
鱵鴜　索隱葴鶿漢書文選箴疵
鸕　漢書文選盧
於是乎崇山巃嵸崔巍嵯峩　漢書文選山下有矗矗二
字無嵯峩字是也下言嵾嵳峩峩則此不應復言嵯峩
嵾差　漢書作參差
九嵏嶻嶭　集解嶻嶭山在池陽縣北　漢書注師古曰嶻

嶭山卽今所謂嵯峩山也在三原縣西文選注郭璞巀嶭高峻皃按何義門取小顏說然終以郭注爲是

嵔瘣　漢書文選瘣作廆

丘虛崫㟴隱轔鬱㠥　漢書文選崫㟴作堀礨㠥作壘正義所引郭注此兩句與漢書文選互易

施靡　陂池　卽子虛賦之陂靡罷池

沇溶　沇漢書允

流夷集解漢書音義曰流夷新夷也　文選注引王逸楚辭注曰流夷香草其說爲長漢書注亦以爲香草師古曰非新夷新夷乃樹耳

葴橙　漢書文選橙作持爾雅釋草葴寒漿郭注今酸漿草江東呼曰苦葴疏案本草酸漿一名醋漿陶注云處處人家多有葉亦可食子作房房中有子如梅李大皆黃赤色葴馬藍郭注今大葉冬藍也疏今爲𧈫者是也按此賦葴字小顏以爲寒漿焦竑以爲馬藍皆本爾雅然以小顏爲是焦竑因葴爲寒將而謂善本誤以將作持其說謬景純爲爾雅作注而此注云葴未詳何也

晻曖苾勃　漢書晻薆咇茀文選晻薆咇茀

曠盼軋沕　漢書文選纊紛軋芴

沈牛麈麋　正義麋似水牛　按麋乃鹿屬安得云似水牛此注有誤文選注引南越志曰潛牛形角似水牛一名沈牛或正義亦爲沈牛作解而譌奪也

櫐臺　櫐應依漢書作絫文選作累絫之俗字

蜿蟬　漢書文選蟬作僤卽上文之蜿蟺

瑣媥　漢書文選玢豳

杌紫莖　杌當漢書文選從才

胥餘　漢書文選餘作邪攷異曰餘邪聲相近按今韻麻韻之字古韻有在魚虞部者故餘邪得通借

紛容蕭蔘　容蕭漢書作溶萷文選作溶箾攷工記注作紛容掣參

旖旎索隱張揖云旖旎阿那也說文木部檹木旖施也段氏注木如旗之旖施故字從木椅曹風倚儺卽旖施旎者施之俗也柅者又旎之譌也㫃部旖旖施旗皃從㫃奇聲段氏注旖施疊韻字在十七部許於旗曰旖施於禾曰倚移皆讀如阿那檜風猗儺其枝傳云猗儺柔順皃楚辭九辯九歎則皆作旖旎上林賦旖旎從風史記文選作猗狔漢書作椅柅毛本漢書作猗柅未知段氏據何本攷工記注則作倚移與許書禾部合知以音爲用製字曰多廣韻曰婀娜曰旑旎曰裛袲曰檹椸皆其俗體耳本謂旌旗柔順之皃引伸爲凡柔順之稱倚移與旖旎同許以从從禾別之　按旖旎之旎許作施㫃部施旗皃從㫃也聲段氏注謂俗改爲旎從尼聲殊失音理然玉篇廣韻竝有旎字則沿用已久惟古人駢字多用雙聲疊韻此以疊韻求之其字定作旖施攷工記注鄭司農兩言倚移從風疏曰上林賦云倚移從風豈唐時史本尙有從倚移者耶許於禾曰倚移於旗曰旖施於木曰檹施然則此賦之字在許當作檹施倚移旖施及詩曹風之猗儺皆其通借也今諸體皆不行用而習用旖旎字如文選揚子雲甘泉賦夫何旟旐郅偈之旖旎也注服虔曰從風柔弱皃漢書作旖柅注師古曰繆旎之形也司馬長卿大人賦掉指橋以偃蹇兮又旖旎以招搖漢書作猗柅注張揖曰下垂皃此皆指旗皃其本義也王子淵洞簫賦形旖旎以順吹兮此笛形之旖旎也揚子雲反

離騷秉雲蜺之旖旎兮（漢書旎作柅）注旖旎雲皃此雲之旖旎也唐罥楚封臨風舒賦狀臨風之旖旎此錦之旖旎也竇泉逃書賦纖慢旖旎此書法之旖旎也至若楚辭九辯竊悲言意華之曾敷兮紛旖旎乎都房九歎結桂樹之旖旎宋玉高唐賦猗狔豐沛王粲柳賦紛旖旎以修長成公綏木蘭賦繁旖旎之弱條及此賦所云則花木之旖旎也皆其引伸之義也惟王逸九辯九歎注云旖旎盛皃詩云旖旎其華與叔重說義異東方朔七諫橘柚萎枯兮苦李旖旎以旖旎與萎枯對言意與叔師頗同（曹風傳柔順皃然三章猗儺其實於柔順義少遠不如用叔師說則三章皆可通也）今二義竝行辭賦家多用叔師之說考異謂說文無旖旎字當從漢書作猗柅其考之未詳歟

飛鸓　鸓漢書作蠝文選作蠝胡氏考異曰考集韻五旨鸓下重文有六而不載蠝可證其非然則索隱本作蠝非也

騰殊榛　正義榛仕斤反　漢書文選注皆仕人反

蒙鶡蘇綺白虎　漢書注上句用郭璞曰蒙其尾爲帽也下句用張揖曰著白虎文綺也按二說是也與下二句方一例諸說皆非

罥騕褭　罥漢書文選作羂騕漢書作要按罥說文作羂周禮冥氏注扃絹禽獸叚借用絹字後人遂因絹字加网爲羂後省絹爲罥耳

轊白鹿　轊漢書作轉文選作轊說文軎車軸耑也轊軎或從彗無轉轊玉篇廣韻竝無此二文徐廣曰一作惠札記疑轉之爛文按惠者叚借字轉者惠之譌而轊者轉之譌也

乘騎之所蹂若人民之蹈躤　漢書無乘字民字疑此衍文選乘作步民作臣

于遮　文選于作干

褕袘　袘索隱作袣與漢書文選合

嬛嬛　漢書作嬽嬽文選作嫚嫚說文嬽好也大徐委員切小徐以爲今之娟字索隱引廣雅嬽嬽容也則史文本亦作嬽傳寫譌爲嬛幷注亦譌

姌嫋　索隱作孅弱與漢書文選同然徐廣曰姌乃冉反則史不作孅也說文姌弱長皃嫋姌也二字連文玉篇亦二字連文

今聞其乃發軍興制　索隱張揖曰發三軍之衆也興制謂起軍法制也漢書注師古曰以發軍之法爲興衆之制也
按此猶上言用軍興法張說謬顏亦順文爲說

乃拜相如爲中郎將　索隱張揖曰秩四百石五歲遷補大縣令　按漢書百官公卿表中郎秩比六百石中郎有五官左右三將秩皆比二千石張說殊誤且是時相如至蜀蜀太守以下郊迎縣令負弩矢先驅其非五歲補縣令之郎可知矣

通卭都　索隱通筰漢書通卭莋

瀌沈　索隱漢書作澌今漢書作灑

大人賦　多用屈子遠遊語

悲世俗之迫隘兮朅輕舉而上浮　遠遊賦曰悲時俗之阨兮願輕舉而遠遊

載雲氣而上浮　遠游曰焉託乘而上浮又曰掩浮雲而上征

建格澤之長竿兮總光燿之采旄　遠游曰建雄虹之采

旄兮五色雜而炫燿
抴彗而爲髾　遠游曰擥彗星以爲旍兮
低卬夭蟜据以驕驁兮詘折隆窮蠼以連卷　遠游曰服
偃蹇以低昂兮驂連蜷以驕驁
赳螑索隱孟康曰赳螑申頸低頭張揖曰赳螑牙跳也赳
音居幼反螑音許救反張揖曰　漢書注引張揖曰赳螑
申頸低卬也與此異疑此孟康張揖互譌下文又稱張揖
曰不得連文而叠稱名也
邪絶少陽而登太陰兮　遠游曰吾將過乎鉤芒王注就
少陽於東方也又曰召玄武而奔屬王注呼大陰神使承
衛也
與眞人乎相求　遠游曰貴眞人之休德兮
互折窈窕以右轉兮　遠游曰歷大皓以右轉兮
部乘衆神於瑶光　漢書乘作署遠游曰選署衆神以竝
轂
左元冥而右含靁兮　漢書含作黔遠游曰歷元冥以邪
徑兮乘間維以反顧召黔嬴而見之兮爲余先乎平路按
楚辭則注中黔嬴之嬴當作嬴含黔同聲靁嬴聲相近
祝融驚而蹕御兮礼記曰當依漢書作警　遠游曰祝融
戒而蹕御兮按警即戒也注中亦云警蹕亦乃傳寫之譌
屯余車其萬乘兮　遠游曰屯余車之萬乘兮
使句芒其將行兮　句芒遠游作鉤芒見前
吾欲往乎南嬉　漢書嬉作娭遠游曰吾將往乎南疑
雜遝膠葛以方馳　遠游曰騎膠葛以雜亂兮
衍曼流爛壇以陸離　遠游曰班漫衍而方行又曰叛陸
離其上下兮

徑入靁室之砰磷鬱律兮　遠游曰右雷公以爲衛
鬼硋　漢書作嵬魁
徧覽八紘而觀四荒兮　遠游曰經營四荒兮周流六漠
奄息總極汎濫水嬉兮使靈媧鼓瑟而舞馮夷　漢書總
作葱瑟作琴遠游曰涉青雲以汎濫游兮又曰使湘靈鼓
瑟兮令海若舞馮夷
召屏翳誅風伯而刑雨師　遠游曰風伯爲余先驅兮又
曰左雨師使徑侍兮
西望崑崙之軋沕洸忽兮　洸漢書作荒遠游曰覽方外
之荒忽兮
排閶闔而入帝宫兮載玉女而與之歸　遠游曰排閶闔
而望予又曰集重陽入帝宫兮又曰騰告鸞鳥迎宓妃
呼吸沆瀣餐朝霞兮　漢書兮在瀣下是也遠游曰飡六
氣而飲沆瀣兮漱正陽而含朝霞
噍咀芝英而嘰瓊華　遠游曰懷琬琰之華英王注咀嚼
玉英以養神也
貫列缺之倒景兮涉豐隆之滂沛　遠游曰上至列缺兮
又曰召豐隆使先導兮
舒節北平北垠　軼先驅於寒門　遠游曰舒幷節以馳
騖兮遠絶垠乎寒門
下崢嶸而無地兮上寥廓而無天　遠游同
視眩眠而無見兮　漢書眠作泯遠游眩眠作儵忽王注
目瞑眩也
聽惝怳而無聞　遠游同漢書惝作敞
逖聽者　漢書作聽逖
淮南衡山傳王使郎中令斥免正義言屏斥免郎中令官

而令後人不敢效也　按此言令郎中令斥免霸被非斥免郎中令也正義誤被爲郎中屬郎中令

六年過淮南　按六年二字疑衍下方云元朔六年中也志疑謂下文元朔六年中五字衍恐未是

循吏傳子產　大宫子期索隱子期亦鄭公子也　左傳鄭無子期索隱之言恐亦肊揣

治鄭二十六年　按左傳子產爲政在簡公二十二年定公八年卒首尾二十二年與此傳不同年表世家言子產卒於聲公五年則上距簡二十二年四十九年亦與此傳不合益可見年表世家之誤

石奢者楚昭王相也　韓詩外傳曰王使爲理

汲鄭傳其先鄭君集解漢書音義曰當時父徐孚遠曰景帝時莊猶年少鄭君非莊父明矣或其祖也　按下文言其游知交皆其大父行大父殆卽指鄭君徐說是㑹人集解徐廣曰一作入　漢書作人屬下句

始翟公爲廷尉　漢書百官表元光五年廷尉翟公四年而張湯爲廷尉不言翟公復爲廷尉

儒林傳故子路居衛　漢書無此句

酷吏傳竇太后乃竟中都以漢法　漢書無竇太后三字及竟字是謂匈奴中都以漢法矣

聞奉以惡用矣　贊云水衡閻奉漢百官表元封元年水衡都尉閻奉

以牧司空盜賊札記曰牧淩引一本作收與漢書合　南監作收何義門校作收

故九卿張德　漢百官表九卿無張德

大宛傳以銀爲錢錢如其王面王死輒更錢效王面焉畫草旁行以爲書記　今西洋諸國頗類此

乃封騫爲博望侯索隱案張騫封號耳非地名小顏云取其能博廣瞻望也尋武帝置博望苑亦取斯義也正義地理志南陽博望縣　按許舜亦封博望侯地理志南陽郡領縣博望原注侯國卽指騫舜所封也小顏此注在張騫傳蓋由冠軍從驃而推然恐是肊測不足信也田敬仲世家朝齊王於博望正義括地志云博望故城在鄧州向城東南四十五里是博望爲地名不始於漢今爲南陽縣驛在北正義引地志爲證最是

其人皆深眼多鬚顏善市賈爭分銖俗貴女子女子所言而丈夫乃決正　今西洋諸國頗類此

佞幸傳周文仁索隱案漢書稱周仁此上稱周文今兼文仁恐後人加耳案仁字文　按周仁見萬石張叔傳據索隱注是以仁字爲後人所加末四字必非索隱語乃後人所加

仁寵最過庸乃不甚篤索隱言仁最被恩寵過於常人乃不甚篤如韓嫣也楊愼曰仁寵最過爲句庸不乃甚篤爲句不否同索隱句讀已非解又可笑攷異曰予謂不乃者不能也乃能聲相近言周仁寵過于常人猶不能甚篤以見景帝之無寵臣也　按淩本乃不作不乃故楊錢云然考證采楊說然楊說亦甚難通錢說爲直捷然以乃爲能於古無徵不如從索隱本作乃不爲是乃猶而也言寵過庸常而不甚篤舊說未可議也

滑稽傳其後百餘年楚有優孟史通云優孟在春秋楚莊王時湻于髡在戰國齊威三時史謂後百餘年誤矣攷異曰優孟事在前二百餘年此乃踳駁之甚者　按楚莊王

距齊威王二百三十三年齊威距秦始皇百三十二年此
傳當先優孟而曰其後二百餘年齊有湻于髡其後百餘
年秦有優旃史蓋優孟湻于髡誤倒而兩處言年亦誤謂
也
其後二百餘年秦有優旃　楚莊王距始皇三百六十五
年
運四海之外以爲席　漢書席作帶此蓋由俗書席下爲
帶而帶譌爲席
日者傳正襟危坐　索隱作免坐按下云公且安坐則作
危者是
不見奪糈　說文䝼齎財卜問爲䝼从貝疋聲讀若所按
䝼之爲糈同音叚借䝼所以讎卜者故云卜有不審不見
奪糈說文曰糈糧也是凡糧皆曰糈享神之米其一耑耳
或曰祭神米曰糈卜者必禮神故其字亦作糈然詩云握
粟出卜亦以讎卜者也
龜策傳今昔王子索隱今昔猶昨夜也以今日言之謂昨
夜爲今昔楊慎曰此篇凡用昔者皆訓夜也以上文覘月
覘斗言之恐只是夢之夜耳　按昔夜也楚辭大招注廣雅釋詁四穀梁莊七年及莊子天運篇釋文今昔猶今夜也索隱謬當以慎修爲是
而終昔四　按終昔猶終夜也
内經閒術　按術讀爲遂月令審端徑術注術周禮作遂
夫閒有遂遂上有徑遂小溝也
諛臣有衆　有去聲
貨殖傳陳掾其閒索隱陳掾猶經營馳逐也　說文掾緣
也段氏注緣者衣純也既夕禮注飾衣領袂口曰掾引申
爲凡貿緣邊際之稱掾者緣其邊際而陳掾也陳掾猶經
營也按陳列也周官司市以陳肆辨物而平市陳掾者言
布列市肆而貿緣爲利也
而民雕悍少慮索隱人雕悍言如雕性之捷悍也黃生義
府雕與彫通樸之反也今俗用刁字　黃說蓋與管子所
云禁雕俗合　按捍當讀爲勇悍之悍蓋古悍捍通用也
雕捍少慮者言其性如雕之勇捍而無所顧慮燕之俗
正如此若訓爲捷則與下少慮之義不洽矣
領南沙北正義謂池漢之北　池字有誤
楚越之地地廣人稀　今楚越則地狹人稠矣古今事變
其不同如此
燕代田畜而事蠶　今燕代不知蠶矣
此有知盡能索耳淩稚隆曰索謂索財也　廣雅釋詁索
盡也按此對下終不餘力言淩說未是
自序易大傳　漢書遷傳傳下有曰字
不可改矣　漢書矣字作也
春秋之中弒君三十六　按春秋弒君之見于經者衛桓
魯隱宋殤齊襄宋閔魯子般魯閔晉奚齊卓子楚成齊舍
宋昭齊懿莒庶其晉靈鄭靈陳靈晉厲齊莊衛殤吳餘祭
蔡景莒密州楚靈許悼吳僚薛比蔡昭齊荼魯之般閔惡
則春秋諱而不書者其不見於經者晉哀小子鄭昭鄭子
魯晉懷其以疾赴者鄭僖楚郟敖齊悼合之得三十八也
亡國五十二　按春秋亡國之見於經者極紀宿譚遂鄣
陽弦虞溫黃項梁邢夔滑江六庸舒蓼根牟蕭潞氏甲氏
留吁鄟舒庸鄅萊偪陽邿舒鳩賴陳蔡陸渾之戎徐沈許
頓胡戎蠻曹凡四十三見於左氏傳者權息鄧耿霍魏虢
鄋瞞鐸辰焦揚肥鼓唐夷虎又州公如曹度其國危遂不

復是州亦亡凡十六滅而復者須句道房鄀其不見於傳而可推而知者則申芮荀賈是也弟此云五十二者與經傳皆不合何也

至于麟止　漢書武紀元狩元年獲白麟太始二年因前獲白麟及渥洼出天馬東山見黃金更黃金爲麟趾褭蹏按止趾古通用據此則史文中有太始二年事非竟止于太初也

衛頃不寧索隱衛頃公也　按頃讀爲傾傾覆也謂朔讒殺太子而衛亂也衛無頃公索隱誤

史記瑣言卷三